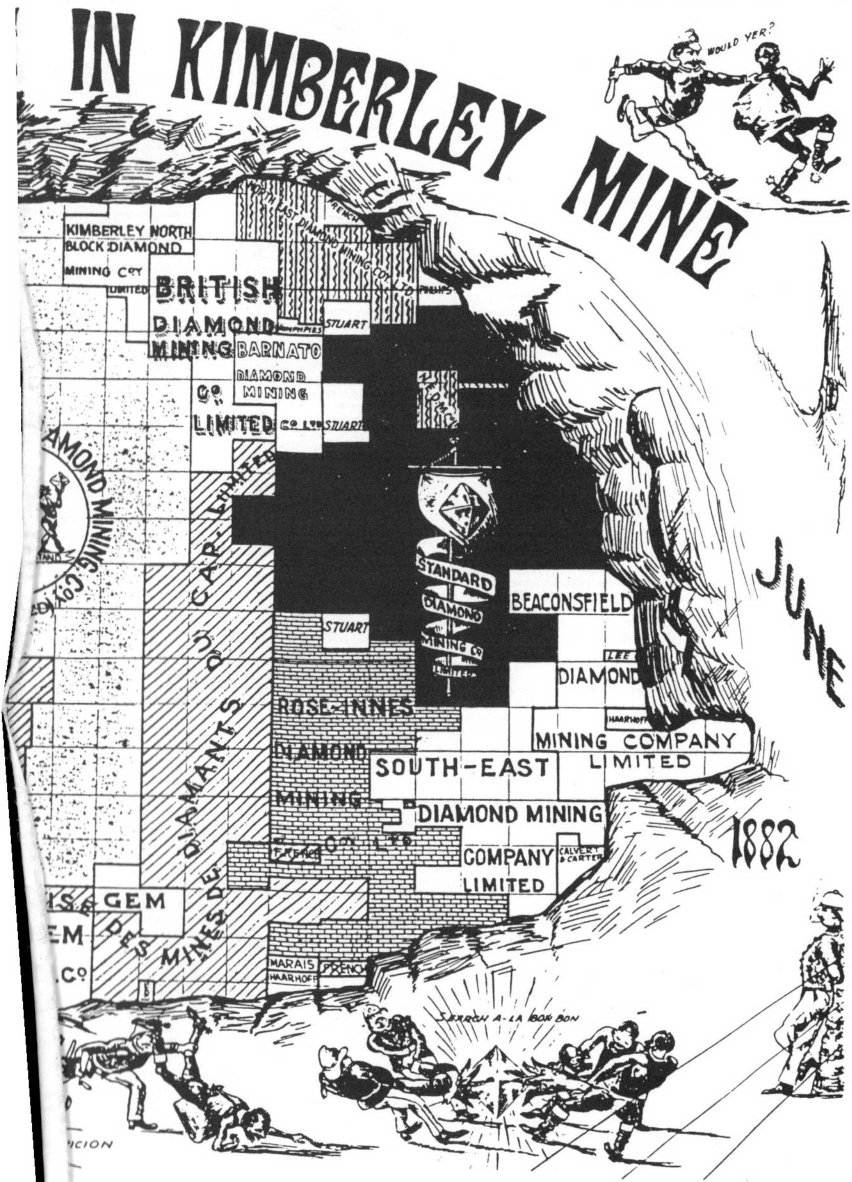

IN KIMBERLEY MINE
WOULD YER?
KIMBERLEY NORTH BLOCK DIAMOND MINING C°Y LIMITED
BRITISH DIAMOND MINING C° LIMITED
BARNATO DIAMOND MINING C° LTD
STUART
STUART
STUART
STANDARD DIAMOND MINING CO LIMITED
BEACONSFIELD
LEE
DIAMOND
HAARHOFF
MINING COMPANY LIMITED
ROSE-INNES DIAMOND MINING C° LTD
SOUTH-EAST DIAMOND MINING COMPANY LIMITED
CALVERT & CARTER
MINES DE DIAMANTS DU CAP LIMITED
GEM
MARAIS
HAARHOFF
FRENCH
JUNE
1882
SEARCH A-LA BON BON

Stefan Kanfer

DAS DIAMANTEN-IMPERIUM

Aufstieg und Macht der Dynastie Oppenheimer

Aus dem Amerikanischen
von Verena Koch, Reiner Pfleiderer
und Renate Weitbrecht

Carl Hanser Verlag

Titel der Originalausgabe:
The Last Empire. De Beers, Diamonds, and the World
Farrar, Straus & Giroux, New York 1993
© 1993 by Stefan Kanfer

1 2 3 4 5   98 97 96 95 94

ISBN 3-446-16075-2
Alle Rechte an dieser Ausgabe vorbehalten
© Carl Hanser Verlag München Wien 1994
Satz: Fotosatz Reinhard Amann, Aichstetten
Druck und Bindung:
Franz Spiegel Buch GmbH, Ulm
Printed in Germany

Für Lea Page Castle,
in Liebe und voller Staunen

INHALT

ANHANG

EINFÜHRUNG

KOHLE, NICHTS ALS KOHLE

Im fünften Stock eines modernen Baus aus Glas und Stein im Herzen von London werden schweigend braune Pappschachteln verteilt. Die Empfänger, rund fünfzig wohlhabende Männer, sitzen um einen langen Mahagonitisch. Die Schachteln sind etwa so groß wie Schuhkartons, aber die Gegenstände, die sie enthalten, sind um ein Vielfaches wertvoller als Schuhe. Für das ungeübte Auge ähneln sie hellen glänzenden Kieseln verschiedener Größe, wie man sie bei Ebbe am Strand findet. Aber die Herren in der Charterhouse Street Nr. 17 wissen es besser. Jede Schachtel birgt Rohdiamanten im Wert von mindestens 8 Millionen Dollar.

Das Treffen findet im Gebäude des Syndikats statt und wird *sight* (Besichtigung) genannt. Jeden fünften Montag im Jahr werden die größten Diamantenhändler der Welt nach London geladen und prüfen die Ware, bevor sie kaufen. Ist der Handel unter Dach und Fach, übernimmt der Käufer die unscheinbaren Steine. Er schickt sie an Experten, die sie spalten, schleifen und zu strahlenden Diamanten verarbeiten. Danach werden sie weiterverkauft, entweder an andere, kleinere Händler (alle weiteren Händler sind kleiner) oder an einzelne Kunden wie Prinz Charles oder Barbra Streisand.

Theoretisch könnten die fünfzig Männer die vorgelegte Ware zurückweisen. Aber sie tun es nie. Nicht nach den Erfahrungen von Harry Winston, der bis zu seinem Tod 1978 bekanntesten Persönlichkeit im Juwelenhandel. Winston mißfiel diese Anmaßung beim Verkauf, denn schließlich zählte er den Herzog und die Herzogin von Windsor und die arabischen Emirate zu seinen Kunden.

Bei einer Besichtigung gab er seine Schachtel zurück, ging hinaus und versuchte, unter Umgehung des Syndikats von einer unabhängigen Firma in Angola, damals noch eine portugiesische Besitzung, Rohdiamanten zu kaufen. Darauf rief ein britisches Kabinettsmitglied bei einem hohen Regierungsbeamten in Portugal an. Die Krone, so erklärte er trocken, werde einen Handel zwischen der Kolonie und Mr. Winston als »einen unfreundlichen Akt« betrachten. Winston wurde informiert. Nie wieder hat er die Annahme einer Schachtel verweigert.

Das ist nun einmal die Art des Diamantensyndikats: keine Drohungen, keine Wutausbrüche, nur diskretes Muskelspiel auf höchster Ebene. Es veranstaltet Sichttage und verabscheut heftige Auftritte. Seine Manager in London sind freundliche Oxfordabsolventen in dezenten Anzügen aus der Savile Row. Normalerweise agieren sie mit äußerster Diskretion. Doch wenn die Umstände es erfordern, sind sie hart und kaltblütig wie Mafiabosse.

So auch an jenem Tag im Jahr 1979, als das Syndikat seine britische Zentrale von der Charterhouse Street Nummer 2 in die Nummer 17 verlegte. Den Händlern wurde »empfohlen«, dem Unternehmen durch eine Geste ihre Reverenz zu erweisen. Gedacht war an eine Spende, mit der das Interieur des neuen Gebäudes verschönert werden sollte. Kunstwerke, so ließ man sie wissen, könnten den Geschmack des Innenarchitekten verfehlen, und Möbel habe man bereits ausgesucht. Also schlug man ihnen vor, Geld zu spenden. Mehr als zehntausend Dollar galten als vulgär, weniger als fünftausend als schäbig. Die Summe, die den Händlern auf diese Weise abgenötigt wurde, war natürlich nur ein Bruchteil von dem, was sie verdienten. Und das Syndikat konnte sich zweifellos jede beliebige Ausstattung leisten. Das Ritual war nichts anderes als eine Machtdemonstration, die Spende ein Kniefall vor den Diamantenpaten.

Das Syndikat firmiert unter vielen Etiketten – Central Selling Organization, Diamond Trading Company, Anglo-American Trust. Doch das sind nur Namen, Teile einer riesigen, geheimnisvollen Organisation. Einige Unternehmen haben ihren Sitz in London, wo der Großhandel mit Rohdiamanten abgewickelt wird, andere in Tel Aviv, Antwerpen und New York, wo die Steine gespalten, geschliffen und an den Einzelhandel abgesetzt werden. Aber das Zentrum des Netzes liegt in Südafrika. Dort ist es unter dem Namen De Beers Consolidated Mines Inc. bekannt.

Im Unterschied zu anderen Wirtschaftsimperien – der OPEC

etwa oder Time Warner oder Unilever – werden die Firma De Beers und ihr jüngeres Schwesterunternehmen Anglo-American von einer einzigen Familie kontrolliert. Jede Gesellschaft hält die Aktienmehrheit der anderen – ein Schachzug, um die Besitzverhältnisse zu kaschieren, Steuern zu sparen und eine Übernahme durch Konkurrenten zu verhindern. Die weitverzweigte Organisation gebietet über mehr als 1300 Unternehmen und setzt neunzig Prozent der weltweit geförderten Diamanten und eine beträchtliche Menge Gold ab. Die Spur jeder einzelnen Firma läßt sich bis zu den Oppenheimers zurückverfolgen, einer Familie, deren Lebensstil von besseren Zeiten kündet, als Moral noch nicht so kompliziert und der Imperialismus noch kein Fluch, sondern ein Glaubensbekenntnis war. Kurzum von Zeiten, als Cecil Rhodes, der plutokratische Politiker und Gründer von De Beers, mit Riesenschritten Afrika durchmaß und seine Königin mit Kolonien und Diamanten beschenkte.

Der Geist dieses Mannes ist in der Stockdale Street 36 im südafrikanischen Kimberley noch zu spüren. Hier, im Sitzungssaal im Erdgeschoß, versammeln sich viermal im Jahr 18 Direktoren von De Beers um einen lederbezogenen Teakholztisch. Der Raum ist lichtdurchflutet und luftig. Große Fenster und Glastüren gehen auf einen mit Bäumen und blühenden Sträuchern bepflanzten Garten hinaus. In dieser Umgebung fällt nie ein lautes Wort. Die Männer lauschen gespannt Nicholas Oppenheimer. Der Direktor von De Beers ist ein bärtiger, leutseliger Mann, 46 Jahre alt, gebürtiger Südafrikaner und Oxfordabsolvent. Seine Liebenswürdigkeit ist Berechnung. Gefragt, wie er von der Nachwelt gesehen werden will, antwortet Nicholas Oppenheimer: »Oh, als nichts Besonderes. Vielleicht als jemand, dessen Leben sich gelohnt hat, der kein Langweiler war.« Nun, ein Langweiler wird er ganz gewiß nicht. Er ist der Diamantenprinz, der legitime Erbe des Königs.

Der König selbst ist Harry Frederick Oppenheimer, Sohn des verstorbenen Sir Ernest Oppenheimer, jenes Mannes, der De Beers ins 20. Jahrhundert geführt hatte. Der 84jährige Harry hat sich das freundliche Auftreten eines Charakterdarstellers bewahrt, der es gewohnt ist, nur große Rollen zu spielen: einen Premierminister etwa oder einen Meisterspion. Seine Lachfalten kommen nicht von ungefähr. Obwohl er offiziell im Ruhestand lebt, ist sein Einfluß noch rund um den Globus zu spüren. Nicht zuletzt deshalb, weil er der reichste Mann von Südafrika und mithin einer der reichsten Männer der Welt ist. (Die Zeitschrift *Fortune* führt ihn unter den Top 20 und schreibt, daß »Harry Oppenheimers Unternehmen 54 Prozent der an der Johannesburger Börse gehandelten Wertpapiere kontrollieren«.) So ist es nicht verwunderlich, daß er einer der ersten Weißen war, die Nelson Mandela, der Führer des Afrikanischen Nationalkongresses, nach seiner Entlassung aus 31jähriger Haft zu sehen wünschte.

Harrys sechs Hektar großes Anwesen am Stadtrand ähnelt, wie kann es anders sein, einem Palast. Er züchtet arabische Rassepferde. Seine Bibliothek, die wertvolle Erstausgaben und seltene Afrikana enthält, wird von einem technischen System, bestehend aus Feuchtigkeitsreglern, Staubfiltern und Speziallampen, geschützt, wie man es sonst nur im neuen Flügel der Congress Library in Washington findet. Auf seine Sammlung impressionistischer Gemälde wäre jedes größere Museum stolz. Diese Schätze mögen sein Auge erfreut haben, sie haben aber niemals seinen Blick getrübt. Für Harry ist Erwerb ohne Macht bedeutungslos. »Ich bin nicht im mindesten an Macht um ihrer selbst willen interessiert«, sagt er. »Ich will Macht, um große, schwierige Dinge zu vollbringen.«

Und zu diesen schwierigen Dingen gehört die Führung der chaotischen, mitunter zu hysterischen Reaktionen neigenden Welt des Diamantenhandels. Augenblicklich herrscht in dieser Welt Panik. Sie erlebt gerade die schwierigsten Jahre seit der Weltwirtschaftskrise, und De Beers steht vor einem Dilemma. Japan und Amerika, zwei der größten Absatzmärkte, leiden unter einer schweren Rezession, und die Nachfrage nach Juwelen ist drastisch gesunken. Zu viele Diamanten gelangen in den Großhandel. Damit das Kartell intakt bleibt, muß De Beers die gesamte überschüssige Ware aufkaufen, und das Überangebot wächst beständig. Die ehemalige Kolonie Angola ist durch interne Querelen zerrissen, und weite Teile des Landes sind praktisch unregierbar. Angolanische Schwarzhändler werfen Diamanten zu Dumpingpreisen auf den Markt.

Um das Preisgefüge vor einem Kollaps zu bewahren, wird De Beers für mindestens 500 Millionen Dollar überschüssige Diamanten aufkaufen müssen, obwohl das Unternehmen gleichzeitig 150 Millionen für Werbung ausgibt. Erst zum zweitenmal in seiner Nachkriegsgeschichte hat es die Dividenden gesenkt. Im Sommer 1992 verzeichnete die Aktie des Bergbaugiganten einen Kurssturz von 28 auf etwa 21 Dollar.

Ein eisiger Wind bläst der Branche ins Gesicht, und viele werden ihm zum Opfer fallen. Nicht so De Beers. Nicht so Harry. Er hat niemals ein Jahr ohne Rückschläge erlebt, zudem residiert er in Südafrika, einem krisengeschüttelten Land, das von den Jahren der Apartheid gezeichnet ist und von sozialer Auflösung bedroht wird. Auf die eine oder andere Weise hat er sich stets durchgesetzt. Mit einem Minimum an Aufsehen hat er ein Maximum an Macht demonstriert, und das weltweit. Und all die Jahre war er stets erfolgreich darauf bedacht, daß die Macht in den Händen seiner Familie blieb.

Von Johannesburg aus herrscht der König der Diamanten über sein Imperium. Seine Autorität strahlt durch seine Unternehmen, so wie sich das Licht in seinen Produkten bricht. (Er selbst trägt im übrigen keinen Diamantring, auch keine diamantenbesetzte Krawattennadel.) »Ich gehöre zu der Generation von Männern, die keinen Schmuck tragen«, erklärt er. »Die Welt hat sich verändert.« Er lächelt. »Und ich habe nichts gegen diese Veränderung.« Der Absatz in den USA und in Japan ist zwar zurückgegangen, doch zuvor hatte er Rekordhöhen erreicht. Wegbereiter für diesen Erfolg in den Vereinigten Staaten war Harrys berühmte Kampagne mit dem Slogan »Ein Diamant ist unvergänglich.« Weniger bekannt sind seine Bemühungen, den Diamantenverkauf in Asien und Europa anzukurbeln. Bis zum Ende des Zweiten Weltkriegs besaßen weniger als ein Prozent aller Japaner einen Diamant-Ehering. Dann führte De Beers einen raffinierten und unermüdlichen Werbefeldzug, bis fast siebzig Prozent der frischvermählten Bräute einen Diamanten an der linken Hand trugen. Eine weitere Zielgruppe waren die Westdeutschen. Deutsche Brautleute begnügten sich lange mit zwei Trauringen aus Gold – bis 1967, als De Beers das Konzept des *triset* einführte, bei dem der dritte Ring mit Diamanten besetzt war. Die Bundesrepublik wurde der drittgrößte Absatzmarkt für Diamanten.

Dies sind freilich nur die offenkundigsten Beispiele für die Macht des Unternehmens. Die schwarzafrikanischen Länder Namibia, Botswana, Zaire, Lesotho und Tansania verfügen alle über Diamantminen. Und alle ihre Diamanten gehen durch die Hände der Weißen bei De Beers. »Wir arbeiten in höchst zufriedenstellender Weise mit ganz Afrika zusammen und kommen in die merkwürdigsten Gegenden«, sagt einer von Harrys Managern. »Ein Teil des Geheimnisses ist unsere Diskretion. Wir reden nicht viel. Und wir haben die Regierungen davon überzeugt, daß das System funktioniert und daß es in unser beiderseitigem Interesse ist, daß es auch weiterhin funktioniert.«

Und es funktioniert, obwohl Förderung und Sortieren der Steine seit jeher als heimliche Rassentrennung attackiert worden sind. Die Bergleute sind zum überwiegenden Teil Schwarze; Verarbeiter und Sortierer kleinerer Steine sind sogenannte Coloureds (Menschen gemischtrassischer Herkunft); Verarbeiter und Sortierer großer Steine sind Weiße.

Seit Jahrzehnten werden die Manager von De Beers und Anglo-American als Heuchler gebrandmarkt. Und seit Jahrzehnten geht das Imperium seinen Geschäften nach und hält das System funktionsfähig. Seine Manager wissen ganz genau, wie sich der Einsatz billiger Arbeitskräfte und die offizielle, gegen jede Rassendiskriminierung gerichtete Politik des Unternehmens unter einen Hut bringen lassen. Und sie verstehen es sehr gut, in wohlgesetzten Worten die freie Marktwirtschaft zu preisen – und gleichzeitig den Preis für Diamanten stabil zu halten, indem sie die Zulieferung an die Großhändler kontrollieren. Nach Auffassung des Unternehmens ist jeder Versuch, sich dem Kartell zu widersetzen, letztlich selbstzerstörerisch. »Ob wir die Macht eines Monopols ausüben, möchte ich gar nicht wissen«, sagt Harry Oppenheimer. »Wenn ja, dann haben wir sicher ein Monopol ganz besonderer Art. Keiner, der mit Diamanten zu tun hat, ob nun als Produzent, Händler, Schleifer, Juwelier oder Kunde, geht mit leeren Händen davon.«

In den letzten Jahrzehnten hat sich das Imperium über alle Kontinente ausgebreitet. Es hat dabei in die verschiedensten Unternehmen investiert, darunter Finanzierungsgesellschaften, Auto-, Sprengstoff- und Papierfabriken, Brauereien, Kohle- und Uranbergwerke, Platin- und Kupferminen, Reiseagenturen und Großfarmen. Doch trotz aller Diversifikation bleiben Gold und Diamanten das wichtigste Standbein des Unternehmens. Anglo-American, nach wie vor der größte westliche Goldproduzent, hat in den vergangenen sechzig Jahren 11 000 Tonnen gefördert, rund zehn Prozent der bekannten Weltvorräte. De Beers wiederum kontrolliert den Absatz von neunzig Prozent aller Diamanten, ob sie nun in Afrika, Australien oder Rußland gefördert werden. Theoretisch ist jedes Aktienpaket der Oppenheimers gleich wichtig, aber Harry hat aus seiner Vorliebe nie ein Hehl gemacht. Das Geschäft mit Edelsteinen mag in einer Krise stecken, doch Diamanten waren seit jeher die Eckpfeiler des Imperiums und haben für ihn bis heute ihren besonderen Glanz bewahrt. »Diamanten kaufen die Leute aus Eitelkeit«, bemerkte er einmal. »Gold kaufen sie, weil sie zu dumm sind, sich ein anderes Währungssystem vorzustellen, das funktioniert. Und Eitelkeit ist in meinen Augen ein reizvolleres Motiv als Dummheit.«

Er verzichtete darauf, noch andere Motive zu nennen. Habgier, zum Beispiel, oder Neid und maßlosen Ehrgeiz. Sie alle zählen nicht zu den angenehmsten menschlichen Eigenschaften. Aber sie begleiten die Diamanten seit über fünftausend Jahren. Die Geschichte dieser Steine ist älter als die von De Beers, auch älter als Südafrika und fast so alt wie die Habgier.

*

Seit Jahrhunderten bereichern Diamanten die Schatzkammern von Königen und beflügeln die Phantasie des gemeinen Mannes. Abenteurer legten auf der Jagd nach ihnen Tausende von Meilen zurück. Ihretwegen wurden Männer und Frauen ermordet, ihretwegen blühten Länder auf und stürzten Regierungen. Diamanten sind schon immer viel mehr als bloße Edelsteine gewesen. Sie sind auf der Haut funkelnde Geschichte.

Bereits in der Bibel werden Diamanten erwähnt: »Die Sünde Judas ist geschrieben mit eisernem Griffel und mit diamantener Spitze gegraben auf die Tafel ihres Herzens ...« Plinius der Ältere schreibt ihnen Wunderheilkräfte zu. Andere berichten von Diamanten, die ihre Träger unsichtbar machen. Aber erst in den Märchen aus *Tausendundeiner Nacht* beginnt die romantische Verklärung der Steine.

So berichtet Sindbad in der Schilderung seiner zweiten Reise, wie er vom Vogel Roch über einem unzugänglichen Tal abgeworfen wurde – eine Szene, die Filmemacher von Cecil B. de Mille bis Steven Spielberg ins Bild gesetzt haben. Sindbad bemerkte, daß das Tal von Diamanten übersät war und von riesigen Schlangen wimmelte, und so flüchtete er in eine Höhle. Im Innern der Höhle brütete eine weitere Schlange ihre Eier aus, und Sindbad verbrachte die Nacht in großer Furcht. Als er am Morgen hungrig, verängstigt und müde ins Freie taumelte, fiel vor ihm ein großes Stück Fleisch zu Boden. Er hatte bereits davon gehört, daß Diamantenhändler frisch gehäutete Schafe in das Tal der Diamanten warfen, um Geier und Adler anzulocken. Das Fleisch war so klebrig, daß die Diamanten daran haftenblieben, und wenn die Raubvögel kamen und das Fleisch hinauf in die Berge trugen, verscheuchten sie die Kaufleute von ihren Horsten und sammelten die Edelsteine ein.

Sindbad griff zu einer List. Er füllte schnell seine Taschen mit Diamanten, band sich das Stück Fleisch um die Brust und legte sich auf den Rücken. Ein Adler flog herbei und trug ihn auf einen Berggipfel. Dann kam ein Mann und vertrieb den Vogel mit seinem Geschrei. Sindbad schenkte ihm einen Teil der Diamanten und erzählte ihm seine Geschichte.

H. Rider Haggard griff die Szene in *King Solomon's Mines* wieder auf, desgleichen John Buchan, der Autor von *Die neununddreißig Stufen* (beide Schriftsteller hatten selbst auf den Diamantfeldern geschürft). »Ich verkaufte alle meine Diamanten an De Beers«, sagt der Held und Abenteurer in *Prester John*, »denn hätte ich sie auf dem freien Markt angeboten, hätte ich das empfindliche Preisgefüge aus dem Gleichgewicht gebracht. Als ich meine Gewinne überschlug, stellte ich fest, daß ich ein kleines Vermögen von über einer Viertelmillion Pfund gemacht hatte.

Der Reichtum stieg mir nicht zu Kopf, er stimmte mich eher ernst. Ich verspürte keinerlei Verlangen, auch nur einen Teil davon sinnlos zu verprassen. Er war mit Menschenblut erkauft worden ...«

In *Der Monddiamant,* Englands erstem Kriminalroman, erzählt Wilkie Collins von einem riesigen gelben Diamanten, der aus der Stirn einer Hindugottheit herausgebrochen worden war und seinen wechselnden Besitzern von Indien bis England nur Unglück brachte. »Er schien unergründlich, dieser Stein, den man zwischen Daumen und Zeigefinger halten konnte, unergründlich wie der Himmel selbst. Wir legten ihn eine Weile in die Sonne, dann schlossen wir das Tageslicht aus und ließen ihn im

Dunkeln leuchten, aus den Tiefen seines strahlenden Glanzes ...
Kein Wunder, daß Miss Rachel wie verzaubert war, kein Wunder,
daß ihre Cousinen verzückt aufschrien ... Der einzige von uns,
der bei Verstand blieb, war Mr. Godfrey. Er legte jeder Schwester
einen Arm um die Taille, sah zu mir hin, dann auf den Diamanten
und sagte mitleidig: ›Kohle, nichts als Kohle, mein lieber
Freund!‹«

Nur Kohle? Bloße Einbildung? Die Wahrheit über Diamanten
ist viel exotischer. Der Koh-i-Nur, zum Beispiel, wurde am Ufer
eines indischen Flusses gefunden. Eine Herrscherfamilie erwarb
ihn und reichte ihn von Generation zu Generation weiter, bis
schließlich einer der Könige den Pfauenthron mit ihm schmük-
ken ließ. Als 1793 der persische Eroberer Schah Nadir den Thron
erbeutete, stellte er fest, daß der Diamant verschwunden war. Der
entthronte Herrscher Mohammed hatte ihn herausgebrochen
und in seinem Turban versteckt.

Der Perser war ein umsichtiger Mann. Er hätte Mohammed angreifen und einen Umsturz herbeiführen können, doch er fand
eine bessere Lösung. Er erbot sich, die von ihm eroberten Gebiete zurückzugeben, und schlug vor: »Tauschen wir zur Besie-
gelung unseres Freundschaftspaktes unsere Kopfbedeckungen.«
Vor Zeugen war eine Weigerung unmöglich, und so händigte
Mohammed seine Kopfbedeckung aus. Sobald Nadir wieder
allein war, wickelte er den Turban auf, und heraus fiel ein großer
Diamant. Da rief er bewundernd: »*Koh-i-nur*«, Berg des Lichts.

Nadir nahm den Stein mit nach Persien, wo er bald darauf ermordet wurde. Sein Enkel Schah Runk brachte ihn in seinen Besitz, wurde aber von Plünderern entführt. Das Lösegeld für seine
Freilassung war der Koh-i-Nur. Der neue Besitzer des Steins war
ein gewisser Schah Ahmed, dessen Familie ihn zwei Generationen lang behielt. Dann wurde Ahmeds Enkel Saman von seinem
eigenen Bruder Schuja abgesetzt, eingekerkert und, als er sich
weigerte, das Versteck des Diamanten preiszugeben, geblendet.
Wenig später wurde auch Schuja entthront und suchte Zuflucht
bei einem Herrscher, der als der Löwe des Pandschab bekannt
war. Der Preis für seine Sicherheit war natürlich der Koh-i-Nur.
Der Nachfolger des Löwen wurde ermordet, und der Diamant
blieb mit einem Fluch belastet, bis die Briten schließlich den
Pandschab eroberten und den »Berg des Lichts« konfiszierten.

Im Jahr 1850 wurde er Königin Viktoria als Geschenk dargebracht. Ihre Majestät war enttäuscht über das Aussehen des Steins und beschloß, ihn umschleifen zu lassen. Das Endprodukt wog 108,93 Karat. Seitdem hat er Königinnen geschmückt. Alexandra trug den Koh-i-Nur bei der Krönung von König Eduard VII., Elisabeth II. bei ihrer eigenen Krönung. Zwischen solchen Staatsfeierlichkeiten kann er heute zusammen mit den anderen Kronjuwelen im Londoner Tower bewundert werden.

Andere Diamanten haben eine ähnlich bewegte Vergangenheit. Die Geschichte des Orlow beginnt mit dem Besuch eines französischen Soldaten in einem indischen Tempel. Dort entdeckt er im Auge einer Götterstatue einen riesigen funkelnden Diamanten. Monatelang schmeichelt er sich bei den Hindupriestern ein, und als sie ihn endlich im Heiligtum allein lassen, bricht er den Stein heraus und setzt sich nach Madras ab. Dort verkauft er ihn an einen Kapitän, der ihn wiederum 1775 an den Grafen Orlow veräußert. Der russische Aristokrat will sich mit dem Stein die verlorene Gunst von Zarin Katharina der Großen zurückkaufen, doch kaum hat sie den Diamanten eingeheimst, gibt sie ihm den Laufpaß und nimmt den Fürsten Potjomkin als Liebhaber.

Auch der Regent hat eine Geschichte, die von Habgier, Mord und Leid begleitet ist. Wie die anderen Diamanten wird er in Indien gefunden. Ein Sklave stiehlt ihn und versteckt ihn in einer Wunde, die er sich selbst beigebracht hat. Er flieht an die Küste und vertraut sein Geheimnis einem Matrosen an, der ihn als Gegenleistung mit dem Schiff in die Freiheit bringen soll. Unterwegs wird der Sklave über Bord geworfen. Der Matrose verkauft den Stein, verpraßt das Geld mit Frauen und Alkohol, verfällt schließlich dem Delirium tremens und erhängt sich. Der Stein wandert dann durch viele Hände, darunter auch die von Marie Antoinette, die ihn an ihren schwarzen Samthut steckt. In den Wirren der Französischen Revolution verschwindet der Regent, taucht später aber wieder in einer Pariser Mansarde auf. Im Jahr 1797 wird er für eine Anleihe verpfändet, mit der Napoleons Machtergreifung finanziert wird. Napoleon läßt ihn auf den Knauf seines Paradedegens fassen, den er 1804 bei seiner Krönung zum Kaiser der Franzosen trägt. Nach seiner Verbannung auf die Insel Elba wird der Regent den französischen Kronjuwelen einverleibt. Seitdem wird er im Louvre aufbewahrt.

All diese Edelsteine – und viele andere, die eine ebenso romantische Geschichte haben – stammten aus Indien. Jahrhundertelang nahm man an, daß es nur dort Diamanten gäbe. Geschürft wurden sie von Arbeitern, die etwa einen Penny pro Tag verdienten. Ein Besucher berichtete von »annähernd 60 000 Menschen … Die Männer gruben, die Frauen und Kinder trugen die Erde weg …«

Dann, als die indischen Vorräte gerade zur Neige gingen, wurde in Brasilien eine neue Lagerstätte entdeckt. Als der Forscher Richard Burton 1867 das Land bereiste, besichtigte er eine Mine. Er fand »keine Spur von Lastkränen, Rollen oder Schienen. Die simpelste Form eines Flaschenzugs war dort unbekannt. Der Neger war das einzige Hilfsmittel.« Brasiliens diamanthaltiges Erdreich war bald ausgebeutet. Doch nun sollte sich herausstellen, daß es im fernen Südafrika nicht nur viele Steine, sondern auch mehr als genug dieser »Hilfsmittel« gab.

ERSTER TEIL

DIE ROMANTISCHE VERKLÄRUNG DES STEINS

Die Viktorianer waren lahme Riesen; der stärkste von ihnen ging auf einem Bein, das etwas kürzer war als das andere. Diejenigen, die nur ungewöhnliche Menschen sind, sind Perverse und Pestverbreiter. Aber in gewisser Weise war der große Viktorianer zugleich mehr und weniger als das. Er war gleichzeitig ein Riese und ein Zwerg.

CHESTERTON

1

Brennpunkt menschlicher Leidenschaft

Die vornehmen Büros und die seriösen Manager von De Beers erwecken den Eindruck, als handele es sich um ein Unternehmen von uraltem Reichtum und weit zurückreichender Tradition. In Wahrheit ist die Geschichte des Imperiums eine moderne Saga, und gleiches gilt auch für sein Stammland. Neben Südafrika wirken die emporgeschossenen Länder Australien und die Vereinigten Staaten wie alte Kulturnationen: Sydney wurde 1788 gegründet, Cincinnati 1819 zur Stadt erklärt. Kimberley hingegen, wo De Beers' Aufstieg begann, schoß erst in den siebziger Jahren des letzten Jahrhunderts aus dem Boden, und Johannesburg, Sitz von Anglo-American, entstand zehn Jahre später.

Bis dahin lag das von der Sonne versengte Land in einem mittelalterlichen Schlaf. Es besaß keine schiffbaren Flüsse, keine nennenswerte Eisenbahnlinie, keine Telegrafenverbindungen. Als Transportmittel dienten Ochsenkarren, Nachrichten wurden zu Pferde übermittelt. Das Land war so ausgedorrt, daß eine Viehherde 2400 Hektar Weideland brauchte. Die Schiffe der niederländischen Ostindischen Kompanie hatten an der Südspitze in Kapstadt einst ihre Vorräte aufgefüllt, bevor sie nach Indien oder China weitersegelten. Doch diese Handelsflotte war nur etwa hundert Jahre lang ein wichtiger Wirtschaftsfaktor. Der Hafen am Kap der Guten Hoffnung, der einzige Ort, wo sich ein Aufenthalt lohnte, verfiel der Bedeutungslosigkeit. Schiffe, die nach Fernost fuhren, nahmen bald die erheblich kürzere Route durch den neuen Suezkanal.

Nach der Schlacht bei Waterloo hatten die Briten weite Teile des Landes annektiert, um zu verhindern, daß die Franzosen dort einen Brückenkopf errichteten. Doch in der Ära nach Napoleon erschien die Besetzung als Riesenirrtum. Sie erforderte den Einsatz von Soldaten und Ausrüstung, die andernorts dringender benötigt wurden, und lieferte keinerlei Einkünfte. Der Historiker Sir John Robert Seely sprach vielen seiner Landsleute aus dem Herzen, als er sagte, daß England seine Besitzungen in Südafrika in einem »Anfall von geistiger Umnachtung« erworben habe. Ein viktorianischer Weltenbummler kam zu dem vernichtenden Urteil: »Ihre Majestät besitzt im gesamten Empire keinen zweiten Landstrich, der so reizlos ist.«

Die Rivalen Großbritanniens teilten im großen und ganzen diese Ansicht, und so fanden die Raufereien um Kolonien bis Mitte des 19. Jahrhunderts nördlich des Limpopo, an der Peripherie Südafrikas, statt. Es war, als seien Marodeure in ein Haus eingefallen, als hätten sie alles nach Wäsche, Wertsachen und Möbeln durchstöbert und darüber versäumt, im Keller nachzusehen, wo unbewacht eine Kiste voller Juwelen stand.

Im Jahr 1867 wurde dieser Schatz zufällig von dem Farmerssohn Erasmus Stephanus Jacobs entdeckt, der sich gerade am Ufer des Oranje, nordwestlich von Hopetown, unter einem Baum von der Arbeit ausruhte. Seit damals hat sich das Gesicht der Landschaft in und um Transvaal nur unwesentlich verändert, sieht man einmal von vereinzelten Ansiedlungen ab. Damals wie heute schlängelte sich der schlammige Fluß durch eine Landschaft mit gräulich-gelbem Staub und spärlicher Vegetation, bestehend aus Glanzgrasbüscheln und hie und da einem schirmförmigen Dornbaum.

So fällt es nicht schwer, sich den 15jährigen Jungen an jenem denkwürdigen Nachmittag vorzustellen. Nach Jacobs' Bericht, den er als über Achtzigjähriger gab, sah er »ein paar Meter entfernt in der grellen Sonne einen glitzernden Kiesel ... Ich hatte natürlich keine Ahnung, daß der Stein wertvoll war. Ich trug zu der Zeit einen Kordanzug und steckte den Kiesel einfach in die Hosentasche. Ich war überhaupt nicht aufgeregt, daß ich einen so schönen Stein gefunden hatte ... Als ich wieder zu Hause war, schenkte ich den *mooi klip* (schönen Kiesel) meiner kleinen Schwester, und die legte ihn zu ihren Spielsachen.«

Einen Monat später spielten die Jacobs' ein traditionelles Spiel namens »Fünf Steine«. Einer der Steine war der *mooi klip,* die anderen gewöhnliche Kiesel aus dem Fluß. Ein Nachbar, Schalk van

Niekerk, »kam zu Besuch, während wir spielten. Er bewunderte den Stein und versuchte, mit ihm die Fensterscheibe zu ritzen. Meine Mutter bemerkte, daß der ›weiße Stein‹ Herrn van Niekerk sehr gefiel, und so schenkte sie ihn ihm.«

*

Schalk van Niekerk gehörte wie seine Freunde, die Jacobs', zu jenem nomadisierenden Volksstamm von Weißen, deren Vorfahren zweihundert Jahre zuvor aus den Niederlanden eingewandert waren. Sie waren die einzigen, die Sklaven *nach* Afrika gebracht hatten – hauptsächlich Javaner, die sie im 17. Jahrhundert gekauft hatten, als die Niederländer im Fernen Osten eine dominierende Macht gewesen waren.

Die Buren (holländisch für Bauern) waren ein zähes Landvolk, das weite, selbstgefertigte Kleider trug und dessen sittliche Grundsätze auf einer wörtlichen Auslegung der Bibel beruhten. Paulus Kruger, der später der bedeutendste Burenführer werden sollte, hielt die Erde für eine Scheibe, und keiner widersprach ihm darin. Nach burischer Lehre war Sklavenbesitz nicht nur verzeihlich, es wurde im Alten Testament sogar zu ihm ermuntert. Die eingeborenen Schwarzafrikaner wurden als ein Geschenk des Himmels betrachtet, dazu bestimmt, dem weißen Mann zu dienen. Die Buren griffen so viele, wie sie konnten, auf und ließen sie für sich arbeiten. Unter diesen Ureinwohnern gab es auch einen Eingeborenenstamm, der sich selbst Khoikhoi nannte. Doch die Niederländer gaben ihnen einen anderen Namen. In ihren Ohren klang die Sprache der Schwarzen so, als würden sie stottern und stammeln – *hateren en tateren*. Aus diesen drei Wörtern entstand die Kurzform Hottentotten. Ein anderes ansässiges Volk, die Bantu, wurden Kaffern genannt. Diese Bezeichnung war aber weder südafrikanischen noch europäischen Ursprungs, sondern leitete sich von dem wenig schmeichelhaften arabischen Wort *kafir* für Ungläubiger ab. Mischlinge mit weißen und schwarzen Vorfahren wurden *Bastaards* genannt, eine Bezeichnung, die später durch den weniger beleidigenden Ausdruck *Griqua* ersetzt wurde.

Im späten 18. Jahrhundert bereiste eine Aristokratin, Lady Anne Barnard, Südafrika und brachte ihre Eindrücke zu Papier. Sie fand, daß die niederländischen Siedler in der Gesellschaft von

Fremden »abweisend und übellaunig« sein konnten. Andererseits mußte sie zugeben, daß die Männer recht stattlich waren, »ein Meter achtzig und größer«, und wie sie erfuhr, lebten an der Grenze sogar einige, die »über zwei Meter groß« wurden. Lady Anne liefert eine eindrucksvolle Beschreibung von den weißen Afrikanern, die »in blauen Wolljacken und sehr flachen Hüten« spazierengehen. »Mir fiel auf, daß sie übertrieben gut angezogen waren, während die Hottentotten-Sklaven, die ihnen unterwürfig folgten und die Schirme ihrer Herren trugen, nur spärlich bekleidet waren ... mit einem Lederlappen um die Hüfte und einem Schaffell über den Schultern. Der ein oder andere hatte ein rotes Taschentuch um den Kopf gebunden, einige trugen einen mit Straußenfedern geschmückten alten Hut.« Die Burenfrauen fand sie attraktiv, aber zu mollig. Kaum eine über dreißig wog weniger als 180 Pfund. Dies mochte daran liegen, daß sie so früh Kinder bekamen. Zu früh, wie sie meinte, doch ein Beamter korrigierte sie: »Ganz und gar nicht, gnädige Frau. Sie bekommen sie genau zur richtigen Zeit, bloß heiraten sie etwas spät.«

Mit dem Beistand der Heiligen Schrift und der Hilfe der unterjochten Schwarzen bestellten die Burenfamilien unerschütterlich das Land im südlichsten Teil Südafrikas, hielten Rinder als Milch- und Fleischlieferanten und Schafe wegen der Wolle. Trotz aller Entwicklungsarbeit hat sich die Region um Kapstadt seit den Tagen der Niederländer kaum verändert. Hinter dem Küstensaum mit seinen weißen Stränden steigt das Land jäh zu den Drakensbergen an. Dort regnen sich die Wolken ab und verwandeln die Täler von Stellenbosch und Drakenstein in saftiges Ackerland. Wie in der Vergangenheit gedeihen hier Baumwolle, Getreide, Bohnen und Trauben für exzellente Weine und einen Brandy namens Cape Smoke. Hinter den Tälern geht das Land abrupt in eine Hochebene über. Hier ist der Boden rissig und staubig. Landwirtschaft ist nur mit künstlicher Bewässerung möglich, und ausgedehntes Grasland löst die Gemüsefelder ab. Dies alles wird den Anforderungen einer Industriegesellschaft schwerlich gerecht. Doch die Buren waren bis ins frühe 19. Jahrhundert damit zufrieden. Dann aber trieben sie zwei Gründe dazu, tiefer ins Landesinnere zu ziehen. Einmal wurde die Anbau- und Weidefläche für die rapide wachsende Bevölkerung zu knapp: Die Buren, die sich schon eingezwängt vorkamen, wenn

sie den Nachbarn Holz hacken hörten, mußten ihrem Kinder-
reichtum Tribut zollen. Der zweite Grund war ihre Abneigung
gegen die Briten.

Seit der napoleonischen Ära waren die Briten die wahren Herren im Land, und ab 1815, als die Niederlande ihr Besitztum für
6 Millionen Pfund an Großbritannien verkauften, waren sie es
auch von Rechts wegen. Buren und Briten beäugten einander mit
Argwohn, doch es gab durchaus auch versöhnliche Momente. So
etwa 1809, als die Beamten Wilhelms IV. das erste Paßgesetz erlie-
ßen. Es war, als habe der englische König die Gedanken der Buren gelesen und ihnen ihren sehnlichsten Wunsch erfüllt. Von nun
an mußte jeder Schwarze einen »festen Wohnsitz« vorweisen.
Wenn er reisen wollte, brauchte er einen Paß von seinem Herrn
oder einem lokalen Beamten. Verstöße wurden mit Geldbußen
oder Gefängnis bestraft.

Die Antisklavereibewegung in London horchte auf und ge-
lobte, etwas gegen dieses schreiende Unrecht zu unternehmen.
Dr. David Livingstone brachte seine tiefsten Gefühle zum Ausdruck: »Die sonderbarste Krankheit«, so erinnerte er sich, »die
ich in Afrika gesehen habe, scheint mir die Verzweiflung zu sein.
Sie befällt freie Menschen, die gefangen und versklavt worden
sind.« Fünf Jahre lang hielten die Proteste ununterbrochen an,
dann gab die Regierung schließlich nach. Im Jahr 1814 hob sie das
Paßgesetz auf und setzte einen Ausschuß ein, der die grausame
Behandlung von Schwarzen untersuchen sollte.

Die Buren selbst haben immer behauptet, die Sklaverei in Südafrika sei im großen und ganzen ein wohltätiges, patriarcha-
lisches System und weit menschenfreundlicher gewesen als das in
Amerika. In Wahrheit war es jedoch ein System der Willkür, Gewalt und Unmenschlichkeit. Das Sklavenhaus in Kapstadt wurde
in ein Bordell umfunktioniert und eine Stunde pro Nacht für lie-
beshungrige Matrosen geöffnet, die Landgang hatten. Männliche
Sklaven bekamen die ganze Härte ihres Zeitalters zu spüren. Für
Ungehorsam wurden sie gerädert, ausgepeitscht oder an Händen
und Füßen gefesselt, in einen Sack gesteckt und in die Bucht geworfen. Einer dieser Missetäter sollte auf Anordnung »an ein
Kreuz gebunden werden, dann soll man ihm die rechte Hand ab-
hacken, den Körper an sechs Stellen mit glühenden Eisen zwik-
ken, die Arme und Beine brechen, ihn danach auf dem Platz vor

dem Rathaus pfählen und den Leichnam anschließend auf den üblichen Platz draußen vor der Stadt werfen und den Vögeln des Himmels zum Fraß überlassen.« Für die meisten Farmer waren Sklaven zu wertvoll, als daß sie sie so barbarisch behandelt hätten. Aber die Androhung war allgegenwärtig, und wenn Sklaven auf dem Land auch selten aufs Rad geflochten wurden, so lebten sie doch unter ständigem Terror.

Als die Engländer das Paßgesetz aufhoben, griffen etwa sechzig Buren empört zu den Waffen. Fünf von ihnen wurden zur Strecke gebracht und zum Tode verurteilt. Sie sollten auf einem Platz namens Slagters Neck gehenkt werden. Die Hinrichtung war besonders grauenvoll. Viermal riß der Strick, und die Männer stürzten unversehrt zu Boden. Die Menge sah darin ein Zeichen des Himmels und bat für sie um Gnade, doch der befehlshabende Offizier blieb hart. Die Männer wurden so lange gehenkt, bis ihre Leichen unter dem südafrikanischen Himmel baumelten. Die Buren konnten diesen bitteren Tag nie vergessen, und Slagters Neck wurde ihre erste nationale Gedenkstätte. Viele weitere sollten folgen.

Der letzte Schlag erfolgte 1833, als auf Befehl des englischen Königs alle südafrikanischen Sklaven zu freien Menschen erklärt wurden. Die Farmer schätzten den Wert ihrer Sklaven auf 3 Millionen Pfund, doch die Krone bot ihnen lediglich 1,2 Millionen Pfund als Entschädigung, zahlbar nur in London. Dies war der Gipfel der Demütigung. Die Buren konnten sich die Schiffsreise nach England nicht leisten, und so blieb ihnen nichts anderes übrig, als die Summen zu akzeptieren, die durch zahlreiche Agenten und Anwälte an sie weitergereicht wurden. War es dann soweit, daß sie die Schecks endlich einlösen konnten, dann erhielten sie nur einen Bruchteil der ihnen zustehenden Summen. Einige bekamen überhaupt nichts. Die schwarzen Arbeiter verließen die Farmen, streiften ziellos durchs Land oder siedelten sich illegal außerhalb der kleinen Städte an. Einige lebten vom Stehlen.

Jetzt waren es die Buren, die an ihr Land gefesselt waren. Ohne Arbeitskräfte drohte ihrer Farmwirtschaft der Ruin. Im Jahr 1837 beluden zehntausend Buren ihre schweren Ochsenkarren, kehrten den verhaßten Briten den Rücken und brachen zu ihrem »Großen Treck« nach Norden und Osten auf. Rudyard Kipling stellte sich den Trecker jener Tage so vor:

Des Nachbarn Rauch belästigt sein Auge,
seine Stimme raubt ihm den Frieden.
So zieht er fort, bis Süd ist Nord,
verdrossen und vertrieben.

Eine der Vertriebenen, Anna Steenkamp, erklärte Verwandten gegenüber freimütig, daß es »weniger die Befreiung unserer Sklaven war, die uns so weit trieb, als vielmehr die Tatsache, daß sie entgegen den Gesetzen Gottes mit Christen auf die gleiche Stufe gestellt wurden«.

Ihr 54jähriger Onkel Pieter Retief fügte eine Warnung hinzu: »Wir erklären feierlich, daß wir dieses Land mit dem Wunsch verlassen, in Zukunft ein ruhigeres Leben zu führen ... Wir wollen andere weder belästigen noch ihnen das geringste nehmen. Sollte man uns jedoch angreifen, so werden wir es für unser gutes Recht halten, uns und unser Eigentum mit all unserer Kraft gegen jeden Feind zu verteidigen.«

Das ruhigere Leben fanden sie unterwegs ebensowenig wie zuvor auf ihren Farmen. Überall, wohin sie kamen, waren sie Überfällen der gefürchtetsten Krieger der Region ausgesetzt, der Zulu unter ihrem König Dingane. Dieses patriarchalisch organisierte Nomadenvolk hatte jahrhundertelang hauptsächlich von der Viehhaltung gelebt. Wie wichtig Rinder für die Zulu waren, verdeutlicht die Tatsache, daß ihre Sprache über dreihundert Wörter für Kühe, Bullen und Kälber kennt, während das Englische beispielsweise kaum über ein Dutzend verfügt. Dann war ein gewisser Shaka neuer König geworden. Er entwickelte eine neue Form der Kriegsführung: Er gab die alte Taktik der Blitzüberfälle auf und bildete statt dessen disziplinierte und grausame Regimenter, die sogenannten *impis*, die fast nie unterlagen. Das Herrschaftsgebiet der Zulu, vormals 3100 Quadratkilometer groß, wurde um das Zwölffache vergrößert und reichte nun von der Ostküste mehrere hundert Kilometer ins Landesinnere.

Zwischen 1815 und 1828, in den Jahren unter Shakas Herrschaft, erlebte das schwarze Südafrika einen gewaltigen Umbruch, die sogenannte Mfekane. Shaka dezimierte oder vertrieb rivalisierende Stämme und widerspenstige Häuptlinge. Er errang die absolute Macht und terrorisierte jeden an seinem Hof. Ein Wink von ihm genügte, und seine Wachen prügelten einen Mann zu Tode. Doch im 13. Jahr seiner Herrschaft winkte Shaka zu oft, und zu viele seiner Berater mußten sterben. Sein Halbbruder Dingane wußte, daß es nur noch eine Frage der Zeit war, bis er selbst an die Reihe kommen würde, und so erdolchte er den König im September 1828 mit Hilfe zweier Mitverschwörer und übernahm selbst die Führung des Zulustammes. Der Mord brachte allerdings keinen politischen Umschwung. Unter Dingane gingen die Überfälle weiter wie vorher.

Monate später erreichten die ersten Berichte über die Vorgänge in Südafrika die Vereinigten Staaten, doch sie wurden ohne Überraschung aufgenommen. Jeder Amerikaner, der westwärts durch das Indianergebiet gezogen war, wußte im voraus, wie das Drama enden würde: Im ersten Akt schlugen die ansässigen Stämme die weißen Eindringlinge zurück. Im zweiten Akt errangen die Fremden dank ihrer waffentechnischen Überlegenheit Sieg um Sieg, bis zur endgültigen Unterwerfung – für sie ein Zeichen, daß sie mit Gottes Billigung handelten. Und im dritten Akt installierten die neuen Herren eine »Eingeborenenpolitik«.

Der Vorhang ging auf, und die Zulukrieger mit ihren Federhauben, Schilden und kurzen, todbringenden Speeren betraten die Bühne. Sie überfielen jeden Burenwagen, auf den sie stießen. Innerhalb von Minuten löschten sie ganze Familien aus. Selbst Retief fiel ihnen zum Opfer, als er eines Nachmittags im Februar 1838 mit rund siebzig Treckern auf Dinganes Einladung hin dessen Kral besuchte. Der Häuptling bot seinen Gästen einen Friedensvertrag an und lud sie ein, einem rituellen Tanz beizuwohnen. Kaum hatten die Buren es sich bequem gemacht, sprangen die Krieger auf ein verabredetes Signal hin auf, schleppten die Männer zum Hinrichtungsplatz und schlugen ihnen die Schädel ein. Anschließend zogen sie weiter zu anderen Lagern. In den folgenden Tagen wurden fast fünfhundert Buren ermordet, vorwiegend Frauen und Kinder.

Am 16. Dezember desselben Jahres sammelten sich Dinganes Regimenter für eine weitere Schlacht. Ihr Ziel war ein Wagenzug, der am Ncome, fast fünfhundert Kilometer nördlich der Kapkolonie, Rast machte. Doch diesmal waren die Buren vorbereitet. Am Vorabend hatte ihr tatkräftiger junger Anführer Andries Pretorius den Fuhrleuten befohlen, eine wehrhafte Wagenburg zu bilden. Nach alter Burentradition kletterte er auf einen Wagen und forderte seine Männer auf, mit ihm ein Gelöbnis abzulegen. Sollte der Sieg errungen werden, so rief er, »wollen wir den Tag festhalten ... damit unsere Nachkommen bis in alle Zukunft dieses Tages als eines gottgeweihten Tages gedenken können«.

Am Morgen warteten die Verteidiger, ihre Kanonen und Elefantenbüchsen auf das offene Feld gerichtet, darauf, daß der Nebel sich lichtete. Die Angreifer kamen in mehreren Wellen. Sie liefen in den sicheren Tod. Mit ihren Speeren waren sie machtlos gegen Kartätschen und Schrotgewehre. Noch bevor der Abend hereingebrochen war, lagen dreitausend Schwarze tot auf dem Schlachtfeld. Die Buren zählten drei Verwundete. Pretorius hatte eine tiefe Schnittwunde an der Hand davongetragen, zwei andere Farmer waren leicht verletzt worden. Als ein Geistlicher der niederländisch-reformierten Kirche die vielen Leichen sah, die oft zu dreien übereinander vor den Wagen lagen, rief er: »Das Wort des Herrn hat sich erfüllt: ›Ich will meinen Schrecken vor dir hersenden und alle Völker verzagt machen, wohin du kommst, und will geben, daß alle deine Feinde vor dir fliehen.‹« Der Ncome färbte sich rot von Zulublut und wurde in Blood River (Blutfluß) umbenannt. Er ist bis heute die wichtigste Gedenkstätte der Buren: Hier starben die Wilden, hier wurden die Märtyrer gerächt.

Ähnlichkeiten zwischen dem Großen Treck und dem biblischen Exodus wurden von den Kanzeln der niederländisch-reformierten Kirche gepredigt und bei Versammlungen erörtert. Die Trecker hielten sich für das neue auserwählte Volk und mißtrauten allen, die nicht zu ihrer Gemeinschaft gehörten, insbesondere den Briten und den Schwarzen. Selbst ihre Sprache, das Afrikaans, erschien genauso exklusiv wie das Hebräische. Dieser holländische Dialekt, der auch portugiesische und malaiische Ausdrücke enthielt, die von asiatischen und einheimischen Sklaven übernommen worden waren, wurde nirgendwo sonst auf der Welt gesprochen.

Die Briten spürten, daß dieses widerspenstige und sich absondernde Volk nicht so leicht zu regieren war wie die Schwarzen, wollten aber einem Krieg zwischen Weißen aus dem Wege gehen. Anfang der fünfziger Jahre des letzten Jahrhunderts zogen sie ihre Truppen zurück und räumten den Buren das Recht ein, eigene unabhängige Regierungen zu bilden, frei von englischem

Recht und der englischen Sprache. So entstanden zwei getrennte Burenrepubliken mit eigener Gesetzgebung und eigener Sprache: der Oranjefreistaat und Transvaal. In beiden herrschte Wagenburg-Mentalität. Nördlich des Vaal beschlossen die Führer, daß es in Kirche und Staat niemals eine »Gleichheit zwischen den Rassen« geben solle. Darüber hinaus wurde den Bastaards – und als solche galten alle Personen, die »bis hinunter zum zehnten Grad« weißes und schwarzes Blut in sich hatten – die Mitgliedschaft im Parlament verwehrt.

Unter britischer Verwaltung waren derartige Gesetze niemals erlassen worden, und dennoch wurde aus Whitehall keine offizielle Kritik laut. Das lag zum einen daran, daß trotz der zunehmenden Proteste gegen die Sklaverei beileibe nicht alle Briten Anhänger der Gleichheitsidee waren. Für einige, wie den Forschungsreisenden Richard Burton, war der Schwarzafrikaner zwar ein liebenswerter, aber ein lernunfähiger Mensch: »Er scheint einer jener kindlichen Rassen anzugehören, die niemals das Mannesalter erreichen und wie ausgeleierte Glieder aus der großen Kette der belebten Natur herausfallen.«

Samuel Baker, ein wohlhabender Abenteurer, der 1864 den Albertsee entdeckt hatte, urteilte noch härter: »Ich wünschte, die Sympathisanten der Schwarzen in England könnten so tief in das Herz Afrikas blicken wie ich«, notierte er in seinem Tagebuch. »Die menschliche Natur in ihrem Urzustand, so wie sie sich unter den Wilden Afrikas zeigt, steht durchaus auf einer Stufe mit der des Tieres und ist nicht zu vergleichen mit dem edlen Charakter des Hundes. Dankbarkeit und Mitleid, Liebe und Selbstverleugnung, Pflichtgefühl und Religion sind ihnen fremd, sie kennen nur Habgier, Undankbarkeit, Selbstsucht und Grausamkeit. Sie sind alle Diebe, faul, mißgünstig und stets bereit, ihre schwächeren Nachbarn auszurauben und zu versklaven.«

Doch der Hauptgrund für Gleichgültigkeit und Groll war das südliche Afrika selbst. Speziell aus englischer Sicht war es die ganze Mühe nicht wert. In der *Geschichte einer afrikanischen Farm* beschrieb Olive Schreiner das unwirtliche Land im Dürrejahr 1862: »Von einem Ende zum andern schrie die Erde nach Wasser. Mensch und Tier hob die Augen zum erbarmungslosen Himmel auf, der sich wie das Dach eines eisernen Ofens über den Köpfen wölbte. Auf der Farm sank das Wasser in den Stauteichen

32

Tag um Tag, Monat um Monat tiefer; die Schafe starben auf der Weide; die Rinder konnten sich kaum noch weiterschleppen und torkelten auf der Suche nach Futter von einem Futterplatz zum nächsten. Woche um Woche, Monat um Monat, blickte die Sonne vom wolkenlosen Himmel nieder, bis das Karrugestrüpp aus blattlosen, in die Erde gestoßenen Stecken bestand und die Erde selbst kahl und nackt war. Nur die Milchbüsche deuteten wie alte Hexen mit ihren zusammengeschrumpften Fingern himmelwärts, als beteten sie um Regen, der niemals kam.«

Wozu um einen öden Landstrich streiten, der kaum eine Schafherde ernährte? Sollten die Buren und die Bantu ruhig ihre Revierkämpfe austragen, die Imperialisten aus Europa ging das nichts an. Und so stöhnte Südafrika weiter unter der sengenden Sonne bis zu jenem schicksalhaften Tag, an dem Frau Jacobs ihrem burischen Nachbarn Schalk van Niekerk den glitzernden Kiesel schenkte.

*

Selbst ein Rohdiamant, an dem noch Schmutz haftet, hat außergewöhnliche Eigenschaften. Der Diamant ist der härteste natürlich vorkommende Stoff. Tunkt man ihn in Wasser, so taucht er trokken wieder auf. Reibt man ihn an einem Kleidungsstück, so lädt er sich elektrisch auf. Legt man ihn in die Sonne, so leuchtet er in der Dunkelheit phosphoreszierend.

Van Niekerk berücksichtigte dies alles, und dennoch vermochte er nicht mit Gewißheit zu sagen, ob der Stein in seiner Hand echt war. Er ritzte Glas mit ihm, doch das Resultat war nicht überzeugend. Vielleicht drückte er zu stark oder nicht stark genug. Wie auch immer, jedenfalls war er sich seiner Sache nicht sicher. Ungeduldig und hungrig, verkaufte er seinen Schatz für ein paar Pfund. Der Käufer, ein fliegender Händler namens Jack O'Reilly, war sich über den Wert des Steines ebensowenig im klaren. Als er ihn in Hopetown zum Verkauf anbot, löste er allgemeine Belustigung aus. Nach Ansicht der Kaufleute war der Stein wertlos, und einer wettete sogar um ein »Dutzend Gläser Bier«, daß es kein echter Diamant sei.

Im Nachbarort Colesberg erntete O'Reilly noch mehr Spott – nur nicht beim Civil Commissioner Lorenzo Boyes. Der Beamte ritzte eine Fensterscheibe mit dem Stein, und da ahnte er, daß an

O'Reillys Fund vielleicht doch etwas dran war. Er schickte ihn an den Amateurmineralogen Dr. W. Guybon Atherstone in Grahamstown. Atherstone spielt in der Geschichte des Landes in zweifacher Hinsicht eine wichtige Rolle. Zum einen war er der erste Chirurg, der mit Narkose arbeitete, zum anderen war er der erste Fachmann, der erkannte, daß der »rundliche, offensichtlich aus einem Fluß stammende Stein« ein echter einheimischer Edelstein war. In seiner ersten Aufregung rannte er zu seinem nächsten Nachbarn, einem katholischen Priester. Pater James Ricards feierte den Fund, indem er seine Initialen J. R. in ein Fenster seines Hauses ritzte. Die Scheibe blieb jahrzehntelang an ihrem Platz, zum Gedenken daran, daß die neue Seite, die in der Geschichte Südafrikas aufgeschlagen wurde, auf Glas geschrieben war.

Am nächsten Tag wußte bereits die ganze Stadt von dem Fund. O'Reillys Diamant wog 21,25 Karat, und Atherstone vermutete: »Wo der herkommt, gibt es noch viel mehr.« Doch seine Worte machten wenig Eindruck. Der *Colesberg Advertiser* schrieb: »Auf der Welt geschehen Dinge, die merkwürdiger sind als die Entdeckung von Diamanten in Südafrika« und widmete sich dann wieder den wichtigen Dingen des Lebens, dem lokalen Viehhandel und einem bevorstehenden Tanzabend.

Atherstone schickte den Stein an den Kolonialsekretär in Kapstadt, Richard Southey. Southey begriff sofort. Er packte O'Reillys Schatz in eine Kuriertasche der Regierung und schickte ihn nach London, wo er von den Juwelieren und Hoflieferanten der altehrwürdigen Firma Garrards untersucht wurde. Die Experten kamen zu dem Ergebnis, daß der »Kap-Diamant« echt sei. Dennoch winkte das Unternehmen ab. Der Boden in Südafrika, so seine Direktoren, sei zu »salzig«, um einen »Landrausch« auszulösen. Sie meinten damit auch, jemand habe den Boden mit Steinen »angereichert«. Der Direktor des Museums für angewandte Geologie ging noch weiter. Ohne jemanden direkt des Betrugs zu bezichtigen, erklärte er, daß die Gesteinsformationen in diesem Teil der Welt in keiner Weise mit denen in Brasilien und Indien vergleichbar seien und daß es folglich in Südafrika keine echten Diamanten geben könne. Dies sollte ihn seinen guten Ruf kosten.

Im Jahr darauf wurden in der Nähe des Flusses Vaal noch mehr Diamanten gefunden. Sie waren klein und unscheinbar, und die Zweifel hielten an. William Chalmers, der Civil Commissioner

Die beiden Männer, die den
Diamantenrausch auslösten:
Schalk van Niekerk (links) fand
den ersten Stein, Jack O'Reilly
verkaufte ihn.

von Hopetown, glaubte, den wahren Grund dafür zu kennen. In
einem Brief an Southey vom März 1868 murrte er: »Wäre eine
richtige Untersuchung oder besser noch eine Probeschürfung
durchgeführt worden, und zwar von Leuten, die etwas von der
Sache verstehen, dann hätte man eine Menge Diamanten gefunden ... Die Kolonie klagt über schlechte Zeiten, aber sie verdient
es, daß sie noch schlechter werden, wenn man in einem ihrer Bezirke die kostbarsten aller Edelsteine findet und sie keinerlei
Schritte zur Erschließung des unermeßlichen Reichtums unter-
nimmt, den diese Edelsteine einbringen könnten.«

Lorenzo Boyes beschloß, eine »richtige Untersuchung« vorzunehmen. Zweimal führte er Probeschürfungen durch, zweimal
kehrte er mit leeren Händen zurück, doch nichts konnte ihn in
seiner Überzeugung erschüttern, daß in der trockenen Einöde da
draußen Edelsteine lagen. Seines Erachtens brauchte das Land
einen gelernten Mineralogen, eine Art Diamantdetektiv, der endgültig Klarheit schaffte. Drei Monate später war dieser Fachmann
da. Er hieß James R. Gregory und kam im Auftrag des Londoner
Diamantenhändlers Harry Emmanuel. Schon nach dem ersten
Tag erklärte er, daß die Voraussetzungen in Südafrika alles andere
als vielversprechend seien. Wenn man in der näheren Umgebung

Diamanten gefunden habe, dann müßten sie in den Mägen wandernder Strauße hierhergelangt sein.

In Straußenmägen? Als Commissioner Chalmers das hörte, platzte ihm der Kragen. »Das erregte meinen Verdacht«, erinnerte er sich später. »Ich war felsenfest davon überzeugt, daß eine Einzelperson oder eine Firma Gregory nur zu dem einen Zweck geschickt hatte, die südafrikanischen Diamanten schlechtzumachen, um die Marktpreise ihrer eigenen Diamanten stabil zu halten.«

Das Thema Südafrika war für Gregory damit noch nicht erledigt. Wieder in London, äußerte sich der Mineraloge noch negativer. So schrieb er in *The Geological Magazine:* »Ich führte in den Bezirken, in denen angeblich Diamanten gefunden worden waren, eine gründliche Untersuchung durch, fand aber keinen Hinweis, der auf Diamantenfunde oder diamanthaltige Ablagerungen in einem dieser Gebiete schließen läßt.« Und dann folgte jene Erklärung, die seinen Namen berühmt machen sollte – wenn auch nicht in dem von ihm gewünschten Sinn: »Aufgrund der geologischen Gegebenheiten in diesem Teil des Landes ist es unmöglich ... daß dort Diamanten entdeckt worden sind.«

Genausogut hätte man von der Tür, dem Kombinationsschloß und der Farbe eines Banksafes auf dessen Inhalt schließen können – dies alles ist irrelevant für die eigentliche Frage. Wie Geologen inzwischen festgestellt haben, liefert die Topographie den Prospektoren kaum Anhaltspunkte. Diamanten wurden in so unterschiedlichen Ländern wie China, Südafrika, Brasilien, Indien und dem US-Bundesstaat Arkansas gefördert. Alle diese Gebiete haben eines gemein: Vor 10 Millionen Jahren hatten dort etwa hundert Kilometer unter der Erdoberfläche vulkanische Aktivitäten stattgefunden.

Unter extrem hohem Druck und hohen Temperaturen vermischte sich reiner Kohlenstoff mit flüssigem Gestein und Gasen und wurde nach oben gedrückt. Beim Aufsteigen kühlte das Gemisch ab. Der Kohlenstoff kristallisierte in Form von harten, klaren Steinen aus. Die umgebende Flüssigkeit bildete große Röhren, die sich zur Erdoberfläche hin weiteten. Ein Querschnitt würde einen Diamantenwirbel zeigen, der an seiner Spitze weit über einen Kilometer breit ist und Tausende von Metern in die Tiefe reicht. Ein Teil des Gemischs durchbrach die Erdoberfläche, schoß aber nicht wie Lava hervor, sondern erkaltete rasch und bildete harte Kegel, die im Lauf der Jahrtausende abgetragen wurden. Durch die Einwirkung von Wind und Wasser freigelegt, wurde die oberste Schicht der Diamanten in Flüsse geschwemmt und weit von ihrem Entstehungsort fortgetragen. Solche »alluvialen« Steine waren es, die Erasmus Jacobs und die anderen gefunden hatten. Niemand wußte von dem phänomenalen Diamantenreichtum in den unterirdischen Röhren oder Pipes, wie sie genannt werden.

Gregorys Urteil schien deshalb unanfechtbar und endgültig. In einigen Briefen aus Südafrika, die *The Geological Magazine* abdruckte, wurde heftig protestiert. Atherstone versuchte, die Ehre seiner Landsleute zu retten: »Die beteiligten Personen waren ein Farmerssohn, ein niederländischer Bure, Herr L. Boyes, ein Regierungsbeamter und ich selbst ... Wer von diesen Personen ist also der Betrüger, der Grundstücksspekulationen auslösen will?« O'Reilly wartete mit einer eigenen Theorie auf: Gregory habe ein falsches Gutachten erstellt, um dann heimlich ans Kap zurückzukehren und selbst alle Diamanten zu schürfen.

Solche Stellungnahmen und Anschuldigungen wären bald verstummt, wäre da nicht ein Griquahirte namens Swartbooi gewesen. Der Griqua hatte von einem Buren gehört, der für »besondere« Kiesel gutes Geld bezahlte. Er selbst war im Besitz eines solchen Steins. Er verlangte ein Vermögen für ihn, und van Niekerk bezahlte: fünfhundert Schafe, zehn Kühe und ein Pferd. Mit dem Diamanten in der Tasche eilte er unverzüglich nach Kapstadt, und diesmal wurde er nicht mit Spott empfangen. Der Juwelier Gustav Lilienfeld erkannte sofort, daß es sich bei dem Stein um einen herrlichen Diamanten von 83,5 Karat handelte, und bot für ihn 11 200 Pfund – eine Viertelmillion Dollar nach heutigem Wert. Van Niekerk nahm das Angebot ohne langes Feilschen an, was einen Mitbieter zu der Bemerkung veranlaßte, er sei »ein fauler Kerl« gewesen.

Lilienfeld nannte seine Neuerwerbung »Stern von Afrika« und stellte sie in Kapstadt aus. Fast in jeder offiziellen Chronik des Landes ist nachzulesen, daß Kolonialsekretär Richard Southey sich den Stein auslieh, dem Kapparlament präsentierte und die dramatische Prophezeiung machte: »Meine Herren, das ist der Stein, auf dem die Zukunft Südafrikas errichtet wird.« Wie die

Geschichte von den Buren, die vor der Schlacht am Blood River für einen Sieg gebetet hatten, wurde auch dieses Ereignis später niedergeschrieben und verklärt. Tatsächlich wurde der Stein an Bord der *HMS Celt* nach London gebracht, bevor das südafrikanische Parlament am 23. Juni 1869 zusammentrat.

In London ließ Lilienfeld den Stein schleifen und polieren. Bald fand sich auch ein Käufer: Der Earl of Dudley bezahlte 30 000 Pfund. Die Presse berichtete über den Handel, und innerhalb eines Monats hatte sich die Neuigkeit in England, Europa und in den Vereinigten Staaten herumgesprochen. Eine kurze Denkpause trat ein. Imperialisten und Glücksritter überlegten: Diamanten in Südafrika, der ausgedörrten Heimat von Buren und Eingeborenen? Dem Land, wo im Dezember der Sommer begann und im Juli Schnee fiel? Unmöglich. Zur Bestätigung lasen sie noch einmal Gregorys Gutachten. Andererseits jedoch hatte der Earl eine hohe Summe bezahlt. Nun gut, sagten sie sich, vielleicht lohnte sich ein Besuch vor Ort. Sie studierten die Fahrpläne der Schiffahrtslinien und packten derbe Kleidung und breitkrempige Sonnenhüte ein.

*

Sie waren spät dran. Im Oranjefreistaat und in Transvaal hatten ehrgeizige Männer bereits ihre Pflüge und Federn aus der Hand gelegt und eilten nach Hopetown. Beamte am Kap stellten so viele Urlaubsanträge, daß der Kolonialsekretär gezwungen war, sie routinemäßig abzulehnen. Seine Begründung: »Sonst würden alle gehen.«

Die zweite Welle kam sozusagen im Zeitlupentempo. Vom Kapstadter Hafen zogen die Immigranten nach Norden. Die Reise zum Tal der Diamanten an den Ufern des Vaal war sehr beschwerlich und dauerte mindestens einen Monat. Der 19jährige George Beet, der aus England angereist war, erinnerte sich, daß es keine Straßen gab. »Zuweilen wurden wir Reisende unterwegs so kräftig durchgeschüttelt, daß wir nicht mehr wußten, ob wir Menschen oder Arzneiflaschen waren ... Es regnete in Strömen, und es blitzte und donnerte wie nur in Südafrika.«

In regelmäßigen Abständen begegnete Beet Schürfern, die mit langen Gesichtern wieder heimwärts zogen. »Die meisten dieser Männer rieten uns dringend von einer Weiterfahrt ab, weil die

Kameraden an den Schürfstellen zu Dutzenden am Fieber und an anderen Krankheiten starben. Dies habe dem Ort bereits den traurigen Namen ›Friedhof des jungen Mannes‹ eingebracht.«

Aber Beet und seine Begleiter hatten nicht zwei Ozeane überquert, um in letzter Minute umzukehren. Die Wagen rumpelten weiter über Felsen und Hügel. Die Erde wurde immer rissiger, und die Sonne verbrannte die Gesichter der Männer. Hin und wieder ging ein Ochse oder ein Pferd in der Hitze ein, und wie aus dem Nichts tauchten Hyänen und Bussarde auf und stritten sich um die Kadaver. Ein Schauder des Todes ergriff die Reiter, und ihre Stimmen wurden ein wenig zu fröhlich und ihre Scherze ein wenig zu ausgelassen.

Am Abend des 42. Tages erreichte der Treck sein Ziel. Beet hatte eine Gemeinschaft von Schürfern erwartet, die still und jeder für sich ihrer Arbeit nachgingen. Statt dessen fand er ein hektisches geselliges Lagerleben vor. Zulu, Xhosa und Betschuana, durch großzügige Lohnversprechungen aus ihren Gebieten gelockt, sangen dröhnend ihre Liebeslieder und Kriegsgesänge, während die Weißen – Engländer, Buren, Deutsche, Franzosen und Amerikaner, zumeist Veteranen des Sezessionskriegs – zusammensaßen, tranken, sangen und in ihren verschiedenen Sprachen prahlten. Hin und wieder schoß einer aus Übermut in die Luft. Im Hintergrund spielten Banjos und Mundharmonikas, und Hunderte von Hunden, Enten, Schweinen und Hühnern trugen ihren Teil zum allgemeinen Lärm bei. »Reden wir über die wilden Lager!« rief Beet. »Wenn ich die Herren Bret Harte und Kollegen richtig gelesen habe, nimmt sich das Getöse in den kalifornischen Goldgräberlagern im Vergleich hierzu wie das Gurren in einem Taubenschlag aus.«

Die amerikanischen und englischen Schürfer teilten seine Meinung. Am Yukon in Alaska hatte tödliche Kälte geherrscht, und die Goldgräber hatten sich als mürrische Eigenbrödler entpuppt. Kalifornien war immer noch für seine Claimräuber und schießwütigen Revolverhelden berüchtigt. Und den kurzen Goldrausch in Australien hatten Gewalttätigkeiten überschattet. Doch in Südafrika, so ein Schürfer, »geht es nicht so brutal zu wie in Australien. Hier gibt es keine Schläger.«

Die Stimmung war optimistisch: Die Schürfer nannten ihre Stützpunkte Delport's Hope, Cawood's Hope, Good Hope,

Last Hope. Anfangs konzentrierte sich ihre Suche auf die ausgedehnte Farm eines gewissen Cornelius du Plooy. In den kleinen Hügeln, von den Buren Kopjes genannt, und am Ufer eines kleinen Stausees waren Diamanten gefunden worden.

Gustav Lilienfeld erfuhr von den Diamantfunden und schickte seinen Bruder Leopold vor Ort. Der Juwelier aus Kapstadt machte Cornelius du Plooy ein lukratives Angebot, doch er kam zu spät. An ebendiesem Morgen hatte der Farmer sein Land bereits an einen Spekulanten verkauft. Lilienfeld versuchte es mit einer neuen Taktik. Wann war der Handel geschlossen worden? Heute? Am Sonntag? Am Tag des Herrn? An einem solchen Tag dürfe man doch keine Geschäfte machen … Der fromme Bure pflichtete ihm bei und machte den Verkauf rückgängig. Tags darauf sprach Lilienfeld erneut bei ihm vor und brachte den Handel unter Dach und Fach. Ein Prospektor murrte: »Die Juden sind uns mal wieder zuvorgekommen.«

Ähnliche Proteste sollten folgen. So erhielt der Kolonialsekretär einen Beschwerdebrief, in dem es hieß: »Natürlich hauen die Juden alle anderen übers Ohr, und ich bin überzeugt, daß Lilienfeld ein glänzendes Geschäft gemacht hat.« Ein britisches Handelsunternehmen ließ verlauten, daß »jeden Tag Diamanten auftauchen und die Juden Himmel und Hölle in Bewegung setzen, um den Handel in ihre Hand zu bekommen«. Eine Firma in Hopetown erhielt ein Schreiben mit dem Vorwurf: »Der Ertrag an Diamanten nimmt rasch zu, und mittlerweile gibt es einen regelrechten Handel mit diesen Edelsteinen, aber die Juden hier versuchen, ihn unter ihre Kontrolle zu bringen.« Dies sind die ersten belegten Fälle von antijüdischen Ressentiments. Sie sollten sich bald häufen.

Vom Zusammenfluß von Vaal und Oranje schwärmten die Schürfer nach allen Richtungen aus. Nur wenige hatten schon einmal einen Rohdiamanten gesehen, und so blieben Verwechslungen mit Quarzkristallen nicht aus. Steine, die aussahen wie Juwelen, wurden zertrümmert, weil die Schürfer irrtümlich annahmen, daß ein Hammerschlag einem Diamanten nichts anhaben könne. Manchmal lag ein Edelstein direkt unter der Oberfläche, und der Finder konnte ihn mit bloßen Händen aus dem Boden kratzen. Normalerweise aber mußte die gelbe Erde abgegraben und mit Wasser vermischt werden. Danach wurde der

Schlamm geschüttelt und durch drei Siebe gerüttelt. Mit Hilfe solcher Schwingtröge wurden auf den Diamantfeldern kleine von größeren Steinen getrennt. Anschließend wurden sie auf einem eingefetteten Brett ausgebreitet. Die wertlosen Steine fielen ab, und die Diamanten blieben, wie von Sindbad beschrieben, hängen.

Bereits nach dem ersten Ansturm war das Land um den Vaal mit Zelten und Schwingtrögen übersät, und das Leben in dieser Zeltstadt erinnerte an das Treiben in einem Ferienlager. Es wehte ein trockener Wind, Wild gab es zuhauf, und die Sonne schien freundlich auf die Diamantfelder herab. Der Humor der Schürfer war derb, aber selten bösartig. Fehler wurden ausgelassen »Gregories« genannt, in Erinnerung an den Geologen, der erklärt hatte, daß es in Südafrika keine Diamanten geben könne. Wer sich beklagte, erhielt die sarkastische Antwort: »Du bist nur zu faul. Gib mir zehn Kaffer, und ich mache es selbst.«

Die Schürfer bildeten eine lockere Gemeinschaft, in der niemand zu hungern brauchte. »In allen Lagern nahm man aufeinander Rücksicht«, erinnerte sich ein Schürfer. »Der Pechvogel wurde am Glück seiner Nachbarn beteiligt ... Kein Mann blieb lange ohne Geld. Sofort waren einige da, die ihm wieder auf die Beine halfen.«

»Für uns«, so ein anderer, »war ein Diamant mehr als ein Stein aus Kohlenstoff, der pro Karat soundsoviel wert war, für uns war er ein Märchen in Kristall. Das war so, als könnte man mit ihm Geschichte machen, er stand für Macht und grenzenlosen Reichtum. Wir wußten, daß wegen solcher Edelsteine Kriege geführt worden waren. Nicht einmal die schlimmsten Verbrechen oder Ströme von Blut konnten ihren strahlenden Glanz trüben. Jeder berühmte Stein, ob er nun an der Brust einer schönen Frau oder am Zepter eines Königs funkelte, war für uns ein Symbol der Macht, der Mittelpunkt einer Tragödie und ein Objekt menschlicher Leidenschaft.«

Aber der Zauber verflog allmählich. Die Hitze und der ständige Wind ließen Nase und Kehle austrocknen. Keine Taschenuhr funktionierte mehr. Innerhalb eines Monats waren winzige Sandkörnchen ins Uhrwerk eingedrungen. Nachts sanken die Temperaturen fast auf den Gefrierpunkt, tagsüber kletterten sie bis auf vierzig Grad. Wenn der Boden vor Hitze flimmerte, gab es weit

und breit kein schattiges Plätzchen, da man alle Bäume gefällt
hatte. In der Regenzeit verwandelten gewaltige Überschwem-
mungen weite Flächen in Schlammwüsten. »Man schlief buchstäblich im Morast«, sagte ein Schürfer. Die Ernährung mit
Fleisch und Eiern war nicht so gesund, wie es schien. »Mindestens sechs Monate lang«, schrieb ein Prospektor, hätten er und
seine Kameraden »keinerlei Gemüse zu essen bekommen, und
dann, nach allen erdenklichen Entbehrungen, brach das Fieber
aus.« Die sanitären Einrichtungen waren primitiv. Das Abwasser
aus den Latrinen wurde in die Flüsse geleitet, in denen die Schürfer badeten. Medikamente waren knapp, und der nächste Arzt
wohnte vier Tagesritte entfernt. »Die Kranken«, so schrieb einer
in einem Brief, »schliefen auf dem Boden, nur mit einem Bettvor-
leger als Unterlage. Ich schätze, daß von den sechstausend Männern der ersten Welle keine zwanzig eine Matratze besaßen.«

Noch vor Ablauf des Jahres 1870 hatten die Männer Rohdiamanten im Wert von 300 000 Pfund ausgegraben. Aber deshalb
waren sie noch lange nicht reich. Legt man diese Summe auf alle
Schürfer am Vaal um, so kommt man auf einen Rohgewinn von
etwa sechzig Pfund pro Kopf. Ein Londoner Ladenbesitzer verdiente mehr und lebte zudem bequemer. Zwar herrschte noch ein
kameradschaftlicher Geist, aber die Zeiten, da man jedes Gesicht
kannte und jedem Fremden trauen konnte, waren vorbei. Erstmals kam es auf den Diamantfeldern zu Räubereien.

Weitere Vorboten der Zivilisation – Polizisten – erschienen an
beiden Flußufern. Auf der Transvaal-Seite patrouillierten Männer der berittenen Grenzpolizei, die dunkelbraune Uniformen
aus Kordsamt und spitze Lederhelme trugen. Doch das Äußere
konnte täuschen. »Ganz schön viel Spitzbuben und Taugenichtse
da drunter«, klagte ein Schürfer. Die Polizeitruppe bestrafte jedes
ernste Vergehen aufs strengste. Ein Zeuge sah, wie zwei Männer
»wegen eines Bagatelldiebstahls auf ein Wagenrad gebunden wurden und von einem Schwarzen vier Dutzend kräftige Peitschenhiebe bekamen – eine äußerst demütigende und schmerzvolle Bestrafung und, ich würde mal sagen, eine heilsame Lehre«.

Die Konstabler des Oranjefreistaats auf dem gegenüberliegen-
den Ufer zogen sich ganz nach Belieben an. Die Truppe bestand
aus »verkommenen Subjekten und Trunkenbolden, deren Kleidung alle möglichen Farben, Schnitte und Muster aufwies, aber

im allgemeinen so schmutzig und schäbig war wie bei einer britischen Vogelscheuche.« Bei der Anwendung der Gesetze machten sie nicht viel Federlesens, züchtigten Übeltäter oder Verdächtige mit Stock oder Peitsche oder schlugen sie mit stumpfen Gegenständen. Sie hatten so gut wie freie Hand. Die Richter erinnerten mit wenigen Ausnahmen an Karikaturen des Engländers Rowlandson. Eine zeitgenössische Schilderung spricht Bände: »Die Frau des Richters auf der Klipdrift-Seite drehte mit einem geladenen Revolver ihre Runden im Lager, bereit, jeden niederzuschießen, der sich in ihren Augen anstößig benahm, und Seine Gnaden, ihr Gatte, saß in seiner Robe am Richtertisch und schlug Männer mit der Faust zu Boden, bevor er sie einsperren ließ.«

In den frühen siebziger Jahren wurden die Lebensbedingungen immer härter. Doch niemand ließ sich davon abschrecken. Zu Hunderten und dann zu Tausenden strömten neue Prospektoren aus Europa, Australien und Amerika ins Land, angelockt vom geheimnisvollen Nimbus der Diamanten und von der Aussicht auf schnellen Reichtum. Zwei kleine Städte schossen aus dem Boden: Pniel und Klipdrift. In Walzblechhütten kauften die Schürfer Gemüse und Spirituosen zu überhöhten Preisen, tauschten Klatsch aus und lasen die beiden konkurrierenden Lokalblätter *The Diamond News* und *The Diamond Field*. Das erste Hotel in der Gegend wurde gebaut. Obwohl es auch einige Prostituierte in der Umgebung der Lager gab, war die Hotelbesitzerin Mrs. Jardine, eine Frau in mittleren Jahren, keine Puffmutter. Die sentimentalen Diamantensucher nannten sie »Mutter«, saßen manierlich bei ihr am Tisch und aßen Gebratenes und Gesottenes, begierig darauf, ein paar freundliche Worte und Neuigkeiten aus der Heimat zu hören.

Halb aus Ungeduld, halb aus Neugier ließen mehrere Schürfer das Gedränge am Fluß hinter sich und wanderten ohne festes Ziel nach Norden. Nach etwa dreißig Kilometern gelangten sie auf eine Farm namens Dutoitspan. Ihr Besitzer, der Bure Adriaan van Wyk, kam sich schlau vor, als er sie für sieben Shilling und sechs Pence plus 25 Prozent von allem, was sie fanden, auf seinem Land graben ließ. Jedes Claim war zehn mal zehn Meter oder, wie die Schürfer es ausdrückten, »zehnmal so groß wie ein Grab«. Nach mehreren Fehlversuchen stießen die Prospektoren auf eine Ader. In einer einzigen Woche fanden sie hundert Diamanten.

Die Männer versuchten, ihre Funde für sich zu behalten, doch in einer Gegend, in der man nach Gerüchten geradezu hungerte, blieb nichts lange geheim. So meldete *The Friend*, eine neue Zeitung im Freistaat, daß in den aus Tonerde gebauten Wänden von van Wyks Gehöft und Korral 17 »echte Edelsteine« gefunden worden seien. Andere Gruppen verließen den Vaal und zogen nach Norden, um sich selbst ein Bild zu verschaffen. Unterwegs hörten sie von einer Farm namens Vooruitzigt – Weitblick –, auf der ein einzelner Schürfer angeblich mehrere makellose Diamanten gefunden hatte. Sie eilten hin und verhandelten mit dem Schwiegersohn des Besitzers. »Er war ein unausstehlicher, widerlicher Kerl«, klagte einer. »Doch wir waren zu besonnen, um uns beleidigen zu lassen, und schließlich gab er jedem von uns die Erlaubnis, ein Claim von zehn auf zehn Metern abzustecken, nach der 25-Prozent-Regelung. Außerdem erlaubte er uns, ein paar Freunde nachzuholen, die noch am Fluß waren.«

Sie ritten zu ihrem Camp zurück und trommelten ihre Freunde zusammen. Als sie mit ihren acht Wagen abfuhren, drehten sich Hunderte von Köpfen neugierig nach ihnen um. »Wir waren noch nicht außer Sichtweite«, bemerkte einer der Kutscher, »da hatten die meisten bereits ihre Zelte abgebrochen und ihre Ochsen angespannt. Sie jagten so schnell hinter uns her, daß wir nur mit Mühe die Spitze behaupten konnten. Ich fuhr im ersten Wagen, die ganze Bande dicht hinter mir.«

Im Sommer 1871 stieß ein gewisser Fleetwood Rawstone zu der Bande: Der Freigeist und Richterssohn aus Colesberg kam aus Jux zu den Diamantfeldern und brachte neben ein paar leichtlebigen Freunden auch einen schwarzen trunksüchtigen Diener namens Damon mit. Sie trugen alle rote Mützen und nannten sich Red Cap Party. Die wenigen Steine, die sie fanden, vertranken und verspielten sie. Dann, eines Abends im Juli, benahm sich der Damon wieder einmal daneben, und Rawstone jagte ihn aus dem Zelt.

Einige Zeit später kam Damon zurück und steckte den Kopf ins Zelt: »Fleet, ich muß Sie sprechen.«

»In Ordnung«, antwortete Rawstone. »Komm rein. Wir sind unter Freunden. Was gibt's?«

Zur Antwort öffnete Damon die Faust. In seiner Hand glitzerten Rohdiamanten. Er hatte sie nur ein paar hundert Meter weiter ausgegraben. »Wir alle waren wie elektrisiert«, sagte einer aus der

Clique. Sie stürzten aus dem Zelt und folgten Damon auf einen kleinen, etwa sieben Meter hohen Hügel. Man kam überein, daß jeder aus der Gruppe zwei Claims bekommen sollte, außer Rawstone: Als »Entdecker« sollte er vier erhalten. Dankbar stieß er eine Schaufel in die Erde und taufte den Platz »Colesberg-Kopje«, nach seiner Vaterstadt. Die anderen folgten seinem Beispiel und begannen, leise im Mondschein zu graben. Die Entdeckung sollte ihr Geheimnis bleiben.

Doch als der Morgen dämmerte, waren sie nicht mehr allein. Sie hatten zu laut gejubelt, und die Neuigkeit hatte bereits die Runde gemacht: Sie hatten eines der reichsten Diamantfelder der Welt entdeckt. Gegen Mittag durchkämmten bereits Dutzende von Männern die Felder von Vooruitzigt. Tags darauf waren es Hunderte. Die kleinen Orte Pniel und Klipdrift verödeten zu Geisterstädten. Die Diamantensucher an Vaal und Oranje hatten es satt, »bis zu den Knien im Wasser zu stehen, zu sieben und die ganze Woche naß zu sein«. Sie packten ihre Habe zusammen und machten sich auf den Weg zu den neuen Diamantfeldern. Die anderen folgten ihnen in einer langen Prozession: die Zeitungsmacher mit ihren Pressen und Lettern, die Kantinenwirte mit ihren Fässern und Flaschen, der Schmied mit Blasebalg und Amboß, der Schuhmacher mit Hammer und Leisten, der Uhrmacher, der Drogist, der Apotheker.

Innerhalb weniger Wochen waren am Colesberg-Kopje achthundert Claims abgesteckt, einige davon in zwei oder vier Parzellen unterteilt. Mitte des Sommers wurde ein Claim von zehn auf zehn Metern bereits für fünfhundert Pfund gehandelt. Am 17. August berichtete *The Friend:* »Colesberg besitzt auf diesen Feldern die reichsten Minen ... Viele Arbeiter verlangen nicht weniger als drei- oder viertausend Pfund Sterling für ihre Claims.«

Dies war der »New Rush«, und er stand unter anderen Vorzeichen als der erste Diamantenrausch am Fluß. Wasser war an den *dry diggins*, den trockenen Schürfstellen, Mangelware, Holz unmöglich zu beschaffen. Hinzu kam, daß Arbeitskräfte knapp waren und die Kaffern höhere Löhne verlangten. Geld ließ sich auf die unterschiedlichste Weise verdienen, nicht nur unter der Erde, sondern auch über ihr: mit Eisenwaren und Textilien, mit Wasser, Spirituosen und Lebensmitteln oder mit Wellblech für den Bau von Unterkünften und Läden.

Ein neuer Typ von Abenteurer erschien auf der Bühne. Das naive, gutmütige Greenhorn im Tropenanzug verschwand von der Bildfläche. Die Neuankömmlinge hatten härtere Augen, und sie hatten bösere Erfahrungen mit ihren Mitmenschen gesammelt. Ein lokaler Schreiber hielt sie sich mit den Worten vom Leibe: »Rabbiner, Rebellen, Gauner, Lebemänner aus Rußland und von der Riviera, Verbannte aus Tasmanien, Zuchthäusler aus Kaledonien, entlassene Sträflinge aus Portland, Banditen aus Bulgarien und das erlesenste Gesindel von den dreckigsten Straßenecken Europas ... Sie alle kamen hierher, um erdrückender Armut zu entfliehen oder auch einer Bestrafung für ihre Verbrechen zu entgehen. Entlassene Priester mit dem Aussehen von Heiligen und den Seelen von Sündern, denen schwere körperliche Arbeit fremd war. Ausgediente stramme Soldaten mit verwegenen Bärten und Sommersprossen, die nur Billard und Brandy im Kopf hatten ... Das war eine Horde, die ständig wuchs und sich vervielfachte. Sie hätte für den Teufel einen guten Fang abgegeben.«

Johannes Nicholaas De Beer, der Besitzer von Vooruitzigt, dachte ähnlich. Er war der Meinung, daß sein Schwiegersohn einen schweren Fehler begangen hatte. Früher hatten sie hier ein angenehmes Leben geführt. Ein Mann konnte sich mit seiner Familie ernähren und in der Einsamkeit ungestört Zwiesprache mit dem Herrn halten. Doch dann kamen die Schürfer und zerstörten alles mit ihren Spaten, ihren Sieben und ihrer Habgier. De Beer wollte nichts mit ihnen zu tun haben. Im Oktober 1871 verkaufte er seine Farm für sechstausend Guineen (6300 Pfund) an eine Investorengruppe aus Port Elizabeth. Das war kaum mehr als die Hälfte des Preises, den der Stern von Afrika erzielt hatte. Einige Zeit später dachte der Verkäufer an diesen schicksalhaften Tag zurück. Er sei sehr unglücklich, sagte er seiner Frau. »Wir hätten 6 Millionen und nicht sechstausend verlangen sollen.«

»Aber was hätten wir mit all dem Geld anfangen sollen?« fragte sie. »Wo wir beide doch allein sind.«

»Wir könnten uns einen neuen Wagen kaufen.«

»Wir haben genug Geld, um uns zwanzig neue Wagen zu kaufen ... Weshalb sollten wir uns ärgern? Wir haben doch genug.«

Die De Beers hinterließen ihren Namen, aber nicht ihre Sicht auf die Dinge dieser Welt. Die hatte in New Rush keinen Platz. Von Diamanten konnte es niemals genug geben.

2

TIEFER IN DIE ERDE HINEIN

Die organisierte Diamantförderung auf der De-Beers-Farm begann im Mai 1871. Eineinhalb Kilometer entfernt wurde eine andere, sogar noch reichere Pipe erforscht: die Kimberley-Mine, wo so viele Claiminhaber die trockene gelbe Erde abgruben, daß sie bald unter dem Namen Big Hole bekannt wurde. Etwa vier Kilometer südwestlich lagen die beiden kleineren Lagerstätten Bulfontein und Dutoitspan, die ebenfalls Schürfer anzogen.

Die Stadt New Rush versuchte, mit der rapide wachsenden Bevölkerung Schritt zu halten. Im Dezember konnten die Digger in Läden an den Hauptstraßen bereits Weihnachtsgeschenke kaufen. Für den Bau neuer Hotels und Kantinen wurde Wellblech vom Kap heraufgekarrt. Mit dem Zuzug ganzer Familien wuchs die Zelt- und Wellblechstadt, und noch vor dem Frühjahr lebten und arbeiteten in New Rush rund 50000 Menschen. Außer Fleisch gab es für die Diamantensucher nur wenig zu essen. Rinder und Schafe aus der Umgebung lieferten Steaks und Hammelfleisch zu etwa vier Pence das Pfund. Eine Handvoll Zwiebeln oder ein kleiner Kohlkopf kostete dagegen stolze sechzig Pence. Beim ersten Ansturm waren fast alle vorhandenen Bäume gefällt worden, und die Fuhrunternehmer verlangten für eine Ladung Brennholz, die von den Ufern des Vaal herbeigeschafft wurde, drei Pfund. Für die meisten Schürfer war der Preis unerschwinglich, und so machten sie ihr Feuer mit getrocknetem Ochsenmist – *buffalo chips*, wie ihn die Amerikaner nannten.

Versteigerungen waren offenbar die beliebteste Methode, Lebensmittel und andere Waren zu verkaufen. Ein alter südafrikanischer Arbeiter erinnerte sich: »Marktschreier schwangen ihre

Glocken und weckten die Schläfer in den Lagern zum Früh-
markt ... Das Gewimmel von Kaufwilligen und Schaulustigen,
das war eine der lebendigsten Lagerszenen, besonders an den
Samstagen, wenn Tausende von Weißen und Schwarzen zu den
Versteigerungen strömten und in dichten Trauben die Stände
Späße treibender Verkäufer umlagerten. Dem Auge des Neuan-
kömmlings bot der Markt ein ungewohntes und seltsames Spektakel.«

Ausgeweidete Weißschwanzgnus baumelten in einer Reihe mit
Rinderhälften, Antilopen mit schlanken Beinen lagen neben
geschlachteten Schafen und Lämmern, langbeinige Hasen, Fran-
kolinen, Enten, Gänse und andere Wildvögel neben Geflügel von
den Farmen. Hin und wieder stand sogar ein Leopard, den ein
Rudel Hunde gerissen hatte, zum Verkauf.

Der Handel mit Zelten, Schürfwerkzeugen, Schußwaffen und
Eisenwaren fand in einer Volksfestatmosphäre statt. Während die
Versteigerer Gebote entgegennahmen, führten Amateurartisten
Jongleur- oder Clownnummern vor. Ganz in der Nähe drehte
sich ein Kinderkarussell. Die unvermeidlichen Wahrsager und
Zauberer beschwatzten die Menge und behaupteten, sie könnten
gegen ein Honorar die Diamanten im Erdreich sehen.

Leichtgläubige Schürfer standen Schlange, um bei ihnen ihr
Geld loszuwerden. Gardner Williams, der erste Generaldirektor
von De Beers, berichtet in seinen Memoiren von einer Frau, die
ihren Kunden, hauptsächlich Buren, an einem Tag dreißig Pfund
abknöpfte. Einem jungen Digger erklärte sie, daß sein Claim
wertlos sei, und hinterher war er nicht mehr dazu zu bewegen,
eine Schaufel in die Hand zu nehmen. Anderen eröffnete sie, daß
ihre Claims voller Edelsteine seien. Traf ihre Voraussage ein,
wurde sie mit Geld überhäuft, blieb der erhoffte Diamantensegen
aus, zuckte sie nur mit den Schultern und sagte: »Die Nigger
müssen sie gestohlen haben.« Darauf packten die Claiminhaber
ihre Kaffern, schleppten sie zum »Tronk«, der Polizeistation des
Lagers, und sahen zu, wie die Schwarzen gründlich durchsucht
wurden. »Manchmal lag der Wahrsager mit seiner Vermutung
richtig, denn Diamantendiebstähle waren an der Tagesordnung,
und zur Freude der Eigentümer und zum Nutzen des Wahrsagers
kamen tatsächlich Edelsteine ans Licht.«

Anfangs bildeten einheimische Arbeiter in den Minen eine

Das Big Hole von Kimberley in den siebziger Jahren des letzten Jahrhunderts. Damals begann die organisierte Diamantförderung.

Minderheit. Doch ab Mitte der siebziger Jahre strömten Schwarze in Scharen zu den Diamantfeldern, teils angelockt durch die Versprechungen weißer Anwerber, teils durch den Zusammenbruch ihrer Landwirtschaft dazu gezwungen. Keiner verdiente mehr als ein paar Shilling pro Woche, aber der Hungerlohn genügte ihnen. Durch Dürrekatastrophen waren viele Stämme

In Antilopenhäute, Leoparden- und Schakalfelle gehüllt, erschienen
Schwarze auf den Diamantfeldern. Um Gewehre und Bräute kaufen zu
können, waren sie bereit, für niedrige Löhne zu arbeiten.

verarmt, und heiratswillige junge Männer brauchten Geld für den
traditionellen Brautkauf, *lobola* genannt, wie auch für den Kauf
von Jagdgewehren und Munition.

Zuerst kamen die Griqua und Basuto aus dem Süden, dann
folgten die Pedi, Tsonga, Sotho und die Angehörigen anderer
Stämme, die in den Küstenregionen am Indischen Ozean, im Na-
maqua- und Betschuanaland im Nordwesten, im Matabeleland
im Nordosten und in den Gebieten jenseits der Flüsse Limpopo
und Sambesi lebten. »In dieser Masse waren Dunkelhäutige aller
Schattierungen vertreten«, sagte ein Bergbauingenieur aus der
Zeit. »Von aschgrau und gelbbraun bis tiefschwarz.« Sie kamen in
Antilopenhäuten, Leoparden- oder Schakalfellen oder auch
nackt und waren mit weißen Ochsenschwänzen, schwarzen Kra-
nichfedern und anderem prachtvollen Gefieder geschmückt. Sie
tanzten nüchtern oder betrunken, und sie sprachen Dialekte, die
reich an Klick- und Schnalzlauten waren.

Auch in der Stadt behielten die Eingeborenen ihre Lebensge-
wohnheiten aus dem Buschland bei. Sie gruben kleine Löcher in
den Boden, füllten sie mit Tabakblättern, steckten das Ganze in
Brand und sogen den Rauch durch hohle Stäbe ein. Oder sie paff-

ten Zigarren, wobei sie das glühende Ende in den Mund steckten. Sie bettelten Metzgern die Gedärme von Schafen und Ochsen ab und hängten sie sich als Schmuck um den Hals. Bei warmer Witterung schliefen sie auf der nackten Erde, im Winter nächtigten sie in Behelfshütten und wickelten sich in schmutzige Schaffelle.

Die weißen Schürfer beobachteten ihr Treiben mit amüsierter Herablassung, doch auf ihre Art waren sie genauso verschroben und exzentrisch. Kaum tauchten die ersten Frauen auf, putzten sie sich heraus. Kordhosen und kragenlose Flanellhemden blieben ein unbedingtes Muß, ebenso der alte breite Ledergürtel mit Taschen für Diamanten und Bargeld. Dagegen wich der Filzhut dem Tropenhelm, und helle Farben verdrängten die gewohnten Grau- und Brauntöne. Ein Modereporter berichtete: »Häufig zu sehen sind große Straußenfedern, die elegant um den Filzhut eines kräftigen jungen Farmers gewunden sind ... Einer hatte einen breiten Fellstreifen von einem Silberschakal oder einem anderen Tier als Schmuckband um seine Hutkrone gelegt.« Für weitere reizvolle Effekte sorgten »rote Schärpen, grüne und blaue Tücher, rote und weiße Turbane ... braune und gelbe Kordanzüge, zu denen hie und da weiße Segeltuchhosen getragen werden«.

Die Damen, denen dieses Imponiergehabe galt, waren Schürferfrauen oder Huren. Dazwischen gab es nicht viel. Ehrbare Hausfrauen dürften für jede Aufmerksamkeit dankbar gewesen sein. Selbst viktorianische Familien der unteren Mittelschicht beschäftigten in ihren Häusern ein oder zwei Diener, doch hier im Lager mußten die Frauen alleine zurechtkommen. Eine von ihnen, eine gewisse Alice Stockdale, trauerte dem alten Leben nach und stellte darum den »ungehobelten Kaffer« Master Jim als Wäscher ein. Eines Tages, als sie nach Hause kam, sah sie, wie er sich im Garten vor Lachen schüttelte. Der Grund für seine Heiterkeit war ihre Unterwäsche. »Der Boy«, stellte sie pikiert fest, »hielt eines meiner Kleidungsstücke hoch und ließ es vom Wind aufblasen. Ich lief hin, riß es ihm aus der Hand und sagte zu ihm, er solle die Sachen waschen und nicht anschauen.«

Die Schönen der Nacht gingen zuweilen auch am hellichten Tag ihrem Gewerbe nach. Ein Freier erzählte, daß die schwarzen Prostituierten dadurch besonders auffielen, »daß sie sich gewagter und prächtiger anzogen, ständig durchs Lager flanierten und

mit schamlosen Blicken um sich warfen.« Ihre sittsameren weiß-
häutigen Kolleginnen arbeiteten als Bardamen in Kantinen mit so
verwegenen Namen wie »The Scarlet Bar«, »The Perfect Cure«,
»The Old Cock«, »The Red Light« oder als »Hostessen« auf der
neuen Pferderennbahn zwischen den benachbarten Minen von
Bulfontein und Dutoitspan.

Die schillerndste Vertreterin dieser Halbwelt war eine Dame
namens Sa Singularité. Einmal stieg sie in Graybittels Kantine vor
einer Menge grölender Männer, die teilweise eigens aus diesem
Anlaß ihre Abendgarderobe angelegt hatten, auf eine Cham-
pagnerkiste und versteigerte sich an den Meistbietenden. Das
Mindestgebot lag bei fünf Pfund. »Nach einer lebhaften und hitzigen Versteigerung«, so ein Augenzeuge, »ging die sündhafte
Person schließlich für 25 Pfund und drei Kisten Champagner an
Mr. John Swaebe. Brennend vor Leidenschaft, zog Johnny mit
seiner Erwerbung von dannen, verfolgt von den enttäuschten und
neidischen Blicken vieler Rivalen.« Nach einer halben Stunde
hielten es die Verlierer vor Neugier in der Bar nicht mehr aus.
Swaebe lebte in einer Zeltsiedlung, und es war Sommer. »Die
Jungs umstellten das Zelt, dann trugen sie es in einem Stück weg
und gaben das Liebespaar den Blicken preis – das Schäferstünd-
chen war vorüber.«

Sex war nicht die einzige Zerstreuung, er war nicht einmal die
wichtigste. Nirgends gab es auch nur annähernd genug Frauen,
und die Mehrzahl der Digger verspielte ihr Geld. Man spielte
Karten, warf Münzen oder verwettete sein Geld bei Pferderennen
und Boxkämpfen zwischen Männern, die unter Namen wie
»Liebling der Frauen« oder »Cockney-Bill« gegeneinander antra-
ten. Exotischere Kämpfe, bei denen auf achtbeinige Favoriten
und Herausforderer gesetzt wurde, fanden zu späterer Stunde
statt. Mit Schaudern erinnerte sich die Frau eines Schürfers: »Das
einzige Haustier, das Streit zwischen uns auslöste, war ein riesiges, häßliches, behaartes Geschöpf mit einem gefleckten Körper,
das mich mit seinen gemeinen schwarzen Augen durch den Glas-
deckel seines Käfigs anstarrte. Das Tier war eine Kampfspinne
und lange Zeit der Champion in unserer Gegend. Spinnenkämpfe
waren bei uns genauso beliebt wie Hahnenkämpfe, und man
konnte dabei ebensoviel Geld verlieren oder gewinnen. William
fuhr oft meilenweit, um das gräßliche Ding in einen Kampf auf

Anfangs waren Frauen auf den Diamantfeldern rar. Ein Tänzchen unter
Männern war ein beliebtes Samstagabendvergnügen.

Leben und Tod mit einer anderen Spinne zu schicken, deren Besitzer ihn offiziell herausgefordert hatte. Und nach einem gewonnenen Kampf war schwer zu sagen, wer mehr mit sich zufrieden
war: William oder sein kannibalischer Liebling.«

Schürfer mit einem konventionelleren Geschmack fanden
überall Croupiers, die ihnen das Geld beim Roulette aus der
Tasche zogen. Eines Abends betrat ein junger Mann namens
David Harris die Dodds-Kantine und ging zum Spieltisch. Der
Jude aus London hatte nichts Anziehendes an sich. Er war mittel-
groß, hatte schwarzes gelocktes Haar und einen buschigen
Schnurrbart. Als Digger hatte er bisher nur Enttäuschungen erlebt und kaum mehr als Dreck zutage gefördert. Während er träge
dem Treiben am Roulettetisch zusah, gab ein Gewinner eine
Lokalrunde aus. »Ich hatte gerade mein Glas Champagner ge-
leert«, erinnerte er sich später, »da sagte einer der Besitzer unter
Anspielung auf mich, daß einige Leute das Lokal nur aufsuchten,
um kostenlos zu einem Getränk zu kommen. Die Bemerkung

erregte meinen Zorn ... und aus purer Wut setzte ich einen Sovereign [Goldmünze von zwanzig Shilling] auf die Dreizehn. Ich wollte eigentlich nur verlieren und mich dann verziehen.« Doch die Dreizehn kam, und Harris gewann das 35fache seines Einsatzes. Er spielte weiter, und am Ende des Abends war er um 1400 Pfund reicher. Er hätte nun auf die Diamantfelder zurückkehren und sich eine eigene Parzelle kaufen können. Statt dessen fuhr er nach Hause. Wieder in London, erzählte er seinen Vettern Henry und Barnett Isaacs von seinen Abenteuern in New Rush. Begeistert kratzten die beiden Brüder Geld für die Überfahrt nach Südafrika zusammen. Sie sollten die größten Glücksspieler des Landes werden, im Sport, im Diamantengeschäft oder in der Geschichte Südafrikas selbst.

Doch bis dahin sollten noch mehrere Jahre ins Land gehen. Im Jahr 1872 war David Harris nur ein Aufschneider, seine Vettern Schlägertypen und New Rush eine von Menschen aller Rassen überquellende Pionierstadt wie jede andere auch, ein Tummelplatz für Gauner und Habenichtse, die vom schnellen Reichtum träumten. »Glücksspiele aller Art gab es zuhauf«, bemerkte ein Besucher. »Fingerhut- und Kümmelblättchenspieler gingen eifrig ihrem Gewerbe nach und betrogen ihre leichtgläubigen Kunden.« Der Renner war ein Spiel namens Fly Loo. Es konnte drinnen und draußen, bei Tag und Nacht gespielt werden. Dabei wurden Zuckerwürfel nebeneinandergelegt, für jeden Spieler einer. Den Einsatz gewann der Spieler, auf dessen Zuckerwürfel sich zuerst eine Fliege niederließ. Zu gewissen Zeiten war Zucker Mangelware, Ungeziefer niemals.

Selbst nach dem Zuzug von Familien blieben die sanitären Einrichtungen ziemlich primitiv. Die Latrinen waren kaum mehr als offene Gräben; Wasser, das aus zweifelhaften Brunnen gepumpt wurde, stand in der Sonne ab. Als Dr. Atherstone den Ort 1871 besuchte, konnte er nur den Kopf schütteln. »Einfach unvorstellbar«, schrieb er. »Die organischen Abfälle von Tausenden werden zusammen mit dem Mist ihrer Hunde, Pferde, Esel und Rinder am Rande eines Wasserlochs deponiert, das keinen Abfluß hat.«

Der Unrat lockte Fliegen an, und mit den Fliegen kamen die Krankheiten. Die Menschen erkrankten an Ruhr, Typhus und Malaria. Schließlich bauten die Stadtväter ein primitives Hospital und stellten drei Ärzte ein. Aber dieser Teil Südafrikas blieb immer nur ein Vorposten der Zivilisation, und das Grauen aus den Romanen von Joseph Conrad war stets gegenwärtig. Da war zum Beispiel ein Schürfer, an dessen Leichnam niemals eine Autopsie vorgenommen wurde. Ein Arzt ließ den Toten in ein Zelt legen, und als er am nächsten Morgen nach ihm sah, war »von der Leiche des armen Kerls nur noch der Rumpf übrig. Streunende Hunde hatten ihm die Gliedmaßen in Stücken vom Leib gerissen und gefressen.«

Wer auf den Diamantfeldern überleben wollte, brauchte eine starke Konstitution und eine stabile Psyche. Die meisten Schürfer brachten diese Eigenschaften mit, aber sie hätten sie liebend gern gegen etwas anderes eingetauscht, das schwerer zu haben war als alles andere: Glück. In den Lagern kursierten deprimierend viele Geschichten von Männern, die gruben und gruben, ohne einen einzigen Stein zu finden, ihre Parzelle schließlich für ein paar Pence verkauften und dann zusehen mußten, wie ihr Nachfolger auf einen Schatz stieß. Auch Fleetwood Rawstone, der Digger, mit dem alles angefangen hatte, war einer von diesen Pechvögeln. Knapp dreißig Meter von seinen Claims entfernt erwarb ein Spätankömmling für fünfzig Pfund eine Parzelle, grub innerhalb von zehn Monaten Diamanten im Wert von 20 000 Pfund aus und verkaufte das Claim an einen Mann, der weitere 657 Steine fand. Fleetwood, zuversichtlich wie immer, grub weiter. Aber etwas anderes als Erde förderte er nicht zutage.

Ein Digger berichtet in seinem Tagebuch von solchen Zufällen auf den Diamantfeldern:

Ein Holländer kauft ein altes Claim für zehn Shilling. Noch vor dem Abendessen findet er einen Diamanten von 14 Karat.

Ein englischer Gentleman arbeitete volle sechs Monate, ohne etwas zu finden, ging verärgert nach Hause und verkaufte sein Claim. Der Mann, der ihn erwarb, fand am selben Tag – er hatte noch keine fünfzehn Zentimeter tiefer gegraben als sein Vorgänger – einen herrlichen Diamanten von 29,5 Karat. Ich glaube, er bekam 2500 Pfund für ihn geboten.

Vier Engländer machten sich kürzlich ohne einen Penny in der Tasche auf den Weg zur Küste. Sie hofften, sich mit Arbeit das

Geld für die Schiffspassage nach England verdienen zu können. Das nennt man Pech! Im Lager gibt es viele Faulenzer, die völlig abgebrannt sind. Aber natürlich ist alles ein Lotteriespiel. Das sagen alle.

Ende 1873 erheiterte die neue Zeitung *The Digger's Gazette* ihre Leser mit einem Bericht über einen Pechvogel. In Kimberley wurde in einem weiten Umkreis gegraben, und jeder Schürfer hatte sein Claim klar abgesteckt. Doch je tiefer die Schaufeln in die Erde vordrangen, desto schmaler wurden die Durchgänge zwischen den Claims, bis sie schließlich einstürzten. Die Schürfstelle glich inzwischen einem Krater, der einen Durchmesser von mehreren hundert Metern hatte und in der Mitte gut 25 Meter tief war. Die Schürfer konnten nicht jedesmal, wenn sie eine vielversprechende Schaufel voll Erde gefunden hatten, nach oben klettern, und so errichteten sie ein kompliziertes System aus Leitern und Flaschenzügen. Mal wurde die Erde in einem Kübel nach oben gezogen, mal stieg der Digger auf einer Vorrichtung, die ein künstlicher Sims in einem prekären Gleichgewicht hielt, Sprosse für Sprosse aus dem Loch.

Eines Morgens nun, so berichtete die *Gazette,* »entdeckte ein Schürfer einen Diamanten, dessen Gewicht er auf fünfzig bis sechzig Karat schätzte. Er steckte ihn in den Mund und stieg auf der Leiter aus dem Loch. In dem Moment stieß oben ein Nigger versehentlich gegen die Vorrichtung. Nur zu verständlich, daß der Gentleman sich lautstark bemerkbar machte und unseren farbigen Bruder, wie auf den Feldern üblich, mit einigen jener blumigen Ausdrücke bedachte, für die unsere Minen einen gewissen Ruf erlangt haben. Aber ach: Während er noch fluchte, entglitt der Diamant seinen Lippen, fiel in das angrenzende Claim und ward nie wieder gesehen.«

Die Geschichte könnte genausogut erfunden sein. Die Lokalblätter druckten bedenkenlos fast alles, wenn es nur spannend genug war. Aufschlußreich hier ist, daß der Journalist das Wort »Nigger« verwendet. Buren und Briten waren gewiß keine Musterknaben in puncto Toleranz, aber wenn sie über Schwarze sprachen, benützten sie Ausdrücke wie Bantu, Kaffer oder Hottentotte. Nigger war ein amerikanisches Wort, das Veteranen des Sezessionskriegs mitgebracht hatten. Daß es nun bereitwillig in

Wenn das Tagwerk vollbracht war, kletterten die schwarzen Arbeiter wie menschliche Ameisen aus dem Big Hole.

den allgemeinen Wortschatz aufgenommen wurde, spiegelt die zunehmende Abneigung gegen die einheimische Bevölkerung wider.

Neuankömmlinge gingen wie selbstverständlich davon aus, daß alle Claims – inzwischen waren es mehrere hundert – weißen Schürfern gehörten. Doch dem war nicht so. Über vierzig Claims waren im Besitz von Mischlingen, in deren Adern auch das Blut von Hottentotten, Zulu, Xhosa oder Leuten von einem der anderen Dutzend Stämme floß. Diese Griqua oder »Kap-Coloureds« waren den Europäern ein Dorn im Auge. »Für Weiße ist es nahezu unmöglich, als Schürfer zu konkurrieren«, argumentierten *The Diamond News*. »Die Unterschiede zwischen den Ansprüchen und Bedürfnissen, dem Charakter und der Stellung der beiden Rassen verbieten es ihnen.« Angesichts dieser Haltung war es nur eine Frage der Zeit, bis Nigger Jim auf den Feldern Einzug hielt.

Die Wende kam mit dem Jahr 1872, als eine Gruppe von Claiminhabern einen Katalog von Forderungen aufstellte und den örtlichen Kolonialbeamten vorlegte. Die Liste umfaßte 13 Punkte, und jeder einzelne zielte gegen die schwarze Bevölkerung.

57

Ab sofort sollten »Kaffern oder farbige Personen« keine Schürflizenz mehr erhalten. Wer bereits eine besaß, sollte sie verlieren, es sei denn, er fand fünfzig weiße Claiminhaber, die ihn unterstützten – und das war so unwahrscheinlich wie der Fund eines fünfhundertkarätigen Steins.

Arbeiter sollten jederzeit von ihren Herren durchsucht werden können. Jeder »Eingeborene oder Farbige«, der einen Diamanten bei sich trug und dafür keine »zufriedenstellende Erklärung« geben konnte, sollte mit mindestens fünfzig Peitschenhieben bestraft werden.

Jeder, Claiminhaber ausgenommen, der einem »eingeborenen oder farbigen Diener« nachweislich einen Diamanten abgekauft hatte, sollte öffentlich fünfzig Peitschenhiebe erhalten und nach der Konfiszierung seines Besitzes von den Diamantfeldern verwiesen werden.

Eingeborenen sollte verboten werden, sich nach 20 Uhr im Lager zu bewegen.

Die Beamten im Kolonialbüro hielten die Forderungen für vernünftig. Nur an der Sprache nahmen sie Anstoß. Sie paßte nicht zu der offiziellen »farbenblinden« Politik der britischen Regierung. Also wurden Ausdrücke wie »Eingeborene« und »farbige Personen« gestrichen und durch das Wort »Diener« ersetzt. Dies vollbracht, wurden die Forderungen Gesetz. Im Juli wurde ein Registrierungsbüro eröffnet, das an schwarze Arbeiter zeitlich befristete Pässe ausgab. Sobald sie ihr Zeichen unter einen Vertrag gesetzt hatten, der in aller Regel für mindestens drei Monate galt, erhielten sie ein weiteres amtliches Papier. Diesen Paß mußten sie ständig bei sich tragen und »auf Verlangen jedermann vorzeigen«.

Diese Entscheidung markiert einen Wendepunkt in der Geschichte Südafrikas. Nirgendwo im Land war es moralisch und gesetzlich möglich, Schwarze mit Sklaven gleichzusetzen. Und doch ließ sich ihre Stellung auf den Diamantfeldern nur mit dem Wort Sklaverei treffend beschreiben. Sie konnten sich in ihrem eigenen Land nicht mehr frei bewegen. Es war ihnen verboten, ihre Arbeitsstelle zu verlassen, aus welchem Grund auch immer. Das Wort ihrer Arbeitgeber war Gesetz, und wenn sie unter irgendeinem Verdacht verhaftet wurden, galten sie so lange als schuldig, bis ihre Unschuld bewiesen war.

Im ersten Jahr nach Wiedereinführung des Paßgesetzes bearbeitete das zuständige Gericht annähernd fünftausend Fälle. Bei den meisten ging es um »unerlaubtes Entfernen vom Arbeitsplatz« durch schwarze Arbeiter. Typisch ist der Fall eines Angeklagten namens Sunday. Er wurde überführt, ohne Erlaubnis seinen Arbeitsplatz verlassen zu haben, und bekam dafür zwölf Peitschenhiebe verabreicht. Die Angeklagten Jacob und Buffalo erhielten wegen desselben Delikts elf Peitschenhiebe. Jimmy, Hans, Jim und Boy hatten sich eines geringfügigeren Vergehens schuldig gemacht: Sie hatten sich ohne Paß im Lager aufgehalten. Sie durften zwischen einer Geldstrafe und drei Peitschenhieben wählen. Urteile dieser Art wurden ohne eine ordentliche Verhandlung verhängt. Sie stützten sich allein auf die Aussage des Officers, der die Verhaftung vorgenommen hatte.

Ein deutscher Matrose nahm die Auspeitschungen vor, eine Aufgabe, die er bereits an Bord eines Kriegsschiffs verrichtet hatte. Er schritt theatralisch die Reihe der zitternden Delinquenten ab und ließ dabei das geschmeidige Leder durch seine Finger gleiten. Ein Korrespondent des *Harper's Magazine* ging hinter ihm her: »Im großen und ganzen bewiesen die Schwarzen bei der Züchtigung große Charakterstärke, und nur wenige heulten und schrien wie einige berüchtigte Verbrecher, die vor ein paar Jahren in London gezüchtigt wurden.«

Ein Gefangener erhielt vor den Augen des Journalisten 35 Peitschenhiebe. »Er hielt sich tapfer aufrecht, während Fleischfetzen von seinem Rücken hingen und dicke Blutstropfen an seinen Beinen hinunterliefen. Immer wieder klatschte die Peitsche auf seine Schultern, bis seine großen Augen rot anliefen, seine Lippen bebten und seine Hände sich unter den Qualen verkrampften. Aber er gab keinen Laut von sich. Erst als die Peitsche zum dreißigsten Mal niedersauste, ließ er ein lautes Stöhnen vernehmen, in dem das ganze Leid der körperlichen Tortur lag, und verlor das Bewußtsein.« Bei solchen Szenen, so berichtet der Autor weiter, seien die schwarzen Zuschauer unruhig geworden. »Sie knirschten mit den Zähnen und warfen den Hütern der Gerechtigkeit drohende Blicke zu. Ich hatte oft das Gefühl, daß sie nur auf eine günstige Gelegenheit warteten, um es ihren Herren heimzuzahlen.«

Die Rache erfolgte oft in Gestalt illegaler Diamantengeschäfte, die stets nur mit dem Kürzel IDB für »illicit diamond buying« bezeichnet wurden, da man das Unaussprechliche nicht beim vollen Namen nennen wollte. Hinter dem Kürzel verbarg sich jede Form von Vergehen: vom einfachen Diamantendiebstahl durch Arbeiter an den Schürfstellen bis zum bewaffneten Raub und heimlichen Handel mit Hehlern, die gestohlene Steine an rechtmäßige Händler weiterverkauften.

Angeführt wurde die Liste der Übeltäter von Weißen, darunter auch wohlerzogene Engländer wie John William Harding, der am Postamt von Kimberley ein unbewachtes Fenster erspähte, sich einen Postsack griff und aus dem Staub machte. Die Umschläge enthielten insgesamt 2381 Diamanten. Die Polizei schnappte ihn an Bord eines Schiffes, das gerade auslaufen wollte. Die Sicherstellung des Diebesgutes erwies sich als schwieriger, bis einer der Fahnder auf die Idee kam, im Lauf von Hardings Jagdbüchse nachzusehen. Und tatsächlich, dort lagen die Steine glitzernd in einer Reihe. Der weiße Dieb bekam eine faire Verhandlung. Ähnliches läßt sich von Männern dunklerer Hautfarbe nicht sagen.

Knapp einen Monat nach Hardings Verhaftung wurde ein indischer Händler illegaler Geschäfte verdächtigt. Eine Gruppe von Schürfern umstellte sein Zelt und drang bei ihm ein. Sie fanden verdächtige Diamanten, zogen den Mann aus, verprügelten ihn und jagten ihn aus dem Lager. Doch das genügte offenbar nicht, um die erhitzten Gemüter zu beruhigen. Am Abend darauf zogen viertausend Männer randalierend durch die Stadt, rissen Zelte nieder und steckten Kantinen in Brand.

Eine Einheit der berittenen Polizei preschte heran, doch die Menge war nicht mehr zu stoppen. Vor den Augen der Konstabler zündete der Mob aus purem Vergnügen Zelte an. Ein Metzger, der sich nichts hatte zuschulden kommen lassen, mußte tatenlos zusehen, wie sein Laden niederbrannte, und eine Mutter und ihr Kind kamen nur deshalb mit dem Schrecken davon, weil einer der Randalierer rief: »Rettet die Frau.« Ein Inspektor versuchte, die Menge zu beruhigen. Er wurde gepackt und, wie *The Diamond News* berichtete, »näher an die Flammen gehalten, als der Gesundheit zuträglich schien«. Daraufhin »trat der wackere Officer den Rückzug an.«

Eingeborene Arbeiter wurden mitunter weit schlimmer behandelt. Der erste aktenkundige Todesfall eines Schwarzen auf den

Diamantfeldern hatte mit IDB zu tun. Ein Schürfer war »verärgert und empört über die Faulheit« seines Arbeiters und traktierte ihn mit Fußtritten. Dabei fiel dem Zulu ein Diamant aus dem Lendenschurz. Der Schürfer fesselte ihn an einen Pfahl und ging fort. Als er viele Stunden später zurückkkam, lag der Arbeiter tot am Boden. Hitzschlag. Anklage wurde nicht erhoben.

Sechs Monate später mußte sich ein anderer weißer Schürfer vor Gericht verantworten: Er hatte zwei seiner schwarzen Arbeiter ausgepeitscht und anschließend nackt und gefesselt in einer Frostnacht draußen liegen lassen. Einer war an Unterkühlung gestorben. Diesmal kam der Fall vor Gericht. Der Angeklagte wurde der einfachen Körperverletzung nach »schwerer Provokation« für schuldig befunden. Er erhielt nur eine sechsmonatige Bewährungsfrist, doch selbst das erschien den meisten zu hart. In einem Leitartikel brachte *The Diamond Field* die Meinung zum Ausdruck, daß das Urteil mehr dazu beigetragen habe, »den Zielen der Gerechtigkeit zu schaden, als die Würde des Gesetzes zu wahren«.

*

Im Frühjahr 1873 stand ein ehemaliger Schürfer an der Kimberley-Mine und blickte in die Tiefe. »Letztes Jahr um die gleiche Zeit«, überlegte er, »gab es hier noch Straßen, die über den Abgrund führten und alles miteinander verbanden. Täglich wurden sie von Karren, Pferden und Menschen überquert. Jetzt sind die Straßen verschwunden.« Er war stolz auf seinen Mut. »Man braucht schon starke Nerven, um dort, wo ich mich jetzt aufhalte, allein am Rand zu stehen und in das Getriebe hinunterzublicken – in das Gewirr aus Seilen, die das Kopje bedecken ... Ich habe starke Männer zittern sehen, als sie in diesen großen menschlichen Ameisenhaufen blickten ... Die schwindelerregende Höhe, der Lärm, das geschäftige Treiben, das Gedränge, da kann man schon die Fassung verlieren ...«

Was geschehen war, konnten die Schürfer zwar leicht verstehen, aber nur schwer akzeptieren. Ende 1872 war ihnen die Erde ausgegangen. In etwa 25 Meter Tiefe verschwand der *yellow ground*, die weiche gelbe Erde, und ein hartes, blaues Gestein, der sogenannte *blue ground*, kam zum Vorschein. Die hohen Zwischenwände waren unberechenbar, und wenn sie einstürzten,

Als die Minen immer tiefer wurden, mußten neue Wege gefunden werden, die Arbeiter zu den Schürfstellen zu befördern. Hier fahren drei
»Boys« in einer primitiven, von Pferden bewegten Seilbahn den Hang
hinunter.

gingen nicht nur Werkzeuge verloren. Mit ihnen verschwand
auch das alte Leben. In der Kimberley- und De-Beers-Mine griff
man zu einer neuen Abbaumethode.

Rund um den Krater wurden Plattformen aus Holz errichtet.
Über Seile und Winden wurden Behälter zu den schwarzen Arbeitern hinabgelassen, die sie mit Erde füllten und wieder nach
oben schickten, wo die Schürfer – die nur noch dem Namen nach

Schürfer waren, denn sie nahmen keine Schaufel oder Hacke mehr in die Hand – den Inhalt nach Edelsteinen untersuchten. Die Behälter waren aus Rohleder, damit sie nicht einbeulten oder rosteten, die Seile aus Eisen und Stahl, da Hanf sich mit der Zeit durchgescheuert hätte. Kraft mußte nur in einer Richtung aufgewandt werden; die Schwerkraft zog die Lederbehälter zurück zu den Abbaustellen.

Diese Vorrichtungen waren nicht nur praktisch, sie gaben auch ein prächtiges Bild ab. »Keine Mine bot dem Auge ein so wunderbares Schauspiel wie dieses riesige Amphitheater«, schrieb ein zeitgenössischer Beobachter ohne große Übertreibung. Tief in der Erde wimmelte es von Tausenden »schmutziger, schwitzender und stinkender Arbeiter«, die stöhnten, schaufelten und wie mit den Weberschiffchen eines riesigen Webstuhls diamanthaltige Erde nach oben schickten. Das schrille Quietschen der Stahlseile und das Gebrüll der Männer vermischten sich mit dem Lärm der ratternden Räder und des niederprasselnden Gesteins.

Dies alles endete bei Sonnenuntergang. Nachts kehrte Ruhe in diesem häßlichen Babel ein, und die Lagerfeuer und Laternen von New Rush leuchteten unter dem Kreuz des Südens wie ein Kometenschweif. An manchen Abenden schien es, als sei das Big Hole von einem riesigen Spinnennetz bedeckt, dessen Fäden im Mondlicht glänzten, und dann wurde es zu einem beliebten Treffpunkt für die halbwüchsigen Töchter der Schürfer. Ein Claiminhaber der De-Beers-Mine erinnerte sich an die »feierliche Stille und die romantischen Nächte – und wie romantisch! Es war manchmal amüsant zu beobachten, wie ein liebeskrankes Mädchen von einer unbewachten Stelle des Fahrdamms aus vorsichtig in ein ziemlich flaches Abbauloch hinabglitt und dann laut stöhnte, bis schließlich ein galanter und furchtloser junger Digger auftauchte und sie im letzten Moment von einem schrecklichen Tode errettete. O ja, die lieben, süßen Dinger waren damals genauso raffiniert wie heute, und so wird es immer bleiben! Gottlob!«

In London wurde man unterdessen zunehmend auf den plötzlichen Reichtum in New Rush aufmerksam. Der britische Kolonialminister Lord Kimberley erkannte, daß sich im gottverlassenen Südafrika ungeahnte Möglichkeiten auftaten. Memoranden wurden ausgetauscht, Gesetze ausgearbeitet und Maßnahmen zum Verbot von Spielhöllen ergriffen, insbesondere solcher, die von Amerikanern betrieben wurden. Vor allem aber, so Seine Lordschaft, müßten die Ortschaften »anständige und verständliche Namen bekommen«. Es galt als selbstverständlich, daß er »mit einem so vulgären Ausdruck wie New Rush unter keinen Umständen in Verbindung gebracht« werden wollte. Den Namen Vooruitzigt konnte er weder buchstabieren noch aussprechen. Ein Untergebener unterbreitete ihm einen, wie er hoffte, nützlichen Vorschlag. Wie wäre es, wenn man New Rush nach dem Kolonialminister selbst benennen würde? Ein glänzender Einfall, dachte Seine Lordschaft. Am 5. Juli 1873 ließ er eine entsprechende offizielle Verlautbarung herausgeben, und New Rush verschwand von den Landkarten. Von nun an hieß die Stadt Kimberley. Und so heißt sie noch heute.

Ein neuer Name hat noch nie viel dazu beigetragen, den Ruf einer Stadt aufzupolieren. Trotz drohender Haft, Auspeitschung oder gar Todesstrafe blühte der illegale Diamantenhandel weiter. Die Profite waren das Risiko wert. Ein Arbeiter, der einen Stein fand, brauchte ihn nur vor dem Claiminhaber zu verbergen und an einen weißen Zwischenhändler zu verhökern, der ihn wiederum gegen Bargeld an einen der *kopje wallopers* weiterverkaufte – kleine Agenten, deren Buden fast an jeder Straße standen.

Die *wallopers* waren das Zwischenglied zwischen den Schürfern und den Großhändlern in Kapstadt. Einige waren ehrlich und anständig, andere bezogen Diamanten aus jeder Quelle, ohne Fragen zu stellen. Unverhältnismäßig viele von ihnen waren Juden und Nachfahren der Ghettotradition: Im Europa des Mittelalters war die Juwelierszunft eine der wenigen Vereinigungen gewesen, die Juden aufgenommen und ihnen das schwierige Handwerk des Spaltens und Schleifens beigebracht hatte. Doch im Ghettoleben spielten Diamanten ein Rolle, die weit über das hinausging. Zur Zeit der Inquisition flohen spanische Juden über die Pyrenäen in die Niederlande. Es war unmöglich, mit Möbeln und schweren Wertgegenständen zu reisen, und Geld mitzunehmen war unpraktisch. Edelsteine hingegen waren wertvoll und leicht zu transportieren. Ein Vermögen ließ sich problemlos in einem Schuhabsatz verstecken. Seit damals sind die Juden von einem fast mystischen Glauben an die Macht von Diamanten beseelt. Er begleitete sie nach Antwerpen, Amsterdam und Berlin, und nun wurde er auch in Kimberley verkündet.

»Keine andere Mine bot dem Auge ein so wunderbares Schauspiel wie
dieses riesige Amphitheater«: Wie die Saiten einer riesigen Harfe span-
nen sich die Stahlseile zu den vielen hundert Claims hinunter, und wenn
die Förderkübel mit der diamanthaltigen Erde nach oben gezogen werden, erklingen sie in allen Tonlagen.

Die Mehrzahl der Juden im Diamantengebiet war vor der anti-
semitischen Politik in Deutschland und Osteuropa geflohen. Sie
waren froh, daß sie in Ruhe graben und unbehelligt ihren Glauben praktizieren konnten. Die nächste Synagoge war mehrere
hundert Kilometer entfernt, und nur zweimal im Jahr konnten sie
sich die Reise zum Rabbiner in Kapstadt leisten. Einmal im Jahr
fuhr dieser selbst im Wagen nach Norden, damit seine Gemeinde-
mitglieder Rosch Ha-Schana und Jom Kippur feiern konnten.
Aus dieser kleinen, unscheinbaren Gemeinde ragten ein paar
schillernde Figuren heraus. Ikey Sonnenberg, zum Beispiel, war
in den fünfziger Jahren des letzten Jahrhunderts aus Deutschland
nach Amerika ausgewandert. Er sprach oft über seine erste Zeit
in Amerika, wo er »als kleiner Holzhändler begonnen hatte« (er
hatte an Straßenecken Streichhölzer verkauft). Später nahm er am
Goldrausch und am Sezessionskrieg teil – ersteres ohne Erfolg,
letzteres ohne Auszeichnung. Dann kam Kimberley, und mit ihm
der Traum vom schnellen Reichtum. Nach einer kurzen und
glücklosen Karriere als Schürfer heiratete Ikey eine junge Jüdin

vom Kap, gründete ein Fuhrunternehmen, importierte englische Schürfwerkzeuge und handelte mit Diamanten, Wolle, Elfenbein, Straußenfedern und allem, was Profit brachte.

Die meisten Bewohner der Stadt hielten Sonnenberg für einen angenehmen Zeitgenossen. Er war groß und schlaksig, hatte riesige Füße, lachte gern und war stets bereit, einem abgebrannten Digger mit Almosen unter die Arme zu greifen. Ein Zeitgenosse bemerkte amüsiert: »Alle Hunde in der Umgebung der Dutoitspan-Mine wedelten mit dem Schwanz, wenn Ikey vorbeilatschte.« Aber nicht alle Leute empfanden so wie die Hunde. Auch wenn niemand den Mut hatte, Ikey offen als Falschspieler zu bezeichnen, so war doch bekannt, daß er ein Kartenspiel zinken konnte. Seine Spezialität war freilich, »leichtgläubige Burentölpel« zu einem Handel zu überreden, bevor sie ihre Meinung ändern konnten. Viele Männer schworen, sie seien dabeigewesen, wie Sonnenberg einmal die Rechentabelle eines Wollhändlers weggeworfen hatte. Der Bure hatte die vielen Garnrollen zusammengezählt und präsentierte schließlich das Ergebnis seiner Rechenkunst. Die Summe auf Sonnenbergs Rechnung war viel niedriger. Einer momentanen Eingebung folgend, rief er: »Um Himmels willen, guter Mann, Sie haben die Rechentabelle vom letzten Jahr. Die ist dieses Jahr ungültig.« Er bekam den von ihm verlangten Betrag.

Alfred Augustus Rothschild war ein weiteres Beispiel für den Bauernfänger südafrikanischen Typs. Er selbst nannte sich Baron – ein zarter Hinweis auf eine nicht vorhandene Verwandtschaft mit der berühmten Bankiersfamilie. Er gab sich als Weltmann, sprach Französisch, Deutsch, Englisch und Holländisch und war stolz auf seine, wie er es nannte, »markanten orientalischen Gesichtszüge«, die er dadurch betonte, daß er sich dick Pomade ins schwarze Haar schmierte und einen dichten Bart trug. Samstag nachmittags betätigte er sich gern als Marktschreier. Schürfer harrten mit ihren Familien oft stundenlang in der prallen Sonne aus, wenn er sein Warensortiment anpries. Gewöhnlich schwang er sich auf einen Stuhl oder Ochsenkarren und köderte seine Zuhörer mit Versprechungen über die ansteckende Wirkung des Erfolgs: Aus einem ganz gewöhnlichen Gerät wurde ein »Sieb, in dem letzte Woche 93 Karat gefunden wurden«, aus einem ausrangierten Werkzeug eine »hübsche, kleine Hacke, eine Diamantenhacke – vor zwei Tagen wurde mit ihr ein vierzigkarätiger Stein ausgegraben, und ebendas wird garantiert noch einmal passieren.« Einmal versteigerte er einen prächtigen Hengst, der, wie er sagte, nur zwei kleine Fehler habe. Er erzielte zwanzig Pfund, und nachdem der neue Besitzer das Tier in Empfang genommen hatte, fragte er nach den Fehlern. »Es bricht gern aus und läßt sich nur schwer wieder einfangen«, antwortete der Baron laut. »Und zweitens: Wenn es eingefangen wird, ist es nicht besonders brav.« In Wahrheit war es ein erstklassiges Pferd. Rothschild erlaubte sich nur einen Spaß. Bei allem Theater war er ein kulanter Geschäftsmann und ein nachsichtiger Gläubiger. Regelmäßig ließ er humorige Anzeigen in die Zeitung setzen, in denen er seine Schuldner anmahnte:

Ein Mann hat Rothschild 3 Shilling, 6 Pence gezahlt.
Nachdem er sie ihm drei Jahre geschuldet hat!
Wenn Sie zur völligen Gesundung beitragen wollen,
folgen Sie bitte seinem Beispiel und bezahlen Sie.
Mit vorzüglicher Hochachtung, A. A. Rothschild.

Diese Männer waren in erster Linie Krämer und erst in zweiter Linie Selbstdarsteller. Nicht so Henry Isaacs. Er wuchs mit seinem jüngeren Bruder Barnett und seinen drei Schwestern in einer beengten Wohnung über dem Trödlerladen seiner Familie auf. Das Haus stand in Whitechapel, unter den Zeitgenossen als die »schlimmste Räuberhöhle von ganz London« verschrien. Kinder lernten dort schon früh das Gesetz der Straße kennen. Isaac Isaacs brachte seinen Jungs das Boxen bei, sobald sie laufen konnten. Wie viele ihrer Kameraden gingen sie mit 14 von der Schule ab und lungerten auf den Straßen von Aldgate herum, ruhelos, gelangweilt und theaterbesessen.

Mehrere Jahre lang arbeitete Harry, wie er am liebsten genannt wurde, als Barkeeper und Rausschmeißer im »King of Prussia«, einem Lokal, das dem Mann seiner Schwester Kate, einem gewissen Joel Joel, gehörte. Doch das war nur ein Zeitvertreib. Jede freie Minute verbrachte er vor dem Spiegel, übte Zaubertricks und flotte Sprüche. Anfang der siebziger Jahre bekam er unter dem Künstlernamen »Der Hexer« Engagements in einigen Varietés im East End. Harrys Bruder Barnett, auf der Straße nur Barney gerufen, wirkte später bei der Nummer mit. Sie traten als

Barnato Brothers auf. Diesen Spitznamen hatten sie seit jenem Abend, als Harry sich etwas zu oft verbeugte und ein Bühnenarbeiter höhnte: »Barney, too – Barney auch!« Der Ausspruch blieb im Gedächtnis haften und verfolgte sie überallhin, wo immer sie auch auftraten. Mit der Zeit wurde daraus Barneyto, dann Barneto und schließlich die italienische Form Barnato. Die Eltern hatten nichts dagegen: In einer Familie, in der es einen Isaac Isaacs und einen Joel Joel gab, fiel Barney Barnato nicht aus dem Rahmen.

Die Brüder hätten es wohl zu einem gewissen lokalen Ruhm gebracht, doch dann kehrte im Frühjahr 1872 ihr Vetter David Harris nach London zurück und hatte die Taschen voller Geld. Schön, er hatte das Geld am Spieltisch gewonnen und nicht beim Diamantenschürfen verdient, doch das war nebensächlich. In Südafrika führten viele Wege zum Reichtum. Harris hatte die Absicht, bei nächster Gelegenheit zurückzukehren. Dort unten, so behauptete er, gebe es keine Vorurteile und keine sozialen Beschränkungen für Juden. Alles, was man brauche, sei Tatkraft und Unternehmungsgeist. Und jedermann spreche Englisch. Dieser letzte Punkt war besonders verlockend.

Im folgenden Herbst verschwand der Hexer aus London. Am 29. Oktober 1872 stand er auf der Bühne der St. James Hall in Dutoitspan. Harry Barnato spielte seine Rolle überzeugend: Er hatte den großen Schnauzbart, die dunklen Augen und den durchdringenden Blick des romantischen Neapolitaners. Ein Kritiker nannte die Zaubertricks des Hexers zwar »verstaubt und altbacken«, mußte aber auch anerkennen: »Barnato zauberte von überall und nirgends Eier und Karten herbei, und irgendwo unter seinem Rockschoß zog er sogar ein Glas mit einem Goldfisch hervor – das war sein Geld wert! An dem Abend, als ich die Vorstellung besuchte, borgte sich der ›Seggnor‹ während seiner verblüffenden Vorführung von mir, einem Zuschauer, einen Sovereign, den er mir später brav wieder zurückgab, wie es sich gehört. Nun, das war wirklich fabelhaft!«

Zwei Monate später erklomm Harry Barnato mit einer »Großen Weihnachtsvorstellung« den Gipfel seiner Popularität. Die Hauptattraktion: »Ein freischwebender Mensch, der in der Luft schläft! (Wer es nicht mit eigenen Augen sieht, glaubt es nicht).« Die Nummer verlor bald ihren Reiz, und die Zuschauer blieben weg. Die Christy Minstrel Troupe löste Harry ab. Ein paar Tage später war er gratis auf dem Marktplatz zu bestaunen, wo er mit einem Expolizisten Schauboxkämpfe austrug. Aber wie viele am Hungertuch nagende Künstler kehrte er in der Hoffnung auf ein regelmäßiges Einkommen dem Showgeschäft schließlich den Rücken. Sein neuer Arbeitgeber wurde ein Diamantenhändler in Dutoitspan.

Doch der Hexer wurde seinen Ruf nicht los. Nach einem aufsehenerregenden Diebstahl, der in der Presse hohe Wellen schlug, ging bei *The Diamond News* ein Schreiben ein, in dem Barnato beschuldigt wurde, nebenbei illegale Diamantengeschäfte zu betreiben. »Wenn jemand ein Päckchen Diamanten stehlen will«, so hieß es darin, »braucht er so flinke Finger wie der Signor.« Harry antwortete in gedruckter Form: »Obwohl ich das mir zugedachte Kompliment durchaus zu schätzen weiß, meine ich doch, daß es auf dem Fehlschluß einiger allzu phantasiebegabter Personen beruht, die fürchten, daß ich die Fertigkeiten des Hexers mit meinen Fähigkeiten als Diamantenkäufer verknüpfen könnte. Ich will ihnen bei dieser Gelegenheit versichern, daß ich zwischen beiden Berufen strikt trenne. Das einzig ›Magische‹ an meinem letztgenannten Gewerbe sind die verblüffend hohen Preise, die ich jederzeit für gute Steine zu zahlen bereit bin.«

Nur wenige waren beruhigt. Selbst sein Vetter David Harris hütete sich, eine Partnerschaft mit ihm einzugehen. Aber Harry war zu euphorisch, um sich deshalb Sorgen zu machen. Er schrieb einen Brief nach Hause, schilderte die vielfältigen Möglichkeiten, die sich einem jungen Mann in Südafrika boten, und riet seinem Bruder, nachzukommen. Barney war wie berauscht von der Idee. Er hatte Harrys Stelle im »King of Prussia« übernommen und ein bescheidenes Sümmchen auf die hohe Kante gelegt. Nun gab er sogar das Rauchen auf, um das Geld für ein einfaches Ticket zu sparen. Als er seine Abreise bekanntgab, schenkten ihm ein paar Freunde eine goldene Uhr, und sein Schwager Joel stiftete vierzig Kisten mit billigen Zigarren – als Grundstock für ein Export-Import-Geschäft. Im Juli 1873 nahm der junge Mann die hundert Pfund, die er zusammengespart hatte, kaufte sich bei der Union Steamship Company ein Ticket und stach mit der *Anglia* in Richtung Kapstadt in See.

27 Tage später legte das Schiff an, und dann begann die eigent-

liche Reise. Barney dachte später gern an die lange Wanderung zu den Diamantfeldern im Norden zurück. »Sie dauerte fast zwei Monate. Die Zeit gehört zu den schönsten in meinem Leben. Der ganze Komfort bestand darin, daß ich neben einem Karren hergehen durfte, wenn er fuhr, und unter ihm schlafen, wenn er stand. Ich machte erste Bekanntschaft mit Maisbrei und Biltong [gedörrtes Antilopenfleisch]. Beides esse ich immer noch mit großem Appetit. In den Monaten vor meiner Abreise aus England war es mir gesundheitlich nicht besonders gutgegangen, aber die Fahrt mit dem Karren, besser gesagt, die Wanderung über das Veld tat mir gut, und als ich in Dutoitspan einlief, hätte ich Bäume ausreißen können.«

Barney suchte die Gegend nach seinem Bruder ab. Er fand ihn in einer Hütte liegend, mutlos, einsam und hungrig. Harry hatte in Südafrika offensichtlich nicht das große Los gezogen. Doch Barney ließ sich davon nicht entmutigen. Er setzte eine vergnügte Miene auf und spendierte Harry ein üppiges Abendessen. Gut, sagte er sich, mit Diamanten wird man nicht reich. Na und? Ein geschäftstüchtiger jüdischer Junge hat andere Mittel. Innerhalb einer Woche fand er eine Anstellung bei Paynes, einem Wanderzirkus, und forderte den Boxchampion der Truppe, einen korpulenten Portugiesen, zum Kampf heraus. Im Ring trug Barney sein grellstes Londoner Jackett, enge Hosen, Melone und Brille. Er nahm die Brille ab, tänzelte zum Vergnügen der Zuschauer durch den Ring – und schlug den Champion k.o.! Die Menge liebte das. In der Woche darauf versuchte er es mit Soloauftritten als Humorist. Vier Tage konnte er sich halten.

Doch ein Mann wie Barney fiel immer auf die Beine. Er machte als Händler weiter, verkaufte Notizblöcke und Bleistifte. Von einigen amüsierten Schürfern erwarb er das Recht, die Erde auf ihren ausgebeuteten Claims ein zweites Mal zu waschen. Vielleicht hatten sie ein paar kleine Steine in der Erde übersehen. Er beobachtete einen Eingeborenen, der etwas auf ein Stück Papier zeichnete. Findig, wie immer, heuerte er ihn zum Wasserholen an und entlohnte ihn mit Bleistiften. Der junge Londoner fand nur wenige Diamanten, aber doch genug, um überzeugt zu sein, daß er ins richtige Land gekommen war. Der kleine, kurzsichtige, vulgäre, theatralische, launische und komische Barney Barnato schickte sich an, das Schicksal Südafrikas zu verändern.

3
MÄNNER, DIE NIE
ERWACHSEN WERDEN

Außerhalb Südafrikas ist Barney Barnato heute so gut wie unbekannt. Die Ereignisse, die er in Gang zu setzen half, haben diesen Mann verschluckt. Doch im Land selbst ist er immer
noch gegenwärtig. Er schaut von seinem Porträt herunter in die
Konferenzräume von De Beers, und die Ungeduld in seinem
Blick paßt durchaus in unsere Zeit: ein Geschäftsmann, der keine
Minute zu verlieren hat. In den Straßen und Pubs von Kimberley,
wo Barney den Grundstein für sein Vermögen legte, ereifern sich
die Menschen immer noch über sein Ende – war es Mord oder
Selbstmord? –, als sei er erst letzte Woche gestorben und nicht
schon vor einem Jahrhundert.

Barney Barnato ist in vielerlei Hinsicht eine Karikatur des
Juden von Geist und von Welt aus dem 19. Jahrhundert, ein selbst-
ironischer Aufsteiger, der sich nicht zu schade ist, auf dem Weg
zum Reichtum auch Kleingeld aufzusammeln. Nach dem Besuch
der freien jüdischen Schule in London steckte Barney seine Nase
nur noch in ein einziges Buch. Nicht in die Bibel, sondern in
einen volkstümlichen Roman, den ihm jemand empfohlen hatte.
Und trotz seines späteren Reichtums kaufte er sich nur ein einziges Gemälde: ein Landschaftsbild mit einem traurig dreinblik-
kenden Schaf. »Es ähnelt mir«, war seine Erklärung.

Und doch paßt Barney in keine Schublade. Er ist ein Kultur-
banause, aber er hat eine rasche Auffassungsgabe. Er ist ein leidenschaftlicher Spieler und Wetter, ob beim Domino, Boxen oder
Billard, aber er spielt ehrlich, und selbst bei einer Niederlage
zeigt er Größe, verneigt sich vor dem Sieger und bezahlt auf der
Stelle seine Schulden. Er ist ein Pfennigfuchser, hat aber stets eine
offene Hand für wohltätige Einrichtungen und für Digger, die

vom Pech verfolgt sind. Kaum ist er, der Hurenbock, verheiratet, ist er seiner Frau und seinen Kindern treu ergeben. Und obwohl ein selbstsüchtiger Kapitalist, betrachtet er seine Aktionäre als eine Familie, die Schutz verdient und ein Anrecht auf Profit hat, selbst wenn die Kosten sein Privatvermögen angreifen.

Es ist bezeichnend, daß selbst Louis Cohen, sein erster Partner, ein zwiespältiges Urteil über ihn abgibt. Barnato sei »absolut skrupellos« gewesen, sagt er, und sein Name wäre nach seinem Tod in Vergessenheit geraten, »hätte er nicht so unglaublichen Schaden angerichtet«. Doch kaum hat er das gesagt, schwenkt er um und räumt ein, daß sein Weggefährte von einst »einen guten Kern« gehabt habe.

Die beiden Männer lernten sich in der überfüllten »Scarlet Bar« in Dutoitspan kennen. Cohen sah auf und erblickte »einen stämmigen jungen Burschen«, der sich unter Zuhilfenahme seiner Ellbogen zwischen zwei Schürfer drängte. »Ich war von seinem Anblick gefesselt: Er strahlte in die Runde, ohne jemand Besonderen anzusehen, und nahm von den finsteren Blicken und leisen Flüchen der beiden Ausländer, die er getrennt hatte, nicht die geringste Notiz.« Cohen bemerkte, daß der Fremde »mit dem wenig anziehenden, schmutzigen Gesicht eine Brille trug und die häßlichste Stupsnase hatte, die man sich vorstellen kann, dafür aber große graublaue Augen, die besten, die jemals hinter Brillengläsern hervorgeblitzt haben«. Im nächsten Moment zuckte Barney so heftig zusammen, daß seine Suppe nach allen Seiten spritzte. Lächelnd wandte er sich an seine Nachbarn: »Sie werden verzeihen, aber eine Fliege hat sich auf meine Nase gesetzt.«

Louis Cohen war selbst ein Original. Als Sohn einer irischen Mutter und eines jüdischen Vaters in Liverpool geboren, war er angeblich auf dem Kontinent zur Schule gegangen und betätigte sich, inzwischen Mitte Zwanzig, als Bühnenschriftsteller, Theaterkritiker, Journalist, Autor unglaublicher Geschichten (die er in seine Reportagen einflocht) und schließlich als Walloper. Diese letzte Beschäftigung war die einzige, die den halbgebildeten Barney interessierte. Nach seinem Niesanfall kam er mit Cohen ins Gespräch. Dies war der Beginn einer Freundschaft auf Probe. Einige Wochen später beschlossen die beiden jungen Männer, ihr Kapital zusammenzuwerfen und Diamantenhändler zu werden.

Cohens Beitrag bestand in sechzig Pfund, und Barney brachte

Barney Barnato (Geburtsname: Barnett Isaacs), der Jude aus einem Londoner Slum. Er verließ seine Heimatstadt, suchte in Südafrika nach Diamanten und brachte es zum Multimillionär.

neben dreißig Pfund und seinen vierzig Kisten drittklassiger Zigarren, die mit jedem Tag ungenießbarer wurden, eine nie erlahmende Energie in das Unternehmen ein. Die beiden Männer arbeiteten und schliefen in ihrem »Büro«, einer neun mal sechs Meter großen Blechhütte an der Hauptstraße direkt neben »Maloney's Bar«. Die Miete betrug 21 Shilling pro Tag und war in Cohens Augen unerschwinglich. Doch Barney behauptete, daß die Digger bei ihnen Schlange stehen würden, um mit dem Geld, das sie für ihre Diamanten erhielten, nebenan ihren Durst zu löschen. »Wenn wir zwei Pfund am Tag herausholen«, so sein Argument, »kommt es uns nicht teuer.«

Eine Fotografie des zwanzigjährigen Cohen zeigt, daß sein Gedächtnis zumindest in einem Punkt absolut zuverlässig war. »Ich war«, sagt er, »ein gutaussehender Junge.« Mit seinem Charme und seiner Schlagfertigkeit war er der geborene Kaufmann. Wenn er die Kunden eingewickelt hatte, besiegelte er den Handel mit einer von Barnatos Zigarren. Barney selbst war nur selten im Büro anzutreffen. Er war zu sehr damit beschäftigt, draußen auf den Feldern seine Runden zu drehen, mit den Schürfern zu plaudern und ihnen für möglichst wenig Geld die besten Steine abzukaufen. Anfangs unterliefen ihm Fehler. So kaufte er einmal für fünf Pfund einen Rohdiamanten, der sich später als Quarzkristall entpuppte. Aber er lernte schnell. Es dauerte nur Wochen, und er wußte, wie er einen ungeschliffenen Stein zu taxieren und wieviel er für ihn zu bieten hatte. Der Kauf selbst war aber nicht das eigentliche Problem. Viel schwieriger war es, Schürfer zu finden, die bereit waren, zu einem günstigen Preis zu verkaufen. Dann, eines Nachmittags, fand Barney die Lösung. Er kaufte für 27 Pfund und zehn Shilling – annähernd eine Monatsmiete – einen lahmen alten Gaul.

Doch es war kein gewöhnlicher Gaul. Sein Vorbesitzer, ein wohlhabender Walloper aus Dutoitspan, stand unmittelbar vor seiner Abreise nach Europa, wollte aber die Namen und Claims der Schürfer, die billig verkauften, nicht preisgeben, zweifellos deshalb, weil er beabsichtigte, eines Tages zurückzukehren. Dieses eine Mal bezahlte Barney den geforderten Preis, denn er sagte sich, daß ein Pferd, das tagaus, tagein die gleiche Strecke lief, den Weg irgendwann von selber finden mußte. Das Tier enttäuschte ihn nicht. Ein kurzer Ruck am Zügel, und es trappelte von einem alten Kunden zum anderen. Und obendrein, so Cohen, lieferte es »genügend Stoff, um mit den Buren ins Gespräch zu kommen. Barneys Idee brachte uns eine Menge Geld ein.«

Die unkonventionelle Atmosphäre an den Schürfplätzen wirkte auf die Barnatos wie reiner Sauerstoff. Sie waren hier, um sich einen Namen zu machen, gleich welchen, wenn sie nur dabei reich wurden. Eine Zeitlang gingen die Brüder getrennte Wege. Barney war ein aufstrebender Kleinhändler, während Harry seine enttäuschenden Diamantenabenteuer aufgab und Inhaber des »London Hotel« wurde. Das Etablissement, das über einen Spielsaal verfügte, zählte zu seiner illustren Kundschaft auch eine stattliche Anzahl von Kleinkriminellen. Die Ortspolizei schaute bei jedem Streifengang herein, und immer wenn sie auftauchte, bemerkte Cohen amüsiert, daß »einige der vornehmsten Gäste auseinanderstoben wie Ratten beim Anblick einer Katze«.

Harry war ein seriöser Bürger im Vergleich zu seinem jüngeren Bruder. Jeder hatte eine Geschichte über Barney auf Lager, Barney selbst eingeschlossen. Cohens Lieblingsanekdote handelte davon, wie er und sein Partner eines Abends zwei Prostituierte besucht hatten. Die beiden Frauen hatten getrennte Zimmer, und in jedem brannte nur eine einzige Kerze. Louis kannte den Preis nicht. »Als ich etwas von fünf Pfund murmeln hörte«, erinnerte er sich, »hielt ich es für besser, mich zu trollen. Aber Barney flitzte in das andere Zimmer. Ich sah gerade noch, wie er dem Mädchen einen Fünfpfundschein hinhielt, dann wurde die Kerze gelöscht.« Louis wartete vor dem Haus. Bald darauf erschien Barney. Er war außer Atem und forderte ihn auf zu rennen. Hinter ihnen her hallten wütende Schreie durch die Nacht. »Ich habe ihr einen Fünfpfundschein gezeigt«, keuchte Barney, »aber in der anderen Hand hatte ich ein Stück Papier, und als das Licht ausging, habe ich ihr das statt dessen gegeben.«

Barney lauschte solchen Geschichten mit größtem Vergnügen und krönte sie mit folgender Anekdote: Bei einer Dinnerparty hatte er schweigend beobachtet, wie ein anderer Gast heimlich einen silbernen Suppenlöffel in seinen Schuh verschwinden ließ. Später, bei Kaffee und Brandy, unterhielt Barney die Anwesenden mit einem Zaubertrick. Er nahm einen Löffel, der genauso aussah wie der andere, machte ein paar theatralische Gesten und Simsalabim!, das Utensil war verschwunden. Dann wies er den Diener an: »Sehen Sie im Stiefel des Gentleman da drüben nach.« Der Löffel wurde herausgezogen, und Barney erntete stürmischen Applaus. Andere hätten ihre Anekdote im Moment des Triumphs beendet. Barney fügte hinzu: »Und ich ging mit dem anderen Löffel nach Hause.«

Barney dementierte niemals eine Geschichte, in der er die Hauptrolle spielte. Für ihn war jede Kritik Reklame, jede Klatschgeschichte ein Mittel, den Namen Barnato in der neuen Umgebung bekannt zu machen. Jedes Wort von ihm war darauf berechnet, Aufmerksamkeit zu erregen, und alles, was er am Leibe trug, sollte auffallen: die grellen, karierten Anzüge, die Nelke im Knopfloch, der Kneifer, der gewichste Schnurrbart. Als eine Amateurtheatertruppe gegründet wurde, ließ Barney natürlich nicht locker, bis man ihm den Posten des Inspizienten antrug. Nicht lange, und er stand auf der Bühne und spielte Charakterrollen. Schurken waren seine Spezialität. So spielte er den Fagin in *Oliver Twist* und Jago in *Othello*. Cohen begutachtete Barneys darstellerische Künste in einem zeitgenössischen Stück mit dem

Titel *The Bells.* Der Impresario und Schauspieler Sir Henry Irving hatte es in London gespielt, und Barney hatte sich die Vorstellung viele Male angesehen. Er ahmte jede Geste und jede Betonung nach, aber sein Cockneyakzent machte offenbar die Wirkung zunichte. Barneys »*Ow the dogs 'owl*«, schrieb Cohen, »zeugte von grober Nachlässigkeit, zumal die Hunde ebensowenig vorhanden waren wie sein H.«

Eine schlechte Presse störte Barney nicht. Kritiker durften offen ihre Meinung sagen, solange sie seinen Namen richtig schrieben. Mit dem Publikum war es etwas anderes. Einmal, während einer Rezitation aus *Othello*, mußte ein Schauspieler bei seinem Monolog gegen die zunehmenden Unmutsäußerungen im Publikum anbrüllen. Als er an die Stelle kam, wo es heißt: »Vielleicht wohl, weil ich schwarz bin …«, riet ihm ein Zwischenrufer: »Dann geh doch und wasch dir das Gesicht.« Der Schauspieler stapfte gekränkt von der Bühne – und wurde nach wenigen Minuten durch Barney ersetzt. Mit geschwärztem Gesicht trat er an die Rampe und verkündete, daß er mit jedem, der es wage, seinen Vortrag zu stören, »kurzen Prozeß« machen werde. Der Lärm ging unvermindert weiter, und als der Vorhang fiel, stürzte er ins Parkett, packte den Rädelsführer am Kragen und verabreichte ihm eine Tracht Prügel.

Ein Kritiker von der Zeitung *Independent* war Zeuge des Vorfalls. »Herr Barnato wurde öffentlich verspottet, und deshalb gilt ihm unser Mitgefühl«, schrieb er verschnupft, »aber niemand kann über einen so großen Mangel an Taktgefühl hinwegsehen. Er wagt es, Personen, die ihr Eintrittsgeld bezahlt haben, zu bedrohen, obwohl im voraus nicht klar war, ob sie nun lachen oder weinen sollten.« Über Barney, den Shakespeare-Darsteller, schrieb er: »Seine Interpretation der Figur war, gelinde ausgedrückt, einfach schrecklich.«

Eine kurze und schwierige Zeit begann, und Barney stellte sich als Diamantenhändler genauso ungeschickt an wie als Schauspieler. Trotz Zigarren und Pferd sah sich der dynamische junge Mann gezwungen, seinen Anteil an Cohen zu verkaufen. Um Kosten zu sparen, zog er in ein kleines Zimmer im Hotel seines Bruders. Bis 1874 sah die Zukunft für die beiden Barnatos gar nicht rosig aus. Vor diesem Jahr durfte ein Schürfer laut Gesetz nicht mehr als zwei Claims besitzen. Drei Jahre später, als die Barnatos ihre Ersparnisse in Höhe von dreitausend Pfund zusammenlegten, hatte man die Obergrenze auf zehn Claims heraufgesetzt. In einem letzten verzweifelten Versuch, ihr Glück zu machen, kauften sie vier Parzellen in der Kimberley-Mine.

Es war der denkbar schlechteste Zeitpunkt, um Land zu kaufen. Die lockere gelbe Erde war inzwischen völlig abgetragen und gesiebt. Nun kam der harte *blue ground* zum Vorschein. Nach Meinung der Schürfer waren die Diamanten während einer prähistorischen Überschwemmung in die Gegend gespült worden und in der dreißig Meter dicken Schicht weichen Bodens liegengeblieben. Das harte Gestein, an dem sich ihre Schaufeln verbogen, werteten sie als untrügliches Anzeichen dafür, daß die große Zeit der Diamanten vorbei sei. Barney war anderer Ansicht. »Die Diamanten«, sagte er bei einem Gespräch, »sind von unten durch eine Art Schlot aus der Erde gekommen.« Das war eine reine Vermutung von seiner Seite, doch sie sollte ihm ein Vermögen einbringen. Nicht lange, und jeder Kubikmeter des *blue ground* lieferte Steine im Wert von mehreren tausend Pfund Sterling.

Obwohl nur auf Vermutungen angewiesen, spekulierte Barney bereits darauf, daß die Diamantfelder in ihrer augenblicklichen Form nicht mehr lange existieren würden. Blindwütige Ausbeutung hatte die Arbeit in den Minen von Kimberley, De Beers, Dutoitspan und Bulfontein lebensgefährlich gemacht. Immer wieder stürzten Zwischenwände ein und begruben Menschen und Tiere unter sich. Die Konkurrenz trieb die Löhne und die Preise für Werkzeug in die Höhe. Die Edelsteine überfluteten den Markt, und das drückte die Preise auf ein Rekordtief. Die Branche konnte nur überleben, wenn die Diamantenproduktion künftig von irgendeiner zentralen Autorität gesteuert wurde. Aber wer sollte das sein? Da jeder nur seine eigenen egoistischen Interessen im Auge hatte, war an die Wahl eines Führers nicht zu denken. Der Mann, der das Geschäft unter seine Kontrolle bringen wollte, mußte die wertvollsten Claims erwerben und dann den kleineren Inhabern seinen Willen aufzwingen. Barney schickte sich an, dieser Mann zu werden.

Er war nicht der einzige. Zwei Jahre zuvor war der 18jährige Cecil Rhodes nach Südafrika gekommen, wie Barney auf den Rat eines älteren Bruders hin. Der bekannte Bergwerksingenieur Gardner Williams kannte beide und verglich sie häufig miteinander. »Äußerlich konnten die beiden jungen Männer kaum unterschiedlicher sein«, schreibt er. »Hier der kleine, quirlige, untersetzte, kurzsichtige und geschäftstüchtige Jude mit dem runden Kopf, der sich an den üblichen sportlichen Aktivitäten oder Geschäften beteiligte, dort der nachdenkliche junge Vorarbeiter, hoch aufgeschossen auf einem umgestürzten Eimer zusammengekauert, schwermütig und taub für das Schwätzen und Rattern um sich herum, die blauen Augen intensiv auf seine Arbeit konzentriert oder ganz mit seinen Gedanken beschäftigt.«

Doch bei allen Unterschieden fand Williams, daß Rhodes und Barnato sich in einem Punkt sehr ähnlich waren: Sie hatten einen »scharfen Weitblick und einen ausgezeichneten Riecher für Geldgeschäfte«. Beide strebten nach Reichtum, Barney »aus purem Vergnügen daran, Geld zu verdienen, Firmen zu gründen und ehrgeizige Produktionspläne zu entwickeln, aber auch, um der Welt zu beweisen, daß er ein Finanzas war«; und Cecil, weil Reichtum für ihn »ein Mittel darstellte, kolonialistische Ziele zu verwirklichen, mit den Scheinwerfern der Zivilisation jede Spalte des Schwarzen Erdteils auszuleuchten ... ein Großbritannien zu schaffen, das größer war, als es sich die kühnsten Phantasten vor ihm jemals erträumt hätten, und den Einfluß seiner Königin auf ein Gebiet auszuweiten, das selbst das Römische oder das Reich Alexanders des Großen zur Zeit ihrer größten Ausdehnung übertraf«.

Dieser Traum sollte Rhodes innerhalb weniger Jahre zum meistbewunderten, meistgefürchteten und meistgehaßten Mann im Afrika des 19. Jahrhunderts machen. Sein Freund Rudyard Kipling nannte ihn einen »grandiosen und grüblerischen Geist«. Mark Twain war anderer Meinung. Er lernte Rhodes erst später in Südafrika kennen, als dieser in Europa und Amerika bereits Berühmtheit erlangt hatte. »Ich bewundere ihn, das gestehe ich offen«, schrieb der Amerikaner in *Dem Äquator nach*. »Und wenn seine Zeit kommt, werde ich mir als Andenken ein Stück des Strickes kaufen.« In den dreißiger Jahren sagte Evelyn Waugh über Rhodes: »Es besteht ein Zusammenhang zwischen Ehelosigkeit und ›Vision‹ sowohl auf der niedersten Ebene – Hitler – wie auch auf der höchsten Ebene – der kontemplativen. Rhodes ist irgendwo dazwischen anzusiedeln.« Zehn Jahre später bezeichnete Hannah Arendt Rhodes als Vorläufer des Totalitaris-

Cecil John Rhodes, der »Koloß«, war gleichzeitig Präsident von De Beers und Premierminister seines Landes, sah darin aber keinen Interessenkonflikt.

mus, als einen »gewöhnlichen Größenwahnsinnigen« mit »einer Neigung zur Selbstverherrlichung«. Da Rhodes »wahnsinnig genug war, zu sagen, daß er ›nichts falsch machen‹ könne, war das, was er machte, richtig. Es war seine Pflicht, das zu tun, was er wollte. Er hielt sich für einen Gott – und für nichts weniger.«

Über zwanzig Biographien, dazu unzählige Bücher und Doktorarbeiten wurden über den Mann geschrieben, der Südafrika jahrzehntelang beherrschte, Reichtümer anhäufte und Männer und Unternehmen vernichtete, die es wagten, sich ihm entgegenzustellen. Der Mensch, der da zum Vorschein kommt, ist nicht angenehm. Rhodes konnte zu den Eingeborenen durchaus freundlich sein, aber sie waren für ihn niemals mehr als ein Mittel für weitere Erwerbungen. »Land ist mir lieber als Nigger«, erklärte er ungeduldig und träumte von einem Afrika unter britischer Herrschaft, das vom Kap bis nach Kairo reichte. Noch zu seinen Lebzeiten wurde ein Teil dieses Traumes wahr. Durch geschicktes Taktieren brachte er zwei Länder unter britische Kontrolle, und beide wurden nach ihm benannt: Rhodesien (das heutige Simbabwe) und Nordrhodesien (Sambia). Er erwartete, daß man sich noch in viertausend Jahren seiner erinnern würde; geflucht wird nun schon seit hundert Jahren über ihn.

Trotz aller Analysen seiner Persönlichkeit und der ihn antreibenden Beweggründe bleibt Rhodes ein schwer faßbarer Charakter, dessen wahres Genie, wie bei seinem Zeitgenossen und Oxfordkollegen Oscar Wilde, wohl am deutlichsten im Gespräch zutage trat. Alles, was seine frühen Schriften offenbaren, ist eine ans Krankhafte grenzende Unruhe. Jahrelang pendelt er zwischen England und Afrika hin und her und schmiedet Pläne für ein tausendjähriges panbritisches Empire, dem auch Kanada, Australien und die Vereinigten Staaten angehören und das den Globus mit einer Pax Britannica überzieht. Immer wieder ändert er sein Testament, ein fieberhaftes und nebulöses Bekenntnis, das nur wenig Bezug zur Wirklichkeit hat. Auf den Diamantfeldern hängt er seinen Träumen nach, und einmal vergißt er darüber sogar, den Kessel einer Wasserpumpe zu füllen. Er platzt.

Wenn es freilich um die Mehrung seines Kapitals geht, läßt er es nie an der nötigen Konzentration fehlen. In Anspielung auf seinen Nachnamen nennen ihn seine Bewunderer »den Koloß«. Auch auf den Diamantfeldern beweist er jene Führungsqualitäten, die er bereits in seiner Kindheit an den Tag legt, als ihn seine große und bizarre Familie den »schlauen Cecil« nennt, dessen Verstand so groß sei wie seine Körperlänge.

Rhodes wurde am 5. Juli 1853 (genau ein Jahr vor Barney Barnato) als fünfter Sohn des Reverend Francis Rhodes, eines Landpfarrers an der St. Michael's Church in Hertfordshire, geboren. Sein Vater heiratete zweimal und zeugte fünf Söhne und sieben Töchter. Doch wie es scheint, war keines dieser zwölf Kinder ein Muster an viktorianischer Zufriedenheit oder Unbeschwertheit. Dies mag auf ein Phänomen zurückzuführen sein, das Samuel Baker in *The Way of all Flesh* beschrieb: »Ein wichtiger Grund, warum Pfarrersfamilien im allgemeinen unglücklich sind, liegt darin, daß der Geistliche so häufig daheim ist und sich in der Nähe des Hauses aufhält.« Von den zwölf Kindern heirateten nur ein Sohn und eine Tochter. Cecils Lieblingsschwester bevorzugte Männerkleider, und sein eigenes Sexualleben ist seit fünf Generationen Gegenstand von Spekulationen.

Er war ein kränkliches und versponnenes Kind. Sein Wunsch, in Oxford zu studieren, blieb ihm zunächst versagt. Der Grund dafür waren seine mäßigen Schulleistungen und das bescheidene Gehalt des Reverends. Als Herbert Rhodes das Elternhaus verließ, um sein Glück als Baumwollpflanzer in Südafrika zu versuchen, blickte ihm der jüngere Bruder neidisch und sehnsüchtig nach. Bald trafen erste Briefe ein, in denen Herbert von dem gesunden Klima in seiner neuen Heimat schwärmte und anfragte, ob Cecil ihm nicht bei der Ernte helfen könne. Der Junge bettelte so lange um die Erlaubnis, dem Bruder nachzureisen, bis seine Eltern schließlich nachgaben. In »fieberhafter Aufregung« studierte er bis zum Morgengrauen Landkarten. »Afrika hatte mich in seinen Bann geschlagen.«

Kaum war er angekommen, übertrug ihm Herbert praktisch die Leitung der Pflanzung und ging nach New Rush, um zu erkunden, welche Möglichkeiten sich dort boten. Der jugendliche Cecil bewies eine erstaunliche Reife. »Ich trage hier jetzt allein die Verantwortung«, schrieb er seiner Mutter, »und muß mit rund dreißig Kaffern fertig werden. Mit so vielen schwarzen Bediensteten komme ich mir wie ein bedeutender Mann vor.« Zusammen mit seinen Arbeitern brachte er die Ernte ein und verkaufte sie mit bescheidenem Gewinn. Er plante gerade eine neue Pflanzung, da trafen Nachrichten von den Diamantfeldern ein: Herbert hatte in Colesberg, ganz in der Nähe der ursprünglichen Schürfstellen auf der De-Beers-Farm, drei Claims gekauft. Cecil ließ sich von der Begeisterung seines Bruders anstecken und schrieb nach Hause: »Ihr könnt euch nicht vorstellen, wie schrecklich faszinierend Diamanten sind ... Jeden Tag kann man einen Diamanten finden, der die Welt in Erstaunen versetzt. Viele Männer haben gerade, als sie verzweifelt aufgeben wollten, ein kleines Vermögen entdeckt.«

Im Herbst 1871 brach Cecil zu den Diamantfeldern auf. Wahrscheinlich saß er zu Pferde und ritt an der Spitze eines Ochsenkarrens. Und wahrscheinlich führte er seine beiden Lieblingsbücher, Plutarchs *Vergleichende Lebensbeschreibungen* und ein griechisches Lexikon, im Gepäck mit. Doch Genaues wissen wir nicht. Der Grund ist Rhodes selbst. Wie einer seiner Freunde sagte, schwelgte der Koloß zwar von Zeit zu Zeit in Erinnerungen, doch »es war niemals leicht, Rhodes Einzelheiten über sein früheres Leben zu entlocken – er lebte ganz in der Gegenwart und Zukunft.«

Cecil machte sofort Eindruck. Niemand erriet sein wahres Alter. Die Zeit auf den Baumwollfeldern hatte sein Selbstbewußtsein wachsen lassen, zudem war er eine stattliche Erscheinung geworden. Er war über ein Meter achtzig groß, »blond, blauäugig, mit adlerartigen Gesichtszügen, und trug Flanellhosen wie auf dem Schulsportplatz, die, mehr durch intensives als erfolgreiches Waschen, das noch Spuren von rotem Veld-Staub hinterlassen hatte, etwas eingelaufen waren«. Der Rhodes, den die Öffentlichkeit kannte, war ein junger Mann, der mit ernster Miene ausgedehnte Streifzüge durch die Stadt unternahm, seinen Kaffern strenge Befehle erteilte, hie und da stehenblieb und mit starrem Blick seinen geheimen Träumen nachhing. Derselbe Rhodes ließ sich, um seinen großen, melancholischen Mund zu verbergen, einen üppigen Bart wachsen, der schon frühzeitig ergrauen sollte, und nahm mit Genugtuung zur Kenntnis, wenn man ihn, noch bevor er das dreißigste Lebensjahr erreicht hatte, »den alten Mann« nannte. Doch auf den Feldern war er ein anderer Rhodes, ein unreifer und ungeduldiger junger Mensch, der mit dem Gedanken an eine mächtige, die Welt beherrschende Geheimgesellschaft spielte, der nach Land hungerte, um das große Spiel des britischen Imperialismus zu spielen, und in seltenen Momenten der Selbstanalyse erklärte: »Ich bin ein kleiner Junge! Ich werde natürlich niemals alt.«

Ähnliches galt für viele herausragende Vertreter seiner Generation. Der hervorstechendste Zug der Viktorianer war nicht etwa unersättliches sexuelles Verlangen, sondern emotionale Unreife. Thomas Carlyle und John Ruskin vollzogen niemals ihre Ehen. Lewis Carroll und Edward Lear machten von der Kindheit deswegen soviel Aufhebens, weil es ihnen nie gelang, ihr zu entwachsen. Benjamin Disraeli, der Premierminister, unter dem die Briten so viele Kolonien in Besitz nahmen, hofierte geckenhaft seine »Märchenkönigin« und legte ihr Länder zu Füßen wie ein Knabe, der um die Gunst seiner Gouvernante buhlt. Kipling, der Barde des Imperialismus, war immer dann am glücklichsten, wenn er über vorpubertäre Abenteurer wie Kim und Mowgli schrieb. Rhodes' Freund Baden-Powell, der Gründer der Pfadfinderbewegung, der von Hinrichtungen unendlich fasziniert war und im Alter für Hitlers *Mein Kampf* schwärmte, wurde von seinem Biographen der »Boy-Man« genannt, eine Bezeichnung, die zu vielen seiner Zeitgenossen passen könnte. Die Liste ist sehr lang und endet bei James M. Barrie, der mit seinem Märchenspiel *Peter Pan* von 1904 die Kindheit verherrlichte. »Lange, nachdem ich *Peter Pan* geschrieben hatte«, sagte Barrie, »erkannte ich seine wahre Bedeutung. Ich versuche verzweifelt, erwachsen zu werden, doch es will mir nicht gelingen.«

Für diese verzweifelten Männer, die nicht erwachsen werden konnten, waren die Diamantfelder ein idealer Spielplatz. Die Schatzsuche war wie eine Art Versteckspiel. Cecil schrieb an seine Mutter im Ton einer Alice hinter den Spiegeln. Die Erde in der De-Beers-Mine, so teilte er ihr mit, »bearbeitet sich gerade wie Stiltonkäse und ist in ihrer Beschaffenheit dem Stiltonkäse so ähnlich wie sonst nichts, womit ich sie vergleichen könnte ... Bis jetzt ist es ihnen nicht gelungen, bis zum Untergrund vorzustoßen.«

Nachdem er zwei Monate geschürft hatte, schickte er abermals einen Brief nach England: »Ich verdiene im Durchschnitt hundert Pfund die Woche. Euer C. Rhodes.« Und das zu einer Zeit, als der Jahreslohn eines Dieners bei vierzig Pfund lag. Aber keiner der beiden Brüder war mit einem solchen Einkommen zufrieden. Der unstete Herbert zog weiter nach Norden, diesmal auf Goldsuche. Wieder war Cecil auf sich allein gestellt, und diesmal unternahm er intuitiv einen klugen Schritt, dem viele weitere folgen sollten: Er tat sich mit Charles Rudd zusammen. Der aus einer vornehmen Familie stammende Rudd hatte in Oxford durch sportliche Leistungen geglänzt, doch jetzt war er ein Glücksritter wie alle anderen. Gemeinsam gingen die beiden Männer diversen Nebenbeschäftigungen nach, sie stellten Eiskrem her, vermieteten Wasserpumpen und ähnliches mehr. Mit der Zeit schärften diese Unternehmungen Rhodes' Geschäftssinn und Menschenkenntnis.

Da war zum Beispiel die schlimme Geschichte mit der Überschwemmung in der Kimberley-Mine im Februar. Ungewöhnlich starke Regenfälle hatten die Schürfstellen unter Wasser gesetzt, und eine Konkurrenzfirma war beauftragt worden, sie leer zu pumpen. Ein Vorarbeiter bezeugte, ein gewisser Rhodes habe ihm dreihundert Pfund angeboten und dazu angestiftet, die Maschinen unbrauchbar zu machen. Rhodes wies die Anschuldigung empört zurück. Sein Partner Rudd hatte einflußreiche Freunde, und möglicherweise flossen Schmiergelder. Auf jeden Fall verstummten die Vorwürfe abrupt. Die Angelegenheit kam nie vor Gericht, und Rhodes und Rudd bekamen einen neuen Vertrag und den Auftrag, die Mine leer zu pumpen. Die Sache hatte jedoch einen Haken: Sie mußten die Pumparbeiten innerhalb von dreißig Tagen zu Ende bringen, andernfalls verloren sie die Kaution in Höhe von hundert Pfund, die sie hinterlegen mußten. Rhodes trat so selbstsicher und überzeugend auf, daß die Digger ihm glaubten. Aber er bluffte nur. Es gab nur eine Pumpe, die rechtzeitig zu den Feldern gebracht werden konnte, und die gehörte einem Farmer namens Devenish, der acht Tagesreisen südlich der Diamantengegend wohnte.

Rhodes mietete einen Wagen nebst ein paar Maultieren und brach unverzüglich auf. Devenish erteilte ihm eine glatte Abfuhr. Er dachte gar nicht daran, einem dahergelaufenen Süßholzraspler seine wertvolle Pumpe zu vermieten. Tag um Tag versuchte Rhodes, ihn zu überreden. Tag um Tag lehnte der Farmer ab. Daraufhin wandte sich Rhodes an Mrs. Devenish: Er spielte ihr den ehrlichen, schwerarbeitenden Engländer vor, sprach davon, daß Jobs auf dem Spiel stünden, und stellte ihr eine hohe Summe in Aussicht. Unter Aufbietung seines ganzes Charmes gelang es ihm, sie von seiner Aufrichtigkeit zu überzeugen. Gemeinsam bearbeiteten sie nun ihren Ehemann, bis dieser schließlich zermürbt nachgab. Rhodes stellte ihm einen Scheck über tausend Pfund und weitere 120 Pfund für Transportkosten aus. Um hundert Pfund zu sparen, hatte er 1120 Pfund ausgegeben. Doch für Rhodes lohnte sich jeder Penny. Er hatte seinen Kunden bewiesen, daß auf sein Wort Verlaß war, und er hatte eine Lebensregel gefunden: »Jeder Mann hat seinen Preis.« Dies wurde sein Lieblingssatz. Von nun an bestand der ganze Trick darin, herauszufinden, worin dieser Preis bestand – Geld, Prestige oder Frauen – , und ihn dann zu bezahlen.

Im Jahr 1873 brachte Rhodes viel Zeit damit zu, über seine weitere Zukunft nachzudenken. Mit seinen letzten 1500 Pfund hatte er Claims in der De-Beers-Mine gekauft, und sie hatten einen Eimer voll Diamanten abgeworfen. Den Gewinn aus den Steinen legte er in weiteren Claims an. Seine Geschäfte in Südafrika florierten. Nach eigener Schätzung waren seine Parzellen bereits zehntausend Pfund wert. Sollte er sein Leben weiter in diesem fremden Land unter unkultivierten Fremden zubringen? Oder war es nun an der Zeit, nach Hause zurückzukehren und sich in dem Land seiner Vorfahren niederzulassen, deren Wurzeln er bis in die elisabethanische Ära zurückverfolgen konnte? Während er hin und her überlegte, hatte er neben sich einen Stapel Bücher liegen, die er unter der sengenden afrikanischen Sonne las. Eines Tages gab er seine Entscheidung bekannt. Die anderen Schürfer zogen ihn auf: »Gehst du nach Oxford, um zu lernen, wie man Diamanten züchtet?«

»Sehr richtig, Jungs«, antwortete Rhodes nachsichtig. »Das Oxfordsystem mag den Eindruck machen, als passe es nicht für das praktische Leben, und doch, wo man auch hinschaut, haben Oxfordleute in England die höchsten Gipfel erreicht!« Mitte des Jahres unternahm er den ersten Schritt auf seinem Weg zum Gipfel: Er fuhr nach Hause. Der Zwanzigjährige reiste allein. Kein Passagier an Bord ahnte, daß seine Taschen mit Diamanten gefüllt waren. Und von ihm selbst erfuhren sie nichts. Er trug absichtlich zerrissene Hemden und schmutzige Jacken, und sein einziges Paar Hosen war so durchgewetzt, daß der Segelmacher des Schiffes es flicken mußte.

In ähnlicher Weise täuschte er anfangs auch seine Kommilitonen, was freilich nicht heißt, daß seine wertvollen Steine auch nur einen von ihnen beeindruckt hätten. In den siebziger Jahren des letzten Jahrhunderts war Oxford ein Ort der verträumten Kirchtürme und gottesfürchtigen Studenten. Noch waren die Nachwehen der vierziger Jahre zu spüren, als der Anglikaner John Henry Newman zusammen mit einer Anzahl hoffnungsvoller Studenten zur katholischen Kirche übergetreten war. Als der junge Rhodes dem Oriel College beitrat, empfing ihn eine religiöse Debatte. Aber dem Pfarrerssohn stand der Sinn nach anderem.

Im ersten Semester gestand er einem Freund der Familie: »Ob aus mir tatsächlich der Dorfpfarrer wird, den Sie manchmal in mir sehen, muß sich erst noch erweisen. Ich fürchte, daß es nicht dazu kommen wird, denn auf den Diamantfeldern wurde mein

Charakter zu sehr von dem geprägt, was man hier Fleischeslust nennt.« Er verfolgte diesen Gedanken nicht weiter. Was Gott anbetraf, so hatte er bereits eine feste Meinung: »Die Chancen, daß es ihn gibt, stehen fünfzig zu fünfzig.« Später wurde viel Aufhebens von dieser Erklärung gemacht. Dies blieb der einzige Fall, bei dem Rhodes nicht eine Dominanz beanspruchte.

Rhodes war nie mehr als ein halbherziger Student. Er äußerte wohl die Absicht, Anwalt zu werden, aber daraus wurde nichts. In erster Linie war es ihm darum zu tun, sich die Eleganz und den Schliff des englischen Gentlemans, der für ihn die höchste Lebensart repräsentierte, anzueignen. »Ich werde durchkommen«, prophezeite er bescheiden. »Mehr will ich nicht.« Er verplemperte seine Zeit auf der Pferderennbahn oder in Clubs, und wenn er sich in einer Vorlesung langweilte, zog er eine Schachtel mit Edelsteinen heraus und zeigte sie seinen Nachbarn. Wenn der Dozent aufsah und nach dem Grund für die Störung fragte, bekam er zur Antwort: »Es ist nur Rhodes mit seinen Diamanten.« Einem neuen Dozenten, dem Maler und Schriftsteller John Ruskin, gelang es jedoch, seine Aufmerksamkeit zu erregen. In seiner Antrittsvorlesung in Oxford hielt er ein leidenschaftliches Plädoyer für den britischen Imperialismus.

»Es gibt noch ein Schicksal für uns«, verkündete er mit seinem lauten Bariton, »das höchste, das je einer Nation zur Annahme oder Ablehnung dargeboten wurde. Als Rasse sind wir noch nicht degeneriert, sind ein Gemisch aus bestem nordischen Blut. Wir haben kein ausschweifendes Temperament, haben aber noch den Willen zu herrschen und die Tugend zu gehorchen.« England müsse »Kolonien gründen, möglichst rasch und in möglichst vielen Teilen der Welt, getragen von seinen tatkräftigsten und angesehensten Männern. Es muß von jedem Stück freier, fruchtbarer Erde, auf das es den Fuß setzen kann, Besitz ergreifen.«

Im folgenden Jahrhundert sollte der Faschismus Begriffen wie rassische Überlegenheit, Wille zur Herrschaft und Bereitschaft zum Gehorsam ein besonderes Gewicht verleihen. In der spätviktorianischen Ära waren sie nur eine berauschende Droge, an der sich die Phantasie eines Studenten entzündete. Ein noch stärkeres Rauschmittel war ein Buch, das 1872 erschien. Selbst Conan Doyle war von ihm so beeindruckt, daß er es der Bibliothek seines Sherlock Holmes einverleibte. »Ich will Ihnen dieses

Buch empfehlen – eines der bemerkenswertesten, das jemals geschrieben wurde«, sagt der Detektiv in *Das Zeichen der Vier* zu Dr. Watson. »Es handelt sich um Winwood Reades *Martyrdom of Man*.« Der weitgereiste Historiker und Sozialdarwinist Reade verstand die Geschichte als einen eskalierenden Prozeß, der durch Schmerz vorangetrieben wurde. »In jeder Generation«, so behauptete er, »ist die menschliche Rasse gepeinigt worden, damit ihre Nachkommen Nutzen aus ihrem Leid ziehen konnten.« Jetzt sei es an der Zeit, unter schmerzlichen Opfern die Religion abzuschaffen, auch wenn ihre Strukturen noch immer von Nutzen sein könnten. »Vor uns liegt eine Zeit der Seelenqualen, die wir durchstehen müssen, damit unsere Nachkommen sich erheben können. Die Seele muß geopfert werden, die Hoffnung auf Unsterblichkeit muß sterben.« Er forderte Vollkommenheit im Jetzt und Hier.

Reade war ein Philosoph, dem Rhodes folgen konnte, ob in Oxford oder in Afrika. Er verlieh dem Wort Atheismus einen guten Klang (und wertete nebenbei Leben und Wirken des Landpfarrers Francis Rhodes, Cecils Vater, ab) und glaubte, daß die Zukunft dem Mutigen gehörte. Rhodes verstand darunter Engländer mit solidem Einkommen und kolonialistischen Ambitionen. Jahre später erinnerte er sich an *Martyrdom of Man* als »ein packendes Buch. Ich las es … frisch aus der Pfarrei meines Vaters, und Sie können sich vorstellen, welchen Eindruck es auf mich machte … Dieses Buch hat mich zu dem gemacht, was ich bin.«

Von all diesen Einflüssen einmal abgesehen, hatte er das Gefühl, daß ihm nicht viel Zeit zur Verwirklichung seiner Ziele blieb. Als 19jähriger hatte er in Südafrika einen leichten Herzanfall erlitten; das Klima trug zu seiner raschen Genesung bei. Dann, kurz nach seinem Studienbeginn in Oxford, starb seine Mutter. Er war erschüttert, und einige Monate später erkrankte er an Lungenentzündung. Auf Anraten eines Spezialisten kehrte er, völlig demoralisiert, nach Südafrika zurück. Ein Arzt gab ihm nur noch sechs Monate zu leben.

Er verschätzte sich um 28 Jahre. Rhodes genas, litt aber zeitlebens unter Kreislauf- und Herzbeschwerden. Überzeugt, daß seine Zeit knapp bemessen sei, schrieb er am 2. Juni 1877 ein merkwürdiges Testament in Form eines »privaten Bekenntnisses«.

»Ein Mann stellt sich oft die Frage«, so begann er, »was wohl das höchste Gut im Leben sei. Für den einen ist es eine glückliche Ehe, für den anderen großer Reichtum, für einen dritten Reisen usw., und wenn er sich eine solche Idee zu eigen macht, so arbeitet er mehr oder weniger für den Rest seines Leben an ihrer Verwirklichung.« Dann wird Ruskins Einfluß spürbar: »Wenn ich über diese Frage nachdenke, so verspüre ich den Wunsch, mich meinem Land nützlich zu machen … Ich behaupte, daß wir die beste, die erste Rasse der Welt sind und daß es für die Menschenrasse um so besser sein wird, je mehr von der Welt wir bewohnen. Ich behaupte, daß mit jedem Hektar, den wir unserem Territorium einverleiben, mehr Menschen englischer Rasse geboren werden, denen sonst nicht das Leben geschenkt würde. Darüber hinaus bedeutet die Einverleibung eines größeren Teils der Welt in unseren Herrschaftsbereich das Ende aller Kriege.«

Das Ende aller Kriege! Kein Wunder, daß britische Staatsdiener ihn später als Hohenpriester des Optimismus bezeichneten. In seinem Testament bekräftigt er Reades zentrale Einsicht: Die Dogmen der organisierten Religion seien überholt, aber ihre Form könne beibehalten werden. »Wenn ich die Geschichte der Jesuiten lese, dann sehe ich, was sie für eine schlechte Sache zu leisten imstande waren … Warum sollten wir nicht eine Geheimgesellschaft gründen nur mit dem einen Ziel, das Britische Empire zu fördern und die gesamte unzivilisierte Welt unter britische Herrschaft zu bringen?« Und warum nicht in Afrika damit beginnen? Das ganze Land »liegt noch für uns bereit, es ist unsere Pflicht, es uns zu nehmen«.

Mit diesem infantilen »Bekenntnis« hat Rhodes seine größten Bewunderer verunsichert. Fehlte eigentlich nur noch, daß er einen konspirativen Handschlag und ein geheimes Erkennungszeichen vorschlug. »Pathetisch«, »kindisch«, »naiv« waren noch die mildesten Ausdrücke der Kritiker. Doch damit wird den Gedanken eines 24jährigen zuviel Gewicht beigemessen. Ohne Zweifel wurde Rhodes nie richtig erwachsen. Ohne Zweifel ersetzte er Ideale wie Familie und Glaube, die für ihn unerreichbar waren, durch Phantasien. Und doch hätte er diese Phantasien ohne die Unterstützung der Viktorianer nicht in die Tat umsetzen können. Trotz aller Übertreibungen realisierte Rhodes nur den Traum einer ganzen Nation, dem Besitz Ihrer Majestät fremde Länder und deren Bewohner einzuverleiben.

4

WIR SOLLTEN UNS BESSER ZUSAMMENTUN

In fortgeschrittenem Alter wollte sich Joseph Benjamin Robinson in einer Eloge ein Denkmal setzen lassen und heuerte zu diesem Zweck einen Journalisten an. Pflichtschuldigst beschrieb der Mann den jungen »J. B. R.« in seinem Buch *Men, Mines and Millions* als »einen kräftigen, gutgebauten, aufgeweckten und kämpferischen Mann mit blühender Gesichtsfarbe und markantem Kinn, der vor Energie nur so sprühte und einen mit seinen scharfen, blauen Augen durchdrang wie ein Diamantbohrer.« Was Robinsons äußere Erscheinung anging, so war diese Beschreibung wohl einigermaßen zutreffend, denn bis zu seiner Hochzeit 1877 galt er tatsächlich als einer der attraktivsten Junggesellen in ganz Kimberley. Das Attribut »kämpferisch« war hingegen eine schmeichelhafte Untertreibung für einen Autokraten, dessen Lieblingswaffen die Reitpeitsche und der Gerichtsprozeß waren. Louis Cohen, der alte Geschäftspartner von Barney Barnato, nannte Robinson einen »Sauertopf und Griesgram« und fügte hinzu: »Der Mann hat keine Persönlichkeit, er hat nichts Anziehendes. Er kommt mir vor wie ein Kerl, dem ein Grabstein auf der Seele liegt.«

Und das war noch der freundlichste aller Kommentare. Als Robinson 1929 starb, hatte er die meisten seiner Zeitgenossen überlebt (mit Ausnahme von Louis Cohen), doch dem Urteil der *Cape Times* entging er nicht. Die Zeitung informierte ihre Leser, daß er in seinem Testament keinerlei Spenden für wohltätige Zwecke vorgesehen hatte, und verfluchte ihn noch über das Grab hinaus: »J. B. Robinson war im privaten wie im öffentlichen Leben stets so unempfänglich für jede großzügige Regung, daß sein Name bereits zu seinen Lebzeiten zu einem Synonym für Geiz wurde ... Das Verhalten des Toten zeugt von einer erschreckenden, unfaßbaren Schlechtigkeit.«

Im Gegensatz zu den anderen Diamantmagnaten war Robinson gebürtiger Südafrikaner. Auf der Farm seiner Familie in Kapstadt wurde er von Wanderlehrern unterrichtet und ansonsten sich selbst überlassen. Als sechstes Kind eines Bauern mußte er mit seinen Brüdern ständig um Beachtung ringen, ein Kampf, den er sein ganzes Leben lang verbissen weiterführen sollte. Er war ein schwieriger, aggressiver Junge. Mit 16 hatte er, ungewöhnlich groß für sein Alter, bereits jeden Jungen aus der Nachbarschaft im Ringkampf bezwungen. Schon früh ließ er sich als Wollhändler, Farmer und Kaufmann im Oranjefreistaat nieder, und so war es für ihn ein leichtes, sofort an den Vaal zu eilen, als die ersten Gerüchte über Diamantenfunde kursierten. Bereits 1868 erschien er mit seinen Landarbeitern am Flußufer. »Ich nahm alle meine Basuto-Boys mit«, erinnerte er sich später. »Ich zeigte ihnen, wie Diamanten aussehen, und sie lernten schnell, wie man sie aufspürt. Innerhalb von sechs Wochen fanden sie dreißig Diamanten im Wert von zehntausend Pfund.«

Robinson erkannte, daß die Zukunft in New Rush lag, und ließ sich dort als »Diamantenhändler nieder, der bereit war, Höchstpreise zu zahlen«. Er hatte ein angeborenes Talent, für sich Reklame zu machen, nahm gern eine soldatische Pose ein und trug drinnen wie draußen einen weißen Tropenhelm, der ihn um einige Zentimeter größer machte. Die Schürfer nannten ihn »den Freibeuter«, begegneten diesem Mann, der niemals trank und sich geflissentlich vom Pöbel fernhielt, aber mit argwöhnischem Respekt. Eine Zeitung schrieb damals über ihn: »Er erfüllt die ihm von Gott gegebene Lebensaufgabe pflichtbewußt wie ein Christ und Gentleman. Alle seine Kunden erhalten von ihm prompt ihren Scheck ...«

Soviel zu Robinsons Vorzügen. Zu seinen negativen Eigenschaften gehörten seine abgrundtiefe Verachtung für Berufskollegen und Eingeborene sowie sein unbeherrschtes Temperament. Er liebte wie Barney Barnato einen guten Kampf, doch gingen ihm dessen versöhnlicher Humor und Sinn für Fairneß völlig ab. Das zeigte sich besonders deutlich bei seinem Streit mit Ernest Moses, einem geschniegelten, kleinen Zahnarzt, der wie viele andere Männer in Kimberley, die einen gehobenen Beruf hatten, bei

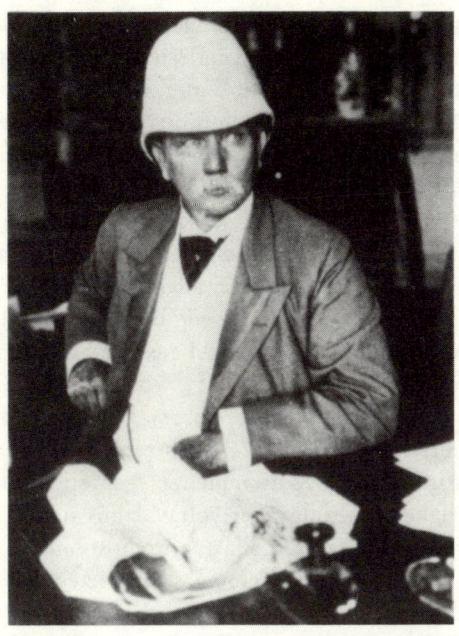

Joseph Benjamin Robinson war einer der ersten und aggressivsten Randlords. Seine liebsten Waffen waren die Reitgerte und der Gerichtsprozeß.

verschiedenen Unternehmen die Finger im Spiel hatte, darunter
auch einer kleinen Firma, die Diamanten aufkaufte. Da Moses
sich für einen geistreichen Menschen hielt, schrieb er außerdem
noch für die Klatschspalte einer Lokalzeitung. Einmal verkaufte
er Robinson einen zweitklassigen Diamanten, ein andermal
machte er sich in einem Artikel über ihn lustig. Und dann beging
er noch einen dritten Fehler: Er ging ohne Begleitung auf der
Straße spazieren. Robinson sah den Zahnarzt an seinem Büro
vorbeigehen und stürzte voller Wut nach draußen, in der Hand
seine Lieblingswaffe. Ein Augenzeuge schilderte die Szene: »Die
biegsame Reitgerte sauste dreimal auf die rundlichen Schultern
von Mr. Moses nieder, als sei sie eigens für sie gemacht. Mr. Moses
steckte den ersten, den zweiten und auch den dritten Hieb ein,
dann versuchte er zu fliehen. Doch Mr. Robinson ist sehr gut zu
Fuß und hat sehr flinke Hände. So pfiff die Peitsche dann noch
weitere drei Male nieder, und diesmal traf sie das mosaische Hin-
terteil.«

Zunächst verteidigten die Zeitungen Robinson in ihren Artikeln, doch nach einigen Wochen änderten sie ihre Meinung: Moses sei nur halb so groß wie sein Widersacher. Und sei es in einer zivilisierten Gesellschaft wirklich nötig, sich so wie im 18. Jahrhundert aufzuführen? Robinson hätte sich auf gerichtlichem Wege um Wiedergutmachung bemühen sollen. Er habe die Reitpeitsche zweckentfremdet. Sie sei kein geeignetes Instrument, um Meinungsverschiedenheiten zwischen Weißen auszutragen.

Eines muß man dem Freibeuter allerdings lassen: Er ließ sich nie zum Narren halten. Er ahnte wie Barnato und Rhodes, daß die Tage des planlosen Diamantenabbaus gezählt waren. Im Jahre 1876 wurde das Gesetz abgeschafft, wonach jeder Eigentümer nur zehn Claims besitzen durfte. Eine von einem Londoner Konsortium unterstützte Gruppe von Schürfern versuchte daraufhin, ihre Anteile in Kimberley zusammenzulegen, stieß jedoch sofort auf Schwierigkeiten: Einige wertvolle Claims standen einer Zusammenlegung im Weg, und alle gehörten Robinson. Natürlich weigerte er sich, auch nur ein einziges abzutreten. Die Idee einer Zusammenlegung fand er großartig, aber es war *seine* Idee.

Innerhalb eines Monats ergriff Robinson selbst die Initiative. Er veröffentlichte einen Aufruf an »alle Claiminhaber, die möglicherweise daran interessiert sind, ihren Grundbesitz [mit meinem] zusammenzulegen und nach partnerschaftlichen Prinzipien auszubeuten« – überflüssig zu erwähnen, daß der Verfasser des Aufrufs diese Prinzipien selbst festzulegen gedachte. Nun war die von London unterstützte Gruppe wieder am Zug. Wenn sie sich auf den Diamantfeldern schon nicht durchsetzen konnte, dann sollte auch Robinson der Sieg nicht vergönnt sein. Die Zeitung *The Independent* beschrieb den Sachverhalt folgendermaßen: »Mr. Robinson erkannte, daß wegen einiger dazwischenliegender Claims nicht der gesamte Grund und Boden ... zusammengelegt werden konnte ... Grundvoraussetzung für die von Mr. Robinson angestrebte Gesellschaft wäre jedoch ein En-bloc-Zusammenschluß aller Grundstücke gewesen, daher ließ er seine Pläne wieder fallen.« Allerdings nur, um Kraft für seinen nächsten Schritt zu sammeln. Der Kampf um das Diamantenmonopol hatte begonnen.

*

»*Mr. Whittlestaff, ich muß Ihnen leider sagen, daß Sie unvernünf-tig sind.*«

»*Zweifellos. Ich bin nur ein armer Schlucker, der die Welt nicht kennt. Ich war noch nie auf den Diamantfeldern.*«

Ganz im Gegensatz zum Schriftsteller Anthony Trollope, der Südafrika im Herbst 1877 besuchte und seine Eindrücke in sei-nem letzten vollendeten Roman *An Old Man's Love* verarbeitete. Obwohl Trollopes Popularität gesunken war und ihm die Ideen nicht mehr so leicht aus der Feder flossen wie in früheren Zeiten, brachte er nach wie vor, sommers wie winters, bei Regen und Sonnenschein, jeden Tag vierzig Seiten zu Papier. Mit einem Rei-seroman, so hoffte er, könnte er sich vielleicht die Gunst einer breiteren Leserschaft zurückerobern.

»Schon seit Jahren trug ich mich mit dem Gedanken, mir ein-mal Südafrika vorzunehmen«, teilte Trollope seinen Lesern mit, »bis mir schließlich immer deutlicher zu Bewußtsein kam, daß ich für solche Vorhaben allmählich zu alt wurde. Da berichteten auf einmal alle Zeitungen über die Republik Transvaal.« In den betreffenden Artikeln ging es um die Ereignisse vom 24. Mai 1877, dem Geburtstag Königin Viktorias, an dem eine britische Polizeitruppe auf Befehl aus London Transvaal annektiert hatte. Die Burenflagge wurde eingeholt, und ein englischer Offizier na-mens H. Rider Haggard hißte an ihrer Stelle den Union Jack. Die Buren gaben keinen einzigen Schuß aus Protest ab, aber sie blick-ten wutentbrannt zur britischen Flagge hinauf. An diesem Tag be-gann ihr Countdown.

Doch bis auf weiteres unterstand das Land den Beamten Ihrer Majestät, und Trollope brannte darauf, es kennenzulernen. Kaum hatte er seine Reisepläne bekanntgegeben, flatterten ihm Warnun-gen ins Haus: Die Reise sei lang und beschwerlich, in Südafrika herrsche ein extremes Klima, und selbst wenn er gesund bliebe, so könnten doch gefährliche Elemente wie Betrüger, Räuber oder Juden seinen Weg kreuzen. Der reiselustige Trollope hatte jedoch für jeden Einwand ein Gegenargument parat. Er verfüge nach wie vor über eine kräftige Konstitution und glaube nicht, daß der Golf von Biscaya rauher sei als andere Meere. »In Kentucky hat ja auch niemand versucht, mich übers Ohr zu hauen, und selbst in Kalifornien hat mich keiner mit dem Revolver bedroht. Außerdem waren alle Juden, denen ich bisher begegnet bin, wesentlich aufgeschlossener als viele andere Menschen.«

Als Trollope im Oktober in Kimberley eintraf, begann dort gerade wieder ein langer, trockener Sommer. James Russell Lowell beschrieb den damals 62jährigen als »einen großen, ziemlich ungehobelten Engländer mit rotem Gesicht, vom Typ Glatzkopf mit Brille«. Ein Freund charakterisierte »den alten Tony Trollope« etwas nachsichtiger als »barsch, streitsüchtig, starrköpfig, voreingenommen, eigensinnig, gutherzig und durch und durch ehrlich«. Doch der bärbeißige Autor konnte durchaus auch umgänglich sein, wenn er Stoff für ein neues Buch sammelte, und Kimberley lieferte ihm unzählige interessante Geschichten und Charaktere.

Gerade damals bestand eine große Nachfrage nach Arbeitskräften. Die Löhne waren höher als je zuvor. Hoch waren aber auch die Mauern, die man um die schwarzen Arbeiter errichtet hatte. Mauern im übertragenen Sinn waren zum Beispiel das abendliche Ausgangsverbot nach 22 Uhr oder der willkürliche Gebrauch der Peitsche. So sah ein gewisser Lionel Phillips eines Morgens, wie ein Nachbar »jeden seiner Boys bei Arbeitsbeginn auspeitschte«. Als er den Mann nach dem Grund fragte, erhielt er zur Antwort: »Auch wenn es ihnen jetzt noch nicht gefällt, irgendwann wird es ihnen gefallen!«

Andere Mauern waren weniger abstrakt, sondern so dick und solide, daß sie ein regelrechtes Gefängnis bildeten. Die Schwarzen waren verpflichtet, bis zum Ablauf ihrer Arbeitsverträge in geschlossenen Lagern zu wohnen. Diese Lager waren »mit einem Drahtgitter überzogen, das verhindern soll, daß Gegenstände über die Mauern nach draußen geworfen werden. In die angrenzende Mine gelangt man durch einen unterirdischen Eingang. An der Innenseite der Mauer reihen sich Schuppen und Hütten, in denen die Eingeborenen nach der Arbeit leben und schlafen.« In diesen Lagern waren die unterschiedlichsten Stämme vertreten: Zulu, Basuto, Matabele sowie Männer aus dem Betschuanaland, aus den portugiesischen Territorien und von beiden Seiten des Sambesi. »Ein solches Völkergemisch war sonst in ganz Südafrika nicht anzutreffen.« Lebensmittel, Kleidung, Medikamente und andere Dinge des täglichen Bedarfs konnten nur im firmeneigenen Laden der Diamantengesellschaft erworben werden. Alkoholische Getränke durften ebensowenig ins Lager mitgenommen werden wie Besucher, ob schwarze oder weiße.

Doch trotz aller Vorsichtsmaßnahmen blühte der illegale Diamantenhandel weiter. Wachen berichteten wiederholt von Eingeborenen, die Edelsteine geschluckt und später wieder herausgewürgt hatten. Auch im Haar, in den Ohren, im Bauchnabel, hinter den Augenlidern oder im After versuchten die Arbeiter, ihr Diebesgut vor den Inspektoren zu verstecken. Es gab wohl keine Körperöffnung, die nicht dazu hergehalten hätte. Besonders findige Schmuggler steckten die Steine in eine Schnittwunde, die sie sich eigens zu diesem Zweck beigebracht hatten. Andere verfütterten die Diamanten an Hunde, die sie später in aller Ruhe töten und ausnehmen konnten.

Weiße unterstützten den illegalen Diamantenhandel nicht nur, sondern beteiligten sich auch aktiv an ihm. In einem spektakulären Fall kaufte ein Händler gestohlene Diamanten von einem eingeborenen Minenarbeiter, ließ sich durchsuchen und ritt dann schnell davon. Ein paar Polizisten schöpften Verdacht, setzten ihm nach und verfolgten ihn bis an die Grenze des Oranjefreistaats, in dem es keine entsprechende Gesetzgebung gab. Vor den Augen der Ordnungshüter erschoß er sein Pferd, schlitzte ihm den Magen auf und förderte ein Säckchen Diamanten zutage. Nach diesem Vorfall konnten Besucher der Stadt Kimberley des öfteren mitverfolgen, wie ein berittenes Polizeiaufgebot unter wütendem Geschrei einem in Richtung Grenze galoppierenden Diamantendieb nachjagte. Man schloß Wetten auf die Polizisten und den Räuber ab, und nicht selten zog die Polizei den kürzeren. In einem Gassenhauer aus der Zeit hieß es: »Laß mich erst im Freistaat sein, dann ist das, was dein war, mein.«

Einzelheiten über die Zustände in den Lagern drangen an die Öffentlichkeit, und die Claiminhaber sahen sich erneut dem Vorwurf der Sklaverei ausgesetzt. Erbost wiesen sie solche Anschuldigungen zurück: Richtige Sklaven seien ein Leben lang an Herren gebunden, die sie nach Belieben kaufen oder verkaufen könnten, während die Eingeborenen in den Minen rechtsgültige Arbeitsverträge mit Laufzeiten von wenigen Monaten bis zu einem Jahr unterzeichneten und in dieser Zeit einen guten Lohn erhielten. Wer in der Erde oder im Gestein nach Diamanten suche, könne immerhin zehn Shilling pro Woche verdienen, und das bei freier Kost und Logis. Das sei mehr, als viele englische Landarbeiter verdienten. Im Krankheitsfall erhielten schwarze Arbeiter in den Krankenstationen eine kostenlose Behandlung. Zudem habe ihr befristeter Lageraufenthalt den Vorteil, daß sie in dieser Zeit keine Etablissements aufsuchen könnten, die ihr Geld mit Alkohol, Prostitution und Glücksspiel verdienten. Und schließlich könnten sie nach Erfüllung ihres Vertrags wieder ein ungebundenes Leben führen und frei umherziehen, jedenfalls außerhalb von Kimberley und den Diamantfeldern.

Wie hoch die Löhne weißer Arbeiter waren, wurde geflissentlich verschwiegen. Sie verdienten zwischen drei und sechs Pfund die Woche, also mindestens vierhundert Prozent mehr als die Schwarzen. Unerwähnt blieben auch die Zwangsmaßnahmen der Regierung, die Hand in Hand mit den Claiminhabern zusammenarbeitete. Wenn ein Unternehmer beispielsweise Hilfskräfte brauchte, schrieb er einfach an die Verwaltung: »Könnte die Polizei diese Gentlemen nicht mit sanftem Druck dazu bringen, eine Arbeit anzunehmen?« Mit den »Gentlemen« waren Eingeborene gemeint, die keinen Vertrag hatten. Am darauffolgenden Sonntag führte dann ein Inspektor unter den Eingeborenen, »die in der Stadt herumlungerten«, scharfe Paßkontrollen durch. Arbeiteten die Arretierten hinterher nicht auf den Diamantfeldern, sperrte man sie kurzerhand in ein Lager. Und was die Krankenstationen in den Lagern anging, so war selbst in offiziellen Berichten nachzulesen, daß sie »baufällig« und »verdreckt« seien und »die hygienischen Verhältnisse jeder Beschreibung spotteten«. Nicht von ungefähr war die Todesrate unter den Schwarzen in Kimberley sogar noch höher als die in Kalkutta, das damals als die elendigste Stadt im ganzen britischen Empire galt.

In Kimberley lebten viermal so viele Schwarze wie Weiße. Viele gehörten stolzen und unabhängigen Stämmen mit einer langen Geschichte an, andere waren Nachfahren großer Krieger. Einige von ihnen besaßen sogar Gewehre. Warum unterwarfen sie sich so fügsam einer derart rüden Behandlung? Einer der Gründe dürfte darin liegen, daß sich ihre Lebensbedingungen zu jener Zeit stark verschlechtert hatten. Das Wild in der Region war schon fünf Jahre zuvor von den Schürfern und eingeborenen Jägern, die Gewehre besaßen, sehr stark dezimiert worden. Hinzu kam, daß eine langanhaltende Dürre zu Mißernten ge-

Schwarze Arbeiter wurden von ihren Familien getrennt und in bewachte Sammellager gesperrt. Dort wurden sie nach gestohlenen Diamanten gefilzt. Für den Fall, daß die Kontrolleure einen Stein übersahen, hatte man Maschendraht über das Gelände gespannt, damit die Diebe draußen wartenden Komplizen keine Steine zuwerfen konnten.

führt hatte. So kam es, daß sie nun zum erstenmal in ihrer Geschichte gezwungen waren, Fleisch und Gemüse käuflich zu erwerben, und der einzige Weg, sich das dafür notwendige Geld zu beschaffen, war die Arbeit in den Diamantminen.

Die mißliche wirtschaftliche Lage fügte den Stämmen großen Schaden zu, doch ihr Bild vom weißen Mann gab ihnen den Rest. Anfang des 19. Jahrhunderts hatte eine junge Frau vom Stamme der Xhosa von einem Afrika ohne Europäer geträumt. Eines Morgens, so predigte sie ihrem Volk, wird die Sonne blutrot am Himmel emporsteigen. An diesem Tag werden die toten Stammeshäuptlinge wieder zum Leben erwachen, und die Krals werden sich mit Vieh füllen. Die Erde wird eine reiche Ernte hervorbringen, und alle Weißen werden ins Meer getrieben, denn das ist der einzige Weg, sie loszuwerden. Damit es aber dazu kommen kann, müssen zuvor die gesamten Viehbestände, alle Kornvorräte und Feldfrüchte vernichtet werden. Britische Beamte und Missionare bekamen Wind von dem Plan und wollten den Eingeborenen zuvorkommen, doch die Zerstörung war nicht mehr aufzuhalten. Die Xhosa töteten ihre Tiere und verbrannten ihre Gemüse- und Getreidevorräte. Hunger und Elend waren die Folge. Der Stamm, so zum Opfer einer sich selbst beigebrachten Wunde geworden, verstreute sich in alle Winde. Als dann der Diamantenrausch begann, waren die Überlebenden den Minenbesitzern auf Gedeih und Verderb ausgeliefert.

Fast jeder Stamm hing damals solchen zerstörerischen abergläubischen Vorstellungen an. Ein junger britischer Jude namens Lionel Phillips, der damals für J. B. Robinson arbeitete, brachte seine Eindrücke aus der Zeit der ersten Diamantenfunde zu Papier. In seinen Aufzeichnungen erinnert er sich, daß die schwarzen Arbeiter in den siebziger Jahren »in jeder Hinsicht richtige Wilde waren. Sie hatten ungeheuren Respekt vor dem weißen Mann, der in ihren Augen einfach alles konnte; lediglich die Sonne vermochte er nicht aufzuhalten! ... Diese armen, rückständigen Kreaturen hatten einen maßlosen Respekt vor uns und waren zutiefst unterwürfig – vielleicht noch ein Erbe aus den Tagen der Sklaverei.«

Die weißen Diamantendigger machten sich diese Haltung sofort zunutze. Einer warnte davor, den Schwarzen »mit allzugroßer Freundlichkeit oder Vertraulichkeit« zu begegnen. Dies würde nur Ärger einbringen und ein soziales Chaos heraufbeschwören. »Sie würden sofort höhere Löhne fordern, jeden Respekt verlieren ... unverschämt und ungehorsam werden und schließlich davonlaufen ...« Die strikte Einhaltung klarer Regeln sei im Umgang mit Schwarzen der einzig vernünftige Weg. »Ein Nigger ist so lange in Ordnung, solange er auf dem ihm zukommenden Platz, also ›unten‹, festgehalten wird. Wer ihn in der philanthropischen Manier von ›Mitmensch und Bruder‹ behandelt, verdirbt ihn nur und schadet obendrein sich selbst.«

Phillips sah die Einwände solcher Humanitätsapostel voraus: »Neuankömmlinge begreifen das nur sehr schwer. Sie glauben fest an den Erfolg einer freundlichen Behandlung, werden jedoch schon bald durch schmerzliche Erfahrungen eines Besseren belehrt. Ich will damit natürlich nicht sagen, daß man die Kaffern schlecht behandeln sollte, aber man muß dafür sorgen, daß sie auf ihrem Platz bleiben, und sie bestrafen, wenn sie aufmucken.

Man sollte nie zu vertraulich mit ihnen umgehen oder mit ihnen lachen.«

Als Trollope Kimberley besuchte, war über das Verhältnis zwischen Schwarzen und Weißen noch kaum etwas geschrieben worden, daher konnte der britische Autor das soziale Klima in der Stadt völlig unvoreingenommen beobachten. Sein 64. Buch mit dem Titel *South Africa* ist ein typischer Ausdruck des viktorianischen Liberalismus. Trollope hält die Afrikaner für bloße Nachzügler auf dem Weg in den Fortschritt und geht davon aus, daß sie die Europäer nach und nach einholen werden. »Noch vor zehn Jahren lebten diese dunkelhäutigen Arbeiter im wildesten Urzustand der Barbarei. Als Sklaven ihres Häuptlings waren sie ausschließlich damit beschäftigt, sich in Stammeskriegen gegenseitig niederzumetzeln, und wurden von einem äußerst verrohenden und grausamen Aberglauben beherrscht. Doch inzwischen haben sie selbst den Marsch in die Zivilisation begonnen.« Bei einem Besuch in der Kimberley-Mine räumt er zwar ein, daß »durch die Lehren der Religion allein noch nie viele Eingeborene zur Lebensweise der Europäer bekehrt wurden«, doch andererseits zweifelt er nicht daran, daß »sich mit den europäischen Sitten auch die Religion einstellen wird«. Beim Anblick »der viertausend schwarzen Arbeiter – von denen natürlich jeder nur allzugern bei der erstbesten Gelegenheit einen Diamanten gestohlen hätte – hatte ich das Gefühl, drei- oder viertausend zukünftige Christen vor mir zu sehen.«

So optimistisch, daß er das Elend auf den Diamantfeldern übersehen würde, ist Trollope allerdings nicht. Sein literarisches Porträt der Stadt Kimberley ist nicht nur das erste, sondern auch das kritischste. Trotz der Freundlichkeit einiger Bewohner ist ihm »der Ort zutiefst zuwider … Das Fleisch war schlecht, die Butter ungenießbar und frisches Gemüse eine Seltenheit.« Wellblech, das in Kimberley am häufigsten verwendete Baumaterial, ist für ihn »das Häßlichste, was dem Menschen je in die Hände kam«.

Ärgernisse auf Schritt und Tritt. Tagsüber klettert das Thermometer in der Sonne auf über siebzig Grad Celsius. Er flüchtet sich in den Schatten. Dort ist es wenigstens nur halb so heiß. Trollope, durch seine Beschreibung des Lebens in englischen Provinzstädten berühmt geworden, gibt zu, daß er Kimberley nur aus dem

Blickwinkel eines Touristen erlebt hat: »Da ich mich an diesem Ort so vielen persönlichen Unannehmlichkeiten ausgesetzt sah, bin ich sicherlich kein gerechter Richter. Doch eine Luft, die nur aus Fliegen und Staub besteht, kann man schwerlich als angenehm empfinden. Der Staub ist so dick, daß man sich kaum traut, ihn zu entfernen, aus Angst, das Übel dadurch nur zu verschlimmern. Und die Fliegen sind so zahlreich, daß man kaum wagt, sie auf die übliche Weise zu töten, da ihre Leichen die Gesundheit gefährden könnten.«

Die Umgebung bietet auch keine Erleichterung. »Ich glaube nicht, daß im Umkreis von fünf Meilen auch nur ein einziger Baum zu sehen ist ... Ich bezweifle, daß im Umkreis von zwanzig Meilen auch nur ein einziger Grashalm wuchs ... Alles war braun, als sei auf dieser staubigen, trockenen, nackten und häßlichen Erde noch nie etwas gewachsen.« Die Habsucht sei allgegenwärtig. So seien die Familien der Schürfer von der Vorstellung besessen, »daß ein bereits dreimal gewendeter Dreckhaufen vielleicht auch noch ein viertes Mal gewinnbringend umgeschichtet werden kann. Daher wenden Frauen und Kinder ständig nur Dreck, anstatt hübsche Handarbeiten anzufertigen oder mit dem Schlamm Kuchen zu backen.« Ein beschämendes Verhalten, wie Trollope findet. »Fast wäre es mir lieber gewesen, ich hätte meine eigene Frau oder meine Tochter mit einem Besen an einer Straßenkreuzung gesehen.«

Aber eben nur »fast«. Der vornehme Viktorianer mag sich mit Grausen abwenden, doch schließlich erliegt auch er einem Anflug von Diamantenfieber. Wenn Neugier und Abscheu miteinander ringen, behält stets die Neugier die Oberhand. Trollope wandert über die gesamte Kimberley-Mine, inzwischen das größte jemals von Menschenhand gegrabene Erdloch, stellt Fragen und macht sich Notizen. Die Grube ist knapp fünf Hektar groß und hat die Form einer Schüssel. An der tiefsten Stelle graben die Digger etwa siebzig Meter unter der Erdoberfläche nach Diamanten. Die 3500 schwarzen Arbeiter erinnern an ein Heer von Ameisen und »arbeiten mit all dem Eifer, den man von einem Ameisenvolk kennt«.

Ursprünglich haben Kaffern die Förderkübel hinauf- und hinuntergezogen, doch 1877 verrichten Pferde diese Arbeit. Sie gehen im Kreis und bewegen dabei ein Göpelwerk, das über eine

In den achtziger Jahren des letzten Jahrhunderts ersetzten Göpelwerke die menschliche Arbeitskraft.

Vorrichtung aus Winden und Seilen die diamanthaltige Erde nach oben befördert. Trollope vergleicht diese Seile mit den »Saiten einer wundersamen Harfe – einer himmlischen oder vielleicht höllischen –, deren Betrachter stets darauf wartet, daß sie lauter erklingt«. Das Becken ist in 408 Claims unterteilt, aber diese Zahl täuscht. Die meisten Claims sind noch weiter aufgesplittet, und die unterschiedlich großen Parzellen wechseln ständig den Besitzer. In Dutoitspan ist das Durcheinander sogar noch größer. Dort gibt es 1441 Claims, die 214 Männern gehören. Die 1026 Parzellen in Bulfontein verteilen sich auf 153 Besitzer. In jeder Mine führen die Claiminhaber auf verschiedenen Schürfebenen Sprengungen durch und graben mit recht unterschiedlichem Tempo.

Das ganze Szenarium erinnert an einen Kupferstich von Piranesi. »Man hat den Eindruck, irgendein teuflisch genialer Architekt habe da ein Haus mit fünfhundert Zimmern entworfen, von denen keines mit einem anderen auf demselben Stockwerk liegen oder durch Treppen, Türen oder Fenster verbunden sein darf.« Außerdem »muß man sich vorstellen, daß der Architekt absichtlich das Dach weggelassen hat, damit die Saiten der Harfe … jedes Zimmer erreichen können. Das Haus ist mit Hakken, Schaufeln, Bohlen und ein paar Fässern möbliert, von unzähligen Schwarzen bewohnt und zum Betrachten da.«

Am unterhaltsamsten findet Trollope den Anblick, der sich ihm allabendlich um sechs Uhr bei Arbeitsschluß bietet, denn dann »kommen die schwarzen Arbeiter herauf wie Fliegen an einer Wand, nur daß sie dabei herumhüpfen und schreien, was Fliegen niemals tun«. Ihr Aufzug belustigt ihn. »Sie tragen stets eine Jacke, allerdings meist ohne die dazugehörige Hose. Rote oder blaue Jacken von Militäruniformen haben es ihnen mehr angetan als jedes andere Kleidungsstück.« Wie viele viktorianische Liberale plädiert auch Trollope dafür, den Schwarzen irgendwann das Wahlrecht einzuräumen. Er kommt jedoch zu dem Schluß, daß es »nicht gerade eine großartige Sache wäre, sie als freie und unabhängige Wähler der Stadt Kimberley anzusprechen, solange sie noch keine Hosen haben, um ihre Blöße zu bedecken.«

Dieser gönnerhafte Ton verschwindet jedoch bald in Trollopes Bericht. Er hat nicht nur Minen und Menschen gesehen, er hat inzwischen auch ein brutales, auf Heuchelei und Geldgier beruhendes System kennengelernt, über das er nicht mehr mit einem Schmunzeln hinweggehen kann. So schreibt er wenig später: »Dem Fremden wird in Afrika unablässig erzählt, der Farbige sei arbeitsscheu und dies sei das große, unüberwindliche Hindernis, das den Fortschritt im Land blockiere … Dabei wird er während seines Aufenthalts in diesem Land immer wieder feststellen, daß all die Arbeit um ihn herum von schwarzen Händen getan wird … Wenn er auf die Diamantfelder kommt, wird er in den Minen Scharen von schwarzen Arbeitern sehen. Und doch wird er stets zu hören bekommen, daß der ›Nigger‹ einfach nicht arbeiten will!« Noch empörter ist Trollope, als er mit ansehen muß, wie schwarze Arbeiter ausgepeitscht werden: »Die ›eiserne Rute‹ finde ich verabscheuungswürdig. Sie bedeutet, daß der Farbige stets anders behandelt wird als der Weiße. Doch solange beide vor dem Gesetz nicht gleich sind, läßt sich nichts Gutes erreichen.«

Dank seiner Barsetshire-Romane, in denen es stets um die Intrigen der Ober- und Mittelklasse geht, ist Trollope seinen Lesern in erster Linie als brillanter Erzähler in Erinnerung, doch in den scharfsichtigsten Kapiteln seines Reisebuches über Südafrika erweist er sich auch als kritischer Denker und in gewissem Sinne sogar als Prophet. So als sehe er die spätere Gründung von De Beers voraus, findet er es jetzt schon befremdlich, »daß in den Diamantminen unzählige Spekulanten völlig unabhängig voneinander ihre Transaktionen abwickeln. Das Gelände bildet eine solche Einheit, daß man zunächst wie selbstverständlich davon ausgeht, es gehöre einer einzigen Firma.« Das Buch endet dann mit einigen allgemeineren Betrachtungen des Autors: Südafrika ist seiner Meinung nach »kein weißes, sondern ein schwarzes Land ... Seine Hauptpersonen sind weder der Holländer noch der Engländer, sondern der Kaffer und der Zulu, der Betschuane und der Hottentotte.«

Kein Wunder also, daß Tony Trollope seinen Zeitgenossen barsch, streitsüchtig, starrköpfig, voreingenommen, eigensinnig, weichherzig und durch und durch ehrlich erschien. Er mußte so sein. Er war seiner Zeit einfach voraus.

*

Trollopes einziges Versäumnis bestand darin, daß er sich in Kimberley zuwenig Zeit für jene aufstrebenden jungen Männer nahm, die im Diamantengeschäft die Fäden zogen. Doch vielleicht hätten solche Gespräche auch gar nicht viel gebracht. Robinson wäre wahrscheinlich nur grob geworden, Rhodes konnte mit Romanautoren ohnehin nie etwas anfangen, und Alfred Beit wäre von Trollope sicherlich ebenso übersehen worden wie von den meisten anderen Menschen.

Nur knapp über ein Meter fünfzig groß, mit großem Kopf und Hängeschultern, ging dieser kleine Deutsche in der Menge und manchmal sogar in einem geschlossenen Raum völlig unter. Er war kein guter Gesellschafter, hatte keinerlei sportliche Fähigkeiten und auch kein sonderliches Geschick beim Kartenspielen – wenn man ihn zwang, sich an den Spieltisch zu setzen, dann übernahm er immer nur die Bank. In gemischter Gesellschaft litt er unter diversen Ticks und Zuckungen. Er hatte vorgewölbte Augen, ein fliehendes Kinn und einen unauffälligen Schnurrbart.

Beit wurde 1853 in Deutschland geboren, ein halbes Jahr nach Barnato und ein halbes Jahr vor Rhodes. »Ich war einer von den armen Beits in Hamburg«, sollte er später sagen. »Mein Vater konnte kaum das Schulgeld für mich aufbringen.« Auch er gehörte also zu jenen Plutokraten, die fälschlicherweise von sich behaupten, sie hätten eine entbehrungsreiche Kindheit gehabt. In Wirklichkeit war die Familie Beit im 16. Jahrhundert aus Portugal

Alfred Beit, Rhodes-Berater und Südafrikas größtes Finanzgenie.

nach Norddeutschland geflohen, hatte dort einen Handwerksbetrieb für Feinmetallveredelung gegründet und sich im bürgerlichen Mittelstand etabliert. Alfreds unkonventioneller Vater Siegfried war der erste, der mit dieser Familientradition brach. Kurz nach seiner Heirat verließ er den Familienbetrieb und gründete eine eigene Firma, die Seide importierte. Außerdem trat er zusammen mit seiner Frau zur evangelischen Kirche über. Im neuen Gotteshaus fand das Paar viele Juden wieder.

Die christliche Taufe war in jenen Tagen ein häufig empfohlenes Mittel gegen Judenhetze. Unter jenen, die diesen Schritt in Erwägung zogen, war sogar kein geringerer als Theodor Herzl, der Begründer des Zionismus. »Wie finden Sie es, daß ich, der ich mich nicht taufen lasse, doch für die Taufe der Juden bin? So erledigt dies auch für mich ist, so sehr beschäftigt es mich für meinen Sohn Hans. Und ich frage mich, ob ich das Recht habe, ihm das Leben zu versäuern und zu verschwärzen, wie es meinem geschah ... Darum müßte man die Judenbuben taufen, solange sie unzurechnungsfähig sind, so daß sie nichts dafür und nichts dagegen können. Untertauchen im Volk!«

Genau das tat Alfred Beit. Seine schulischen Leistungen waren so dürftig, daß Siegfried ihn von der Realschule nahm. Auf Betreiben des Herrn Papa erhielt der Junge schließlich eine Anstellung bei einem Amsterdamer Diamantenimporteur. Nur die Mutter ˙ glaubte weiterhin an den kleinen Alfred – ihr ganzes Leben lang. Und Alfred dankte es ihr: Sie sollte die einzige Frau in seinem Leben bleiben.

In Amsterdam führte er ein unscheinbares Dasein. »Ich habe mich nur für meine Arbeit interessiert, und meine freie Zeit vergeudete ich genau wie alle anderen jungen Menschen«, erinnerte er sich. Der entscheidende Augenblick kam 1875, als ihn seine Firma nach Kimberley schickte. Plötzlich kam der wahre Alfred zum Vorschein. Bei allem, was er nun anpackte oder unternahm, bewies er sein Talent für Finanzen. Er konnte einfach kein Geld verlieren.

Zuerst entdeckte er, daß die südafrikanischen Diamantenhändler eine blöde Bande waren. »Ich sah sofort, daß einige der Kapsteine den besten irgendwo anders in der Welt gefundenen nicht nachstanden«, sagte er später, »und ich sah auch, daß die Käufer nichts gegen ihre eigene Unwissenheit unternahmen, denn sie boten die Steine unentwegt zu einem Zehntel des Preises an, den sie in Europa wert waren. Es lag auf der Hand, daß einer mit etwas Geld ein Vermögen machen konnte.«

Zweifellos war es der Fürsprache von Mutter Beit zu verdanken, daß Siegfried seinem Sohn schließlich zweitausend Pfund anwies, mit denen dieser dann selbst ins Geschäft einstieg. Claims konnten damals um die fünftausend Pfund kosten, also investierte er das Geld in Immobilien und Sachwerte: »Zwölf, 13 Büros, Wellblechbaracken, von denen ich eine für mich selbst behielt, für die andern bekam ich 1800 Pfund monatlich.« Einige Jahre später verkaufte Beit seine Grundstücke für 260 000 Pfund. »Für die Schuppen habe ich natürlich noch extra was gekriegt«, erinnerte er sich mit einem Lächeln. »Keine schlechte Spekulation!«

Mit seinen ersten Gewinnen baute sich Alfred eine Existenz als Diamantenankäufer auf. Seine Baracke sah aus wie die Büros aller anderen Händler, bis auf den großen Beutel voller Silberstücke, den er darin aufbewahrte. Münzen waren damals ziemlich rar, und die Schürfer brauchten sie, um ihre eingeborenen Arbeiter damit zu bezahlen. Bei Alfred durften sie nun ihre Pfundnoten auf den Ladentisch legen und sich auf Vertrauensbasis das Wechselgeld selbst aus dem Beutel nehmen. Alfreds großzügige Geste kam von Herzen, war aber auch eine gute Reklame. Bald kannte jeder den vertrauensvollen Deutschen.

Alfred hatte wirklich ein gutes Herz, und seine Wohltätigkeit wuchs mit seinem geschäftlichen Erfolg. Einer seiner damaligen Assistenten erinnerte sich, wie eines Tages ein junges Mädchen mit einem Brief ihrer Mutter in seinem Büro erschien. Beit las ihn, stellte ein paar Fragen und überreichte ihr spontan einen Scheck. Neugierig geworden, las auch der Assistent das Schreiben. Es stammte von einer Frau, deren Mann vor kurzem gestorben war und die nun ganz allein eine große Familie zu ernähren hatte. Sie wollte einen kleinen Laden kaufen. Ein Stück Papier und die Antworten des Mädchens genügten Alfred, um ihr auf der Stelle 250 Pfund zu schenken.

Jeden anderen Mann hätten solche sentimentalen Gesten verbunden mit einer Neurasthenie ruiniert, doch im Fall Beit sollten sie sich als große Vorzüge erweisen. Er wußte, daß er psychisch ein Krüppel war, und tat sich daher stets mit Leuten zusammen, die seine Schwächen kompensierten. Nicht nur für Geld und Diamanten, sondern auch für Menschen hatte er ein untrügliches Gespür.

Beit überredete Julius Wernher, den Repräsentanten eines Pariser Diamantenaufkäufers, sein Partner zu werden. Auf den ersten Blick gaben sie ein seltsames Paar ab: hier der scheue, kleine Geschäftsmann, dort der stattliche, selbstsichere Angestellte, der einer alten, christlichen Familie aus Hessen entstammte. Doch die Verbindung sollte sich als überaus fruchtbar erweisen. Lionel Phillips verließ Robinson und schloß sich dem neuen Unternehmen Wernher & Beit an. »Ich habe in Kimberley viele Männer kennengelernt«, schreibt er in seinen Memoiren, »doch keiner war so liebenswert und freundlich, so fähig, ein ebenso wagemutiger wie geachteter und bewunderter Geschäftsmann wie Alfred Beit. Er war intelligent und entscheidungsfreudig. Er und sein Partner Julius Wernher bildeten ein einmaliges Gespann. Beit war mit einem ungewöhnlichen Scharfblick ausgestattet, während Wernher über ein besonnenes, nüchternes und sicheres Urteil verfügte.« Die neue Firma Wernher & Beit florierte sofort.

Das Sortieren der Steine war ein Beruf für sich, der scharfe Augen und absolute Ehrlichkeit voraussetzte. Scharfe Augen hatten die meisten Angestellten, in puncto Ehrlichkeit mußten Aufseher nachhelfen, die noch schärfere Augen hatten.

Auch Alfred Beit und Cecil Rhodes lernten sich zwangsläufig irgendwann kennen und schätzen. Ihre erste Unterhaltung ist so klassisch, daß man das Gefühl hat, sie hätten ihren Dialog mehrfach gekürzt und überarbeitet, bevor sie ihn an die Öffentlichkeit gaben. Eines Abends in den frühen achtziger Jahren des letzten Jahrhunderts kam Rhodes auf dem Heimweg an Beits Büro vorbei und sah noch Licht. »Machen Sie denn nie eine Pause?« fragte er. »Selten«, antwortete Alfred. »Was haben Sie denn noch alles vor?« Beit faßte sich kurz: »Ich habe die Absicht, bevor ich noch viel älter werde, die gesamte Diamantenproduktion zu kontrollieren.« Robinson wäre bei dieser Antwort sicher in Wut geraten, und Barnato hätte vielleicht gelacht oder die Faust geballt, doch Rhodes war klüger. »Das ist wirklich komisch«, soll er gesagt haben. »Genau das habe ich mir auch vorgenommen. Wir sollten uns besser zusammentun.«

Beit ließ sich nicht lange bitten. Er hatte mit verfolgt, wie

Rhodes ständig Anteile aufkaufte, und er wußte von dessen imperialistischer Vision. Für ihn war der Engländer eine Art »Wirtschaftswikinger«. Von da an waren die beiden häufig zusammen in der Stadt zu sehen – der große Cecil mit weit ausgreifenden Schritten, der kleine Alfred neben ihm hertrippelnd, um nicht zurückzubleiben. Gelegentlich traf man sie auch auf einem Junggesellenball, wo Rhodes mit den Mauerblümchen übers Parkett wirbelte, während Beit sich unter all den jungen Damen im Saal bewußt die größten heraussuchte. Beit lauschte stets mit großem Interesse Rhodes' grandiosen Visionen, und Rhodes befolgte ebenso regelmäßig Beits geschäftliche Ratschläge. Fragen zu Geldangelegenheiten beantwortete er stets mit dem stereotypen Satz: »Fragen Sie Little Alfred.«

Rhodes war mit einer großen Summe an Beits Firma beteiligt, und das Vermögen der beiden Männer wuchs schneller als Kimberley. Der südafrikanische Diamantenmarkt begann die Aufmerksamkeit der britischen Presse zu fesseln. Die meisten Journalisten rechneten diese neuen Millionäre zu Afrikas Naturwundern und brannten darauf, sie persönlich kennenzulernen. In der Regel sandten sie ehrfurchtsvolle Berichte nach Hause.

Irgendwann einmal zwischen seinen notorischen sexuellen Abenteuern entschloß sich auch Frank Harris zu einem Abstecher nach Kimberley, wo er insbesondere Rhodes und Beit aufsuchen wollte. Im Gegensatz zu seinen Kollegen ließ er sich von deren Reichtum und Ansehen jedoch nicht blenden. In seinem Roman *Mein Leben und Lieben* beschrieb er Beits »kleinen Körper und die kurzen Beine« sowie »die meisterhafte Form seines Kopfes: die Stirn sehr breit und hoch wie die eines Dichters, die Rückschlüsse auf Ehrfurcht und Idealismus zuließ. Das Gesicht war weniger schön: die Nase ziemlich groß, leicht gebogen, nicht sonderlich fleischig – ein gutes Ruder, das Kinn mehr schwach als kräftig – nirgends ein Kennzeichen für Mut oder Entschlußkraft. Neben der Stirn waren die Augen und der Mund noch am bemerkenswertesten: der Mund grob und unschön geformt, die Unterlippe besonders dick. Ich wurde an Rhodes' Gesicht erinnert. Nur Rhodes' Mund war noch gröber und grausamer als Beits; auch seine Nase noch größer und mehr gebogen; sein Kinn und die Backenknochen viel massiver – alles in allem ein energischeres Gesicht, dafür nicht so intellektuell.«

Rhodes wäre mit dieser Beurteilung sicher einverstanden gewesen. Stärke war ihm wichtiger als Intellekt. Ein Bekannter erzählte ihm einmal von seinen Plänen, Schriftsteller zu werden. Darauf riet ihm der Koloß stirnrunzelnd: »Das sollten Sie lieber bleibenlassen. Das ist keine Arbeit für einen Mann – nur bloßer Zeitvertreib.« Einem anderen Freund beschrieb er, wie er selbst in Kimberley seine Freizeit zu verbringen pflegte: »Ich gehe oft zur De-Beers-Mine, setze mich an den Rand und betrachte das blaue, diamanthaltige Gestein, das dort an die Oberfläche tritt ... und ich taxiere den Wert der in diesem Blau verborgenen Diamanten und stelle mir vor, wieviel Macht sie einem verleihen. Tatsächlich bedeutet jeder Meter *blue ground* viel Macht.« Macht: Das war das Schlüsselwort. Mit ihrer Hilfe, so dachte er, ließ sich aller Intellekt beherrschen, in Südafrika, in London, ja auf der ganzen Welt.

5

EIN SPRUNGBRETT ZUR MACHT

An einem strahlenden Novembermorgen des Jahres 1878 stellten die Bürger von Kimberley beim Aufwachen fest, daß überall im fünften Bezirk blaue und weiße Bänder flatterten. Jeder wußte, daß das die Farben von Barney Barnatos Rennpferden waren. Doch in diesem Herbst kündigten sie eine andere Art von Wettkampf an: Barney ging in die Politik.

Er und sein Bruder Harry hatten es in den fünf Jahren seit ihrer Ankunft weit gebracht. Das schäbige »London Hotel«, die Boxkämpfe, Harrys Auftritte als Zauberer, Barneys Karriere als *kopje walloper* – dies alles lag längst hinter ihnen. Ihre Claims, inzwischen auf den Namen Barnato Brothers eingetragen, waren dafür bekannt, daß sie Diamanten von höchster Güte abwarfen. Während der ältere Bruder sich bemühte, als Finanzier Anerkennung zu finden, und aus diesem Grund wieder seinen richtigen Namen Harry Isaacs annahm, legte Barney keineswegs die Würde an den Tag, die sich für einen erfolgreichen Geschäftsmann geziemt hätte. Er gebärdete sich nach wie vor wie ein Kampfhahn, der sein Gefieder spreizt, und verschluckte auch weiterhin beim Sprechen die H, wie jemand, der Münzen in die Menge warf. Als den Herausgebern der *Diamond News* zu Ohren kam, daß Barney für den Stadtrat kandidieren wollte, brachen sie in höhnisches Gelächter aus und stellten ihn als Clown hin, der sich nur nominieren lasse, um »den gesamten Stadtrat der Lächerlichkeit preiszugeben«. Doch Barney scherzte keineswegs, sondern schickte Wahlhelfer in den Bezirk, die den Leuten Freibier und ein Taschengeld versprachen. Viel zu spät wetterte die *News* gegen diese »Bestechung in ihrer krassesten und verabscheuungswürdigsten Form«. Am Morgen der Wahl ging Barneys Gegner, ein Abstinenzler mittleren Alters namens George Bottomley, zunächst in Führung. »Nach einer Weile«, so berichtete ein Reporter, »tauchte dann eine Gruppe von zehn Männern auf. Ihre Antwort auf die obligatorische Frage [Für wen stimmen Sie?] lautete: ›Alle für Barney.‹« Gegen Mittag hatte Barney seinen Konkurrenten bereits überflügelt, und je mehr Betrunkene und Helfershelfer eintrafen, desto größer wurde sein Vorsprung. Lange vor Schließung der Wahllokale gab sich sein Gegner geschlagen. Bottomley hatte die Wahl nicht gegen einen anderen Kandidaten oder eine Partei, sondern gegen eine Geldbörse verloren.

Wie um der Presse eins auszuwischen, erwies sich Barney dann allerdings als ein engagierter und erfolgreicher Stadtrat. Sein oberstes Anliegen war die Verbesserung des Gesundheitswesens. Keine leichte Aufgabe, denn nach Aussagen eines Inspektors vom Gesundheitsamt forderten »die gärenden und Gase freisetzenden Senkgruben« in Kimberley Seuchen geradezu heraus. Die Schwarzen, die über drei Friedhöfe verfügten, begruben ihre Toten ohne Särge in flachen Gräbern, und die »verwesende Masse« sickerte bereits ins Grundwasser. Zwar wurde nicht registriert, woran die Schwarzen starben, doch fielen sie wahrscheinlich ganz ähnlichen Krankheiten zum Opfer wie die Weißen, bei denen man 1878 insgesamt 36 Fälle von Bronchitis, Lungenentzündung, Tuberkulose oder Rippenfellentzündung als Todesursache diagnostizierte. All diese Krankheiten ließen sich auf die Erde, die Luft und das Wasser in Kimberley zurückführen. Zusammen mit anderen setzte sich Barney für bessere sanitäre Anlagen, mehr Hygiene und andere Formen der Totenbestattung ein. Und er hatte damit Erfolg.

Wenn er nicht gerade für eine saubere Stadt kämpfte, dann war er unterwegs, um für kleine Kaufleute am Ort die Werbetrommel zu rühren – wobei er für seine Bemühungen stets ein kleines Bakschisch kassierte. »Jeden Morgen bietet sich einem auf dem Markt ein ergötzliches Schauspiel«, berichtete die *News* damals sarkastisch. »Ein waschechter Stadtrat, im passenden Aufzug mit karierten Hosen usw., treibt Werbung für den stellvertretenden Marktvorsteher, indem er vor den Augen eines beeindruckten Publikums Kohlköpfe und sonstiges Gemüse in die Höhe hält, und verläßt schließlich den Schauplatz mit einem Kohlkopf unter jedem Arm, einer Tasche voller Karotten oder sonstigen Gaben der

Die Schürfer erwarteten von ihren Angehörigen, daß sie mit anpackten: Von morgens bis abends wuschen und sortierten Frauen und Kinder die kostbaren Steine.

dankbaren Händler, die es offensichtlich zu würdigen wissen, daß dieser ehrenwerte Wächter unserer Straßen und unserer Moral sich für sie stark macht, damit sie für ihre Produkte die höchsten Preise erhalten.«

Waren es die Journalisten, die zuerst an Barnato herumkritisierten, so war J. B. Robinson der erste, der ihn nachahmte. Der 37jährige Robinson war ebenso reich wie Barnato, wußte sich jedoch besser auszudrücken und zu kleiden und galt als ein noch größerer Schürzenjäger. Nachmittags lehnte er meist an der Eingangstür seines Büros und machte den vorbeiflanierenden jungen Damen schöne Augen. »Obwohl er so kalt aussah wie ein Fisch«, behauptet ein neidischer Zeitgenosse, »machte er kein Hehl aus seiner Bewunderung für das schöne Geschlecht... er war ein richtiger Don Juan ... ständig war er hinter Röcken her.«

Im Herbst 1878 war es damit vorbei: Mit ungewohnter Gelassenheit gab Robinson seine Verlobung mit Rebecca Ferguson, der ehrbaren Tochter eines Diamantenpioniers, bekannt. Wenige Monate später reisten die Robinsons nach Europa. Der frischgebackene Ehemann schien wie verwandelt zu sein, im Frieden mit sich und der Welt. Selbst seine zahlreichen Feinde mußten über das Paar schmunzeln. Offenbar hatte dem »Freibeuter« nur eine gute Frau an seiner Seite gefehlt.

Dann kehrte Robinson wieder zurück. Beim zweiten Hinsehen bemerkte man, daß sich lediglich an seiner Kinnpartie etwas verändert hatte: Er hatte sich einen dichten, schwarzen Bart wachsen lassen. Doch sonst war er ganz der alte geblieben. Seinen Tropenhelm trug er nach wie vor mindestens 16 Stunden am Tag – manche behaupteten, er behalte ihn sogar im Bett auf. Und er war noch genauso kleinlich wie früher. Nach wie vor lehnte er es ab, eine Bar zu betreten, es sei denn, er hatte dort einen Geschäftsabschluß zu tätigen, doch selbst dann spähte er zuerst vorsichtig hinein, um sich zu vergewissern, daß nicht irgendwo ein Taugenichts saß, der ihn kannte und vielleicht versuchen würde, ihm einen Drink abzuluchsen. Er war so streitsüchtig wie eh und je und noch mißgünstiger als früher. Jedem, der es hören wollte, erzählte er:»Was Barnato kann, kann ich schon lange.« Schließlich gab er seine Kandidatur für das Amt des Bürgermeisters bekannt. Die Wahl ging sehr knapp aus und wurde vor Gericht angefochten. Robinson ging in Berufung und gewann. Kaum war sein Sieg offiziell, konzentrierte er sich darauf, mit einer wirkungsvollen Propaganda sein Ansehen aufzupolieren. Seine Kommandozentrale war das Bürgermeisteramt und sein Sprachrohr der *Diamond Field Independent,* eine Tageszeitung, die ihm früher einmal gehört hatte und die er nach wie vor kontrollierte.

Über diese Zeitung verbreitete Robinson seine Ansichten zu allen aktuellen Themen, von der Preispolitik im Diamantengeschäft bis zur Rassenfrage. »Ich bin kein Negerfreund«, verkündete er, als habe irgend jemand daran gezweifelt, »doch bin ich dafür, daß die Eingeborenen gerecht und menschlich behandelt werden. Das Ziel, das wir uns gesetzt haben, ist mit einer humanen und konsequenten Behandlung nicht unvereinbar. Eine der ersten Lektionen, die man ihnen beibringen muß, ist der Respekt vor mein und dein. Meines Erachtens haben die Diamantfelder uns diesem Ziel ein gutes Stück näher gebracht.«

Cecil Rhodes war faszinierter Zuschauer dieser Kampagne und machte sich Notizen. Macht war sein einziges Ziel, und es gab zwei Wege, sie zu erreichen. Von Barney Barnato lernte er, wie wichtig die Politik war, und J. B. Robinson führte ihm vor, wie man sich die Presse zunutze machte. Nun, da sich die anderen Magnaten ihre Ämter gesichert hatten, faßte Rhodes das Kapparlament ins Auge. Er ließ sich für Barklay West aufstellen, einen überwiegend ländlichen Bezirk. Ein Großteil der dortigen Wählerschaft waren Buren. Einer von ihnen qualifizierte den Kandidaten mit folgenden Worten ab: »Erstens sind Sie zu jung, und zweitens sehen Sie verflucht nach einem Engländer aus.«

Rhodes hörte zu. An seinem Alter konnte er nichts ändern – er war 27 –, doch er zog rustikalere Kleidung an, marschierte und ritt von nun an wie ein Farmer durch die Felder und versicherte seinen Zuhörern: »Meine Vorfahren haben Kühe gehütet.« Der neue Rhodes brachte viele Buren dazu, ihre Meinung über die verfluchten Engländer zu ändern. Das war die erste Phase seines Wahlkampfs. Die zweite war teurer. In diesem dünn besiedelten Landstrich gab es keine geheime Wahl, außerdem war man hier, wenn auch eher aus Faulheit denn aus Liberalität, nie auf die Idee gekommen, den Eingeborenen das Wahlrecht zu verweigern. Rhodes sorgte dafür, daß an den richtigen Orten Geld verteilt wurde. Am Wahltag tauchten dann auch 250 Schwarze auf und gaben ihre Stimme ab. Er gewann die Wahl und schaffte es, seinen Parlamentssitz in guten wie schlechten Zeiten zu behaupten und bis zu seinem Tod zu behalten.

Im Wahlkampf wurde Rhodes immer wieder von seinem neuen Freund Dr. Leander Starr Jameson ermutigt. Der 25jährige Schotte hatte in London vor einer glänzenden Karriere gestanden, besann sich dann aber plötzlich anders und nahm ein Schiff nach Südafrika. Dieser Schritt war aber nicht so töricht, wie es zunächst scheinen mochte. Wie Rhodes und Barnato hatte auch Jameson einen älteren Bruder in Südafrika. Dieser Bruder hatte ihm einen ungeschliffenen Edelstein nach Hause geschickt, und der junge Arzt hatte sofort begriffen, daß er die Fahrkarte in ein bequemes Leben in der Hand hielt.

Die rauhen Umgangsformen auf den Diamantfeldern behagten Jameson ebenso wie die Gesellschaft von Cecil Rhodes. »Seit ich ihm am Tage meiner Ankunft in Kimberley zum erstenmal über den Weg lief, kamen wir uns immer näher und wurden schnell dicke Freunde«, erinnerte sich der Arzt. »Wir waren damals noch junge Männer und bekamen natürlich sehr viel voneinander mit. Wir teilten uns eine ruhige, kleine Junggesellenbude, gingen zusammen spazieren oder ritten aus, nahmen gemeinsam die Mahlzeiten ein, sprachen über Gott und die Welt und diskutierten

Leander Starr Jameson, Arzt, Politiker, Spekulant und Soldat von eigenen Gnaden. Er war der Anführer des Jameson-Putschs.

über seine ehrgeizigen Pläne, die mich schon damals mit Bewunderung erfüllten. Ich mußte mir bald eingestehen, daß ich nie zuvor einen Mann getroffen hatte, der auch nur annähernd über soviel natürliche Autorität verfügte wie Cecil Rhodes.«

Im Jahre 1879 wurde Jameson zum Amtsarzt ernannt. Louis Cohen schreibt in seinen zotigen Memoiren, daß diese Stelle dem Arzt ausreichend Gelegenheit bot, seinem Hang zum anderen Geschlecht zu frönen. Jameson war klein und lebhaft, strotzte vor Energie und verfügte über einen verschlagenen Charme. »Ich kannte da mal einen Burschen«, sagt Cohen, »der war im Leben sonst sehr erfolgreich, litt jedoch darunter, daß ihm seine Frau noch keinen Stammhalter geschenkt hatte. Er vertraute sich mir an und suchte auf meine Veranlassung hin Dr. Jim auf – mit dem Ergebnis, hoppla hopp!, daß er noch vor Ablauf eines Jahres, und obendrein am ersten April, stolzer Vater strammer Zwillinge wurde. Der Doktor war wirklich ein Lebensspender.«

Es gab jedoch auch Zeiten, in denen er das Leben anderer fahrlässig aufs Spiel setzte, und das fand man weniger amüsant. Anfang der achtziger Jahre schleppte eine Gruppe von Arbeitern die Pocken nach Kimberley ein. Jameson und seine Kollegen führten eine Untersuchung durch, beschlossen jedoch, die Ergebnisse nicht zu veröffentlichen. »Wenn herausgekommen wäre, daß die Pocken in der Stadt ausgebrochen waren«, gab einer der Ärzte später zu, »dann hätte man eine Quarantäne verhängt und die Angehörigen der betroffenen Bevölkerungsgruppe, hauptsächlich Nigger und andere, sofort gefeuert.« Und dann fügte er noch hinzu: »Natürlich erklärten wir, es seien die Windpocken, sonst hätte es großen Ärger gegeben.«

Aufgrund dieser Vertuschung grassierten in Kimberley zwei Jahre lang die Pocken, ohne daß jemand davon erfuhr. In diesem Zeitraum infizierten sich etwa 2300 Menschen; 51 Weiße und Hunderte von Schwarzen starben. Der Autor einer Rhodes-Biographie kommentiert die Geschehnisse mit der folgenden, sicherlich zutreffenden Bemerkung: »Jameson kann als ausgebildeter Arzt keinerlei Zweifel am wahren Befund gehabt haben. Daß er und seine Kollegen sich davor drückten, die richtige Diagnose zu stellen, obwohl sie offensichtlich war, spricht für ihren fundamentalen Mangel an Integrität.« Solange sich Jameson in Afrika aufhielt, haftete ihm ein moralischer Makel an, und diejenigen, die ihm zu nahe kamen, wurden von ihm infiziert und in einigen Fällen sogar zerstört.

*

In den späten 1870ern kam es zu kriegerischen Auseinandersetzungen mit verschiedenen aufständischen Stämmen. Um den Frieden wiederherzustellen, rief man Truppen Ihrer Majestät zu Hilfe. Da jedoch nicht genügend britische Soldaten im Land stationiert waren, mußten Freiwilligenregimenter aufgestellt werden. Einer der Anführer, die mit der auf den Diamantfeldern rekrutierten Kavallerie ins Feld zogen, war David Harris. Später, als alter Mann, konnte er sich noch genau an ein kleineres Gefecht im Periebusch nördlich von Kimberley erinnern. Die beiden befehlshabenden Offiziere waren gefallen, und so übernahm er das Kommando. »Die Schwarzen eröffneten das Feuer auf die Offiziere. Sie hatten sie daran erkannt, daß sie keine Gewehre trugen. Zum Glück war ich jedoch mit einem Karabiner bewaffnet. Unser Gegner war durchaus ernst zu nehmen und versuchte, seine zahlenmäßige Überlegenheit auszunutzen. Die Häuptlinge feuerten ihre Krieger an, indem sie riefen: ›Wir haben ihre Anführer getötet, jetzt löscht die Soldaten aus.‹ Aber unsere Männer standen so unerschütterlich wie der sprichwörtliche Fels in der Brandung und feuerten weiter gezielte Schüsse ab ... Immer wenn wir die Feinde zwischen den Bäumen und Büschen auftauchen sahen ... fügten wir ihnen große Verluste zu.«

Für einen jungen Mann, dessen Kampferfahrung sich bislang auf Sparrings mit seinen Vettern Barney und Harry Barnato beschränkt hatte, waren das berauschende Tage. Die Scharmützel mit den Schwarzen nahmen bald den exotischen Charakter eines Melodrams an, und die Freiwilligen legten einen geradezu bühnenreifen Mut an den Tag. Harris machte durch sein heldenhaftes Verhalten den Generalstab und schließlich sogar die Königin selbst auf sich aufmerksam. Von allen Kavalleristen stieg er am höchsten auf. Am Ende seiner Laufbahn durfte sich der jüdische Junge aus dem Londoner Ghetto Oberst Sir David Harris nennen.

Auch Louis Cohen meldete sich freiwillig zum Kriegsdienst. Seine militärische Laufbahn endete jedoch bereits nach wenigen Monaten: Er fiel von einem Karren und brach sich dabei einige Rippen. Wieder erlag der verwundete Veteran den Lockungen der Diamantfelder und machte sich auf den Weg nach Kimberley. Mit dem gewohnten Hang zu theatralischer Selbstdarstellung sah sich Cohen als eine Art Heimkehrer, der zwanzig Jahre in der Fremde weilte und dann in eine Stadt zurückkommt, in der sich die Verhältnisse »merkwürdig verändert« haben. »Die Digger aus früheren Tagen, der schürfende Farmer und der schürfende Gentleman, waren so gut wie verschwunden.« An ihrer Stelle »hatte sich eine Brut von Finanziers breitgemacht«, Männer, die »der britischen Öffentlichkeit tief in die Taschen greifen« sollten.

Julius Porges war einer der rücksichtslosesten Vertreter dieser Brut. Der führende Diamantenhändler aus Frankreich hatte untadelige Verbindungen: Julius Wernher, Alfred Beits Partner, hatte ihn nach Südafrika geholt. Im Jahr 1880 hörte Porges von den Plänen zweier erfolgreicher Einwanderer namens Isaac Lewis und Sammy Marks und arrangierte daraufhin ein gemeinsames Treffen. Er erzählte ihnen, daß man Männer wie sie, die sich aus eigener Kraft hochgearbeitet hätten, auf der ganzen Welt

Die Kaufbüros der Diamantenhändler in Kimberley. In diesen Wellblech-hütten wurden riesige Vermögen gemacht oder verloren.

beneide. Welchen bemerkenswerten Aufstieg hatten sie doch geschafft! Aus einem armen, jüdischen Schtetl in Litauen stammend, waren sie auf den Diamantfeldern inzwischen zu beträchtlichem Ansehen und Wohlstand gelangt. Gerade versuchten sie, die Compagnie française des Mines du Cap zu übernehmen, ein Unternehmen, das zu den bedeutendsten Claiminhabern der ganzen Gegend zählte. Porges erbot sich, ihnen dabei zu helfen.

Wer an eine großangelegte, jüdische Verschwörung in Südafrika geglaubt hatte, wurde im Jahr darauf eines Besseren belehrt, als der skrupellose Porges so viele Stimmen sammelte, daß er seine Glaubensbrüder aus der Geschäftsleitung ihrer eigenen Firma verdrängen konnte. Nachdem er ihre Anteile an der Compagnie française an sich gerissen hatte, versuchte er, die gesamte Kimberley-Mine unter seine Kontrolle zu bekommen. Doch da waren noch mindestens zehn weitere Finanzhaie, die genau das gleiche Ziel im Auge hatten. Immer wenn er einen auch noch so kleinen Anteil zu ersteigern versuchte, zogen seine Konkurrenten nach und legten über Nacht Claims zusammen oder gründeten neue Gesellschaften, deren Aktien innerhalb einer Woche im Wert um das Doppelte oder Dreifache stiegen. Ein neuer Diamantenrausch setzte ein. Nur waren die Hauptakteure diesmal keine spatenschwingenden Schürfer, sondern Investoren, die mit gezücktem Scheckbuch Anteile an allen Unternehmen zu kaufen versuchten, an denen Porges interessiert war. Die Auktionsbüros waren bald so überfüllt, daß die Schecks durchs Fenster hineingereicht werden mußten. Diese kapitalistische Hysterie fand ein abruptes Ende, als Kimberley im Februar 1881 endlich das erhielt, was es am dringendsten benötigte: eine offizielle Börse. Die fieberhaften Geschäfte verliefen nun wieder in etwas geordneteren Bahnen. »Es war erstaunlich, wie schnell diese Manie in Kimberley auf alle Schichten übergriff«, berichtet ein Augenzeuge. »Ärzte und Anwälte, Herren und Diener, Ladenbesitzer und Arbeiter, Männer der Feder und Männer des Schwertes, Verwaltungsbeamte und illegale Diamantenhändler, Engländer und Ausländer, sie alle stürzten sich wie wild in Spekulationen.«

Da jeder von dem Boom profitieren wollte, wurden immer mehr Gesellschaften gegründet. Viele davon verfügten über keinerlei Kapital, manche nicht einmal über Claims. Grundstücke wurden mit Diamanten gespickt, bevor potentielle Geldanleger eintrafen – mitunter auch, wenn sie bereits auf dem Gelände waren. In einem berühmten Fall kam der Geldgeber früher als erwartet. Als er das Grundstück betrat, geriet er plötzlich in einen Hagel aus kleinen Diamanten, die von oben auf ihn niederprasselten. Die Betrüger meinten, dieses Spiel gut und gerne noch ein bis zwei Jahre weitertreiben zu können, doch Kimberleys Bankleute wußten es besser. Mitte 1881 reichte es ihnen. Jeder Kreditantrag wurde von nun an aufs genaueste geprüft, und zwielichtige Firmen erhielten einen abschlägigen Bescheid. Ein Unternehmen nach dem anderen brach wegen Kapitalmangels zusammen. Die Tage der kleinen Fische waren vorbei. In Kimberley war nun die Ära der Haie angebrochen, und die Frage war nur, welcher nach dem Kampf um die Beute am Leben bleiben würde.

Cecil Rhodes war einer der aussichtsreichsten Kandidaten. Am 1. April 1880 hatte er die De Beers Company gegründet, ein größeres Unternehmen mit einem Betriebsvermögen von 200 000 Pfund. Der Name war recht passend gewählt, denn Rhodes und seine Investoren verfügten inzwischen über einen großen Teil der De-Beers-Mine. Der Koloß hatte mit seinem jungen Unternehmen große Pläne. »Es bestehen beste Aussichten, daß unser Besitz von dauerhaftem Wert ist«, schrieb er einem Gesellschafter. »Die alte Befürchtung, daß die Mine sich mit der Zeit erschöpfen könnte, verflüchtigt sich ... Was ich Ihnen damit sagen will, ist, daß dieser gemeinsame Besitz in Relation zu seiner Größe bereits der reichste der Welt ist. Und alle Anzeichen sprechen dafür, daß er nicht an Wert verlieren wird. Bei unserem augenblicklichen Arbeitstempo würde es einhundert Jahre dauern, um allein die bisher nachgewiesenen, diamanthaltigen Schichten vollständig auszubeuten, und natürlich läßt sich jetzt noch gar nicht sagen, wie tief sie tatsächlich sind.«

Doch da gab es noch einen anderen Kapitalisten und Plänemacher: Barney Barnato. Und diesmal konnte man ihn nicht mit einem Schmunzeln übergehen. Die De Beers Company war nirgendwo so stark wie die Gebrüder Barnato. Ihr Unternehmen war kapitalkräftiger, gieriger und skrupelloser: War es wirklich nur ein Zufall, daß die größten und besten Steine stets auf Barnatos Gelände gefunden wurden? Rhodes glaubte es ebensowenig wie alle anderen Diamantmagnaten. Gerüchte über illegale Diamantengeschäfte gingen um. Man erinnerte sich daran, daß ein paar der verrufensten weißen Händler ständig in Harrys altem »London Hotel« herumhingen und daß Barney schon immer ein Gauner und Betrüger gewesen sei. Ein Tourist hatte gewiß die Barnatos im Sinn, als er bemerkte: »Ist es wirklich eine Verleumdung zu behaupten, daß die meisten reichen Männer hier ihr Vermögen ... illegalen Diamantengeschäften verdanken? ... Einige der bekanntesten Männer am Ort haben gestern noch in den Straßen von London Regenschirme verkauft oder in Hampstead Heath Vögel gefangen. Das ist allgemein bekannt, und dennoch schließt man die Augen.«

Was sollte man auch anderes tun? Es war nicht allzu schwer, einen gestohlenen Diamanten aus einem Claim zu einem anderen zu tragen und dort fallen zu lassen, ohne daß es jemand bemerkte. Natürlich wurden ständig Diebe vor Gericht gebracht und mit Peitschenhieben, Gefängnis oder Bußgeldern bestraft. Dennoch wußte jeder, daß die Hälfte der Diamanten, die in der Stadt kursierten, aus dem illegalen Handel stammten. Ein britischer Ermittler, der sehr wohl begriff, was da vor sich ging, sagte zu Kollegen, Diebstähle hätten in Kimberley eine große Zukunft, denn »hier schnappt man nur die Kleinen, und die Großen kommen davon.«

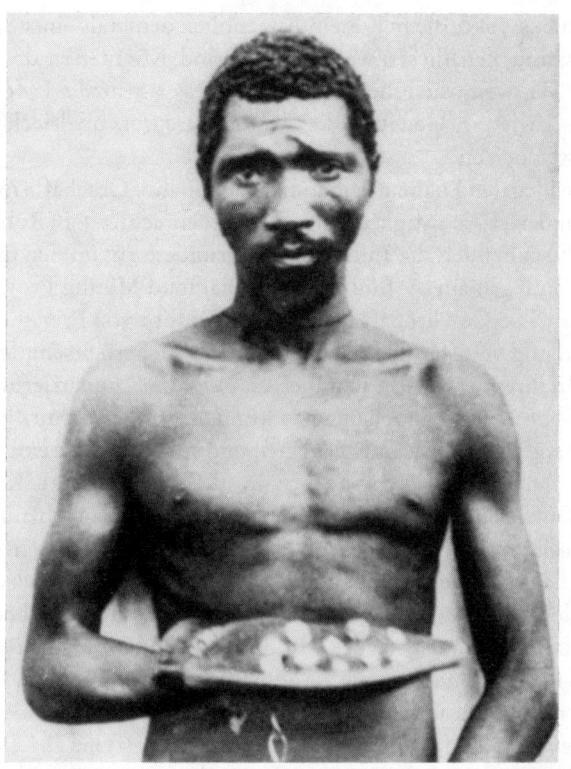

Gelegentlich schluckte ein Arbeiter ein oder zwei Steine. Dieser würgte gleich zehn hinunter und wurde, wie fast alle Diebe, zur Rückgabe gezwungen.

Und sie kamen mit geradezu spielerischer Leichtigkeit davon. Es lief wie in einer Operette. Zuerst wurden die Diamanten von Arbeitern gestohlen und an Hehler oder Mittelsmänner verkauft. Diese veräußerten die ungeschliffenen Steine dann an Händler, die gleichzeitig Claimeigner waren. Schließlich wurden die Edelsteine zu den Schürfstellen zurückgebracht, wo sie dann zum zweitenmal »entdeckt« wurden. Jahre später beschrieb einer von Harry Barnatos Feinden, wie das normalerweise vor sich ging: »Man bestach Kaffern, die ›Beute‹ zu schlucken, und vereinbarte mit ihnen einen Treffpunkt, aber wie sie die Edelsteine dann an die Hehler weitergaben, das sei unserer Phantasie überlassen. Es ist überhaupt nicht auszuschließen, daß viele funkelnde

Schmuckstücke, die in diesem Augenblick den Hals einer Schönheit schmücken, diesen Weg gegangen sind. Könnten sie doch nur reden! Ja, wenn sie reden könnten ... Das würde die Luft reinigen, so wie ein Gewitter die Atmosphäre von übelriechenden Dünsten befreit.«

Die illegalen Diamantenhändler setzten ihre Geschäfte mit unverminderter Dreistigkeit fort. Ein aufgebrachter J. B. Robinson ergriff schließlich die Initiative und gründete zusammen mit ein paar Kollegen am 18. Juni 1881 die Diamond Mining Protection Society. Die Gesellschaft heuerte eine Gruppe von Privatdetektiven an und veröffentlichte eine Reihe von Sicherheitsempfehlungen. In ihrem ersten Bericht hieß es, nur »die Einquartierung der Eingeborenen in Barackenlager« könne absoluten Schutz bieten. Niemand hatte Einwände dagegen, und so wurden die empfohlenen Schutzmaßnahmen sogleich in die Tat umgesetzt. Künftig mußten die Schwarzen in den letzten zehn Tagen vor Ablauf ihres Vertrages völlig nackt herumlaufen. Sie durften nur lederne Fausthandschuhe tragen, und die wurden ihnen auch noch an die Hände gekettet. Zwei Tage vor ihrer Freilassung verabreichte man ihnen dann ein starkes Abführmittel und untersuchte ihren Stuhl nach Diamanten, die sie geschluckt haben könnten. In den letzten Stunden vor Ablauf des Vertrages waren Missionare die einzigen Weißen, die das Lager betreten durften. Ihr Besuch wurde nicht nur geduldet, ja man ermunterte sie sogar dazu. Die Geistlichen, so der Kommentar eines damaligen Mineningenieurs, »werden gebeten, dem Eingeborenen zwei einfache christliche Werte einzuimpfen: die Tugend des Gehorsams und die Würde der Arbeit. So verabreicht man den Schwarzen in gemäßigten Dosen Religion. Und in ähnlicher Weise wurde durch klare und vernünftige Vorschriften auch der Konsum des von den Kaffern selbst gebrauten Bieres auf ein vernünftiges Maß heruntergesetzt ... Merkwürdig, daß die Kaffern sich dieser demütigenden Behandlung nicht widersetzten.« Wieder einmal hielt man das Schweigen der Schwarzen irrigerweise für ein Zeichen der Zustimmung. Die Lunte glomm weiter.

Danach richteten die Behörden ihre Aufmerksamkeit auf die weißen Arbeiter. Die Minenbesitzer verlangten, daß diese ebenfalls durchsucht werden sollten. Die Folge: der erste große Streik in der Region. Er prägte die folgenden hundert Jahre Südafrika-

Als die Rassentrennung sich verschärfte, wurde den Schwarzen unmißverständlich klargemacht: Luxus ist nur für Europäer bestimmt.

geschichte, ging es bei dieser Konfrontation zwischen Arbeitern
und Unternehmern doch nicht um Löhne, Arbeitszeiten oder So-
zialleistungen, sondern um Rassenprivilegien.

Vorarbeiter rieten der De Beers Company in einem schriftlichen Gesuch davon ab, auch Weiße nackt durchsuchen zu lassen: »Es wäre für sie schändlich und entwürdigend, wenn sie im
Durchsuchungsgebäude ebenfalls ihre Kleidung ablegen und sich
so vor den Augen der Schwarzen erniedrigen lassen müßten.«
Weiße Minenarbeiter gründeten eine Gesellschaft zum Schutz jener Männer, die es ablehnten, »sich wie ein gemeiner Kaffer
durchsuchen zu lassen«. Die mitfühlende Ehefrau eines weißen
Arbeiters, der früher selbst ein Claim besessen hatte, schrieb an
den *Independent:* »Stellen Sie sich doch nur die schlimmen Folgen für unsere Kinder vor, wenn ihr Vater, den man ihnen stets als
ein Muster an Ehrlichkeit vorgehalten hat, auf eine Stufe mit den
Eingeborenen gestellt wird, für die Stehlen keine Sünde ist – tatsächlich besteht für sie die einzige Sünde darin, daß man sich er-
wischen läßt. Warum also einen Weißen mit einem Schwarzen auf
eine Stufe stellen?«

Auf einer Versammlung rief der Anführer der weißen Minenarbeiter: »Ich würde auch dann keine Durchsuchung über mich ergehen lassen, wenn ich wüßte, daß man mich in der nächsten Minute erschießen würde. Eher würde ich sagen: ›Dann erschießt mich in meinen Kleidern‹ (langer und anhaltender Applaus).« Seine Worte sollten sich als prophetischer erweisen, als er ahnen konnte. Ende April legten die Arbeiter die Arbeit nieder, und mehrere Tage lang wurde kein einziger Diamant gefördert. Doch die Streikenden irrten sich auf fatale Weise in ihrer Einschätzung der Lage. Unbewaffnet marschierten sie zu mehreren Firmen, die innerhalb der De-Beers-Mine lagen, schlossen die Victoria Mining Company, deren Wächter ebenfalls unbewaffnet waren, und zogen dann weiter zur Kimberley Central Company, vor der Privatpolizisten Wache standen. Ein Arbeiterführer rief: »Schießt nicht auf uns. Wir wollen niemandem etwas tun. Laßt mich sprechen.« Er wurde mit einem Schuß in den Kopf zum Schweigen gebracht. Ein 17jähriger wurde ebenfalls niedergeschossen, als er sich bückte, um einen Stein zum Werfen aufzuheben. Vier weitere streikende Arbeiter starben, bevor die Wachen das Feuer endlich einstellten.

In den folgenden Tagen herrschte Wut und Empörung. Die weißen Arbeiter schworen sich, »nie vor einem Mann zu buckeln oder zu kriechen, nur weil er ein Unternehmer ist«. Doch das waren nur leere Drohungen. Die Demonstrationen verliefen nach einer Woche im Sand. Die Streikführer wurden verhaftet und die Polizisten, die auf die Arbeiter geschossen hatten, freigesprochen. Die Untersuchungsrichter gelangten zu dem Urteil, daß die Demonstranten »bei der Ausübung ungesetzlicher und aufrührerischer Handlungen« getötet worden seien. In Kapstadt trug Cecil Rhodes das Seine dazu bei. Als einige Abgeordnete eine parlamentarische Untersuchung der Vorfälle forderten, erhob er Einspruch. Die weißen Demonstranten, so sein Argument, seien »von Eingeborenen unterstützt worden, die einen Kampf gegen Weiße führten«. Daher handele es sich um eine interne Angelegenheit, für deren Bereinigung die Minenbesitzer zuständig seien. Die geforderte Untersuchung fand nicht statt. In der zweiten Maiwoche akzeptierten die weißen Arbeiter dann die neuen, verschärften Durchsuchungsmethoden und nahmen schweigend ihre Arbeit wieder auf. Zum erstenmal seit vier Wochen konnten die Minenbesitzer aufatmen. Ihre Arbeiter waren nun wieder dort, wo sie hingehörten, und gruben in den Minen gehorsam die Erde um.

Andere Weiße – teilweise auch Männer in hohen Positionen – wurden des illegalen Diamantenhandels bezichtigt, aber niemals angeklagt. Die Barnatos erklärten in aller Öffentlichkeit, daß Neider solche Gerüchte gezielt in die Welt setzten, und setzten ihren profitablen Marsch unbeirrt fort. Anfang der achtziger Jahre fühlten sich Barney und Harry Barnato zu Recht immun gegen jegliche Kritik. Sie verdienten ihr Geld inzwischen im Schlaf. Sogar Wohltätigkeit brachte ihnen noch Gewinn. Als der 15jährige Sohn ihrer Schwester Kate Joel plötzlich unangemeldet bei ihnen auftauchte, lächelten sie über seine Chuzpe; der junge Woolf Joel erinnerte sie daran, wie sie selbst in dem Alter gewesen waren. Sie gaben ihm sogleich einen Posten in der Firma, und auch diese Geste sollte sich enorm auszahlen, denn so jung Woolf auch war, er hatte eine Eigenschaft, die seinen beiden Onkeln völlig abging: Er war leidenschaftlich auf Ordnung bedacht. Er räumte ihre Büros auf, führte die Geschäftsbücher und verschaffte den Barnatos durch seine gewinnende Art ein paar dringend benötigte Freunde. »Ich bezweifle, daß irgendein junger Bursche auf den Diamantfeldern damals beliebter war als der ausgeglichene, liebenswürdige Woolfie«, sagt Cohen. »Es war ein Vergnügen, mit diesem sympathischen Jungen Geschäfte zu machen.« Die Barnatos erkannten bald, daß sie mit Woolf einen guten Griff getan hatten. Zu einer Zeit, als gelernte Handwerker acht Pfund die Woche verdienten, zahlten sie ihm ein Gehalt von wöchentlich fünfzig Pfund – ungefähr das Dreifache dessen, was man für eine vergleichbare Arbeit in England erhielt.

Bei einer der zahlreichen Reisen der Barnatos nach London bat Barney seine Schwester Kate, auch ihre beiden anderen Söhne Solly und Isaac nach Südafrika zu schicken. Man kann sich unschwer vorstellen, wie Woolf in der Küche große Geldscheine aus der Tasche zog und seine Brüder mit seiner neuen Garderobe beeindruckte, während Barney im Wohnzimmer auf und ab stolzierte und seiner Schwester darlegte, welche Chancen sich einem jüdischen Jungen in Südafrika boten. Schließlich hatte er Kate mit seinen Argumenten so zermürbt, daß sie einwilligte. Aus Solly, der wie Barney alles liebte, was glitzerte, sollte später ein erstklassiger Diamantenexperte werden. Isaac, der älteste Sohn, hatte ein Talent für Geldgeschäfte. Allerdings machten sich bei ihm einige jener Anlagen bemerkbar, mit denen bereits sein Onkel Barney des öfteren Anstoß erregt hatte. Das sollte später ernste und nachhaltige Folgen haben.

Da war zum Beispiel die Auseinandersetzung mit Dr. William Murphy. In einem Anfall von Euphorie hatte Barney den Finanzier mit dem Doktortitel in den Verwaltungsrat der Barnato Brothers aufgenommen. Dieser Schritt mutete wie ein selbstzerstörerischer Akt an, denn die ganze Stadt wußte, daß William Murphy ein brutaler Kerl war, »der in seinem ganzen Leben nur zwei Herren gedient hatte – dem Teufel und J.B. Robinson.« Er hatte auf der Straße Buren verprügelt und sogar ein älteres Mitglied des exklusiven Kimberley-Clubs, des einzigen Vereins in der Stadt, in aller Öffentlichkeit angegriffen. Ein andermal hatte Murphy seine eigene Frau so mißhandelt, daß sie schreiend auf die Straße gerannt war. Und als hätten diese Referenzen noch nicht genügt, war er obendrein auch noch ein fanatischer Antisemit. So fauchte er eines Tages bei einer Sitzung des Verwaltungsrats die Freunde der Barnatos an: »Gehört ihr nicht zu dem Stamm, zum auserwählten Volk?« David Harris erwiderte höflich: »Wir sind nicht hier, um religiöse Fragen zu erörtern« und ging einfach zur Tagesordnung über. Doch gerade zu jener Zeit wurde Kimberley von einer neuen Welle des Judenhasses überrollt, so daß man Murphy diese Bemerkung weder vergaß noch verzieh.

Für diejenigen, die gerade eine Pechsträhne hatten, Ausländern generell mißtrauten oder Barney Barnato und »das auserwählte Volk« haßten, war der illegale Diamantenhandel inzwischen zu einem Rassenmerkmal geworden. Der Halbjude Louis Cohen machte sich einen Spaß daraus, die Diamantenschieber als »den Abschaum von Deutschland und Whitechapel« zu bezeichnen. Und er wies auch darauf hin, daß *gonivas,* ein jiddisches Wort für Diebesgut, der gebräuchliche umgangssprachliche Ausdruck für illegale Diamanten sei. Die nichtjüdischen Kritiker schlugen schärfere Töne an. Der Generaldirektor der Standard Bank vertrat beispielsweise die Auffassung: »Es wäre ein ausgesprochener Segen für die Stadt, wenn diese Horden hakennäsiger Polen und litauischer Juden, deren boshafte Gesichter man nun aus jeder kleinen Baracke und jedem Zigarrenladen hervorspähen sieht, von hier verschwinden würden. Unter dem Vorwand, einen ›Winkel‹ [Laden] betreiben zu wollen, strömen sie in Scharen von weit her nach Kimberley, wie Aasgeier, die über einen toten Ochsen herfallen, und wenn man in ihre schurkischen Gesichter blickt, dann versteht man sehr gut, wie tief der Haß gewesen sein muß, der ihnen in Rußland und anderswo entgegenschlug.«

All das war natürlich Wasser auf Murphys Mühlen. Im Januar 1884 bewarb er sich um einen Sitz im Kapparlament. In einer Rede machte er ausgiebig seinem Judenhaß Luft. Am nächsten Tag wurde er zweimal schwer zusammengeschlagen: einmal von den Wählern und ein weiteres Mal von Isaac Joel, der auf der Straße über ihn herfiel. Murphy erstattete sofort Strafanzeige, zog sie aber ebenso schnell wieder zurück. Der Doktor hatte sich eine viel bessere Rache ausgedacht, eine, bei der er nicht selbst in Erscheinung treten mußte. So konnte er die Familie demütigen und gleichzeitig weiterhin mit Barney Barnato Geld verdienen.

Im März, Harry und Barney hatten gerade geschäftlich in England zu tun, erhielt der 22jährige Isaac Joel in seinem Büro im Barnato Building Besuch von zwei Detektiven. Nach ihren Informationen, so eröffneten sie ihm, habe er gegen die Gesetze für den Diamantenhandel verstoßen. Nach den neuen und strengeren Bestimmungen mußte jeder Händler einen schriftlichen Nachweis über die Herkunft aller in seinem Besitz befindlichen Steine vorlegen können. Bei der Durchsuchung des Büros wurden vier nicht identifizierbare Diamanten gefunden. War dies ein Beweis für illegalen Diamantenhandel? John Fry, der Oberste der Detektive, sah das so und nahm Isaac Joel fest.

Woolf bezahlte die viertausend Pfund Kaution für seinen Bruder und heuerte mehrere Rechtsanwälte zu dessen Verteidigung an. Sie gaben sich alle nur erdenkliche Mühe, die Verhandlung so lange wie möglich hinauszuzögern: Zeugen wurden plötzlich krank, und ständig wurden formaljuristische Fragen aufgeworfen. Als das Gericht bereits kurz davor war, die Geduld zu verlieren, kehrten die beiden Barnatos aus England zurück. Barney eilte sofort zu J. B. Robinson, der kurz zuvor zum Vorsitzenden der Diamond Mining Protection Society gewählt worden war. Die Brüder hatten den falschen Barnato losgeschickt. Harry hätte den Appell vielleicht überzeugend vorgebracht, doch Barney benahm sich völlig hysterisch.

»Er erklärte mir die ganze Angelegenheit«, erinnerte sich
Robinson später, »und er erzählte mir oder wollte mich glauben
machen, daß er das Verfahren gegen seinen Neffen als eine Art
Anklage gegen sich selbst oder seine Firma betrachte und daß es
eine Verschwörung gegen ihn gebe ... Die Unterredung zwischen
Barnato und mir dauerte fast zwei Stunden. Die meiste Zeit
heulte Barnato wie ein Schloßhund ... Er erzählte mir, wieviel
Leid er zu erdulden habe, riß sein Hemd auf, zeigte mir Hautaus-
schläge auf seinem Körper und sagte, daß er nicht schlafen könne.
Es war eine peinliche Situation ... Er ... sagte, er wäre bereit,
fünf- bis zehntausend Pfund zu zahlen, wenn er seinen Neffen
damit freibekommen könne ... Ich fragte ihn: ›Wollen Sie mir
Geld anbieten?‹ Und er sagte: ›Ich zahle zehntausend Pfund –
gleich heute –, wenn mein Neffe dann freikommt. Mein Neffe
besitzt 30 000 Pfund und kann es sich ohne weiteres leisten, zehntausend Pfund zu zahlen, um freizukommen.‹ Der Mann war völlig außer sich. Es war unmöglich, vernünftig mit ihm zu reden.«

Gleichwohl fühlte sich Robinson seinem Mitmagnaten in
gewisser Weise verpflichtet und stattete daher John Fry einen
Besuch ab. Der Kriminalbeamte teilte ihm eiskalt mit, daß die Beweise gegen Isaac Joel hieb- und stichfest seien und daß er persönlich sich schon auf die Verhandlung freue. Als Barney das hörte,
drehte er durch. Er arrangierte ein privates Treffen mit Fry und
bot dem Kriminalbeamten fünftausend Pfund für dessen diamantene Krawattennadel. Beide Männer wußten, daß die Nadel nur
ungefähr zweihundert Pfund wert war. Als sein Bestechungsver-
such scheiterte, entblößte Barney seinen Arm und zeigte seine
Entzündungen. Fry blieb unbeeindruckt und empfahl ihm, sie
lieber dem Staatsanwalt zu zeigen.

Das sollte jedoch nicht mehr nötig sein. Drei Tage später wurde
der Fall Isaac Joel vor dem Sondergericht verhandelt – allerdings
ohne Isaac Joel. Der Angeklagte war flüchtig und blieb es auch,
bis er schließlich in London eintraf. Flucht war offensichtlich der
erste Teil von Barneys Plan. Vergeltung der zweite. Auf Rache sin-
nend und mit unbeschränkten Geldmitteln machte er sich daran,
den Detektiv, der sich nicht hatte kaufen lassen, zu vernichten.
Die Presse und die Politiker waren alles, was er brauchte. Er
finanzierte die Zeitung *Diamond Times*, deren oberste Aufgabe
es nun wurde, die Kriminalpolizei zu verunglimpfen. Vehement

wetterte das Blatt gegen alles, was auch nur im entferntesten nach Unkorrektheit roch: überzogene Ausgaben, Ineffizienz, voreilige oder unterlassene Verhaftungen. Das war ein regelrechter Overkill, doch wenn Barney erst einmal seine Geschütze aufgefahren hatte, ließ er aus allen Rohren feuern. Die Angriffe nahmen eine solche Schärfe an, daß schließlich auch einflußreiche Beamte in Kapstadt aufmerksam wurden. In Frys Personalakte war nichts zu finden, was auch nur den leisesten Verdacht auf Korruption rechtfertigte, also sog man sich eine Anklage aus den Fingern: Er habe die Bücher der Kriminalabteilung nachlässig geführt. Das genügte. Im Februar 1885 wurde John Fry entlassen, und die *Diamond Times* stellte ihre Attacken ein. Ein Kappolitiker schrieb, daß der Kriminalbeamte, Oberhaupt einer vielköpfigen Familie, nun »ohne einen Penny« dastehe und nur geopfert worden sei, »um einem der niederträchtigsten Schufte in der ganzen Kolonie Genugtuung zu verschaffen«.

Das kam einem Nachruf gleich. Drei Jahre später starb Fry im Alter von 51 Jahren. Nach Auskunft der Ärzte starb er eines natürlichen Todes, doch Freunde führten sein Ende auf eine berüchtigte Krankheit des 19. Jahrhunderts zurück: ein gebrochenes Herz. Nach Frys Entlassung waren sich die beiden Männer noch ein einziges Mal begegnet. Barney hatte dabei ein Bild von sich gezeichnet, dem man schlechterdings nicht widersprechen kann: »Ich bin ein guter Freund«, sagte er, »aber ein unerbittlicher Feind.«

*

Im Jahr 1885 erhielt Kimberley als erste Stadt in ganz Südafrika elektrisches Licht. Der Schmutz und die Baracken hatten inzwischen Häusern, Kirchen, Synagogen, Geschäften und einer Eisenbahnlinie Platz gemacht. Alles schien auf eine florierende Wirtschaft hinzudeuten, doch der Wohlstand war reine Fassade. In dieser Zeit purzelten die Preise für Diamanten, weil die auf schnelle Profite bedachten Claiminhaber den Markt mit Steinen regelrecht überschwemmten. In Bulfontein sahen sich einige größere Gesellschaften sogar gezwungen, den Abbau bis auf weiteres einzustellen. Viele Minenarbeiter wurden von einem Tag auf den anderen entlassen, und etliche Händler standen vor dem Bankrott.

Zusammen mit dem herbstlichen Wetter stellte sich Verzweiflung ein. Fast jede Woche druckten die Zeitungen einen Nachruf auf einen bekannten Geschäftsmann, der sich das Leben genommen hatte. Pfarrer und Rabbiner warnten in ihren Predigten vor der Sünde des Selbstmords. Die Zeitungen sahen das viel nüchterner. »Tatsächlich verdirbt diese Selbstmordwelle das moralische Klima in der Stadt«, schrieb die *Diamond News*, »und es ist fraglich, ob es der Gesundheit und der Moral einer Gesellschaft wirklich zuträglich ist, voller Mitgefühl über solche Taten zu berichten.« Das Blatt ermahnte seine Leser, den Mut nicht zu verlieren. »Ohne Kämpfe und Schlachten gibt es keine Helden, und der Lebenskampf ist es wert, ausgefochten zu werden, auch wenn die Lage mitunter hoffnungslos scheint.«

In dieser gedrückten Stimmung lieferten sich die Diamantmagnaten rücksichtslose Positionskämpfe. Zu ihrem Schutzheiligen hatten sie sich den erst drei Jahre zuvor verstorbenen Charles Darwin auserkoren. Ein Kapitalanleger sagte über die Firmenbosse: »Sie rennen in ihr Verderben, da jeder davon träumt, die Felder eines Tages ganz für sich allein zu haben und der Durchsetzungsfähigste zu sein, der am Ende überlebt.« Doch auch der Durchsetzungsfähigste brauchte ausländisches Kapital. Niemand in ganz Südafrika hatte genügend Geld, um alle seine Konkurrenten aufzukaufen. Obwohl es in Kimberley rund zwanzig kapitalkräftige Unternehmer gab, schienen nur vier imstande, die notwendigen Mittel für eine Fusion zusammenzubringen: Robinson, Barnato und Rhodes mit seiner »grauen Eminenz« Alfred Beit. Doch wie sich herausstellen sollte, waren nur zwei von ihnen stark genug für diesen Kampf.

Der großspurige Robinson schäumte vor Wut. Die dramatischen Preisschwankungen auf dem Diamantenmarkt hatten seine Mittel erschöpft. Außerdem waren in seinen Minen – der Standard-Mine im Big Hole von Kimberley und der Griqualand West in Dutoitspan – die Wände eingestürzt, was ihn Unsummen kostete. Seine Lage war so verzweifelt, daß er das Undenkbare tat: Er zog sich von seinen öffentlichen Ämtern zurück. Seinen Kollegen erzählte er, seine zunehmende Schwerhörigkeit zwinge ihn zu diesem Rückzug ins Privatleben. Doch in Wahrheit hatte sein Schritt nichts mit seinem Gesundheitszustand zu tun: Im Gegensatz zu seinen Finanzen war er völlig gesund. Von nun an verwendete er seine ganze Energie darauf, weitere Verluste an Besitz und Prestige soweit wie möglich zu verhindern. Robinsons Name hatte nach wie vor einen guten Klang, und die Banken gaben ihm auch weiterhin Kredit, doch war er längst so hoffnungslos verschuldet, daß kein Ausweg mehr in Sicht war.

Nun, da Robinson geschäftsunfähig war, rückte die Idee vom großen Zusammenschluß zunächst einmal in den Hintergrund. Erst Anfang 1886 griff sie ein Kappolitiker namens J. X. Merriman wieder auf und wandte sich mit seinem Plan direkt an Cecil Rhodes. Der Koloß, so urteilte er später, sei zwar »so verschroben und argwöhnisch wie eh und je« gewesen, habe aber die Wichtigkeit des Projekts ebenso erkannt wie dessen Nutzen für ihn persönlich.

Merriman fühlte sich ermutigt und machte denselben Fehler wie viele andere vor ihm: Er vertraute Rhodes. Einige Wochen später erschien in den Zeitungen Kimberleys ein Aufruf von Rhodes, in dem er alle größeren Unternehmen aufforderte, Aktien untereinander auszutauschen, und zwar zu einem von allen Beteiligten anerkannten Wert. Gehörten die Minen allen gemeinsam, so Rhodes, könnten die Diamantenpreise in Südafrika in Zukunft auf einem stabilen Niveau gehalten werden. Als die Claiminhaber Interesse bekundeten, tat er so, als sei der Plan ganz allein von ihm.

Merriman war verletzt und beklagte sich darüber, daß Rhodes »im Geschäftsleben ebenso durchtrieben, unberechenbar und eigensinnig wie in der Politik sei. Ich habe auf politischer und nun auch auf geschäftlicher Ebene die Auswirkungen dieser merkwürdigen Sitte der lauwarmen Zustimmung zu spüren bekommen. Tatsächlich würde Rhodes als Gegner längst nicht soviel Schaden anrichten, wie er es als halbherziger Freund tut.«

Zur selben Zeit war Barney Barnato überall in der Stadt mit seinen eigenen Fusionen beschäftigt. Anfang 1886 herrschten vier große Aktiengesellschaften über die Kimberley-Mine: die Standard, die Compagnie française, die Central und die der Barnatos. Barney versuchte nun, sich durch geschickte Manöver auch bei den drei Konkurrenzunternehmen die Aktienmehrheit zu sichern, und kaufte, wenn irgend möglich, gleich ganze Aktienpakete auf. Zuerst brachte er die Standard in seine Hand, dann auch die Central. Die Gewinne flossen an die verschiedenen Mitglieder der Familie Barnato, die inzwischen unvorstellbar reich waren. Der junge Woolf Joel war Millionär, bevor er volljährig wurde, und Barney versicherte seinem Neffen, daß dies erst der Anfang sei. Im Juli 1887 demonstrierten die Barnatos in gewohnt vulgärer und großspuriger Manier ihr Vertrauen in die Zukunft, indem sie in der Kimberley-Mine ein Feuerwerk abbrannten. Laut einem Bericht des *Diamond Field Advertiser* verursachte das Spektakel einen solchen Lärm, daß man meinen konnte, »die gesamte Kriegsflotte Transvaals sei aufgefahren und nehme unser geliebtes, altes Kimberley unter Beschuß. Hunderte von Menschen rannten zur Mine, wo aus allen Rohren gefeuert wurde, das heißt Dynamitladungen gezündet wurden, während auf dem Gelände der Central und der Standard die Firmenflaggen wehten. Es war ein ›Fusionssalut‹, der fröhlich und ausgelassen klang, nervösen Menschen allerdings zunächst nicht sonderlich gefiel.«

Der Nervöseste von allen machte sich sogleich auf den Weg nach England, um dort nach kapitalkräftigen Geldgebern zu suchen. Rhodes war auf die erstaunliche Idee gekommen, Juden gegen Juden auszuspielen – die Rothschilds gegen die Barnatos. Die Bürger von Kimberley, der Stadt der unternehmerischen Superlative, lehnten sich unter der südafrikanischen Sonne entspannt zurück und warteten ab: Wer würde zum neuen König der Diamanten gekrönt werden?

6

EITELKEIT UND VERWORFENHEIT

Die Angehörigen und Freunde in London bemerkten, daß Rhodes seit seinem letzten Besuch zugenommen hatte, und das sagten sie ihm auch. Das war sicher kein reines Kompliment, denn er war zwar erst 35, wirkte aber zehn Jahre älter. Und wenn er ging, hatte man oft den Eindruck, als bewege er sich unter Wasser. Ein damaliger Kollege sagte über ihn: »Er wälzt sich in seinem Sessel wie ein Wal im tiefen Meer.« Wenn er sich entspannte, nahm sein Gesicht einen tief melancholischen Ausdruck an. Ein Grund dafür war seine angegriffene Gesundheit: Die Strapazen des Konkurrenzkampfes schlugen ihm aufs Herz. Doch das war nicht der einzige Grund. In letzter Zeit hatte er einige private Schicksalsschläge einstecken müssen, und obendrein hatte er sich auch noch verliebt. Und das war die traurigste Episode überhaupt gewesen.

Die Serie von Tragödien begann 1879, als sein Bruder bei einem merkwürdigen Unfall ums Leben kam. Herbert Rhodes, der Cecil seinerzeit nach Südafrika gelockt hatte, war der Zugvogel der Familie. Sobald er eine Baumwollernte eingebracht hatte, machte er sich auf den Weg nach Kimberley, um sich nach Diamanten umzusehen. Doch kaum waren die Steine zutage gefördert, da verließ er Cecil erneut, diesmal, um im Landesinnern nach Gold zu graben. Danach ging er als Prospektor in den Osten Transvaals, schmuggelte Gewehre von der Delagoabucht zum Stamm der Pedi und zog anschließend in die Gebiete im Norden, die heutigen Staaten Mosambik und Malawi. Überall suchte er nach Gold. Diese Jagd führte ihn eines Tages auch in das Dorf eines Kololohäuptlings. Am Abend seiner Ankunft fing plötzlich ein mit Rum gefüllter Glasballon Feuer und explodierte einen

Meter neben ihm und tötete ihn. In der Nachricht an Cecil Rhodes hieß es, der 34jährige Herbert sei »auf mysteriöse Weise« ums Leben gekommen: »Unklar ist, ob er (von afrikanischen Dieben) getötet und anschließend verbrannt wurde oder ob er bei einem Unfall verbrannte.«

Rhodes nahm die Nachricht ohne erkennbare Gefühlsregung entgegen. Nur in einem Brief an seine Tante äußerte er sich kurz zum Tod des Bruders. Mehr wäre für ihn zu schmerzlich gewesen. »Was für eine traurige Angelegenheit Herberts Tod doch ist! Ich schicke Dir die Zeitung mit dem Bericht.« Es sollte rund zwanzig Jahre dauern, bis Rhodes in der Lage war, auf den Tod seines Bruders zu reagieren: Er ließ am Ufer des Shire River ein Marmordenkmal errichten. Es steht noch heute dort.

Sechs Jahre später erlitt er einen weiteren Verlust. Im Jahre 1881 traf der berühmte viktorianische Generalmajor Charles George Gordon, auch »der Chinese« genannt, erstmals mit Rhodes zusammen. Lytton Strachey nennt den General in seinem ironischen Porträt einen überzeugten Anhänger der biblischen Offenbarung: »Von einem göttlichen Funken erleuchtet« habe dieser etwas zu kurz geratene Mann ein Leben lang furchtlos jeder Gefahr getrotzt. Anders als Gordon war Rhodes jedoch ein Agnostiker und zudem ein äußerst praktischer Mensch; in seinem Terminkalender war kein Platz für Gottesdienstbesuche.

Und doch waren die beiden Männer in gewisser Hinsicht aus demselben britischen Holz geschnitzt. Beide hielten sich für fähig, allein kraft ihrer Persönlichkeit mit den Eingeborenen fertig zu werden. Rhodes, der Afrikakenner, pflegte zu verhandeln, zu drohen und zu überreden. Gordon hingegen glaubte sich im Besitz einer besonderen Gabe: Einige sprachen von seiner »unwiderstehlichen Wirkung auf primitive Völker«, er selbst nannte es »die Fähigkeit, sie wirklich zu verstehen«. Beide Männer träumten von einer Geheimgesellschaft, bestehend aus idealistischen jungen Briten, und beide waren Außenseiter, die mit Frauen nichts anzufangen wußten.

Rhodes und Gordon verstanden sich auf Anhieb. Sie unternahmen zusammen ausgedehnte Spaziergänge, auf denen sie unter anderem über die Zukunft Afrikas diskutierten. Gordon bedrängte seinen neuen Freund, Kimberley zu verlassen und nach Basutoland überzusiedeln, wo der General die Aufstände der Eingeborenen niederschlagen sollte. »Schließen Sie sich mir an«, beharrte er. »Wir können zusammenarbeiten.« Rhodes lehnte das Angebot ab. Er mochte Gordon, hielt ihn aber für selbstgerechter, als gut für ihn war – von England ganz zu schweigen. So war Rhodes fassungslos, als Gordon ihm von seiner Zeit in China erzählte, wo er den Taiping-Aufstand unterdrückt hatte. Die dankbare Regierung hatte ihm zum Lohn ein Zimmer voll Gold angeboten.

»Und wie haben Sie reagiert?« fragte Rhodes.

»Ich habe das Gold natürlich abgelehnt. Was hätten Sie denn getan?«

»Ich hätte es angenommen«, antwortete der Koloß, »und so viele Zimmer voll, wie sie mir nur anbieten wollten. Was nützen große Ideen, wenn man nicht das nötige Kleingeld hat, um sie zu verwirklichen?«

Nach mehreren Versuchen, Rhodes doch noch zum Mitkommen zu überreden, gab Gordon schließlich auf. »Es gibt nur wenig Menschen in der Welt, denen ich das anbieten würde«, erklärte er enttäuscht. »Wirklich nur sehr wenige, das kann ich Ihnen versichern, aber … Sie müssen natürlich Ihren eigenen Weg gehen. Ich bin noch nie einem Menschen begegnet, der von seinen Ansichten so überzeugt ist. Sie glauben, daß Sie immer recht haben.«

Der General mußte allein seiner Wege ziehen. Rhodes und er sollten sich danach nie wieder begegnen, einander aber auch nie vergessen. Zwei Jahre später brach Gordon in den Sudan auf, wo er gegen den Mahdi, den charismatischen und brutalen Moslemführer, kämpfen sollte. Erneut bat er Rhodes um Unterstützung, diesmal telegrafisch: Gemeinsam könnten sie das Land befrieden und wahre Wunder vollbringen. Die Versuchung für Rhodes war groß. Gordon kündigte drohend an, »den Mahdi auszulöschen«, doch Rhodes wußte, daß das ein Fehler wäre. Anstatt den Moslemführer zu vernichten, mußte man herausfinden, wie man ihn kaufen konnte, und dann einen Handel mit ihm machen. Doch langsam, ihm fiel ein, daß eine wichtige Sitzung des Kapparlaments anstand und daß er für einen Abstecher in den Norden gar keine Zeit hatte. Er drückte Gordon telegrafisch sein Bedauern aus. Hätte er zugesagt, dann wäre es ihm wenige Monate später wohl ähnlich ergangen wie seinem Freund: Der Feind schlug den

General in Khartum, spießte seinen Kopf auf einen Lanzenschaft und trug ihn triumphierend durch die eroberte Stadt. Als Rhodes von Gordons Tod erfuhr, trauerte er wie ein Verwandter. »Ich bin untröstlich, daß ich nicht bei ihm war«, klagte er im sicheren Kimberley.

Der dritte Verlust war zu schwer, um weiterhin Haltung zu bewahren. Anfang der achtziger Jahre trat Neville Pickering in Rhodes' Leben. Nach Aussagen von Zeitgenossen hatte der blonde, junge Mann ein sonniges, offenes Gemüt und war bei Männern wie Frauen gleichermaßen beliebt. Rhodes war von Pickering sofort sehr angetan und machte ihn zu seinem ersten Sekretär. Neben dem Koloß wirkte Pickering, der von seinen Freunden Pickling genannt wurde, zwar nur wie ein geselliger junger Südafrikaner von durchschnittlicher Intelligenz und geringem Ehrgeiz, doch Rhodes war von ihm hingerissen. Die beiden Männer zogen zusammen in ein Wellblechhaus gegenüber einem Kricketplatz. Der Kolonialsekretär in Kapstadt verglich ihre Freundschaft mit einer »Liebesbeziehung«, und über die neue Wohnsituation der beiden Männer wurde viel gemunkelt. Zu einem Skandal kam es allerdings nie, und ihr Verhältnis mag durchaus rein platonischer Natur gewesen sein. Auf jeden Fall bedeutete Pickering dem Koloß sehr viel. Er wurde zugänglicher, leutseliger und war weniger zerstreut als früher. Innerhalb weniger Monate änderte er sein Testament und setzte seinen geliebten Freund als Alleinerben ein.

»Mein lieber Pickering«, hieß es auf dem Umschlag, »öffne die beigefügten Schriftstücke nach meinem Tod. Der Umschlag enthält ein altes Testament von mir ... Seine Verfügungen sind sehr eigentümlich und können nur von einer vertrauenswürdigen Persönlichkeit erfüllt werden, und als das sehe ich Dich an.« Rhodes' Verfügungen waren tatsächlich recht eigentümlich. In diesem mit »Bekenntnis« überschriebenen Dokument gelangte er zu dem Schluß, die Engländer seien »die edelste Rasse der Welt: je größer der von uns kolonisierte Teil der Welt, desto besser für die menschliche Rasse«. Mit Hilfe seiner enormen finanziellen Hinterlassenschaft sollten die Engländer solche Länder wie Südafrika, »die momentan von der verachtungswürdigsten Sorte von Mensch bewohnt werden«, auf eine höhere Stufe heben. Dem jungen Pickling sollte die Aufgabe zufallen, Kanada und

136

die Vereinigten Staaten zurückzugewinnen und dem britischen Empire ganz Asien, Südamerika und selbstredend auch Afrika vom Kap bis nach Kairo einzuverleiben. Doch das Testament bürdete Pickering nicht nur diese phantastische weltpolitische Mission auf, sondern räumte ihm auch diverse Freiheiten ein. So hieß es weiter darin: »Wie Du sicherlich richtig verstanden hast, steht es Dir frei, über die Zinsen aus dem Vermögen, solange Du lebst, nach eigenem Gutdünken zu verfügen.«

Zu diesem großen Macht- und Geldtransfer sollte es jedoch nie kommen. Im Jahre 1884 ereignete sich ein absurder Unfall, der das Leben aller Beteiligten entscheidend veränderte. Neville Pikkering wurde bei einem Ausritt von seinem Pferd abgeworfen. Zunächst sah alles nur nach einem kleinen Mißgeschick aus: ein paar Prellungen und ein paar Kratzer am Bein von einem Dornbusch. Auf den Feldern gab es jedoch alle möglichen tückischen Bazillen. Pickering bekam eine Infektion, die nicht mehr heilen wollte. Vier Jahre lang schwankte sein Gesundheitszustand ständig: Mal ging es ihm fast normal, mal extrem schlecht. Auf jede Besserung folgte ein erneuter Rückfall. In dieser Zeit kursierten die ersten Gerüchte über Goldadern im Witwatersrand, einem Höhenzug rund 320 Kilometer nordöstlich von Kimberley. Wie sich später herausstellen sollte, beherbergt dieses Gebiet die reichsten Goldvorkommen der ganzen Welt. J. B. Robinson eilte sofort vor Ort, und schon nach kurzer Zeit war er wieder so reich wie früher. Auch Barney Barnato, Alfred Beit und viele andere Diamantmagnaten sahen sich dort um. Rhodes hingegen gehörte zu den Nachzüglern. Er hatte keine Ahnung, welche Schätze unter seinen Füßen verborgen lagen. Fragte man ihn nach Edelsteinen, dann hatte er gleich ein Dutzend Antworten parat, doch über Gold wußte er nur, daß man zugreifen sollte, wenn einem ein ganzes Zimmer voll davon angeboten wurde.

Kurz nach Beginn der Probegrabungen erhielt Rhodes schlechte Nachrichten über seinen geliebten Pickling. Der Kranke war gegen ärztliches Anraten nach Kimberley gegangen, wo sich sein Zustand rapide verschlechtert hatte. Die Ärzte gaben ihm nur noch wenige Tage zu leben. Rhodes erlitt offensichtlich einen Schock. Er teilte einem Gesellschafter mit, daß er mit der nächsten Kutsche nach Kimberley abreisen werde: »Kaufen Sie einem Fahrgast, der bereits reserviert hat, den Platz ab ... besorgen Sie mir eine eigene Kutsche – irgendwas.« Doch niemand war bereit, seinen Platz abzutreten – nicht einmal dem Koloß –, und nirgendwo war eine andere Kutsche aufzutreiben. Aber Rhodes war nicht aufzuhalten: Er kletterte auf das Dach der Kutsche und setzte sich auf einen Stapel Postsäcke. 15 Stunden lang harrte er schweigend auf diesem unbequemen Platz aus, bis er schließlich durchgerüttelt in Kimberley eintraf.

Er eilte sofort an Pickerings Krankenbett und wich nicht mehr von seiner Seite. »Seine ganze Aufmerksamkeit galt nur noch den Wünschen und dem Wohl seines Freundes.« Am 16. Oktober 1886, drei Wochen nach Rhodes' holpriger Fahrt in den Süden, hauchte Pickering: »Du warst mir Vater, Mutter, Bruder und Schwester zugleich.« Dann verschied er in den Armen seines Freundes. Bei seiner Beerdigung war halb Kimberley auf den Beinen. Barney Barnato weinte, und Rhodes, der sein Gesicht hinter einem großen Taschentuch verbarg, ließ abwechselnd ein Schluchzen und ein hohes, hysterisches Lachen vernehmen. Hinterher saß Rhodes mit Pickerings Bruder an einem Tisch. Beide weinten und schoben sich ständig gegenseitig die goldene Armbanduhr des Verstorbenen zu. »Nein, du bist sein Bruder«, sagte der eine. »Nein, du bist sein bester Freund«, sagte der andere.

Soviel Mitgefühl sollte der Chef der De Beers nie wieder zeigen. Von nun an entwickelte er einen neuen, bitteren Zynismus und das verstärkte Bedürfnis, Menschen und Ereignisse zu beherrschen. Mit der Zeit sollte er Jameson etwas näherkommen, und Pickerings Posten als Sekretär besetzte er mit einer Riege junger Männer, die von allen »Rhodes' Lämmer« genannt wurden. Doch für niemanden sollte er ähnliche Gefühle empfinden wie für Pickering. Der Rhodes, der sich nicht gescheut hatte, Wärme, Zuneigung und menschliche Verletzlichkeit zu zeigen, war an jenem Oktobertag zusammen mit seinem geliebten Freund gestorben.

*

Für unternehmungslustige Kapitalisten war es damals ungeheuer schwierig, Zutritt zum Hause Rothschild zu bekommen. Nicht so für den Koloß. Der Diener ließ ihn umstandslos ein. Zwei Männer hatten ihm den Weg geebnet. Alfred Beit, dessen finanzielles Talent auch den Rothschilds nicht entgangen war, hatte einen Empfehlungsbrief geschrieben. Außerdem kannte die Bankiersfamilie auch Gardner Williams, einen amerikanischen Bergbauingenieur, der in den Gold- und Silberminen von Kalifornien und Nevada Erfahrung gesammelt hatte. Rhodes hatte ihn in Südafrika kennengelernt. Er überprüfte seine Referenzen und bot ihm ein hohes Gehalt an. Anstatt, wie ursprünglich beabsichtigt, mit dem nächsten Schiff nach Amerika zurückzukehren, hatte Williams den ihm angebotenen Vertrag unterzeichnet und war Generaldirektor der De Beers geworden.

Die Verhandlungen zwischen Rhodes und Nathan Rothschild verliefen zunächst in einer frostigen Atmosphäre, doch ganz allmählich erwärmte sich der Lord für Rhodes' Vorschlag. Die geplante Fusion konnte nur funktionieren, wenn an der Spitze der Diamantengesellschaften ein einziger Mann stand. Und dafür kamen nur zwei in Frage: Barney Barnato, der den größten Teil der Kimberley-Mine kontrollierte, oder Cecil Rhodes, der Chef der benachbarten De-Beers-Mine. Allerdings war da noch eine weitere große Gesellschaft, deren Aktienmehrheit andere hielten: die Compagnie française in der Kimberley-Mine. Rhodes brauchte diese Basis mitten im Feindesland, bevor er den nächsten Schritt tun konnte.

Am Ende des Gesprächs machte ihm der Bankier folgendes Angebot: »Nun gut, Mr. Rhodes, Sie fahren jetzt nach Paris und sehen zu, was Sie hinsichtlich des Erwerbs der Compagnie-Anteile ausrichten können. Und ich werde in der Zwischenzeit schauen, ob ich die von Ihnen gewünschte eine Million Pfund auftreiben kann.«

Rothschilds »ob« reichte aus, um die Welt zu verändern. Wenige Wochen später ließ ein Direktor von De Beers verlauten, der Chef sei inzwischen wieder in der Stadt und wirke »so frisch wie eh und je. Er ist soeben von seinem ›Staatsstreich‹ in Paris zurückgekehrt. Die ehemalige Compagnie française befindet sich nun praktisch in unserer Hand, und die Rothschilds haben endlich zugesagt, daß sie uns finanzieren wollen.« Er und Rhodes brachten ihre Freude darüber zum Ausdruck, die »ganze Bande in Kimberley nun im Würgegriff zu haben«.

Zum Leidwesen der De Beers gehörte Barney Barnato jedoch nicht zu der Bande. Er besaß bereits ein Fünftel der Compagnie-Aktien und wollte, wie Rhodes, auch noch den ganzen Rest in seine Hände bekommen. Die Gesellschaft der Barnatos war bereit, der Compagnie française dafür 1 700 000 Pfund zu zahlen; damit lag sie 300 000 Pfund über Rhodes' erstem Angebot. Rhodes nickte. »Also gut«, rechnete er seinem Rivalen vor, »Sie können natürlich hingehen und für die Compagnie 300 000 Pfund mehr bieten als wir, aber dann werden wir ebenfalls um weitere 300 000 Pfund erhöhen. Sie können Ihre Angebote an die Compagnie zur Freude der französischen Aktionäre ruhig ins Unendliche steigern, aber am Ende kriegen wir sie doch.«

Doch Barney blieb stur. Er wußte, daß die De Beers ihre Drohung nur auf geliehenes Geld stützte, während er die Franzosen aus eigener Tasche auszahlen konnte. So dürfte er wenig überrascht gewesen sein, als Rhodes im Herbst 1887 schließlich doch nachgab. Diese »Kapitulation« war Teil eines ehrgeizigen Plans von langer Hand, den freilich keiner durchschaute, der nicht über den nächsten Tag hinausdachte.

Rhodes machte Barnato folgenden Vorschlag: Er wollte die Compagnie française zunächst selbst erwerben und sie dann zum Sonderpreis von 300 000 Pfund in bar plus Central-Aktien im Wert von 70 000 Pfund an Barnatos Central weiterverkaufen. Auf diese Weise könne er sein Gesicht wahren und Barnato eine ganze Menge Geld sparen. Außenstehende sahen in dieser Transaktion einen totalen Triumph Barnatos, denn schließlich sollte ihm neben der Central-Mehrheit nun auch die gesamte Compagnie gehören.

In Wirklichkeit war jedoch Rhodes der Sieger: Der Handel verschaffte ihm Zugang zu Barneys Hoheitsgebiet. Ab sofort gehörte ihm ein Fünftel der Central. Und nun zeigte er Zähne. Er beauftragte Börsenmakler mit dem Erwerb weiterer Central-Aktien. Um alle aufzukaufen, brauchte er 2 Millionen Pfund, also mußte er sich erneut nach fremder Hilfe umsehen. Beit erkannte Gewinner auf den ersten Blick und reichte dem Koloß erneut die Hände. »Wenn es uns gelingt, an die Aktien heranzukommen, werden wir das Geld schon kriegen.«

Die Aktien waren alles andere als billig, aber Rhodes bekam sie. Mitte Februar 1888 wurde eine Central-Aktie an den Börsen von London und Kimberley mit 14 Pfund notiert. Barnato dachte, daß seine Freunde und Kollegen standhaft bleiben würden, mußte aber erkennen – wenn er es nicht ohnehin schon längst wußte –, daß das Geld seine eigenen Loyalitäten schafft. »Ich kann Ihnen sagen, was Sie bald feststellen werden«, warnte ihn Rhodes, »Ihre größten Aktionäre werden Ihnen auf die Schultern klopfen und Ihnen den Rücken stärken, während sie heimlich schon die ganze Zeit verkaufen.« Er hatte recht. Mit jedem Tag, mit jeder verkauften Aktie verlor Barnato allmählich die Kontrolle über sein Unternehmen. Der Kurs der Aktie stieg auf zwanzig, dann auf dreißig Pfund und lag schließlich sogar knapp unter der Fünfzigermarke. Im März besaß Rhodes bereits drei Fünftel der Central.

Nun war Barnato derjenige, der Geld brauchte. In seiner Verzweiflung verkündete er einen unerhörten Plan: Er werde alle seine Anteile an der Kimberley-Mine zusammenlegen, eine Aktiengesellschaft gründen und deren Aktien dann in London für ein Pfund pro Stück verkaufen. Möglicherweise war es nur ein Bluff. Barnato wußte zweifellos, daß durch einen solchen Schritt *alle* Diamantenaktien und zwangsläufig auch die Diamanten selbst an Wert verlieren würden. Es wäre einem finanziellen Selbstmord gleichgekommen. Doch Barnato hatte schon immer etwas Selbstzerstörerisches an sich gehabt, und Rhodes konnte kein Risiko eingehen. Er mußte Zeit schinden und ersann deshalb einen Plan, der später als »der historische Trick« in die Geschichte einging.

Rhodes setzte das Gerücht in Umlauf, daß er nach wie vor knapp an Bargeld sei und daher beabsichtige, einen großen Teil des Diamantenüberschusses der De Beers zu verkaufen. Mehrere potentielle Käufer fanden sich ein, darunter auch Barnato, der zunächst Ausflüchte machte und murrte, sich schließlich aber doch bereit erklärte, Rhodes für die Steine den verlangten Preis zu zahlen. Zum Erstaunen von ganz Kimberley ging das Geschäft über die Bühne, obwohl Barney dadurch eine gefährliche Waffe in die Hand bekam, denn mit den neuen Diamanten hätte er ohne weiteres den Markt überschwemmen können. Das hätte zwar auch der Firma Barnato Brothers geschadet, dafür aber die De Beers völlig ruiniert. Doch wenige Augenblicke, bevor Barney seine Steine in Besitz nehmen konnte, wandte Rhodes seinen legendären Trick an, der im Grunde zwar eher ein Bubenstreich und seiner eigentlich nicht würdig war, jedoch ernstzunehmende Folgen haben sollte. Rhodes stieß den Verkaufsstand um, auf dem die

Diamanten ausgebreitet lagen, so daß die Steine allesamt in einen großen Eimer rieselten. »Barnatos Experten brauchten sechs Wochen«, so ein Zuschauer, »bis sie die Diamanten wieder nach den jeweiligen Klassen sortiert hatten. Das verschaffte dem europäischen Markt eine Atempause.« Barney war kein Spielverderber. Nachsichtig erinnerte er sich in späteren Jahren an den Zwischenfall: »Rhodes hat mich nur einmal hereingelegt. Bei der Geschichte mit den Diamanten und seinem Eimer. Aber ich nahm ihm das nicht krumm – er hatte seinen Spaß daran.«

Wenn Barney die Wahrheit sagte, wenn er Rhodes die Geschichte tatsächlich nicht übelnahm, dann war vielleicht auch ihr Ausgang bewußt inszeniert. Auf jeden Fall sah die Diamantenbranche genauso gespannt zu wie ein Theaterpublikum. Und bis auf den Verkauf von Eintrittskarten taten Rhodes und Barnato wirklich alles, um ihre Zuschauer in Atem zu halten. Einen vollen Tag und die ganze darauffolgende Nacht rangen vier Männer in Jamesons Landhaus verbissen um eine endgültige Einigung: Cecil John Rhodes, Alfred Beit, Barney Barnato und (da Harry Joel geschäftlich in England zu tun hatte) dessen Neffe Woolf Joel. Die hitzigen Debatten zogen sich bis in die frühen Morgenstunden hin, und die meiste Zeit führte Rhodes das Wort. Er sprach von der Kontrolle der Diamantenindustrie und in diesem Zusammenhang natürlich auch von Afrika, das nur darauf warte, in Besitz genommen zu werden. Zwischendurch fragte Woolf Joel einmal: »Sind das denn nicht alles Zukunftsträume? Träume bringen keine Dividenden.«

»Nein, mein Freund«, betonte Rhodes, »das sind keine Träume, sondern Pläne. Das ist ein Unterschied.«

Barney war offensichtlich besonders schwer zu überreden. Rhodes wollte die Central Company; ohne sie sei eine Fusion nicht möglich. Doch Barney weigerte sich, sie zu verkaufen, nicht einmal für De-Beers-Aktien. Rhodes machte ihm alle möglichen verlockenden und lukrativen Angebote: Unter anderem wollte er Barney zu einer Mitgliedschaft im snobistischen Kimberley-Club verhelfen (»Ich habe vor, einen Gentleman aus Ihnen zu machen«). Er garantierte ihm einen Direktorenposten auf Lebenszeit in der De Beers, die soviel wert sei »wie das ganze übrige Afrika«. Er versprach Barney sogar einen Sitz im Parlament. Um vier Uhr morgens gab Barnato schließlich klein bei. »Der eine will das«, schloß er matt, »der andere jenes. Und Sie wollen ein Imperium aufbauen. Dann muß ich sie Ihnen wohl geben.« Um Barneys Kapitulation ranken sich viele Geschichten. Die meisten davon stimmen allerdings nicht. So zählte der Kimberley-Club bereits mehrere Juden und noch mehr Parvenüs zu seinen Mitgliedern. Barneys Aufnahme war also keine Neuerung. Und was den Sitz im Parlament betraf, so war bekannt, daß jeder, der über die entsprechenden Geldmittel verfügte, sich problemlos ein politisches Amt kaufen konnte, und die Barnatos waren ganz gewiß reich genug. Einer anderen Geschichte zufolge soll Rhodes, nachdem er Barney in den Club eingeschleust hatte, eine Bitte geäußert haben: »Sie haben Ihren Willen bekommen. Jetzt hätte ich gern, daß man auch mir einen ausgefallenen Wunsch erfüllt: Ich wollte schon immer einen Eimer voller Diamanten sehen. Könnten Sie damit dienen?« Darauf soll Barney alle verfügbaren Steine in einen Eimer gefüllt und seinem einstigen Widersacher präsentiert haben, der dann »mit vollen Händen in die funkelnden Edelsteine faßte und sie genüßlich wie Wasser durch die Finger in den Eimer zurückrieseln ließ«. Zweifellos war die Geschichte von Rhodes' Trick in diesem Fall so oft entstellt weitererzählt worden, bis sie schließlich als Legende Emgang in die Geschichtsbücher fand. Tatsache ist, daß es dem Gründer der De Beers jederzeit ein leichtes gewesen wäre, seine Hände in Tausende von Diamanten zu tauchen. Er hätte sogar in Diamanten baden können, wenn ihm der Sinn danach gestanden hätte.

Wenn man einmal alle Mythen über Barney Barnato beiseite läßt, so bleibt doch ein biographisches Detail, das ins Auge springt: Er war immer in erster Linie ein Schauspieler. Trotz aller Machenschaften hatte er vielleicht nie wirklich die Absicht, die gesamte Branche unter seine Kontrolle zu bringen. Er spielte den Unnachgiebigen, warf sich in Pose, runzelte die Stirn, stieß Drohungen aus – und kapitulierte schließlich mit einem Seufzer. Auf diese Weise gelangte er zu Macht, ohne viel Verantwortung zu übernehmen, und zu Reichtum, ohne sich besonders dafür anzustrengen. Ein Kritiker drückte es einmal so aus: »Wenn damals jemand auf dem Weg zur Bank ständig lachte, dann waren das die Brüder Barnato ... Danach machte die Firma als Großaktionär stattliche Profite.«

Als Rhodes im März 1888 seine gesamten Anteile zur De Beers

Consolidated Mines zusammenfaßte, machte er die Fusion damit amtlich. Der Machtzuwachs schien seinen Appetit aber nur noch zu steigern, denn nun wandte der Koloß seine Aufmerksamkeit den, wie er sie nannte, »ärmeren Minen« von Bulfontein und Dutoitspan zu. Seinen Aktionären teilte er mit, daß er den Besitzern dieser Minen ein »faires Angebot« machen werde. Verständlicherweise werde es zunächst »eine Phase der Feindseligkeit« geben, sagte Rhodes richtig voraus, »doch wir werden auf jeden Fall gewinnen.«

Bis zum totalen Triumph mußten jedoch noch ein paar Hindernisse aus dem Weg geräumt werden. Im August 1888 zog eine Gruppe von Central-Aktionären vor den Obersten Gerichtshof der Kapkolonie. Sie hatten eingesehen, daß sie von Barney verraten und verkauft worden waren. Bisher hatten sie in der südafrikanischen Diamantenindustrie ein gewichtiges Wort mitgeredet, doch nun waren sie bloße Schachfiguren, die Rhodes nach Belieben hin und her schieben konnte. Rhodes hatte aus seinen Zielen kein Geheimnis gemacht. Er hatte sie alle in einem Schreiben aufgelistet, das auch dem Gerichtshof vorlag. Er wollte nicht nur mit Diamanten und Edelmetallen handeln, sondern auch Eisenbahnlinien, Fabriken und Kanäle bauen, Banken gründen, »ausgedehnte Ländereien« erwerben und sogar Gebiete befrieden und verwalten, mit deren Herrschern sich »Arrangements« treffen ließen.

Für den Anwalt der Central-Aktionäre war es ein leichtes, nachzuweisen, daß die neue De Beers mehr sein wollte als eine reine Diamantengesellschaft. Sie sei auf dem besten Weg, so behauptete er, sich zu einem gefährlichen, neuen Gebilde zu entwickeln, das niemandem mehr verantwortlich sei. »Unter der Führung von Rhodes ist der De Beers einfach alles möglich, Mylord. Ich würde sogar sagen, daß seit den Zeiten der Ostindischen Kompanie kein Unternehmen mehr soviel Macht besessen hat wie sie ... Wenn es ihr gelänge, ihre Satzung vom Minister durch die Ausstattung mit Sondervollmachten absegnen zu lassen, dann wäre sie ermächtigt, Teilgebiete in Zentralafrika zu annektieren, ein stehendes Heer aufzustellen und zu unterhalten sowie kriegsähnliche Operationen durchzuführen.«

Die Argumente der Kläger waren stichhaltig. Die Idee einer privilegierten Handelsgesellschaft war unter Premierminister

Gladstone entstanden. Er hatte Privatunternehmen dazu befugt, mit offizieller Zustimmung der britischen Regierung (die solche Unternehmungen kaum etwas kosteten) das britische Empire zu erweitern. Eine solche privilegierte Handelsgesellschaft war gewissermaßen eine Art Staat im Staat mit immensen und flexibel zu nutzenden Machtbefugnissen. Theoretisch war sie der britischen Regierung unterstellt, doch abgesehen von wichtigen diplomatischen Entscheidungen hatte sie fast völlige Handlungsfreiheit.

Nach eingehender Prüfung aller vorgebrachten Einwände gab der Vorsitzende des Gerichtshofs den Rhodes-Kritikern schließlich recht, fühlte sich dabei aber sichtlich unwohl. So deutete er in seinem Schlußwort eine Möglichkeit an, wie die Fusion doch noch zu retten war. Rhodes verstand seinen Vorschlag und ging mit ihm einig. Er und Barnato verfügten über die Aktienmehrheit an der Central, während die Kläger nur ein knappes Zehntel hielten. Daher beschlossen sie, die Gesellschaft selbst in Liquidation zu bringen. Dann konnte die De Beers sämtliche Aktien aufkaufen, ohne daß die Kleinaktionäre eine Möglichkeit hatten, sie daran zu hindern. Am 29. Januar 1889 wurde die Central mit allen Formalitäten eingeschläfert, und am 18. Juli 1889 kaufte die De Beers die Anteile aller Aktionäre für insgesamt 5 338 650 Pfund auf – ein Scheck in dieser Höhe war nie zuvor ausgestellt worden. Der Betrag versetzte damals die ganze Welt in Erstaunen. Jahrelang kauften Touristen in den Souvenirläden von Kimberley Nachdrucke des Schecks, und das Original hängt heute noch im Konferenzraum der De Beers.

In London und Südafrika wurden Einwände laut. Die britische Finanzpresse sah in diesem Manöver einen Verrat an den Aktionären, was ja auch stimmte. Barney genoß jede Minute, denn Publicity fand er immer gut. Er beschloß, sich um einen Sitz im Parlament zu bewerben. Im Wahlkampf übertraf er sich selbst. Er trug einen silbergrauen Mantel mit leuchtend bunten Revers, dazu einen blaßgrauen Zylinder, und er ließ sich in einer goldenen, von vier Apfelschimmeln gezogenen Kutsche, flankiert von Reitern in goldverbrämten Anzügen und Jockeymützen, durch die Stadt chauffieren. Doch diesmal wurden seine Reden immer wieder von besorgten Minenarbeitern und Händlern unterbrochen, die gehört hatten, daß die De Beers die Produktion drosseln und die

»Der höchste Scheck, der jemals ausgestellt wurde«, belief sich 5 338 650 Pfund Sterling. Mit ihm wurde die Zusammenlegung der De-Beers-Mine mit den Kimberley-Minen besiegelt und der Grundstein für das »letzte Imperium« gelegt.

Minen mechanisieren wollte. In Kapstadt kommentierte J. X. Merriman diesen Wahlrummel folgendermaßen: »Da werden Kandidaten aufgestellt, die im Falle ihrer Wahl eine Schande für jede Gesellschaft wären.« Seine Kritik bewirkte nicht viel. Ein Gegner Barnatos stöhnte nach einem Blick auf die Wahlergebnisse: »Wie ich sehe, liegt Barnato in Kimberley ganz vorn. *O tempora! O mores!*«

Wenig später geriet auch Rhodes ins Kreuzfeuer der Kritik. Nach der Schließung der Central Company sah er keine Veranlassung mehr, weiterhin so viele Arbeiter zu beschäftigen, und ordnete daher Massenentlassungen an. Aus Protest marschierte eine Gruppe weißer Minenarbeiter, begleitet von einigen gitarrespielenden Schwarzen, von Dutoitspan ins knapp einen Kilometer entfernte Kimberley, wo sie mitten in der Stadt ein Puppennachbild des Kolosses verbrannten. Einer der Demonstranten verlas dazu folgende Botschaft: »Wir übergeben den Flammen die sterblichen Überreste von Cecil John Rhodes, dem Fusionsgeneral, Diamantenkönig und Herrscher über De Beers ... Und wir wollen darüber nicht vergessen, ein dreifaches Hoch auszubringen auf einen Mann, der seine Wahlheimat verriet, die selbstsüch-

tige Gier einiger geldstolzer Spekulanten befriedigte und ein öf-
fentliches Ärgernis war. Möge der Herr ihn verdammen. Amen.«
Eine weitere Demonstration fand wenige Tage später in Dutoit-
span statt, auf dessen Marktplatz Puppen von Barnato und Alfred
Beit ein ähnliches Ende fanden. Es war eine vergebliche Geste.
Obwohl die Demonstranten ihren Unmut laut und deutlich zum
Ausdruck brachten, fühlten sie sich von der mächtigen De Beers
so bedroht, daß sie ihre Gesichter maskierten.

Kaum war ein Jahr vergangen, da fanden die Arbeiter ihre
schlimmsten Befürchtungen bestätigt. Die De Beers erwarb alle
bisher noch nicht in ihrem Besitz befindlichen Anteile an den Minen von Dutoitspan und Bulfontein. Nun konnte Rhodes mit der
Diamantenindustrie machen, was er wollte; und sein oberstes Ziel
war eine Senkung der Löhne. Die Arbeitslosigkeit war bereits seit
dem Einsturz der Erdwände in den Minen und einer schrecklichen Feuersbrunst, die mindestens 24 weiße und 178 schwarze
Arbeiter das Leben gekostet hatte, ständig gestiegen. Doch das
war nur das Vorspiel gewesen. Die De Beers behauptete, zur Rettung der Branche sei eine Reduzierung der Beschäftigtenzahl unumgänglich – und im übrigen, so ein Firmensprecher, habe man
nicht einmal zweihundert Mann entlassen. Diese Aussage steht in
krassem Widerspruch zu den bekannten Statistiken, nach denen
damals 25 Prozent der weißen und beinahe fünfzig Prozent der
schwarzen Arbeiter ihren Job verloren. Fast tausend weitere wurden dann noch von Rhodes persönlich entlassen. Der allgemeine
Unmut war schließlich so groß, daß Rhodes eine Zeitlang nur
noch mit einer Polizeieskorte unterwegs war.

Doch nach den Demonstrationsmärschen und Puppenver-
brennungen verstummten die Proteste bald völlig. Diesmal bedurfte es keiner Drohungen und keiner Werkpolizisten, die den
Pöbel mit Schlagstöcken und Stacheldraht einschüchterten. Seit
dem offiziellen Beginn der Fusion Anfang 1889 spürte jeder in
der Diamantenindustrie, daß seine Existenz bald völlig von der
De Beers abhängen würde. In Kimberley wich die Wut wachsen-
der Angst.

Wie groß die Abhängigkeit der Digger war, läßt sich aus der
Hinterlassenschaft jener Arbeiter schließen, die bei dem Brand
ums Leben kamen. Nur vier hinterließen ihren Angehörigen
überhaupt etwas. Ihr Nachlaß war zusammengenommen 337

Später wurden die Kontrollen erheblich verschärft – und für die Betroffenen zu einer tiefen Demütigung. Schwarze Aufseher untersuchten jede

Pfund wert. Da sie nicht versichert gewesen waren, erhielten die Hinterbliebenen keine Entschädigung. Die Familien der anderen Opfer mußten sich mit Almosen des Arbeitgebers über Wasser halten. Die De Beers rühmte sich immer wieder ihrer Großzügigkeit. »Erwähnenswert ist auch«, heißt es in der offiziellen Firmengeschichte, »daß die Gesellschaft für den Unterhalt der vom Unglück getroffenen Witwen und Kinder aufkam. Sie wurden viele Jahre lang aus der Pensionskasse unterstützt.«

Doch diese Nächstenliebe hatte auch ihre Schattenseite. Alle in Kimberley arbeitenden Diamantenschürfer waren nun der Willkür der De Beers ausgeliefert. Sie lernten es, sich nicht über die Höhe der Löhne oder die Lebensbedingungen zu beschweren, die ihnen aufgezwungen wurden. Wer dem Unternehmen weiter Ärger machte, war mehr als schlecht beraten: Er mußte mit dem Schlimmsten rechnen. So war es mit dem Schicksal der Weißen bestellt. Nach dem ersten Stellenabbau hatten schwarze Arbeiter in den Minen die mörderischsten Jobs angenommen. Sie waren billiger und gefügiger als die Weißen und lebten inzwischen allesamt in De Beers' »Arbeitsklöstern«, wie die *London Times* diese Unterkünfte wohlwollend umschrieb. Dort mußten sie sich »splitternackt ausziehen, über Hindernisse springen und ihre Haare, ihren Mund, ihre Ohren und so weiter peinlich genau durchsuchen lassen – bei Temperaturen bis zu 40 Grad im Schatten für die Aufseher sicherlich keine besonders angenehme Aufgabe«.

✳

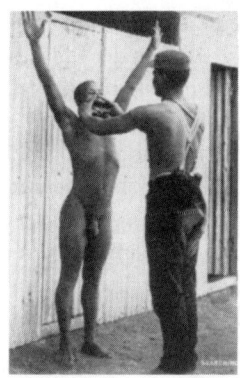

erdenkliche Körperöffnung nach gestohlenen Diamanten, und andere Minenarbeiter oder sogar die Kamera schauten zu.

Die Geschichten über Goldfunde im Norden und der Aufstieg der De Beers machten Südafrika erneut zu einem beliebten Reiseziel für englische Touristen. Auf Fotos aus jener Zeit sieht man häufig Gruppen von Männern in Feldjacken und Frauen in langen Röcken in die südafrikanische Sonne blinzeln. Die Minen dienen als Kulisse für das Gefolge aus Dienstboten, den Fuhrleuten der Ochsenkarren und den obligatorischen weißen Jägern. Der prominenteste dieser Besucher ist der ehemalige Schatzkanzler Lord Randolph Churchill. Nachdem er seinen Sohn Winston gerade in der Royal Military Academy bei Sandhurst untergebracht hat, trifft er im Frühling 1891 in Südafrika ein, um sich das Land anzusehen und nebenbei eventuell auch ein paar kleinere Investitionen zu tätigen. Kimberley ist eine der wichtigsten Stationen auf der Afrikareise des knurrigen Lords, und in seinen Berichten an die Zeitung *Daily Graphic* schwankt er zwischen Faszination und Abscheu.

In Kimberley gibt es inzwischen sogar Telefon, und Monat für Monat werden neue Häuser hochgezogen. Doch all das interessiert den Engländer nicht. Obwohl er als Gast von Alfred Beit stets von Dienern und Luxus umgeben ist, schreibt er, daß »nichts im äußeren Erscheinungsbild des Ortes auf seinen Ruhm oder seinen Reichtum hindeutet ... Durch die Zusammenlegung der Minen wurde das Stellenangebot beschränkt und die Einwanderung gebremst, und die Stadt hat immer noch diesen provisorischen, behelfsmäßigen Charakter, den sie wahrscheinlich nie

verlieren wird.« Wie von einem Aristokraten nicht anders zu erwarten, findet er Gefallen am Kimberley-Club und an der Pferderennbahn. Und er sieht in Cecil Rhodes »eine hochkarätige Persönlichkeit des öffentlichen Lebens«.

Churchill ist ein scharfer Beobachter des Arbeitsalltags. Er läßt
sich knapp dreihundert Meter unter die Erde bringen, beobachtet
den Abbau der Steine und sieht zu, wie der *blue ground* zerklei-
nert wird (»In dieser Arbeitsphase erinnert die Diamantengewin-
nung eher an Farmarbeit als an Bergbau«). Er begutachtet den sogenannten »Pulsator«, eine Maschine, mit der die Steine nach vier
verschiedenen Größen getrennt werden, und stellt sich später voller Bewunderung neben die Sortiertische: »Zuerst werden die
noch nassen Diamanten von Weißen sortiert und später, wenn sie
trocken sind, von Eingeborenen.«

Über die Art und Weise, wie man in den Lagern die Schwarzen
durchsucht, ist Lord Randolph in höchstem Maße erstaunt. »Sie
müssen alle ihre Kleider ablegen ... Völlig nackt begeben sie sich
dann in den Durchsuchungsraum, wo Mund, Haare, Zehen, Ach-
selhöhlen und alle anderen Körperteile einer eingehenden Prüfung unterzogen werden. Weiße«, so räsoniert er, »würden eine
solche Prozedur nie über sich ergehen lassen, doch der Eingeborene nimmt diese Demütigung mit fröhlichem Gleichmut hin
und denkt dabei nur an den hohen Lohn, den er bekommt.«

Nur einmal wird die Selbstgefälligkeit des Lords erschüttert,
nämlich als er erfährt, daß in Südafrika für den juristischen
Grundsatz »im Zweifel für den Angeklagten« kein Platz ist. Jeder, ja, sogar ein britischer Gentleman, der auf den Straßen oder
in der Umgebung Kimberleys »einen Diamanten findet und ihn
nicht sofort zum Registrator trägt und sich schriftlich bestätigen
läßt, daß er ihn abgegeben hat, muß mit einer 15jährigen Zucht-
hausstrafe rechnen«. Churchill macht für diese Verdrehung des
Rechtsempfindens die Diamanten verantwortlich, die seines
Erachtens »ausschließlich für die wohlhabenden Klassen« zutage
gefördert werden (wobei er sich selbst natürlich für ein herausra-
gendes Mitglied ebendieser Klassen hält, nachdem er soeben in
ein paar Goldminen investiert hat). Aber letzten Endes seien
doch die Frauen schuld, denn »sie legen eine Putzsucht an den
Tag, die im Grunde barbarisch, wenn nicht gar primitiv ist«.
Wenn die Diamanten wenigstens nur »die Schönen, Tugend-

haften und Jungen schmücken würden, doch dem ist leider bei weitem nicht so, und so gelange ich beim Anblick der südafrikanischen Diamantminen zu der nüchternen Schlußfolgerung, daß, welchen Ursprungs der Mann auch immer sein mag, die Frau auf jeden Fall vom Affen abstammt.«

Daheim in London sorgten Lord Randolphs Berichte für Schlagzeilen. Männliche Journalisten brandmarkten ihn als Frauenhasser der schlimmsten Sorte, was den Lord freilich nicht davon abhielt, mit seinen Schmähungen fortzufahren. Und es mußte erst die Ehefrau eines leitenden Angestellten der De Beers auftreten, um ihn in die Schranken zu weisen. Auf einer offiziellen Führung durch das Minengelände ließ Lord Randolph seinen Blick verächtlich über das Heer der Minenarbeiter, Sortierer und Aufseher gleiten und sagte:»Und das alles nur wegen der Eitelkeit der Frau.« Worauf sie schlagfertig ergänzte:»Und wegen der Verworfenheit des Mannes.«

Was die Verworfenheit betraf, waren die Knights of Labour ganz ihrer Meinung, allerdings war für sie mit »Mann« ein ganz bestimmter gemeint: Cecil John Rhodes. Die gewerkschaftlich organisierten »Ritter der Arbeit« konnten nicht mehr länger tatenlos zusehen, wie es mit ihrer Stadt bergab ging. Nach der Fusion war die Einwohnerzahl Kimberleys ebenso gesunken wie die Zukunftsaussichten der Menschen. Läden, in denen die Schwarzen bisher eingekauft hatten, gingen bankrott, weil ihre Kundschaft in Lager gesperrt wurde und alle die benötigten Lebensmittel im Laden der Minengesellschaft erwerben mußten. Früher war das Gericht in Kimberley mit drei Richtern besetzt gewesen, 1890 führte nur noch einer den Vorsitz. Nach Auffassung der Knights hatten alle Probleme der Stadt ihre Ursache in der »Existenz und Herrschaft eines großen Monopols, einer einzigen riesigen Gesellschaft, sowie in der maßlosen Gier und dem grenzenlosen Ehrgeiz eines einzigen reichen, überschätzten und enttäuschenden Politikers«.

Überflüssig zu erwähnen, wer dieser Schurke war. Zu Beginn der neunziger Jahre galt der immer mächtiger werdende Rhodes in ganz Afrika und in weiten Teilen Europas bereits als einer der größten Männer seiner Zeit. Als Abgeordneter des Kapparlaments hatte er systematisch darauf hingearbeitet, Verbündete um sich zu scharen. Dann geriet Sir Gordon Sprigg, der Premierminister der Kapkolonie, ins Schußfeld der Kritik. Man warf ihm vor, er pflege zu engen Kontakt mit Eisenbahnmagnaten und verschleudere das Geld der Steuerzahler für neue Eisenbahnlinien, die niemand benötige. Als seine Regierung im Sommer 1890 stürzte, bemühte sich Rhodes um den vakanten Posten des Premiers. Er machte Versprechungen, trieb politische Schulden ein und schmiedete mit großem taktischen Geschick eine Koalition aus Buren, Liberalen und seinen imperialistischen Gesinnungsgenossen. Als er sein Ziel erreicht hatte, wollte er die Welt glauben machen, daß sich alles ganz zufällig ergeben habe. »Die Ereignisse überstürzten sich«, sagte er auf einer Versammlung in Kimberley. »Es ging alles viel schneller, als ich erwartet hatte, und bevor ich wußte, wie mir geschah, wurde mir die Verantwortung für die Regierung dieses Landes aufgebürdet.«

Nun bezog der Koloß seine Macht aus zwei Quellen. Er kontrollierte neunzig Prozent der weltweiten Diamantenproduktion und bekleidete zudem das höchste politische Amt des Landes. War das nicht ein Interessenkonflikt? In den Augen des Premierministers keineswegs. Nach wenigen Monaten stellte er rückblickend fest, daß das Schicksal der Firma De Beers schon immer mit dem von Südafrika identisch gewesen sei: »Man kann beide Ämter gleichzeitig versehen, und jedes zum Nutzen des Ganzen. Jedenfalls hatte ich den Mut, es zu wagen, und ich muß sagen, daß ... ich es nicht bedauert habe.«

Die Affäre um die Wesselton-Mine lieferte ihm schon bald einen weiteren Grund, stolz auf sich zu sein. Zu Beginn der neunziger Jahre wurden auf einem Gelände, das rund sechs Kilometer von Kimberley entfernt lag und Wessels Farm genannt wurde, weitere Diamanten gefunden. Der Besitzer hatte das Grundstück einige Zeit zuvor verlassen und die Schürfrechte an einen älteren Digger namens Henry A. Ward verpachtet. Wie alle anderen spektakulären Funde ließ sich auch dieser nicht lange geheimhalten, und so strömten im Februar 1891 Scharen von Menschen auf Karren oder zu Fuß auf die Farm. Innerhalb von zwei Tagen wurden achthundert Claims abgesteckt. Hier war schließlich ein Heilmittel gegen die Arbeitslosigkeit gefunden worden. »Die allgemeine Aufregung«, so der *Independent*, »erinnerte die langjährigen Bewohner Kimberleys an frühere Zeiten, in denen des öfteren ein solches Diamantenfieber ausbrach, und viele hoffen, daß die neuen Minen einer großen Zahl von Schürfern ein Auskommen sichern können.«

Natürlich war nicht zu erwarten, daß die De Beers diese Hoffnungen teilen würde. Für ihre Fusionspolitik stellte diese private und von der Allgemeinheit ausgebeutete Diamantmine die größte Bedrohung seit dem Kampf mit Barnato dar. Die Direktoren machten Ward ein lukratives Kaufangebot. Obwohl man versuchte, die Verhandlungen geheimzuhalten, sickerten Einzelheiten an die Öffentlichkeit. Die Arbeiterführer organisierten eine Protestversammlung, an der zweitausend Menschen teilnahmen. Stegreifreden wurden gehalten, Parolen gebrüllt. Einstimmig wurde eine Resolution verabschiedet. Man bezeichnete die Angestellten der De Beers als »geborene Sklaven« und verurteilte den verderblichen »Einfluß mächtiger Monopolisten«.

Am folgenden Tag entsandte man eine Abordnung zum Kap. Sie sollte einen Gerichtsbeschluß erwirken, mit dem der Firma De Beers der Zugriff auf die Wesselton verwehrt werden sollte. Nach ihrer Rückkehr waren die Argumente für einen freien Wettbewerb in einem vom *Independent* abgedruckten Brief zu lesen, der mit dem Pseudonym »Americanus« unterzeichnet war. Karl Marx war erst ein paar Jahre tot, und »Americanus« hatte die Lektionen aus dem *Kapital* offensichtlich gut gelernt. Bisher hatte man die Südafrikadebatte als einen Konflikt zwischen Arm und Reich betrachtet. »Americanus« war der erste, der ihn als Klassenkampf definierte. Die »herzlose Vereinigung des Kapitals«, so warnte er, werde den »Kampf zwischen Kapital und Arbeit« nur noch verschärfen. Lasse man dieser Entwicklung freien Lauf, so werde sie »am Ende zur Revolution führen«.

Die Gegenargumente erschienen im *Diamond Field Advertiser*. Der Verfasser des darin abgedruckten Briefes war ein gewisser »Argus«. »Es wird behauptet«, schrieb er, »daß die Eröffnung der neuen Mine Hunderten von Beschäftigungslosen Arbeit verschaffen könnte. Das stimmt zweifellos, doch wäre das Problem damit auch langfristig gelöst? Ich bezweifle es.«

Argus erinnerte die Leser daran, daß vor der Fusion das Diamantengeschäft durch Überproduktion an den Rand des Ruins gebracht worden war. Seit der Übernahme durch De Beers habe man die Preise unter Kontrolle, und die Wirtschaft sei stabil. Und nun sei plötzlich die Wesselton auf der Bildfläche erschie-

nen. Wenn man die unkontrollierte Ausbeutung dieser Mine zu-
lasse, so warnte er, werde es erneut zu einer Überproduktion von
Edelsteinen kommen. Die zwangsläufigen Folgen: Überschwemmung der internationalen Märkte, Preisverfall und noch mehr Arbeitslose. »Viele Leute reden schadenfroh davon, daß die Eröffnung der neuen Mine zu einem Zusammenbruch von De Beers
führen könnte. Denken sie denn gar nicht an die Folgen? De
Beers würde nur verschwinden, um einem ausländischen Syndikat Platz zu machen. Nicht auszudenken, welche verheerenden
wirtschaftlichen und politischen Folgen das für Südafrika haben
würde.«
    In Kimberley war man sich unschlüssig. In einigen Punkten
hatte Argus recht, in anderen Americanus. Rhodes beauftragte
ein Sonderkomitee mit der Klärung der Angelegenheit. Und wie
konnte es anders sein: Die Entscheidung des Komitees fiel zugunsten von De Beers aus. Die Forderung nach freiem Wettbewerb
auf den Diamantfeldern war endgültig vom Tisch, als De Beers im
Dezember 1891 die Wesselton-Mine kaufte. Die Gesellschaft
räumte Henry Ward das Recht ein, über einen Zeitraum von fünf
Jahren hinweg 5 Millionen Fuhren des *yellow ground* abzutragen.
Ward war es zufrieden, und in einem Gefühl der Dankbarkeit
schlug er vor, der Mine einen anderen, passenderen Namen zu geben. Wie wäre es, wenn man sie zu Ehren von Premierminister
Rhodes »Premier-Mine« nennen würde? Eine vorzügliche Idee,
antwortete der Koloß, und so geschah es dann auch.
    Aus dem Überredungsgeschick von Rhodes war inzwischen
eine hohe Kunst geworden. Der Mann, der einmal einen geplag-
ten Katholiken fragte: »Können Sie denn nicht den Papst be-
stechen?«, hatte erneut bewiesen, daß jeder Mensch käuflich war
– der eine mit Diamanten oder Geld, der andere mit Schmeicheleien. Was auch immer gewünscht wurde, Rhodes konnte damit
dienen. Die vielleicht bemerkenswerteste Kostprobe seines Ta-
lents gab er bei einem Dinner mit Königin Viktoria auf Schloß
Windsor. Die Gastgeberin sprach ihn darauf an, daß man ihn
einen Frauenhasser genannt hatte. Rhodes mußte keine Sekunde
lang überlegen und erwiderte galant: »Wie könnte ich ein Geschlecht hassen, dem Eure Majestät angehört?« Viktoria war zufrieden. Noch entzückter war sie jedoch über seine Antwort auf
ihre nächste Frage: »Womit beschäftigen Sie sich im Augenblick,

Mr. Rhodes?« Bescheiden ließ der Pfarrerssohn die Königin wissen: »Ich tue mein Bestes, um die Dominions Eurer Majestät zu vermehren.«

Rhodes dachte dabei insbesondere an ein nördlich von Kimberley gelegenes Gebiet zwischen dem Limpopo und dem Sambesi, wo man vor kurzem Gold entdeckt hatte. Phantasiebegabtere Forschungsreisende vermuteten dort sogar das in der Bibel erwähnte Land Ophir, aus dem König Salomon Edelsteine und Gold holen ließ. In diesem Gebiet, das die Schwarzen Simbabwe nannten, hatte man Ruinen einer alten Stadt gefunden, deren riesige Umfriedungsmauern und Terrassen noch gut erhalten waren. Für den Südafrikaexperten H. Rider Haggard war das Beweis genug. Er machte die Stadt zum Schauplatz seines romantischen Romans *Die Schätze des Königs Salomo*. Der Koloß dachte da wesentlich praktischer. In einem Brief an eine Londoner Zeitung erläuterte er seine Pläne und schwärmte von einer schicksalhaften Fügung, die möglicherweise »ein paar einträgliche Goldadern« einbringen werde. »Bitte verstehen Sie mich richtig«, fügte er hinzu, »ich wünsche mir dies nicht aus persönlicher Habgier, sondern ... weil Gold die Entwicklung eines Landes schneller voranbringt als alles andere.«

Menschenliebe ins Spiel zu bringen war Rhodes' allerneueste Strategie. In einem von der Zeitung *Fortnightly Review* abgedruckten Artikel rührte ein Ingenieur von De Beers die Werbetrommel für die geplante Eisenbahnlinie vom Kap nach Kairo: »Die Eisenbahn ist die große Wegbereiterin der Zivilisation ... Alles, was bisher getan wurde, um die Bodenschätze Südafrikas zu erschließen, ist nichts im Vergleich zu dem, was in naher Zukunft noch getan werden muß, denn nahezu das gesamte riesige Gebiet bis zum Sambesi ... kann als goldhaltig betrachtet werden.«

Und wer sollte für dieses kostspielige Erschließungsprojekt verantwortlich zeichnen? Der Autor des Artikels fuhr fort: »Der beste Weg, alles Notwendige ins Werk zu setzen, wäre vielleicht, eine mächtige Kompanie oder Gesellschaft mit königlichen Privilegien auszustatten.«

Sofort bissen die Autoritäten von Großbritannien an. Sie baten Rhodes um nähere Einzelheiten, und er ließ sie an seiner Vision teilhaben. Die hochgeschätzte Regierung Königin Viktorias, so versicherte er, sei die eigentliche Macht, die hinter De Beers stehe. Und sie könnte auch die Macht sein, die hinter seiner neuen, königlich privilegierten Gesellschaft stehe. Diese Gesellschaft werde unabhängig von der Firma De Beers als eigenständige Einheit agieren, allerdings mit einem größeren Gewinn- und Machtpotential. Wenn die britische Regierung ihr Einverständnis gäbe, dann hätte er, Rhodes, freie Hand, das vielversprechende Gebiet im Norden zu erschließen. Dank seiner Goldadern werde es vielen englischsprachigen Menschen eine neue Heimat und Arbeit bieten. Dieses Land könnte bald das schönste Schmuckstück Königin Viktorias sein – ein Juwel, das in der englischen Krone noch strahlender funkeln würde als Indien.

Kein einziges Wort verlor der Koloß darüber, daß er damit dem exklusivsten Klub der ganzen Welt angehören würde. Der amerikanische Kontinent ehrte mit seinem Namen den italienischen Entdecker Amerigo Vespucci. Das südamerikanische Land Bolivien benannte sich nach seinem Volkshelden Simón Bolívar. Und an die englische Heimat erinnerten die Viktoriafälle und Stanleyville. Doch konnte man ein ganzes afrikanisches Land nach einem einzigen Mann benennen? Gewiß, man würde sich mit den Eingeborenen abstimmen müssen. Aber was konnte die weißen Bürger dann noch davon abhalten, den Union Jack zu hissen und das neue Land Cecilien zu nennen? Oder noch besser: Rhodesien?

7

FEIERLICH AUFGEBAHRT

Der Koloß bekam alles, was er sich wünschte. Er schuf die British South Africa Company, der Whitehall Ende 1889 mit einem königlich britischen Freibrief beinahe unbegrenzte Vollmachten einräumte. Diese Charter Company, wie Rhodes selbst sie am liebsten nannte, durfte beliebig weit nach Norden vordringen. Sie wurde ermächtigt, Verträge abzuschließen und Paßgesetze zu erlassen, eine Polizeitruppe aufzustellen, von Stammeshäuptlingen neue Konzessionen zu erwerben sowie Straßen, Eisenbahnlinien und Häfen zu bauen, wo immer sie wollte. Das Gründungskapital der Gesellschaft wurde auf eine Million Pfund in Ein-Pfund-Aktien festgesetzt. Die De Beers reservierte sich 210 000 Anteile.

Premierminister Cecil Rhodes war mit sich selbst so ungeheuer zufrieden und von seinen Verdiensten und ehrgeizigen Zielen so überzeugt, daß er in öffentlichen Reden nun immer häufiger Ansichten zu äußern wagte, die andere führende Südafrikaner nur hinter vorgehaltener Hand von sich gegeben hätten. Der Inhalt dieser Reden sollte die südafrikanische Rassenpolitik über hundert Jahre lang prägen.

»Wenn ich einen Vergleich mit der europäischen Zivilisation wagen darf«, so bemerkte er einmal nach einem offiziellen Abendessen, »dann würde ich die Eingeborenen im allgemeinen mit den Stammesbrüdern der Druiden vergleichen … Stellen Sie sich einfach vor, diese würden nach zweitausend Jahren wieder zum Leben erwachen.« Die Schwarzen als gleichwertige Menschen zu betrachten hieße, »die zweitausend Jahre durchzustreichen, die zwischen uns und den Eingeborenen liegen.«

Seinen Reden lag eine sexuelle Angst zugrunde, die ihn dazu

trieb, in dunkelhäutigeren Völkern Untermenschen zu sehen, die, statt zu arbeiten, immer nur tranken und Unzucht trieben. In der Vergangenheit, so erinnerte Rhodes seine Zuhörer, sei das Schicksal der Eingeborenenstämme ausschließlich durch höhere göttliche Gewalt entschieden worden. Doch in jüngster Zeit seien die ehernen Malthusschen Bevölkerungsgesetze von Ärzten und Regierungsbeamten außer Kraft gesetzt worden: »Früher wurde die Zahl der Eingeborenen durch Krieg und Pest verringert, doch heute ist das nicht mehr so. Unsere liebe Regierung hindert sie daran, sich gegenseitig zu bekämpfen, wodurch ihre Zahl enorm steigt. Die Eingeborenen verschreiben sich in bemerkenswertem Ausmaß der Vermehrung ihrer Kinder.«

Daher »muß es eine Gesetzgebung nach Klassen geben ... Paßgesetze und Maßnahmen zur Aufrechterhaltung des Friedens ... Solange die Eingeborenen noch auf der Stufe der Barbarei stehen, müssen sie anders behandelt werden als wir. Wir sind dazu bestimmt, ihre Herren zu sein.« Dieses Plädoyer für die Rassentrennung verkörperte sich nicht nur in den Lagern der De Beers, sondern fand ihren Ausdruck auch in entsprechenden Vorschriften der englischen Regierung und in den Schildern mit der Aufschrift: Nur für Europäer. Die ganzen neunziger Jahre hindurch traten viele dafür ein, schärfere Grenzen zwischen den Rassen zu ziehen, den Schwarzen ihr Land wegzunehmen und das Wahlrecht vorzuenthalten, doch niemand von ihnen hatte die finanzielle und politische Macht eines Cecil Rhodes. Als im Kapparlament die Frage der Bürgerrechte angesprochen wurde, forderte Rhodes die Abgeordneten mit der Frage heraus: »Hält dieses Haus es wirklich für richtig, daß Menschen, die sich in reiner Barbarei befinden, das Wahlrecht bekommen und wählen dürfen?« Eindringlich fuhr er fort: »Man muß den Eingeborenen wie ein Kind behandeln und ihm das Wahlrecht verweigern.«

Rhodes kritisierte jene englischen Prediger, die sich für die Gleichberechtigung aller Rassen einsetzten. Als Pfarrerssohn kannte er sich mit »törichten« Kirchenmännern gut aus. »Ich hätte die Missionare gerne im Parlament gesehen, als dort die wichtige Alkoholfrage erörtert wurde, und nicht bei der trivialen Wahlrechtsdebatte.« Und obendrein: Die Eingeborenen wünschten ja gar nicht das Privileg, an der Wahlurne über ihr Schicksal zu entscheiden. Sie »wissen nichts über die Politik dieses Landes. Sie haben mir immer wieder gesagt, daß sie diese Politik gar nicht verstehen. ›Laßt uns in Ruhe, aber ein paar unserer kleinen Probleme wollen wir selber zu lösen versuchen.‹«

Unter Druck gesetzt, erklärte sich Rhodes bereit, wenigstens jenen Schwarzen das Wahlrecht zuzubilligen, die ein Haus im Wert von 25 Pfund besaßen und aus staatlicher Sicht »nützliche Bürger« waren. Allerdings erinnerte er die Liberalen ausdrücklich daran, »daß es in Indien 150 Millionen Menschen gibt, die auf einer viel höheren Zivilisationsstufe stehen als unsere Eingeborenen und trotzdem kein Stimmrecht haben«.

Bei solchen Ansichten dürfte niemand über Rhodes' Aktivitäten im Norden überrascht gewesen sein – niemand außer den Schwarzen, die den Premierminister noch nie zuvor gesehen hatten und nicht wußten, was er vorhatte, allen voran Lobengula, der König der Matabele.

Einer von Lobengulas Vorfahren hatte als General in der Armee des großen Shaka gedient. Doch im Gegensatz zu Shaka war Lobengula ein friedliebender Mann, der als Herrscher im Matabeleland nichts weiter wollte als Wohlstand, Gehorsam und genügend Platz für sein Volk. Diese Ziele hatten seit seiner Einsetzung seine Herrschaft bestimmt. Ein Missionar schilderte die Zeremonie folgendermaßen: »Die Soldaten zählten ungefähr siebentausend Mann und stellten sich, immer etwa zwanzig hintereinander, in einem Halbkreis auf ... Lobengula hielt einen langen Stab in seiner rechten Hand und trug einen weiten Umhang aus schwarzen Straußenfedern sowie ein Kopfband aus gelben Otterfellen ... Zuschauern auf dem nahegelegenen Hügel, auf dem ich damals stand, bot die Zeremonie einen herrlichen Anblick. Die Menschen in dieser wogenden bunten Menge trugen schwarz-weiße, rot-weiße oder andersfarbige Schilde in der linken Hand ... und stimmten immer wieder aufs neue Ruhmesgesänge auf ihre berühmten Ahnen und ehemaligen Könige an. Es klang wie Choräle in einer großen Kathedrale.«

Lobengula errichtete seinen Kral in Bulawayo, dem Platz, an dem man seinen Vater ermordet hatte. Obwohl er mehrere große Hütten und ein großes Backsteinhaus besaß, schlief er lieber in einem alten Wagen, den ihm vor langer Zeit ein weißer Händler überlassen hatte. Die Hütten dienten als Lagerräume für die Schätze des Königs, darunter auch ein goldgerahmtes Porträt von

Königin Viktoria sowie zwei große, rostige Keksdosen, die, wie es hieß, die königliche Sammlung harter, funkelnder Steine enthielten, die schwarze Arbeiter aus den Diamantminen entwendet und als Tribut an ihren König gezahlt hatten. Kein Weißer durfte diese Sammlung sehen. Ihr Wert wurde auf mehr als 5 Millionen Pfund geschätzt.

Ebenso gewaltig wie sein Besitz war Lobengula selbst. Er war über einen Meter neunzig groß und wog fast drei Zentner. Wenn er in seinem Rock aus blauen Affenfellen einherschritt, eilte ihm stets ein königlicher Bote voran und rief: »Seht her, hier kommt der Große Elefant! Wenn er geht, erzittert die Erde! Wenn er den Mund auftut, erdröhnt der Himmel!«

Der Große Elefant herrschte über ein zufriedenes Volk. Er bewirtschaftete Felder, züchtete Vieh, sammelte Ehefrauen – er hatte über sechzig – und achtete darauf, daß die jungen Männer sich im Kriegshandwerk übten, ohne sie jedoch aufs Schlachtfeld zu schicken. Der König konnte allerdings genauso launisch sein wie seine Vorfahren: Einem Stammesangehörigen, der es gewagt hatte, königliches Bier zu stehlen, ließ er nicht nur die Lippen abschneiden, weil er von dem Gebräu gekostet hatte, sondern auch die Nase abtrennen, weil er es gerochen, und die Stirnhaut über die Augen ziehen, weil er es gesehen hatte. Anschließend war der Dieb den Krokodilen vorgeworfen worden.

Dennoch war der Häuptling kein absolutistischer Herrscher. Bevor er eine politische Entscheidung fällte, konsultierte er stets seine Medizinmänner. Und er sorgte dafür, daß die Fremden aus dem Süden höflich und respektvoll behandelt wurden. Er gab sich keinen Moment der Illusion hin, daß die Matabele einen Krieg gegen die europäischen Imperialisten gewinnen könnten. Daher hatte er es stets geschickt vermieden, mit den weißen Männern Streit zu bekommen, die auf der anderen Seite jenes Stromes lebten, den Kipling als »den großen, graugrünen, schlammigen und von Fieberbäumen gesäumten Limpopo-Fluß« bezeichnet hatte.

Dann war in den achtziger Jahren Gold entdeckt worden, und mit ihm waren Goldsucher ins Land geströmt, um sich Schürfrechte zu sichern. Einige kamen aus den portugiesischen oder deutschen Kolonien, doch die meisten dieser »Konzessionsjäger« waren Engländer und Buren. Rhodes' Charter Company hatte

Stephanus Johannes Paulus Kruger. Die Buren wählten ihren »Onkel Paul« zum Präsidenten. Seine Prophezeiung, daß »jede Unze Gold, die aus den Tiefen unserer Erde geholt wird, noch mit Strömen von Tränen bezahlt werden muß«, kam der Wahrheit sehr nahe.

gerade mit ihrem Vorstoß nach Norden begonnen, als die neuge-gründete Südafrikanische Republik (ehemals Transvaal) unter ihrem Präsidenten Stephanus Johannes Paulus Kruger mit Lo-bengula einen Vertrag abschloß.

Der von seinen Landsleuten Oom Paul (Onkel Paul) genannte Kruger hatte als Elfjähriger am Großen Treck von 1837 teilge-nommen. Drei Jahre später erlegte er bereits seinen ersten Lö-wen. »Soweit ich mich erinnern kann«, schrieb er in seinen Me-moiren, »muß ich mindestens dreißig bis vierzig Elefanten und fünf Flußpferde geschossen haben. Und ich weiß, daß ich ganz allein fünf Löwen erlegt habe.« Doch nicht nur bei der Jagd auf wilde Tiere trotzte er mutig allen Gefahren für Leib und Leben: Als er einmal mitten im Busch feststellte, daß sein verletzter Dau-

161

men brandig wurde, griff er selbst zum Jagdmesser und amputierte kurzerhand das infizierte Glied.

Im Jahr 1883 zum Präsidenten der Südafrikanischen Republik gewählt, präsentierte sich Kruger als typischer Bure: robust, selbstbewußt, allen Schwarzen gegenüber voreingenommen, voller Mißtrauen gegen jeden, der in Afrika englische Sitten einführen wollte, und – ganz gleich, ob es um soziale, religiöse oder sonstige Fragen ging – in jeder Hinsicht reaktionär. Er war Mitglied der rigiden, zur niederländisch-reformierten Kirche gehörigen Dopper-Kirche. Wie er selbst meinte, leitete sich der Name dieser Sekte »von dem holländischen Wort *dop* für Löschhütchen ab. Der Name schien wirklich zutreffend, denn so wie ein *dop* eine Kerze auslöscht, so erstickten die Anhänger der Dopper-Kirche alle neuen Ideen und widersetzten sich jedem Fortschritt.«

Die Engländer hielten Kruger für einen ungehobelten und gefährlichen Clown. Ein britischer Beamter beschrieb ihn als »einen älteren, ausgesprochen häßlichen Mann, dessen Gesichtsausdruck extreme Halsstarrigkeit und große Grausamkeit verriet. Sein Benehmen bei dem offiziellen Arbeitsessen am Donnerstag war, um mit dem belgischen Konsul zu sprechen, »ungeheuer schrecklich. Seine dreckige Holzpfeife schaute aus der Brusttasche hervor. Sein schütteres Haar war so fettig, daß sich an den Enden der quer über den Kopf gelegten Strähnen Tropfen von ranzigem Kokosöl sammelten. Und so mußte er während des Essens seinen Taschenkamm benutzen. Außerdem wurde die Serviette von ihm auf verschiedene Weise zweckentfremdet.«

Die schockierten Gäste begriffen nicht, daß Krugers flegelhaftes Benehmen großenteils bewußt inszeniert war, um die *Uitlander* – die fremden Eindringlinge, die er als seine natürlichen Feinde betrachtete – aus der Fassung zu bringen. Er spielte diese Rolle immer wieder, schnarchte, grunzte und schwitzte in seinen anachronistischen Trauerkleidern mit Zylinder. Doch wenn es darauf ankam, konnte Oom Paul nicht nur ein unbestechlicher Führer, sondern sogar ein sehr scharfsinniger und tragischer Prophet sein. »Verschont mich mit eurem Gold«, sagte er zu einigen Bürgern, die ihm von einem neuen afrikanischen Eldorado berichteten. Gold sei ein »Element, das mehr Zwist, Unglück und unerwartete Heimsuchungen mit sich bringt als Nutzen«. Er senkte den Kopf. »Betet wie ich zu Gott, daß sein Fluch unser geliebtes Land nicht überschatten möge … Betet zu dem, der uns bisher beigestanden hat, und bittet ihn, daß er es auch weiterhin tun möge, denn ich sage euch heute schon, daß jede Unze Gold, die aus den Tiefen unserer Erde geholt wird, noch mit Strömen von Tränen bezahlt werden muß.«

Der Vertrag zwischen Lobengula und Kruger sah vor, daß ein weißer Konsul in Lobengulas Kral stationiert wurde. Er sollte für alle in Matabeleland lebenden Buren – überwiegend Farmer und einsame Prospektoren, die auf eigene Faust ihr Glück versuchten – als oberster Richter fungieren. Mehr wollten die Buren mit dem Vertrag nicht erreichen, das behauptete jedenfalls Kruger. Rhodes sah das anders. Seines Erachtens wollte Kruger den Vertrag dazu benutzen, den Vorstoß der Briten zu vereiteln, und daher ging er zum Gegenangriff über.

Bevor der Vertrag ratifiziert werden konnte, wurde Piet Grobler, der Kurier, der die Papiere von Kruger zu Lobengula gebracht hatte, auf dem Heimweg niedergestochen. Alle Indizien wiesen darauf hin, daß Angehörige eines benachbarten und Lobengula feindlich gesinnten Bantustammes die Tat begangen hatten. Doch Kruger war anderer Ansicht und erklärte bitter: »Dieser Mord wurde von Cecil Rhodes und seiner Clique angestiftet.« Er legte zwar keine Beweise vor, aber er brauchte auch keine. Die Buren trauten dem Koloß jedes Verbrechen zu, und vielleicht hatten sie sogar recht. Sarah Millin, Autorin einer der ersten Rhodes-Biographien, deutet jedenfalls an, daß »unliebsame Gesandte«, die Rhodes in die Quere gekommen seien, »von seinem Weg zu verschwinden pflegten«.

Ob Rhodes nun in den Mord verstrickt war oder nicht, auf jeden Fall verlor er nach dem Bekanntwerden von Groblers Tod keine Zeit. Der britische Hochkommissar weilte gerade in den Weihnachtsferien, doch das kümmerte den Bittsteller nicht. Er stattete Sir Hercules Robinson (nicht verwandt mit J.B. Robinson) einen Überraschungsbesuch ab und drängte ihn, die britische Regierung solle Matabeleland zum britischen Protektorat erklären.

Rhodes berief sich auf die imperialistischen Ziele Großbritanniens, erläuterte seinen Kap-Kairo-Plan und warnte vor möglichen Übergriffen der britischen Rivalen in Europa. Schließlich gab der Hochkommissar nach. Sir Hercules sandte eine Botschaft an Lobengula, in der er den Häuptling bat, ohne seine Genehmigung keine Verträge mit ausländischen Mächten abzuschließen und keine Ländereien abzutreten. Die Worte waren einfach und ihre Botschaft unmißverständlich: Das allmächtige Großbritannien konnte großzügig sein, doch wenn sein Zorn erregt wurde, war es ein unerbittlicher Feind. Der König zog sich zurück, überdachte die Alternativen und verkündete schließlich seinen Entschluß, künftig nur noch mit den Vertretern der Großen Weißen Königin aus Übersee zu verhandeln.

Wenige Tage später wurde ein formelles Abkommen aufgesetzt. Das Dokument wurde dem Häuptling auf höchst feierliche Weise überbracht: Eskortiert von einem Kontingent der Royal Horse Guards in silbernen Brustharnischen und mit federgeschmückten Helmen, fuhr eine von acht silberbehängten Maultieren gezogene Kutsche mit dem königlichen Emblem V.R. in Lobengulas Kral ein. Vor Zeugen und in einem Klima herzlichen Einvernehmens setzte der König würdevoll sein Zeichen unter einen Vertrag »des Friedens und der Einigkeit« zwischen der Großen Weißen Königin von England und dem Mächtigen Elefanten von Matabeleland. Er unterzeichnete sein eigenes Todesurteil.

Nun, da die Sache mit den Briten geregelt war, entsandte Rhodes drei Vertreter, um mit Lobengula weiterzuverhandeln. Das Trio überreichte dem König hundert Goldsovereigns und stellte ihm weitere Geschenke in Aussicht, sollte er auf Rhodes' Vorschlag eingehen. So wie Lobengula den Vorschlag verstand, sollte er einigen Prospektoren – höchstens zehn – die Erlaubnis erteilen, in Matabeleland nach einem wertvollen Mineral zu suchen. Sollten sie auf eine solche Lagerstätte stoßen, dann würden sie lediglich ein Loch graben. Als Gegenleistung sollte der König jeweils am ersten Tag jedes Monats hundert Pfund erhalten, und dazu tausend Martin-Henry-Gewehre mit 100000 Patronen. Außerdem stellte man als Zubrot noch ein Dampfschiff in Aussicht, das die »für Verteidigungszwecke geeigneten« Gewehre den Sambesi hinunterbefördern sollte. Auch unter dieses Vertragsdokument setzte der König sein Zeichen.

Das Schiff traf nie ein, doch die Gewehre wurden trotz einiger Bedenken des Parlaments von einer Expedition bei Lobengula abgeliefert. Rhodes fegte alle Einwände kurzerhand vom Tisch: Seiner Erfahrung nach visierten die Eingeborenen das Ziel immer zu hoch an, da sie glaubten, die Kugeln würden auf diese Weise schneller fliegen. Da sie also ohnehin danebenschießen würden, sei Afrika nun sogar noch sicherer als zu den Zeiten der Kurzspeere. Die Tinte auf dem Vertrag mit Rhodes war kaum trocken, als eine Gruppe weißer Händler und Missionare an Lobengulas Kraal vorbeikam. Er zeigte ihnen sein neuestes Dokument, und sie sagten ihm, was wirklich darin stand. Der König hatte große Mühe zu begreifen.

Dann fragte er: »Wenn also irgendwo im Land Gold gefunden wird ... dann können weiße Männer das Gebiet besetzen und danach graben?«

»Ja, König!«

»Wenn in meinem Garten Gold ist, dann können sie kommen und in ihm graben?«

»Ja, König!«

»Wenn sich in meinem königlichen Kral Gold findet, dann können sie ihn betreten und graben?«

»Ja, König!«

Die jungen Männer von Matabeleland hörten das Gespräch, und ihre Unruhe wuchs. Ihren Äußerungen war zu entnehmen, daß sie gegen den betrügerischen Engländer in den Krieg ziehen wollten. Um sie davon abzuhalten, traf Lobengula einen bemerkenswerten Entschluß. Er war der Herrscher seines Staates und Königin Viktoria die Herrscherin des ihren. Als gleichberechtigter Monarch wollte er zwei Botschafter mit einem korrekt übersetzten Brief zu der Weißen Königin schicken: »Lobengula möchte ... sie um Rat und Hilfe bitten, denn er ist sehr beunruhigt über weiße Männer, die in sein Land kommen und nach Gold graben wollen.«

Umshete, der erste von Lobengulas Gesandten, sollte die Wünsche des Königs in die richtigen Worte kleiden. Babjaan, der zweite, der für sein phänomenales Gedächtnis bekannt war, sollte die Königin an ihre Versprechen erinnern. Anfang 1889 gingen die beiden Matabele an Bord eines »großen Krals, der durch das Wasser fährt«. In London stiegen sie in einen Sonderzug um, der sie nach Windsor brachte. Am Bahnhof wartete bereits eine königliche Kutsche, um sie zum Palast zu chauffieren. An der Straße nach St. George's Chapel standen Soldaten der Leibgarde Spalier.

Babjaan dachte, sie seien ausgestopft – bis einer von ihnen plötzlich die Augen bewegte. Im Audienzzimmer, in dem die Gruppe auf die Königin wartete, ereignete sich laut einem Bericht »ein Mißgeschick, wie es häufig aufgeregten Kindern passiert«. Daher beschloß man, die Gesandten aus Matabeleland der Königin in einer weniger einschüchternden Umgebung vorzustellen.

Viktoria nahm Lobengulas Brief in aller Form entgegen und begrüßte ihre Gäste: »Sie sind von weit her gekommen, um mich zu sehen. Ich hoffe, daß Sie eine angenehme Reise hatten und daß Sie nicht unter der Kälte zu leiden haben.« Unterwegs hatte es unaufhörlich geregnet, doch Umshete wußte, wie man einer Königin schmeichelt: »Wie sollte es uns in Gegenwart der Großen Weißen Königin frieren?«

Beim anschließenden Essen kredenzte man den Gesandten diskret Limonade statt Champagner. Ansonsten behandelte man die Matabele jedoch ausgesprochen höflich und stieß feierlich mit ihnen an. Über Südafrika wurde zu der Zeit viel geschrieben, und so begutachtete London seine Gäste mit lebhaftem Interesse. In westlicher Kleidung waren Babjaan und Umshete eine gesellschaftliche Sensation. Sie besuchten eine Festivität nach der andern, wohnten einem Ballettabend bei und gingen in den Zoo, wo Babjaan mit seinem zusammengerollten Regenschirm einen Löwen anzugreifen versuchte. Die Matabele sahen zum erstenmal ein Telefon und gelangten zu dem Schluß, daß es zwar eine erstaunliche Erfindung sei, ihre Sprache jedoch niemals lernen würde. Besonders angetan waren sie vom Schatzhaus der Königin, der Bank von England. Umshete wies darauf hin, daß Lobengula, wenn er einem Vertreter einer ausländischen Regierung die königlichen Herden zeigte, dem Gast stets den fettesten Ochsen verehrte. Sein Wink stieß auf taube Ohren.

Schließlich fuhren die Matabele an Bord der *Grantually Castle* wieder nach Hause. Niemand wußte genau zu sagen, was sie in England nun eigentlich erreicht hatten. Einer der weißen Afrikaner, der sie auf der gesamten Rundreise begleitet hatte, erinnerte sich, daß die Gesandten bei dem Gedanken an den bevorstehenden Empfang im Kral »plötzlich Angst bekamen, weiterhin ihre englischen Anzüge zu tragen, die sie inzwischen so liebten«. Nach ihrer Ankunft in Kapstadt »verschwand ein Kleidungsstück nach dem anderen. Und als wir die Grenze erreichten und den traditionellen magischen Riten unterzogen wurden, hatte Umshete plötzlich nur noch seine Affenschwänze um die Lenden.« Babjaan war sentimentaler. Zur Erinnerung an das Land, das er nie mehr wiedersehen würde, behielt er wenigstens seine Weste an.

In der Zwischenzeit hatte sich Rhodes bemüht, die Angelegenheit mit Lobengula zu regeln, bevor Außenstehende den Plänen seiner Charter Company, alles Gold in Matabeleland aus der Erde zu holen, in die Quere kommen konnten. Zum Repräsentanten der Gesellschaft erkor er seinen alten Freund und Zimmergenossen Dr. Leander Starr Jameson. Eine bessere Wahl hätte er nicht treffen können. Lobengula litt seit einiger Zeit an Gicht, und keiner seiner Medizinmänner hatte seine Schmerzen bisher lindern können. Jameson versorgte den König mit Morphium und machte ihn sich damit zum Freund. Innerhalb weniger Wochen überredete er Lobengula, »ein paar Minenarbeiter« im Nordosten nach Gold suchen zu lassen. Als dem Matabelehäuptling später gewisse Zweifel kamen, setzte er ihn mit der Frage unter Druck: »Würde ein großer König jemals sein Wort brechen?« Lobengula ging ihm in die Falle. »Der König lügt nie«, antwortete er stolz.

»Ein paar Minenarbeiter«: Nun, das waren über tausend Mann. Im Juni 1890 brachen die Goldsucher zu einer über siebenhundert Kilometer langen Reise ins Land der Matabele auf. Zu ihrer Ausrüstung gehörten achtzig Ochsenkarren, zahlreiche Maxim-Maschinengewehre und eine komplette Sägemühle. Sie wurden unterwegs beobachtet, und als sie sich ihrem Ziel allmählich näherten, stand plötzlich der Häuptling vor Jameson. »Hat der König einen Weißen getötet, daß an seiner Grenze gleich ein ganzes Regiment aufmarschiert?« Der Doktor log: »Es handelt sich nur um einen Arbeitstrupp, der von ein paar Soldaten beschützt wird. Sie bleiben auf der Route, die mit dem König vereinbart wurde.«

Einen Monat später nahmen die Pioniere das Land im Namen Königin Viktorias in Besitz. Als die Nachricht England erreichte, schnellte der Börsenkurs der De-Beers-Aktien in die Höhe. Der Koloß war außer sich vor Freude: »Als ich schließlich erfuhr, daß sie es geschafft hatten, gab es wohl im ganzen Land keinen glücklicheren Menschen als mich.«

Doch die Angelegenheit mit Lobengula war immer noch nicht geregelt. Lobengula hatte seinen Unmut offen zum Ausdruck gebracht: »Der Häuptling ist in Sorge. Er wird von Mr. Rhodes aufgefressen.« Doch er unternahm nichts. Er konnte sich ausrechnen, wie eine Konfrontation mit den bestens bewaffneten und ausgerüsteten Eindringlingen ausgehen würde. »Rhodes ist unter einem glücklichen Stern geboren«, schrieb ein Südafrikaner. »Der unblutige Verlauf dieser Expedition hat jedermann überrascht.« Die ganzen frühen neunziger Jahre über sah der verwirrte Lobengula mißmutig und voller Bestürzung zu, wie Rhodes mit Eifer und Zuversicht seine Expansionspolitik fortsetzte. Die Zeitung *Cape Argus* ließ sich von seiner Begeisterung anstecken und nannte Matabeleland und das angrenzende Mashonaland bereits Rhodesien. »Wer sonst kann von sich behaupten, daß ein Land nach ihm benannt wurde?« frohlockte Rhodes. »Jetzt kümmere ich mich den Teufel darum, was sie mit mir machen!«

Im Mai 1893 war es mit dem trügerischen Frieden vorbei. Mashonen stahlen den englischen Ingenieuren fünfhundert Meter Draht, um sich daraus Hals- und Armbänder zu fertigen. Man machte einen Häuptling namens Gomola für den Diebstahl verantwortlich, daher schickte Rhodes' Charter Company ihre Polizei in den Häuptlingskral und verlangte Schadenersatz. Gomola beglich die Rechnung mit Vieh, das jedoch in Wirklichkeit gar nicht ihm, sondern Lobengula gehörte.

Wütend entsandte der Matabelekönig ein dreihundert Mann starkes Heer ins benachbarte Mashonaland, um dem dort lebenden, kleineren Stamm eine Lektion zu erteilen. Die entsetzten Mashonen ergriffen die Flucht und suchten bei der Company Schutz. Auf einen derartigen Zwischenfall hatte Jameson nur gewartet. Er bat Rhodes telegrafisch um Erlaubnis, gegen den »fetten, nackten Wilden« zu Felde zu ziehen. Höchsterfreut gab der Koloß seine Zustimmung.

Gemäß einem Geheimvertrag stellte Jameson am 14. August 1893 einen Trupp von 672 Mann zusammen. Jedem Teilnehmer des geplanten Feldzugs gegen die Matabele wurden 2400 Hektar Land und zwanzig Goldclaims in Rhodesien versprochen. Ein Paragraph des Vertrages lautete: »Die Hälfte der Kriegsbeute geht an die Gesellschaft; der Rest wird zu gleichen Teilen an Offiziere und Mannschaften verteilt.«

Ohne das Einverständnis der Regierung einzuholen, brachen die Soldaten nach Bulawayo auf. Als das Außenministerium schließlich doch von dem Feldzug erfuhr, brachte es in aller Form seine Empörung zum Ausdruck. Man versuchte, Kontakt zu Rhodes aufzunehmen, doch der Koloß war unauffindbar. Höchst amüsiert erzählte er einem Kollegen: »Ich mußte mich im Busch verstecken und es Whitehall unmöglich machen, mir telegrafisch den Einmarsch nach Matabeleland zu verbieten. Doch nun, da Dr. Jim spurlos verschwunden ist, kann uns niemand mehr von diesem Abenteuer abhalten.«

Das mit 1500 Betschuanakriegern verstärkte Freiwilligenheer rückte Lobengulas Kral immer näher. Am 24. Oktober überquerten die Soldaten den Shangani und schlugen ihr Nachtlager auf. Am nächsten Morgen griffen fünftausend Matabele an. Rhodes' Prophezeiung bezüglich der Martin-Henry-Gewehre bewahrheitete sich: Die Matabele zielten tatsächlich zu hoch und trafen nicht. Es kam zu einem Massaker, das Hilaire Belloc mit folgenden Zeilen kommentierte:

> Wir blicken allem, was da kommt,
> gelassen ins Gesicht:
> wir haben das Maxim-Gewehr,
> die andern haben's nicht.

Das war Lobengulas Ende, und er wußte es. Alles hatte sich gegen ihn verschworen: Tausende seiner besten jungen Männer waren tot, und zu allem Übel bekam er auch noch die Pocken. Von hohem Fieber geschüttelt, befahl er den Matabele, seinen Kral niederzubrennen. Ein paar treu ergebene Soldaten luden seine Schätze auf den großen Wagen und fuhren mit ihm zum Ufer des Sambesi. Dort ließ er haltmachen. Man fand eine Höhle, und der König befahl den zehn jungen Männern, die ihn begleitet hatten, seine Schätze darin zu verstauen und den Eingang zu verschließen. Sie rollten einen großen Felsbrocken vor die kleine Öffnung.

Danach wurden die Männer, einer nach dem andern, von seinem alten Vertrauten und Leibwächter Bosungwana hingerichtet. Gramerfüllt und von den Pocken geschwächt starb Lobengula am 24. Januar 1894. Bosungwana bestattete ihn auf seinem Lieblingsstuhl und bedeckte das Grab anschließend mit Steinen und Pflanzen. Die letzte Ruhestätte des Großen Elefanten und sein Schatz aus Gold und Diamanten gingen zusammen mit den Minen König Salomons in die Legende ein. Schwarze wie Weiße durchwühlten über hundert Jahre lang die Erde Rhodesiens (des heutigen Simbabwe), doch der Schatz wurde nie gefunden. So blieb Lobengula doch noch ein letzter Triumph.

Viele Mitglieder der Königsfamilie überlebten Lobengula. Einige ließ Rhodes später auf seinem Anwesen für sich arbeiten. Zum Vergnügen seiner Gäste – und zu seinem eigenen – ließ er einem Enkel des toten Königs den Namen Rhodes geben.

Selbst Lockhart und Woodhouse, die Verfasser einer recht schmeichelhaften Rhodes-Biographie, wenden von diesem »Abenteuer« beschämt die Augen ab und räumen trocken ein: »Man muß zugeben, daß die Behandlung Lobengulas in der südafrikanischen Geschichte kein Kapitel darstellt, auf das die Weißen stolz sein könnten.« Die Kommentare der Zeitgenossen waren um einiges schärfer. Das in London herausgegebene Magazin *Truth* verurteilte »die freibeuterischen, blutigen Expeditionen des Mr. Rhodes und seiner üblen Gesellschaft, dieser niederträchtigen, korrupten Bande von Plünderern und Mördern«. Auch das Parlament übte wegen des Massakers bei drei verschiedenen Gelegenheiten scharfe Kritik an Rhodes, und in Cambridge zirkulierte ein Flugblatt mit der Überschrift »Der Matabele-Skandal«. Der anonyme Verfasser unterzeichnete mit: »Einer, der sich daran erinnert, wie Kain für den Mord an seinem Bruder bestraft wurde, und dem die Ehre Großbritanniens am Herzen liegt.«

Wie nicht anders zu erwarten, reagierte Rhodes ungehalten auf solche Angriffe, doch gleichzeitig fühlte er sich über jede Kritik erhaben und nicht an das Gesetz gebunden. Seine Praktiken wurden immer rücksichtsloser. Pondoland war das nächste Gebiet, das er erforschen wollte, doch der dortige Stammeshäuptling erhob Einwände. Man brachte ihn zu einem Maisfeld. Dort ließ Rhodes aus der Ferne mit Maschinengewehren auf die Maispflanzen feuern. Sie wurden weggefegt, als hätte der Koloß inzwischen sogar Macht über den Wind erlangt. Als das Gewehrfeuer verstummte, warnte Rhodes den Häuptling: »Genauso wird es auch dir und deinem Stamm ergehen, wenn du uns weiter Schwierigkeiten machst.« Kurz darauf wurde Pondoland dem Kap-Kairo-Plan einverleibt.

Einschüchterung war jedoch nicht Rhodes' einzige Taktik.
Wenn die Situation es erforderte, konnte er auch sehr großzügig
sein. So etwa, als er erfuhr, daß Sir Hercules Robinson bald in den
Ruhestand gehen würde. Da der Hochkommissar stets ganz im
Interesse des Kolosses gehandelt hatte, sollte er eine Belohnung
erhalten. Als Robinson aus der Politik ausschied, bot Rhodes ihm
einen Direktorenposten bei De Beers an.

Selbst Königin Viktoria wurde zufriedengestellt. Im Jahre 1894
gab sie ihm eine Audienz, bei der sie ihn fragte: »Was haben Sie
seit unserer letzten Begegnung getan, Mr. Rhodes?« Sein Kommentar zu seinen Aktivitäten in Matabeleland und Mashonaland
war kurz und bündig: »Ich habe den Dominions Eurer Majestät
zwei Provinzen hinzugefügt.« Die Königin zeigte sich von diesem »ungeheuer starken Mann« entzückt, und mit einemmal verstummten alle Kritiker in Whitehall.

*

Oom Paul saß unterdessen pfeiferauchend auf der Veranda seines
Hauses in Transvaal, beobachtete das Geschehen und plante im
stillen seine nächsten Schachzüge. Er hatte sich von Rhodes in
Matabeleland ausmanövrieren lassen, ohne etwas zu sagen. Zehn
Jahre lang hatte er zugesehen, wie die Engländer zu den Goldfeldern strömten. Achtzig Kilometer von seinem Wohnsitz im guten
alten Pretoria entfernt war das lasterhafte Johannesburg aus dem
Boden geschossen. Auch dazu hatte er geschwiegen. Selbst für
eine Stippvisite war ihm Johannesburg, obwohl in seiner eigenen
Republik gelegen, zu verworfen, und er war bei weitem nicht der
einzige, der so dachte. Olive Schreiner besuchte die Stadt, die von
den Weißen Judasburg, Joburg oder Judhannesburg und von den
Schwarzen *Igoli* (Stadt des Goldes) genannt wurde. In einem
Brief an Freunde gab sie ihre dortige Anschrift mit einem einzigen Wort an: Hölle.

In der Stadt gab es 97 offizielle Bordelle, in denen mehr als tausend Prostituierte arbeiteten, dazu 650 Bars, von denen einige
kaum mehr als Freudenhäuser waren, eine Pferderennbahn,
einen Boxring, einen ortsfesten Zirkus, eine Börse, in der stets re-
ger Betrieb herrschte, achtstöckige Gebäude mit Marmorfassa-
den und strahlend helles, elektrisches Licht, das die Nacht zum

Tag werden ließ. In jeder Straße, in jedem Büro wurden bei Goldgeschäften unablässig Vermögen gewonnen oder verloren.

Kurz und gut, Johannesburg beherbergte alles, was Kruger verachtete und fürchtete, nicht zuletzt auch eine Überzahl von *Uitlandern*, die er als »Diebe und Mörder« zu beschimpfen pflegte. Insbesondere die Engländer verglich er gerne mit den Pavianen in seinem Hinterhof und weigerte sich strikt, auch nur in Erwägung zu ziehen, ihnen das Wahlrecht einzuräumen: »Wenn wir ihnen morgen das Wahlrecht geben, dann können wir ebensogut die Republik aufgeben.«

Kruger hielt die Minenbesitzer in Schach, indem er ihnen hohe Steuern auferlegte. Er erließ eine Wassersteuer, eine Dynamitsteuer, eine Steuer für elektrisches Licht und sogar eine Steuer für Brot und Marmelade. Diese Maßnahmen erhöhten die Einkünfte der Regierung, verstärkten jedoch auch die Ressentiments der Uitlander gegen Oom Paul und sein Volk. Eine Gruppe, deren Mitglieder sich als Reformer bezeichneten, traf sich regelmäßig in Lokalen oder Privathäusern und debattierte über die Möglichkeit eines Staatsstreichs. Zumindest aber verlangten sie Steuersenkungen, die Abschaffung der Wehrpflicht sowie die Ablösung des abscheulichen Afrikaans als Unterrichtssprache an den Schulen durch Englisch. Schließlich lebten in der Stadt siebenmal mehr Uitlander als Buren. Was konnte Kruger denn schon tun, wenn Rhodes beschloß, gegen ihn ins Feld zu ziehen, wie damals gegen den schwarzen König?

Kruger kümmerte sich nicht um das Gemurre der Uitlander. Er war ein erfahrener Dschungelkämpfer und hatte es sich in den vergangenen fünfzig Jahren zur Gewohnheit gemacht, seinen Feind eingehend zu studieren. Die Engländer hatte er bereits als gefährliche Leute kennengelernt, er wußte aber auch, wie stolz und unbedacht ihr Premierminister Cecil John Rhodes sein konnte. Oom Paul mahnte seine Bürger zur Geduld. »Nehmt zum Beispiel eine Schildkröte. Wenn ihr sie töten wollt, müßt ihr warten, bis sie den Kopf herausstreckt, und dann schlagt ihr ihn ab.«

Die Schildkröte setzte ihren Weg behäbig, aber unbeirrt fort, und 1895 hielt sie dem Mann mit der Axt schließlich einladend den Kopf hin.

*

Groote Schuur wurde später Cecil Rhodes' Landsitz. Hierhin zog er sich am liebsten zurück.

Nun, da Rhodes das Diamantengeschäft fest im Griff hatte, wandte er seine Aufmerksamkeit den anderen Bodenschätzen Südafrikas zu. In den neunziger Jahren kontrollierten zehn Firmen den größten Teil der südafrikanischen Goldproduktion. Zusammen mit ihren Tochtergesellschaften verfügten sie über ein Kapital von 50 Millionen Pfund und beschäftigten rund 75000 Arbeiter – neunzig Prozent davon waren Schwarze, der Rest »Europäer«.

Spitzenreiter war das Unternehmen von Wernher und Beit. Cecil Rhodes' Consolidated Goldfields rangierte erst an zweiter Stelle, gefolgt von Barney Barnatos Johannesburg Consolidated Investment Company, in der Branche kurz »Johnnies« genannt. Barnato hatte es inzwischen zu höchstem Ansehen gebracht, und 1892 heiratete er zur Verwunderung aller eine Frau, mit der er zuvor schon jahrelang zusammengelebt hatte. Fanny Bees, eine ehemalige Bardame und Schauspielerin, war die Tochter eines Kapstadter Schneiders. Sie selbst behauptete, sie entstamme einer alten Hugenottenfamilie, was allerdings nicht wenige bezweifelten. Ein Zeitgenosse nannte sie »eine Afrikaanerin vom Typ heilige Helena« – ein Euphemismus für eine gemischtrassige Farbige. Fannys olivgrauer Teint und ihr dunkles, gekräuseltes Haar

173

verliehen solchen Gerüchten eine gewisse Glaubwürdigkeit, und Rassenmischung war in Südafrika verpönt. Doch Barnatos Autorität (und Zuneigung) war so groß, daß ihn niemand davon abbringen konnte, sie in aller Öffentlichkeit in London zu ehelichen. Vor der standesamtlichen Trauung trat Fanny zum jüdischen Glauben über. Anschließend kehrte das Paar nach Johannesburg zurück, um eine Familie zu gründen.

Eine Unternehmensgruppe, an deren Spitze der unverwüstliche J. B. Robinson stand, war nach der »Johnnies« die vierte Finanzmacht auf der Liste. Ohne einen Blick zurück hatte der »Freibeuter« der Diamantenstadt den Rücken gekehrt und in der Goldstadt seinen einstigen Reichtum wiedererlangt. Noch erstaunlicher war jedoch der Werdegang von Sammy Marks und Isaac Lewis, die man erst wenige Jahre zuvor aus der Diamantenbranche in Kimberley verdrängt hatte. Als Kaufleute hatten sie gewaltige Erfolge zu verbuchen und alle Gewinne in Grundbesitz angelegt. Inzwischen besaßen sie in Transvaal ungefähr dreihundert Farmen mit insgesamt über 12 000 Quadratkilometer Land.

Das Gebiet mit den reichsten Goldvorkommen war der Witwatersrand, daher gab ein Witzbold von der *London Times* den südafrikanischen Millionären den Spitznamen »Randlords«. Die Bosse der großen Gesellschaften begannen sich langsam als eine Art Geschäftsaristokratie zu fühlen, und viele, die ihr Geld und ihre Beziehungen richtig zu nutzen verstanden, wurden von König Eduard VII. später tatsächlich in den Adelsstand erhoben. Im Jahre 1895 verhielten sie sich allerdings alles andere als nobel. Krugers Regierung verlangte ihnen so hohe Steuern ab, daß sie sich zum Gegenangriff entschlossen. Der Vollstrecker ihrer Vergeltungsmaßnahme war Dr. Leander Starr Jameson, der Mann, der so spielend leicht mit Lobengula fertig geworden war.

Dr. Jim, wie er von allen genannt wurde, hatte einmal geprahlt, daß fünfhundert Männer mit Ochsenziemern genügen würden, um die Burenmiliz zu besiegen. Er sah in der geplanten Aktion lediglich eine Neuauflage des Feldzugs in Matabeleland, nur daß er es diesmal nicht mit primitiven Schwarzen, sondern mit einfältigen Weißen zu tun habe. Die Freiwilligen, die er anwarb, waren freilich nicht nur mit Ochsenziemern bewaffnet. Ende 1895 wartete ein bunt zusammengewürfelter Haufen aus Pionieren, Abenteurern und Polizisten aus dem Gebiet, das nun offiziell Rhodesien hieß, kampfbereit auf den Einsatzbefehl. Die finanziellen Mittel für diese Operation, die später unter dem Namen Jameson-Putsch in die Geschichte eingehen sollte, wurden von der Charter Company und von Beit zur Verfügung gestellt. Lionel Phillips aus der Chefetage von Wernher und Beit sowie Rhodes' neuester Goldminenfachmann, der amerikanische Ingenieur John Hays Hammond, hatten die Verfügungsgewalt über die unter dem Posten »neue Konzessionen« verbuchten Gelder.

Der Jameson-Putsch war von Anfang an ein dilettantisch geplantes und stümperhaft durchgeführtes Unternehmen, das sich durch eine völlige Fehleinschätzung des feindlichen Terrains und einen ausgesprochen schlechten Zeitplan auszeichnete. Hammond gestand später: »Unser Hauptziel war, ein paar tausend Gewehre nach Johannesburg einzuschleusen [sie sollten in Ölwaggons von De Beers an der burischen Polizei vorbeigeschmuggelt werden]. Dann wollten wir in einer dunklen Nacht die Burenhauptstadt Pretoria einnehmen, die Waffen in unsere Gewalt bringen, Kruger entführen und dann in aller Ruhe mit ihm über die Abschaffung der Mißstände verhandeln.« Die Hauptverschwörer verständigten sich durch verschlüsselte telegrafische Botschaften: Der Überfall hatte den Decknamen »Aktienausgabe«, und die Offiziere waren »die Aktionäre«.

Unzuverlässigkeit war unter den Putschisten an der Tagesordnung. So fuhr Jameson in letzter Minute noch einmal nach Johannesburg, um im Haus eines Mitverschwörers abschließende Vorkehrungen für den »spontanen« Aufstand zu treffen. Doch der Komplize war nicht zu Hause. In einer Nachricht bat der Casanova den Schürzenjäger Jameson um Verständnis: »Lieber Jimjams, tut mir leid, daß ich dich heute nachmittag nicht treffen kann. Bin mit Mrs. X verabredet, um ihr das Radfahren beizubringen.« Jimjams verstand und fuhr mit den Vorbereitungen für seine Militäraktion fort.

Rhodes erhoffte sich von dem Putsch die endgültige Erfüllung seines großen Traumes. Der Burenstaat würde unter seine Zuständigkeit fallen, so daß er ihn problemlos seinem Kap-Kairo-Plan einfügen konnte. Die anderen Magnaten wollte er gar nicht erst zum Zug kommen lassen. So ließ er ein paar Freunde wissen, daß er beispielsweise nicht die Absicht habe, »Präsident Kruger durch J. B. Robinson zu ersetzen«.

Der Zeitpunkt des Putsches schien gut gewählt. Im Juni 1895 stürzte in England die liberale Regierung. Damit war der Weg frei für den expansionsfreudigen, neuen Kolonialminister Joseph Chamberlain. Der »draufgängerische Joe«, so sein Spitzname, war über die Operation im Bilde. Er hatte bereits seine Zustimmung erteilt und Ratschläge gegeben, dabei jedoch jede Art von schriftlichen Aufzeichnungen sorgsam vermieden. Andere Regierungsmitglieder wurden »inoffiziell« unterrichtet. Niemand von ihnen erhob Einwände. Hochkommissar für Südafrika war immer noch Hercules Robinson, der mit De Beers und vielen anderen Unternehmen des Kolosses inzwischen eng kooperierte.

Nachdem die Finanzierung des Jameson-Putsches gesichert war, lehnte sich Rhodes erst einmal zurück und wartete ab, wie er ausgehen würde. In Kapstadt lebten viele Buren, und so durfte keinesfalls der Eindruck entstehen, daß der Premierminister der Kapkolonie über den bevorstehenden Putsch unterrichtet war. Dr. Jim hatte dafür vollstes Verständnis. Er und seine Truppe begnügten sich mit Rhodes' ebenso ermutigendem wie warnendem Satz: »Die einzige Rechtfertigung für eine Revolution ist ihr Erfolg.«

Ende Dezember 1895 machte sich Jameson mit etwa vierhundert Freiwilligen auf den Marsch nach Johannesburg. Fast jeder Freischärler trug noch ein zweites Gewehr bei sich – Waffen, die für die »Reformer«, ihre Sympathisanten in der Stadt, bestimmt waren. Darüber hinaus schleppte die Nachhut noch acht Maxim-Maschinengewehre aus Rhodesien mit. »Ich werde um meine Kolonne herum einen Gürtel aus Blei von einer Meile Durchmesser legen«, schwor Dr. Jim, »und innerhalb dieses Gürtels wird kein Bure am Leben bleiben.«

Ein paar Kleinigkeiten hatte der Arzt allerdings übersehen. Das Hauptquartier der Putschisten lag an der Grenze der Kapkolonie, also ungefähr 280 Kilometer östlich der Stadtgrenze von Johannesburg. Nicht einmal marscherprobte Soldaten konnten diese Strecke in zwei Tagen zurücklegen. Und dann waren da noch die Maxim-Maschinengewehre. Gegen die im militärischen Sinne unbewaffneten Matabele hatten sie zwar gute Dienste geleistet, doch die Buren ließen sich nicht so leicht einschüchtern und vertreiben. Sie waren hervorragende Schützen und konnten unter Umständen wochen- oder sogar monatelang ihre Stellungen halten, solange bis die Munition ausging oder, was wahrscheinlicher war, die Maxim-Gewehre überhitzten und Ladehemmung bekamen. Doch das alles interessierte Jameson nicht. Für ihn waren die Buren nur stiernackige Schwachköpfe, kaum mehr als einladende Zielscheiben für geübte englische Schützen.

Einer dieser begriffsstutzigen Buren war allerdings über fast jeden Schritt des englischen Arztes auf dem laufenden. Krugers Leute hatten den Code der verschlüsselten Nachrichten längst geknackt. Außerdem fiel den Putschisten die Geheimhaltung offensichtlich so schwer, daß inzwischen schon die Lokalpresse über die Verschwörung berichtete. Am 28. Dezember, dem Tag, an dem Jameson aufbrechen wollte, druckten südafrikanische Zeitungen folgende Reuters-Meldung aus Johannesburg: »Es kursieren hartnäckige Gerüchte über eine geheime Bewaffnung der Minenarbeiter und kriegsähnliche Vorbereitungen. Frauen und Kinder verlassen bereits den Rand.« In Pretoria sei die politische Lage inzwischen »Stadtgespräch«.

Jameson faßte das als Affront auf: Wie konnten es die Zeitungen wagen, so etwas zu schreiben? An einem Freitag telegrafierte er folgende Nachricht an die Büros der Charter Company: »Wenn ich keine definitiven gegenteiligen Anweisungen erhalte, werde ich morgen abend aufbrechen.« Was dann folgte, war die erste von vielen kleinen Pannen, die schließlich zum großen Fiasko führen sollten: Jamesons telegrafische Botschaft traf erst am Samstag ein, als die Büros bereits geschlossen waren. Der Arzt interpretierte die Funkstille als Zeichen der Zustimmung und setzte am folgenden Abend wie angekündigt seine Truppen in Marsch.

Zeitgenössischen Berichten zufolge soll Jameson nach dem Aufbruch befohlen haben, alle wichtigen Telegrafenleitungen zu kappen. Nur beging er dabei den Fehler, die Männer, die er mit dieser Aufgabe betraute, im voraus zu bezahlen. Von ihrem Lohn betranken sie sich so unmäßig, daß sie statt der über ihren Köpfen surrenden Telegrafenleitungen nur acht Meter Drahtzaun zerschnitten.

In den Strahlen der aufgehenden Sonne sichteten die Putschisten am nächsten Morgen die ersten Spähtrupps der Buren. Einige beobachteten ihre Flanken, andere waren direkt vor ihnen. Da keiner der Putschisten auf die Idee kam, nachzusehen, was hinter ihnen los war, bemerkten sie auch nicht, daß Krugers Leute ihnen längst jede Möglichkeit zum Rückzug abgeschnitten hatten. Am Morgen des 2. Januar, einem Dienstag, gelangte Jameson mit seiner Truppe nach einem über 250 Kilometer langen Marsch in ein enges Tal, an dessen Seiten hohe Felswände aufragten. Kurz darauf eröffneten die Buren das Feuer. Die eingekesselten Putschisten mußten feststellen, daß ihnen hier auch die Maxim-Maschinengewehre nicht mehr weiterhelfen konnten. Sie versuchten, kehrtzumachen. Da trafen weitere Gewehrsalven die Nachhut der Uitlander. Um Viertel nach neun war bereits alles vorüber. An der Spitze einer Wagendeichsel flatterte zum Zeichen der Kapitulation ein weißer Kittel.

Die verschiedenen Bedingungen, die Jameson gestellt wurden, liefen allesamt auf eine vollständige Kapitulation hinaus. »Zitternd wie Espenlaub«, so berichteten Augenzeugen, nahm Jameson seinen Hut ab und antwortete den burischen Offizieren mit einer Verbeugung: »Ich akzeptiere Ihre Bedingungen.« Eine sofortige Zählung unter den Putschisten ergab 17 Tote, 55 Verwundete und 35 Vermißte. Alle übrigen wurden zusammen mit ihrem Anführer als Kriegsgefangene nach Pretoria gebracht. Auf dem Weg ins Gefängnis sangen die Männer einen Schlager, der kürzlich erst aus Amerika herübergekommen war. Eine Textzeile lautete: »Groß ist die Zahl der gebrochenen Herzen – nach dem Ball.«

*

Auch Rhodes' Herz war angegriffen, in jeder Hinsicht. Bereits vor dem Putsch hatten verschiedene kleinere Attacken und Anfälle seiner Gesundheit ziemlich zugesetzt. Und jetzt, nach dem Fehlschlag von Jameson, fühlte er sich noch niedergeschlagener und isolierter. Der Koloß trat als Premierminister zurück und verkroch sich schmollend in einen Winkel. Als er wiederauftauchte, erkundigte er sich besorgt nach Rhodesien: »Das können sie mir doch nicht wegnehmen, oder? Hat man je davon gehört, daß ein ganzes Land umbenannt wurde?«

In Pretoria warteten inzwischen dreihundert Männer auf ihre Aburteilung. Anfangs nahmen sie die Sache noch auf die leichte Schulter. Solly Joel, einer der Wortführer der »Reformer«, verpaffte die teuren Zigarren, die ihm seine Frau ins Gefängnis geschmuggelt hatte. Mark Twain, damals gerade auf einer Reise durch Südafrika, schaute im Gefängnis vorbei und besuchte John Hays Hammond, den er noch aus den guten, alten Zeiten des Silberbergbaus in Virginia City kannte.

»Wie hast du bloß den Weg in dieses gottverlassene Loch gefunden?« wollte Hammond wissen.

»Ins Gefängnis hinein kommt man leicht«, antwortete der Humorist. »Ich dachte immer, schwierig sei erst das Rauskommen.«

Anschließend interviewte ein Reporter den berühmten Schriftsteller. Twain erzählte ihm, daß ihm das Gefängnis recht gut gefallen habe. Er habe dort einige sehr charmante Herren angetroffen und den Eindruck gewonnen, daß das Gefängnis für überarbeitete Geschäftsmänner ein geradezu idealer Erholungsort sei. Er bedauere nur, daß er nicht lange genug bleiben könne, um seinen eigenen strapazierten Nerven in dieser beschaulichen Umgebung eine Ruhepause zu gönnen. Er könne sich keinen Ort vorstellen, an dem man vor den Zudringlichkeiten seiner Gläubiger sicherer sei. Nur eines habe ihm im Gefängnis nicht gefallen: Unter den Gefangenen seien zu viele Rechtsanwälte. Irgendwie sei er mit Anwälten noch nie besonders klargekommen.

Doch nach einigen Wochen verging den Gefangenen das Lachen. Ein beunruhigendes Gerücht versetzte sie in Angst und Schrecken: Angeblich war ein Stück des Galgens von Slagters Neck nach Johannesburg geschickt worden. Einer der Häftlinge schnitt sich in einem Anfall von Hysterie die Kehle durch und verblutete. Im späten Frühling bestätigte der Richter dann die schlimmsten Befürchtungen der Putschisten. Einige der Hauprädelsführer wurden zum Tod durch den Strang verurteilt, darunter auch Lionel Phillips und John Hays Hammond. Ihr Anführer Jameson sollte an England ausgeliefert werden. Whitehall hatte eine harte Bestrafung zugesagt. Barnatos Neffe Solly Joel kam mit einer saftigen Geldstrafe davon, doch weder er noch sein Onkel zeigten sich dankbar. Barnato verfluchte das Gericht und schwor, seine Minen stillzulegen, die Wirtschaft im Witwatersrand zu ruinieren und Tausende arbeitslos zu machen, falls die Urteile nicht gemildert oder aufgehoben wurden. Kurz darauf liefen sich Barnato und der Richter, der den Vorsitz geführt hatte, zufällig in der Stadt über den Weg. »Sie sind kein Gentleman«, fuhr der Richter Barney an. Barney erwiderte: »Und Sie kein Richter.«

Barney meinte es ernst. In den folgenden Tagen erschien er überall in Trauerkleidung, umwickelte seinen Hut mit einem Trauerflor und ließ seine Minen schließen. Kruger tat diese Manöver als Effekthascherei ab, machte sich insgeheim aber doch Sorgen und lud Barnato zu einem Gespräch ein. Barney scheute weder Kosten noch Mühen. Er bestellte sogleich zwei Marmorlöwen und ließ sie zum Haus des Präsidenten in Pretoria liefern, wo sie bis zum heutigen Tage stehen. Bei der Unterredung mit Kruger setzte er stets sein liebenswürdigstes Lächeln auf, wenn es um die Zukunft seines Neffen Solly Joel ging, sobald die Sprache jedoch auf Cecil Rhodes kam, verwandelte sich sein Tonfall schlagartig in ein wütendes Fauchen. Wenige Tage später wurden die Urteile aufgehoben und die Strafen herabgesetzt. Die meisten Gefangenen kamen auf freien Fuß. »Was ich getan habe, hätte niemand sonst tun können«, prahlte Barnato. Nur für Jameson und Rhodes konnte und wollte er nichts tun. Dr. Jim und seine wichtigsten Komplizen sollten in ein englisches Gefängnis überführt werden. Und Rhodes sollte bald nachfolgen. Mit der Gleichmäßigkeit von Ebbe und Flut, dem Rhythmus seines ganzen Lebens, änderte sich die Lage des Kolosses schlagartig zum Besseren. Der deutsche Kaiser, der mit Afrika seine eigenen Pläne hatte, schickte Kruger ein Telegramm, dessen Inhalt in der ganzen Welt abgedruckt wurde: »Ich spreche Ihnen Meinen aufrichtigen Glückwunsch aus, daß es Ihnen, ohne an die Hilfe befreundeter Mächte zu appellieren, mit Ihrem Volke gelungen ist … den Frieden wiederherzustellen und die Unabhängigkeit des Landes gegen Angriffe von außen zu wahren.«

Auf eine bessere Schützenhilfe hätten die Putschisten kaum hoffen können. Königin Viktoria nahm das Telegramm zum Anlaß, ihren deutschen Enkel und Hofdichter Alfred Austin telegrafisch aufzufordern, mit ein paar eilig zusammengeschusterten Versen Partei für die Putschisten zu ergreifen:

Falsch! Ist es falsch? Das mag schon sein,
und doch, Kameraden, schreite ich zur Tat.
Bin ich denn ein braves Bürgerlein,
das Angst vor Schelte hat?

Die Mädchen, Mütter, Kinder in der Goldstadt,
die vor Sorgen nicht mehr ruhn,
sie rufen: »Sputet Euch! Um Himmels willen!«
Was kann ein tapfrer Mann da andres tun?

So preschten wir in Windeseile vorwärts,
als hätten unsere Pferde Flügel,
zuerst nach Osten und dann nordwärts
über des Veldlands Hügel.

Bald rezitierte ganz London das Gedicht, insbesondere die trotzige letzte Strophe:

Es war wohl falsch, doch geb' ich ohne Reue
als glückloser Rebell der Welt bekannt:
Lieber riskiert' ich diesen Einmarsch
als den Ruin des ganzen Rand.

Bald hatten Jameson und seine Truppe die öffentliche Meinung voll auf ihrer Seite. Die Putschisten wurden auf Kaution freigelassen, allerdings mit der Auflage, sich in Zukunft »mit Rücksicht auf den Frieden in diesem Lande von jedem Ort fernzuhalten, an dem ihre Anwesenheit zu einem öffentlichen Aufruhr führen könnte«. Doch als es dann zur Verhandlung kam, ließ sich der oberste Richter von den Sympathien der Öffentlichkeit nicht im geringsten beeinflussen. Er verurteilte Jameson zu 15 Monaten Gefängnis.

Unterdessen zog sich Rhodes von Johannesburg nach Kimberley zurück. In der Stadt seiner frühen Triumphe wurde er am Bahnhof von einer jubelnden Menschenmenge empfangen. »In Zeiten politischer Auseinandersetzungen«, so ließ er sie wissen, »haben die Leute stets am besten erkannt, wer ihre wirklichen Freunde waren.« So lange, wie es ging, entzog er sich allen unangenehmen Fragen, doch Anfang 1897 wurde er nach London zitiert. Ein Untersuchungsausschuß wollte Rhodes zum Jameson-Putsch verhören.

Rhodes' bösester Gegner in diesem Ausschuß war der Verleger und Unterhausabgeordnete Henry Labouchere. Labouchere hatte sich fest vorgenommen, den Koloß zu Fall zu bringen. Ganz im Stil des erst drei Jahre zurückliegenden Dreyfus-Prozesses in Frankreich erklärte er, Rhodes sei »ein als Patriot getarnter, ganz gewöhnlicher Anstifter und die Galionsfigur einer Bande gerissener, jüdischer Finanziers, mit denen er sich die Profite teilte«.

Allerdings waren auch einige Sympathisanten und Freunde anwesend, die Rhodes unterstützten. Alfred Beit begleitete ihn in den Saal. Dort saß bereits der Prinz von Wales, flankiert vom Herzog von Abercorn, dem Präsidenten der Charter Company, und Lord Selbourne vom Kolonialministerium. Die sporadisch angesetzten Vernehmungstermine zogen sich über beinahe sechs Monate hin. Ein Witzbold warf Rhodes vor, er liege »in Westminster feierlich aufgebahrt«, und genauso verhielt er sich auch: Wenn man ihm eine direkte Frage stellte, wich er aus oder gab vor, sich nicht mehr genau zu erinnern. Er räumte zwar ein, daß er Jameson im fraglichen Zeitraum Briefe und Telegramme geschickt habe, bestritt jedoch, daß in ihnen von einem Putsch die Rede gewesen sei; im übrigen seien die Kopien dieser Korrespondenz verlorengegangen.

Der Kolonialminister Joseph Chamberlain schmückte das Märchen noch weiter aus. Er hatte sich mit aller Gewalt in den Untersuchungsausschuß gedrängt, und als dessen Mitglied durfte er nun sich selbst befragen. Natürlich fand er keinerlei Beweise dafür, daß die Putschisten mit seiner heimlichen Zustimmung gehandelt hatten. Die Heuchelei des »draufgängerischen Joe« erreichte ihren Höhepunkt, als er den Koloß »einen Ehrenmann« nannte und sich im Tonfall eines naiven, kleinen Schuljungen erkundigte: »Ich frage mich, was in Südafrika los ist. Warum gelten dort alle, die mit Politik zu tun haben, gleich als Schurken?« Unter seiner Verantwortung verschwanden kompromittierende Telegramme, und so blieb der gute Name Chamberlains unbefleckt. So lange, bis zwei Generationen später der Premierminister Neville Chamberlain Adolf Hitler durch Zugeständnisse zu beschwichtigen versuchte.

In Rhodes' südafrikanischem Domizil hatte Chamberlain stets seine Vorliebe für »Teak und weiße Tünche« bekundet. Und mit weißer Tünche überzogen ihn nun auch seine Zuhörer. Man erteilte dem Kolonialminister eine sanfte Rüge, hatte ansonsten aber keine Fragen mehr. Der Prinz von Wales gab ihm demonstrativ die Hand. Wenige Wochen später faßte die *Westminster Gazette* das Ergebnis der Untersuchung in Form einer imaginären Grabinschrift zusammen:

Zum Gedenken an den
Südafrikaausschuß.
Er wahrte Diskretion. Er enthüllte das Offensichtliche.
Er mied das Unbekannte. Er kompromittierte niemanden.
Unerschütterlich in seiner salbungsvollen Rechtschaffenheit und seinem grenzenlosen Vertrauen sparte er nicht an weißer Tünche.
Er verschied nach viel leerem Geschwätz.

Die Randlords hätten die Angelegenheit damit zwar am liebsten als erledigt betrachtet, doch der Putsch hinterließ seine Spuren. Cecil Rhodes war krank und in Ungnade gefallen. Leander Starr Jameson durfte nicht in Berufung gehen. Von seiner 15monatigen Gefängnisstrafe wurde ihm kein einziger Tag erlassen. Und Barney Barnato hatte das Verfahren viel Zeit, Energie und Geld gekostet. Als an Südafrikas Börse der Kurs der südafrikanischen Goldaktien fiel, geriet die Barnato Bank in Schwierigkeiten. Barney verleibte sie der größeren und ebenfalls von ihm gegründeten Johannesburg Consolidated Investment Company ein.

Viele Investoren hatten die Aktien seiner Bank zum Höchstkurs erworben und erhielten im Austausch nun Aktien der »Johnnies«, die viel niedriger im Kurs standen. Die Finanzpresse beschuldigte Barnato durch die Blume unlauterer Geschäftspraktiken. Einige Aktionäre, die durch diese Transaktion viel Geld verloren hatten, schickten Barney anonyme Morddrohungen. Barnato warf sich in die Brust, gestikulierte mit der Brille in der Hand, riß Witze über sich selbst und andere und überschüttete seine Kritiker mit feindseligen und spöttischen Bemerkungen. Doch gleichzeitig war er sich schmerzlich bewußt, daß die Antisemiten in Paris ihn bereits als das neueste Musterbeispiel eines jüdischen Schwindlers hinstellten. Und London sollte bald nachziehen.

In England kursierte zu der Zeit eine Geschichte, die, obwohl sie durch nichts belegt war, von vielen für wahr gehalten wurde. Danach hatte sich ein junger Angestellter nach dem Verlust seiner gesamten, hart erarbeiteten Ersparnisse erschossen. In seinem Abschiedsbrief hieß es angeblich: »Es tut mir leid, daß ich alles verdorben habe. Aber an allem ist nur Barnatos Bank schuld.« Als Labouchere einmal mit dem Wagen an einem Londoner Anwesen Barnatos vorbeifuhr, deutete er auf eine Reihe wasserspeiender Figuren auf dem Dach des Hauses. Ein Begleiter fragte ihn, ob die Statuen eine besondere Bedeutung hätten, und der Journalist antwortete, es handele sich um Barnatos Gläubiger, die sich beim Warten auf ihr Geld in Stein verwandelt hätten.

Barnato begann, heftig zu trinken, und legte ein immer unvernünftigeres Verhalten an den Tag. Seine Frau Fanny hatte ihm wenige Jahre zuvor einen Sohn namens Jack und eine Tochter namens Leah geschenkt. Damals war er Anfang Vierzig gewesen und hatte das Familienleben sehr genossen. Doch inzwischen würdigte er seine Kinder kaum noch eines Blickes. Fast das ganze Jahr 1896 über hatte Barnato voller Überzeugung beteuert, daß seine Millionen nichts bedeuteten und sein Bankrott möglicherweise nur noch eine Frage von ein oder zwei Wochen sei. Jede kleine Absatzflaute trieb ihn in die Kneipe, wo er in Selbstmitleid und Malt-Whisky ersoff. Inzwischen häuften sich seine unvermittelt auftretenden euphorischen Zustände, nach denen er meist unter Anfällen von Verfolgungswahn und Alpträumen litt. Eines Abends beobachtete ihn Fanny dabei, wie er in Mauerritzen krampfhaft nach verborgenen Diamanten suchte. Ein anderes Mal rannte er aus dem Haus und trommelte panisch an die Haustür eines Nachbarn: »Sie sind hinter mir her! Laßt mich rein!«

Im Frühjahr 1897 war Barnatos merkwürdiges Verhalten in Johannesburg bereits Stadtgespräch. Ende Mai beschloß man, daß er dringend Erholung brauche, und am 2. Juni bestiegen die Barnatos ein Schiff nach England, offenbar um an den Feierlichkeiten zu Königin Viktorias sechzigjährigem Jubiläum teilzunehmen. Die Familie hatte Solly Joel überredet, mitzukommen und seinen Onkel unterwegs im Auge zu behalten. Zunächst sah es so aus, als sei Barnato auf dem Wege der Besserung. Er spielte so blendend Domino wie früher und verwickelte die Mitreisenden in angeregte Gespräche. Doch schon wenig später machte er sich wieder Sorgen wegen der Marktlage und bat darum, nicht allein gelassen zu werden.

Am 13. Juni näherte sich das Schiff der Insel Madeira. Barney bestellte zum Mittagessen Champagner und forderte anschließend Solly dazu auf, sich mit ihm an der frischen Luft die Beine zu vertreten. Nachdem die beiden Männer fast eine Stunde lang stramm über das Deck marschiert waren, hielt Joel erschöpft inne und setzte sich in einen Liegestuhl, um zu verschnaufen. Doch Barney machte weiter. Ein kleines Mädchen namens Nellie Mackintosh war die einzige Zeugin der nun folgenden Ereignisse. Barney »rief plötzlich: ›Sie sind hinter mir her‹, rannte zur Reling, kletterte an ihr hoch und sprang ins Wasser. Während er fiel, blähte sich sein Mantel hinter ihm auf. Der Anzug war dunkelbraun und hatte Streifen. Ich sehe ihn noch genau vor mir.« Der vierte Offizier des Schiffes sprang über Bord und schwamm zu dem Körper, der mit dem Gesicht nach unten im Wasser trieb. Die Maschinen wurden gestoppt, und ein Rettungsboot wurde zu Wasser gelassen, doch es war bereits zu spät.

»Am nächsten Tag sagte man uns, daß Mr. Barnato gestorben sei und wir deshalb sehr leise sein müßten. Ich weiß auch noch, wie die Matrosen den Sarg von Bord trugen, als wir in England ankamen. Er war ganz schwarz angemalt und hatte Griffe aus grobem Seil. Hinter ihm gingen Mrs. Barnato, Leah und ihr jüngerer Bruder. Beide waren noch ziemlich klein. Seit dem Tod ihres Vaters hatten wir sie nicht mehr spielen sehen. Die ganze Familie hatte sich von da an nicht mehr blicken lassen.«

»Tod durch Ertrinken im Zustand geistiger Verwirrung«, hieß es im Obduktionsbericht. Einige Beobachter weigerten sich, das zu glauben. Alle möglichen Verdächtigungen wurden laut: Solly habe seinen lästigen Onkel ins Wasser gestoßen; Barney sei von einem Mann getötet worden, der durch die Börsenmanipulationen des Finanziers in den Ruin getrieben worden war; die anderen Randlords hätten ihn aus dem Weg räumen wollen. Ein knappes Jahrhundert später gab es in Kimberley immer noch Leute, die fest an einen Mord glaubten. Es gibt jedoch keinerlei Indizien, die einen solchen Verdacht bestätigen. Im letzten Jahr vor seinem Tod hatte sich Barnato in einem äußerst labilen Zustand befunden. Lange vor dem Selbstmord hatte ein besorgter Freund prophezeit: »Eines Tages wird diese unglaubliche Vitalität weg sein. Dann verliert er entweder den Verstand oder sein Leben.«

Nachdem Barnato nun also beides verloren hatte, versammelten sich in London die Magnaten, um ihm die letzte Ehre zu erweisen. Zweihundert Kutschen geleiteten seinen Leichnam zum jüdischen Friedhof in Willesden. Der Lord Mayor von London war unter den Trauergästen, und sogar Alfred Beit, der Barnato zwar nie gemocht hatte, jedoch der Meinung war, daß ein Randlord – und zwar ausnahmslos jeder Randlord – auf jeden Fall eine Beerdigung erster Klasse verdiente. Rhodes glänzte durch Abwesenheit. Er befand sich gerade auf einer nächtlichen Fahrt durch Betschuanaland, als sein Sekretär die Nachricht von Barnatos Tod erhielt. Der junge Mann wartete und überreichte Rhodes das Telegramm erst am nächsten Morgen. Rhodes fuhr ihn an: »Sie dachten wohl, das würde mich mitnehmen und um den Schlaf bringen. Warum? Bilden Sie sich etwa ein, es würde mir auch nur das geringste ausmachen, wenn Sie in diesem Augenblick unter die Räder dieses Zuges gerieten?« Der Zug fuhr weiter. Und was, wenn einer der De-Beers-Direktoren unter die Räder geriete? Niemand war unersetzlich.

Gleichwohl nahm Rhodes das Ereignis zum Anlaß, noch einmal über seine eigene Sterblichkeit nachzudenken. »Es wäre wirklich lächerlich«, schrieb er nieder, »durch den Tod seine Ideen zu verlieren.« Wie gut, daß er mit »Little Alfred« und anderen Gesellschaftern für diesen Fall längst entsprechende Verfügungen aufgesetzt hatte. Trotzdem mußte er das Testament noch einmal überarbeiten. Kaum wieder hinter seinem Schreibtisch, ließ der Koloß seinen Generaldirektor wissen: »Das wird Sie amüsieren. Ich bin beinahe abergläubisch. Ich wußte, daß Barnato mich nicht überleben würde, deshalb habe ich mit ihm keinerlei Vereinbarungen dieser Art getroffen. Und hätte Beit sich nicht mit mir abgestimmt, dann wäre er ebenfalls vor mir gestorben. Nun ist mir aber der Gedanke gekommen, daß ich vielleicht der erste sein könnte, der gehen muß.« Das Herz des Mannes, der diese Zeilen schrieb, wurde zwar von Tag zu Tag schwächer, doch er irrte sich. In Südafrika, so ein Sprichwort der Schwarzen, kommt der Tod höflich auf Zehenspitzen, mit harten Überraschungen in seinen Händen.

8

ABGANG RHODES,
AUFTRITT HOGGENHEIMER

Weniger als ein Jahr nach Barney Barnatos Beerdigung erhielt sein Neffe Woolf Joel einen beunruhigenden Brief. »Kismet«, wie sich der Absender nannte, forderte 12 000 Pfund, andernfalls werde er sich seine Adresse beschaffen und ihn töten. Das sei ihm lieber, als sich mit »Ruin und Schande« abzufinden. In diesem Ton fuhr der Briefschreiber fort: »Wenn ich Sie töte, so ist das kein Mord, sondern Ihre eigene Schuld, obwohl ich bereit bin, die Konsequenzen dafür zu tragen, daß ich Sie in eine bessere Welt schicke, in eine bessere Welt oder auf die andere Seite des Styx, wo sich Barnato gewiß über ein Wiedersehen mit Ihnen freuen wird.«

Woolf ignorierte die Warnung. Weitere Briefe folgten, und diesmal wurde sein Bruder Solly bedroht. Nach dem, was den Schreiben zu entnehmen war, mußte Kismet bei einem von Barneys zwielichtigen Geschäften zu Schaden gekommen sein. Und offenbar kamen die Brüder zu dem Schluß, daß an seinen Vorwürfen etwas dran war. Jedenfalls kamen sie darin überein, die Polizei nicht einzuschalten. Solly fuhr ins sichere Kapstadt. Woolf blieb in Kimberley und kümmerte sich um die Sache.

Er gab eine Zeitungsanzeige auf, in der er Kismet aufforderte, sich mit ihm vor dem Barnato-Gebäude in Johannesburg zu treffen. Zum vereinbarten Zeitpunkt trat eine große, eindrucksvolle Gestalt auf ihn zu und stellte sich als Baron von Veltheim vor. Mit unverkennbarem deutschen Akzent brachte er seine Beschwerde vor: Nach dem gescheiterten Jameson-Putsch habe Barney Freiwillige angeheuert, um mit ihrer Hilfe in Transvaal die Regierung zu übernehmen. Geplant war, Kruger zu entführen und durch einen Strohmann zu ersetzen. Der Coup sollte mit Barneys Geld finanziert werden, aber Barneys Selbstmord habe alles zunichte gemacht. Die Kidnapper müßten nun um ihre Sicherheit fürchten, hätten aber nicht genügend Geld, um unterzutauchen oder das Land zu verlassen.

Baron von Veltheim drohte, die Geschichte an die große Glocke zu hängen, und Woolf, ob er ihm nun glaubte oder nicht, erklärte sich bereit, das Schweigegeld zu bezahlen, wenn auch nicht in der geforderten Höhe. Er handelte die Summe auf 2500 Pfund herunter, und der Baron war einverstanden. Daraus zog Woolf im Stil eines Cecil Rhodes den Schluß, daß der Mann auch mit einer »Fünfpfundnote zu kaufen« war.

Am 14. März 1898, neun Monate nach Barneys tödlichem Kopfsprung, betrat von Veltheim Woolf Joels Büro. Woolf war nicht allein. Neben ihm stand sein Bürovorsteher Harold Strange, in der Tasche einen geladenen Revolver. Der Baron war wütend und verlangte seine 2500 Pfund. Statt dessen bot ihm Woolf einen Kredit in Höhe von zweihundert Pfund an. Das Gesicht des Erpressers verfinsterte sich. »Wenn das Ihr letztes Wort ist, dann wissen Sie zuviel, und niemand wird diesen Raum lebend verlassen.« Er holte eine Pistole hervor und schoß. Als Strange endlich seinen Revolver zog, hatte von Veltheim bereits drei Schüsse auf Woolf abgefeuert. Weitere Kugeln flogen in Stranges Richtung, doch sie verfehlten ihr Ziel. Durch den Lärm alarmiert, stürmten Woolfs Angestellte herbei, ergriffen den Baron und entwaffneten ihn. Doch für ihren Chef kam jede Hilfe zu spät. Der »sympathische Junge«, der es bereits mit zwanzig zum Millionär gebracht hatte, starb im Alter von 34 Jahren.

Der Mord an Woolf Joel war vorsätzlich begangen worden, und die Drohbriefe waren ein unwiderlegbarer Beweis. Doch man lebte in ungewöhnlichen Zeiten. Der Jameson-Putsch war den Geschworenen noch frisch in Erinnerung, und die meisten von ihnen waren Buren. Die Enthüllungen des Staatsanwalts vermochten sie nicht zu überzeugen: Der »Baron« war in Wahrheit ein gewöhnlicher Bürgerlicher namens Karl Kurtze. Wie aus den Akten der deutschen Stellen hervorging, war er von der Marine desertiert und wurde als Bigamist und Hochstapler in vier Erdteilen gesucht.

Doch wie es schien, war er auf seinen kriminellen Abwegen auch Barney Barnato begegnet, und das rettete ihm den Kopf.

Der Verteidiger stellte ihn als das Opfer eines zynischen Uitlander-Kapitalisten hin, der den Sturz der burischen Regierung geplant habe. Im Widerspruch zu den Behauptungen des Anklägers sagte Kurtze, er sei von Joel bedroht worden und habe in Notwehr geschossen. Ohne lange Diskussion entschieden die Geschworenen zugunsten des Angeklagten. Er durfte als freier Mann den Gerichtssaal verlassen. Der Richter prangerte das Urteil öffentlich an, und der Anwalt des Barons weigerte sich, seinem Klienten die Hand zu geben. Selbst Kruger war von dem Fehlurteil peinlich berührt und ließ Kurtze einige Wochen später ausweisen, da er eine »Gefahr für die öffentliche Ordnung« darstelle.

Krugers Geste trug aber nicht dazu bei, den wachsenden Unmut im Land zu besänftigen. Nach Meinung der Uitlander hatte der Prozeß verdeutlicht, daß die Buren sich nicht mit englischem Geld begnügten: Sie wollten englisches Blut. Und als hätte es eines weiteren Beweises bedurft, machten Johannesburger »Zarps« – arrogante junge burische Polizisten – durch eine Reihe brutaler Übergriffe von sich reden. Ein Zarp erschoß einen unbewaffneten Mann englischer Abstammung, doch die Gerichte sahen von einer Mordanklage ab. Das Opfer hinterließ Frau und Kind, die nun mittellos dastanden. Uitlander demonstrierten daraufhin auf dem Marktplatz von Johannesburg und überreichten dem britischen Vizekonsul eine Petition. Das Land geriet an den Rand eines Bürgerkrieges.

Die Lage spitzte sich weiter zu, als Sir Alfred Milner zum britischen Hochkommissar für Südafrika ernannt wurde. Anders als Hercules Robinson, der sich von Rhodes hatte schmieren lassen, war Milner ein unbestechlicher Mann. Er hatte sich als Verwaltungsbeamter in Ägypten hervorgetan und verurteilte den Jameson-Putsch bei seinem Amtsantritt als hirnverbrannt und unverantwortlich. Der Presse versicherte er, daß die Querelen zwischen Briten und Buren friedlich beigelegt werden könnten. Doch solche versöhnlichen Worte entbehrten jeder realen Grundlage. Milner verstand sich selbst als »Patriot der britischen Rasse«. Und der 75jährige Kruger war in seinen Augen nur ein frommer Betrüger. Woher nahm dieser Neandertaler im Gehrock nur die Frechheit, den Uitlandern die Bürgerrechte zu verweigern? Was waren burische Gewehre und Parolen gegen die Macht des britischen Imperiums? Milner stellte klar, daß er Ihrer Majestät Truppen und Kriegsgerät hinter sich habe. Wo Rhodes und seine Freunde gezaudert hätten, werde er sich Geltung verschaffen. Schließlich bräuchten die englischen Frauen und Kinder in Krugers Burenrepublik Schutz.

Den brauchten sie in der Tat. Doch der eigentliche Konfliktstoff war nicht über, sondern unter der Erde zu suchen. Die südafrikanischen Millionäre, die überwiegend englischer Abstammung waren, verdankten ihren Reichtum den Diamanten von Kimberley, und nun hatten dieselben Männer begonnen, eine Goldminenindustrie aufzubauen. Gold stand hinter dem britischen Pfund. In den Vereinigten Staaten tobte eine heftige Diskussion zwischen den »Silberdemokraten« im Westen und den Republikanern im Osten, die für die Einführung des Goldstandards eintraten. William Jennings Bryan war am Rednerpult unschlagbar (»Sie werden die Menschheit nicht an ein Kreuz aus Gold schlagen«) und William McKinley an den Urnen. Als der neue Präsident 1896 sein Amt antrat, war er der festen Überzeugung, daß die US-Währung durch Gold gestützt werden müsse. Das Edelmetall gewann mit jedem Tag an Wert. Wollten die Engländer die südafrikanischen Minen unter ihre Kontrolle bringen, mußten sie auch den politischen Kurs des Landes bestimmen.

Treffen zwischen dem alten Kruger und dem Mittvierziger Milner trugen nur zu einer Verschärfung der Spannungen bei. Die kulturellen Unterschiede, die kolonialen Ambitionen und nicht zuletzt der Altersunterschied von dreißig Jahren machten Verhandlungen unmöglich.

Krugers Sturheit stand Milners Arroganz in nichts nach, und von Juni bis Oktober 1899 bereiteten sich beide Seiten auf einen militärischen Konflikt vor. Zum erstenmal seit dem Krimkrieg (1853–1856) sollte Großbritannien wieder die Waffen gegen Weiße erheben.

Die Propagandisten in Großbritannien machten Überstunden, um die Öffentlichkeit auf den Krieg einzustimmen. An der Spitze der chauvinistischen Scharfmacher stand der aufrechte Rudyard Kipling, der seine Leser ermahnte, nicht immer nur von Patriotismus zu reden, sondern auch finanzielle Opfer für ihn zu bringen.

Wenn ihr gerufen habt »Herrsche Britannia«,
Wenn ihr gesungen habt »God save the Queen«
Und wenn ihr damit fertig seid, Kruger mit Worten zu töten,
Werft ihr dann bitte einen Shilling in mein Tamburin
Für einen Gentleman in Khaki, mit Marschbefehl nach Süden?

Kaum hatte der Dichter mit der Verteufelung Krugers begonnen,
fühlte sich Cecil Rhodes so sicher, daß er sein Schweigen brach
und wieder in seine alte Rolle als kolonialistischer Visionär
schlüpfte. Er hätte genausogut auf Groote Schuur, seinem Anwesen am Kap, bleiben können. Auch hätte er ein Schiff nach London nehmen können, wo er viele Freunde an höchster Stelle
hatte. Statt dessen kehrte er am 10. Oktober 1899 »mit grauem
Haar und strahlendem Gesicht« in sein Allerheiligstes, die Diamantenstadt, zurück. In Kimberley galt Rhodes immer noch als
Held: Mit großzügiger Unterstützung der Firma De Beers hatte
die Stadt eine Bergbauschule, ein Sanatorium und ein neues Rathaus gebaut.

Gleichwohl hätte es so mancher Bewohner lieber gesehen,
Rhodes hätte einen anderen Zufluchtsort gewählt. David Harris,
der den Parlamentssitz seines Vetters Barney übernommen hatte,
»zitterte bei dem Gedanken an die möglichen Folgen … für das
schutzlose Kimberley, das 750 Kilometer vom nächsten Hafen
entfernt lag, eingezwängt zwischen dem Freistaat auf der einen
und Transvaal auf der anderen Seite. Ich fürchtete, daß die [buri-
schen] Streitkräfte gegen Kimberley vorrücken könnten, denn
Rhodes verwahrte dort einen Großteil seines Vermögens. Die
Eindringlinge hätten fette Beute machen können.« Gerüchte kursierten, wonach die Buren die Absicht hatten, Rhodes zu fangen
und ihn in einem Käfig in ganz Transvaal der Bevölkerung vorzu-
führen. Doch Rhodes blieb keine Zeit, seine Meinung zu ändern,
und Harris fand keine Gelegenheit mehr, ihn umzustimmen. Am
Tag nach der Ankunft des Kolosses erklärten die Buren den Briten den Krieg. Knapp eine Woche später wurden die Telegrafenleitungen nach Kimberley gekappt.

Obwohl in der Ferne bereits Geschütze donnerten, zeigte der
Koloß sich der Lage gewachsen – auf die ihm eigene Weise. Tausende von verängstigten Flüchtlingen aus der Umgebung strömten in die Stadt. Rhodes gab ihnen Arbeit. Sein privates Hilfswerk

stellte kräftige Männer ein, die Straßen ausbesserten, Gräben aushoben, Gärten bepflanzten und Stadtparks verschönerten. Er richtete Komitees ein, die für die Unterbringung und ärztliche Betreuung bedürftiger Familien sorgten. Bis zum Ende des Jahres hatte De Beers 178 Weiße, 730 Coloureds und 1457 Schwarze mit über sechstausend Pfund unterstützt.

Eine Zeitzeugin fand später außergewöhnliche Worte für Rhodes: »Ich weiß nicht, was wir während der Belagerung ohne ihn getan hätten. Jeder, der damals in Kimberley war, wird ihn für alle Zeiten als einen wahren Freund in Erinnerung behalten.« Der Bürgermeister und die Stadträte waren derselben Meinung. Andere waren sich nicht so sicher. Die britische Armee hatte Lt. Colonel R. G. Kekewich mit der Verteidigung der Stadt betraut, doch für Rhodes waren der Offizier und seine Männer nur Spielzeugsoldaten. Unter Mißachtung der Armeebefehle stellte er eine eigene leichte Kavallerie auf, rüstete sie aus und beauftragte einen Ingenieur von De Beers, ein schweres Geschütz zu konstruieren, das unter dem Namen »Long Cecil« bekannt wurde. Der Lärm, den es machte, war ebenso ohrenbetäubend wie nutzlos, denn die burischen Stellungen waren meilenweit entfernt. Die Buren erwiderten das Feuer mit ihrem eigenen Geschütz, dem »Long Tom«. Eine der Granaten schlug in der Stadt ein und forderte ein einziges Todesopfer: den Ingenieur, der »Long Cecil« gebaut hatte.

Dies alles brachte Kekewich in Harnisch, aber er konnte nichts dagegen tun. Der Oberstleutnant wußte sehr wohl, daß es ohne De Beers kein Kimberley gab und ohne Cecil Rhodes keine De Beers. Kekewich wurde grob und spielte sich auf. Rhodes fluchte und tobte. Jeder ging seinen Weg. Der Koloß machte das Beste aus der Situation. Er stellte eine seiner Minen als Schutzbunker zur Verfügung und versorgte die Stadtbewohner mit Lebensmitteln. An Weihnachten wurde Plumpudding gekocht und gratis verteilt – mit einer Empfehlung der Firma De Beers. Die höchsten Beamten der Stadt taten sich an einem siebengängigen Menü mit Brathähnchen gütlich, doch am nächsten Tag kehrte Kimberley wieder zu Esel- und Pferdefleisch zurück.

Die letzte Demütigung erfuhr der Kommandant im Februar, als eine Einheit unter dem Befehl von General J. D. P. French die Stadt befreite. Kekewich ritt den Truppen entgegen, um sie willkommen zu heißen, verfehlte sie aber im allgemeinen Durcheinander. Als er zurückkehrte, mußte er feststellen, daß im Sanatorium bereits gefeiert wurde. French und Rhodes, die sich offenbar schnell angefreundet hatten, tranken Champagner und brachten Toasts auf die Queen aus. Kekewich beklagte sich bei dem ranghöheren Offizier, daß er »diesen Mann nun lange genug ertragen« habe. French war anderer Meinung. »Sie sollten daran denken, daß Mr. Rhodes, oder dieser Mann, wie Sie ihn nennen, diese Position verdient und daß er nicht nur im Empire, sondern in Europa eine einflußreiche Persönlichkeit ist. Sie hätten versuchen müssen, mit ihm zusammenzuarbeiten.«

»Ich dachte, ich hätte das Oberkommando«, protestierte Kekewich. Aber da hatte er sich geirrt, und seine Vorgesetzten sorgten dafür, daß ihm nie wieder ein Irrtum unterlaufen konnte. Als er sich 15 Jahre später das Leben nahm, war er nur einmal befördert worden.

Rhodes konnte sich nicht lange daran erfreuen, daß er den anderen um eine Nasenlänge voraus war. In Johannesburg und, schlimmer noch, in London formierten sich die Gegner von De Beers. Immer mehr Kritiker der imperialistischen Politik Englands bekundeten öffentlich ihre Sympathie mit den Buren und verurteilten das Abenteuer in Südafrika als niederträchtig und korrupt. Schon hatte der Krieg der Welt ein neues Wort beschert: »Konzentrationslager«. In solchen Lagern litten gefangene Burenfamilien an Krankheiten und Unterernährung. Der Krieg war eine Vergeudung an menschlicher Arbeitskraft und Material, an Geld und moralischem Kapital. Und wofür? Nur für den Profit einiger weniger Plutokraten, wie einige angesehene Leute meinten. In einem bissigen Kommentar bemerkte der Romancier George Moore, daß Kipling die »gräßlichsten Verse, die je in einer schönen Sprache geschrieben wurden, niemals verfaßt hätte, wenn er nicht in einer besonders gräßlichen Zeit gelebt hätte – in der Zeit der afrikanischen Millionäre«.

Und das war noch die mildeste Kritik. In einem unverblümten Pamphlet rügte der Korrespondent des *Manchester Guardian* H. B. Hobson eine exponierte weiße Minderheit. Jahre zuvor hatte er verächtlich über einen Menschentyp geschrieben, der »seinen überlegenen und berechnenden Intellekt rücksichtslos dazu benutzt, aus jeder Schwäche, jeder Torheit und jedem Laster der Gesellschaft, in der er lebt, einen Vorteil zu ziehen«. Die Londoner Presse, so befand Hobson, gerate »zusehends unter die Kontrolle von Juden«, und in Südafrika hätten dieselben Leute bei nahezu jedem Geldgeschäft ihre Finger im Spiel. »Johannesburg ist eine jüdisch geprägte Stadt.« So bleibe an Jom Kippur die Börse geschlossen, und bezeichnenderweise enthalte »das Branchenverzeichnis 66 Cohens gegenüber 21 Joneses und 53 Browns«. Außerdem bemängelte er, daß die Juden sich kaum an der Uitlander-Diskussion beteiligten: »Eine solche Arbeit überlassen sie lieber anderen. Da aber die Hälfte des Landes und neun Zehntel des von Ausländern beanspruchten Reichtums in Transvaal ihnen gehören, werden sie die eigentlichen Nutznießer sein.«

Der radikale Henry Labouchere benutzte seine Wochenzeitschrift *Truth* für einige hämische Seitenhiebe. Eine in loser Folge erscheinende Kolumne trug den Titel: »Briefe von Moses Levin in Whitechapel an Isaac Levin in Johannesburg.« Der irische Nationalist John Dillon behauptete im britischen Unterhaus, daß »Mr. Rhodes und seine Partner – hauptsächlich Juden deutscher Abstammung – Tausende von Pfund für Propaganda ausgeben. Durch ihr Bündnis in Südafrika und hier haben diese Brunnenvergifter die Öffentlichkeit irregeführt.«

Vor demselben Auditorium behauptete John Burns, Führer der Londoner Hafenarbeiter, daß »die britische Armee, die bisher als Sir Galahad der Geschichte für jede gute Sache gekämpft hat, in Afrika zum Handlanger der Juden geworden ist ... Wo wir auch hinschauen, die jüdische Finanz führt Regie und dirigiert die Kräfte, die diesen Krieg herbeigeführt haben.«

Edward Carpenter, der in seinen bisherigen Aufsätzen für Sozialismus, Spiritualismus und homosexuelle Liebe eingetreten war, veröffentlichte an Neujahr 1900 ein Büchlein, das große Beachtung fand. Darin beschrieb er Johannesburg als »eine Hölle voller Juden, Finanziers, gieriger Spekulanten, Abenteurer, Prostituierter, Bars, Banken, Spielsalons und mit allen erdenklichen Ausgeburten des Teufels«. Er verfluchte die englischen Beamten, Militärs und Politiker: »Keine dieser Schichten hat andere Ideale als materielle, und die halbe Zeit werden sie von den Juden an der Nase herumgeführt.«

In diesem Klima fühlte sich Hilaire Belloc ermutigt, ein sarkastisches Gedicht über die »jüdische Macht« in Südafrika zu ver-

Partner!
(Firmenschild auf der Karikatur:) Hoggenheimer, Tod & Co. Goldberg-
baugesellschaft. (Nachricht auf der Karikatur:) Mörderische Todesrate
auf dem Minengelände.
Die klassische antisemitische Karikatur in Südafrika: »Hoggenheimer«
stand für den fetten, jüdischen Profiteur, der mit seiner Habgier das Land
zu zerstören drohte. Diese Karikatur von Frank Holland erschien im
Johannesburg Star.

fassen. In einem spöttischen Klagegesang porträtierte er die
reichsten Randlords in einer Rolle, die in seinen Augen am wenigsten zu ihnen paßte: als tapfere Soldaten, die im Krieg ihr Leben
lassen.

> Wir kennen auch die heiligen Höhen
> an den Ufern des Tugela,
> wo Beit mit dreihundert Mannen focht
> und der aufrechte junge Wernher fiel.

Und:

Die verlassenen kleinen Häuser
und die ruinierten Synagogen, die trauern
in Frankfurt und Berlin ...

Belloc wußte nicht – und wollte es auch nicht wissen –, daß Randlord Hermann Eckstein der Sohn eines evangelischen Pfarrers und Beits Partner Julius Wernher ein deutscher Protestant war. Oder daß Beits Eltern vor seiner Geburt zum christlichen Glauben übergetreten waren. Wie den Nazis vierzig Jahre später, so genügte es auch den britischen Antisemiten, wenn jemand einen jüdisch klingenden Namen trug oder einen Juden zum Geschäftspartner hatte – eine niederträchtige Gesinnung färbte immer irgendwie ab. Ein Rhodes-Biograph, der die Charakterfehler des Kolosses nicht als die eines Engländers gelten lassen wollte, beschrieb ihn als einen Mann mit »adlerartigem Raubvogelgesicht mit einem leicht jüdischen Einschlag«.

Andere hatten triftigere Gründe für ihren Haß. Die südafrikanische Romanautorin Olive Schreiner, selbst jüdischer Abstammung, kritisierte den Koloß, als er einen Gesetzentwurf unterstützte, der den Weißen das Recht einräumte, ihre schwarzen Arbeiter zu prügeln. Ihr Roman *Trooper Peter Halket of Mashonaland* war eine Anklage, die für die Gegner des britischen Imperialismus eine ähnliche Bedeutung erlangte wie seinerzeit *Onkel Toms Hütte* für die Gegner der Sklaverei in Amerika.

In einem der ersten Kapitel hat der Held, der Soldat Peter Halket, eine Jesus-Vision. »Hör mal«, ruft Halket. »Du scheinst ja überall herumgekommen zu sein. Hast du auch Cecil Rhodes gesehen?« »Ja, ich habe ihn gesehen«, antwortet der Fremde.

»Nun, er kann die Nigger auf den Tod nicht ausstehen«, antwortet Halket, sich die Hände am Feuer wärmend. »Die Leute sagen: Wenn wir die britische Regierung hier haben und jemand schlägt einen Nigger und dabei passiert was, dann kommt es zu einer Untersuchung mit allem Drum und Dran. Aber unter Cecil bekommt man keinen Ärger. Man kann mit den Niggern machen, was man will, vorausgesetzt, man bringt *ihn* nicht in Schwierigkeiten.«

Jesus hält ihm eine Moralpredigt, und Halket wird bekehrt. Am Ende verhilft er einem schwarzen Sträfling zur Flucht und stirbt den Märtyrertod.

196

Die Schreiner hatte Bedenken wegen ihres Melodrams. War die Geschichte für Leser außerhalb Südafrikas glaubhaft? Sie besorgte sich von der Armee eine Fotografie und überredete ihren Verleger, sie dem Buch als Frontispiz beizufügen. So kam es, daß in der ersten Ausgabe des *Trooper* mehrere Schwarze abgebildet waren, deren verstümmelte Leichen an einem Ast baumelten. Der Mob, der sie gelyncht hatte, war deutlich zu sehen: Vermutlich waren es Söldner der Charter Company, die im Sold von Cecil Rhodes standen. Die Leser waren entsetzt, und die Abbildung wurde aus den folgenden Ausgaben verbannt. Doch Olive Schreiner hatte ihr Ziel erreicht: Immer mehr Menschen sahen in Rhodes einen rassistischen Tyrannen, der das viktorianische England in Verruf brachte.

Die Verachtung, welche die Gegner des Imperialismus für Rhodes empfanden, brachte G. K. Chesterton mit seiner ironischen Bemerkung auf den Punkt, daß Cecil Rhodes, statt westliche Ideale zu fördern, »fast alle Grundzüge eines Sultans verkörperte, angefangen bei seiner Leidenschaft für Diamanten bis hin zu seiner Verachtung für Frauen«. Die besondere Ironie dabei war: Am Ende waren es weder die Diamanten, die Rhodes den Rest gaben, noch seine politischen Intrigen, noch sein Rassismus. Der eingefleischte Frauenfeind stolperte über eine Frau.

Prinzessin Katharina Maria Radziwill erzählte gern von ihrem früheren Leben in der guten Gesellschaft von St. Petersburg und Berlin. Aber sie war nicht das weibliche Pendant zu Baron von Veltheim. Ihr Titel war echt. Die Prinzessin war die einzige Tochter eines polnischen Adligen, der in Rußland lebte. Er hatte sie, als sie 15 war, mit einem deutschen Prinzen verheiratet. Das Paar bekam fünf Kinder, dann trennte es sich, und Maria Radziwill, deren Schönheit langsam zu verwelken begann, ging nach London, um sich dort nach einem betuchten Ehemann umzutun. Als sie ihn in der Person des Junggesellen Cecil Rhodes gefunden zu haben glaubte, machte sie ihm bei einer Dinnerparty Avancen.

Wie vorherzusehen, zeigte Rhodes kein Interesse. Doch die Prinzessin richtete es so ein, daß sie ihn wiedertraf, diesmal auf einer Seereise an Bord der *Scot,* jenes Schiffes, von dem Barney Barnato wenige Jahre zuvor in den Tod gesprungen war. Auf der Überfahrt von Southampton nach Südafrika ließ sie ihre Reize spielen und umgarnte Rhodes mit Schmeicheleien. Höflich, wie er war, lud er sie ein, ihn bei Gelegenheit einmal auf seinem Anwesen Groote Schuur zu besuchen. Katharina Maria mißverstand sein Angebot als den Beginn einer Werbung und machte es sich nach ihrem Antrittsbesuch zur Gewohnheit, unangemeldet bei ihm hereinzuplatzen. Rhodes, der ganzen Ländern seinen Willen aufzwingen konnte, war nicht in der Lage, mit einer Frau fertig zu werden. Statt ihr das Haus zu verbieten, ließ er ständig ein gesatteltes Pferd bereithalten, damit er jederzeit verschwinden konnte, wenn ein Diener die Ankunft der Prinzessin meldete.

Eines Morgens, als er wieder einmal davongaloppierte, wartete die Prinzessin vergeblich in seinem Arbeitszimmer, und am Spätnachmittag erfuhr Rhodes von seinem Sekretär, daß wichtige Papiere fehlten – vermutlich die verschwundenen Telegramme aus den Tagen des Jameson-Putsches. Eine Zeitlang hatte es den Anschein, als sei auch die Prinzessin verschwunden. Im Jahr 1901, als der Burenkrieg tobte, starb Königin Viktoria, und Katharina Maria Radziwill schien zu weit weg, um dem besorgten Rhodes Verdruß zu bereiten.

Nur hin und wieder hörte er von ihr: Sie hatte eine Zeitung gegründet, die bald darauf aber wieder einging. Dann brachte sie Wechsel in Umlauf, die seine Unterschrift trugen. Und schließlich behauptete sie, er habe um ihre Hand angehalten.

Zuerst ignorierte Rhodes die Berichte, dann begriff er aber, daß er gerichtliche Schritte unternehmen mußte, da die Wechsel, wie er zu Recht behauptete, gefälscht waren. Er entsandte Unterhändler und ließ der Prinzessin ausrichten, daß er bereit sei, auf eine Klage zu verzichten, wenn sie ihm die fehlenden Papiere zurückerstatte. Als sie ablehnte, schlug der Koloß zu. Katharina Maria erinnerte sich später: »Ich sollte bestraft und nebenbei in Verruf gebracht werden, damit alles, was ich später eventuell sagen würde, unglaubwürdig erschien.«

Um sie in Mißkredit zu bringen, mußte Rhodes in Kapstadt vor Gericht erscheinen. Die Ärzte rieten ihm davon ab. Seine Herzbeschwerden hatten sich verschlimmert, und jede Anstrengung konnte fatale Folgen haben. Aber der Koloß bestand auf seinem Willen. Die Öffentlichkeit durfte nichts über seine Krankheit erfahren. Jede Indiskretion hätte an der Börse eine Panik ausgelöst. Journalisten wurden geschmiert. So meldete *The Cape*

Argus am 4. Februar 1902, daß Mr. Cecil Rhodes, der Mann, der De Beers leite und einen großen Teil der weltweiten Goldförderung kontrolliere, bei »bester Gesundheit« sei.

Augenzeugen im Gerichtssaal hatten einen anderen Eindruck. Der übergewichtige und kurzatmige Rhodes wirkte wie ein rüstiger Greis von 48 Jahren. Er sagte aus, daß er für Katharina Maria keine Wechsel unterzeichnet habe und daß die Papiere, die sie den Banken vorgelegt habe, Fälschungen seien. Nach der anstrengenden Aussage kehrte Rhodes nach Groote Schuur zurück, wo er sich neben ein geöffnetes Fenster legte und in der kühlen Brise nach Luft rang. Von da an ging es für den Koloß und die Prinzessin nur noch bergab. Er wurde zusehends schwächer, und sie wurde des Betrugs überführt und zu zwei Jahren Gefängnis und damit zu lebenslanger gesellschaftlicher Ächtung verurteilt.

Rhodes erfuhr nie von ihrer Bestrafung. Am Abend des 26. März 1902 hörte sein Herz auf zu schlagen. »Von der Wiege bis ins Grab, was ist das?« hatte er einst gefragt und sich die Frage selbst beantwortet: »Drei Tage an der See.« In diesen drei Tagen hatte er seinen Namen auf die Weltkarte eingetragen. Er hatte die Diamantfelder zusammengelegt und aus der Firma De Beers einen Finanzriesen gemacht. Von seinem Firmensitz in einem kargen und schwierigen Land aus hatte er mehr Kapital angehäuft als jeder andere Zivilist im 19. Jahrhundert. Und selbst im Tod war er noch ein mächtiger Mann. Die mit seiner Hinterlassenschaft gegründete Rhodes-Stiftung sollte Tausenden von jungen Männern ein Studium in Oxford ermöglichen und großen internationalen Einfluß ausüben.

Die Trauerfeier in der Kathedrale von Kapstadt war natürlich ein Ereignis ersten Ranges. Im Anschluß an die Zeremonie wurde der Leichnam mit der Eisenbahn in den Norden überführt, »begleitet«, wie es in einem ehrfurchtsvollen Bericht hieß, »von allen sichtbaren Zeichen der Trauer, wie sie gewöhnlich nur an Begräbnistagen von Königen zu beobachten sind«. Als der Zug vorüberfuhr, zogen Farmer ihre Mützen, präsentierten Soldaten das Gewehr, nahmen Honoratioren Haltung an. Und die Matabele in den Matopobergen riefen dem weißen Häuptling, vor dem sie tiefen Respekt gehabt hatten, ein Wort zu, das in ihrer Sprache allergrößte Hochachtung ausdrückte: »Bayete!«

Noch waren die Rufe nicht verklungen, da begannen die Kritiker bereits an dem Sockel, dann an dem ganzen Denkmal zu rütteln. In einem Nachruf brachte *Le Temps* zum Ausdruck, was viele auf dem europäischen Kontinent dachten: Cecil Rhodes sei ein Mann »ohne Religion, ohne Liebe und ohne Ideale« gewesen. »Er lebte nur für seine Pläne und genoß das Leben nur so, wie eine Kanonenkugel, die blind und verderbenbringend ihrem Ziel entgegenfliegt, den Raum genießt. Er war ein großer Mann, keine Frage – ein Mann, der sich um sein Land verdient gemacht hat, dem die Menschheit jedoch keinen besonderen Dank schuldet.« In England erinnerte man an seinen grandiosen Traum: »Die Welt ist fast verteilt«, hatte Rhodes gesagt, »und was von ihr noch übrig ist, wird aufgeteilt, erobert und kolonisiert. Wenn ich an die Sterne denke, die man bei Nacht am Himmel sieht ... Ich würde die Planeten annektieren, wenn ich könnte. Daran denke ich oft.« Viele nickten beifällig mit dem Kopf, als Olive Schreiner über den Koloß sagte, er sei »zu groß, um durch die Höllenpforte zu passen«.

Die Anhänger Rhodes' – und es gab ihrer viele – verwiesen darauf, daß er nicht zu eitler Selbstdarstellung geneigt habe. Bis zum Schluß habe er ohne Pomp gelebt und sich einfach gekleidet. »Ich will Macht«, pflegte Rhodes zu sagen, »sollen sich andere mit Pfauenfedern schmücken.« Sein Freund Rudyard Kipling erinnerte mit einigen Versen an ihn und grüßte den

> aufrechten Träumer, dessen Visionen
> unsere Vorstellungskraft überstiegen.
> Sein tätiger Geist gebar
> Städte statt Reden.
>
> Möge sein großartiger, grübelnder Geist
> auch künftig walten und beflügeln.
> Im Leben war er das Land, und im Tod
> wird seine Seele die Seele des Landes sein!

Als Beweis für diese Vision konnte Kipling auf das Testament des Kolosses verweisen. Er hinterließ über 6 Millionen Pfund, ein riesiges Vermögen nach damaligen Verhältnissen. Nur ein sehr geringer Teil ging an seine Angehörigen. Oriel, sein altes College in Oxford, erhielt eine großzügige Summe für seine Fakultät und den Bau verschiedener neuer Gebäude. Groote Schuur wurde treuhänderisch verwaltet und sollte künftigen Premierministern als Residenz dienen. Als Irrtum sollte sich herausstellen, daß Rhodes annahm, Rhodesien werde viertausend Jahre lang an ihn erinnern. Was seinen Namen tatsächlich lebendig hielt, war die Einrichtung der berühmten Rhodes-Stiftung. Sie war sozusagen die letzte Variante seiner Geheimgesellschaft, von der er in jungen Jahren auf den Diamantfeldern geträumt hatte. Mit den Stipendien hoffte er zu gewährleisten, daß immer wieder wackere junge Angelsachsen hervorgebracht wurden. Die Auswahlkriterien für die Kandidaten waren gute wissenschaftliche Leistungen, Neigung zum Freiluftsport sowie männliche und charakterliche Tugenden.

Mit einem Wort, Kriterien, denen Rhodes selbst nie genügt hätte.

*

Der Burenkrieg endete in den ersten Monaten des Jahres 1902. Für die Amerikaner hatte der Konflikt eine erschreckende Ähnlichkeit mit ihrem eigenen Bürgerkrieg. Unmittelbar vor Ausbruch der Kämpfe hatte der höchste Richter Südafrikas zutreffend vorausgesagt: »Welch ein Erbe des Hasses für die Zukunft!« Wie in Amerika waren die späteren Verlierer euphorisch ins Feld gezogen und hatten zunächst schnelle Siege errungen. Und die späteren Sieger hatten zerknirscht auf ihre Überlegenheit an Menschen und Material verwiesen: Der Krieg werde nicht lange dauern, spätestens an Weihnachten seien die Jungs wieder zu Hause. Beide Kriegsparteien irrten. Nach spektakulären Triumphen auf beiden Seiten entbrannte ein Guerillakrieg, der sich fast vier Jahre lang hinzog. Mehr Männer starben an Fieber und Infektionen als an Verwundungen, die ihnen feindliche Geschosse beigebracht hatten. Verluste und Desertionen sowie Großbritanniens rücksichtslose Politik der verbrannten Erde, der ganze Farmen und Städte zum Opfer fielen, zwangen die Buren schließlich in die Knie.

Die Amerikaner jenseits des Atlantiks fühlten sich an Antietam und Gettysburg erinnert. Für viele war England immer noch der Feind der Revolution und der Gegner im Krieg von 1812. Und die

Feinde Großbritanniens waren automatisch Freunde der Vereinigten Staaten. Aus diesem Grund schlug ein New Yorker Kongreßabgeordneter dem Außenminister vor, »das gesamte burische Volk einzuladen, sich auf dem Staatsgebiet der Vereinigten Staaten anzusiedeln«. Der Gouverneur von Arkansas bot den Buren 20 000 Quadratkilometer Land als Geschenk an, und Colorado zog mit einem ähnlichen Vorschlag nach. Die offizielle Antwort war immer dieselbe: »Die Buren lieben Afrika zu sehr, um an Emigration zu denken.«

Am 31. Mai 1902 waren die Kämpfe zu Ende. Ein Friedensvertrag wurde unterzeichnet, und Oberbefehlshaber Lord Kitchener reichte den burischen Abgesandten die Hand. »Nun sind wir gute Freunde«, sagte er. Von allen Lügen in diesem Krieg war dies die größte. Keine Seite zeigte Reue oder Bereitschaft zur Aussöhnung. Die Briten hatten 22 000 Tote zu beklagen, die Buren 24 000, darunter 20 000 Frauen und Kinder, die in den Konzentrationslagern an Hunger und Krankheit gestorben waren.

Nur wenige Briten erwarben sich in diesem Krieg einen guten Leumund. Einer von ihnen war Sir Randolph Churchills Sohn Winston, der als Kriegsberichterstatter in Südafrika weilte. Er wurde durch Berichte über seine waghalsige Flucht aus einem burischen Gefängnis berühmt. Ähnliches galt für den Lt. Colonel Baden-Powell, der eine Schwäche für Uniformen und junge Männer hatte und beides miteinander verband, indem er später die Pfadfinder-Bewegung gründete. Lord Milner regierte als Hochkommissar, entschlossen, die britische Herrschaft über ganz Südafrika zu festigen. Er versprach, die Militärverwaltung durch eine Zivilregierung zu ersetzen, »sobald es die Umstände erlauben« – was bedeutete, daß es allein in seinem Ermessen lag, wann zivile Volksvertreter gewählt wurden. »Das Endziel«, schrieb er, »ist eine sich selbst regierende weiße Gemeinschaft, die von Kapstadt bis zum Sambesi von einer gut behandelten und gerecht regierten schwarzen Arbeiterschaft unterstützt wird.«

Den vielleicht größten Triumph feierten die Randlords. Sie behielten ihre Minen und Bankkonten und blieben Verbündete der Krone. Die Gold- und Diamantminen nahmen den Betrieb wieder auf, und von neuem flossen Gewinne in die Kassen der von Cecil Rhodes gegründeten Unternehmen. Auf seiten der Buren hatte sich nur ein einziger Mann als Führer von internationalem

Format hervorgetan: der stahlharte Offizier Jan Smuts. Er sollte im folgenden Jahrzehnt viel von sich reden machen.

Auf beiden Seiten kam es zu einschneidenden Veränderungen. Paulus Kruger ging in die Schweiz ins Exil. Er starb vier Jahre später, ohne seine Heimat wiedergesehen zu haben. »Ich wurde unter der britischen Flagge geboren«, schrieb er nach dem Krieg, »und ich wünsche nicht, auch unter ihr zu sterben.« Königin Viktoria und Cecil Rhodes waren während des Krieges gestorben, und mit ihnen war der Traum von einem britischen Afrika vom Kap bis nach Kairo begraben worden. Das Schlagwort der ersten Kriegstage – »Jetzt sind wir alle Imperialisten« – machte Selbstzweifeln und einem Gefühl des Abscheus Platz. Ausgerechnet Kiplings Tante hängte ein Spruchband aus ihrem Fenster, auf dem zu lesen war: »Wir haben gemordet und geraubt.« George Bernard Shaw, der sich nie dazu durchringen konnte, den Krieg zu verurteilen, schrieb, daß »zwei Rudel von Raubtieren« um den Besitz eines Landes gekämpft hätten, »in dem keines von beiden etwas verloren hat oder jemals verloren hatte ... Die moralische Position der Buren und der Briten ist in jeder Hinsicht identisch, das heißt, es hat niemals eine gegeben. Zwei Hunde rauften um einen Knochen, den ihnen Mutter Natur, eine alte Schlächterin mit einer Filiale in Südafrika, hingeworfen hatte.«

Der Knochen war der Reichtum an Bodenschätzen, und in dem bitteren Frieden wurden die Randlords für jedermann zur bevorzugten Zielscheibe. Labouchere und Hobson hetzten weiter gegen die jüdischen Profiteure, und in London wurde das Musical *The Girl from Kay's* gespielt, in dessen Mittelpunkt ein komischer südafrikanischer Millionär namens Hoggenheimer stand, den die Chormädchen »Schweinchen« nannten. Jedes weitere Wort erübrigte sich: Name und Herkunftsland deuteten unmißverständlich auf einen jüdischen Parvenü hin, der für eine Parodie wie geschaffen war.

Beim Finale sang die weibliche Hauptfigur von ihren Wünschen:

> Im Park gibt es vielleicht bald was zu sehen,
> daß euch die Augen übergehen,
> 'nen parfümierten Silberschlitten
> mit chromverzierten Kanten,

und in der Kiste sitze ich,
in einem Silberfuchs, ganz königlich,
an meinem Hut nur ein paar große Diamanten.

Denn Hoggenheimer vom Park Lane
wird bald mein lieber Gatte sein.
Und dann verjubele ich sein Geld
und bin so froh wie niemand sonst auf dieser Welt,
und jedem, der mich sieht, fällt's wieder ein:
Das muß Frau Hoggenheimer sein.

Und der Chor schloß:

Er bringt es vielleicht noch zum Peer,
zum Baron, Vicomte oder Earl.
Er wird Lord Hoggenheimer vom Park Lane.
Und bald schon wird man erfahren,
daß Barone seine Vorfahren waren.
Und sie wird von edlem Geblüt sein,
führt sie der Lord erst als Braut heim.

The Girl from Kay's kam auch nach Johannesburg. Das Musical
wurde nur eine Saison lang gespielt, doch die Karikatur des jüdischen Millionärs blieb für immer. Ende 1902 griff sie ein politischer Karikaturist auf, und Hoggenheimer hielt Einzug in die
südafrikanische Mythologie: ein dickbäuchiger, hakennasiger
Shylock, der nach Profit und Ansehen gierte. Für einen jungen
deutschen Juden konnte es keinen ungünstigeren Zeitpunkt geben, nach Südafrika zu kommen. Und wenn er dazu noch Oppenheimer hieß, forderte er Anfeindungen geradezu heraus. Aber
was sollte Ernest Oppenheimer tun? So hieß er nun einmal, und
er hatte nicht die Absicht, seine Identität zu verleugnen. Statt dessen sollte er seine Ziele verbergen müssen.
    Ernest wurde 1880 als fünfter Sohn eines mittelständischen
Kaufmanns in Deutschland geboren. Eduard Oppenheimer, ein
Mann mit modernen Ideen, ermutigte seine Söhne, ins Ausland
zu gehen, am besten nach England, denn »in England ist alles erlaubt, was nicht ausdrücklich verboten ist. In Deutschland ist
alles verboten, was nicht ausdrücklich erlaubt ist.« Und verboten

war insbesondere alles, was einem jungen Juden eine Zukunftsperspektive eröffnet hätte.

Bernard und Louis Oppenheimer respektierten den Wunsch ihres Vaters und fanden Anstellungen in der Diamantenindustrie. Bernard ging als erster nach Kimberley. Louis folgte ihm, siedelte später aber nach London über. Ernest verfolgte ihre Karrieren voller Neid und verließ im Alter von 16 Jahren die Schule, um in ihre Fußstapfen zu treten. Louis verschaffte ihm einen Posten bei Anton Dunkelsbuhler, einem gestrengen Arbeitgeber, der auf das Mittel der Einschüchterung setzte. Wenn er mit seinem kahlen, glänzenden Schädel durch seine Londoner Firma ging, versetzte er seine jungen Angestellten in Angst und Schrecken. Einmal, als Ernest Tintenfässer füllte, trafen ein paar Spritzer den Chef. »Von wegen Diamantenexperte!« tobte dieser. »Du würdest nicht einmal einen guten Kellner abgeben!«

Trotzdem behielt er den jungen Mann. Die anderen Oppenheimers hatten sich bewährt, und davon abgesehen, hatte Ernest bereits ein seltenes Geschick beim Sortieren von Diamanten bewiesen. Er schien instinktiv zu wissen, aus welchen Rohdiamanten man lupenreine Edelsteine schleifen konnte und welche gespalten und zu kleinen, unscheinbaren Nippsachen verarbeitet werden mußten. »Dunkels« erwartete von seinen Angestellten, daß sie lange arbeiteten, und Ernest arbeitete länger als jeder andere. Er lernte nicht nur alles über Diamanten, er befaßte sich auch eingehend mit Südafrika, studierte Berichte über Bergbauunternehmen, Profite und Zukunftsperspektiven. Und er las gierig alles, was er über die Randlords kriegen konnte.

Diese Männer waren zu einer Zeit nach Kimberley gegangen, als es noch New Rush hieß und ein Mann mit einem klugen Kopf, mit einer Schaufel und einem Kübel noch Millionen verdienen konnte. Aber diese Zeiten waren längst vorbei. Und da Ernest kein reicher Mann werden konnte, beschloß er, ein Leben in Muße zu führen. Er wollte hart arbeiten, 50 000 Pfund zusammensparen, sie klug anlegen und dann von den Zinsen leben. Den Rest seiner Tage wollte er als Gentleman in England verbringen, lesen und die Wissenslücken füllen, die seine kurze Ausbildung hinterlassen hatte.

Doch zunächst mußte er im Büro weiterkommen. Er verdoppelte seine Anstrengungen. Einer seiner jungen Kollegen erinnerte sich: »Manchmal sagte ich zu ihm: ›Sie wollen wohl Cecil Rhodes nacheifern?‹ Aber er mochte es nicht, wenn ich ihn aufzog oder mich in seine Arbeit mischte.« Am 21. November 1901 erhielt Ernest die britische Staatsbürgerschaft. Im Mai darauf endete der Burenkrieg, und nach weiteren Demonstrationen seines Arbeitseifers bestieg Ernest ein Schiff nach Südafrika. Der Alte hatte beschlossen, die Leitung seines Büros in Kimberley einem jüngeren Mann zu übertragen.

Leon Soutro, der bisherige Repräsentant von Dunkels, war von der Neuigkeit nicht sehr angetan. Er war ein Junggeselle mittleren Alters mit beachtlicher Berufserfahrung, und der Aufsteiger, der ihn verdrängt hatte, war gerade mal 22 Jahre alt. Soutro schickte ein Telegramm, das nicht besonders freundlich gewesen sein dürfte. Ernest war bis dahin ein Vorbild an Friedfertigkeit gewesen, stets höflich und zuvorkommend zu den älteren Kollegen. Doch jetzt zeigte er zum erstenmal die Zähne. »Ihr Telegramm erhalten«, kabelte er zurück. »Treffe Sie am Bahnhof. Kümmern Sie sich um mein Gepäck. Oppenheimer.« Und Soutro gehorchte.

Außer dem Gepäck waren fünfzig Pfund alles, was Ernest besaß. Um Geld zu sparen, wohnte er bei Fritz Hirschhorn, einem Vetter seiner Mutter, der ebenfalls in der Diamantenbranche tätig war. Hirschhorn hatte die Pionierzeit auf den Feldern mitgemacht und hatte es weit gebracht. Er arbeitete für Wernher und Beit und saß im Verwaltungsrat der De Beers. Es war klar, daß der junge Ernest von ihm keine Gefälligkeiten zu erwarten hatte. Er mußte seinen Weg alleine machen. Aber immerhin wohnte er in einem luxuriösen Haus mit zahlreicher Dienerschaft und lebte in weit besseren Verhältnissen als jeder andere Immigrant, der auf sich allein gestellt war. Zudem kamen an den Abenden illustre Gäste auf einen Drink oder zum Dinner ins Haus: David Harris, Solly Joel, Alfred Beit und Gardner Williams, der technische Berater von De Beers. Jeder von ihnen, das wußte Ernest, konnte von unschätzbarem Nutzen für seine Karriere sein – wenn sie erst einmal begonnen hatte.

Ein Angestellter von Dunkels erinnerte sich an seine erste Begegnung mit Ernest: »Er war ganz neu in der Stadt und fiel mir sofort auf. Kimberley war damals ein Nest, und Fremde sah man sich immer etwas genauer an. Es war an einem warmen, sonnigen Tag im Jahr 1902. Er hatte die Ärmel hochgekrempelt, und mir

fielen sofort seine Arme auf. Ich glaube, ich hatte nie zuvor einen
Mann mit so muskulösen Armen gesehen … Ich fragte den Bürovorsteher: ›Wer ist denn der Kerl mit den dicken Armen?‹ Und er
sagte, das sei ein Neuer, Ernest Oppenheimer, gerade aus London
eingetroffen. Er sagte: ›Nach dem, was ich bisher von ihm gesehen habe, ist nicht viel mit ihm los. Er ist ziemlich schüchtern,
und besonders helle scheint er mir auch nicht zu sein.‹«

Urteile dieser Art machten schnell die Runde, und Ernest
spürte, daß er in einer Stadt, in der es von ehrgeizigen jungen
Männern nur so wimmelte, etwas für seinen Ruf tun mußte. Er
suchte Rat bei Leander Starr Jameson, der ebenfalls im Haus seines Verwandten verkehrte. »Jeden Tag gehe ich in die Firma«,
klagte Oppenheimer, »und arbeite so hart wie jeder andere, wenn
nicht sogar härter. Ich sitze da und sortiere mit ihnen Diamanten.
Doch irgendwie haben sie keinen Respekt vor mir.« Jameson antwortete: »Natürlich haben sie keinen Respekt vor Ihnen, nur weil
Sie hart arbeiten. Wenn Sie es in der Stadt zu etwas bringen wollen, dann überlassen Sie das Sortieren anderen.«

Dr. Leander Starr Jameson war das größte lebende Beispiel für
einen Mann, der von den Höhen des Ruhms in die Bedeutungslosigkeit abgestürzt war und sich wieder emporgearbeitet hatte.
Nur wenige Jahre war es her, daß er im Gefolge des Jameson-Putsches zu einer Gefängnisstrafe verurteilt worden und in Ungnade
gefallen war. Und fast wäre er einem Kreislaufleiden erlegen.
Doch er dachte nicht daran, vor einer schwachen Gesundheit
oder einem üblen Leumund zu kapitulieren. Er kehrte nach Südafrika zurück, übernahm die Führung von Rhodes' Fortschrittspartei und kandidierte unverfroren für einen Sitz im Kapparlament. Er war tatsächlich gewählt worden, und im Moment
machte er kein Geheimnis daraus, daß er das Amt des Premierministers anstrebte. Noch vor Jahren war es gefährlich gewesen, ihn
zu kennen. Jetzt war es gefährlich, ihn nicht zu kennen. Ernest
nahm jedes Wort von ihm begierig auf. Er begriff, daß jetzt seine
eigentliche Lehrzeit begann. Jameson erzählte ihm von den Träumen seines berühmten Freundes Cecil Rhodes und davon, wie sie
doch noch verwirklicht werden konnten. Er erklärte ihm, wie
man den Kontakt zu den richtigen Leuten pflegte, wie man Politik und Geschäft miteinander verquickte und wie man sich als
Engländer gegenüber den Rassen korrekt verhielt.

Und doch hielt Ernest weiter an seinem Traum von den 50 000 Pfund und einem unabhängigen Leben fest – bis zu jenem Tag, an dem er in den Konferenzraum des De-Beers-Verwaltungsrats in Kimberley gerufen wurde. Der Raum war damals genauso wie heute: nüchtern und sachlich, mit Fenstern, die auf einen kleinen Garten hinausgingen, und zwei Kaminen am oberen und unteren Ende. Die Porträts großer Männer blickten auf den langen Tisch und die lederbezogenen Stühle. Rhodes, Barnato, Woolf Joel – nur die Toten wurden an den Wänden dieser heiligen Hallen geduldet. Und zwischen ihnen hing eingerahmt der berühmte Scheck über 5 Millionen Dollar. Was für ein Leben man mit so viel Geld führen konnte ...

Auch Solly Joel war anwesend. Er gehörte zu denen, die tatsächlich so viel Geld besaßen, und er zeigte der Welt, was es hieß, ein Joel zu sein: Er pendelte zwischen seinen Luxusvillen in London und Johannesburg, promenierte an Deck seiner Dampfjacht, stolzierte durch die Ställe, in denen seine Rennpferde standen. Während einer Sitzungspause faßte er in die Tasche und holte einen glitzernden Stein hervor. Jemand hatte ihn am Morgen am Ufer des Vaal gefunden.

»Was glauben Sie, wieviel er wert ist?« fragte er. Der Stein ging von Hand zu Hand, und von Mann zu Mann wurden die Schätzungen höher. Schließlich lag er in Ernests Hand.

»Nun, Oppenheimer?« erkundigte sich Solly. »Was ist er wert?«

»Nichts. Das ist kein Diamant.«

Joel sah ihn empört an. »Was soll das heißen?« fragte er.

»Das ist Glas.«

»Sie sind bereit, fünfzig Pfund darauf zu wetten?«

Ernest holte tief Luft und nickte. Ein Schätzer wurde geholt. Er kam zu dem Befund, daß es sich bei dem Stein um ein Stück Flaschenglas handelte, das viele Jahre unter Wasser im Sand gelegen hatte und deshalb so glatt geschliffen war. Joel bezahlte die fünfzig Pfund und warf dem kühnen jungen Wetter einen reumütigen Blick zu. Eines Tages sollte Ernest Oppenheimer mehr Gold und Diamanten besitzen als Rhodes, Barnato und Joel zusammen. Aber diesen Sieg genoß er mehr als jeden anderen. »Das«, sagte er, »waren die besten fünfzig Pfund, die ich jemals verdient habe.«

ZWEITER TEIL

SPERO OPTIMA

Wenn sich also ein Herrscher gut darauf verstehen muß, die Natur des Tieres anzunehmen, soll er sich den Fuchs und den Löwen wählen; denn der Löwe ist wehrlos gegen Schlingen, der Fuchs ist wehrlos gegen Wölfe. Man muß also Fuchs sein, um die Schlingen zu wittern, und Löwe, um die Wölfe zu schrecken.

NICCOLÒ MACHIAVELLI

9

GESPENSTER, GAUNEREIEN UND SATJAGRAHA

Ende 1898 nahm sich der Johannesburger Ziegeleibesitzer Thomas Cullinan etwas Zeit, um sich ein wenig nach Diamanten umzusehen. Auf einem Stückchen Acker stach ihm dabei ein verheißungsvolles Funkeln ins Auge. Er bückte sich nach einem der Steine und preßte ihn gegen ein kleines Stück Spiegelglas. Ein tiefer Kratzer war zu sehen. Thomas Cullinans Herz klopfte heftiger: Eine so vielversprechende Entdeckung hatte er noch nie gemacht, und der Besitzer des Ackers hatte wahrscheinlich keine Ahnung, was dieses Stück Land wert war. Thomas Cullinan kehrte in die Stadt zurück und zog diskret Erkundigungen ein: Der Acker gehörte dem Farmer Joachim Prinsloo, einem frommen, tiefgläubigen Buren. Prinsloo hatte sich schon öfter geringschätzig über Menschen geäußert, die nicht nach geistigem Reichtum, sondern nach irdischen Schätzen strebten – Diamantenjäger beispielsweise.

Da Cullinan fürchtete, der Farmer könnte ihn durchschauen, schickte er einen Strohmann aus, der den Kauf für ihn abschließen sollte. Der Mann erspähte Prinsloo, rief ihm auf afrikaans einen Gruß zu und erstarrte. Ein Gewehr war direkt auf sein Herz gerichtet. Und da waren die Verhandlungen auch schon zu Ende.

Doch die Zeit und die Umstände arbeiteten für Cullinan. Der jahrelange Krieg hatte die Ersparnisse der Farmer aufgezehrt, und als der alte Prinsloo starb, erklärten sich sein Sohn und seine Tochter bereit, Cullinan anzuhören. Der Prospektor beschwor und beschwatzte sie genauso wortmächtig, wie Rhodes und Robinson zu ihrer Zeit die frommen Buren. Ende 1902 verkauften die Prinsloo-Kinder die Farm schließlich für 52 000 Pfund in bar.

So viel hatte Cullinan nicht flüssig. Um das Geld aufzubringen, bot er Anteile an der Premier Transvaal Diamond Company, wie er sie nannte, zum Kauf an.

»Falls Sie je von der Entdeckung einer neuen Mine hören sollten«, hatte Rhodes ein paar Jahre zuvor selbstzufrieden zu seinen Aktionären gesagt, »und De Beers ist nicht dabei, dann kann sie aber nicht weit entfernt sein.« Nun war Rhodes weg, und von De Beers war weit und breit nichts zu sehen. Der neue Verwaltungsratsvorsitzende Francis Oats warf einen Blick auf Cullinans Subskriptionsanzeige. Der ehemalige Bergwerksingenieur witterte Betrug. »Die ganze Sache riecht nach Betrug«, befand er. Irgend jemand – er nannte keine Namen – mußte die Mine gesalzen, künstlich angereichert haben.

Die Arbeit in der neuen Premier-Mine lief ohne ihn weiter. Schwarze Arbeiter und weiße Aufseher arbeiteten mit äußerst primitivem Gerät, förderten gelbe und blaue Erde zutage, zerkleinerten sie und durchsiebten den Boden nach Edelsteinen. Cullinan hatte nicht damit gerechnet, daß die Arbeiten sich so hinziehen würden. Lange bevor er Gewinne vorweisen konnte, ging ihm das Geld aus. Er brauchte neue Investoren – und zwar eine ganze Menge. Noch besser wären ein oder zwei große Kapitalisten. Er lud Bernard Oppenheimer, den Geschäftsführer des Bergbauunternehmens Lewis and Marks, zu einer Besichtigung der Schürfstellen ein. Bernard brachte seinen Bruder Ernest mit, der bei Dunkels arbeitete. Den beiden Männern gefiel, was sie sahen. Gegen heftige Proteste überzeugten sie ihre Arbeitgeber, in die neue Mine zu investieren.

Als Cullinans Schürfer immer mehr Diamanten zutage förderten, mußte Oats zugeben, daß sein Betrugsverdacht ein bißchen voreilig gewesen war. Bei De Beers behauptete er jedoch weiterhin: »Die neuen Entdeckungen sind für uns kein Grund zur Beunruhigung oder Panik. Geht man nämlich von den bisherigen Ergebnissen aus, sind unsere fünf Minen im Vergleich zu jedem dieser neuen Unternehmen erstklassig.«

Alfred Beit gestattete sich eine andere Meinung. Er bekleidete inzwischen eine Schlüsselposition im Verwaltungsrat von De Beers und erkannte bei einem Besuch der neuen Premier sofort, daß seiner Firma ein Vermögen durch die Lappen gegangen war. Seine Konstitution war ohnehin nie die allerbeste gewesen, und der Schock war wohl zu viel für ihn. Little Alfred erlitt einen Schlaganfall und zog sich auf sein Landhaus in England zurück. Cullinan baute in London eine eigene Verkaufsorganisation auf – das Monopol von DeBeers war gebrochen. In drei Jahren steigerte die Premier Transvaal Company ihre Produktion von 750 000 auf 1 890 000 Karat. Die Oppenheimers hatten recht behalten.

Im Jahr 1905 gab die Firma Dunkels ihrem Mitarbeiter Ernest Oppenheimer sechs Monate bezahlten Urlaub. Der junge Mann vergeudete keine Minute. Zuerst besuchte er seine Eltern in Deutschland, dann fuhr er nach London und machte Mary Lina »May« Pollack den Hof, einer attraktiven, etwas molligen jungen Frau mit vielerlei Vorzügen. Zum einen hatte sie einen guten Namen. Sie war Louis' Schwägerin: Louis Oppenheimer hatte 1902 Charlotte Pollack geheiratet. Zum anderen war May ungewöhnlich intelligent: Sie war gerade am Girton College in Cambridge angenommen worden. Und, was vielleicht am wichtigsten war, sie war die Tochter des ehemaligen Präsidenten der Londoner Börse. Wieder einmal erwiesen sich Familienbande als entscheidender Faktor für den Aufstieg der Oppenheimers. Wie schon sein Bruder erlangte auch Ernest durch die Heirat Reichtum und gesellschaftliches Ansehen.

Am 19. Juni 1906 berichteten die Zeitungen über eine Hochzeit: Der 26jährige Junggeselle Ernest Oppenheimer, von Beruf Diamantenhändler, Sohn des Gentleman Eduard Oppenheimer, hat in seiner Villa in Kensington Palace Gardens die 19jährige Mary Lina Pollack, Tochter des Börsenhändlers Joseph Pollack, geheiratet. Die Trauung war nach jüdischem Ritus vollzogen worden. Besonders Mary wagte damit einen großen Schritt: Ernest hatte nämlich beschlossen, nicht in London, sondern in Kimberley Karriere zu machen. Das hieß für sie, daß sie ihren geliebten Vater verlassen, alle Pläne für ein Studium aufgeben und in ein fremdes Land übersiedeln mußte. Ernest hatte ihr Südafrika wohl in leuchtenden Farben geschildert. Das junge Paar wollte sich in der Diamantenstadt niederlassen, und es war keineswegs unrealistisch, wenn sie von einem großen Haus mit viel Personal träumten. Mit Fleiß und Glück könnte Ernest ein moderner Randlord werden, und Mary seine Lady. Oder er bewarb sich um ein öffentliches Amt wie Barney Barnato und Cecil Rhodes. Vielleicht würde ihm der König eines Tages sogar einen Titel verleihen. In Südafrika war weißen Männern schon Seltsameres widerfahren: Wernher war gerade zum Baronet ernannt worden und hieß nun *Sir* Julius. Eines war sicher: 50000 Pfund zu sparen, sich zur Ruhe zu setzen und von den Zinsen zu leben, davon war nun keine Rede mehr.

*

Alfred Beits Schwierigkeiten standen im krassen Gegensatz zu der allgemeinen Euphorie. Da war zunächst die Sache mit seinem Vetter William Lippert, der in Kapstadt eine Firma leitete, die mit Wolle handelte. Um eine Bank zu retten, die in Schwierigkeiten war, fälschte Lippert Alfreds Namen auf einer Rechnung. Beit sagte nichts und bezahlte die Rechnung bei Fälligkeit. Dadurch ermutigt, fälschte Lippert den Namen seines Vetters auf einer zweiten Rechnung. Auch sie wurde stillschweigend bezahlt. Erst nach Erhalt der dritten Rechnung brach Beit sein Schweigen und erstattete Anzeige wegen Betrugs. Die Bank ging pleite, und Hunderte von Einlegern verloren ihre Ersparnisse. Lippert, der zu den oberen Zehntausend von Kapstadt gehört hatte, floh in die Vereinigten Staaten, nahm einen neuen Namen an und schlug sich als Buchhändler durch. Nach fünf Jahren kehrte er nach Südafrika zurück und stellte sich der Justiz. Kein besonders kluger Einfall. Man war in keiner gnädigen Stimmung. Alfred Beit wurde im Zeugenstand mit der lästigen Frage konfrontiert, warum er die Fälschungen nicht sofort zur Anzeige gebracht habe. Wie er sich so wand und drehte, sah er noch kleiner aus als sonst. Schließlich antwortete er: »Ich dachte nur an das eine – die Familie zu retten.« Die Familie war nicht gerettet. Vetter William wurde zu sieben Jahren Zwangsarbeit verurteilt und Alfred eine Mitschuld an dem Vergehen angelastet.

Als nächstes kam der Jameson-Putsch. »Mr. Beit hat der Bewegung der Aufständischen große Geldsummen zukommen lassen«, stellte der Untersuchungsausschuß fest, »und trägt die volle Verantwortung für die Folgen.« Die Folgen bestanden jedoch im wesentlichen nur in spöttischen Bemerkungen von seiten Laboucheres und bissigen Kommentaren anderer. Dabei konnte man Alfred allenfalls vorwerfen, daß er seinem Geschäftspartner Cecil Rhodes die Treue gehalten hatte. Er fand die Kritik ungerecht und war tief getroffen. Der Tod von Cecil Rhodes, der Krieg, die neue Premier-Mine, der Schlaganfall und seine Angst haben ihn ins Grab gebracht. Ein Redakteur der *Cape Argus* schrieb rückblickend:»Dr. Jameson weihte mich zuerst in das Geheimnis ein: Rhodes' millionenschwerer treuer Freund Alfred Beit war fest davon überzeugt, daß man künstliche Diamanten billig herstellen konnte und Kimberley und die Diamantenindustrie vor dem Ruin standen. Es kann kein Zweifel daran bestehen, daß dieses ›Schreckgespenst‹ zur Verschlechterung von Beits angegriffenem Gesundheitszustand beitrug und sein Ende beschleunigte.«

Die erschreckende Nachricht war aus Paris gekommen. Um die Jahrhundertwende verkündete der Chemiker und Nobelpreisträger Henri Moissan, er könne in seinem Labor kleine künstliche Diamanten herstellen. Für Moissan war das Experiment nicht viel mehr als eine Lektion in Chemie. Die Herstellung kleiner, fehlerhafter Steine hatte bereits ein Vermögen gekostet, und so hielt es der Chemiker für unmöglich, zu erschwinglichen Preisen große und makellose Steine zu produzieren. Einer seiner Assistenten, der Ingenieur Henri Lemoine, war anderer Meinung und teilte 1905 mit, er habe ein Verfahren zur Herstellung fingerringgroßer Edelsteine erfunden.

Beits Partner, Sir Julius Wernher, wollte sich das persönlich anschauen. Im Keller eines Pariser Kaufhauses gab Lemoine eine Vorstellung, die eines Alchimisten aus dem Mittelalter würdig gewesen wäre. Um seinem Besucher zu beweisen, daß er nichts im Ärmel versteckt hatte, trat er nackt ins Zimmer. Vor den Augen des verblüfften Wernher warf der Franzose einen großen Elektroofen an, legte sein geheimnisvolles Gemisch auf einen langstieligen Spaten und warf es in den heißen Ofen. Nach einer ganzen Weile holte er formloses, mit Asche bedecktes Material heraus, ließ es zischend in kaltes Wasser fallen und legte es auf den Tisch. Dann durchsuchte er den dreckigen Haufen nach Diamanten. Er fand 25 Stück. Wernher nahm einen Stein zwischen die Finger, hielt ihn gegen das Licht und blinzelte durch seine Lupe. Da gab es kein Entrinnen mehr vor den Tatsachen: Es war tatsächlich ein Diamant, so hart und makellos wie die Steine, die sie in seiner Heimat aus dem Boden holten.

Wernher arrangierte eine zweite Vorführung im Beisein seines Partners. Der Ofen spuckte weitere Steine aus. Alfred Beit wurde blaß: Man mußte unbedingt verhindern, daß dieses Verfahren, das noch gefährlicher werden konnte als der illegale Diamantenhandel, in die Hände skrupelloser Geschäftemacher geriet. Wernher nahm die Sache in die Hand. Er erklärte sich dazu bereit, weitere Experimente zu finanzieren, vorausgesetzt, sie blieben geheim. Und er stellte noch eine zweite Bedingung: Lemoine solle seine Formel zwar für sich behalten dürfen, müsse sie aber in einer Londoner Bank hinterlegen. Der versiegelte Umschlag sollte nur mit beiderseitiger Zustimmung von ihm und Lemoine oder im Falle von Lemoines Tod geöffnet werden. Der Franzose war einverstanden.

In Argelès in den Pyrenäen wurde ein Labor eingerichtet. Die Kosten stiegen und stiegen, bis sich die letzte Rechnung schließlich auf 64000 Pfund belief. Aber Wernher und Beit glaubten, ihnen bliebe keine andere Wahl. Zumindest konnten sie auf diese Weise die Produktion von künstlichen Diamanten niedrig halten, und wenn nötig, ganz einstellen.

Dann kamen ihnen erste böse Ahnungen. Wie Wernher erfuhr, brachte der Erfinder seine Zeit damit zu, Elektrizität aus seinen Generatoren an die Nachbarorte zu verkaufen. Er schickte dem Mann ein Telegramm, in dem er andeutete, daß die Herstellung von Diamanten wichtiger sei, als mit Strom hausieren zu gehen, und zudem Gäste ankündigte, die den Zauberofen in Betrieb sehen wollten. Doch Lemoine antwortete, er habe Besseres zu tun, als einen Haufen neugieriger Geschäftsleute zu unterhalten.

Wernher war beunruhigt und informierte Südafrika. Francis Oats schiffte sich sofort nach Europa ein. Zunächst machte er in London Zwischenstation und untersuchte einen von Lemoines Diamanten. Er fand, daß der Stein eine merkwürdige Ähnlichkeit mit den Steinen hatte, die in einer der Minen in Kimberley gefunden wurden. Dann überquerte er den Ärmelkanal und überfiel Lemoine in seinem Labor. Mit vereinten Kräften überredeten er und Wernher den Physiker zu einer weiteren Demonstration.

Wieder kam der Franzose nackt herein und plapperte ununterbrochen von seiner wunderbaren Entdeckung. Doch diesmal war sein Publikum von anderem Kaliber. In der Cullinan-Sache hatte Oats der Firma De Beers vielleicht einen Erfolg vermasselt, doch jetzt machte er diesen Schnitzer mehr als wett. Für seinen Geschmack paßte Lemoine eher auf eine Varieté-Bühne als in ein Labor. Und selbst ein nackter Zirkusdirektor hatte eine Vielzahl von Möglichkeiten, sein Publikum zu betrügen. Während der Diamantenmacher unablässig weiterplapperte, griff Oats selbst zu seinem Fingertrick: Er schnippte einen kleinen südafrikanischen Diamanten, den er in der Hand verborgen hatte, in den Ofen, kurz bevor der Strom angedreht wurde. Laut Lemoine war die Hitze so groß, daß gewöhnliche Diamanten – im Gegensatz zu künstlichen – zu Asche zerfallen würden. Doch als der Redner ihnen den Rücken zukehrte, fischte Oats sein Juwel wieder heraus. Es war unversehrt. Draußen vor dem Labor sprachen er und Wernher über das soeben Erlebte und kamen zu dem Schluß, daß sie einem ausgemachten Schwindel aufgesessen waren.

Wernher schreckte davor zurück, die Polizei einzuschalten: Die Presse würde die Firma mit Spott überschütten und den Randlord als gehörnten Bock karikieren. Doch Stolz war jetzt fehl am Platz. Die Diamantenindustrie konnte es sich nicht leisten, Kriminelle ungestraft davonkommen zu lassen. Lemoine wurde verhaftet und vor Gericht gestellt – begleitet von dem erwarteten Presserummel. Die Zeitungen berichteten über jedes juristische Detail, das beim zähen Ringen zwischen Anklage und Verteidigung ans Licht kam. Lemoine machte das Angebot, sein Experiment in aller Öffentlichkeit zu wiederholen und die Zuschauer entscheiden zu lassen. Doch Wernher hatte genug von dem Theater. Er verlangte die Formel. Während der öffentliche Trubel anhielt, wurde Lemoine gegen Kaution entlassen und entzog sich durch Flucht nach Konstantinopel dem Zugriff der Behörden.

Nun, da der Betrüger außer Reichweite war, konnte Wernher die Bankbeamten überreden, den versiegelten Umschlag zu öffnen. Er fand seine schlimmsten Befürchtungen bestätigt. Lemoines großes Geheimnis bestand aus wenigen Sätzen: Man nehme Kohlenstoff, beipielsweise Kohle, und erhitze ihn auf 1700 bis 1800 Grad Celsius. Bei dieser Temperatur werde der Kohlenstoff folgsam zu Edelsteinen kristallisieren. Jeder Chemiestudent im ersten Semester hätte gewußt, wie lächerlich dieses Rezept war, und bald lachte ganz Paris über die Affäre. Louis Cohen zeigte sich hocherfreut: Für ihn war es immer ein Freudenfest, wenn ein Randlord vom hohen Roß steigen mußte. Mrs. Lionel Phillips schrieb an einen Freund: »Sobald Wernhers Name fällt, brüllt alles vor Lachen.«

Unter den lachenden Parisern war auch ein ambitionierter Schriftsteller namens Marcel Proust. Die Diamantenaffäre, so schrieb er, hätte »von Balzac stammen können« – nur hätte der Romancier etwas Ernstes daraus gemacht. Proust sah nur die Komödie in dieser Geschichte vom wagemutigen Dieb gegen den gedemütigten Millionär. Er begann mit der Arbeit an seiner viel später veröffentlichten Sammlung *Pastiches und Vermischte Schriften.* Der Diamantenskandal lieferte ihm dabei den Stoff für Parodien auf Balzac, Flaubert, die Brüder Goncourt, Saint-Simon und viele andere.

In einer Pastiche kommentiert Proust, der selbst De-Beers-Aktien besaß, das eigene Mißgeschick in dieser Branche. Im ironisch nachgeahmten Tagebuch der Brüder Goncourt heißt es, »ein exzentrischer Freund ... namens Marcel Proust« habe Selbstmord begangen, nachdem der Diamantenpreis dramatisch gefallen sei. Darauf nimmt sich Edmund Goncourt vor, eine volkstümliche Tragödie über den Selbstmord zu schreiben. Am nächsten Morgen verdirbt ihm eine weitere schlechte Nachricht die Stimmung. Das Gerücht war falsch: Proust lebt. Er war gesund und wohlauf.

Das konnte man von Lemoine allerdings nicht behaupten. Da die Affäre so unverkrampft und heiter aufgenommen wurde, glaubte der Hochstapler, er könne sicher nach Frankreich zurückkehren. Doch er hatte die Hartnäckigkeit von De Beers unterschätzt. Eines Abends, er saß gerade mit seiner Familie beim Essen, standen Gendarmen vor der Tür. Ohne eine Miene zu verziehen, ließ er sie ein und bat sie zu Tisch: »Wir sind gerade beim Dessert, meine Herren. Möchten Sie probieren, oder darf ich Ihnen ein Glas Bordeaux anbieten?« Eine ähnliche Nonchalance versuchte er den ganzen Prozeß hindurch an den Tag zu legen, doch Sir Julius ließ sich davon ebensowenig beeindrucken wie der Richter, der herausfand, warum Lemoines »künstlich produzierte« Diamanten den Steinen aus Kimberley so ähnlich sahen. Sie stammten tatsächlich aus Kimberley. Lemoine hatte sie von einem Händler gekauft, in irgendwelchen Mauerritzen versteckt und dann bei den Experimenten benutzt. Der Angeklagte wurde wegen Betrugs zu sechs Jahren Zwangsarbeit verurteilt.

*

Für Beit kam das Ende der Affäre zu spät. Er starb am 16. Juli 1906 in seinem palastartigen Sommerhaus in England, bis zum Schluß davon überzeugt, daß künstliche Diamanten in kurzer Zeit alles zerstören würden, was er aufgebaut hatte. Little Alfred war der letzte Überlebende jener schicksalhaften Nacht in Kimberley, als De Beers geschaffen worden war. Barney Barnato war mit 43 Jahren von einem Schiff gesprungen und ertrunken, der politisch desavouierte Rhodes mit 48 gestorben, Woolf Joel mit dreißig ermordet worden. Beit überlebte sie alle, doch auf Fotografien, die kurz vor seinem Tod aufgenommen wurden, wirkt der damals 53jährige wie ein von Sorgen gebeugter alter Mann.

Beits christliches Begräbnis fand unter großer Anteilnahme nicht nur britischer Würdenträger, sondern auch aller prominenten Südafrikaner im Land statt. Seine geliebte Mutter war aus Deutschland angereist und saß auf einem harten Holzstuhl neben dem offenen Grab. Als ihr die Sicht versperrt wurde, erhob sie sanft die Stimme, und da wurde jedem klar, von wem Alfred seine sanfte Art gehabt hatte: »Meine lieben Freunde, bitte tretet zur Seite, damit ich einen letzten Blick auf meinen geliebten Sohn werfen kann.«

Im Kollegenkreis hatte Beits christliche Erziehung immer für Verwirrung gesorgt. Die *Cape Times* brachte postum eine Lobeshymne auf den Randlord. Aus der Tatsache, daß Beit während des Jameson-Debakels treu zu Rhodes gehalten hatte, schloß die *Times*, die Briten hätten »von einem Juden gelernt, was Patriotismus ist«. Der Journalist W. T. Stead war da anderer Ansicht. Er meinte, Alfred Beit sei »in manchem wie Christus« gewesen. In einer postumen Biographie wird Beit Sir Alfred genannt, obwohl er nie in den Adelsstand erhoben worden war. Man war allgemein der Ansicht, daß König Eduard ihn adeln wollte, den kleinen Alfred in der Menge aber schlichtweg übersehen hatte.

Auch ohne Übertreibung kann man sagen, daß Beit wohl größeres Format besaß als andere Herren im Diamanten- und Goldgeschäft. Selbst seine Fehler waren auf fehlgeleitete Loyalität gegenüber Freunden und Verwandten zurückzuführen. Er war kultivierter als alle anderen Randlords, hatte eine Loge in Covent Garden, besaß eine erlesene Bibliothek deutscher und englischer Klassiker (seine Lieblingsschriftstellerin war George Eliot) und sammelte Gemälde von Rembrandt, Hals und Reynolds.

Kein anderer mächtiger Mann in Südafrika sorgte sich mehr um das Wohl seiner Angestellten. Immer wieder geht es in Beits Briefen um Personalangelegenheiten: »Wir müssen X in dieser Sache großzügig behandeln.« »Haben wir uns Y gegenüber fair verhalten?« »Ich glaube, in diesem Fall hat Z eine Prämie verdient.« Seine Menschenfreundlichkeit stand viel weniger im Rampenlicht als die von Rhodes, dabei kam sie mehr Menschen zugute. (Beit hinterließ fast 8 Millionen Pfund, Rhodes etwa 6 Millionen Pfund.) Der Mann, der nie eine Universität besucht hatte, richtete in Oxford einen Lehrstuhl für Kolonialgeschichte ein. Mit seinem Erbe wurde in Rhodesien der Bau von Eisenbahnlinien, Brücken, Schulen und Straßen finanziert. Er hinterließ Grundstücke und Geld für die Gründung einer Universität in Johannesburg. Kurz vor seinem Tod gefragt, wie er der Nachwelt im Gedächtnis bleiben wolle, hatte er geantwortet: »Behaltet mich als jemanden in Erinnerung, der seine Mitmenschen liebte.« Er war der einzige Randlord, dessen letzter Wunsch in Erfüllung gehen sollte.

So oder so erlebten alle anderen Enttäuschungen und Demütigungen oder mußten ins Exil gehen. Ein ehemaliger Arbeiter in den Diamant- und Goldminen würdigte in seinen Memoiren die großen Männer, die er gekannt hatte: Diejenigen, »die nach Gold und Diamanten gruben und das Glück hatten, das zu finden, was sie suchten, hatten in allem anderen Pech.« Nach dem Urteil eines gewissen P. Tennyson Cole waren sie »die unglücklichsten Männer der Welt. Kaum zu Reichtum gekommen, waren sie von einer Kamarilla aus Bosheit, Neid und Haß umzingelt.« Das gilt für die alte Garde. Der junge Oppenheimer gehörte zu einer neuen Generation. Einer alten deutschen Volksweisheit zufolge kann man Glück nicht kaufen. Ernest hatte zehn Jahre lang das Auftreten englischer Gentlemen studiert, und er wußte es besser.

*

Der frischvermählte Ernest kehrte mit seiner Frau in ein Land zurück, das sich seit seiner Abreise sechs Monate zuvor sehr verändert hatte. Die Freunde, die sie begrüßten, hatten viel zu berichten, und es war wenig Gutes darunter. Die Wirtschaft Südafrikas litt an den Wunden des Krieges, und die Rassen- und Nationalitätenpolitik zog alle Bereiche des staatlichen Lebens in Mitleidenschaft. Alfred Milner, inzwischen Lord Alfred, Hochkommissar für Südafrika und Gouverneur der besiegten Buren, gab den politischen Kurs vor. Sein erklärtes oberstes Ziel war eine »Anglisierung« der Region. Um das Zahlenverhältnis zwischen Briten und Buren zugunsten der Briten zu verbessern, ermunterte er englische Familien zur Einwanderung. Gleichzeitig betrieb er die »Denationalisierung« der Buren, indem er ihre Sprache und Kultur unterdrückte. Er engagierte eine Gruppe junger Oxfordabsolventen, die ihm bei der Realisierung dieser Ziele helfen sollten. Sie wurden bald »Milners Kindergarten« genannt, auch wenn man ihnen diesen Namen nicht direkt in die glatten Gesichter sagte. Bevor sie sich den Buren widmen konnten, mußte ihnen die offizielle Haltung gegenüber den Eingeborenen eingeimpft werden. »Politische Gleichberechtigung von Schwarzen und Weißen«, so Milner, »ist unmöglich. Der Weiße muß herrschen, weil er viele, viele Stufen über dem Schwarzen steht. Letzterer wird diese Stufen erst in vielen Jahrhunderten erklommen haben, und die überwiegende Mehrheit der schwarzen Bevölkerung wird es möglicherweise gar nie schaffen.« Aus diesem Grund, so Lord Alfred weiter, könnten die Schwarzen am öffentlichen Leben nicht teilhaben, sondern müßten sich mit der Rolle des Zuschauers begnügen, ohne Wahlrecht und ohne mitentscheiden zu können, wo sie lebten oder welche Ausbildung sie erhielten. Ein Recht blieb den Schwarzen allerdings. Sie konnten sich dafür entscheiden, nicht in den Minen zu arbeiten. Und von dieser Freiheit machten sie ausgiebig Gebrauch.

In der Wirtschaftskrise nach dem Krieg bemühten sich De Beers und andere große Unternehmen, ihre Kosten zu drücken. Zunächst senkten sie die Löhne ihrer ungelernten und angelernten Arbeiter. Erst vereinzelt, dann in Scharen, liefen ihnen die Schwarzen davon. Die Zahl afrikanischer Minenarbeiter schrumpfte auf etwa 45 000 – das waren nur noch halb so viele wie vor dem Krieg. Die Unternehmer waren mit dieser Zahl zufrieden, solange die Wirtschaft auf Talfahrt war. Doch als die Konjunktur wieder anzog, erkannten die kurzsichtigen Randlords plötzlich, daß ihre arbeitsintensive Branche unter einem Arbeitskräftemangel leiden würde – für die nächsten fünf Jahre fehlten bis zu 196 000 Arbeiter. Die Bergbaukammer warb eine Gruppe italienischer Bergleute an, die angeblich bereit waren, für Niedriglohn zu arbeiten. Im Golf von Neapel lag ein Schiff vor Anker, das sie über den Ozean bringen sollte. Doch die Männer tauchten nie auf. Ein Geschäftsmann hatte eine neue Idee. Warum nicht schwarze Amerikaner in ihre ursprüngliche Heimat zurückholen? Die Vereinigten Staaten wären gewiß froh, diese Leute, die den Sezessionskrieg ausgelöst hatten, loszuwerden. »Ungeachtet der angeborenen Faulheit ihrer Rasse« seien die Schwarzen vielleicht genau die Richtigen für die Minen. Lord Alfreds »Kindergarten« lehnte den Vorschlag, so verlockend er auch war, als »nicht ernst zu nehmen« ab.

Nach Beratungen mit Vertretern der Branche wartete Milner schließlich mit einer praktikablen Lösung auf: Er wollte chinesische Arbeiter ins Land holen. Die billigen Kulis sollten mit Dreijahresverträgen anstatt der sonst üblichen Dreimonatsverträge geködert werden. Es mag seltsam klingen, aber die kaiserliche Regierung in Peking stimmte dem Vorschlag begeistert zu. Die weißen Arbeiter waren entsetzt. Wutentbrannt demonstrierten sie auf Straßen und Plätzen gegen die »gelbe Gefahr«, bis Sir George Farrar, der Präsident der Bergbaukammer, beschwichtigend eingriff. Die Asiaten, so beteuerte er in einer Erklärung, »werden unter staatlicher Kontrolle ins Land gebracht, und zwar nur als ungelernte Arbeiter. Sie dürfen weder Handel treiben noch Land besitzen oder in Konkurrenz mit Weißen treten.« Doch aus seinen Worten klang eiserne Entschlossenheit. Sir George stellte unmißverständlich klar, daß ihn nichts davon abhalten könne, Kulis nach Südafrika zu holen. Ohne sie sei die Bergwerksindustrie gelähmt und drohe sogar zusammenzubrechen, wobei Tausende Arbeitsplätze für Weiße verlorengingen.

Diesem letzten Argument konnten die Demonstranten folgen, und die Proteste ebbten ab. In den folgenden drei Jahren traten etwa 60 000 Chinesen die lange Reise in ein Land an, dessen Bevölkerung sie fürchtete und verachtete. Die Randlords indes waren mit dieser Lösung mehr als zufrieden. Weiße Minenarbeiter verdienten im Durchschnitt etwa 26 Pfund und 5 Shilling im Monat, Schwarze 52 Shilling und 3 Pence, Chinesen 41 Shilling und 6 Pence. Zwar machte sich niemand die Mühe, die Chinesen zu fragen, was sie von ihrer Situation hielten, aber ihre Gefühle sind leicht zu erraten. Von der ersten Minute an, wenn sie das Schiff verließen und fremden Boden betraten, spürten sie die Abneigung, die ihnen von Schwarzen wie Weißen entgegenschlug. Gebrüllte Befehle waren die einzige Form der Kommunikation, die zwischen den Rassen stattfand. Die Kulis blieben isoliert und mußten mit ihrem deprimierenden Los alleine fertig werden. Ihre Quartiere waren überfüllt. Und wenn sie sich die Zeit nicht mit Opiumrauchen oder Glücksspielen vertrieben, dann stritten sie miteinander. Manchmal endeten die Streitereien in Mord und Totschlag, und manchmal schwappte die Gewalt auch über die Grenzen der Lager hinaus, wenn einige Kulis ausbrachen und einen Farmer aus der Nachbarschaft auszurauben versuchten. Für die Herrschenden waren solche Verbrechen ein niedriger Preis angesichts der Wiederbelebung des Bergbaus. Der Erfolg von Milners Plan schlug sich in ihren Terminkalendern und Bankauszügen nieder.

Und so blieb es auch, bis sich abermals Unmut regte. Ein Jahr nach dem Eintreffen der ersten Kulis kam es wieder zu antichinesischen Demonstrationen. Die Demonstranten kamen mit einer neuen Botschaft. Es sei kein Wunder, daß sich die Immigranten wie Kriminelle benähmen. China habe offensichtlich seine Gefängnisse geöffnet und die Insassen nach Südafrika abgeschoben. Um die Menge zu beschwichtigen, nahmen die Briten ein Gesetz zurück, das sie nach dem Krieg erlassen hatten: Die Buren durften zum »Selbstschutz« wieder eigene Waffen besitzen. Das rüttelte lediglich die britische Öffentlichkeit wach. Die Londoner Presse druckte Geschichten über Auspeitschungen, Erschießungen und gewaltsame Einschüchterungsversuche. Geistliche predigten von der Kanzel, daß sich das Laster fast zwangsläufig ausbreite, wenn man Ausländer drei Jahre lang zusammenpferche. Plakate zeigten chinesische Arbeiter, die mit Handschellen aneinander gefesselt waren und mit hängenden Köpfen zur »Zwangsarbeit« in die Minen marschierten. Gegner der Sklaverei in den USA, solche aus den alten Tagen, schrieben Leserbriefe an ihre Zeitungen. Britische Liberale und Radikale schlachteten die Horrorgeschichten weidlich aus. Lord Milner sah sich zu der Erklärung genötigt, daß die Prügelstrafe entgegen anderslautenden Berichten und Gerüchten in den Arbeiterquartieren absolut verboten sei. Seine Gegner konterten mit Beweisen, die eindeutig belegten, daß Vorarbeiter chinesische Straftäter regelmäßig verprügelten, statt sie vor ein Gericht zu bringen. Die Angehörigen der südafrikanischen Oberschicht wurden als Lügner und Ausbeuter bloßgestellt. Bei den Wahlen zum britischen Unterhaus im Januar 1906 brachten die Liberalen den Tories eine katastrophale Niederlage bei, die weitgehend auf die Kulifrage zurückzuführen war. Zwei Monate später regte sich Unmut im britischen Unterhaus. Winston Churchill, Unterstaatssekretär für die Kolonien, verlas eine Erklärung, die Lord Alfred in Schutz nehmen sollte. »Dieses Haus«, so Churchill, »verurteilt die Auspeitschung chinesischer Kulis zwar unmißverständlich als Gesetzesbruch, möchte aber im Interesse des Friedens und der Aussöhnung in Südafrika von einer Kritik an Personen absehen.«

Doch Churchills Manöver konnte das Offensichtliche nicht verschleiern. Die Briten hatten den Geschmack an imperialer Brutalität verloren. Milner war nicht mehr gefragt, genau wie die Chinesen, die in ganzen Herden unversehens auf Schiffe getrieben und in ihre Heimat zurückgeschickt wurden. Nur wenige entkamen und ließen sich in dem heißen, feindseligen Land nieder, das sie dem Fernen Osten inzwischen vorzogen. Ehrgeizige Männer zogen ihre Lehren aus den Ereignissen. In Südafrika war jedes Thema ein politisches Thema. Und südafrikanische Politik reichte nun weit über Kapstadt hinaus bis in die Korridore von Whitehall und Washington, D.C. Wer es in diesem Land der Diamanten und des Goldes zu etwas bringen wollte, mußte in die politische Arena steigen.

Diese Wahrheit hatte Leander Starr Jameson von seinem Freund Cecil Rhodes gelernt und im Laufe seiner Karriere stets beherzigt. Nach der beschämenden Niederlage beim Putschversuch war er nach Südafrika zurückgekehrt und arbeitete sich auf der Beliebtheitsskala nun langsam wieder nach oben. Er wurde ins Parlament gewählt und übernahm die Führung der Fortschrittspartei. Schließlich fühlte er sich wieder stark genug, um den Wählern eine Frage von zentraler Bedeutung zu stellen: Gab es einen geeigneteren Kandidaten für Rhodes' alten Job als ihn? 1904 bekam er die Antwort auf seine Frage: Die Wähler machten ihn zum Premierminister der Kapkolonie. Damit war ihm ein Comeback gelungen, das einmalig war in der Geschichte Südafrikas.

Jamesons junger Schützling, Ernest Oppenheimer, verfolgte das alles als aufmerksamer Zuschauer und schmiedete eigene politische Pläne. Vier Jahre später feierte er selbst einen Triumph: Er wurde in den Stadtrat von Kimberley gewählt. Die Diamantenindustrie durchlebte zu der Zeit eine schwierige Phase. Die Rezession, die in den USA begonnen hatte, erfaßte nun auch Europa. Bei Luxusgütern wie Diamanten und Gold sank die Nachfrage zuerst. Die Bürger von Kimberley machten völlig neue Erfahrungen: Suppenküchen wurden eingerichtet, und Arbeitslose standen vor ihnen Schlange. Zusätzlich erschwert wurde die Lage dadurch, daß man kürzlich wenige Kilometer jenseits der Grenze in Deutsch-Südwestafrika Diamanten entdeckt hatte. Abermals tat Oats die Fundorte als unbedeutende Lagerstätten ab. De Beers fördere große Steine, die einzige Sorte, die Reiche heutzutage kauften. Und wie er gehört habe, seien die deutschen Diamanten klein. Sollte es im Südwesten also zu einer Förderung im größeren Stil kommen, so der Vorsitzende, »wird das unsere Konkurrenten sehr viel stärker in Mitleidenschaft ziehen als die De Beers Company«.

Alles deutete darauf hin, daß Oats sich ein weiteres Mal getäuscht hatte, und Ernest wußte das. Doch das einzige, was er tun konnte, war grübeln und Vermutungen anstellen. Wenn er doch nur im Verwaltungsrat von De Beers säße … Das grenzte ja schon an Nichtstun, und die Oppenheimers verschwendeten bekanntlich keine Zeit – weder ihre eigene noch die ihrer Arbeitgeber. Der junge Geschäftsmann widmete sich wieder seinen Aufgaben bei Dunkels, seiner Arbeit im Stadtrat und seiner wachsenden Familie. Harry Frederick, der erste Sohn der Oppenheimers, kam am 22. Oktober 1908 zur Welt, Frank Leslie, der zweite Sohn, am 17. Oktober 1910.

Die Lage besserte sich in jeder Hinsicht. In ebendem Jahr, als Frank geboren wurde, gestand Großbritannien den Burenkolonien die volle Selbstregierung zu. Sie schlossen sich zur Südafrikanischen Union zusammen. Das Land gehörte zwar weiter zum britischen Commonwealth, besaß aber nun Autonomie. Bei den darauffolgenden Wahlen errang die von den beiden Burengenerälen Louis Botha und Jan Christian Smuts geführte Nationale Partei einen leichten Sieg. Botha wurde erster Premierminister der Union, Smuts Minister für Verteidigung, Bergbau und Inneres. Nach außen hin mußte Smuts sich zwar absolut objektiv geben, doch er wußte, daß Südafrikas Fortschritt von den Minen abhing.

Das hatte er in einem unbedachten Augenblick Julius Wernher gegenüber zugegeben. Die Partei und die Randlords, so der General, hätten viele »gemeinsame Interessen«. Ernest wußte von dem Gespräch. Er wollte so schnell wie möglich einen Weg finden, um in die Nähe von Smuts zu gelangen.

Anders als die meisten aufstrebenden Geschäftsleute in der Gegend verbrachte Ernest seine Zeit lieber zu Hause als im Kimberley-Club. Zwar besuchte er mit May hin und wieder einen Ball, doch die Glücksspiele im Club, die sich ganze Nächte lang hinzogen, waren seine Sache nicht. Das Diamantengeschäft barg auch ohne den künstlichen Anreiz des Kartenspiels Risiken genug. Wenn Ernest nicht im Büro und auch nicht zu Hause war, saß er am hufeisenförmigen Sitzungstisch im Rathaus und verhandelte. Die neueste Idee, für die er sich begeisterte, war der Zusammenschluß von Kimberley mit dem angrenzenden Bezirk Dutoitspan, heute unter dem Namen Beaconsfield bekannt. Zunächst schien die Sache weit hergeholt, doch es hing viel davon ab. Ernests Argumente überzeugten die anderen Stadträte, und 1912 wurde der Zusammenschluß offiziell beschlossen. Die Bezirke wählten neue Vertreter, und diese wiederum den neuen Bürgermeister. Ihre Wahl fiel einstimmig auf Ernest Oppenheimer.

Die großen alten Männer des Diamantengeschäfts nahmen zur Kenntnis, wie ungewöhnlich das war: Ein Politiker hatte bei anderen Politikern begeisterte Zustimmung gefunden. Kein Zweifel, der 32jährige Bürgermeister hatte eine große Zukunft. Dennoch, er war noch relativ jung, und sie wollten seine erste Rede abwarten. Sie hätte nicht beruhigender ausfallen können. »Produktivität ist das Gebot der Stunde«, verkündete er, »nicht neue Projekte.« So jung und schon ein Konservativer in Sachen Geld! Ernest kam gut an. Jagersfontein, ein bedeutendes Diamantunternehmen, wählte ihn in den Verwaltungsrat. Er nahm etwas zu, nicht aus Unmäßigkeit beim Essen, sondern weil er sich von größerer Körperfülle mehr Autorität versprach. Ein zeitgenössisches Ölgemälde zeigt ihn in der pelzbesetzten Robe des Bürgermeisters mit der goldenen Amtskette um den Hals. Ernest sah aus wie einer jener wohlhabenden Juden, die Rembrandt so fasziniert hatten.

Er übernahm das Amt genau zur richtigen Zeit. Die Wirtschaft in den westlichen Ländern erholte sich, und in den Salons und

Ernest Oppenheimer wurde 1912 zum Bürgermeister von Kimberley gewählt. Seine Amtszeit endete bei Ausbruch des Ersten Weltkrieges. Die
Bürger stießen sich an seinem deutschen Akzent.

Klubs stellte man wieder Luxus zur Schau. Die Diamantenstadt
erwachte zu neuem Leben. In ungeduldiger Erwartung drängten
sich Menschenmengen vor den neuen Filmpalästen mit den magischen Namen Trocadero, Vaudette, Olympia. Inder und Farbige
eröffneten neue Stände auf dem Marktplatz und präsentierten
stolz ganze Berge von frischem Obst und Gemüse. Trödler war-
ben erstmals seit langem wieder lautstark für gebrauchte Möbel
und Kleidung. Am Abend war man nicht länger von Mondschein
und Sternenlicht abhängig. Summende elektrische Straßenlater-

nen tauchten Kimberley in einen amerikanischen Glanz, der durch die spiegelnden, blankpolierten Schaufensterscheiben der Ladenfronten noch verstärkt wurde.

Im Jahr 1913 erhielten die Frauen – weiße Frauen – das Wahlrecht. Ernest stellte sich zur Wiederwahl und gewann mit Leichtigkeit. Für die meisten verkörperte er Wohlstand, Verantwortung und Optimismus. In Oppenheimers Amtszeit willigte De Beers ein, die Straßenbahn mit Elektrizität aus den Bergwerksgeneratoren zu beliefern. Im Sommer 1914 übernahm das Unternehmen schließlich den gesamten Straßenbahnbetrieb. Es gab Kritiker, die gegen diese geheime Absprache mit dem Diamantenriesen die Stimme erhoben, sie verstummten aber schnell, als man die Fahrpreise senkte und den Service verbesserte.

Im selben Sommer fiel eine weitere wichtige Entscheidung, über die in der örtlichen Presse jedoch kaum berichtet wurde. Seit vielen Monaten verhandelte Jan Smuts mit dem indischen Juristen Mohandas Gandhi. Der Rechtsanwalt war nach Südafrika gekommen, um indische Klienten, meist Arbeiter und Ladenbesitzer, zu vertreten. Nach den Rassengesetzen des Landes galten Inder als »Farbige« und durften deshalb nicht wählen. Ein weiterer Affront kam hinzu: Sie sollten eine Sondersteuer in Höhe von drei Pfund entrichten. Gandhi wurde wegen seiner Proteste und seines Engagements mehrmals verhaftet. Doch er blieb standhaft und hielt unbeirrt an seiner Forderung fest: Die seinen Landsleuten auferlegte Steuer sollte zurückgenommen werden. Nach mehreren Streiks und etwas Druck aus London stimmte Smuts einem Gesetz zu, mit dem die Benachteiligung der Inder abgeschafft wurde, ohne daß er das Gesicht verlor: die »Indian Relief Bill«. Damit war die Sondersteuer für alle Zeiten vom Tisch. Im Juli kehrte Gandhi triumphierend nach Indien zurück. Die weißen Südafrikaner waren erleichtert. Sie glaubten, sie hätten sich zum letztenmal mit dieser verwirrenden Kampfmethode herumgeärgert, die Gandhi selbst Satjagraha – gewaltlosen Widerstand – nannte. Und für Ernest bestand kein Grund zu der Annahme, daß sie jemals sein Leben oder das Leben seiner Branche berühren würde. In jenem Juli saß er noch auf dem hohen Roß.

Doch einen Monat später brach der Erste Weltkrieg aus. Zur selben Zeit endete Oppenheimers Amtszeit als Bürgermeister – und beinahe auch sein Leben. Die ersten Kriegswochen brachten

Kimberley an den Rand des Ruins. In Europa herrschten chaotische Zustände, und der Diamantenhandel brach von einem Tag auf den anderen zusammen. Wieder wurden Tausende von Bergleuten entlassen. Gerüchte über bevorstehende Proteste der Schwarzen und Krawalle der Weißen machten in der Stadt die Runde. Ernest verstärkte die Polizeikräfte in den Quartieren der Minenarbeiter und organisierte öffentliche Arbeiten. Er wußte, was in Krisenzeiten zu tun war. Die Besonnenheit des Bürgermeisters brachte die Bevölkerung zur Ruhe, und man bat ihn, sich für eine weitere Amtszeit zur Verfügung zu stellen.

Eigentlich hatte Oppenheimer keine Lust, sich noch einmal drei Jahre mit Kommunalpolitik zu befassen. Doch jetzt mußte er ein Exempel statuieren: Der Stadtrat Fred Hicks hatte seinen Rücktritt gefordert. Ein Mann mit Frankfurter Akzent, so Hicks, dürfe in Zeiten wie diesen kein Führungsamt innehaben:»Es stünde dem Bürgermeister gut zu Gesicht, wenn er in der gegenwärtigen kritischen Lage zurückträte.« Bei einer Sitzung störte und verzögerte Hicks die Verhandlungen so lange, bis Oppenheimer mit dem Hammer auf den Tisch schlug und eine Vertagung beantragte. Hicks protestierte:»So führt man sich in Deutschland auf, nicht in Großbritannien!« In den folgenden Wochen versuchte Ernest, den Patrioten Hicks an Patriotismus noch zu übertreffen. Er stellte ein Bataillon für das Kimberley-Regiment zusammen, rührte eifrig die Werbetrommel für das Rote Kreuz und sorgte dafür, daß jeder diensttuende Soldat zu Weihnachten eine vom Bürgermeister persönlich unterzeichnete Karte bekam. »Wir wissen, daß ihr Kimberley Ehre machen werdet«, sagte Ernest vor Infanteristen,»und auch dem Empire, zu dem Kimberley gehört.«

Seine Gegner ließen sich von solchen effekthascherischen patriotischen Gesten nicht beeindrucken. Sie verteilten auf den Straßen Flugblätter mit der Schlagzeile »Eine Lektion in gutem Benehmen für Mr. Oppenheimer«, auf denen sie darauf hinwiesen, daß der in Deutschland geborene Bürgermeister von Coventry zurückgetreten sei. Im Mai 1915 erreichten sie, was sie wollten. In jenem Monat wurde die *Lusitania* vor der irischen Küste von einem deutschen U-Boot beschossen und versenkt. Über 1300 Männer, Frauen und Kinder ertranken in den Fluten. Die Nachricht von der Katastrophe löste in Südafrika eine Welle antideutscher Demonstrationen aus. Zuerst bekam Johannesburg die Wut des Mobs zu spüren, wenige Tage später erleuchteten die Fackeln aufgebrachter Männer die Straßen von Kimberley. Oppenheimer verstand die Botschaft und stellte niedergeschlagen sein Amt zur Verfügung. Doch es war zu spät, um den Protesten den Wind aus den Segeln zu nehmen. Eine Schar wütender Männer kam an einem Frisörladen vorbei, dessen Besitzer »Pfeffer« hieß. Weil der Name deutsch klang, brannten sie den Laden nieder. Anschließend schlugen sie Schaufenster und Türen ein, demolierten Gaststätten und Geschäfte. Uniformierte Polizisten standen daneben und sahen tatenlos zu, teils aus Sympathie mit den Randalierern, teils aus Angst, da sie zahlenmäßig weit unterlegen waren. Die Demonstranten zogen über den Diamond Market, den eine Reihe einstöckiger Gebäude säumten, zertrümmerten noch mehr Fenster und rissen die Messingschilder an den Häusern von F. Hirschhorn und E. Oppenheimer herunter. Irgend jemand rief eine Adresse, und alle folgten ihm zur Lodge Road Nr. 7. Als die wütende Menge dort eintraf, hatte Ernest seine Frau und seine Kinder bereits in ein weniger verdächtiges Haus gebracht, wo sie in Ruhe abwarten konnten, bis die Randalierer ihr Mütchen gekühlt hatten.

Am nächsten Tag reisten May und die Knaben ins friedliche Kapstadt ab. Ernest blieb zurück, um einige geschäftliche Dinge zu erledigen, doch er kam nicht einmal bis in sein Büro. Ein paar Aufrührer, die sich immer noch nicht beruhigt hatten, erkannten sein Auto auf der Straße. Sie schleuderten Steine gegen die Windschutzscheibe. Einer landete einen Volltreffer. Ernest räumte die Scherben beiseite, blinzelte aus blutüberströmtem Gesicht und sprang aus dem Auto. Er lief die Straße zum Kimberley-Club hinunter. Als er schnelle Schritte hinter sich hörte, stürzte er in das nächstbeste Haus. Die Schläger zögerten an der Türschwelle. Sie wären ihm in fast jedes andere Gebäude gefolgt, hätten ihn geschlagen und möglicherweise getötet. Doch hier wohnten die Nonnen der Heiligen Familie, und kein Mann wagte es, gewaltsam in das Kloster einzudringen. Die Schwestern reinigten Oppenheimers tiefe Schnittwunden, alarmierten die Polizei und baten die Beamten, den Verletzten nach Hause zu begleiten.

Doch wo war sein Zuhause? Nicht in der Stadt der Diamanten, nicht mehr. »Ich war für die Menschen in Kimberley ein Held gewesen«, schrieb er rückblickend. »Jetzt war ihnen allein schon mein Name verhaßt.« Auch nach Johannesburg konnte er nicht gehen, denn dort hielten die Tumulte unvermindert an. In Kapstadt war es ruhig geblieben, doch dort kannte sich niemand mit Diamanten aus, und Diamanten waren das einzige, wovon Ernest etwas verstand. Wohin also? Er reiste zu seiner Familie ans Kap und grübelte im Hotel über seine Lage nach. Die Berichte im *Diamond Field Advertiser* verstärkten seinen elenden Zustand nur noch weiter. Die Stunde der Heuchler hatte geschlagen. Jetzt, nachdem Oppenheimer die Stadt verlassen hatte, verurteilten die Aufrührer öffentlich die Gewalt, die sie selbst angezettelt hatten. Fred Hicks äußerte sich schockiert darüber, daß der Bürgermeister »bedroht worden war, denn zweimal wurde versucht, sein Haus niederzubrennen. Auch sein Büro wurde verwüstet. Ein solches Verhalten ist in höchstem Maße unbritisch.« Die übrigen Stadträte antworteten mit einem kräftigen »Hört, hört«.

Damit war die Sache für Ernest entschieden. Da er zu den Menschen in Kimberley kein Vertrauen mehr haben konnte, wollte er mit seiner Familie in Mays Stadt übersiedeln. Doch das war ein riskantes Unterfangen: Feindliche U-Boote kreuzten im Atlantik, und selbst wenn sie heil ankommen sollten, wer wußte schon, was sie erwartete? In Liverpool, dem Heimathafen der *Lusitania*, war es bereits zu Ausschreitungen gegen Deutschstämmige gekommen. Gleichwohl mußten sie das Risiko einer Reise nach London auf sich nehmen. Wenigstens wollten sie dem undankbaren Kimberley den Rücken kehren. Für immer, wie Ernest hoffte.

10

EIN HASARDSPIEL MIT KAPITAL

Während Ernest Kimberley zu vergessen suchte, hatten seine Geschäftspartner viel zu lachen. Ihre Fröhlichkeit hatte allerdings nichts mit seinem Mißgeschick zu tun. Zwei alte Veteranen der Diamantfelder bekämpften sich seit kurzem im Gerichtssaal und bescherten England mitten im Krieg eine willkommene Abwechslung.

Viele Randlords waren mittlerweile nach London gezogen, kauften große Villen und stellten ihren Reichtum zur Schau. Zuweilen berichteten seriöse Zeitungen über ihr Kommen und Gehen, dann wieder erinnerte das Londoner Skandalblatt *The Winning Post* an ihre Vergangenheit. Im Jahr 1910 weckte ein anonymer Autor die Neugier seiner Leser mit der großspurigen Mitteilung: »Ich könnte so manche Geschichte erzählen, wenn ich wollte, doch der Rotstift schwebt wie ein Damoklesschwert über meinem Haupt und läßt mir – zur großen Erleichterung gewisser südafrikanischer Geldleute – die Hände vor Angst erzittern.«

Wie die meisten Menschen, die ständig unter einem solchen Schwert leben, gewöhnte auch er sich irgendwann an die Gefahr. Er begann, seine Kolumne mit indiskreten und wenig schmeichelhaften Anekdoten anzureichern. Sie handelten von Barney Barnato, der in Frieden ruhte, und Joseph Benjamin Robinson, der mit 74 zwar gebrechlich, aber noch sehr lebendig war. Robinson wurde als »Sauertopf und feige Memme« beschrieben. Während des Burenkriegs, so der Schreiber, sei der Kavallerie-Oberst bewußt jeder Kampfhandlung aus dem Wege gegangen. Im Grunde sei Robinson »ein Soldat, der den Kampf verabscheut, ein Politiker ohne politisches Konzept, ein Redner, der nichts zu sagen hat, ein Kapitalist ohne Geist oder Taktgefühl, ein Musik-liebhaber ohne Gehör, ein Philanthrop ohne Nächstenliebe, ein Mann ohne Freunde und ein Patriot ohne Vaterland«. Und neben-bei beschuldigte er Robinson, schon zu Beginn seiner Karriere als Händler seine Kunden betrogen zu haben. Ein Bure etwa habe einen Sack Kaffee bei ihm gekauft und hinterher feststellen müs-sen, daß Robinson den Sack mit Kieselsteinen beschwert hatte. Inwieweit die anderen Vorwürfe auch zutreffen mochten, Ro-binson war jedenfalls kein Mann, dem es an Verstand und Taktge-fühl mangelte. Wenige Jahre zuvor hatte er sein Geld großzügig an die richtigen Stellen verteilt, und 1908 ernannte ihn König Eduard VII. zum Baronet. Vielleicht war es das, was Sir Joseph zu einer dankbaren Zielscheibe machte. Und gewiß war der Titel auch der Grund, warum er zunächst nicht reagierte: Ein Aristo-krat schlägt nicht nach Mücken, sondern tut so, als bemerke er die Stiche nicht. Als die Angriffe jedoch 1911 unter dem Titel *Re-miniscences of Kimberley* in Buchform erschienen und Louis Cohen als Autor verantwortlich zeichnete, zeigte Robinson doch sein wahres Gesicht.

Genau wie Cohen. Als Barney Barnatos erster Partner war er von Anfang an in Kimberley dabeigewesen. Doch er hatte weder Glück noch die richtige Nase gehabt, weder für Diamanten noch für Geldgeschäfte überhaupt. Männer, denen er sich weit überle-gen fühlte, scheffelten ein Vermögen, während er nichts weiter besaß als seine Feder. Und die tauchte er in Vitriol, schrieb seine Memoiren und glaubte, damit sei das letzte Wort über die Pio-nierzeit auf den Diamantfeldern gesprochen. Doch er hatte seine Rechnung ohne Robinson gemacht.

Der Finanzier im Ruhestand überließ nichts dem Zufall. Er en-gagierte den brillanten Anwalt Edward Carson, der schon Oscar Wilde verklagt hatte, und ließ prominente Zeugen aus Südafrika anreisen, die für ihn aussagen sollten. Er scheute keine Kosten. Die Presse, der Kriegsberichterstattung müde, stürzte sich auf den Prozeß, sehr zum Ärger der Hauptakteure, die nervös auf den Bürgersteigen hin und her liefen, sich mit Freunden berieten, Zigarren pafften und so taten, als bemerkten sie die Fotografen nicht. Drinnen, im künstlichen Licht des Gerichtssaals, schienen beide Kontrahenten zu schrumpfen. Robinson schritt langsam und gebeugt herein, dicker als je zuvor und mittlerweile fast völlig taub. Der sechzigjährige Cohen, auf seine dandyhafte Art immer noch ein attraktiver Mann, gab sich betont siegessicher, konnte damit aber niemanden täuschen. Um seine eigene Stimme zu hören, mußte Robinson die Journalisten anbrüllen: »Die ganze Sache«, raunzte er, »ist eine einzige Farce.«

Und als solche entpuppte sie sich denn auch, als Cohens Verteidiger seinen ersten Zeugen aufrief, einen gewissen Emile Berger, der über Cohens Charakter aussagen sollte. Der Anklagevertreter entlarvte Berger nicht nur rasch als Betrüger, sondern fand auch heraus, daß er Cohen kaum kannte. Nach und nach mußte Berger zugeben, daß er nie in einer Diamantmine, nie in Südafrika, überhaupt nie in Afrika gewesen war. Von da an ging es nur noch bergab. Mehrere Wochen später kam der Richter zu dem Urteil, Cohen sei »durch und durch bösartig«, und sprach Robinson ein Schadensgeld in Höhe von tausend Pfund zu. *Reminiscences of Kimberley* mußte aus den Buchhandlungen verschwinden. Dadurch aller Einkünfte beraubt, erklärte sich der Beklagte zahlungsunfähig.

Doch es kam noch schlimmer für Cohen. Robinson gab sich nicht damit zufrieden, seinen Gegner zu ruinieren, und zerrte ihn ein zweites Mal vor Gericht. Diesmal verklagte er Cohen wegen Anstiftung zum Meineid. Wieder verlor Cohen. Der Richter warf ihm vor, den Zeugen Berger »in tückischer Weise dazu verleitet« zu haben, »absichtlich zu lügen, obwohl er wußte, daß es Lügen waren ... Ich hätte ein strengeres Urteil fällen können ... Doch Sie sind ein alter Mann, und ich denke, der Gerechtigkeit ist Genüge getan, wenn Sie dieselbe Strafe erhalten wie Berger ... Drei Jahre Zuchthaus.« Robinson verschwand daraufhin in seinem großen Haus in der Park Lane und Cohen in einer engen Gefängniszelle. Die Londoner meinten, sie hätten die beiden Männer nun zum letztenmal gesehen.

*

Sofort bei Kriegsausbruch hatte sich Otto Oppenheimer freiwillig zur Artillerie gemeldet und wurde nach Frankreich abkommandiert. Er hoffte, damit seine deutsche Familie in den Augen der Engländer von jedem Verdacht zu befreien. Seine Brüder Gustav, Louis und Ernest, die in der britischen Diamantenindustrie tätig waren, spendeten großzügig für wohltätige Zwecke. Bernard Oppenheimer übertraf sie alle. Vor dem Krieg war er zunächst zum gleichgestellten Partner von Lewis und Marks aufgestiegen und hatte dann seine eigene South African Diamond Corporation gegründet. Bernard war auf die Antwerpener Meisterschleifer angewiesen gewesen. Doch kaum waren die Truppen des deutschen Kaisers in Belgien einmarschiert, tauschte er in einer dramatischen Geste das Diamantengeschäft gegen die Produktion von Granaten aus. Er importierte die »neuesten und besten Maschinen« aus Amerika und errichtete in Hertfordshire eine riesige Munitionsfabrik, in der dreitausend Mann, zumeist belgische Flüchtlinge, praktisch rund um die Uhr arbeiteten. Anfang 1915 produzierten sie täglich zehntausend Granaten. General Kitchener höchstpersönlich schickte Grüße. »Wenn wir nur ein halbes Dutzend Männer wie Bernard hätten«, erklärte der Kriegsminister, »hätten wir an der Westfront immer genug Granaten.«

Wenn Bernard Oppenheimer dabei Hintergedanken gehabt haben sollte, so besaß doch keiner die Ungehörigkeit, sie beim Namen zu nennen. Aber natürlich wußte jeder in Whitehall, daß an der Küste in Deutsch-Südwestafrika kürzlich ein Sperrgebiet eingerichtet worden war. Unter scharfer Bewachung krochen dort Schwarze durch den Sand, Schaufeln in der Hand und Knebel im Mund, damit sie die Diamanten, die sie fanden, nicht hinunterschluckten. Der Premierminister selbst hatte die deutschen Diamantenfunde als »schreckliches Unglück für uns alle« bezeichnet, ein Unglück freilich, das man mit Hilfe des Krieges, der durchaus nicht ungelegen komme, zu korrigieren hoffe. Wie um diese Worte zu unterstreichen, wandte sich Bernard an General Smuts, der im fernen Afrika ein Expeditionskorps befehligte und, wie bekannt war, gegen die deutschen Kolonien vorrückte. Bernard Oppenheimer versprach den ersten vier Soldaten, die das Viktoriakreuz bekamen, hundert Pfund extra. Die ersten vier Soldaten, die mit dem Distinguished Service Order ausgezeichnet wurden, sollten fünfzig Pfund erhalten. Die Nachricht wurde mit gebührender Dankbarkeit und Hurrarufen aufgenommen.

Nun, da die Regierung und die Soldaten eine so hohe Meinung von seinem Bruder hatten, dachte auch Ernest noch einmal über Südafrika nach. Vielleicht konnte er in diesem neuen Klima doch zurückkehren. Aber Kimberley war durchaus nicht freundlich zu ihm gewesen, und in London lebte man sicher ... Dann erhielt er eines Morgens einen Brief von De Beers. Die Geschäftsleitung dankte dem Exbürgermeister für die geleisteten Dienste und wollte sich in irgendeiner Weise erkenntlich zeigen. Habe er vielleicht einen passenden Vorschlag zu unterbreiten? Das hatte Ernest: »Ich möchte«, schrieb er zurück, »einen Direktorenposten bei De Beers.« Die hochmütige Antwort ließ nicht lange auf sich warten. »Vor einiger Zeit wurde stillschweigend vereinbart, frei werdende Direktorenstellen während des Krieges nicht zu besetzen. Überdies müssen zu gegebener Zeit zunächst einmal ältere Ansprüche berücksichtigt werden.«

Ernest ließ sich dadurch nicht entmutigen, sondern fühlte sich im Gegenteil eher angespornt. Er wollte nun doch zurück. Nicht sofort, und nicht in das undankbare Kimberley, denn das würde nur ein Masochist fertigbringen, aber irgendwohin, wo man einen Mann nach seinem Kopf und nicht nach seinem Akzent beurteilte. Dort wollte er sich wieder emporarbeiten und diejenigen Lügen strafen, die ihn vertrieben hatten. Der Gedanke an Rache war nicht unangenehm. Er half ihm über so manche schlaflose Nacht hinweg.

In London begann Ernest, einen meisterhaften Plan zu schmieden. Über seinen Bruder Louis lernte er den amerikanischen Bergbauingenieur William Lincoln Honnold kennen, der in leitender Funktion für verschiedene Goldfirmen gearbeitet hatte. Doch Schreibtischarbeit hatte ihn nie ganz befriedigt. Er war ein Mann der Tat, und so gab er mit 49 Jahren seine lukrative Tätigkeit auf und übernahm die Leitung des Komitees zur Rettung Belgiens. Doch bei allem Gemeinsinn wollte er seine Zeit nicht ausschließlich guten Werken widmen. Bevor er nach Hause in die Vereinigten Staaten zurückkehrte, tat er sich in den Clubs der Londoner City um und sprach dort mit verschiedenen Leuten.

In Ernest Oppenheimer fand Honnold den idealen Zuhörer. Der junge Mann nahm begeistert jede Lektion über das wertvolle Metall auf. Nach vorherrschender Meinung bestand zwischen der Goldgräberei und dem Schürfen von Diamanten kein nennenswerter Unterschied. Egal wie groß die Fundstätten waren, stets waren es isolierte, abgegrenzte Areale. Honnold war anderer Meinung. Er glaubte, daß die südafrikanischen Goldminen wie eine Art riesiger unterirdischer See aus goldhaltiger Erde mit-

Wie zuvor von den Rothschilds demonstriert, waren Brüder der Schlüssel zum finanziellen Erfolg. Ernest Oppenheimer hatte gleich vier. Obere Reihe: Gustav, Bernard und Ernest. Untere Reihe: Louis, Michael (Bernards Sohn) und Otto.

einander verbunden seien, der von Johannesburg bis zum östlichen Witwatersrand reichte. Dieses Gebiet umfaßte über 250 Quadratkilometer.

Wenn Honnold recht hatte, dann versprach fast jede Mine eine märchenhafte Ausbeute. Ernest leuchtete Honnolds Theorie von allen Seiten aus. Möglicherweise waren es nur die Hirngespinste eines verrückten Amerikaners. Es konnte aber auch eine Neuauflage der Geschichte von Barney und dem *blue ground* sein. Zu normalen Zeiten konnte ein Besitzer der Sache auf den Grund gehen und seine Schürfer anweisen, so lange weiterzugraben, bis sie auf das glitzernde Gold stießen. Doch dies waren keine normalen Zeiten.

Die Schwierigkeiten der Consolidated Mines Selection Ltd. waren ein Beweis dafür. Ernests Arbeitgeber, die Firma Dunkels, besaß beträchtliche Anteile an der CMS – genau wie viele Aktionäre in Deutschland. Die britische Kriegspresse lechzte nach Blut und Gold und forderte von der Regierung, solche Aktienpakete der »Feinde« zu übernehmen. Die Frage war nun: Würde

Großbritannien die Firma CMS als Kriegsbeute konfiszieren? Oder würde es vor einem solchen Schritt zurückschrecken? Sollten die Direktoren jetzt verkaufen? Oder sollten sie das Risiko eingehen, die Stellung zu behaupten und das Ende des Krieges abzuwarten?

Jemand mußte nach Südafrika reisen und sich an Ort und Stelle einen Eindruck verschaffen. Im Protokoll der CMS-Verwaltungsratssitzung vom April 1916 heißt es: »In Anbetracht der vielfältigen Pläne, die im Werden begriffen sind und eine Überprüfung vor Ort erfordern, hat sich E. Oppenheimer bereit erklärt, nach Südafrika zu reisen, um dort die Interessen des Unternehmens zu vertreten. Der Verwaltungsrat hat sein Angebot dankend angenommen.«

Und so ging Ernest im Alter von 36 – kaum ein Jahr nachdem er sich geschworen hatte, nie wieder einen Fuß in das Land zu setzen, in dem er so ungerecht behandelt worden war – an Bord eines unter indischer Flagge fahrenden Schiffes mit Ziel Südafrika. Im Atlantik wimmelte es von U-Booten, daher nahm der Dampfer eine gewundene Route über das Mittelmeer, durch den Suezkanal und an der ostafrikanischen Küste entlang bis zum Hafen von Lourenço Marques in Mosambik (dem heutigen Maputo). Von hier aus nahm Ernest den gleichen Weg, den Winston Churchill bei seiner Flucht aus einem burischen Gefangenenlager eingeschlagen hatte. Er fuhr hinunter nach Pretoria und dann weiter nach Johannesburg.

Nach den Demütigungen des letzten Jahres und dem feuchten Winterwetter in London genoß Ernest die beruhigende Wärme. Niemand in Johannesburg zweifelte an seiner politischen Loyalität oder fragte, was er als Diamantenfachmann mit Gold zu schaffen habe. Er vertrat ein mächtiges Unternehmen, das man nicht ignorieren konnte, und wurde in allen wichtigen Büros freundlich empfangen. Was die Direktoren ihm zu sagen hatten, war allerdings nicht besonders erfreulich.

Wie es der Zufall wollte, weilte Lionel Phillips, inzwischen Sir Lionel und Grandseigneur mit Pferdegestüt und englischem Landhaus, zu der Zeit ebenfalls in Johannesburg, wo er die Interessen von Wernher und Beit vertrat. Er bat Ernest Oppenheimer in sein Büro. So, die Burschen von CMS hatten also die Absicht, ihre Goldminen zu verkaufen? Der alte Mann erinnerte seinen

Besucher daran, daß die unbeschwerten Zeiten, als Investoren ihre Angebote noch durch Fenster reichten oder unter Türen hindurchschoben, längst vorbei seien. Heutzutage verließen sich reiche Männer auf Wissenschaftler und technische Berater. So habe er erst gestern von seinen Beratern erfahren, daß die Zeit der südafrikanischen Goldfelder sich dem Ende zuneige. In zwanzig Jahren seien die Vorräte erschöpft. Falls es im östlichen Witwatersrand noch Gold gebe, dann nur in sehr großer Tiefe, und der Goldbergbau sei mit der Diamantschürferei überhaupt nicht zu vergleichen. Die Lohnkosten für den Abbau seien abschreckend hoch. Und außerdem sei da noch dieser räuberische Krieg, der das Kapital schneller auffresse, als man zusehen könne. Mit einem Wort, er habe nicht die Absicht, die CMS-Minen zu kaufen. Und das gelte wohl für jeden, der noch bei gesundem Verstand sei.

Ernest stand vor einer qualvollen und einsamen Entscheidung. Honnold war in die Vereinigten Staaten zurückgekehrt und war ihm bis auf gelegentliche Briefe mit gutgemeinten Ratschlägen keine große Hilfe mehr. Der Amerikaner war wie er selbst der Ansicht, daß es nur drei Möglichkeiten gab: Man konnte die CMS-Anteile mit Verlust verkaufen – falls sich, was allerdings unwahrscheinlich war, ein Käufer fand. Man konnte sie behalten – auf die Gefahr hin, daß die britische Regierung alles übernahm. Oder – und das wäre die gewagteste Entscheidung – Ernest konnte, mit Unterstützung der CMS, die Minen selbst ausbeuten und das Gold suchen, von dem man nicht wußte, ob es die ganze Mühe lohnte. Nach vorsichtigster Kalkulation erforderte ein solcher Schritt Investitionen in Höhe von annähernd 2 Millionen Pfund. Man mußte Land erwerben, Maschinen kaufen, Arbeiter anheuern.

Ernest holte tief Luft und schrieb an CMS in London: Er sei bereit, auf eigene Faust tätig zu werden und im Geiste eines Cecil Rhodes Schulden in Gewinne zu verwandeln. Die Direktoren faßten sich an die Stirn. Es war offensichtlich ein Fehler gewesen, diesen Opportunisten nach Südafrika zu schicken. Der Vorsitzende reagierte äußerst erregt. Er und seine Kollegen seien »nicht bereit, mit dem Kapital des Unternehmens Lotterie zu spielen«.

Aus Kimberley vertrieben und in Johannesburg gescheitert, hätte Ernest nun eigentlich allen Grund gehabt, aufzugeben, nach Hause zu May und den Kindern zu fahren und sich ein bequemes Leben als Manager auf mittlerer Führungsebene einzurichten. Und sicherlich erwarteten die Diamantenbosse auch nichts anderes von ihm, als er nach London zurückkehrte und auf einen Termin mit den CMS-Direktoren wartete: Armer Oppenheimer, dieses Jahr war er wirklich vom Pech verfolgt.

Wie erstaunt wären sie gewesen, wenn sie gehört hätten, was hinter verschlossenen Türen im Zimmer des Verwaltungsrats gesprochen wurde. Während über Ernests Niederlagen getuschelt wurde, hatte er mit seinen Brüdern ein geheimes Angebot ausgearbeitet. Wenn CMS finanzielle Unterstützung zusagte, wollte er genau die gleiche Summe wie das Unternehmen investieren. Als Gegenleistung verlangte er, mit fünfzig Prozent an allen neuen Unternehmungen beteiligt zu werden, die CMS in den nächsten sieben Jahren im Witwatersrand tätigte. Die Manager überlegten: Wenn Ernest eine Million Pfund aufbringen konnte, dann war das Risiko kalkulierbar. Sie gingen auf den Vorschlag ein. Die Vereinbarung mußte noch einige Monate analysiert und geprüft werden. Wenn alles geklärt war, konnte der Vertrag aufgesetzt werden und ab 8. Juni 1917 in Kraft treten.

Mit CMS war also alles zur beiderseitigen Zufriedenheit geregelt, jetzt brauchte Ernest nur noch Geld – und zwar sehr viel Geld. In London nach Investoren Ausschau zu halten war sinnlos, der Krieg in Europa hatte die Banken ausgeblutet. Auch in Südafrika gab es niemanden, der über Kapital in ausreichender Höhe verfügte. Nur in einem großen Land gab es noch Investoren, die Risikokapital hatten, weil ihr Land noch nicht in den Krieg eingetreten war. Ernest hatte sich inzwischen Cecil Rhodes' große Worte zu eigen gemacht: Fusion ist der Schlüssel zur Macht. Er schrieb Honnold, seinem wichtigsten Kontaktmann in den Vereinigten Staaten, daß man mit Phantasie und genügend Kapital die im Witwatersrand tätigen Unternehmen in die Knie zwingen könne. »Es ist sicher nicht zu optimistisch«, fuhr er fort, »wenn wir annehmen, daß wir die Unternehmen in angemessenem Zeitraum zu einer freiwilligen Fusion bewegen können. Damit wären wir sofort der wichtigste Goldkonzern in Johannesburg.« Könne er, Honnold, nicht Kontakte zu amerikanischen Kapitalisten herstellen?

Er konnte. Der Amerikaner riet Ernest, sich mit einem amerikanischen Bergbauingenieur namens Herbert Hoover zu treffen, der gerade auf dem Weg nach England sei. Der Mann sei kein Technokrat der üblichen Sorte, fuhr Honnold fort. Er sei sehr einflußreich und habe gute Kontakte zu maßgeblichen Kreisen in Wirtschaft und Politik – jemand, dem sich zu widmen mit Sicherheit lohne. Obwohl Hoovers Terminkalender gespickt war mit Geschäftsterminen und karitativen Verpflichtungen, nahm er sich Zeit für Ernest. Drei Männer begrüßten einander in der Lobby des Hotels »Savoy« – man hatte Ernest geraten, einen neuen Bekannten mitzubringen, den früheren Finanzminister von Transvaal Henry C. Hull. »Wenn amerikanisches Kapital in Südafrika Fuß fassen möchte«, so begann Ernest, »wäre der leichteste Weg, Anteile an unserem Unternehmen zu kaufen.« Hull wurde nicht müde, in jedem Punkt seine Zustimmung zu geben. Noch bevor das Gespräch zu Ende war, hatte Hoover bereits seine Bereitwilligkeit signalisiert – ein Umstand, der viel über die gute Zusammenarbeit der drei verrät. Wie wäre es, so Hoover, wenn man J.P. Morgan als Kapitalgeber ins Spiel brächte?

Ernest versuchte, sich seine Erregung nicht anmerken zu lassen, doch er konnte kaum noch stillsitzen. Kaum hatte man sich verabschiedet, kabelte er an Honnold, er solle weiteres Kapital auftreiben. Nun, da der Name Morgan im Spiel war, wollten auch andere Bankiers nicht außen vor bleiben. Ein hübsches Problem wollte freilich noch gelöst werden: Die Investoren wollten wissen, wie das neue Unternehmen hieß, und bis jetzt hatte noch niemand einen Namen gefunden. Der Name, so schrieb Ernest an Honnold, sollte »einerseits die Bindung an Amerika zum Ausdruck bringen, andererseits aber auch das Wort ›Afrika‹ enthalten«.

Honnold kabelte zurück: »Wie wäre es mit ›Union of South African Mines‹ oder ›United South African Companies‹? Für beide Namen wird man im Wirtschaftsjargon sicherlich das Kürzel USA verwenden, womit das gewünschte Ziel erreicht wäre.« Hull fand zwar den ersten Namen »ausgezeichnet und akzeptabel«, meinte jedoch, daß die südafrikanische Regierung nicht besonders begeistert über das Kürzel wäre. Sein Gegenvorschlag: »African American Corporation Limited.« Honnold erinnerte daraufhin an die allgegenwärtige Rassenthematik: »›African American‹ würde man auf dieser Seite des Atlantiks auf unsere dunkelhäutigen Landsleute beziehen und wahrscheinlich mit Spott aufnehmen.« Nach langem Hin und Her schlug Ernest schließlich einen Namen vor, der allen gefiel:»Meines Erachtens muß ein Hinweis auf die amerikanische Identität im Namen des Unternehmens unbedingt enthalten sein. Mein Vorschlag: ›Anglo-American Corporation of South Africa, Limited.‹«

Als nächstes warb Ernest um das Wohlwollen des aufrechten Kriegshelden Jan Smuts. Das Prestige des Generals sollte der Anglo-American die nötige Seriosität und Glaubwürdigkeit verleihen. Smuts war inzwischen Mitglied des amtierenden britischen Kriegskabinetts in London und konnte dem Bruder von Bernard Oppenheimer, dem wohltätigen Förderer der Expeditionstruppen, kaum eine Audienz verwehren. Bald ging eine weitere erfreuliche Nachricht an Honnold ab:»Vor ein paar Tagen führte ich mit General Smuts ein vertrauliches Gespräch über unsere neue Firma … Er hatte lediglich Bedenken, ob es uns vielleicht nur darum geht, in ein vielversprechendes Geschäft einzusteigen, Profite zu machen und uns dann schnell wieder zurückzuziehen. Ich konnte ihn davon überzeugen, daß dies nicht der Fall ist.«

Einige Leute bezweifelten, daß Smuts wirklich überzeugt war. Sie warnten Ernest, daß der General in erster Linie Politiker sei und sich gerne überall beliebt mache, ohne feste Verpflichtungen einzugehen. Und davon abgesehen: Was galt schon das Wort eines Politikers in einer Stadt wie Johannesburg, die mit drohender Arbeitslosigkeit, steuerlichen und rechtlichen Problemen zu kämpfen hatte? Sie stießen bei Ernest auf taube Ohren. In Zeiten wie diesen, so meinte er, müsse man seinem Instinkt gehorchen, oder das Spiel gehe ohne einen weiter. Ungeachtet aller Einwände ließ er die Anglo-American Corporation of South Africa, Ltd. am 25. September 1917 offiziell ins Handelsregister eintragen.

Vor der Unternehmensgründung hatten einige Journalisten Zweifel geäußert. Doch nun überbot sich die gesamte Presse im Jubel. Die Zeitung *Rand Daily Mail* verkündete die Neuigkeit mit der Schlagzeile: *AMERIKANISCHE MILLIONEN FÜR DEN RAND*. Die Londoner *Times* nahm sich Zeit für einen ausführlich begründeten, zustimmenden Kommentar:»Die Verbindung markiert den Beginn einer neuen Epoche, denn nun wird zum erstenmal im Rahmen eines klaren Abkommens amerikanisches Kapital im Rand investiert.«

242

Die Vorbereitungen auf die neue Epoche nahmen fast das ganze folgende Jahr in Anspruch, und erst im Frühherbst 1918 konnte Ernest in Johannesburg Nägel mit Köpfen machen. Am 25. September, zwei Monate vor dem Waffenstillstand, schiffte er sich auf der *Galway Castle* ein. Fast täglich berichteten die Zeitungen über U-Boote, die im Atlantik kreuzten, doch die meisten Passagiere nahmen die Bedrohung nicht mehr sonderlich ernst. Seit dem Eintritt der USA in den Krieg war offensichtlich, daß die Tage der deutschen Marine gezählt waren.

Zwei Tage später, gegen 7.40 Uhr, riß eine gewaltige Explosion das Schiff fast auseinander. Ein feindlicher Torpedo hatte die Kessel zerstört und den Kiel beschädigt. Austretender Dampf zischte durch die Korridore. Lichter und Radios gingen aus. Über siebenhundert Passagiere flüchteten kopflos und voller Angst zu den Türen, darunter auch verwundete Soldaten, die von den Schlachtfeldern heimkehrten, manche mit Krücken, manche blind. Sie drängten auf die überfüllten Decks und kämpften um einen Platz in den beschädigten Rettungsbooten. Ernest wurde von der Explosion im Bad überrascht. Er konnte nur noch Hemd und Hose überstreifen, die Treppen hinaufklettern und an die Menschen appellieren, Ruhe zu bewahren. Bei einem Blick nach draußen sah er, daß Meer und Himmel zu einer metallischgrauen Masse verschmolzen waren. Ein Steward stieß ihn mit sieben anderen Männern und einer Frau in ein Boot und ließ sie in das aufgewühlte Wasser hinab.

Sie hatten Glück im Unglück. Leichen trieben mit dem Gesicht nach unten im Wasser an ihnen vorbei. Einige Rettungsboote zerbarsten beim Aufprall auf dem Wasser. Andere wurden überflutet und versanken. Ihr kleines Boot hüpfte und tanzte auf den hohen Wellen. Ernests kräftige Oberarme erwiesen sich als außerordentlich nützlich. Er und die anderen Männer warfen sich mit aller Kraft in die Ruder, um Abstand zur *Galway Castle* zu gewinnen, bevor das Schiff kenterte und sie mit in die Tiefe zog.

Als der stürmische Wind sich legte, hatten sie das Schiff und die anderen Rettungsboote aus den Augen verloren. Der graue Morgen wich einem trüben Nachmittag. Es wurde rasch Abend. Jemand behauptete, er habe am Horizont ein Schiff auftauchen sehen. Einen Augenblick glaubten sie an eine Sinnestäuschung, dann meinten sie, ein feindliches Schiff pflüge durch die Wellen.

Als es näher kam, erkannten sie die Umrisse eines britischen Zerstörers. Aufgeregt banden sie ein weißes Taschentuch an ein Ruder und winkten. Der Zerstörer bemerkte sie und drehte bei. Eine Strickleiter wurde herabgelassen, man holte sie aus dem Wasser. Sprosse für Sprosse kletterten sie die Leiter empor. Oben wurden sie von der Besatzung in Empfang genommen. Ernest ging als einer der letzten an Bord. Ein Offizier hatte Befehl erhalten, nach einem kleinen Mann mit Schnurrbart und energischem Auftreten Ausschau zu halten.

»Mr. Ernest Oppenheimer?« fragte er.

»Ja, der bin ich.«

»General Smuts wollte wissen, ob Sie unter den Geretteten sind.«

Wenn je Zweifel an Ernests Bedeutung bestanden hatten, dann waren sie mit dieser Nachricht wie weggewischt. Ernest ging unter Deck, trank etwas Heißes und zog trockene Kleidung an. Der Präsident der Anglo-American betrachtete sich überaus zufrieden im Spiegel. Er sah einen mit Glück gesegneten 37jährigen Mann in der abgenutzten Uniformjacke eines Obermaats. Die Jacke paßte ihm ziemlich gut. Doch eines wußte Ernest jetzt: Wenn es denn eine Uniform gab, die seinem zivilen Status entsprach, dann nur die Uniform eines Admirals.

※

In den Kriegsjahren gab es offenbar nur wenige Männer, die sich ähnlich intensiv mit dem südafrikanischen Kapitalismus beschäftigten wie Ernest Oppenheimer. Einer davon lebte in Zürich, einer Insel der Neutralität inmitten des Kriegsgeschehens, und vollendete 1916 sein Manifest.

Der Imperialismus als höchstes Stadium des Kapitalismus. »Bei den dortigen Arbeitsverhältnissen [in Zürich] litt ich natürlich unter einem gewissen Mangel an französischer und englischer und einem großen Mangel an russischer Literatur«, schrieb W. I. Lenin rückblickend. »Das englische Hauptwerk über den Imperialismus, das Buch von J. A. Hobson, habe ich jedoch mit der Aufmerksamkeit verwertet, die diese Arbeit meiner Überzeugung nach verdient.«

John Atkinson Hobson, der Südafrikakorrespondent des *Manchester Guardian*, hatte kurz zuvor festgestellt, daß seine »Ansichten und Gefühle allmählich in Richtung Sozialismus« tendierten. Unter dem Titel *Imperialism* hatte er ein im Handel erhältliches wütendes Buch geschrieben, in dem es vor großen Bösewichten nur so wimmelte – genau die Art Traktat, die Lenin als kongenial zusagen mußte. Hobson trat zwar nie für die Abschaffung des Privateigentums ein, doch nach Meinung des Russen lag das nur daran, daß Hobson Engländer war und ihm seine Tradition im Wege stand. Die Revolutionäre gingen ausführlich auf seine Ansichten ein, besonders auf das, was er zum Burenkrieg sagte. Für Hobson hatte eine »kleine verschworene Gruppe internationaler Kapitalisten« den Krieg bewußt herbeigeführt und durch »eine gefügige Presse jüdischen Minenspekulanten« in die Hände gearbeitet.

Hobson war einer der ersten Autoren des 20. Jahrhunderts, der eine historische Verschwörungstheorie verbreitete. Selbstgerecht verurteilte er in seinem Werk zwar jede Form von Judenhetze, betonte dann aber, daß »Männer einer bestimmten, seltsamen Rasse« das »Zentrum des internationalen Kapitalismus« bildeten. Menschen mosaischen Glaubens »sind durch straff organisierte Bande verbunden, halten stets engen Kontakt und sitzen, zumindest in Europa, im Herzen der Finanzmetropole jedes Landes«. Johannesburg war besonders anrüchig. »In den Zeitungen vom 13. September«, so stellte Hobson empört fest, »wird angekündigt, daß ›wegen des jüdischen Versöhnungstages heute im Empire [einem Revuetheater] keine Vorstellung stattfindet‹. Auch die Börse bleibt an diesem Tag geschlossen.« Er geißelte jene, die »jahrhundertelange Erfahrung in Finanzangelegenheiten haben«. Dank ihrer »einzigartigen Stellung« könnten sie »die Politik von Ländern manipulieren. Schnelle Kapitalströme seien nur mit ihrer Zustimmung und Mithilfe möglich.« In seiner Zusammenfassung bot Hobson eine Lösung an: Eine »internationale politische Organisation« könne eines Tages vielleicht dafür sorgen, daß »die Verbreitung degenerierter oder reaktionärer Rassen eingedämmt wird«.

Lenin war von alldem sehr beeindruckt. Ganz besonders gefiel ihm die Vorstellung von Südafrika als einem »Bollwerk des Kapitalismus, das sich noch für lange Zeit im Zustand des Verfalls befinden wird ... eines Tages jedoch unweigerlich verschwinden muß«. Der Russe sorgte dafür, daß viele junge Bolschewiken *Im-*

perialism lasen. Bald schrieben sie selbst über Johannesburg. Vieles stammte aus zweiter Hand, das meiste zeugte von großer Ahnungslosigkeit. Kaum ein Weißer, ob Radikaler oder Reaktionär, machte sich dagegen die Mühe, ein Werk zu lesen, das bei weitem aufschlußreicher war als *Imperialism*. Fast zur selben Zeit, als Lenin sein Manifest schrieb, arbeitete ein redegewandter junger Bantu namens Sol Plaatje an seinem Buch *Native Life in South Africa*. In anklagendem Ton wandte er sich an eine weiße Leserschaft: »Manche Leser glauben vielleicht, daß ich mit dem Kolonialparlament zu hart ins Gericht gehe«, erklärte er. »Doch ... wer wie ich gesehen hat, wie seine Landsleute aus ihrer Heimat vertrieben und ihre Häuser niedergerissen wurden, ohne daß für sie die geringste Aussicht auf Entschädigung bestand, wer erlebt hat, daß dies im Auftrag einer Regierung geschah, der sie, obwohl im Parlament nicht vertreten, treu ihre Steuern entrichteten, wer erfahren hat, daß sie ihre Heimat verlassen mußten, weil sie keine Diener werden wollten, dem würde es, so glaube ich, ebenfalls schwerfallen, einen kühlen Kopf zu bewahren und eine maßvolle Feder zu führen.«

Plaatje bezog sich dabei auf die Folgen des sogenannten Natives Land Act, der jeder englischen Vorstellung von Demokratie hohnsprach. Nach diesem Gesetz war es Schwarzen verboten, außerhalb der als Reservate ausgewiesenen Territorien Land zu kaufen oder zu pachten. Schwarze durften sich in Gebieten, die Weißen vorbehalten waren, nicht niederlassen, sondern nur als Arbeiter aufhalten, obwohl dort über eine Million Schwarze als Besitzer und Pächter kleiner Farmen produktive Arbeit geleistet hatten.

Die Schwarzen, also zwei Drittel der Bevölkerung, sollten in ein rund 90000 Quadratkilometer großes Gebiet umgesiedelt werden. Außenstehenden mochte das als großzügige Landzuweisung des Staates erscheinen, doch tatsächlich bedeutete dies, daß 65 Prozent der Gesamtbevölkerung auf sieben Prozent der Fläche Südafrikas zusammengepfercht wurden. Angeblich diente das Gesetz der Schaffung »paralleler Institutionen« für Weiße und Schwarze (besser bekannt als das Prinzip getrennter, aber gleicher Einrichtungen). General Smuts zufolge sollten die Rassen, »was Institutionen, Landbesitz, Regierungsform und viele andere Dinge angeht, getrennt sein. Soweit möglich wird politische Herrschaft so gestaltet sein, daß jede Gruppe zufrieden ist und sich ihrem Naturell entsprechend entwickeln kann.« Das Prinzip getrennter, aber gleicher Einrichtungen war von Anfang an nichts als Augenwischerei. In Wirklichkeit ging es um den dramatischen Arbeitskräftemangel in den Minen. Das neue Gesetz zwang die Schwarzen dazu, ihre ertragreichen Farmen zu verlassen, und entzog ihnen so ihre Existenzgrundlage. Darauf spekulierten Regierung und Randlords: Früher oder später mußten die Schwarzen in die Minen gehen und nach Gold und Diamanten schürfen.

Plaatje hatte sich ursprünglich auf die Stimmen liberaler Engländer verlassen. Jetzt meldete er sich entrüstet zu Wort: »Hätte uns jemand zu Anfang gesagt, daß eine Mehrheit der Mitglieder des Unionsparlaments imstande wäre, ein Gesetz zu verabschieden ... mit dem verhindert werden soll, daß Schwarze jemals über den Status von Dienern der Weißen hinauswachsen, so hätten wir diesen Menschen als geeigneten Kandidaten für das Irrenhaus betrachtet.«

Das Gesetz zeitigte bald tragische Folgen. Die Farmwirtschaft der Schwarzen brach völlig zusammen, und es standen kaum Finanzmittel als Überbrückungshilfe zur Verfügung. Armut breitete sich aus, mit den üblichen Begleiterscheinungen. Die Kindersterblichkeitsrate stieg: Jedes fünfte Kind starb vor Erreichen des ersten Lebensjahrs. Verbrechen nahmen überhand. Die Schwarzen konnten weder vor noch zurück. Überkommene Sitten und Gewohnheitsrechte zerbrachen, und gleichzeitig überließ man ihre Ausbildung unzureichend ausgestatteten Missionsgesellschaften. Schlecht ausgebildet, ihrer Freizügigkeit beraubt, durch diskriminierende Paßgesetze und Steuern behindert, drängten die Schwarzen massenhaft zurück in die Lager der Minenarbeiter.

*

Die Digger der ersten Stunde vergaßen nie den Kulturschock, den sie in New Rush erlebt hatten: das seltsam verkehrte Wetter mit Schnee im Juli und Hitze im Dezember; die primitiven sanitären Einrichtungen und die schrecklichen Epidemien; Wahrsager und Spinnenkämpfe; Frauen, die sich an den Meistbietenden versteigerten; Diebstähle und Schlägereien in einer Stadt, in der es weder Gesetze noch Vorschriften gab. Doch all das war harmlos verglichen mit den Zuständen in Johannesburg. Das alte Kimberley war eine Pionierstadt gewesen, deren Bewohner sich mehr oder weniger willkürlich gesellschaftliche Regeln gegeben hatten. Die Diamantförderung erfolgte im Tagebau, die Obrigkeit hatte kaum Einfluß, und Eingeborenenpolitik war eine Frage der Improvisation. In der Goldstadt Johannesburg herrschten völlig andere Verhältnisse. Ein australischer Journalist, der sie besuchte, versuchte sich an einer Beschreibung: »Die antiken Städte Ninive und Babylon sind wieder zum Leben erwacht. Johannesburg ist ihr Modell für das 20. Jahrhundert. Zügellose Verschwendung und grenzenloses Elend beherrschen die Stadt.«

Das Leben der Eingeborenen verkörperte das Elend. Wenn die Schwarzen in Güterzügen aus ihren Dörfern nach Johannesburg fuhren, erlebten sie so etwas wie eine Reise in einer Zeitmaschine voller Schrecken. Sie bestiegen den Zug im 10. Jahrhundert, in dem die Dorfgemeinschaft und uraltes Brauchtum das Leben prägten. Und sie stiegen in einer Stadt des 20. Jahrhunderts wieder aus, in der technischer Fortschritt und Rassentrennung herrschten. Die Abende und Nächte verbrachten die Goldschürfer in reinen Männerquartieren; tagsüber trieben sie Stollen in die Erde, in der Finsternis dort ständig bedroht von Explosionen und Verschüttungen. Alle, ob jung oder alt, wurden mit »Boy« angesprochen, und die Minenbesitzer sorgten dafür, daß niemals selbstbewußte, mündige Bürger aus ihnen wurden. Verhandlungen um höhere Löhne oder bessere Arbeitsbedingungen gab es nicht mehr. Schwarze durften weder streiken noch Ämter oder höhere Posten bekleiden. Die ärmlichen Schulen waren kaum mehr als Bewahranstalten. Noch als halbe Kinder mußten viele die Klassenzimmer verlassen, um das Reservoir billiger Arbeitskräfte aufzufüllen. Jeder Schwarze wußte, daß er von heute auf morgen ersetzt werden konnte, denn Hunderte arbeitsloser Schwarzer standen hinter ihm Schlange. Das Überangebot an schwarzen Arbeitskräften prägte den Alltag in Johannesburg. Eine Arbeit konnte noch so schlecht bezahlt, noch so erbärmlich sein, es gab immer genug Anwärter, die sie begeistert angenommen hätten.

Es waren nicht nur die Schwarzen selbst, die über diese Lebenssituation entsetzt waren. »Wenn wir«, schrieb Olive Schreiner, »von kurzfristigen Profiten geblendet, in unseren dunkelhäutigen Mitmenschen nur eine riesige Arbeitsmaschine sehen, wenn sie für uns keine Menschen, sondern Werkzeuge sind, wenn wir diese vielköpfige Masse zu einem riesigen, brodelnden, unwissenden Proletariat erniedrigen – dann möchte ich die Zukunft dieses Landes lieber mit einem Schleier bedecken.«

Als weiße Frau konnte Olive Schreiner die Tragödie nur von außen mit ansehen. Sol Plaatje lebte mitten in ihrem Herzen. Bei einem Ausflug mit dem Fahrrad im Oranjefreistaat erlebte er die Folgen eines wilden Streiks. »Schwarze Mütter«, schrieb er, »die aus ihren Häusern vertrieben worden waren, saßen mit ihren Kindern in der Kälte. Als wir in jener Nacht die Zähne der Kleinen vor Kälte klappern hörten ... fragten wir uns, was diese Würmchen getan hatten, daß sie nun plötzlich kein Zuhause mehr hatten.«

Das Schicksal der schwarzen Landbevölkerung war noch trauriger. Ein gewisser Kgobadi hatte bei einem weißen Farmer hundert Pfund im Jahr verdient. Kaum war das Gesetz verabschiedet, kürzte der Farmer Kgobadis Lohn um 75 Prozent. Als der Schwarze sich weigerte, für einen solchen Hungerlohn zu arbeiten, überreichte ihm der Farmer einen Brief. Darin stand, daß Kgobadi »die Farm des Unterzeichners bis zum Sonnenuntergang desselben Tages verlassen« müsse. Leiste er dieser Aufforderung nicht Folge, würde »seine Herde beschlagnahmt und sichergestellt und er selbst wegen unerlaubten Aufenthalts auf der Farm den Behörden überstellt«. Widerspruch war unmöglich. Just an jenem Tag wurde Kgobadis Baby krank. Die Familie verließ ihr Zuhause auf einem zugigen Ochsenkarren, und zwei Tage später starb das Kind. Sie mußten es heimlich bei Nacht begraben, »um nicht vom Grundbesitzer oder einem seiner Diener dabei überrascht zu werden«. Plaatje erinnerte seine Leser daran, daß »man sogar Verbrechern, die man gerade vom Galgen geholt hat, das Recht auf zwei Quadratmeter Erde, in denen ihre Überreste ruhen können, nicht streitig macht. Doch unter der grausamen Natives Land Act mitunter sogar kleinen Kindern, deren einziges Verbrechen darin besteht, daß Gott sie nicht weiß gemacht hat, dieses Recht im Land ihrer Ahnen verweigert.«

Zusammen mit einer Gruppe gleichgesinnter Schwarzenführer berief der Autor in Bloemfontein, nahe Kimberley, eine Versammlung ein, um über das Schicksal ihres Volkes zu beraten. Ein solches »Stammestreffen«, wie es ein schwarzer Beobachter nannte, »hatte es zuvor nur auf dem Schlachtfeld gegeben«. An einem schwül-heißen Tag im Januar 1912 schürte der Hauptredner die kollektive Wut. »Ihr Häuptlinge von königlichem Blut und edlen Männer unserer Rasse«, begann er, »die Weißen in diesem Land haben die sogenannte Südafrikanische Union gegründet – eine Union, in der wir keine Stimme haben.« Die Botschaft war nicht neu, man kannte sie aus Zeitungen und anderen Reden. »Der Dämon des Rassismus muß begraben und vergessen werden.« Die Schwarzen Südafrikas müßten sich zum Wohle aller zusammenschließen und ihre Stammesfehden beilegen, denn »wir haben genug Blut vergossen. Wir sind ein Volk.«

Der Mann am Rednerpult war ein Feuerkopf namens Pixley Ka Isaka Seme, der durch Heirat mit der Königsfamilie der Zulu verwandt war. Seine Zuhörer wußten genau über ihn Bescheid. Missionare hatten ihm ein Studium an der Columbia University in New York und am Jesus College in Oxford ermöglicht. Der Auslandsaufenthalt hatte sein Unrechtsempfinden geschärft. Aus Protest gegen die Vertreibung der Schwarzen aus ihrer Heimat hatte er einige aufsehenerregende Aktionen durchgeführt. Einmal hatte er es sogar gewagt, sich in ein für Weiße reserviertes Eisenbahnabteil zu setzen. Als die Mitreisenden protestierten, zog er eine Pistole. Er wurde sofort entwaffnet und verhaftet. Nach kurzer Haft erklärte er hochmütig: »Selbstverständlich reise ich wie alle Anwälte erster Klasse.«

In bewußtem Gegensatz zu Seme bat Reverend John Dube um »Vertrauen in den Gerechtigkeitssinn und die Freiheitsliebe, jenes hoffnungsvolle Bündnis, das dem britischen Naturell eigen ist. Beharrlichkeit, Geduld, Vernunft, die noblen Eigenschaften der Afrikaner, und die Tatsache, daß unsere Forderungen berechtigt sind, werden selbst unsere Feinde in Bewunderer und Freunde verwandeln.«

Man stimmte ab, und der gemäßigte Dube wurde zum Präsidenten gewählt. In einem seltenen Kompromiß akzeptierte Seme den Posten des Schatzmeisters, und Plaatje wurde Generalsekretär. Das Bündnis blieb bestehen, verwickelte sich in interne Kämpfe, stritt mit der weißen Führung, stellte Gesetze und Gewohnheiten in Frage und vertraute darauf, daß die Geschichte dieser Organisation eines Tages den Weg frei machen würde: dem Afrikanischen Nationalkongreß.

11

DURCH DIE HINTERTÜR ZU DE BEERS

Sofort nach Kriegsende nahmen die meisten Randlords ihre gewohnten Geschäfte wieder auf. Mit Ausnahme von Ernest. Obwohl die Anglo-American im östlichen Witwatersrand nach Gold suchte, wandte er sich wieder seiner ersten Liebe zu, den Diamanten. Das mächtige Diamantensyndikat, dem die vier größten Diamantenproduzenten Kimberleys angehörten, bestand nach wie vor. Mit 51 Prozent der Förderung hatte De Beers die Majorität, gefolgt von South West Africa (21 Prozent), Premier Mines (18 Prozent) und Jagersfontein (10 Prozent). Theoretisch sollte das Syndikat die Vorstellungen von Cecil Rhodes in die Tat umsetzen und über die Steuerung des Angebots den Preis der Steine kontrollieren. Doch in der Praxis liefen die Dinge nicht so glatt. Als im Ersten Weltkrieg etwa die Nachfrage gesunken war, tat das Syndikat genau dasselbe wie jeder andere Konzern, der Waren anzubieten hatte: Es senkte einfach die Preise. Ernest sah darin ein Zeichen der Schwäche, die selbstzerstörerisch wirken konnte. Ein Kartell, das diesen Namen verdiente, mußte seinen Einfluß unter allen Umständen wahren, das Angebot kontrollieren, notfalls Lieferengpässe schaffen und unbeeinflußt von Kriegen, Katastrophen und Konjunkturflauten an seiner Linie festhalten. Wozu sonst sollte ein Syndikat gut sein? Der Fehler lag seines Erachtens weniger im System, sondern bei den Leuten an der Spitze. Die Diamantenindustrie brauchte frische Ideen und neue Köpfe. Und natürlich wollte er einer der neuen Köpfe sein.

Ernest war zu der Zeit immer noch Angestellter bei der Firma Dunkels, die mit 12,5 Prozent aller verkauften Steine am Syndikat beteiligt war. Ernest besaß keine Anteile – noch nicht, zumindest –, und demzufolge hatte er auch nicht die Macht, die Geschäftspolitik des Syndikats in seinem Sinne zu dirigieren. Aber er wußte genau, was er wollte: einen Sitz im Verwaltungsrat von De Beers. »Schritt für Schritt«, so sagte er einem Kollegen, werde er sich eine »Führungsposition in der Diamantenbranche« erarbeiten.

Ernest machte aus seinen Absichten kein Hehl. Die Spitzenmanager von De Beers sahen in diesem ehrgeizigen Aufsteiger einen gefährlichen Konkurrenten und beschlossen, ihn sich vom Leibe zu halten. Frustriert suchte Ernest nach einem Hintertürchen, und 1919 wurde er schließlich fündig: Die britische Siegermacht hatte einige Diamantminen in Deutsch-Südwestafrika beschlagnahmt. Nach Kriegsende richteten die deutschen Besitzer eine vorsichtige Anfrage an die Bergbaukammer: War es für sie, als ehemalige Kriegsgegner der Krone, ratsam, die Geschäfte wiederaufzunehmen? Oder sollten sie ihre Aktien verkaufen und sich ganz zurückziehen? Freunde in der Regierung erzählten Henry C. Hull davon, und Hull gab die Informationen an Ernest weiter.

Ein paar Tage später wandte sich Fritz Hirschhorn, der für De Beers in Johannesburg tätig war, mit der Bitte an Premierminister Botha, Informationen über den Kauf der deutschen Besitztümer zu beschaffen. Zu seinem Schrecken erfuhr er, daß ihm sein Vetter Ernest zuvorgekommen war, ohne ihm ein Wort davon zu sagen. Gekränkt und besorgt schickte Hirschhorn ein Eiltelegramm an die De-Beers-Direktoren in London: »Nach den Gesprächen mit General Botha kann kein Zweifel daran bestehen, daß [unsere Konkurrenten] versuchen, Anteile in Südwestafrika zu erwerben ... Wir müssen daher unbedingt als erste zugreifen ... und, wenn möglich, die Rechte der deutschen Eigentümer erwerben, vorausgesetzt, die Unionsregierung erteilt die Genehmigung.«

De Beers zog weitere Erkundigungen ein und antwortete dann kühl: »Da die deutschen Eigentümer glauben, daß sie ihr Eigentum behalten können, kommt nach Auskunft unserer Informanten in Deutschland ein Verkauf für sie gegenwärtig nicht in Frage.«

Während De Beers auf dem besten Wege war, sich um ein einträgliches Geschäft zu bringen, taten Ernest und seine Partner alles, um die deutschen Eigentümer davon zu überzeugen, daß ihnen in Afrika schwierige und unsichere Zeiten bevorstünden. Nachdem sie den Wert der Diamantfelder auf diese Weise gedrückt hatten, handelten sie einen Preis von 3 500 000 Pfund aus und schlugen zu. Den Löwenanteil des Kaufpreises sollten J.P. Morgans Bank und Louis Oppenheimers Kontaktleute bei Dunkels aufbringen. Am 3. November 1919 hatte das De-Beers-Büro in Kimberley sehr unerfreuliche Nachrichten für das Hauptquartier: »Die gesamten Diamantenanteile in Deutsch-Südwestafrika«, so das Telegramm, »wurden im Auftrag der Anglo-American von Hull aufgekauft.«

Man gründete ein neues Unternehmen, die Consolidated Diamond Mines of South West Africa, mit Ernest in der Doppelfunktion als Präsident und geschäftsführender Direktor. Das Syndikat erklärte sich bereit, die Fördermenge der Consolidated zu akzeptieren. Im ersten Jahr sollte das Unternehmen zwanzig Prozent aller Diamanten des Syndikats produzieren. Ernest gab zu, daß ihm die Sache mit Hirschhorn leid getan habe: Der Mann sei ein großzügiger Gastgeber gewesen und habe May in Johannesburg mit offenen Armen aufgenommen. War das wirklich erst vier Jahre her? Doch mit einem Haufen Diamanten in der Hand war man nicht mehr auf Gefälligkeiten anderer Leute angewiesen. Und wenn man mehrere Brüder in einflußreichen Positionen hatte, brauchte man eigentlich auch keine Vettern mehr.

*

Im Jahr 1869 hatte Königin Viktoria in einem Brief noch ihre Meinung kundgetan, daß sie der Ernennung eines *Juden* zum *Peer* niemals zustimmen könne. Ein solcher Schritt würde Mißfallen erregen und der Regierung großen Schaden zufügen. Später änderte sie ihre Meinung. Im Jahr 1885 ernannte sie erstmals einen Juden zum Baron des Vereinigten Königreichs: den unwiderstehlichen Nathan Rothschild, dessen Vater der britischen Regierung 4 Millionen Pfund für das große Suez-Abenteuer geliehen hatte.

Seit jener Zeit hatte sich viel verändert. Nach Viktoria hatte Eduard VII. den Thron bestiegen, ein Monarch, der jüdische Freunde und jüdische Witze sammelte. Und nach ihm kam Georg V., der nichts dagegen hatte, wenn Adelige Namen wie Solomon und Abrahms und Oppenheimer trugen. Die Londoner *Gazette* berichtete 1921: Ernest Oppenheimer sei »aufgrund seiner großen Verdienste bei der Anwerbung von Soldaten und Arbeitern für verschiedene Fronten während des Krieges« zum Ritter geschlagen worden. In derselben Liste wurde auch Bernard genannt, und zwar eine Stufe über seinem jüngeren Bruder. Er hatte nicht nur im Krieg Arbeiter rekrutiert und Granaten produziert, sondern in Friedenszeiten eine Diamantenschleiferei für Kriegsversehrte aufgebaut. Für so viel Wohltätigkeit sollte er zum Baronet ernannt werden.

Die Ankündigungen wurden mit allgemeinem Jubel aufgenommen, doch einige wenige murrten auch. Man hätte nun denken können, daß Winston Churchill es begrüßen würde, wenn ein Südafrikaner Peer wurde. Schließlich hatte sein Vater Randolph enge Kontakte zu den Diamantenpionieren unterhalten. Winston selbst hatte seine Karriere als Journalist im Burenkrieg begonnen und zählte einige Leute in der Bergbaubranche zu seinen Freunden. Dennoch war der Kolonialminister mit der Liste des Königs unzufrieden. In einem Brief an Bonar Law, den künftigen britischen Premierminister, beklagte sich Churchill über die »Anordnung der Peers« auf der Ehrentafel. Speziell Bernard Oppenheimer bezeichnete er als einen Mann, der sich den Platz im Oberhaus erkauft habe. Nun, die Brüder bekamen ihre Titel dennoch, und Ernest machte sich sofort an die Auswahl von Familienwappen und Leitspruch. Dabei erlaubte er sich eine kleine, subtile Rache an der Stadt, die ihm so übel mitgespielt hatte. Auf dem offiziellen Briefpapier der Stadt Kimberley stand der Satz *Spero meliora,* ich erhoffe ein Besseres. Ernest wählte den Leitspruch: *Spero optima,* ich erhoffe das Beste.

Ernest Oppenheimer hatte allen Grund, hoffnungsfroh in die Zukunft zu blicken. William Honnold und J.P. Morgan in Amerika versprachen, noch mehr Kapital für seine geschäftlichen Unternehmungen zu beschaffen. In Südafrika war Jan Smuts, der Politiker, den Ernest am eifrigsten umworben hatte, gerade Premierminister geworden. Auf Schritt und Tritt stieß man auf Zeichen des Wohlstands, und von Optimismus beflügelt, kauften die Oppenheimers eine prächtige neue Villa in Brenthurst, einem reichen Vorort von Johannesburg. Der inzwischen elfjährige Harry und der neunjährige Frank fuhren nun täglich zur Parktown

School: angetan mit scharlachroten Sakkos und roten Mützen, ganz angehende englische Gentlemen.

Doch dann bekam die glänzende Fassade erste Risse. Sechs Monate nach dem ritterlichen Kniefall vor dem Thron erlag Bernard Oppenheimer einem Herzschlag. Für den 14 Jahre jüngeren Ernest, der in ihm eher eine Vaterfigur als einen Bruder gesehen hatte, war sein Tod ein schwerer Verlust. Für eine Weile schlüpfte Ernest in die ungewohnte Rolle des Zuschauers, der untätig zusah, wie die Geschichte sein Land einholte.

Neue radikale Bewegungen erschütterten die Nachkriegswelt und rüttelten an den alten Machtverhältnissen. In Südafrika waren Arbeitsniederlegungen nichts Neues, doch vor dem Krieg hatte es stets nur wilde, unorganisierte Streiks gegeben, die immer nur kurz gedauert hatten. Als 1913 mehrere weiße Grubenarbeiter wegen eines Streits um die Arbeitszeiten entlassen wurden, gingen Hunderte und dann Tausende ihrer Kollegen aus Solidarität auf die Straße. Im Namen der Firma Wernher und Beit meinte Lionel Phillips dazu: »Ein Generalstreik hätte natürlich ernsthafte Auswirkungen auf die Dividendenausschüttung. Ich glaube jedoch nicht, daß ein solcher Streik sehr lange dauern könnte. Wenn es doch dazu kommt, müssen wir uns dazu durchringen, die hiesigen Gewerkschaften ein für allemal auszuschalten.« Mit Hilfe von Regierungstruppen beendeten die Randlords schließlich den Streik. Über hundert Menschen waren dabei ums Leben gekommen.

Jetzt, sieben Jahre später, begehrten die Arbeiter in den schwarzen Wohnvierteln auf. Am Montag, dem 16. Februar 1920, wurden die beiden Goldminenarbeiter Mobu und Vilikati verhaftet, weil sie versucht hatten, am Ostrand einen Streik zu organisieren. Tags darauf verweigerten 2500 schwarze Arbeiter die Arbeitsaufnahme und forderten die Freilassung der Inhaftierten. Mobu und Vilikati blieben hinter Schloß und Riegel, und ihre Kollegen stellten weitergehende Forderungen: Sie wollten bessere Arbeitsbedingungen und drei Shilling Teuerungszulage pro Tag. Zwei Wochen später befanden sich 771 000 Arbeiter im Ausstand – über die Hälfte aller schwarzen Arbeiter.

Die Regierung spürte, daß die Lage bedrohlich wurde, und meldete nach Johannesburg: »Wir haben es hier nicht mit einem Aufstand zu tun wie bei allen früheren Schwierigkeiten mit den

Eingeborenen. Es handelt sich um einen regelrechten, nach europäischem Vorbild organisierten Streik.« Die ganze Zukunft der Arbeitsverhältnisse stehe auf dem Spiel, und deshalb müßten die Unruhen unverzüglich und ein und für allemal niedergeschlagen werden. Truppen der Bundesarmee eilten der privaten Polizei zu Hilfe. Sie umstellten die Quartiere, machten die Anführer ausfindig und warfen sie ins Gefängnis. Einen Tag später trieb man die schwarzen Minenarbeiter mit aufgepflanzten Bajonetten an ihre Arbeitsplätze zurück. Manche fügten sich resigniert, andere protestierten heftig. Es kam zu Straßenschlachten und Schießereien. Die Niederschlagung des Streiks kostete elf Minenarbeitern das Leben, 120 wurden verletzt.

Ernest begriff, daß dies nur die ersten Anzeichen eines gefährlichen Stimmungsumschwungs waren, der unheilvolle Folgen haben konnte. Überall in der Welt begehrten die Arbeiter auf und schlugen neue Töne an. In Amerika hatten sie bereits einiges an Veränderungen bewirkt, und Rußland war ganz in ihre Hände gefallen. War jetzt Südafrika an der Reihe? Der schwelende Arbeitskonflikt konnte jederzeit offen zum Ausbruch kommen. Ernest ahnte, daß ihm die gefährlichsten Jahre seines Lebens bevorstanden. Er mußte äußerst geschickt vorgehen, wenn er die Minen und die Arbeiter unter Kontrolle halten wollte. Gelang ihm das nicht, würde die Gegenseite die Oberhand gewinnen.

*

Im Jahr 1921 besuchte Louis Cohen, inzwischen aus dem Gefängnis entlassen und abwechselnd von Rheuma und Heimweh geplagt, die Goldstadt, die er eine Generation zuvor kennengelernt hatte. Das alte Flair, eine Mischung aus Freibeuterei und Jovialität, war verflogen. Überall herrschte britischer Stil vor, und über dem Rathaus wehte der Union Jack. Cohen, der immer einen Blick für schöne Frauen gehabt hatte, kam in den Straßen Johannesburgs voll auf seine Kosten. Gleichwohl, das hier war zweifellos noch tiefe Provinz: Die Frauen trugen Kleider, die in London längst aus der Mode waren. Die Preise waren astronomisch und schwankten erheblich. Ein Ladenbesitzer konnte für den gleichen Artikel 25 Prozent mehr verlangen als sein Nachbar, und Kunden wurden mit berechneter Gleichgültigkeit bedient.

Der Besucher machte bei der alten Börse halt. In seine Beschreibung des leerstehenden Gebäudes mag Autobiographisches eingeflossen sein: »Übel beleumundet und verschlissen, wie ein heruntergekommener Lebemann, der seine Freunde betrog, seinen Namen verlor und von allen gemieden wird.« In maliziösen Tönen schildert er die neue Börse als »riesiges Bauwerk, verloren und verzweifelt, ein Gigant ohne Lebenskraft, behäbig wie ein Museum, hungrig wie ein Armenhaus – ein Zentrum der Hoffnungslosigkeit, in dem alle emsig mit Nichtstun beschäftigt sind.«

Cohen erkannte richtig das Skelett unter der Haut. Johannesburgs Wohlstand, das waren weitgehend Bluff und leere Versprechungen. Für den Krieg waren fünftausend Arbeiter aus den Minen geholt worden. Fünfhundert waren im Kampf gefallen, noch mehr waren verwundet worden, und noch mehr wollten nicht mehr an ihre alten Arbeitsplätze zurückkehren. Seit dem Krieg war der Goldpreis von 130 auf neunzig Shilling pro Unze gefallen, gleichzeitig stiegen die Kosten je geförderter Tonne Gestein von 21 auf 25 Shilling. All diese Schwierigkeiten hätte man vielleicht in aller Ruhe bewältigen können, wenn Arbeiterschaft und Management einen Modus vivendi gefunden hätten. Doch den Eigentümern war jedes Mittel recht, die Kosten zu drücken, und deshalb hatten sie nach und nach auch Schwarze in Positionen mit gewisser Verantwortung aufrücken lassen. Man errechnete, daß die Minen sogar auf jeden zweiten weißen Arbeiter verzichten konnten. Bald ging das Gerücht um, daß die Randlords in naher Zukunft alle weißen Arbeiter durch Afrikaner ersetzen wollten.

Das Gerücht wurde von der Bergbaukammer weder dementiert noch bestätigt. Die Kammer bewahrte bis zum 28. Januar 1922 absolutes Stillschweigen und gab dann ihre Entscheidung bekannt, das Zahlenverhältnis zwischen schwarzen und weißen Arbeitern zu verändern: Waren bisher 8,2 Schwarze auf jeden Weißen gekommen, so sollten es künftig 10,5 sein. Mit diesem Beschluß goß die Kammer Öl ins Feuer. Als die Arbeiter sich im März vor der Trade Hall versammelten, waren alle Hoffnungen auf einen Arbeitsfrieden begraben. Die wenigen gemäßigten Arbeiterführer wurden niedergebrüllt. Die Herren Fisher und Spendiff, die beiden Männer, die vom Balkon aus die neue Botschaft verkündeten, waren Anhänger Lenins und erfüllt vom

Geist des bolschewistischen Rußlands. Sie überzeugten die Menge, daß die Stunde der Revolution geschlagen habe. Einer schwenkte eine rote Fahne, ein anderer rief den Generalstreik aus. Die Menge stürmte in die angrenzenden Straßen, bereit, ihre Wut an Personen und fremdem Eigentum auszulassen. In den folgenden Tagen wurden Postämter überfallen, Straßenbahnen und Züge gestürmt und zum Halten gezwungen. Man kappte elektrische Leitungen und stoppte Lastwagen, die Lebensmittel geladen hatten. Der *Johannesburg Star* wertete den Streik als Teil einer »revolutionären Bewegung, die den Bolschewismus im Land errichten will«. Wenn es ein Bolschewismus war, dann von der Sorte, die nicht in der offiziellen Geschichtsschreibung auftauchte. Insbesondere sowjetische Historiker gaben sich große Mühe, die Erinnerung an jene Zeit auszumerzen, als Männer mit Transparenten durch die Straßen Johannesburgs zogen, auf denen zu lesen war: *Arbeiter aller Länder kämpft vereint für ein weißes Südafrika.*

Angeführt von einer Gruppe, die sich Aktionsrat nannte, wurden diese Arbeiter immer gewalttätiger. Sie drangen in Läden ein und trieben Kunden und Verkaufspersonal hinaus. Im Haus eines Minenarbeiters, der das Vorgehen des Aktionsrates kritisiert hatte, explodierte eine Bombe. Ein Taxifahrer, der es ablehnte, sich der Menge anzuschließen, mußte beim Nachhausekommen feststellen, daß man sein Heim in die Luft gesprengt hatte. Banden von Streikenden zogen plündernd durch die Vorstädte, bewarfen Autos mit Steinen und schossen auf Polizisten. Gerüchte gingen um, daß ein organisierter Aufstand der Schwarzen unmittelbar bevorstehe. Noch ehe sie dementiert werden konnten, kam es zu brutalen Übergriffen gegen Schwarze, die mehrere Todesopfer forderten.

Man riet Premierminister Smuts zur Verhängung des Kriegsrechts. Er zögerte. Die Bergbauindustrie hatte nicht nur zentrale Bedeutung für Südafrika, sie *war* Südafrika. Doch eine gewaltsame Beendigung des Streiks hätte die Mißachtung der Rechte der weißen Arbeiter bedeutet. Während Smuts noch mit sich haderte, brachten die radikalen Aufrührer praktisch ganz Johannesburg unter ihre Kontrolle. »Die Revolte«, so ein Stadtrat, »ähnelt immer mehr der Französischen Revolution. Es ist so gut wie sicher, daß die Revolutionäre alle Regierungsbeamten in der Stadt und viele andere Menschen umbringen werden.«

Smuts wollte sich nun selbst ein Bild von der Lage machen. Er fuhr mit einem Sonderzug von Kapstadt in Richtung Norden. Die Anführer des Streiks, überzeugt, daß er ihnen Einhalt gebieten wollte, sprengten die Eisenbahnschienen in die Luft. Doch da befand sich Smuts bereits nicht mehr im Zug. Er war 120 Kilometer vor Johannesburg ausgestiegen und legte den Rest des Weges in einem unauffälligen Automobil zurück. Doch auch auf der Straße war er in Lebensgefahr: Jemand erkannte ihn auf dem Rücksitz, und das Auto wurde von Gewehrkugeln durchlöchert. Mit Hilfe einiger Ausweichmanöver konnte der Chauffeur seinen Fahrgast schließlich sicher in die Stadt bringen.

Kaum hatte sich Smuts hinter verschlossenen und gut bewachten Türen verbarrikadiert, verwandelte sich der Premierminister in den General zurück. Er verhängte das Kriegsrecht und ließ 20000 Soldaten aufmarschieren, die von Panzern, Feldartillerie und Flugzeugen unterstützt wurden. Es war, als sollte der Erste Weltkrieg noch einmal von vorn beginnen. Die Streikenden waren besser organisiert, als die Regierung erwartet hatte, und in den folgenden vier Tagen gelang keiner Seite ein entscheidender Durchbruch. Die Kämpfe wüteten von der Innenstadt bis hinein in die Außenbezirke. Der Gestank von Kordit und Schießpulver schwängerte die Luft, und nicht enden wollendes Artilleriefeuer ließ den Boden erzittern. Die Arbeiter überfielen mehrere Polizeistationen und erschossen sämtliche Wachtmeister. Einige Schwarze, die sich unvorsichtigerweise auf die Straßen der Stadt wagten oder vielleicht auch nur Pech hatten, wurden gelyncht. Mehrere unbeteiligte Zivilisten, die zwischen die Fronten geraten waren, wurden von Querschlägern niedergestreckt.

Dann ging die Staatsmacht zum Angriff über: Geschütze wurden dröhnend durch die Straßen gezogen, Doppeldecker griffen die Rebellen im Tiefflug an. Smuts übernahm persönlich das Kommando, inspizierte Gefechtsstände, beriet seine Offiziere, ließ Geschütze in Stellung bringen und erteilte den Piloten Anweisungen. Die Rebellenführer zogen sich langsam in ihr Hauptquartier in der Vorstadt Forsburg zurück. Am 14. März bereitete der Premierminister seine Männer siegesgewiß auf den letzten Angriff vor. Zivilisten wurden aufgefordert, ihre Häuser und die

Stadt zu verlassen. Die meisten gehorchten. Doch einige mißachteten den Befehl, schauten aus ihren Fenstern oder versammelten sich auf einem nahegelegenen Hügel, um von dort aus die Gefechte zu beobachten. Sie wurden Zeugen eines Ereignisses, das sich zwölf Jahre später in Spanien wiederholen sollte, nur daß es da weit mehr Beachtung fand: Eine Regierung beschoß und bombardierte die eigenen Bürger. Armee und Polizei waren inzwischen eindeutig in der Übermacht, und die Anführer der Rebellen wußten, daß eine Fortführung des Kampfes glatter Selbstmord war. Sie machten dennoch weiter. Mehrere Stunden lang hielt das ohrenbetäubende Sperrfeuer an. Die Flugzeuge warfen eine Bombe nach der anderen ab und kreisten tösend über den Rebellenstellungen. Kurz vor Einbruch der Dunkelheit hißten die Belagerten die weiße Fahne, bahnten sich langsam einen Weg durch den Schutt und traten mit erhobenen Händen ins Freie. Plötzlich ertönten aus dem Innern eines Hauses zwei Schüsse: Die radikalen Anführer Fisher und Spendiff hatten den Tod der Unterwerfung vorgezogen. Einen Tag später war der Streik zu Ende, und die Männer kehrten an ihre Arbeitsplätze zurück.

Nach dem blutigen Ausgang einen Sieger zu bestimmen fiel schwer. Smuts war es sicherlich nicht: Selbst seine glühendsten Anhänger waren der Ansicht, der Premierminister habe zu spät reagiert und dann zu hart durchgegriffen. Seiner Regierungspartei, der Südafrikanischen Partei, warf man vor, sie habe die »Rote Gefahr« übertrieben, und das mit fatalen Folgen. Die Presse wies immer wieder darauf hin, daß die meisten Streikenden an Politik überhaupt nicht interessiert waren. Kaum einer wollte die bestehende Gesellschaftsordnung umstürzen. Die meisten hatten einfach auf die Fühllosigkeit der Randlords reagiert und den Versprechungen der Agitatoren Glauben geschenkt.

Als der Schutt beiseite geräumt wurde und die Totengräber an die Arbeit gingen, wurde noch deutlicher, wie verantwortungslos die Regierung vorgegangen war. Zum Schluß zählte man 216 Tote, darunter lediglich 76 Streikende; 78 Soldaten und 62 Passanten waren durch Granaten oder Bomben ums Leben gekommen, dreißig Schwarze waren gelyncht worden. In den folgenden Wochen verhafteten die Behörden 4700 Personen, vierzig davon wurden des Mordes angeklagt. Die Ankläger erreichten nur in 18 Fällen eine Verurteilung, und vier Männer wurden gehängt. Die zum Tode Verurteilten betrachteten sich als letzte in der langen Reihe südafrikanischer Märtyrer. Auf dem Weg zum Galgen stimmten sie die neue sozialistische Hymne, die »Internationale«, an.

Wenn also der Premierminister und seine Partei ihr Ansehen verloren und die Bergbauunternehmen große finanzielle Verluste erlitten hatten, wenn die weißen Arbeiter an ihre Arbeitsplätze zurückkehren mußten und die schwarzen Arbeiter genauso schlecht dran waren wie zuvor, wem hatte der Streik dann einen Nutzen gebracht? Zunächst sah es nach einer Schlacht ohne Sieger und ohne Beute aus. Dann kam allmählich die Wahrheit ans Licht. Der Niedergang eines Politikers bedeutete unweigerlich den Aufstieg eines anderen. Südafrikas neuer Stern am politischen Himmel war James Barry Hertzog, auch er ein ehemaliger Burengeneral, Kriegsheld und Politiker. Doch er stand weit rechts von Smuts. Für Hertzog war der Premierminister ein »Vasall Großbritanniens«, der seine burischen Landsleute zu hart und die Eingeborenen zu nachsichtig behandelte. Er übte heftige Kritik an der Südafrikanischen Partei und führte seine oppositionelle Nationale Partei unter der Parole: »Das weiße Südafrika zuerst«.

Die Randlords waren nicht ganz unzufrieden mit dem Ausgang der Ereignisse. Als sie ihre Verluste überschlugen, trösteten sie sich mit dem Gedanken, daß die Regierung, vor die Wahl zwischen Mensch und Ware gestellt, sich für Gold und Diamanten entschieden hatte. Weit und breit war kein politischer Agitator mehr zu sehen. In Südafrika herrschten stabile Verhältnisse, und die billigen Arbeitskräfte waren wieder dort, wo sie hingehörten, nämlich in den Gruben.

Zumindest ein Bergbauindustrieller war allerdings nicht zufrieden. Ernest Oppenheimer hatte sich bewußt aus der Schußlinie gehalten, doch im Wahlkampf fühlte er sich verpflichtet, Smuts und die Südafrikanische Partei zu verteidigen. In einer Rede mahnte er sein Publikum: »Stellen Sie sich vor, Sie haben einen guten Wachhund und entdecken, daß er Flöhe hat. Ertränken Sie ihn deshalb etwa? Nun fordert man Sie aber auf, die Südafrikanische Partei zu vernichten, und das wegen einiger unpopulärer Maßnahmen, die überdies, wie unser Parteichef versprochen hat, noch einmal überprüft werden.« Doch schon im Wahlkampf für Smuts ahnte Ernest, daß er auf das falsche Pferd gesetzt hatte. J. P. Morgans Firma hatte die sozialen Unruhen satt und gab bekannt, daß sie ihre Anteile an der Anglo-American verkaufen werde. Andere US-amerikanische Investoren folgten ihrem Beispiel und lösten damit eine regelrechte Kapitalflucht aus. Südafrika, Monate zuvor noch ein Paradies für Investoren, galt jetzt als zu unsicher.

Just zu dieser Zeit verließ J. B. Robinson seinen Altersruhesitz, um in London erneut einen Prozeß auszufechten. Der alte Streithahn blieb sich treu: Er hatte, wie immer, einen miserablen Zeitpunkt gewählt.

*

Robinsons Nase für lukrative Geschäfte wurde nur von seiner Begabung übertroffen, sich Feinde zu machen. Einige Jahre zuvor hatte er beschlossen, seinen gesamten südafrikanischen Besitz zu verkaufen und sich endgültig aus dem Bergbau zurückzuziehen. Er bot Solly Joel, Barney Barnatos Neffen, seine Firmen zum Preis von 4500000 Pfund an. Der ins Auge gefaßte Käufer gehörte inzwischen selbst zu den Randlords und war kein Dummkopf. Solly kannte Robinson als eingefleischten Geizkragen, der niemals freiwillig auch nur einen Penny verschenkt hätte. Doch das Angebot war zu verlockend, als daß er es hätte ausschlagen können, und so bekam Robinson, was er verlangte. Erst als die Tinte auf dem Vertrag trocken und der Preis bezahlt war, erkannte Solly, daß ihn ein alter Fuchs über den Tisch gezogen hatte.

Zum einen hatte Robinson seine Unternehmen jahrelang vernachlässigt. Oberflächlich betrachtet, waren die Goldminen zwar in einigermaßen gutem Zustand, doch mußten beträchtliche Investitionen getätigt werden, bevor die verfallenden Schächte wieder Profit abwarfen. Zweitens, und das war weitaus schlimmer, hatte Robinson nicht nur ihn ausgetrickst, sondern auch seine Aktionäre übers Ohr gehauen.

Robinson hatte heimlich die Schürfrechte für bestimmte Grundstücke erworben und sie dann über Dritte an seine Firmen weiterverkauft. Um einen typischen Fall zu nennen: Er kaufte den halben Anteil an der Watervaal-Farm für 60000 Pfund und drehte ihn einige Wochen später einer seiner Firmen für 275000 Pfund an. Abzüglich Spesen und Provisionen verdiente Robinson dabei im Handumdrehen 210 000 Pfund. Als mehrere solche Fälle ans Licht kamen, strengte Solly Joel einen Schadensersatzprozeß an.

Sein halbes Leben lang hatte sich Robinson für die Wortgefechte zwischen Anklage und Verteidigung begeistert; der Gerichtssaal war ihm zur zweiten Heimat geworden. Doch diesmal war es anders. Die Zeitungen verurteilten ihn noch vor Beginn der Beweisaufnahme. Man sprach vom »Prozeß um die heimlichen Profite«, bei dem der alte Mann diesmal einen ebenbürtigen Gegner gefunden habe. Millionär Solly Joel konnte sich die teuersten Anwälte leisten, und er übergab ihnen einen Fall, bei dem alle Indizien für sich sprachen.

Nicht daß Robinson so leicht aufgegeben hätte. Er spielte die Rolle des unschuldigen Greises, dem ein junger Räuber zusetzte. Seine Schwerhörigkeit, für die er berühmt war, wurde zu seiner Geheimwaffe: Immer wenn Sollys Rechtsanwalt seinem Gedächtnis auf die Sprünge helfen wollte, hatte Robinson Mühe, die Fragen zu verstehen. Wenn allerdings sein eigener Anwalt sanft nachfragte, hörte er plötzlich ausgezeichnet. Die Zuschauer amüsierten sich über das Schauspiel, doch weder die Presse noch das Gericht ließen sich täuschen: Robinson mußte Joel auf richterliche Anordnung 462 000 Pfund bezahlen und die Kosten des Verfahrens tragen. Unbeirrt führte der alte Mann den Kampf in der Berufungsinstanz weiter. Auch hier verlor er. Bußgelder und Gerichtskosten mitgerechnet, stand er am Ende um 750 000 Pfund ärmer da.

Und es sollte nicht seine letzte Niederlage sein. Im Jahr 1922 gab der liberale britische Premierminister Lloyd George – nachdem Unsummen an Bestechungsgeldern geflossen waren – dem aggressiven Drängen einer Lobby schließlich nach und schlug vor, Robinson zum Peer zu machen. Die Mitglieder des Oberhauses waren außer sich vor Empörung. 1907 war Robinson zum Baronet ernannt worden. Daß man ihn mit Sir Joseph anreden mußte, war schon schlimm genug. Doch daß er jetzt, kurz nach seinem Prozeß gegen Joel, zum *Lord* erhoben werden sollte, dieser Gedanke war unerträglich. Am 22. Juni 1922 blies Lord Harris, Präsident von Rhodes' ehemaliger Gold Fields Company, zum Angriff auf Robinson. Ein Redner nach dem anderen erhob sich und protestierte gegen Robinsons Ernennung.

Diese Stiche waren selbst für Robinsons Elefantenhaut zuviel, und eine Woche später erhielt Lloyd George einen Brief: »Vor nunmehr sechzig Jahren gehörte ich zu den Pionieren, die es sich zur Aufgabe machten, in Südafrika eine Industrie aufzubauen. Heute bin ich ein alter Mann, dem Ehrungen und Titel nicht mehr viel bedeuten. Es täte mir leid, wenn eine Ehre, die man mir erweisen wollte, Anlaß zu solchen Mißstimmungen gäbe, wie sie im Oberhaus sichtbar wurden ... Ich hoffe daher, daß Sie es nicht als unhöfliches und unschickliches Benehmen betrachten, wenn ich die gnädigste Erlaubnis Ihrer Majestät erbitte, den Vorschlag abzulehnen.«

Der Brief enthielt auch nicht ein Körnchen Wahrheit. Der alte Mann hatte mit einer solchen Zurückweisung nicht gerechnet und fühlte sich gedemütigt. Als Lord Robinson hätte er sich ein großes Landhaus in England gebaut und wäre wie einst durch Kimberley durch die Straßen Londons stolziert. Nun gab er seine Villa an der Park Lane auf, kehrte allem, was britisch war, den Rücken, stülpte seinen Tropenhelm über und schiffte sich nach Südafrika ein. Vielleicht tröstete er sich mit dem Gedanken, daß zumindest eine Robinson einen Titel erlangt hatte, den ihr das Oberhaus nicht verweigern konnte. Seine Tochter hatte nämlich einen italienischen Aristokraten geheiratet und war nun eine Gräfin Labia.

*

Hörte man auf die Londoner Witzbolde, so nutzte der Prozeß um die heimlichen Profite zwar einem einzelnen Juden, schadete aber den Juden insgesamt. Die britische Presse hatte kein Mitleid mit Robinson, machte aber auch keinen großen Unterschied zwischen dem Betrüger und dem Betrogenen. Der Gewinner Solly Joel war für sie nur einer von vielen Randlords, ein Mann, der mehr Geld zusammenraffen wollte, als er je ausgeben konnte. Schon während des Prozesses hatte der »Hoggenheimer« aus den Karikaturen die Phantasie der Öffentlichkeit beflügelt.

Für die Kommunisten, die den Gewerkschaftskampf verloren hatten, war Hoggenheimer ein scharfschnabliger Raubvogel, der seinen Titel gekauft und seine Ansichten von den Tories geliehen hatte. Die rechten Buren betrachteten ihn als eine Art Johannesburger Fagin, der überall stahl und jeden beraubte. So oder so, die

Juden hatten verloren, und der ungute Gleichklang von Hoggenheimer und Oppenheimer war nicht dazu angetan, Ernest das Leben und die Arbeit zu erleichtern. Mehr als andere reiche Südafrikaner mußte er darauf achten, wie er sich verhielt und wie er lebte.

Ernest hatte bereits Vorsorge getroffen. Seine beiden Söhne waren zwar beschnitten, doch weder Harry noch Frank bekamen eine Bar-Mizwa. Parktown war eine christliche Schule, und sah man einmal von ihrem Nachnamen ab, deutete nichts darauf hin, daß die beiden Jungen Juden waren. Die Oppenheimers zogen aus ihrem schönen Haus auf einen zweihundert Hektar großen Landsitz namens Marion Court. Ernests Wahl war nicht zufällig auf dieses Anwesen gefallen. Das dazugehörige Landhaus, eine einzigartige Mischung aus protziger Zurschaustellung und Understatement, war von Herbert Baker, dem offiziellen Architekten von Cecil Rhodes, entworfen worden.

Diese glanzvolle Umgebung allein konnte die Familie freilich nicht vor Kritik schützen. Dazu bedurfte es mehr. Und so kam es, daß Ernest seinen Schwur brach, nie wieder ein politisches Amt anzustreben. Im Sommer 1924 kandidierte er für einen Sitz im Parlament, wo er ausgerechnet Kimberley vertreten wollte. Und er gewann. Die Steinwürfe und die Tumulte, die ihn knapp zehn Jahre zuvor zur Flucht nach England getrieben hatten, schienen vergessen. In seiner Siegesrede ging er kaum auf die Vergangenheit ein, und Kimberley erwähnte er nur als »die Stadt, in der meine Karriere als Geschäftsmann begann und in der nun meine Karriere als Politiker beginnt«.

Doch Oppenheimers Feinde hatten die alten Zeiten nicht vergessen. Sie wetzten schon die Messer, als Ernest – Sir Ernest, wie er sich zu ihrem Ärger am liebsten ansprechen ließ – seine Jungfernrede hielt. Er begann sehr bescheiden und ging lediglich auf technische Fragen der Finanzpolitik ein. Doch kaum hatte er sich warmgeredet, verriet er unklugerweise seine wahren Ziele: »Ich habe die Ehre, Vizepräsident der Bergbaukammer zu sein. Dieses Gremium wird mir, so hoffe ich zumindest, in den nächsten Jahren die Ehre erweisen, mich zum Präsidenten zu wählen. Außerdem interessiere ich mich sehr für den Diamantenhandel, sowohl als Produzent wie auch als Kaufmann.« Gleichzeitig unterstrich er aber, daß es für ihn wichtigere Dinge gebe als Geld und Macht.

Mit bebender Stimme verkündete er stolz: »Meine Anwesenheit hier beweist, daß mir mein Land wichtiger ist als alle Geschäfte. Ich habe nur den einen Wunsch, Südafrika einen nützlichen Dienst zu erweisen.«

Nach den ungeschriebenen Gesetzen des Parlamentslebens wurden Reden von Neulingen mit höflichem Applaus aufgenommen. Ein Abgeordneter der Labour Party hatte jedoch wenig Geduld mit Zeitgenossen, die sich in Selbstlob ergingen, und brach deshalb mit dieser Tradition. »Ich habe mich nicht zu Wort gemeldet, um die Probleme des Bergbaus, die mein Vorredner ansprach, zu erörtern«, teilte er der Versammlung mit, »aber ich lege doch Wert auf die Feststellung, daß mehr Mut dazu gehört, in eine Grube einzufahren, als über Tage bequem im Sessel zu sitzen und sein Geld in Bergbauunternehmen zu investieren.«

Das neue Parlamentsmitglied unterließ es zurückzuschießen. Ernest wußte sehr wohl, daß seine Feinde nur darauf warteten, daß er sich in Hoggenheimer-Manier als Geizkragen und Schaumschläger entlarvte. Er wählte einen besseren Weg. Statt sich für seine Rolle als Randlord zu entschuldigen, stand er voll zu dem, was er war, und präsentierte sich als Cecil Rhodes des 20. Jahrhunderts. Sollten andere Politiker die Rassentrennung propagieren, er sprach wie ehedem der Koloß von »gleichen Rechten für alle zivilisierten Bürger«. Mit dieser Formulierung machte er sich bei den Liberalen beliebt, deren Stimmen er vielleicht eines Tages brauchen konnte. (Kein Sterbenswörtchen fiel darüber, daß auch die Anglo-American auf schwarze Arbeitskräfte zum Billigtarif angewiesen war.) Andere Politiker legten Wert darauf, daß die Presse über jeden ihrer Schritte berichtete. Ernest hingegen sprach leise und bescheiden und behandelte jeden Reporter mit ausgesuchter Höflichkeit.

Die Journalisten gingen ihm auf den Leim. So ein Mann war ihnen noch nie begegnet. Ein Reporter erinnerte sich: »Der wichtigste Mann der Diamantenbranche stellte sich ... einem unbedeutenden Würstchen aus der Zeitungsbranche. Trotzdem war er freundlich und zuvorkommend. Man muß schon ein großer Mann sein, um sich so zu verhalten, zumal die Dinge für ihn persönlich nicht besonders gut liefen ... Er brüllt nicht. Er redet, und weil er in einem freundlichen Ton gescheite und vernünftige Dinge sagt, bewegt er etwas.«

Zu den Dingen, die Ernest bewegte, zählten Mitte der zwanziger Jahre die Expansion der Anglo-American und die Invasion in De Beers. Damals gehörte die Anglo noch nicht zu den ganz Großen; aus ihren Minen stammten nur etwa fünf Prozent der gesamten südafrikanischen Goldproduktion. Doch alle Unternehmen, die Ernest lenkte, wuchsen schnell, und er hatte große Pläne: Er wollte noch mehr Goldminen erwerben und die gesamte Diamantenproduktion unter seine Kontrolle bringen. Außerdem hatte er mächtige Verbündete. Am nächsten stand ihm sein Bruder Louis, inzwischen Seniorpartner bei Dunkels in London. Die beiden Oppenheimers besprachen die Lage in Südafrika und kamen zur Entscheidung, daß die Zeit für einen Angriff auf De Beers reif sei. Und dazu brauchten sie die Unterstützung des einflußreichsten Diamantenhändlers, den sie finden konnten.

Sie fanden ihn bei Barnato Brothers, einer der wenigen soliden Hinterlassenschaften Barney Barnatos. Barnatos Neffe Solly Joel leitete das Unternehmen. Schon vor seinem spektakulären Sieg über Robinson hatte Joel, ganz in der Tradition Barnatos, einen extravaganten Lebensstil gepflegt. Er besaß Rennpferde und eine überquellende Garderobe und machte aus seinem Faible für Geld und Macht kein Hehl. Kurzum, er entsprach genau dem Klischee des jüdischen Randlord – was Ernest unbedingt zu vermeiden suchte. Joel hatte auf den üblichen verschlungen Pfaden kleinere Firmen wie Jagersfontein geschluckt und saß zudem nicht nur im Verwaltungsrat De Beers, sondern war auch ihr größter Privataktionär.

Solly hatte sich den Weg an die Spitze der Diamantenbranche nicht mit Geld erkauft. Er verdankte seinen Aufstieg der Kombination aus Raubtierinstinkt und dem Gefühl für den richtigen Augenblick.

Ein Beispiel: Zu Beginn des Jahrzehnts begannen die Bolschewiken mit dem Ausverkauf der Juwelen, die sie dem russischen Adel abgenommen hatten. Der Markt wurde mit Diamanten überschwemmt, und die Preise fielen in den Keller. Angesichts der krisengeschüttelten Nachkriegswirtschaft in Südafrika hätte die Aktion der Russen leicht eine Depression auslösen können. Während viele andere Magnaten schon trübsinnig werden wollten, zückte Solly sein Scheckbuch und kaufte für 390 000 Pfund Edelsteine. Damit verhinderte er eine Panik und erwarb obendrein eine Vielzahl günstiger Stücke, die er mit Gewinn losschlagen konnte, sobald die Preise wieder gestiegen waren.

Ernest bedachte dies alles und entwickelte eine Strategie. Man mußte Solly Joel dafür gewinnen, für die Oppenheimers zu arbeiten. Nirgendwo stand geschrieben, daß die Diamantenindustrie nur von einem Syndikat kontrolliert werden mußte. 1925 drohte Ernest mit der Schaffung eines neuen Kartells. Die Mitglieder des Syndikats waren außer sich vor Empörung, und die Frontlinien wurden abgesteckt. Solly Joel, der bislang immer mit Erfolg eine neutrale Position eingenommen hatte, versuchte, die beiden Parteien zu versöhnen. Doch Ernest lehnte jedes Angebot für Friedensgespräche ab.

Oppenheimers Unnachgiebigkeit war kein Bluff. Er hatte ein Auge auf die Diamantenförderung im Kongo und in Angola geworfen, den beiden größten Produzenten außerhalb Südafrikas. Bereits Anfang des Jahres konnte er zwei große Bankenkonzerne, J.P. Morgan in New York und Morgan Greenfell in London, auf seine Seite bringen. Und im Juli tat Solly Joel dann etwas, was ihm eigentlich im tiefsten Herzen widerstrebte: Er bekannte Farbe und verbündete sich mit Ernest. Das alte Syndikat erzitterte vor einer solchen Übermacht und brach zusammen. Daraufhin machte Ernest seine Drohungen war, gründete ein neues Diamantenkartell und übernahm selbst den Vorsitz. Nach heftigen Kämpfen und Intrigen hinter den Kulissen vereinbarte man, daß De Beers für 51 Prozent der Diamantenproduktion zeichnen durfte. Die restlichen 49 Prozent verteilten sich auf Unternehmen, die direkt von Ernest Oppenheimer und Solly Joel kontrolliert wurden.

Die Direktoren von De Beers, die diese neue, unerquickliche Situation wohl oder übel akzeptieren mußten, rächten sich mit der letzten Waffe, die ihnen geblieben war. Sie wußten, wie sehr es Ernest in den Verwaltungsrat drängte, und hielten die Türen zu. Immer wieder versuchte Solly Joel, den Streit zu schlichten: War es denn nicht besser, wenn Ernest drinnen saß und nach draußen schoß, als wenn er draußen saß und nach drinnen schoß? Doch er wurde von denen überstimmt, die Ernest schon seit der Zeit vor dem Ersten Weltkrieg haßten, als Oppenheimer-Hoggenheimer dreist einen Posten im Verwaltungsrat gefordert hatte. Ernest, der mit solchen Anfeindungen gerechnet hatte, unternahm keine weiteren Vorstöße. Kaltblütig, wie er war, kaufte er einfach jede De-Beers-Aktie auf, die auf den Markt kam. Im Frühjahr 1926 besaß er fast ebenso viele Anteile wie Solly Joel. Die Direktoren hatten ihr Pulver verschossen. Joel nahm sich nun jeden von ihnen einzeln vor, und im Juli 1926 erhielt Louis Oppenheimer von seinem Bruder folgendes Telegramm: »Vertrauliche Information: Verwaltungsrat der De Beers beschloß einstimmig, mir einen Posten im Verwaltungsrat anzubieten.«

Als Vorsitzender des neuen Syndikats und als neues Verwaltungsratsmitglied von De Beers stand Ernest – für ihn völlig ungewohnt – im vollen Rampenlicht. Ein Reporter sprach gerade mit General Smuts, als ein Parlamentsmitglied den Raum betrat.

Jemand bemerkte verächtlich: »Da kommt Ernest Oppenheimers Kofferträger.«

Da stand Smuts auf und nahm den Parlamentarier in Schutz: »Welche Ehre, der Kofferträger eines so großartigen Mannes zu sein!«

Andere Journalisten traten näher und drängten den General, mehr dazu zu sagen. Was das ganze Gerede um Oppenheimer solle, wollten sie wissen. Schließlich gebe es andere Unternehmer im Land, die mehr Stil und mehr Charisma hätten. Ganz zu schweigen von den Wirtschaftsbossen in Europa und Amerika.

Der General setzte sich wieder und prophezeite selbstbewußt: »Ja, ja, mag schon sein. Diese Leute machen Schlagzeilen, aber Oppenheimer macht Geschichte. Warten Sie nur ab.«

12
ALLE HOFFNUNGEN WERDEN ZU GRABE GETRAGEN

Ernest konnte noch so hoch aufsteigen, er würde nie ein britischer Gentleman werden – das wußte er. Diese Rolle blieb der nächsten Generation der Oppenheimers vorbehalten. Und so wurden denn Harry und Frank Oppenheimer noch als halbe Kinder von Südafrika in die englische Grafschaft Surrey geschickt. Dort sollten sie die exklusive Privatschule Charterhouse besuchen, eine erlesene Erziehung erhalten, Manieren lernen und den letzten Schliff bekommen.

Die Brüder waren sehr verschieden. Harry, der ältere, war klein und dunkelhaarig, Frank groß und blond. Der introvertierte Harry lernte viel und gerne. Der gesellige Frank hatte dagegen ein sonniges Gemüt. Harry erhielt aufgrund seiner ausgezeichneten Französischkenntnisse ein Stipendium für das Christ Church College in Oxford. Frank studierte am Trinity College in Cambridge. Die gesamte Studienzeit hindurch war Harry der Fleißigere, ohne daß er sich jedoch auf einem Gebiet besonders ausgezeichnet hätte. Die Feier zu seinem 21. Geburtstag hätte von seinem Altersgenossen Evelyn Waugh inszeniert sein können, einem jener halbverrückten Enfants terribles, die damals in Oxford berühmt waren.

Man feierte im Oktober 1929 im Hotel »The Spreadeagle«, einem Hotel von zweifelhaftem Ruf, dessen Wirt, nach Meinung von Waugh, den »einzigen zivilisierenden Einfluß Oxfords« ausübte. Ernest und May, die gerade in England weilten, schauten ebenfalls vorbei, im Schlepptau den verwirrten General Smuts, der sich fragte, warum man ihn »in den Busch« zerrte. Die Stimmung war ausgelassen, und mit denkwürdig großzügiger Geste gab Ernest dem Bedienungspersonal ein Trinkgeld von 25 Pro-

zent des Rechnungsbetrags – warum auch nicht? Schließlich war
er gerade Präsident von De Beers geworden. Die Gäste amüsierten sich nach Herzenslust und wären ihm, vergnügt, wie sie waren, im Kanu nach Kapstadt gefolgt. Einer wünschte sich sogar,
das Fest möge einen ganzen Monat lang weitergehen. Und in
gewisser Weise ging es das auch.

Erst im November wurde die New Yorker Wall Street von jenem Erdbeben erschüttert, das eine weltweite Wirtschaftskrise
auslöste. Von einem Tag auf den anderen rutschten Diamanten
überall auf den letzten Platz auf der Einkaufsliste. Und dennoch:
Südafrika war weit enfernt von den Zentren, aus denen die
schlechten Nachrichten kamen, und der Bergbau ging mit der Regelmäßigkeit eines Metronoms weiter: Die Steine wurden zutage
gefördert, sortiert und gelagert, als ob die Käufer Schlange stünden. In den ersten Monaten des Jahres 1930 wurde jedoch überhaupt nichts verkauft. In Kimberley quollen Tresore und Schub-
fächer von Diamanten über. Die Lage spitzte sich so zu, daß
De Beers seine Juwelen in Butterfässern einlagerte. Jeden Tag sortierten und bewerteten die Sortierer die Steine und warfen sie
abends wieder zu einem Haufen zusammen, damit sie am nächsten Morgen noch etwas zu tun hatten.

So konnte es nicht weitergehen, doch anscheinend war Ernest
der einzige, dem das klar war. Er gab seine Absicht bekannt,
die von ihm kontrollierten Minen zu schließen, doch die Regierung wollte nichts davon wissen. Der neue Bergbauminister
Adrian Fourie argwöhnte hinter Oppenheimers Vorhaben einen
typischen Hoggenheimer-Schachzug: künstlich eine Diamanten-
knappheit erzeugen und dazu Tausende von Arbeitern entlassen,
nur um die Position seines Unternehmens an der Börse zu schützen. Ernest trug nicht gerade zur Verbesserung des Klimas bei, als
er sagte: »Ich werde nicht als der Präsident von De Beers in die
Geschichte eingehen, der das Unternehmen in die Pleite geführt
hat.« Wer weiterhin weiße Arbeiter beschäftige, obwohl sie nichts
zu tun hätten, »ruiniert die Aktionäre«.

Abgesehen von diesem Ausrutscher vermied Ernest jede direkte Konfrontation mit der Regierung. Mit werbewirksamen
öffentlichen Aktionen versuchte er, Verbündete zu gewinnen.
De Beers hatte den Betrieb der städtischen Straßenbahnen sub-
ventioniert; nun gab Ernest das Unternehmen gratis an die Stadt

zurück. Außerdem überschrieb er das firmeneigene (und wenig einträgliche) Hotel »Belgrave« dem Orden der Heiligen Familie, jenen Klosterschwestern, die ihn 1915 vor dem Mob gerettet hatten.

Es kam Ernest sehr ungelegen, daß seine Söhne ausgerechnet in dieser kritischen Zeit erwachsen wurden. Daß er Frank nach England geschickt hatte, dankte ihm der junge Mann auf seine Weise: Er wollte nun lieber in England als in seinem Heimatland leben. Wenn Ernest enttäuscht war, so ließ er sich das jedenfalls nicht anmerken. Frank bekam eine angemessene Stellung im Londoner Büro der Anglo-American. Harry übernahm die Rolle des pflichtbewußten Sohnes. Er kehrte in die Heimat zurück und erlernte das Diamantengeschäft von der Pike auf. Wie sein Vater begann er seine Karriere als Sortierer in Kimberley.

Bald darauf traf ein weiteres Familienmitglied ein: Bernards Sohn Michael, ein Jurist, der eine schwere Zeit in England hinter sich hatte. Mit Ende Dreißig hatte er die berühmte Schönheit Caroline »Ina« Harvey, die Tochter eines englischen Baronets, geheiratet. Doch trotz dieser familiären Beziehungen hatte er infolge einiger unkluger Investitionen schließlich seinen Bankrott erklären müssen. Die Übersiedlung nach Südafrika erschien zunächst wie ein Verzweiflungsakt. Doch Michael, Ina und ihr kleiner Sohn, Michael jr., gewöhnten sich rasch an das Klima und an ihre neuen Aufgaben und feierten große Erfolge in der Gesellschaft. Auch wenn Johannesburg mit allen Insignien der Macht ausgestattet war, so war es doch eine Provinzstadt geblieben, und Inas Zuhörer lauschten mit Hingabe, wenn sie Kindheitserinnerungen zum besten gab und von der gestrengen Königin Mary erzählte, die immer darauf bestand, die Stickereien des verängstigten Kindes zu begutachten.

Harry zog nach Abschluß seiner Ausbildung in Kimberley nach Johannesburg, wo er freundschaftliche Beziehungen zu einem weiteren Verwandten pflegte: Mays Bruder Leslie Pollack, der inzwischen zum geschäftsführenden Direktor der Anglo-American aufgestiegen war. Theoretisch war Harry seinem Onkel unterstellt, und die beiden unternahmen einige Geschäftsreisen zusammen. Doch meistens war Harry damit beschäftigt, Reden für Ernest zu schreiben. Der Sohn liebte schnelle und prägnante Mitteilungen; an den »ziemlich schwammigen« Stil seines

Vaters konnte er sich, wie er im Freundeskreis gestand, nur schwer gewöhnen.

Möglicherweise schrieb Harry auch die Rede, die Ernest im Winter 1932 im Parlament hielt:»Die Diamantenindustrie kämpft seit Jahren ums Überleben«, sagte er den Abgeordneten. »Die Produzenten haben riesige Summen investiert, um Arbeitslosigkeit abzuwenden. Der Minister dankte ihnen das nicht mit Unterstützung, sondern beleidigte sie mit dem Vorwurf der Unredlichkeit … Sie können daraus nur den Schluß ziehen, daß er ihre Lage nicht begreift.« Damit wollte Ernest vor allem eines mitteilen: Er war nun entschlossen, seine Minen zu schließen, auch wenn Menschen darunter zu leiden hatten.

Verärgert konterte Fourie:»Wir Südafrikaner sind Zeugen eines seltenen Schauspiels: Ein einzelner Mann steht an der Spitze aller südafrikanischen Produzenten … Er allein ist der Mittelpunkt der gesamten Diamantenindustrie, und obendrein vertritt er seine Interessen in diesem Haus … Es ist unbedingt erforderlich, daß die Regierung ihre schützende Hand über diese bedeutende Industrie hält.«

Das war blanke Drohung und sollte das Bergbauministerium in arge Verlegenheit stürzen. Fourie forderte ein energisches Durchgreifen und rief einen Ausschuß ins Leben, der die Arbeitsweise des neuen Syndikats unter die Lupe nehmen sollte. Doch er hatte keine juristische Handhabe zur Durchsetzung seines Vorhabens. Ernest und seine Manager verweigerten hartnäckig jede Aussage, und damit war die Untersuchung ebenso rasch abgeschlossen, wie sie begonnen hatte.

Da die Diamantenindustrie nun keine Einmischung der Regierung mehr zu befürchten hatte, konnte sich Ernest einem anderen prekären Problem zuwenden. Bis dato waren die Goldpreise durch die Weltwirtschaftskrise noch nicht ernsthaft gefährdet. Die Goldschürfer hatten weiterhin genügend Arbeit, und die Anglo-American schüttete regelmäßig Dividenden aus. Doch schon zogen am Horizont erste dunkle Wolken auf. Seit über fünfzig Jahren hatten die Vereinigten Staaten und die meisten europäischen Länder den Goldstandard, das heißt, ihre Währungen waren durch Gold gedeckt, und die Notenbanken waren zum jederzeitigen Verkauf von Gold gegen ihre Noten verpflichtet. Der Goldpreis pro Unze war durch ein internationales Abkommen festgelegt, das jedoch nach dem Ersten Weltkrieg ausgelaufen war. Wie in anderen Ländern mit positiver Handelsbilanz brachte der Export auch in Großbritannien Gold ins Land. Anfangs führte dies zu Zinssenkung und konjunkturellem Aufschwung, was wiederum eine Geldentwertung und eine Verteuerung der Exportgüter zur Folge hatte. Die Exporte gingen zurück, der Ausfuhrhandel schrumpfte, mehr Importgüter kamen ins Land. Und die mußten mit Gold bezahlt werden. Die Konjunktur flaute ab, und die Arbeitslosigkeit nahm zu. So begann der Teufelskreis von vorn. Allmählich sahen die Regierungen ein, daß der Goldstandard sich überlebt hatte. 1931 verkündete Großbritannien den Abschied vom Goldstandard und wertete gleichzeitig das Pfund ab. Die Mitgliedstaaten des Commonwealth konnten mitziehen oder am Goldstandard festhalten. Die Entscheidung blieb ihnen überlassen.

Seit seiner Ablösung durch Hertzog suchte Smuts nach einer Möglichkeit, auf die politische Bühne zurückzukehren. Und das Problem des Goldstandards war genau das Thema, auf das er gewartet hatte. Als Führer der oppositionellen Südafrikanischen Partei forderte er die Regierung auf, dem Beispiel Großbritanniens zu folgen. Die Golddeckung der Währung, so Smuts, habe zu einer Abwertung des südafrikanischen Pfundes geführt, das in Übersee zu einem Spottpreis zu haben sei. Die Folge: Das Land müsse viel zuviel für Importgüter bezahlen. Die Inflation fresse das Wirtschaftswachstum auf, und Lebensmittel und Dienstleistungen seien in Südafrika viel zu teuer. Doch die Regierung Hertzog wollte nicht auf ihn hören: Nie im Leben werde man Englands Beispiel folgen. Eine heftige Debatte entbrannte, die auch außerhalb des Parlaments die Gemüter erregte.

Ernest hatte während der ganzen Diskussion seinem alten Freund die Stange gehalten. Und nun bat ihn Smuts, die Sache als Antrag der Opposition im Parlament zu vertreten. Wer bei Oppenheimers Rede genau hinhörte, konnte in Wortwahl und Stil deutlich die Handschrift des jungen Harry erkennen. »Unabhängigkeit in Finanzdingen gibt es nicht«, betonte der Abgeordnete aus Kimberley mit ungewohnter Klarheit, »und es gibt auch kein ›natürliches‹ Währungssystem. Gegenwärtig können wir zwischen zwei Systemen wählen ... Das eine, der ›internationale‹ Goldstandard, führt zum Ruin der Rohstoffproduzenten. England hat dieses System aufgegeben. Wenn wir Englands Beispiel folgen, werden wir auf dem Weltmarkt höhere Preise für unsere Waren erzielen. Sollen wir etwa auf diesen Vorteil verzichten ... nur weil wir nicht verstehen können oder wollen, daß der Goldstandard, so wie es ihn vor dem Krieg gab, ein für allemal der Vergangenheit angehört?«

Die Regierung betrachtete Oppenheimers Engagement einmal mehr als typischen Hoggenheimer-Trick und dachte nicht im mindesten an Kapitulation. Und Ernest hätte den Kampf möglicherweise verloren, wäre da nicht Tielman Roos gewesen. Der frühere Justizminister sah in der Diskussion eine Chance, sich für das höchste Regierungsamt zu empfehlen. Er verkündete seine Rückkehr in die Politik und forderte die Ablösung der derzeitigen Regierung durch eine Koalitionsregierung – mit ihm und Smuts an der Spitze. Roos, kein Mann, der durch originelle Wortschöpfungen bestach, sah sich als Steuermann, der sein Land durch die Klippen der Weltwirtschaftskrise dirigieren werde. Als erstes, so erklärte er, werde er den Goldstandard abschaffen.

Da Roos bei Presse und Bevölkerung gut ankam, saß Hertzog in der Falle. Wollte er nicht durch ein Mißtrauensvotum gestürzt werden, mußte er einlenken, und so kam es, daß Südafrika am 28. Dezember 1932 die Golddeckung seiner Währung aufgab. Jetzt war Ernest in einer heiklen Lage: Da er sich für diese Maßnahme stark gemacht hatte, würde man ihm die Schuld geben, wenn die Wirtschaft nun nicht in Schwung kam. Öffentlichkeit und Politiker hielten sich mit lautem Jubel vorerst ebenso zurück wie mit Rücktrittsforderungen.

Der Umschwung kam überraschend schnell. Kaum war die Währung abgewertet, flossen wieder ausländische Investitionen ins Land. Ende 1933 stieg der Goldpreis von vier auf sechs Pfund pro Unze. Beinahe über Nacht kehrte das Vertrauen der Verbraucher zurück. Die Aktienkurse an der Johannesburger Börse gingen rasch nach oben, die Minen stellten neue Arbeiter ein, Zulieferindustrien und Kaufhäuser brachten ihre Waren an den Mann, und die massive Arbeitslosigkeit – unter den Weißen – gehörte der Vergangenheit an. Ernest hatte gezeigt, daß er nicht nur Magnat war, sondern auch ein Prophet.

Die guten Nachrichten rissen nicht ab. Smuts, der von Roos und dessen ungezügeltem Ehrgeiz bald genug hatte, bemühte sich heimlich um eine Annäherung an Hertzog. Mit Erfolg. Die beiden bildeten nun ihrerseits eine Koalitionsregierung. Mehrere Minister wurden ersetzt, darunter auch Adrian Fourie. Der neue Bergbauminister Patrick Duncan versprach, den Unternehmen Anglo-American und De Beers gegenüber versöhnlichere Töne anzuschlagen. Das war für Sir Ernest Oppenheimer der krönende Höhepunkt eines sehr glanzvollen Jahres. Und dann erstaunte dieser Mann, der nie eine Spielernatur gewesen war, die Öffentlichkeit durch eine überraschende Entscheidung: Bereits einige Jahre zuvor hatte ein Geologe namens Hans Merensky bedeutende Diamanten- und Platinlager entdeckt, doch als er nun bei Ernest vorsprach, war er beinahe pleite. Er besaß nur noch ein paar Aktien einer unabhängigen Diamantmine, von denen niemand genau wußte, wieviel sie wert waren. Trotzdem verlangte Merensky einen astronomisch hohen Preis. Er verhandelte hinter verschlossenen Türen mit Ernest und ging schließlich mit einem Lächeln von dannen. Oppenheimer sinnierte hinterher: »Es kommt nicht allzuoft vor, daß ein Mann ohne einen Penny in der Tasche eintritt und mit einer Million Pfund davongeht.« Ernest hatte allerdings nicht den barmherzigen Samariter gespielt. Die Anteile, die er scheinbar großzügig eingekauft hatte, waren ein Fünffaches wert.

Ja, es war eine große Zeit für Sir Ernest Oppenheimer, Präsident von De Beers, Gründer und Direktor der Anglo-American, Edelmann und Parlamentsmitglied. Spitznamen wie Syndikatshochstapler und Diamantenkönig paßten nicht mehr zu diesem Mann, der nun auch zu den wichtigsten Goldproduzenten gehörte. Und jetzt war er dabei, in rhodesische Kupfer-, Kohle- und Platinminen, in Sprengstoffabriken und Farmen zu investieren. Von Verwandten umgeben und von Freunden allüberall unterstützt, war Ernest mit seinen 52 Jahren einer der wohlhabendsten und einflußreichsten Geschäftsmänner auf dem afrikanischen Kontinent. So weit hatte es nicht einmal der große Cecil Rhodes gebracht.

*

Das Glück wendete sich an einem stillen Septembermorgen des Jahres 1933. Auf einem Flughafen am Stadtrand von Johannesburg hatte sich eine kleine Gruppe versammelt, um Freunde zu verabschieden, die nach Rhodesien reisen wollten. An Bord des Flugzeugs, einer zweimotorigen, sechssitzigen De-Havilland-Dragon, waren nur zwei Männer: Major Cochrane-Patrick, ein im Ersten Weltkrieg hochdekoriertes Fliegeras, und Ernests Neffe Michael.

Die Maschine hob ab, stieg in den strahlenden Himmel auf und setzte dann in etwa achtzig Meter Höhe zu einer Schleife an, weil der Major sich und seinem Passagier Gelegenheit zu einem letzten Abschiedsgruß an die Freunde geben wollte, die ihnen vom Boden aus begeistert zuwinkten. Ohne Vorwarnung geriet das Flugzeug ins Trudeln – ob eine Windböe oder ein technischer Fehler die Ursache war, konnte niemand sagen. Sekunden später bohrte sich die Maschine mit der Spitze voran in den Erdboden. Der Bodeningenieur rannte zur Unglücksstelle und zog den Piloten aus dem brennenden Wrack. Er kam zu spät. Michael war beim Aufprall über den Backbordmotor nach draußen geschleudert worden. Auch er war auf der Stelle tot gewesen.

Ernest war über die Tragödie tief erschüttert. Er hatte es genossen, dem Sohn seines Bruders so nahe zu sein und mitzuerleben, wie eine neue Generation der Oppenheimers in Südafrika Wurzeln schlug. Michaels junge Witwe Ina gab sich nach außen hin tapfer, war jedoch völlig verzweifelt. Eine Weile erwog sie, mit dem kleinen Michael nach England zurückzukehren, doch Ernest überredete sie zum Bleiben: Jemand, der ihm nahestand, mußte sich um seine Frau kümmern.

May Oppenheimers Gesundheitszustand hatte sich in letzter Zeit rapide verschlechtert. Obwohl zehn Jahre jünger als Ernest, hatte sie mit verschiedenen Beschwerden zu kämpfen. Ina pflegte sie wieder gesund, und im Februar 1934 fühlte sich May kräftig genug, um ihren Mann zur Parlamentseröffnung nach Kapstadt zu begleiten. Als Ernest nach Johannesburg zurückkehrte, blieb May noch dort, um sich in der Seeluft zu erholen. Am selben Tag, als sie nach Brenthurst zurückreisen wollte, erlitt sie einen leichten Herzinfarkt. Ernest wurde benachrichtigt, ließ alles stehen und liegen und traf alle Vorkehrungen für seine Abreise aus Johannesburg. Gegen zehn Uhr abends hatte May einen weiteren Infarkt, und diesmal war es ein schwerer. May Lina Oppenheimer starb, bevor Ernest am Krankenbett eintraf.

Die beiden Verluste waren fast zuviel für Ernest. May hatte ihm dreißig Jahre zur Seite gestanden. Im Unterschied zu den Frauen anderer Randlords kannte sich die Tochter des ehemaligen Präsidenten der Londoner Börse in Geldsachen bestens aus und war bis zum Schluß immer gut informiert. Sie hatte bei täglichen Entscheidungen ein gewichtiges Wort mitzureden und gab in der Regel sehr kluge Ratschläge. Zudem war May im Wohlstand aufgewachsen. Ihrem gewandten Auftreten als Gastgeberin bei Parties und als Begleiterin bei offiziellen Anlässen verdankte Ernest die gesellschaftliche Stellung, die er seit Beginn seiner Karriere bei Dunkelsbuhler angestrebt hatte. Der Witwer versuchte, Haltung zu bewahren, aber ein Brief an Honnold verrät seine tiefe Trauer: »Ich fühle mich sehr müde und erschöpft und spiele mit dem Gedanken, mich zurückzuziehen. Ich möchte nicht, daß Sie denken, ich sei krank, aber nach diesem schmerzlichen Verlust fällt es mir sehr schwer, mich auf die Arbeit zu konzentrieren.«

Er war noch in Trauer, als Leslie Pollack, Mays Bruder, bei einer Dinnerparty zusammenbrach. Bei der Anglo wußte niemand, daß Leslie an fortschreitender Tuberkulose litt. Er hatte es vor den Mitarbeitern geheimgehalten, und als man ihn nun ins Krankenhaus brachte, konnten die Ärzte nichts mehr für ihn tun. Ständige Überarbeitung hatte den 46jährigen sehr geschwächt. Er starb am folgenden Morgen.

Mit einemmal stand die Anglo-American ohne erfahrenen Manager da. Ernest hatte Harry eigentlich noch ein paar Lehr- und Wanderjahre gönnen wollen, bevor er ihn in eine Führungsetage steckte. Doch Pollacks Tod ließ ihm keine andere Wahl: Von nun an mußte Harry an allen wichtigen Entscheidungen des Unternehmens beteiligt werden. Die Lage war allerdings nicht ganz so düster, wie sie auf den ersten Blick aussah. Ernest tröstete sich mit dem Gedanken, daß nun, da Harry Verantwortung übernahm, sein zweiter Sohn Frank das Leben noch etwas länger genießen durfte.

Das Problem war nur, daß Frank, anders als Harry, nie ganz zur Ruhe gekommen war. Das London der dreißiger Jahre bot einem lebenslustigen jungen Mann allzuviel Ablenkung. Der 26jährige war bekannt für sein Faible für schnelle Autos und gutes Essen – und gutes Essen genoß er offensichtlich überreichlich. Im April 1935 beschloß er mit ein paar gleichfalls eßgeschädigten Freunden, in Madeira Urlaub zu machen und dort zu schwimmen, in der Sonne zu baden und Diät zu halten. Nach ein paar Tagen spartanischen Lebens beschlossen sie, sich eine lukullische Mahlzeit zu gönnen, die sie dann durch ausgiebiges Schwimmen im örtlichen Schwimmbad wieder abarbeiten wollten. Frank war der letzte, der aus dem Wasser stieg. Beim Versuch, aus dem Becken zu klettern, stürzte er mit dem Kopf voraus ins flache Wasser. Die Freunde unternahmen Wiederbelebungsversuche, doch für Frank kam jede Hilfe zu spät. Der portugiesische Arzt führte seinen Tod später darauf zurück, daß er zu bald nach dem Essen schwimmen gegangen war.

Ernest erhielt die Nachricht an Bord des Schiffes, mit dem er gerade nach Madeira unterwegs war. Er konnte kaum fassen, was geschehen war. Soviel Kummer in so kurzer Zeit überstieg seine Kräfte. Als Frank Leslie Oppenheimer auf dem britischen Friedhof von Madeira beigesetzt wurde, wirkte Ernest verwirrt und geistesabwesend. Tags darauf traf er eine Entscheidung, die mehr Spekulationen auslöste und mehr Unmut erregte als alles andere, was er in seinem Leben getan hatte. Er wollte sich taufen lassen und in die christliche Glaubensgemeinschaft aufgenommen werden.

Sah er sich als Opfer eines furchtbaren Fluches, der auf den Juden lastete? Oder war seine Entscheidung der verzweifelte Versuch, Oppenheimer ein für allemal von Hoggenheimer zu befreien? Seine Familie bezeichnete seine Konversion immer als Folge einer »seelischen Krise«. Und in Anbetracht der traurigen Begleitumstände klang diese Erklärung durchaus plausibel. Doch die Krise hatte sich schon lange vor der Tragödie in Madeira abgezeichnet. May war wie ihr Mann im jüdischen Glauben aufgewachsen. Die Oppenheimers hatten als Juden geheiratet, und ihre Kinder waren als Juden ins Leben getreten. Dennoch hatte die Trauerfeier für May ein Jahr zuvor nicht nur ein Ende, sondern auch einen Anfang markiert. Der Gottesdienst hatte nicht in einer Synagoge, sondern in der St. George's Church in Parktown stattgefunden.

Nach Franks Beerdigung reiste Ernest monatelang ziellos durch Europa, bevor er wieder nach Südafrika zurückkehrte. Alle Hoffnung war zu Grabe getragen. An nichts fand er mehr Geschmack. Er, der nie religiös gewesen war, hatte jetzt immer eine Bibel auf dem Nachttisch liegen. Er versuchte, ein wenig

Trost im Buch Hiob zu finden. Das Lied von der Weisheit Gottes, in dem von dem Ort die Rede ist, wo das Gold »geläutert« wird, beeindruckte ihn gewiß besonders. Weiter heißt es dort:

Man macht der Finsternis ein Ende,
und bis ins letzte erforscht man das Gestein,
das im Dunkel tief verborgen liegt.
Man bricht einen Schacht fern von da, wo man wohnt.

Auch legt man die Hand an die Felsen
und gräbt die Berge von Grund auf um.
Man bricht Stollen durch die Erde,
und alles, was kostbar ist, sieht das Auge.
Man wehrt dem Tröpfeln des Wassers
und bringt, was verborgen ist, ans Licht.
Wo will man aber die Weisheit finden?

Und wo ist die Stätte der Einsicht?
Niemand weiß, was sie wert ist,
und sie wird nicht gefunden im Lande der Lebendigen.

Wer Weisheit erwirbt, hat mehr als Perlen.
Topas aus Kusch wird ihr nicht gleich geschätzt,
und das reinste Gold wiegt sie nicht auf.

Ernest haderte mit der Vergeblichkeit menschlichen Strebens. Er hatte ein Imperium aufgebaut, Vermögen und Ansehen erworben. Und wofür? Für wen? Innerhalb eines knappen Jahres war seine Familie halbiert worden. Er besaß materiellen Reichtum, aber keine Frau, mit der er ihn teilen konnte, Gärten, aber keine Enkel, die darin spielten. Seine alten Kollegen, ja selbst seine Feinde, waren nicht mehr da. Solly Joel war tot; David Harris, der einst Barney Barnato nach Südafrika gelockt hatte, war aus dem Verwaltungsrat von De Beers ausgeschieden, genau wie Ernests enttäuschter Vetter Fritz Hirschhorn. Lionel Phillips lebte zurückgezogen auf seinem Landgut am Kap, nicht weit entfernt von J. B. Robinson, der, taub und verbittert, über seine Enttäuschungen nachgrübelte.

In der langen Trauerzeit wanderte Ernest viel durch die Gärten von Brenthurst, oft allein, manchmal in Begleitung von Ina, die immer noch um Michael Oppenheimer trauerte. Einmal nahm Ernest sie auf eine Reise nach London mit, und im Frühjahr 1935 hielt er zu aller Überraschung um ihre Hand an. Am 1. Juni 1935 heiratete er seine Nichte und machte damit seinen Großneffen Michael gleichzeitig zu seinem Stiefsohn. Inas Mutter, Lady Harvey, und Harry waren offizielle Trauzeugen.

Einen Monat nach der Hochzeit gründete Ernest ein neues Unternehmen, das seiner Familie – den alten und den neuen Mitgliedern – im Falle seines Ablebens oder etwaiger Invalidität genügend Sicherheit bieten sollte. Die Firma bekam einen simplen Namen. Die anderen Unternehmen – De Beers, die Anglo-American, die Tochtergesellschaften, die mit Kohle, Kupfer, Agrarerzeugnissen, Immobilien und anderem mehr handelten – behielten ihre Namen. Doch ebensogut hätte man auch ihnen den neuen Namen geben können. Von nun an war es das Unternehmen E. Oppenheimer and Son, das alle unter seinem Schirm versammelte.

*

In den Jahren der Weltwirtschaftskrise tauchte ein neues Wort im Vokabular der Südafrikaner auf: Apartheid – ein Begriff aus dem Afrikaans, der wörtlich »Getrenntheit« der Rassen bedeutet. Es sollte zwar noch über zehn Jahre dauern, bis dieser Begriff Einzug in die Gesetzbücher hielt, doch unter der besorgten weißen Bevölkerung hatte er sich bereits fest eingebürgert. Die Armen, und es gab viele weiße Arme, betrachteten die Schwarzen als bedrohliche Konkurrenten auf dem Arbeitsmarkt und fühlten sich durch sie in eine moralische Zwickmühle gebracht. Die Schwarzen gaben sich mit niedrigeren Löhnen zufrieden als Weiße und akzeptierten Arbeitsbedingungen, die den Weißen unerträglich erschienen. Die Folge: Sie nahmen den Europäern die Arbeitsplätze weg. Aus dieser Situation gab es nur einen Ausweg: Man mußte die Schwarzen zwingen, um dieselben Löhne und Arbeitsbedingungen zu kämpfen. Doch damit hätte man ihnen eine Art Gleichheit zugestanden, und das konnte kein Bure, und wenige Weiße anderer Nationalitäten, akzeptieren.

Unter der Regierung Smuts hatte man versucht, die weißen

Wähler dadurch zu beschwichtigen, daß man den Empfehlungen der Transvaal-Kommission folgte. Unter dem Vorsitz von Frederick Stallard, einem radikalen Verfechter der Rassentrennung, hatte die Kommission folgendes Prinzip verkündet: Schwarze »Männer, Frauen und Kinder« sollten nur Zugang zu den Städten haben, »solange und soweit ihre Anwesenheit für die Befriedigung der Bedürfnisse der weißen Bevölkerung erforderlich ist ... [denn] in Stadtgebieten ist der herrenlose Eingeborene eine Quelle der Gefahr und Ursache für die Entwürdigung von Schwarz und Weiß«. Die Regierung Smuts, von Stallards Schlußfolgerungen überzeugt, brachte ein Gesetz durch, mit dem die Rassentrennung offizielle Politik wurde: den Natives Urban Areas Act. Von nun an war es Schwarzen verboten, in weißen Städten zu wohnen oder sie zu besuchen. Sie durften nur zur Arbeit in die Städte kommen. Wenn sie ihr Tagwerk vollbracht hatten, mußten sie in ihre abgesonderten Wohngebiete zurückkehren.

Hertzog setzte die politische Linie, die Smuts begonnen hatte, mit verstärkter Kraft fort. Toiletten und Eisenbahnwaggons, die für Weiße reserviert waren, genügten nun nicht mehr. Mit dem Native Administration Act verschaffte sich die weiße Regierung außerordentliche Machtbefugnisse über die gesamte schwarze Bevölkerung. Weiße Beamte, und nicht etwa die Schwarzen selbst, bestimmten künftig die Häuptlinge und Stammesführer. Ganze Gruppen wurden nach Belieben von einem Gebiet in ein anderes umgesiedelt. Die weißen Verwaltungen durften Bekleidungsvorschriften erlassen und jede Rede oder Demonstration verbieten, die »der Absicht dient, feindselige Gefühle zwischen Eingeborenen und Europäern zu schüren«.

Was sie nicht schafften, war, das wachsende afrikanische Selbstbewußtsein zu unterdrücken. Mit dem Afrikanischen Nationalkongreß (ANC) hatte es begonnen; dann kam die Industrial and Commercial Worker's Union (ICU) hinzu. Die Gewerkschaft war 1919 auf den Docks von Kapstadt gegründet worden und breitete sich in der Folgezeit von den Städten auf die ländlichen Gebiete aus. Dabei wurden die politischen Inhalte der Organisation neu definiert: An die Stelle der praktischen Gewerkschaftsarbeit trat nun ein militanter schwarzer Nationalismus. ICU-Gründer Clements Kadalie, ein Angestellter aus Rhodesien, sprach keine afrikanische Sprache. Er hielt seine Reden auf englisch und wagte Dinge auszusprechen, die für manche seiner Zuhörer das Subversivste waren, was sie je gehört hatten: »Was für den weißen Mann gut ist, ist auch für euch gut.«

Andere waren zu diesem neuen schwarzen Selbstbewußtsein schon erwacht. Sie hatten die Schriften von Marcus Garvey gelesen, einem Westinder, der im Ersten Weltkrieg in die USA gezogen war. Von seinem Hauptquartier in New York aus verkündete Garvey, die Schwarzen würden in Ländern, in denen sie eine rassische Minderheit darstellten, niemals ihr Recht bekommen. Seine Anhänger kämpften unter der Parole »Zurück nach Afrika« für einen autonomen schwarzen Staat, in dem Afroamerikaner ihr Schicksal selbst bestimmen konnten.

Während solche revolutionären Denker lautstark ihre Programme verkündeten, meldete sich auch die Kommunistische Partei Südafrikas (CPSA) zu Wort. Vor dem gescheiterten blutigen Streik hatten bolschewistische Agitatoren die Arbeiter noch dazu angestachelt, für ein weißes Südafrika zu kämpfen. Ende der zwanziger Jahre wurde das politische Programm der Partei völlig umgekrempelt: Die Mitglieder kamen nun aus der schwarzen Bevölkerung. Man verurteilte die Paßgesetze, lehnte alle diskriminierenden staatlichen Maßnahmen ab und trat für eine »unabhängige, demokratische schwarze Republik« ein, in der die Menschen vom Joch der kapitalistischen Unterdrückung befreit werden sollten.

Jede Gruppierung verfolgte ihre eigenen Ziele, und alle scheiterten. Die ICU sagte sich von militanten Aktionen los und suchte die Kooperation mit den weißen Landbesitzern. Dieser Schritt wurde als Zeichen der Schwäche gewertet. Weiße Farmer schleppten Schwarze vor Gericht, vertrieben sie aus ihren Häusern, schüchterten die Funktionäre ein und setzten bei Ortsverwaltungen durch, daß Gewerkschaftsversammlungen verboten wurden. Garveys Anhänger verloren an Boden, nachdem ihr Führer wegen Postbetrugs verhaftet und nach Jamaika ausgewiesen worden war. Garvey lebte zwar noch bis 1940, doch sein Einfluß schwand in den dreißiger Jahren zusehends. Die Kommunisten gingen mit ihrer Politik zu den Wahlurnen. Nachdem die weißen Wähler ihre Vorschläge rundweg abgelehnt hatten, brachten die Mitglieder der CPSA den Rest des Jahrzehnts mit internen Querelen, ideologischen Richtungskämpfen und gegenseitigen

Verratsvorwürfen zu. Auch die Führer des ANC bekämpften sich gegenseitig. Der konservative Flügel schloß alle aus, die als radikal galten, und vermeldete: »In Anbetracht der sich unter den Nichteuropäern ausbreitenden bolschewistischen Strömungen ist der ANC der Meinung, daß Führer und Propagandisten, die der kommunistischen Doktrin anhängen, auf Versammlungen des ANC keine Redeerlaubnis mehr erhalten sollten.« Die Linken im ANC versuchten daraufhin, einen Gegenkongreß zu organisieren, und die daraus resultierende Spaltung schwächte die Bewegung eine ganze Generation lang.

Damals kamen auf einen Weißen in Südafrika etwa sechs Schwarze, und die Buren stellten etwa sechzig Prozent der weißen Minderheit. Nach Ansicht der burischen Rechten stand das Land unmittelbar vor dem gesellschaftlichen Chaos: Wenn man nicht auf sie aufpaßte, würden die Kaffern und die weißen Liberalen ihre Differenzen beilegen, sich verbünden und die Buren ins Meer treiben. Dieses Szenario war nicht neu: Schon 1917 hatten fanatische Buren, die gegen eine Teilnahme ihres Landes am Ersten Weltkrieg waren, den *Broederbond* (Bruderbund) gegründet, der dies verhindern sollte. Als Südafrika sich auf die Seite der verhaßten Briten stellte, ging der Broederbond in den Untergrund, und viele Südafrikaner glaubten – fälschlicherweise –, damit sei dieses Kapitel beendet.

In seiner Organisationsstruktur unterschied sich der Broederbond so gut wie nicht von der von ihm so verabscheuten Kommunistischen Partei. Die Mitgliedschaft war geheim – selbst Ehefrauen sollten nicht wissen, daß ihre Männer dazugehörten. Die Gruppe war in Zellen unterteilt, und jeder Bruder wachte über die Loyalität des anderen. »Wer den Bund verrät, wird durch den Bund vernichtet«, hieß es in dem Schwur, den jedes Mitglied leisten mußte. »Der Bund vergißt niemals. Seine Rache trifft schnell und genau.«

Mit einer rituellen Demonstration weißer Überlegenheit und selbstbewußten Burentums trat der Bund 1938 wieder öffentlich auf. Hundert Jahre zuvor hatte der Große Treck stattgefunden. Zur Feier dieses Jubiläums setzte der Bund das »heilige Ereignis« am 8. August noch einmal in Szene. Nach öffentlicher Ankündigung und viel Werbegetrommel wurden schließlich zwei Ochsenkarren aus Stinkbaum nach Helden des Burenkriegs getauft, nach dem Märtyrer Pieter Retief und dem Sieger vom Blood River, Andries Pretorius. Die Karren verließen Kapstadt in Richtung Norden. An jeder Wegbiegung wurden sie von einer trotzigen Menschenmenge bejubelt. Zur Feier des Tages hatten sich die Männer Bärte wachsen lassen, wie sie die Voortrekker getragen hatten, und Westen und geknotete Schals angelegt. Die Frauen trugen weite, selbstgenähte Kleider, wie sie zu Lebzeiten ihrer Urgroßmütter in Mode gewesen waren. Die derben Karren rollten weiter nach Pretoria, wo sich ein Trupp von Fackelträgern den Treckern anschloß. Reden und Predigten wurden gehalten. Am Fuße des Voortrekker-Denkmals entzündete man ein Freudenfeuer und gab damit den dreitausend Fackelträgern auf den umliegenden Hügeln das Zeichen, weitere Feuer – einen Ring der »weißen Zivilisation« – zu entzünden. Eine Frau, die unter den Fackelträgern war, drückte ihre Gefühle so aus: »Der Berg brennt, das Feuer der Afrikaaner [Buren] ist entflammt, das Feuer der Begeisterung für ein junges Südafrika! Du bist nichts – dein Volk ist alles. Ein Licht in der Dunkelheit ist klein und verloren. Aber dreitausend Flammen! Dreitausend! Und mehr! Südafrika, es besteht noch Hoffnung für deine Zukunft!«

Wie Adolf Hitler auf den Reichsparteitagen der NSDAP in Nürnberg ermahnte Dr. Daniel François Malan die Menge, der Stimme ihres Blutes zu folgen. Als ehemaliger Prediger der niederländisch-reformierten Kirche war Malan öffentliche Auftritte gewöhnt. Er war von der Kanzel ans Rednerpult gewechselt und leitete nun eine Gruppierung, die sich Gesäuberte Nationale Partei nannte. Im Schein der dreitausend Feuer und ergriffen vom Vergangenheitstaumel, erinnerte er die Buren an den glorreichen Sieg, den sie vor hundert Jahren über die Zulu errungen hatten. Damals seien »Vorderlader auf Assagais« getroffen, und heute tobe der Kampf weiter. Sie hätten unter den schwarzen Wilden immer noch viele Feinde, und die seien noch genauso schwarz und blutrünstig wie einstmals. Jeder Bure von heute habe die Pflicht, den Kampf fortzuführen und Südafrika ein für allemal zu einem »Land des weißen Mannes« zu machen.

*

Ernest Oppenheimer, dem der schwarze Nationalismus ebenso zuwider war wie die Haltung der burischen Rechten, überlegte, ob er die politische Bühne nicht verlassen sollte. In diesem Bereich seines Lebens hatte sich nichts zum Guten gewendet. Ansonsten war die Zeit der Trauer vorbei. Er war glücklich wiederverheiratet, und der Sohn, der ihm verblieben war, stand ihm zur Seite. Die Anglo-American florierte: Zink- und Bleiminen hatten den Oppenheimer-Besitz vermehrt. Auch De Beers konnte mit dem Lauf der Dinge zufrieden sein: Juwelen waren wieder gefragt. Außerdem, was noch wichtiger war, hatte man eine Verwendung für den sogenannten *bort* gefunden, winzige Diamantkristalle, die zuvor auf dem Abfall gelandet waren. Bis in die dreißiger Jahre schnitt man Präzisionswerkzeuge für die Industrie mit Stahlklingen zu. Doch diese Klingen wurden ständig stumpf. Also entwickelte man eine neue Wolframlegierung. Aber womit sollte man dieses harte Metall schneiden? Gegen Ende des Jahrzehnts erfand man ein Verfahren zur Bindung von Diamantenstaub mit Harz. Das Gemisch wurde zu Schneide- und Schleifrädern gepreßt. Die aufrüstenden europäischen Staaten standen Schlange, um die neuen Werkzeuge zu kaufen: »Industriediamanten« waren für die Automobil- und Rüstungsindustrie unverzichtbar, und De Beers konnte die Nachfrage kaum befriedigen.

Die Anglo-American war inzwischen aus ihrem Stammsitz herausgewachsen. Statt ein weiteres altes Gemäuer anzumieten, ließ Ernest ein elegantes fünfstöckiges Gebäude aus Stahl und Beton bauen, das mit Blendsteinen verkleidet wurde. Der Neubau wurde zum Mittelpunkt des Finanzimperiums von De Beers und Anglo-American – und damit von ganz Johannesburg, genau wie Ernests Anwesen in Brenthurst der Mittelpunkt des gesellschaftlichen Lebens der Stadt war. Mit Ina als Gastgeberin standen nach Meinung aller die Bridgeparties und Abendgesellschaften bei den Oppenheimers dem, was in London geboten war, in nichts nach. Gewöhnlich kam man im Smoking, das Essen wurde auf goldenen Tellern serviert. Die Familie ließ sich im schwarzen Rolls-Royce chauffieren, und viele Gäste kamen in Autos desselben Fabrikats. Jeder Winkel des Oppenheimer-Imperiums strahlte Reichtum und Macht aus.

Mit einer Ausnahme. Ernest träumte von einem Kabinettsposten, doch bei aller Macht und allem Einfluß gelang es ihm nicht, in den inneren Kreis der Regierung vorzustoßen. Hertzog und

Smuts wanderten mit ihrer Politik auf einem schmalen Grat. Angesichts des Getöses von rechts und der Unruhe unter der schwarzen Bevölkerungsmehrheit mußten sie integer und unabhängig
wirken – insbesondere im Verhältnis zur Lobby der Diamanten-
und Goldindustrie. Ernest hatte Besseres zu tun, als mit den Umständen zu hadern. Er hielt auf Distanz und verkündete 1938, daß
er für eine Wiederwahl nicht zur Verfügung stehe. Diesmal wurde
diese Nachricht ausnahmsweise nicht von der Presse aufge-
bauscht und analysiert. Es gab wichtigere Themen. Nazi-
Deutschland überrollte Europa, und die südafrikanische Führung war in der Beurteilung der neuen Situation gespalten. Smuts
war über Hitlers Aufstieg entsetzt, Hertzog führte ihn auf das
Unrecht zurück, das man Deutschland in der Nachkriegszeit zugefügt habe. Die Anhänger der Gesäuberten Nationalen Partei
hegten natürlich große Bewunderung für das Dritte Reich. Einer
ihrer Führer, Reverend Koot Vorster, wurde dazu auserkoren, die
Parteilinie öffentlich zu formulieren: »Hitlers *Mein Kampf* zeigt
den Weg zu wahrer Größe – den Weg Südafrikas. Hitler gab den
Deutschen eine Berufung. Er gab ihnen eine fanatische Überzeugung, die sie befähigt, sich vor nichts und niemandem zu beugen.
Wir müssen diesem Beispiel folgen, denn nur durch einen solchen
heiligen Fanatismus kann die Nation der Afrikaaner ihre
Berufung finden.«

Im Jahr 1939 waren die Fronten in jeder Hinsicht abgesteckt.
Das ganze Jahr hindurch wetterte Smuts gegen die Appease-
ment-Politik. Nachdem Hitler die Tschechoslowakei annektiert
hatte, drängte Smuts sein Land, sich den Alliierten anzuschließen. Hertzog hingegen trat für strikte Neutralität ein – was
gingen Südafrika die Angelegenheiten Osteuropas an? Als
schließlich das Parlament einberufen wurde, sprachen die beiden
Politiker kaum noch ein Wort miteinander, und die Koalitionsregierung stand kurz vor dem Bruch. Die ganze Debatte kreiste um
eine Frage: Sollte Südafrika in den Krieg eintreten oder sich her-
aushalten? Am 4. September wurde abgestimmt. Mit einer Mehrheit von 13 Stimmen beschloß das Parlament, Deutschland den
Krieg zu erklären. Zwei Tage später trat Hertzog zurück und tat
sich mit Malan zusammen, dessen Gesäuberte Nationale Partei
über die neueste »britisch-jüdische Verschwörung« klagte. Verschiedene kryptofaschistische Organisationen traten auf den

Plan: Grauhemden, Schwarzhemden und *Ossewabrandwag* – die »Wächter der Ochsenwagen«. Sie alle waren bewaffnet und unterstützten die Ziele der Nazis. Der Pfarrer der deutsch-lutherischen Gemeinde in Bloemfontein, Wilhelm Luckoff, weigerte sich, für den Führer zu beten. (»Gottes Segen für Hitler zu erbitten hieße, das Gebet zur Farce zu machen.«) Die Gemeinde war schockiert und zwang ihn zum Rücktritt.

Die rechten Gruppierungen fanden immer mehr Zulauf, bis die Deutschen in Holland, dem Mutterland der Buren, einmarschierten. Smuts nutzte die Gunst der Stunde, warb für die Sache der Alliierten und bat wehrfähige junge Männer, als Freiwillige Südafrikas Isolation innerhalb der westlichen Welt zu beenden. »Steht nicht abseits, während das größte Abenteuer aller Zeit stattfindet«, hieß es auf einem Werbeplakat der Regierung. »Lieben nicht alle Mädchen Männer in Uniform?« fragte ein anderes.

Der Afrikanische Nationalkongreß erkannte, daß die Politik des Dritten Reiches noch schlimmer war als die repressive Rassenpolitik Südafrikas, und schlug sich auf die Seite der Nazigegner. Er unterstützte Smuts' Aufruf zum Krieg, und ANC-Mitglieder meldeten sich freiwillig zum Dienst an der Front. Zum Dank teilte man ihnen mit, daß Schwarze in der Verteidigungsarmee zwar willkommen seien, daß man sie aber nicht bei der kämpfenden Truppe einsetzen werde, sondern als Ambulanzfahrer und Köche, als Sanitäter und Helfer beim Ausheben von Schützengräben.

Ausnahmen wurden nicht gemacht. Bei einer der ersten Schlachten in Nordafrika wurden einige schwarze Krankenträger getötet und später gemeinsam mit weißen Soldaten beerdigt. Als der Vorfall im Hauptquartier der südafrikanischen Streitkräfte bekannt wurde, befahl man, die Leichen zu exhumieren und in abgesonderten Gräbern zu bestatten. Schwarze aus Betschuanaland und Basutoland sollten Gewehre erhalten, doch als sie an der Front in Nordafrika eintrafen, händigten die Nachschuboffiziere ihnen Assegais aus: Scharfe Klingen seien in Ordnung, fand man, doch wenn man den Eingeborenen erlaube, Waffen zu tragen, würden sie nur auf dumme Gedanken kommen.

Als immer mehr Kollegen, Angestellte und Bedienstete an die Front gingen, fühlte sich auch Harry Oppenheimer verpflichtet, eine Uniform anzuziehen. Im Januar 1940 meldete sich der 31jährige freiwillig, absolvierte eine Ausbildung und kam zum militärischen Nachrichtendienst. Er hatte tadellose Qualifikationen vorzuweisen – ein Mitglied der Nationalen Partei, das in der militärischen Prüfungskommission saß, war da allerdings anderer Meinung. In seinem Bericht bemängelte er Harrys schockierende Unkenntnis des Afrikaans: »Einsprachig. Spricht Deutsch und Französisch.«

Gegen Ende des Jahres bezog das 4. Südafrikanische Panzerregiment in Al-Armiriyah Stellung. Von seinem Horchposten nahe der libyschen Grenze aus fing Harry deutsche Meldungen ab, übersetzte sie und gab wichtige Informationen an das Hauptquartier weiter. Mitte September berichtete er, daß General Rommel eine unmittelbar bevorstehende Offensive plane. Tags darauf durchquerten drei deutsche Kolonnen im unglaublichen Tempo von fünfzig Kilometern pro Stunde die offene Wüste und zwangen die Südafrikaner zum Rückzug. Nicht alle entkamen. Ein Lastwagen mit Personalakten und Geheimcodes wurde umzingelt und gefangengenommen. Der deutsche Propagandasender in Zeesen verbreitete die Meldung, alle Männer des 4. Panzerregiments seien entweder gefangengenommen worden oder tot. An herausragender Stelle wurde Leutnant Harry Frederick Oppenheimer aus Johannesburg genannt.

13

DIAMANTEN SCHLEIFT MAN NICHT MIT DEM BUTTERMESSER

Einige Tage später fand der militärische Nachrichtendienst heraus, was wirklich geschehen war: Den Deutschen waren Papiere in die Hände gefallen, aber keine Soldaten. Die Namen der südafrikanischen Soldaten, die angeblich verwundet und getötet worden waren, stammten aus den erbeuteten Akten. In den nächsten Tagen gelangten die Gefallenen auf Irrwegen zurück ins Hauptquartier, erstatteten Bericht und nahmen ihre Arbeit wieder auf. Harry hörte den Funkverkehr des Feindes weiterhin ab, und er vernahm auch weiterhin Gefangene, nur entlockte ihm die Vorstellung, daß er als verschollen und als vermutlich tot gegolten hatte, jetzt ein bitteres Lächeln.

Mit einiger Verzögerung traf Post für ihn ein. Ernest war Harrys wichtigster Briefpartner, und seine Briefe aus Brenthurst enthielten viele Neuigkeiten. Oppenheimer senior hatte ihr Haus an die Armee vermietet, und die nutzte es als Krankenhaus. Mit patriotischer Geste hatte sich die Familie außerdem bereit erklärt, sämtliche Kosten zu übernehmen. Auf den Stationen lagen Verwundete von allen Kriegsschauplätzen im Mittelmeerraum – Briten, Franzosen aus dem freien Teil Frankreichs, Polen, Griechen, Australier und sogar italienische Kriegsgefangene. Der Vater schrieb dem Sohn: »Damit du verstehst, daß Brenthurst nun wirklich ein Krankenhaus ist: Gestern wollten mich am Eingang einige Krankenschwestern aufhalten, weil, wie sie sagten, die Besuchszeit um 16.30 Uhr ende. Ich erklärte ihnen, daß ich der ehemalige Besitzer des Hauses sei.«

In der etwas abergläubischen Hoffnung auf Harrys baldige Rückkehr ließ man sein Haus Little Brenthurst umbauen und renovieren. Aus einer Suite im »Carlton Hotel« versicherte Ernest dem Sohn, daß die Veränderungen dem entsprächen, »was Ina, du und ich viele Male besprochen haben … Das ehemalige Speisezimmer ist nun die Eingangshalle, die Giebel hat man vorgezogen, so daß Schlafzimmer und die Räume für die Bediensteten jetzt geräumiger sind – auch die für die Eingeborenen. Das neue Speisezimmer (in der ehemaligen guten Stube) bietet Platz für 35 Personen.«

Jeder Gast wurde ausführlich gewürdigt. »Am Sonntag«, so berichtete Ernest stolz, »wird die griechische Kronprinzessin mit uns speisen. Sie ist eine reizende Dame. Dein alter Herr wird berühmt, wie du siehst.« Eine andere Besucherin beeindruckte ihn weniger: »Sie betreibt das älteste Gewerbe der Welt.«

Neben solchen Neuigkeiten aus dem Geschäfts- und Gesellschaftsleben las Harry zwischen den Zeilen eine melancholische Grundstimmung heraus. Geburtstage waren für Ernest offenbar besonders bedrückend. »Der 30. Juli«, schreibt er in einem Brief, »war der Geburtstag deiner Mutter. Ich mußte den ganzen Tag daran denken.« In einem anderen heißt es knapp: »Heute denke ich ganz besonders an Frank und deine Mutter. Ich glaube fest daran, daß sie glücklich sind und daß wir uns eines Tages wiedersehen werden.« Auf seine besorgte Rückfrage erhielt Harry eine vieldeutige Antwort: »Ich bin gesund«, schrieb Ernest, »aber natürlich hat man mit über sechzig nicht mehr soviel Energie wie in der Jugend. Ich freue mich auf die Zeit nach deiner Rückkehr, wenn du die volle Verantwortung übernimmst und ich die Rolle des Beraters im Hintergrund spielen kann.«

Mit Anfang Sechzig, nicht mehr in den besten Jahren, aber auch noch nicht alt, zeigte Ernest erste Anzeichen von Hinfälligkeit. Er, der immer tolerant gewesen war, reagierte jetzt oft ungeduldig. In einem Brief ließ er sich ungewöhnlich unwirsch über die Undankbarkeit der Schwarzen aus. Mit staatlicher Unterstützung hatte De Beers ein sauberes, gut ausgestattetes Lager für schwarze Minenarbeiter errichtet. Nein, kein Lager, »nicht einmal eine Bergarbeiterstadt, sondern ein Utopia für Bergarbeiter. Nirgendwo sonst gibt es etwas Vergleichbares: die Anlage der Stadt, die Häuser, die Einkaufsmöglichkeiten, die kostenlosen Dienstleistungen für unsere Angestellten. Alles in allem eine Traumstadt. So würde man sie sich vorstellen, wenn es im Paradies Bergbau gäbe.«

Und wie reagierten die Schwarzen? Undankbar. »Man hätte meinen sollen, daß unsere Arbeiter, denen all diese Vergünstigungen geradezu aufgezwungen wurden, sich nun loyal verhalten würden. Doch keine Spur davon.« Die verbesserten Lebensbedingungen »haben sie zu einer leichten Beute für die bolschewistische Propaganda gemacht. Warum bauen wir nicht noch mehr Häuser? Warum gewähren wir ihnen nicht noch mehr Vergünstigungen, wo doch unsere Manager in Palästen leben und ein schönes Gästehaus für Direktoren unterhalten, die gelegentlich zu Besuch kommen?«

Harry hätte sicher größeres Geschick im Umgang mit den Schwarzen bewiesen. Doch die Armee wollte ihn noch nicht gehen lassen, und er selbst war auch noch nicht soweit. Allerdings zog man Captain Oppenheimer 1942 von der Front ab und versetzte ihn auf eine Insel in der Tafelbucht vor Kapstadt. Dort war er vor dem Feind sicher und weit weg von den Familienunternehmen. So schien es zumindest, bis eines Tages ein japanisches U-Boot vier Männer an der Küste absetzte. Die vier wurden gefangengenommen und verrieten beim Verhör, mit welchem Befehl sie angelandet waren: Zerstörung der Sprengstoffabrik der African Explosives and Chemical Industries (AECI). Die AECI waren für Harry keine unbekannte Größe: Sein Vater war Vorsitzender des Verwaltungsrats.

In seiner Freizeit suchte Captain Oppenheimer das Gespräch mit anderen Offizieren. Unter ihnen war auch die attraktive junge Bridget McCall, Leutnant beim weiblichen Hilfskorps. Bridgets Eltern hatten Jahre zuvor in Johannesburg die Bekanntschaft von Ernest und May gemacht, und so hatte sich das junge Paar viel zu sagen. Einige Monate später wurden ihre Gespräche ernster: Als Ernest und Ina zu Besuch am Kap weilten, setzte Leutnant McCall auf das Festland über, um sie kennenzulernen.

Die Oppenheimers waren mit der Wahl ihres Sohnes sehr zufrieden, und im Frühjahr 1943 gaben sich Harry und Bridget bei einem Militärgottesdienst das Jawort. Getreu der Familientradition stand Harry ein Verwandter als Trauzeuge zur Seite: sein Vetter (und Stiefbruder) Michael. Einige Monate später bat Harry um Urlaub aus familiären Gründen. Er sollte nicht mehr in den aktiven Dienst zurückkehren. Noch bevor Bridget im Dezember 1943 ihr erstes Kind gebar, hatte ihr Mann als geschäftsführender

Ernests Sohn Harry heiratete 1943 in der Uniform der südafrikanischen Armee Bridget McCall.

Direktor der Anglo-American wieder seinen Platz im zivilen Leben eingenommen. Er teilte sich das Büro in der Main Street Nr. 44 in Johannesburg mit seinem Vater, dem Chef von De Beers. Harry hatte zwar bereits vor dem Krieg dem Verwaltungsrat angehört, doch seine jetzige Ernennung unterstrich, daß das Oppenheimer-Imperium trotz seiner Größe nach wie vor ein Familienkonzern war.

Harry hatte sich mit Bergen von Akten und Problemen herumzuschlagen, doch sie waren nichts im Vergleich zu den Schwierigkeiten von De Beers. Während Harrys Abwesenheit waren Industriediamanten zu einem Schlüsselprodukt geworden. Bei der Herstellung von Geradlaufapparaten bei Torpedos, Bombenzielgeräten, Richtsystemen, Flugzeug- und Automobilteilen war man auf präzise Schneidegeräte aus Diamanten angewiesen, und in dem Versuch, die Branche unter ihre Kontrolle zu bringen, kauften die Alliierten alle Steine auf, die sie bekommen konnten. Doch Ernest hatte die Branche bereits fest im Griff, und er hatte nicht die Absicht, sie sich wieder entwinden zu lassen.

Als Präsident Franklin D. Roosevelt 6,5 Millionen Karat Industriediamanten bestellte, kam es zur ersten Machtprobe. Der Umfang des Auftrags machte Ernest stutzig: Seiner Meinung nach wurde damit »künstlich die Angst vor einer Knappheit geschürt«, die große Nachfrage der Amerikaner sei »absurd«. Was, wenn der Krieg schnell zu Ende ging und Amerika auf seinen Steinen sitzenblieb? Bei sinkender Nachfrage würden die Preise natürlich in den Keller fallen. Und davon würde sich De Beers möglicherweise nie wieder erholen. Kurzum: Ernest lehnte es ab, den Auftrag der Vereinigten Staaten zu erfüllen.

Roosevelt bemühte sich auf diplomatischem Weg um eine Lösung. Als das amerikanische Außenministerium Winston Churchills Kriegskabinett um Hilfe bat, mußten die Diplomaten allerdings feststellen, daß Ernests Leute ihnen zuvorgekommen waren und den Briten die Angelegenheit aus ihrer Sicht erläutert hatten. Großbritannien erteilte dem amerikanischen Präsidenten zwar keine direkte Absage, kam seinen Wünschen jedoch auch nicht nach. Die Amerikaner fanden schnell den Grund dafür heraus: Die Regierung Ihrer Majestät war durchsetzt mit Managern von De Beers, die man seit Kriegsausbruch eingezogen hatte. In einer geheimen Aktennotiz schäumte die für Rüstung zuständige Abteilung der amerikanischen Regierung: »Die Diamantenfraktion in der Regierung und das Syndikat sind offenbar identisch.«

Man mußte zum äußersten Mittel greifen. In einer vertraulichen Mitteilung vom 16. April 1942 heißt es kurz, aber vielsagend: »Inoffiziell wurde mitgeteilt, daß England von uns keine Flugzeuge erhalten wird, wenn das Syndikat uns nicht die Diamanten verkauft, die wir für die Flugzeugproduktion brauchen.« Ohne solche Jagdflugzeuge war London den Bombenangriffen der deutschen Luftwaffe praktisch hilflos ausgeliefert. Nach einigem diplomatischen Hin und Her gab De Beers schließlich nach. Doch sie kapitulierte nach eigenen Bedingungen.

Das Unternehmen sagte den Vereinigten Staaten die Lieferung von einer Million Karat zu, was nur einem Bruchteil der ursprünglich bestellten Menge entsprach. Verärgert stellte die Regierung Roosevelt weitergehende Forderungen, doch jedesmal, wenn sie Druck ausübte, fand das Unternehmen neue Ausreden: Es seien nicht genügend Diamanten lieferbar, die Tresore in London seien bei einem Luftangriff »verschüttet« worden, man benötige mehr Zeit, um eine Bestandsliste zu erstellen. Ende 1943 war die Geduld der Regierung erschöpft. Sie schaltete das Justizministerium ein, das Ermittlungen über die Diamantenindustrie anstellte. Daraus enwickelte sich ein regelrechter Krieg im Krieg, mit Intrigen, Opfern und den üblichen häßlichen Begleiterscheinungen.

Die Ermittler nutzten ihre Befugnisse im Krieg voll aus, die es ihnen gestatteten, auch außerhalb des Gesetzes zu operieren: Sie öffneten die Post an Oppenheimers Partner in den Vereinigten Staaten, durchstöberten heimlich die Akten und gaben Informationen an die Presse weiter. De Beers antwortete mit einer Werbekampagne. Nach einem Bericht der Zeitschrift *Time* reagierte das Diamantenkartell auf alle Anschuldigungen »mit würdevollem Schweigen. Wenn die Vorwürfe der Preisabsprache, der Produktionsdrosselung, der Kontingentierung für Diamantenhändler usw. De Beers beunruhigt haben sollten, so tröstete sich das Unternehmen doch mit der Gewißheit, daß [Justizminister Francis] Biddles Bemühungen, das Kartell zu knacken, ebenso große Erfolgschancen hatten wie der Versuch, Diamanten mit dem Buttermesser zu schleifen.«

Schon möglich. Gleichwohl hatte Ernest keinen Grund, sich über die Enthüllungen des Geheimdienstes OSS (Büro für Strategische Dienste) zu freuen. Abgefangene Briefe bewiesen, daß sein Unternehmen die Konkurrenten in aller Welt massiv behinderte – auch die amerikanischen. So hatte Nelson Rockefeller mit Geschäftspartnern die Chancen des Diamantenbergbaus in Venezuela erkundet. Als Berater von De Beers von dem Vorhaben erfuhren, warnten sie Ernest, er solle die Sache »rücksichtslos im Keim ersticken«. Einem anderen Schreiben zufolge wurden in Forminière, einer De-Beers-Mine in Belgisch-Kongo, so viele Diamanten gefördert, daß sie Jahre zu früh erschöpft war. Der Grund: Die Mine hatte Südafrikas Position als der Welt wichtigster Diamantenproduzent gefährdet, und Ernest strebte die »absolute Kontrolle über den Markt« an.

Der Einfluß des Unternehmens reichte bis nach Britisch-Guayana, wo es Gebiete mit reichen Edelsteinvorkommen aufgekauft hatte, und sogar bis nach Arkansas, dem einzigen amerikanischen Bundesstaat mit nennenswertem Diamantenvorkommen. Ernests Kollegen hatten sich die Mehrheit an einem dort ansässigen amerikanischen Unternehmen gesichert. Sie beauftragten einen Ingenieur von De Beers mit dem Bau einer Fabrik zur Trennung und Sortierung der Steine. Doch die Maschinen arbeiteten fehlerhaft, und das war möglicherweise Absicht. Jedenfalls gelang es nicht, Diamanten in ausreichender Menge zu produzieren, und die Firma mußte schließen. »Man könnte den Schluß ziehen«, hieß es in einer Aktennotiz des Justizministeriums, »daß das Unternehmen sabotiert und dann auf Veranlassung von Sir Ernest Oppenheimer geschlossen wurde.«

Weitere Vorfälle kamen ans Licht, als das OSS sich an die Untersuchung der entscheidenden Frage machte: Warum konnte Deutschland immer noch in beliebiger Menge Industriediamanten kaufen, die es unter anderem für den Bau der V-2-Raketen brauchte? In einem vertraulichen Schreiben an das Justizministerium teilten die Anwälte der Firma mit, daß De Beers damit nichts zu tun habe: »Fast die gesamte afrikanische [Diamanten-] Produktion unterliegt sorgfältigen Kontrollen, die sich auf alle Abbaugebiete des Kontinents erstrecken.« Anschließend würden die Diamanten auf »strengstens bewachten Wegen« nach London geschickt.

Dem OSS lagen allerdings Hinweise vor, daß Wegelagerer sich nach Belieben bedienten. Von Schwarzmarkthändlern in Kairo und Tanger aus verfolgte ein amerikanischer Agent die Spur der Steine zurück nach Forminière. Die Nazis hatten in Belgisch-Kongo einen Schmugglerring aufgebaut. Sogar der Polizeichef von Leopoldville war bestochen. Um beweisen zu können, was er herausgefunden hatte, gab der Agent einem Belgier Geld und beauftragte ihn, damit illegale Diamanten zu kaufen. Das war ein unglückseliger Schritt. Der Belgier wurde verhaftet, und um seine Haut zu retten, verriet er, woher das Geld stammte. Der Amerikaner wurde sofort ausgewiesen und mußte seine Ermittlungen einstellen.

Unter Umgehung der Behörden im Kongo wandte sich das OSS an die Öffentlichkeit und schlug die Einsetzung eines »Beratergremiums« zum Thema Diamantenschmuggel vor. Die Briten hatten eine bessere Idee. Ein Sicherheitsexperte und ein Ingenieur sollten die Situation überwachen, und der vertrauenswürdigste Diamantenfachmann der Welt sollte die Männer auswählen: Sir Ernest Oppenheimer. »Damit«, so der bittere Kommentar in einem OSS-Bericht, »hat man die Verantwortung für die Sicherheit ganz allein der Industrie übertragen.«

Um den Kriegsverbündeten zu beruhigen, schaltete sich der britische Geheimdienst ein und legte einen neuen Plan vor, wie der Diamantenverkauf an Deutschland zu stoppen sei. Das OSS blieb verärgert und mißtrauisch. Nach Ansicht seiner Mitarbeiter war der britische Plan nicht dazu geeignet, »die Kontrolle des Syndikats über die Industrie zu brechen und die Verkäufe an den Feind zu unterbinden«. Doch die Amerikaner wagten keine weiteren Vorstöße. In einem Geheimbericht an den stellvertretenden Justizminister wurde eingeräumt: »Der Vorwurf, De Beers selbst verhindere eine wirksame Kontrolle der Wege, auf denen Industriediamanten nach Deutschland gelangen, ist nicht ausreichend belegt ... Jede derartige Theorie würde voraussetzen, daß Gruppen innerhalb der britischen Regierung Beihilfe leisten.« Solche Gruppen wurden nie gefunden, und das Justizministerium trat zögernd den Rückzug an. Man wolle mit »einem derartigen Streit nichts zu tun haben«. De Beers hatte einen weiteren Etappensieg errungen.

Doch es war ein Sieg von zweifelhaftem Wert, denn der Diamantenschmuggel ging ungehindert weiter, und das konnte den Kriegsanstrengungen der Deutschen nur förderlich sein, ob das nun beabsichtigt war oder nicht. Ein neues böses Gerücht machte die Runde. In Wahrheit, so munkelte man, sei Sir Ernest nur deshalb zum Christentum übergetreten, weil er mit dem Dritten Reich Geschäfte machen wolle. Immerhin habe Deutschland für die Diamanten das Dreißigfache des offiziellen Preises bezahlt; die Profite müßten enorm sein. An dem Gerücht war natürlich kein Körnchen Wahrheit: Warum sollte Hitler, dessen »Endlösung« keinen verschonte, der auch nur einen falschen Großvater hatte, und dessen Propagandaminister sich mit dem Satz »Wer Jude ist, bestimme ich« hervorgetan hatte, mit einem gerade erst Konvertierten Geschäfte machen? Doch bösartige Gerüchte sind zählebig, und noch fünfzig Jahre später konnte man solche Verleumdungen in Johannesburg hören.

∗

Nach der Kapitulation Deutschlands im Frühjahr 1945 gab es in Südafrika viel zu feiern. Smuts' engagierter Einsatz für die Sache der Alliierten hatte sich als richtig erwiesen, und selbst seine Gegner nannten ihn nun den *Oubaas,* den alten Herrn. Viele Zeitungen im Westen propagierten die Idee von der Freiheit für alle. Die Schwarzen hofften nun, den verdienten Lohn für ihre Dienste im Krieg zu erhalten. Und sie fühlten sich zusätzlich ermutigt, als die burische Rechte Mitte Mai stillschweigend zusah, wie 20000 Schwarze am »Siegestag des Volkes« ausgelassen durch Johannesburg zogen. Der Bund Nichteuropäischer Gewerkschaften, der Afrikanische Nationalkongreß und die zu neuem Leben erwachte Kommunistische Partei hatten die Veranstaltung organisiert.

Als die Regierung jedoch ihre Liste über die Zuwendungen an Kriegsveteranen veröffentlichte, kehrte Ernüchterung ein. Weiße erhielten fünf Pfund in bar und Kleidergutscheine im Wert von 25 Pfund, »Coloureds« drei beziehungsweise 15 Pfund und schwarze Afrikaner zwei Pfund und ein Khakihemd im Wert von zwei Pfund. Während des Krieges waren nur 750 neue Wohneinheiten für Schwarze gebaut worden, und rings um Johannesburg hausten nun Tausende von Menschen mangels anderer Unterkünfte in Behelfshütten. Die Regierung bedauerte zwar ausdrücklich den Wohnungsmangel, unternahm aber nichts, um für Abhilfe zu sorgen. Es fand sich kein Geld für Neubauprojekte. Auf den Diamant- und Goldfeldern blieb der Kriegserlaß 1425 in Kraft: Um die Beeinflussung der Arbeiter durch linksgerichtete Agitatoren zu unterbinden, war jede Versammlung von über zwanzig Menschen auf dem Firmengelände verboten.

Die Lebensbedingungen der Schwarzen verschlechterten sich weiter, obgleich die Manager und Aktionäre von De Beers und Anglo-American bereits neuen Wohlstand und Einfluß genossen. Die Nachfrage nach Industriediamanten ging kurzfristig zurück, als die Fabriken auf neue Maschinen umrüsteten, zog dann jedoch wieder an. Im Oranjefreistaat trieb man einen Bohrer tief in die Erde, förderte reines Gold zutage – und hatte damit die reichste Goldlagerstätte der Welt entdeckt. Investoren drängelten sich, um ihr Geld in Oppenheimers Unternehmen anzulegen. »Selbst die Leistungen von Aladins Wunderlampe«, so berichtete *The Economist,* »verblassen neben den 20 Millionen Pfund, um die die

Aktien der Bergbaufirmen aufgrund der Spekulationen einer breiten Öffentlichkeit in den letzten 14 Tagen gestiegen sind.« Da De Beers und Anglo nun, wie Ernest wußte, jeden verfügbaren Minenarbeiter brauchten, gab er seinen Managern entsprechende Anweisungen. Die Oppenheimerschen Unternehmen sollten »dem Wohlbefinden unserer Mitarbeiter besondere Aufmerksamkeit widmen ... Unser Ziel ist, der europäischen Bevölkerung bestmögliche Unterkünfte zur Verfügung zu stellen und Verkehrs-, Einkaufs- und Freizeiteinrichtungen soweit als möglich zu verbessern.«

Die Situation der Schwarzen, das mußte er zugestehen, blieb auch in Zukunft ein »Problem«. Etwas anderes als die traditionelle Ghettoisierung der schwarzen Arbeiter in herkömmlichen Sammellagern konnte er sich nicht vorstellen. Irgendwie mußte man die Schwarzen so gut bei Kräften halten, daß sie hart arbeiten konnten, gleichzeitig aber auch so gefügig, daß sie sich von Agitatoren und Organisatoren fernhielten. »Wir werden das Lagersystem noch einige Zeit beibehalten müssen«, so Ernest, »doch wir sollten meines Erachtens darauf hinarbeiten, innerhalb eines vernünftigen Zeitraums moderne Eingeborenendörfer zu errichten, aus denen die Minen einen Großteil ihres Bedarfs an eingeborenen Arbeitern rekrutieren können.«

D. F. Malan verurteilte diesen gemäßigten Vorschlag, da er seines Erachtens zwangsläufig in die soziale Katastrophe führe. Eine solche liberale Politik, so unkte seine Gesäuberte Nationale Partei, fördere die Entstehung »schwarzer Flecken« – kleiner Eingeborenenenklaven – mitten in europäischen Wohngebieten. Die Folge wären Rassenzusammenstöße und Revolution. Enttäuscht und verbittert rührte die seit vier Jahren bestehende schwarze Minenarbeitergewerkschaft (African Mine Workers Union) nach Kräften die Propagandatrommel, um neue Mitglieder anzuwerben. Im Sommer 1946 fiel den Gewerkschaftsführern ein Bericht der Regierung in die Hände, der bestätigte, daß in den schwarzen Homelands Landlosigkeit, Armut und Unterernährung weit verbreitet waren. Unter Verweis auf dieses Papier forderte die AMWU für alle Arbeiter eine Lohnerhöhung um mindestens zehn Shilling und die Aufhebung des Kriegserlasses 1425. Die Bergbaukammer ignorierte die Forderungen der Gewerkschaft.

Daraufhin legten am Montag, den 12. August, rund 60 000 Arbeiter in den Goldminen Pickel und Schaufel nieder und verließen ihre Arbeitsplätze.

Die Gewerkschaftsführer erwarteten von Smuts, daß er in diesem Konflikt als Staatsmann vermitteln würde. Doch das war ein verhängnisvoller Irrtum. Der Premierminister führte den Arbeitskampf auf Agitation von außen zurück und sicherte den Minenbesitzern zu, daß die Regierung alle »erforderlichen Maßnahmen« ergreifen werde. Diese Maßnahmen bestanden in Massenverhaftungen und brutalen Polizeirazzien. Am 13. August wurden die Schwarzenviertel abgeriegelt, so daß niemand hinein- oder herauskonnte. Die Nervosität wuchs. Als es in einer Mine zu Rempeleien zwischen Arbeitern, Wachpersonal und Polizisten kam, wurde befohlen, in die Menge zu schießen. Sechs Menschen starben. In der darauffolgenden Panik wurden weitere sechs Menschen zu Tode getrampelt.

Die Minenarbeiter, die am nächsten Morgen unter Zwang die Arbeit wiederaufnahmen, versuchten es mit gewaltfreien Mitteln. Doch ihr Sitzstreik verschärfte die Krise nur noch. Vor den Toren zu den Minen marschierten Polizisten mit Schlagstöcken auf. Auf ein verabredetes Zeichen hin stürmten sie die untersten Schächte. Stollen um Stollen, Sohle um Sohle jagten sie die Schwarzen mit Schlägen ins Freie. Dort trieben sie die Arbeiter zusammen und ließen sie in ihre Lager zurückmarschieren. Am Samstag, dem 17. August, war alles vorüber. Die Minenarbeiter hatten auf ganzer Linie verloren. Verhandlungen, Lohnerhöhungen, Kompromisse waren unnötig.

Eine weitere Nachricht verstärkte die Verbitterung der Schwarzen: Während des Streiks hatte sich eine Gruppe konservativer Schwarzer, die sich »Rat der Eingeborenenvertretung« nannte, zu einer Lagebesprechung getroffen. Bisher hatte man ihnen immer einen Saal im Rathaus von Pretoria zugewiesen. Diesmal mußten sie sich mit einem viel zu kleinen Raum im Arbeitsamt begnügen, wo alle Toilettentüren deutlich die Aufschrift trugen: »Nur für Weiße.« Wollte einer der Teilnehmer seine Notdurft verrichten, mußte er das Gebäude verlassen und eine Toilette in einem nur für Schwarze bestimmten Gebäude aufsuchen. Aus dem Rathaus hieß es dazu: Sie sollten sich besser an die Rassentrennung gewöhnen, denn sie werde wie in der Vergangenheit auch in Zukunft ihr Leben bestimmen.

Im alten Smuts schien nach seinem Sieg etwas verdorrt und abgestorben zu sein. Zwölf Menschen waren umgekommen, und über tausend Minenarbeiter hatten Verletzungen davongetragen. Angesichts dieser Zahlen mußte Südafrika wieder als barbarisches Land erscheinen, das ständig in innere Kämpfe verwickelt war. Um sein Ansehen und das Image seiner Vereinigten Partei aufzupolieren, verbrachte er immer mehr Zeit bei den Vereinten Nationen in Paris, wo er am Entwurf für die historische Erklärung der Menschenrechte mitarbeitete – jener Rechte, die den meisten Bürgern seines Heimatlandes verwehrt wurden. Der schwarzen Bevölkerung entging diese bittere Ironie nicht. Als die Schwarzen immer heftiger protestierten und die Weißen nervöse Hilferufe an ihre Politiker richteten, kehrte Smuts zurück. Er hatte eine neue Idee: Die Vereinigte Partei sollte die englische Karte ausspielen.

In 150 Jahren Kolonialgeschichte hatte kein britischer Monarch einen Fuß auf südafrikanischen Boden gesetzt. Und nach Smuts' Meinung war nun der ideale Zeitpunkt für einen königlichen Besuch gekommen. Im Verlauf des Zweiten Weltkriegs hatte das Königshaus immer, auch wenn die militärische Lage Schlimmstes befürchten ließ, den Eindruck von Standhaftigkeit und historisch gefestigter Macht vermittelt. Seine Mitglieder symbolisierten nun den Sieg, und der Premierminister erhoffte sich Rückenstärkung von einem königlichen Besuch. Mit großem Tamtam schickte er also eine Einladung an König Georg VI., seine Gemahlin und ihre Töchter, und Anfang 1948 traf die Familie zu dem ersten Besuch ein.

Die angedrohten antibritischen Demonstrationen unterblieben zwar, doch die maßgeblichen burischen Zeitungen ignorierten die Windsors nach wie vor: Sie brachten keinen einzigen Bericht über den Besuch. Die Bürger von Stellenbosch übertrafen die Presse sogar noch: Sie empfingen den König mit absolutem Stillschweigen. Zur Freude von Smuts schlug die Stimmung in Kimberley um. Sir Ernest war da. In seinem tadellos geschnittenen Anzug überragte er die beiden Prinzessinnen Elisabeth und Margaret um ein Weniges. Auch Ina, Harry und Bridget sowie die dreieinhalbjährige Mary waren mitgekommen. Das jüngste Fa-

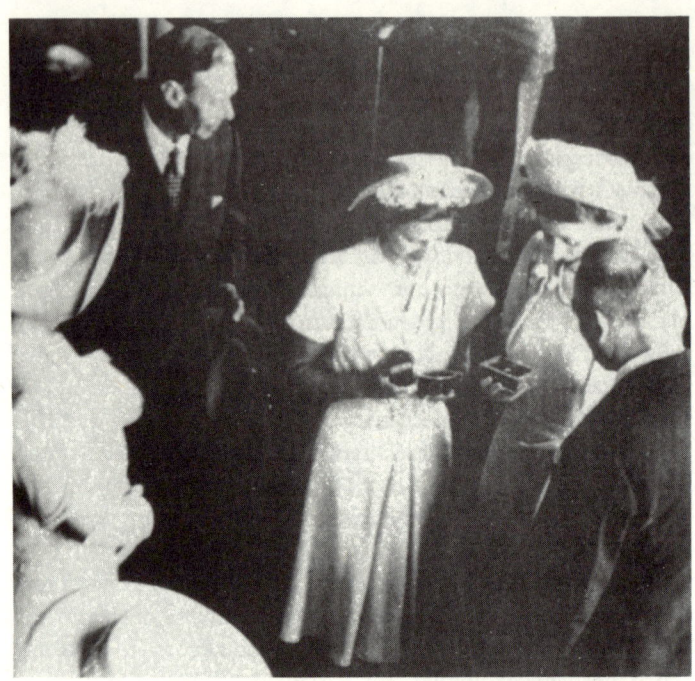

Als die englische Königsfamilie 1947 Südafrika besuchte, überreichte Ernest der Prinzessin Diamanten.

milienmitglied, Nicholas Frank, war nach allgemeiner Ansicht für Staatsempfänge noch zu klein, und so hatte man ihn in Little Brenthurst zurückgelassen.

Pflichtgemäß statteten die hohen Gäste dem historisch bedeutsamen, aber seit langem stillgelegten Big Hole in Kimberley einen Besuch ab, traten an das Geländer und starrten in das grüne, abgestandene Wasser. Der Lunch wurde im nahen Kimberley Club serviert, heute wie damals ein viktorianisch geprägter Ort mit glänzendem Mahagoni, der Macht der Diamanten und ungenießbarem Essen. Nach angemessener Frist überreichte man den beiden Prinzessinnen ansehnliche Diamanten aus De-Beers-Beständen, und danach erklärte Smuts mit theatralischer Geste, daß die britische Herrschaft auch künftig eine »Garantin des Weltfriedens« sei. Ein paar Tage später antwortete Elisabeth mit einer Ansprache an das Commonwealth, die vom Regierungssitz in Johannesburg aus gesendet wurde. Es war ihr 21. Geburtstag, und Hörer in Afrika, Indien und Kanada waren Zeugen des historischen Moments, als die junge Prinzessin verkündete:»Dank der technischen Errungenschaften kann ich heute etwas tun, was keinem Thronerben vor mir vergönnt war. Das ganze Empire kann zuhören, wie ich das feierliche Gelöbnis ablege.«

In ihrer Rede erinnerte sie an die großen Zeiten von Königin Viktoria und Cecil Rhodes, und auf die nachhaltige Wirkung des königlichen Besuches bauend, setzte Smuts für den Herbst 1948 Wahlen an. Damit war eine wichtige, schicksalhafte Entscheidung in der Geschichte Südafrikas gefallen. Für den Premierminister und seine Vereinigte Partei glich der soziale Fortschritt eher einer sanft ansteigenden Rampe als einer Treppe: Langsame Veränderungen galten als Antwort auf alle Rassenprobleme. Nach Smuts' Ansicht war die Migration der Arbeiter in die Städte »unumkehrbar« und die territoriale Trennung von Schwarzen und Weißen »äußerst unklug«. Das hieß allerdings nicht, daß er radikale oder auch nur liberale Gesetzesänderungen propagiert hätte. Für ihn bestand sozialer Fortschritt aus kleinen Verbesserungen. Im Lauf der Zeit sollten die Schwarzen »aufsteigen«. Der Strom europäischer Immigranten ins Land des Goldes und der Diamanten sollte die Position der Weißen stärken.

Für die strammen Konservativen der Nationalen Partei war Smuts' Philosophie der Aussöhnung nichts weniger als eine Kapitulation, die sich als staatsmännische Haltung ausgab. Sie forderten einen Mißtrauensantrag gegen die Regierung und zogen in eine neue Propagandaschlacht gegen die *swart gevaar,* die schwarze Gefahr. Wissenschaftler beteiligten sich mit Thesen zum Stammessystem an der Debatte, und Pfarrer der niederländisch-reformierten Kirche erinnerten ihre Gemeinden an das 5. Buch Mose, Vers 32,8:»Als der Höchste den Völkern Land zuteilte und der Menschen Kinder voneinander schied, da setzte er die Grenzen der Völker nach der Zahl der Söhne Israels.« Ihrer Auslegung zufolge bedeutete »und der Menschen Kinder voneinander schied«, daß die Weißen in einem, die Schwarzen in einem anderen Teil des Landes leben sollten. Und wie sollten sich gottesfürchtige Südafrikaner dem Willen des Herrn widersetzen?

Niemand konnte der Nationalen Partei vorwerfen, sie verfolge eine wankelmütige Politik. Ihr Programm war eindeutig. Das

Land, so hieß es darin, könne sich »entweder für die Integration entscheiden, was auf lange Sicht die nationale Selbstaufgabe seitens der Weißen bedeutet, oder für die Apartheid, die die Zukunft aller Rassen zu schützen verspricht.« Das Parteiprogramm geißelt weiter »Kirchen und Missionen, die die Politik der Apartheid zunichte machen«. Außerdem sollten Schwarze in städtischen Ballungsgebieten als »nicht seßhafte Bürger« betrachtet werden, denen »nicht dieselben politischen oder sozialen Rechte zustehen wie den Weißen«.

Europäische und amerikanische Politiker protestierten öffentlich gegen die anmaßenden Verfechter der Apartheid. Aufgebrachte Artikel machten es den Zeitungslesern schwer, Südafrika zu ignorieren. Und ein 45jähriger weißer Lehrer namens Alan Paton machte es ihnen dann unmöglich. Patons Roman *Denn sie sollen getröstet werden* gehört zu den wenigen Büchern, die ohne Reklame und Vorschußlorbeeren der Kritiker den Sprung in die internationalen Bestsellerlisten schafften. In seiner Erzählung von der Tragödie einer Zulufamilie spiegelt sich das Schicksal eines in seiner Existenz bedrohten Volkes. Der Vater ist Pfarrer, ein *umfundisi*, und versucht, seinen Sohn nach christlichen Prinzipien zu erziehen. Als der Junge erwachsen wird, läßt er sich von dem Geld, das im Bergbau zu verdienen ist, und den Annehmlichkeiten des Lebens in der Großstadt dazu verlocken, aus seiner ländlichen Heimat in ein überfülltes Slumviertel von Johannesburg zu ziehen. Gewalt und Verbrechen bestimmen von nun an sein Leben, und schließlich wird er zum Tode verurteilt, weil er unabsichtlich einen Weißen getötet hat.

Das 1947 erschienene Buch hat Mängel: die zahlreichen Wiederholungen und das unentschiedene Schwanken des Autors zwischen Erzählung und Kommentar. Doch Paton hatte eine am Rande Johannesburgs gelegene Besserungsanstalt für Knaben geleitet, und sein Buch steckte voller authentischer Details. Niemand konnte die Echtheit des Berichts und der Dialoge anzweifeln. Viele Leser schlossen im 23. Kapitel sogar erste Bekanntschaft mit einem echten Großindustriellen, der ausdrücklich namentlich genannt wird. »Sir Ernest Oppenheimer«, heißt es dort, »der in der Minenindustrie eine große Rolle spielt, hat gesagt ... ob wir nicht auch mit angesiedelter Arbeit weiterkommen, mit Dörfern anstelle der Baracken, wo die Männer mit

Frauen und Kindern leben können … Ihre Stimme, Sir Ernest, wollen sie alle wieder und wieder hören. Viele stimmen Ihnen öffentlich bei, und viele danken Gott in ihren Herzen und sogar auf den Knien dafür, daß es Sie gibt.«

Die Geschichte der *umfundisi* erreichte Hunderttausende von Menschen in den Vereinigten Staaten und in Europa, wurde schließlich verfilmt und als Broadway-Musical inszeniert. Außenstehende glaubten nun zu wissen, was es heißt, als Schwarzer in Südafrika zu leben, wo Dürre nicht mehr Mangel an Wasser, sondern an Barmherzigkeit und Mitgefühl war: Weniger als zwanzig Prozent der Bevölkerung zwangen den restlichen achtzig Prozent gesetzliche Einschränkungen auf. In Europa und Nordamerika erhob man die Stimme gegen die Nationalen, und politische Kommentatoren räumten der Partei nur geringe Siegeschancen ein. Das Parteiprogramm erinnerte an schlimmste extremistische Positionen, ja sogar an den brutalen Rassendünkel der Nazis. Zudem hatte Smuts sein Land nicht nur durch den Zweiten Weltkrieg geführt, sondern als Architekt der Vereinten Nationen inzwischen internationales Ansehen errungen. Kaum jemand im Westen glaubte, daß dieses wohlhabende und gemäßigt konservative Land einen abrupten Führungswechsel befürworten würde, und als die Wahllokale schlossen, feilten die Kandidaten der Vereinigten Partei bereits siegesgewiß an ihren Dankesreden.

Das tat auch Harry Oppenheimer, der wie schon sein Vater Kimberley im Parlament vertreten wollte. Seine Kandidatur hatte formelle Schwierigkeiten bereitet, da er nicht in Kimberley, sondern in Johannesburg wohnte. Pferde waren die Lösung: Harry, der bislang wenig Interesse an Rennpferden gezeigt hatte, wollte in Mauritzfontein, einem etwa 15 Kilometer von den Minen entfernt gelegenen Gestüt, Spitzenpferde züchten. Zwar gab es dort noch kein geeignetes Wohnhaus, doch das war kein Hindernis: Harry ließ eines bauen und nahm dort seinen Wohnsitz.

Die Hochstimmung der Vereinigten Partei verpuffte 24 Stunden nach Schließung der Wahllokale. Die Partei hatte wie erwartet in den meisten kleineren und größeren Städten satte Mehrheiten erzielt. So hatte Harry über zweitausend Stimmen mehr als sein Gegner erhalten und damit das Mandat für Kimberley errungen. Doch die Kandidaten der Nationalisten eroberten fast alle ländlichen Bezirke. Besonders demütigend war, daß Smuts sogar seinen vermeintlich sicheren Sitz in Standerton, einem Städtchen vor den Toren Johannesburgs, abgeben mußte. »Meine alten Kameraden haben mir den Rücken zugekehrt«, klagte er. Das stimmte nicht ganz. Jemand erinnerte ihn unsanft an die Realität: »Wie könnten sie? Ihre alten Kameraden sind alle tot.« Die endgültige Auszählung ergab einen schockierenden Sieg für die Verfechter der weißen Vorherrschaft.

Bei der nächsten Parlamentssitzung übernahm Daniel Malan von Smuts das Amt des Premierministers. Malan war ein ganz anderer Typ von Politiker als sein Vorgänger. Smuts war hager, trug einen weißen Bart, gab sich würdevoll und mied direkte Konfrontationen. Malan war dick, stets glatt rasiert, trug zerknitterte Anzüge und scheute keinen Streit. Er erinnerte seine Anhänger an die historischen Siege der Buren über die Zuluvölker: »Euer Blood River fließt durch die Städte ... An diesem neuen Blood River treffen Schwarz und Weiß viel direkter aufeinander, und der Kampf ist unausweichlich.« Kaum im Amt, begannen er und andere Nationalisten mit ihrer Politik der Vergeltung und nahmen in ganz Südafrika, von den obersten Parlamentsetagen bis in die tiefsten Bergwerksstollen, das Heft in die Hand. Fast fünfzig Jahre nachdem die Buren die Macht an die Briten hatten abtreten müssen, wollten sie sich mit der Durchsetzung der Apartheid den endgültigen Sieg sichern.

Auf verquere Weise stärkte der Triumph der Nationalisten die Position Oppenheimers. Bei einem Sieg der Vereinigten Partei hätte Harry als der Mann von De Beers und Anglo-American gegolten, als Parlamentarier, der kaum fortschrittlichere Meinungen vertrat als sein Vater. Nun aber, als die Nationalen ihre strengen Rassengesetze durchsetzten, erschien er als Inbegriff des anständigen und gemäßigten Politikers. Als bester Redner der Opposition anerkannt, sagte er zu zwei Themen offen seine Meinung: zur Finanz- und zur Rassenpolitik. Einige vertraten die Ansicht, daß seine Kritik an der Apartheid weniger moralischen Grundsätzen entsprang als vielmehr der Rücksichtnahme auf ausländische Investoren, denen Südafrika als steinzeitliches Land erscheinen mußte, sowie dem Wunsch nach fügsamen Arbeitern in ausreichender Zahl. Andere sahen in ihm einen neuen Fürsprecher des Liberalismus.

Harry vertrat einen pragmatischen Standpunkt: Unabhängig

von moralischen Überzeugungen schreckte die Rassentrennung Investoren ab. Das war schlecht fürs Geschäft, schlecht für Südafrika, schlecht für die Weißen und schlecht für die Schwarzen. Nur wenige wagten es, ihn offen herauszufordern: »Ein Streit mit dem ehrenwerten Abgeordneten aus Kimberley über Finanzfragen kommt einem Streit mit der Bank von England gleich«, schrieb ein Kolumnist der Zeitung *Rand Daily Mail*. »Andere Abgeordnete fragen sich vielleicht, wo das Kapital hingeflossen ist, seit die Nationalisten an der Macht sind, und warum es die Rückkehr scheut. Harry Frederick Oppenheimer mag verblüffend jung aussehen, aber er stellt sich diese Frage nicht. Er kennt die Antwort.«

Das Problem mit dem Mann aus Kimberley, so klagten die Nationalisten, sei seine Unberechenbarkeit. Mit einem erklärten Gegner konnte man leichter fertig werden als mit einem Mann, der einmal versöhnliche Töne anschlug und dann wieder völlig gegensätzliche Positionen vertrat. In einer typischen Rede schmeichelte Harry den Nationalisten mit der Erklärung, es sei »schön und gut, im Johannesburger Bahnhof andere Gänge zu benutzen als die Eingeborenen«. Doch dann machte er eine Kehrtwendung und verärgerte sie mit dem Zusatz: »Solange die Eingeborenen in unseren Häusern arbeiten und unsere Kinder beaufsichtigen ... nützt uns die Apartheid gar nichts.« Dann änderte er abermals den Ton und wies eindringlich darauf hin, daß Wohlstand, und nicht Revolution, das Ziel der Vereinigten Partei sei. Ihre Mitglieder strebten keine Gleichstellung der Eingeborenen an, sondern wollten schwarzen Arbeitern lediglich die Chance geben, ihre Situation zu verbessern, mehr Bildung zu erwerben und ihre Familien intakt zu halten. Solche Bemühungen kämen der inneren Stabilität zugute und stärkten das Land.

Die neuen Machthaber trauten den zwei Gesichtern von Harry Oppenheimer nie. Für ihren Geschmack war er ein zu guter Redner, zu reich und bei weitem zu klug. Man durfte ihn nicht unterschätzen, sonst könnte er zu einem ernstzunehmenden Rivalen Malans auf der politischen Bühne werden. Der Himmel allein wußte, welche Rechte und Privilegien er als Regierungschef den Kaffern zugestehen würde.

Als Harry Geld für die Erneuerung der Vereinigten Partei sammelte, konterten die Nationalisten daher mit einer Flut von Reden, Zeitungsartikeln, Anschuldigungen und Karikaturen. Ihre Strategie war so plump, daß *The Economist* kommentierte: »Südafrikanische Nationalisten spielen das komplizierte Spiel der Politik mit drei abgegriffenen Karten: dem schwarzen Mann, den Geschäften mit Großbritannien und ›Hoggenheimer‹ ... ›Hoggenheimer‹ steht für die ›Macht des Geldes,‹ was in Südafrika seit jeher gleichbedeutend ist mit den Gold- und Diamantminen. ›Hoggenheimer‹ reimt sich nicht zufällig auf Oppenheimer.«

Malan widmete sich dem Problemfall Harry Oppenheimer mit den Worten: »Auf der gegnerischen Seite steht die Macht des Geldes, mit Oppenheimer an der Spitze. Er ist zum Staat im Staat geworden. Oppenheimer – der Oppenheimer, der im Parlament sitzt – verfügt über Millionen, und er unterstützt mit ihnen unsere Gegner in diesem Kampf. Mit seinen Millionen, so glaube ich, übt Oppenheimer in Südafrika einen größeren Einfluß aus als jemals ein Mann zuvor.« Sprecher der Nationalisten setzten den Kampf im Parlament fort. Die Vereinigte Partei, so behauptete einer, sei von Juden gegründet worden und verdanke ihre Stärke den Engländern. Nun »ist die Partei in der Opposition. General Smuts ist nicht mehr dabei. An ihrer Spitze steht ein Mann, der auf den Schneeballeffekt hofft, damit die Partei wieder an die Macht kommt.«

Harry erwiderte das Feuer. Die Regierung verspiele mit ihrer Mehrheit die Zukunft Südafrikas. Doch die Rachsucht und der Rassismus der Nationalisten könnten auf Dauer nicht siegen: »Wir werden erleben, wie dieses Volk erwacht ... als Antwort auf das, was die Regierung tut. Ich glaube nicht, daß das den ehrenwerten Abgeordneten von der Gegenseite gefällt. Ich darf Ihnen versichern, daß Ihnen der Ausgang der nächsten Wahlen noch weniger gefallen wird.«

Im Jahr 1950, als Jan Smuts starb, war der Kampf in vollem Gang. In der verkehrten Welt südafrikanischer Politik wurde ein konservativer, christlicher, in Johannesburg geborener Multimillionär als intriganter englischer Jude hingestellt. Und seine Partei, die ein halbes Jahrhundert lang dafür gesorgt hatte, daß genügend billige und gefügige schwarze Arbeiter zur Verfügung standen, wurde als ein Haufen unverantwortlicher Fanatiker verunglimpft.

*

Durch den Verkauf von Industriediamanten im Krieg und den Verkauf von Edelsteinen kurz nach Kriegsende hatte De Beers Überschüsse in Höhe von 25 Millionen Pfund erwirtschaftet. Man erwog, das Geld an die Aktionäre auszuschütten, doch Ernest machte solchen Überlegungen kurzerhand ein Ende. Wie eh und je hielt er sich an die Devise des großen Cecil Rhodes: Erweitere deinen Einflußbereich, laß das Kapital für uns arbeiten. So schaute die Finanzwelt mit Staunen zu, wie sich die Diamond Corporation, eine De-Beers-Tochter, die mit Diamanten handelte, wie eine Amöbe durch Zellteilung verdoppelte. Die eine Hälfte behielt den ursprünglichen Namen bei und ging ihren gewohnten Geschäften nach. Die andere wurde als De Beers Investment Trust bekannt und hatte die Aufgabe, Überschüsse im Sinne der Treuhänder (d. h. im Sinne Sir Ernest Oppenheimers) gewinnbringend anzulegen. Einige Aktionäre schlugen Krach, die übrigen stellten sich auf die Seite des Mannes, der in Finanzangelegenheiten, wenn überhaupt, nur selten einen Fehler machte. *The Economist* berichtete über die Unstimmigkeiten: »Aktionäre, so heißt es, sollten selbst entscheiden können, ob sie Geld in spekulative Unternehmen investieren oder nicht ... Doch davon will Sir Ernest nichts wissen. Von ihm hört man, er ›erwecke die Tradition eines Cecil John Rhodes zu neuem Leben‹. Die Aktionäre dieser Gruppe folgen also Sir Ernest, der mit Rhodes' Mantel um den Schultern voranschreitet, ob es ihnen paßt oder nicht. Bislang sind sie dabei nicht zu Schaden gekommen.«

Und daran sollte sich nichts ändern. Mittlerweile schon fast siebzig Jahre alt, übertraf sich der alte Autokrat selbst. Diamanten und Gold, Kupfer und Kohle blieben links liegen. Wie er mit Freude verkündete, hatte man auf Ländereien des Unternehmens eine neue, aufregende Einnahmequelle entdeckt. Seit August 1945 hörte die Weltöffentlichkeit immer wieder, daß man nun in das Atomzeitalter eingetreten sei. Das metallische Element Uran, für die Herstellung spaltbaren Materials von zentraler Bedeutung, kam häufig – das war kein Geheimnis – auf dem Gelände von Goldminen vor: In Südafrika hatte man bereits eine Reihe kleinerer Uranvorkommen entdeckt, die jedoch längst nicht so ergiebig waren wie die Fundstätten in Kanada, Europa und im Kongo. Kurz zuvor hatte jedoch ein amerikanischer Physiker Golderze aus dem Witwatersrand untersucht. Auf seinen vielversprechenden Bericht hin reisten Geologen mit Geigerzählern an, um sich selbst ein Bild zu machen. Nach ihren Messungen zu urteilen, barg das Reef eines der größten Uranfelder der Welt. Die Minen der Anglo-American, deren Goldvorräte beinahe erschöpft waren, gewannen nun als wichtige Rohstofflieferanten für die Erzeugung von Atomenergie neue Bedeutung. Ohne große Kapitalinvestitionen – Gruben waren ja bereits vorhanden, und die Schutthalden boten zusätzliche Ausbeutungsmöglichkeiten – würden bald Millionen von Pfund nach Südafrika fließen. In aller Behutsamkeit revidierte die Regierung ihre Beziehung zu den Oppenheimers. In den frühen fünfziger Jahren war Uran weltweit das begehrteste Element. Es war weder schmückender Luxus wie die Diamanten noch ein Tauschmittel wie das Gold. Wenn es überhaupt unter eine Kategorie fiel, so mußte es als Waffe gelten. Korrekterweise hätte die Regierung das Metall unter die Kontrolle des Staates stellen müssen. Doch Malan konnte schwerlich einen Industriezweig verstaatlichen. So etwas taten die Kommunisten, nicht die »gesäuberten« Rechten. Es dauerte viele Monate, bis ein für alle Seiten akzeptabler Kompromiß gefunden war. Der Verkauf von Uran an ausländische Regierungen sollte von einer staatlichen Behörde, dem Atomic Energy Board, überwacht werden. Die Produzenten kassierten die Profite, die dann in Form von Pachtzahlungen und Einkommensteuern an die Regierung zurückflossen.

Es war ein Arrangement von salomonischer Weisheit. Beide Parteien bekamen, was sie wollten: die Anglo-American große Gewinne und Malans Regierung internationale Macht. Ein Manager der Anglo-American fand die passenden Worte: »In der heutigen Lage«, sagte er auf einer wissenschaftlichen Tagung, »ist unsere Position auf dem Gebiet des Urans von herausragender Bedeutung für die Zukunft. Wir sind zwar nicht der größte Einzelproduzent, doch unsere Stellung als Uranlieferant ist mindestens bis zum Ende des Jahrhunderts gesichert.« Soviel zur finanziellen Seite. Was den »überaus wichtigen Faktor Politik« angehe, so gebe es zwar Anlaß zu Kritik an der Nationalen Partei, doch man müsse pragmatisch denken. Schließlich »will die Welt unser Uran«, und deshalb bleibe Südafrika, unabhängig von der jeweiligen Regierung, »ein wichtiges Bollwerk der westlichen Zivilisation«.

14

NOCH EINMAL DAVONGEKOMMEN

Ein Jahrhundert früher hätte man den Diamantensucher John T. Williamson sicher in die Reihe der großen Viktorianer von Afrika gestellt, denn wie sie zeichnete er sich durch hohe Intelligenz, sexuelle Verklemmtheit, Unausgeglichenheit und nicht zuletzt durch ein Faible für subtropische Länder fern der Heimat aus.

Die Heimat war in seinem Fall Kanada. Als Student der McGill-Universität von Montreal entwickelte der Holzhändlersohn ein lebhaftes, um nicht zu sagen besessenes, Interesse für die Geologie. 1933 machte er seinen Doktor und nahm anschließend einen Job in den rhodesischen Kupferminen an. Unter seinen Kollegen galt er bald als Streithahn, denn es verging kaum ein Tag, an dem er nicht mit jemandem Krach bekam. Williamson war froh, daß er dieser Gesellschaft endlich den Rücken kehren konnte, als er nach ein paar Jahren kündigte, um auf eigene Faust sein Glück zu versuchen. Während seiner Zeit in Rhodesien hatten ihm verschiedene Prospektoren von vereinzelten Diamantenfunden in Tanganjika (dem heutigen Tansania) erzählt. Der Geologe bereiste das Gebiet, nahm Bodenproben und gelangte schließlich zu der Überzeugung, daß unter der ausgedörrten Erde ein See aus Edelsteinen lag. Man mußte nur an den richtigen Stellen graben.

In den nächsten drei Jahren erforschte er ein riesiges Gebiet. Zwischendurch erkrankte er mehrmals schwer an Schwarzwasserfieber und Malaria, und zweimal stand er kurz vor dem Bankrott. Doch er ließ sich nicht entmutigen. Im Jahr 1940 fand er in Mwadui, einer abgelegenen Gegend südlich des Viktoriasees, einen einzelnen Diamanten. Er beschaffte sich die erforderlichen Pachtverträge und Lizenzen und heuerte für Probegrabungen ein paar Hilfskräfte an. Nach ein paar Fehlschlägen stießen sie schließlich auf echten *blue ground,* der sich acht Kilometer weit ausdehnte. Williamson hatte seinen Diamantensee gefunden.

In wenigen Jahren entwickelte sich Mwadui zum privaten Stadtstaat eines Millionärs. Es gab dort gepflasterte Straßen, Läden, eine Schule, einen Club, einen behelfsmäßigen Flughafen, Sportplätze und einen kleinen Stausee für Williamsons neue Jacht. Die britische Verwaltung Tanganjikas bestand darauf, daß am Fahnenmast der Stadt der Union Jack gehißt werden solle, und der Herr über Mwadui erklärte sich einverstanden, allerdings nur unter der Bedingung, daß oberhalb der britischen Fahne die rote Firmenflagge mit dem weißen Diamanten und der Inschrift »W D Ltd.« flatterte.

Auch als Millionär blieb Williamson ein Außenseiter. Er hatte nur ein oder zwei Freunde: Männer, die fest zu ihm gehalten hatten, als er noch ein mittelloser Prospektor gewesen war. Im Zweiten Weltkrieg wurde die Geschichte von Mwadui zu einem Lieblingsthema vieler Journalisten. In europäischen Zeitungen sah man häufig das Foto des schlaksigen, schnurrbärtigen Williamson, und ganze Bündel von Heiratsanträgen kamen ihm ins Haus. Doch Williamson ignorierte sie alle. Er konnte mit Frauen nichts anfangen. »Sie wollen mich nur wegen meiner Diamanten«, protestierte er.

Und dennoch legte er diesen Steinen gegenüber eine Gleichgültigkeit an den Tag, die schon an Verachtung grenzte. Marmeladengläser voller Diamanten standen unbewacht auf seinem Kaminsims, und die Sicherheitsvorkehrungen in seinen Minen waren so lax, daß die Arbeiter die Diamanten unverfroren im Haar, im Bauchnabel, in einem Stück Butter oder in einem Gipsverband nach Hause schmuggelten. Erst nach einiger Zeit ließ er sich von den britischen Behörden dazu überreden, einen pensionierten Inspektor von Scotland Yard namens Percy Burgess zu engagieren, und das auch nur deshalb, weil mit den gestohlenen Diamanten Gruppen von radikalen Schwarzen finanziert wurden, die für die Unabhängigkeit des Landes kämpften. Was diese Umtriebe betraf, waren Williamson und die Engländer endlich einmal einer Meinung.

Inspektor Burgess sollte in seiner neuen Stellung allerlei Merk-

würdigkeiten zu sehen bekommen, doch die größte war Williamson selbst. Obwohl sonst völlig humorlos, fand der Kanadier
großes Vergnügen daran, anderen einen Streich zu spielen. So verstreute er gelegentlich falsche Diamanten auf seinem Grundstück, und wenn dann Gäste oder Arbeiter mit dem üblichen aufgeregten Geschrei von ihren Entdeckungen berichteten, lachte er
ihnen schallend ins Gesicht. In seiner Hosentasche steckte stets
eine Schere, mit der er, wenn ihm gerade danach war, einem Besucher die Krawatte abschnitt (wenige Tage später erhielt das Opfer
als Entschädigung eine neue Krawatte zugeschickt). Und einmal
schlich er sich nachts in seinen eigenen Club, stahl alle Möbel und
versteckte sie in seinem Haus.

Wenn er nicht gerade solche Streiche ausheckte, vertrieb er sich
die Zeit mit diversen Hobbys: Er sammelte Antiquitäten, seltene
Perserteppiche, Erstausgaben und alle Arten von Straßenkötern;
letztere durften sich in seinem ganzen Haus ausbreiten, nach Lust
und Laune bellen und alles zerkratzen. Außerdem war er stolz
auf seine Strickkünste. Zweimal gewann er beim Strickwettbe-
werb des Women's Institute von Aylesbury den silbernen Hand-
arbeitspreis.

Das waren jedoch seine harmloseren Macken. Der exzentrische Williamson trank zudem auch sehr viel, gewöhnlich ein teuf-
lisches Gemisch aus Whisky und Limonensaft, und manchmal
versank er in ein langes, dumpfes Grübeln, um unmittelbar danach in manische Heiterkeit oder Wut auszubrechen. Burgess
konnte sich noch genau an den Tag erinnern, »an dem zwischen
Williamson und seiner damaligen Sekretärin plötzlich ein Streit
ausbrach. Sie hatte ihn nur etwas gefragt, und ich glaube, es war
nicht einmal etwas Wichtiges. Ich zögerte zu gehen, weil ich be-
fürchtete, er würde gleich wieder einen seiner Wutanfälle bekommen, und ich wußte aus Erfahrung, wie unberechenbar er in diesem Zustand sein konnte. Er wurde immer erregter und hörte gar
nicht mehr auf zu schreien. Schließlich schleuderte er alle Diamanten im ganzen Zimmer umher, rannte in sein Schlafzimmer
und schloß die Türe hinter sich ab.« Burgess und die Sekretärin
brachten Stunden damit zu, auf allen vieren die Steine wiederein-
zusammeln und in die Behälter zurückzulegen. Wie Burgess
Freunden erzählte, waren solche Tage in Mwadui keine Seltenheit.

Jeder, der Williamson und die Oppenheimers näher kannte, wußte, daß Welten zwischen ihnen lagen. Der ehemalige Prospektor hielt die Herren von De Beers für eine Bande von Betrügern, die es auf sein Vermögen abgesehen hatten, und weigerte sich jahrelang strikt, mit dem Diamantensyndikat zu verhandeln. Statt dessen verkaufte er die Steine der W D Ltd. über Londoner Banken auf dem freien Markt. Im Jahr 1948 arrangierte sich Williamson schließlich doch mit den Oppenheimers, verstieß jedoch schon zwei Jahre später gegen die getroffene Vereinbarung, weil ihn das Syndikat seiner Meinung nach nicht angemessen am Gewinn beteiligte. Er zog sich vom Diamantenmarkt zurück und begann, die Steine zu horten. Ernest und Harry Oppenheimer war klar, daß sie so etwas nicht lange zulassen durften: Die W D Ltd. konnte jederzeit mit ihren Diamantenreserven den Markt überschwemmen und einen Preissturz auslösen.

Im Frühjahr 1952 flog Harry nach Mwadui, um sich erneut um eine Einigung zu bemühen. Auch an diesen Tag erinnerte sich Burgess später: »Oppenheimer war klein und schmächtig. Er wirkte wie ein ganz gewöhnlicher Mann und war auch genauso angezogen. Wenn man ihn so sah, konnte man sich gar nicht vorstellen, daß er über ein riesiges Finanzimperium herrschte. Doch dieser erste Eindruck verflog, sobald man mit ihm ins Gespräch kam. Gespannt beobachtete ich, wie er Williamson auf Anhieb beschwichtigte.«

Doch am nächsten Tag war es mit dem guten Einvernehmen bereits wieder vorbei. Williamson tat nun alles, um seinen Gast aus dem Konzept zu bringen. Er setzte die Treffen zu den unmöglichsten Zeiten an – manchmal erst um elf Uhr nachts, dann wieder am frühen Morgen. Als die Verhandlungen immer hitziger wurden, verfiel er demonstrativ in ein orakelhaftes Schweigen. Eines Morgens beschloß Harry, auf sein Gegenüber nicht mehr einzugehen. Stur saß er in seinem Sessel und weigerte sich, das erste Wort zu sagen. Zwanzig quälende Minuten vergingen ... Williamson gewann den Nervenkrieg. Sein Gast konnte das Schweigen nicht mehr länger ertragen und machte ein paar vorsichtige Bemerkungen. Weitere Tricks folgten. Mehrmals bat Williamson mitten im Gespräch darum, allein gelassen zu werden, um das neueste Angebot von De Beers in Ruhe zu überdenken. Harry und sein Assistent schlenderten dann in der Sonne über die Kieswege des Minengeländes, auf Schritt und Tritt verfolgt von dressierten Marabus. Die Vögel schienen jedes vertrauliche Gespräch zu belauschen, und immer wenn die Männer am Ende eines Pfades angelangt waren und umdrehten, machten die Vögel ebenfalls kehrt und gingen denselben Weg zurück.

Als Williamson seinen Gast lange genug hatte zappeln lassen, rückte er endlich mit seinen Bedingungen heraus: Er verlangte das Recht, jährlich zehn Prozent der gesamten Weltproduktion an Diamanten auf den Markt zu bringen. Verweigere man ihm dieses Recht, werde er sich dem Syndikat auch in Zukunft nicht anschließen. Harry stand vor einer sehr schwierigen Entscheidung. Er konnte es sich nicht leisten, einen Produzenten dieser Größenordnung außerhalb seines Imperiums operieren zu lassen. Das hätte das Kartell gesprengt. Wenn er andererseits Williamson jedoch erlaubte, die geforderte Menge an Diamanten zu produzieren, dann hieße das, daß er einem unberechenbaren Außenseiter Millionen von Dollars überließ. Doch im Grunde hatte er keine Wahl. Er saß in der Falle, und er wußte es. Resigniert gab er nach und verließ die Stadt. Höchst zufrieden kehrte der verrückte König von Mwadui auf seinen Thron zurück. Seine Berufskollegen machten sich auf das Schlimmste gefaßt.

Er überraschte sie mit einem völlig unerwarteten Gesinnungswandel. Er wurde auf geradezu schockierende und widernatürliche Weise liberal. Er erlaubte seinen schwarzen Angestellten, ihre Familien ins Lager mitzubringen, was bei De Beers immer noch verboten war. Die Minenarbeiter von Mwadui wurden zwar sorgfältig durchsucht, doch verzichtete man darauf, ihnen wie in Südafrika Abführmittel zu verabreichen. Außerdem konnten sie jederzeit kündigen. Obwohl Burgess die Sicherheitsmaßnahmen verschärfte, klafften in seinen Absperrungen stets irgendwelche Löcher, und regelmäßig mußte der Inspektor von verschwundenen Diamanten berichten. Williamson schien das jedoch nicht sonderlich zu stören. »Was ich nie besessen habe, werde ich auch nie vermissen«, lautete seine philosophische Antwort.

Die Oppenheimers konnten sich diese heitere Gelassenheit nicht leisten, denn im Gegensatz zu Williamson waren sie ihren Aktionären und Direktoren verantwortlich. Von Zeit zu Zeit sorgten immer noch illegale Diamantengeschäfte für Schlagzeilen. So kursierten peinliche Geschichten über den Diamantenschmuggel in Angola, im Kongo, in Rhodesien und Mosambik. Das Kartell mußte handeln. Es mußte diese Schlupflöcher verstopfen, wenn nötig auch mit illegalen Mitteln. Harry griff die Idee aus Mwadui auf. Williamson hatte einen ehemaligen Beamten von Scotland Yard engagiert. Warum sollte De Beers nicht genauso verfahren? Sir Percy Sillitoe, der berühmte Chef des britischen Geheimdienstes MI-5, war kürzlich erst in Pension gegangen. Was, wenn dieser sich dazu überreden ließe, für die Oppenheimers zu arbeiten? Sir Reginald Leeper, ein anderer Edelmann und Chef der Londoner Diamond Corporation, begab sich im Auftrag von Ernest Oppenheimer auf die Suche nach Sir Percy Sillitoe.

Er fand ihn schließlich hinter der Kasse eines Süßwarengeschäfts in Sussex. Der Agentenjäger, der früher etliche sowjetische Spione dingfest gemacht hatte, verkaufte nun in aller Seelenruhe Pfefferminzbonbons an ältere Vorstadtdamen. Und es handelte sich nicht etwa um eine verdeckte Aktion: Sir Percy hatte das Geschäft für seinen Sohn erstanden und half ihm nun im Laden. Er sei mit seinem neuen Leben recht zufrieden, sagte er, nur den früheren Drill vermisse er etwas, aber Sir Reginald wußte genau, womit der Mann vom MI-5 zu ködern war. Bald darauf hatte er ihn zu einer Reise nach Südafrika auf Kosten von De Beers überredet.

Zum Verdruß der Oppenheimers bekamen ein paar Journalisten Wind von der Sache. Die Zeitungen ergingen sich in Spekulationen und brachten sogar Karikaturen zu dem Thema. Unter einer stand: *Sie glauben, es ist Sir Percy.* Mit »sie« waren Reporter gemeint, die mit Lupen und Bluthunden Sir Percy verfolgten, der, mit einem schwarzen Backen- und Schnauzbart getarnt, auf einer Kaimauer saß und so tat, als habe er sie nicht bemerkt. Alle Dementis waren zwecklos. Der Gast der Oppenheimers war bald identifiziert, und alle Welt fragte sich nach dem Grund seines Besuchs. Kaum hatte Sir Percy zugesagt, den Job zu übernehmen, gab das Unternehmen seine Pläne offiziell bekannt. Um den illegalen Diamantenhandel in Zukunft zu unterbinden, gründete es eine neue Organisation, die International Diamond Security Organization (IDSO) mit Sitz in Johannesburg und Büros in aller Welt, die dem ehemaligen Chef der britischen Spionageabwehr unterstehen sollten.

316

Sir Percy Sillitoe unternahm eine sechswöchige Tour durch die Diamantminen und entdeckte dabei alle möglichen Schlupflöcher und Schmuggelmöglichkeiten. »Wie weit hinauf soll ich bei meinen Überprüfungen gehen?« fragte er seine Arbeitgeber. Er erhielt völlig freie Hand und machte sich mit einer Gruppe handverlesener Assistenten sogleich an die unangenehme Aufgabe. Einer seiner Detektive schrieb: »Als wir mit unserer Arbeit begannen, waren wir erstaunt, wie wenig Weiße sich Sicherheitskontrollen zu unterziehen hatten. Wahrscheinlich hielt man es für entwürdigend, auch Weiße gründlich zu überprüfen.« Innerhalb eines Jahres führten die Männer der IDSO in den Minen ihre eigenen Vorstellungen von Gleichheit ein: Ungeachtet der Hautfarbe war ihnen jeder gleichermaßen verdächtig.

Das Unternehmen installierte Röntgengeräte. Außerdem wurden die Diamanten von den Aufsehern mit einer radioaktiven Substanz bestrichen, die sich mit Hilfe von Geigerzählern orten ließ. »Wohlgemerkt«, sagte ein Sicherheitspolizist, »gegen die farbigen Arbeiter sind all diese Tricks ausgesprochen nützlich – eine Art Magie des weißen Mannes. Ebenso wirkungsvoll ist es, größere Abbaugebiete gelegentlich mit Hubschraubern zu überfliegen und an verschiedenen Stellen des Minengeländes echte Fernsehkameras oder Attrappen anzubringen. Durch solche Maßnahmen werden jedoch nur die kleinen Schmuggler eingeschüchtert, die großen haben Flugzeuge, mit denen sie im Busch landen, und wahrscheinlich sogar Froschmänner, die für sie die Flüsse hinaufschwimmen.«

Einer der großen Schmuggler, die man erwischte, war ein englischer Minenaufseher von De Beers. Der Mann war Ende Zwanzig und hatte eine einwandfreie Personalakte. Zusammen mit einem Assistenten war er in der Chamaais Bay, einer diamantenreichen kleinen Bucht an der Atlantikküste, für das Zählen und Sortieren der von Schwarzen geschürften Diamanten verantwortlich. Der ständige Umgang mit solchen Reichtümern hatte den Aufseher offenbar in Versuchung geführt. Wenn sein Assistent gerade anderweitig beschäftigt war, begann er, Diamanten zu unterschlagen. Da die neuen Überwachungsmethoden es unmöglich machten, die Steine hinauszuschmuggeln, mußte er seinen Schatz zunächst an einem geheimen Ort verbergen, wo er ihn später abholen konnte.

Die Diamanten irgendwo im Landesinnern zu verstecken erschien ihm zu riskant: Die Luftüberwachung würde in der Wüste seine Spuren entdecken und ihm auf die Schliche kommen. Also beschloß er, das Meer als Versteck zu benutzen, packte das Diebesgut in einen Kanister und vergrub ihn am Strand. Anschließend marschierte er mit leeren Händen gutgelaunt zurück und kündigte. Fünf Monate später machten er und ein von ihm angeheuerter Pilot mit einer Auster Aristocrat in der besagten Bucht eine Notlandung. Doch in der Zwischenzeit hatte man die Sicherheitsmaßnahmen weiter verschärft. Ein Aufseher sichtete die beiden Männer und ließ sie sofort verhaften. Nach mehreren Nächten im Gefängnis und aufreibenden Verhören brach der Dieb schließlich zusammen. Er führte die Sicherheitsleute zu seinem Versteck. Der Kanister enthielt Diamanten im Wert von über 100 000 Pfund. Gemessen am Wert des Diebesguts fiel das Urteil des Richters relativ milde aus, aber schließlich stammten die beiden Täter aus gutem Haus und waren nicht vorbestraft. Und was noch wichtiger war: Sie waren Weiße. Der Dieb wurde zu neun Monaten Zwangsarbeit verurteilt, und sein Komplize, der Pilot, kam mit drei Monaten im selben Steinbruch davon.

Dennoch gab es auch weiterhin vereinzelte schwarze Schafe. Im Westen waren unlautere Diamantengeschäfte sogar an der Tagesordnung. In Sierra Leone schürften viele Digger ohne Lizenz und schmuggelten die Diamanten über die Grenze nach Liberia, wo Regierungsbeamte sie auf dem Schwarzmarkt verhökerten. Eine britische Untersuchungskommission kam zu der Erkenntnis, daß »Unredlichkeit bereits in so hohem Maße als normal gilt, daß sich niemand mehr die Mühe macht, sie zu bekämpfen oder sich auch nur zu beschweren«. Auf der Suche nach neuen Schauplätzen für die Abenteuer seines Helden James Bond besuchte Mitte der fünfziger Jahre der Romanautor Ian Fleming Südafrika, wo er einen von Percy Sillitoes Mitarbeitern dazu bewegen konnte, sich unter falschem Namen zum Thema Diamantenschmuggel zu äußern. »John Blaize« berichtete von einigen interessanten Erkenntnissen der IDSO. Seit man Agenten in die großen Schmugglerringe in Sierra Leone und Liberia eingeschleust habe, so erklärte er, wisse man, »daß sich das illegale Schürfen nicht unterbinden läßt. Es gibt nur eine Lösung: Man muß es legalisieren.«

Daraufhin wurden die zuständigen staatlichen Stellen so lange unter Druck gesetzt, bis Sierra Leone Anfang 1956 ehemaligen Schmugglern 1500 Schürflizenzen erteilte, eine Zahl, die wenig später sogar auf fast fünftausend erhöht wurde. Praktisch über Nacht richtete De Beers im Landesinnern Kaufbüros ein und besetzte sie mit Diamantenschätzern, ausnahmslos jungen Engländern, die ein Universitätsstudium absolviert hatten. Das Unternehmen stellte für jeden einen Safe voller Bargeld bereit und hoffte, daß sie über einen gesunden Geschäftssinn verfügten.

Die Nächte im Busch sind für einen Fremden nie sonderlich erholsam. Ein typischer Afrikaneuling hatte es gerade geschafft, einzuschlafen, als er von hartnäckigen Rufen erneut aus dem Schlaf gerissen wurde. Draußen stand ein furchteinflößender Schwarzer, der ihn dringend zu sprechen wünschte. Aus seinem Stofftaschentuch zog er einen riesigen Diamanten hervor. Der Schätzer betrachtete den Stein, dann den Mann und wieder den Stein. Er wußte: Es konnte ihn das Leben kosten, wenn er das Angebot ausschlug. Andererseits konnte es ihn seine Karriere kosten, wenn er für ein Stück Glas eine Unsumme Geld bezahlte. Er besah sich den Diamanten von allen Seiten, unterzog ihn ein paar einfachen Tests, holte tief Luft und bot seinem Besitzer zehntausend Pfund. Der Schwarze nickte und wartete geduldig, bis die Banknoten auf den Holztisch gezählt waren. Dann raffte er sie zusammen und verschwand wieder im Dunkel der Nacht. Erst mehrere Tage danach begriff der junge De-Beers-Angestellte, daß der Stein in Wirklichkeit weit mehr wert war, als er für ihn bezahlt hatte.

Zur Unterstützung der jungen Diamantenschätzer warb Sir Percy einen gewieften libanesischen Händler namens Fred Kamil an. Kamil hatte früher auf der falschen Seite des Gesetzes gestanden, war dann aber geschnappt worden und arbeitete seitdem als Informant. Sir Percy hatte jahrzehntelange Erfahrung im Umgang mit solchen Leuten. Er glaubte, daß Kamil als Anführer einer kleinen Privatarmee, die den Dschungel von Sierra Leone kontrollierte, nützliche Dienste leisten konnte. Kamil bedankte sich für Sir Percys Vertrauen, indem er 15 Söldner rekrutierte, von denen jeder genauso gerissen und skrupellos war wie er selbst. Sie machten es sich zur Aufgabe, Diamantenschmuggler auf ihrem Weg nach Liberia zu überfallen und ihnen ihre Beute abzunehmen. Die Übeltäter wurden entweder auf der Stelle erschossen oder anschließend über vermintes Gelände gejagt. Nur wenige kamen mit dem Leben davon.

Die IDSO war mit dieser Mischung aus Intelligenz und Skrupellosigkeit zu erfolgreich, um lange zu überleben. Obwohl Harry Oppenheimer mit Sir Percys Arbeit hochzufrieden war, löste er die Organisation auf, denn das Oppenheimer-Imperium wollte nun ein eigenes Sicherheitssystem errichten. »Es gab für uns nichts mehr zu tun«, erinnerte sich ein Mitarbeiter Sir Percys, »was nicht ebensogut von den Sicherheitsleuten von De Beers oder den örtlichen Polizeikräften hätte erledigt werden können. Nach all der Aufregung und Anspannung der letzten zwei Jahre mußten sich unsere Männer nun enttäuscht nach neuen Jobs umsehen. Ein paar gingen zurück zum Geheimdienst oder übernahmen anderweitige Sicherheitsaufgaben, andere schlossen Verträge mit De Beers oder der Anglo-American.«

Percy Sillitoe selbst hatte genug von der Diamantenbranche. »Dieses Kroppzeug macht mich krank, und ich habe es satt, ihnen nachzuspionieren. Alles, was ich will, ist eine ruhige Anwaltskanzlei auf dem Lande, ein Verwaltungsposten an einer Universität oder irgendein anderer Job, bei dem ich den Kopf wieder freibekomme von dem ganzen Mist.«

Mitte der fünfziger Jahre gestattete man einem ehemaligen leitenden IDSO-Mitarbeiter, seine Memoiren zu veröffentlichen. Die Herausgeber der Zeitschrift *Punch* fanden die Lektüre so interessant und unterhaltsam, daß sie ihr ein paar Verse widmeten, in denen sie auch auf die in den zwanziger Jahren so populären Spionageromane von E. Phillips Oppenheim anspielten:

Nicht selten stellt die Wirklichkeit
die Dichtung in den Schatten.
Wie blaß wirkt ein Roman von Oppenheim,
liest man von Oppenheimers Taten.

Noch sublimer waren allerdings die Ereignisse am Abend des 5. Dezember 1955. Harry Oppenheimer befand sich gerade auf einer Safari durch Belgisch-Kongo, sein Sohn Nicholas saß in einem Vorbereitungskurs für das College, und Bridget weilte zusammen mit ihrer Tochter Mary und dem üblichen Gefolge von

Dienern und Leibwachen in Little Brenthurst, als eine Einladung zum Abendessen ins Haus flatterte. Frau Oppenheimer beschloß, alleine hinzugehen. Sie nahm ein paar Schmuckstücke aus dem Safe im Schlafzimmer und legte den Schlüssel anschließend an seinen gewohnten Platz zurück: in eine schon ziemlich mitgenommene blaugrüne Satinschachtel, die außerdem noch allerhand Nippes, ein paar Zigarettenspitzen sowie diverse Plaketten von Reitturnieren enthielt.

In Johannesburg war es zu jener Zeit üblich, solche Abendessen recht früh anzusetzen und dann auch entsprechend früh zu beenden. So kam es, daß Bridget bereits um zehn Uhr abends wieder zu Hause war. In ihrem Schlafzimmer sah es aus wie immer, bis auf eine Kleinigkeit: Ein Kopfkissenbezug fehlte. Kein Grund für Bridget, das Dienstmädchen zu rufen. Das konnte bis morgen warten. Als sie am nächsten Morgen aufstand, beschloß sie, den Schmuck, den sie am Vorabend getragen hatte, wieder in den Safe zurückzulegen. »Seltsam«, dachte sie, »die Satinschachtel steht nicht am gewohnten Platz.«

Sie griff zu ihrer Handtasche, fischte einen Zweitschlüssel heraus und öffnete den Safe. Jemand hatte ihn völlig leer geräumt. Es fehlten 63 Schmuckstücke, darunter ein Ring mit einem weißen, über 23karätigen Diamanten mit Smaragdschliff; ein Ring mit einem von Smaragden und Saphiren eingefaßten rosa Diamanten, ebenfalls mit Smaragdschliff; ein Ring mit einem blauen und einer mit einem weißen Diamanten, beide mit Marquiseschliff, sowie ein Ring aus Weißgold und Platin mit einem bläulichweißen Diamanten von über elf Karat. Ebenfalls verschwunden waren einige Broschen, eine Perlenkette und zwei Buddhas aus Platin und Diamanten.

Diesmal ging es nicht um einen Schwarzen, der einen Stein in seinem Haar versteckt hatte, oder um einen Angestellten aus gutem Haus, der heimlich einen Schatz hortete: Der Diamantenprinz und seine Prinzessin waren in ihrem eigenen Schloß beraubt worden. Da Harry im Dschungel telefonisch nicht erreichbar war, verständigte man seine Assistenten in der Firma. Wenig später erschien eine ganze Schar von Angestellten in grauen Anzügen und Werkschützern am Tatort, gefolgt von Polizisten, Reportern und Mitarbeitern der PR-Abteilung von De Beers. Ein Firmensprecher erklärte im Namen der Familie Oppenheimer, daß man der Presse keine Liste der gestohlenen Schmuckstücke zukommen lassen werde, denn »schließlich wollen wir ja nicht vor aller Öffentlichkeit mit unserem Reichtum protzen.« Bridgets Äußerung: »Nun habe ich ungefähr genausoviel Schmuck wie jede Tippse in der Stadt« relativierte die Presseerklärung ebenso wie das Telegramm, das ihr Gatte nach Erhalt der schlechten Nachricht schickte: »Mach Dir keine Sorgen, Liebes. Harry.«

Die PR-Leute hatten wenig Phantasie bewiesen. Der Reichtum der Oppenheimers war seit Jahren Gegenstand zahlloser Spekulationen, und wenn man der Öffentlichkeit Informationen vorenthielt, heizte man ihre Neugier nur noch weiter an. In Pubs, Clubs und Restaurants wurden unentwegt neue Theorien aufgestellt. De Beers habe »den Diamantvorhang runtergelassen«, um peinliche Enthüllungen zu verhindern. »Diesmal ist der stolze alte Harry reingefallen«, lautete ein Stammtischkommentar. »Selber schuld, wenn er das ganze Eis im Kühlschrank rumliegen läßt.« Taxifahrer berichteten hinter vorgehaltener Hand von rätselhaften Vorgängen auf Brenthurst. Einer mutmaßte, daß die kleine Mary Oppenheimer die Juwelen im Schlaf herausgenommen und dann irgendwo auf dem Grundstück vergraben habe. »Rufen Sie einen Hypnotiseur zu Hilfe«, so sein Rat, »er wird das Kind dazu bringen, sich zu erinnern.« Andere schlugen vor, afrikanische Medizinmänner zu Rate zu ziehen. Sie sollten »Knochen werfen« und so den Schatz aufspüren.

Eine Theorie konnte noch so bizarr sein, sie ließ sich nicht widerlegen, da man am Tatort keinerlei Fuß- oder Fingerabdrücke, verräterische Gewebefasern oder sonstige Hinweise fand. Der Nachtwächter hatte in der fraglichen Nacht nichts Ungewöhnliches bemerkt, und die Hunde hatten nicht angeschlagen – für alle Leser von Sherlock Holmes ein Zeichen, daß jemand aus dem Haus den Raub von Brenthurst verübt hatte. Doch die polizeilichen Vernehmungen ergaben, daß alle Bediensteten ein wasserdichtes Alibi hatten. Also gut: Wenn der Dieb von draußen gekommen war, dann mußte er seinen Coup bis ins kleinste geplant haben. Spezialisten von Interpol erklärten, daß sich zur fraglichen Zeit keiner der prominenten Juwelendiebe in Südafrika aufgehalten habe und daß Amateure oder kleine Ganoven als Täter nicht in Frage kämen.

Erst als die Versicherungen am 9. Dezember für Informationen über den Verbleib der gestohlenen Schmuckstücke eine Belohnung von 56000 Pfund aussetzten, kam man einen ersten Schritt weiter. In Scharen strömten selbsternannte, mit Lupen und Kameras ausgerüstete Detektive nach Brenthurst, um das Grundstück zu durchsuchen. Doch die Polizei, die das Haus rund um die Uhr bewachte, schickte sie allesamt nach Hause. Der einzige, den man durchließ, war ein gewisser Dudley Strevens. Er hatte einwandfreie Referenzen und war im Auftrag der Versicherungen eigens aus London eingeflogen. Der Captain im Ruhestand spielte seine Rolle perfekt: Er kleidete sich bewußt unauffällig und erzählte den Reportern, daß er lediglich ein Schadenssachverständiger sei und daß er in seiner langjährigen Tätigkeit immer wieder die Erfahrung gemacht habe, daß früher oder später ein »Verräter« auftauchte und den Schlüssel zur Lösung des Falles lieferte. Er fragte einen Kollegen, ob schon Leute bei der Polizei angerufen hätten. Das schon, antwortete der Kollege, aber die meisten seien »Spinner« gewesen. »Nur aus einem werde ich nicht ganz schlau. Ein hartnäckiger Kerl mit einem australischen Akzent. Er will mit niemandem reden, nur mit Ihnen.« Strevens hielt es für das beste, sich sofort mit dem Mann zu treffen.

Die Polizei war jedoch anderer Meinung. Der Chef der Abteilung Spionageabwehr im Witwatersrand war Colonel Ulf Boberg, ein kleiner, energischer Offizier mit struppigem Schnurrbart und kalten blauen Augen, der gerne seine Autorität zur Schau stellte. Er warnte Strevens eindringlich davor, auf eigene Faust zu ermitteln. Falls jemand mit Informationen an ihn herantrete, habe er sie unverzüglich an die Polizei weiterzuleiten. Falls er diese Anordnung mißachte, werde man mit der ganzen Strenge des Gesetzes gegen ihn vorgehen. Strevens versprach, sich an die Anweisungen zu halten, und eilte zu seiner bereits getroffenen Verabredung.

In einer komfortablen Hotelsuite stellte sich ihm der mysteriöse Australier als William Linsay Pearson vor. Der 33jährige war ein forscher Kriegsveteran mit einem ausgeprägten Überlebensinstinkt. Eine Schlägerei mit einem Gangster in Sydney, so Pearson, sei für ihn die wichtigste Lektion in seinem Leben gewesen. »Jetzt schlage ich jeden Bastard, bevor er mich schlagen kann, ob beim Geschäft oder bei einer Keilerei.« Augenblicklich lebte er vom Kartenspielen in Hotelzimmern, ansonsten hing er in Johannesburger Bars herum und wartete auf seine große Chance.

Eines Abends hatte er in einer Hotelbar zufällig gehört, wie ein betrunkener Fremder etwas von einem unmittelbar bevorstehenden großen Coup erzählte. Das war vor ein paar Wochen gewesen. Als Pearson dann die Schlagzeilen las, war er sich sicher, daß der Betrunkene den Oppenheimer-Raub gemeint hatte. Er klapperte die Bars in der Stadt ab, bis er den Mann schließlich wiederfand. Er hatte richtig vermutet.

Der Australier unterbreitete Strevens mehrere Angebote. Er, Pearson, werde den Dieben die Juwelen abkaufen und dafür die Belohnung kassieren. Sollte die Versicherung sich querstellen, dann werde er auf eigene Faust nach Europa gehen und den Schmuck dort Stück für Stück zu Geld machen. Es gebe jedoch noch eine andere Möglichkeit: Er könne die Juwelen Strevens auch direkt übergeben. In diesem Fall verlange er 112 000 Pfund Finderlohn.

Strevens ging nach Hause und dachte über Pearsons Vorschläge nach. Er grübelte immer noch, als Boberg anrief. Der Colonel kam sofort auf den Punkt. Er habe den Verdacht, daß Strevens trotz seiner ausdrücklichen Warnung Kontakt mit der Unterwelt aufgenommen habe. Falls er also über Informationen verfüge und sie der Polizei vorenthalte, werde man ihn wegen Mittäterschaft anklagen. In die Enge getrieben, erzählte Strevens dem Colonel von Pearsons unverschämten Angeboten. Boberg steckte in einer Zwickmühle. Einerseits war er wütend auf Strevens, weil dieser eigenmächtig gehandelt hatte, andererseits brauchte er ihn aber, um die Diebe zu fassen. Schließlich zwang er ihn, Pearson anzurufen und ihm ein Ultimatum zu stellen: Entweder er komme sofort ins Büro der Versicherungsgesellschaft, oder der Handel sei geplatzt.

Pearson bekam nach dem Anruf nicht etwa kalte Füße, wie vielleicht zu erwarten war, sondern tauchte hocherfreut im Versicherungsbüro auf. Colonel Boberg überfiel ihn sofort mit der Frage: »Zuerst möchte ich etwas über Sie selbst wissen. Wer sind Sie, woher kommen Sie, und was tun Sie hier?« Ein paar Tage zuvor hatte sich Pearson Alfred Hitchcocks Film *Über den Dächern von Nizza* angeschaut und antwortete mit der Unbekümmertheit eines Cary Grant: »Ich bin ein Gauner.« Und mit einem verschla-

genen Lächeln fügte er hinzu:»Ich lebe von meinem Grips. Ich arbeite nicht und habe noch nie gearbeitet. Zufrieden?«
»Sie sind sehr offen, Mr. Pearson. Sie nennen das Kind beim Namen. Ich übrigens auch. Und deshalb erzählen Sie mir jetzt alles, was Sie wissen.«

Boberg bluffte, und Pearson wußte das. Er ließ sich nicht einschüchtern und blieb bei seiner Geschichte. Er sei Unternehmer, vielleicht einer von der fragwürdigen Sorte, doch verstoße er niemals gegen das Gesetz.»Wenn Sie wirklich so unschuldig sind«, fragte Boberg,»warum verkehren Sie dann mit Dieben?« »Weil sie sich so leicht reinlegen lassen«, antwortete der Australier. Er habe nur damit prahlen müssen, einen alten Mafiaboß zu kennen:»Ich erzählte meiner Kontaktperson, daß Lucky Luciano die Diamanten will.«

Der Polizist begriff, daß er es hier nicht mit einem gewöhnlichen Kriminellen zu tun hatte. Er mäßigte seinen Ton und unterbreitete einen ganz neuen Vorschlag. Er sah folgendermaßen aus: Die Versicherungsgesellschaft stellt einen Koffer voller Geld zur Verfügung. Dann werden die Diebe mitsamt dem Schmuck in Pearsons Hotel eingeladen, wo sie das Geld in Augenschein nehmen können. Ein Kriminalbeamter in Zivil, der sich als Lucianos Mann in Johannesburg ausgibt, ist ebenfalls anwesend. Und während die Ganoven palavern, umstellt die Polizei das Hotel und läßt die Falle zuschnappen. Pearson erhält seine Belohnung, die Polizei kann endlich die Täter dingfest machen, und die Oppenheimers bekommen ihren Schmuck zurück. Gab es eine gerechtere Lösung? Der Australier zuckte die Schultern.»So etwas wie Ganovenehre gibt es nicht«, sagte er zu Boberg und bat um nähere Instruktionen.

In den lauen Abendstunden des 15. Dezember 1955 parkten rund um das»Carlton Hotel« vier zivile Polizeiautos. Kurz vor halb zehn trafen zwei Männer vor dem Hotel ein. Sie waren nicht zusammen gekommen und fuhren auch nicht mit dem gleichen Aufzug zu Pearsons Etage hinauf. Der eine hatte gar kein Gepäck dabei, der andere trug einen Koffer. Pearson hieß beide herzlich willkommen und machte sie mit»Lucianos Vertreter« bekannt, der, wie geplant, einer von Bobergs Kriminalbeamten in Zivil war. Vier weitere hatten sich auf dem Flur versteckt. Jemand klappte den Deckel des Koffers hoch. In ihm lag, eingebettet in

seidenartigen Stoff, fast der gesamte Schmuck der Oppenheimers; nur ein paar Broschen und Ringe fehlten. Zufrieden ging
der Kriminalbeamte zur Tür, als wolle er frische Luft schnappen,
und gab seinen Kollegen auf dem Flur ein Zeichen. Mit gezogenen Dienstpistolen stürmten die vier brüllend ins Zimmer.
Keiner der beiden Besucher leistete Widerstand. Der erste war
groß und blond, sein etwas kleinerer Begleiter hatte dunkles
Haar, das mit Pomade nach hinten gekämmt war. Auf der Fahrt
zum Polizeirevier beteuerten sie unentwegt ihre Unschuld. Bald
wußte man etwas mehr. Der dunkelhaarige Mann hieß Percival
William Radley, war 42 Jahre alt und angeblich Chef der Kredit-
abteilung bei der Tropic Airways, einer kleinen Charterflugge-
sellschaft, deren Maschinen die Route Johannesburg-Amsterdam
flogen. Der Blonde war 34 Jahre alt, hieß Donald Ernest Miles
und arbeitete angeblich als Privatdetektiv, hatte aber seit über
einem Jahr keine nachweisbaren Einkünfte.

Ihre Geschichte war simpel, unanfechtbar und durchaus plausibel. Radley sagte aus, er und Pearson hätten sich erst kurz zuvor
kennengelernt. Der Australier habe ihn auf einen Drink in sein
Hotelzimmer eingeladen, doch über Diamanten, Juwelenraub
oder sonstige illegale Aktivitäten sei nie gesprochen worden.
Miles behauptete, er habe am frühen Abend in einer Bar gerade
etwas getrunken, als plötzlich ein flüchtiger Bekannter, »so ein
Kerl von Jude«, auftauchte. Seinen Namen kenne er nicht. Bei
einem Gläschen sei man ins Gespräch gekommen. Der Bursche
wollte Johannesburg angeblich gleich danach verlassen und bat
ihn daher um einen kleinen Gefallen: Ob er nicht bei einem
Freund, der im »Carlton« wohne, für ihn ein Päckchen abgeben
könne. Aus purer Gutmütigkeit habe er ja gesagt. Er sei mit dem
Aufzug hinaufgefahren und habe im Hotelzimmer Radley und
Pearson angetroffen. Keinen der beiden habe er je zuvor gesehen,
und über das Eindringen der Polizisten sei er ebenso verblüfft gewesen wie sie. Der verstimmte Boberg ließ alle drei Männer ins
Gefängnis stecken, und seine Kriminalbeamten gaben sich alle
Mühe, ihre Unschuldsbeteuerungen als Lügen zu entlarven.

Die ganzen Weihnachtstage über bis ins neue Jahr hinein hielten die drei stur an ihren Aussagen fest. Radley hatte das beste
Alibi: Er war am Abend des Juwelenraubs an einer Kinokasse gesehen worden. Doch auch gegen die beiden anderen hatte die Po-

lizei nichts wirklich Belastendes in der Hand. Am 3. Januar erhielt ihre Geschichte dann doch erste Risse. Pearson bat um eine Unterredung mit Boberg und erklärte, daß er vielleicht doch mit ein paar Beweisen aufwarten könne, wenn man ihm als Gegenleistung Straffreiheit zusichere. Boberg erschien diese Lösung akzeptabel. Er ging sofort zu Radley und Miles und erzählte ihnen, daß ihr Freund vorhabe, sie zu verpfeifen. Miles blieb bei seiner Aussage, doch Radley geriet ins Wanken. Er hatte in England ein längeres Vorstrafenregister, und er wußte, daß sich das auch in Südafrika strafverschärfend auswirken würde. Nach einigen Tagen erklärte er sich bereit auszupacken, verlangte jedoch als Gegenleistung, daß man ihm strafrechtliche Immunität zusicherte. Boberg nickte und führte Radley in ein Privatzimmer, bot ihm einen bequemen Ledersessel an, ließ ihm Tee und Zigaretten bringen und forderte ihn dann zum Sprechen auf. Eine Schreibkraft stenographierte sein Geständnis mit. Es dauerte sechs Stunden.

Nach Radleys Aussagen hatte das Abenteuer auf einem Hausdach begonnen. Ein Jahr vor dem Juwelenraub arbeitete Miles für eine Dachdeckerfirma, die ihn eines Tages nach Little Brenthurst schickte, um am Haus von Harry und Bridget Brandschutzmaßnahmen vorzunehmen. Die Oppenheimers hielten sich zu der Zeit gerade in Übersee auf, und als der Dachdecker ihren Safe und den dazugehörigen Schlüssel entdeckte, dachte er schon, nun habe er endgültig ausgesorgt. Doch er hatte Pech: Der Safe war fast leer. Was soll's, dachte Miles, dann würde er eben warten, bis das Dach fertig war und die Juwelen wieder an ihrem Platz lagen. Johannesburg war nicht London. In diesem Teil der Welt hatte es niemand eilig.

Freunde aus der Unterwelt machten ihn dann mit Radley bekannt, mit dem er sich auf Anhieb verstand. Und während sie gemeinsam ihren Plan ausarbeiteten, traf Pearson aus Australien ein. Pearson und Radley lernten sich tatsächlich ganz zufällig in einer Hotelbar kennen, und nachdem sie sich gegenseitig auf den Zahn gefühlt hatten, beschlossen sie zusammenzuarbeiten. Miles und Radley sollten die Diamanten beschaffen, und Pearson, der über gute Kontakte zu Hehlern verfügte, sollte für den Verkauf der gestohlenen Ware in Übersee sorgen.

Die Kriminalbeamten überprüften Miles' Aussage auf ihre Glaubwürdigkeit. Sie flogen sogar nach Italien, um Lucky Luciano zu dem Juwelenraub zu befragen. Ergraut und übergewichtig, lebte der alte Pate inzwischen unter gelockertem Hausarrest in Neapel. Er wiederholte immer wieder, daß sein bescheidenes Einkommen aus dem Verkauf von Operationsbestecken stamme und daß er sich wünsche, die Leute würden endlich damit aufhören, einen ehrlichen Geschäftsmann zu belästigen. Er bestritt, Pearson zu kennen. »Nie von diesem Typ gehört.« Und auch Johannesburg sei ihm völlig unbekannt. »Das einzige Johannesburg, von dem ich gehört habe, war ein Pferd. Hab' mal drauf gesetzt. Der Klepper hat dann auch verloren.« Seine Aussage war hieb- und stichfest. Diesmal sagte er offensichtlich die Wahrheit. Nach Meinung der Polizei war Radley ein kleiner Ganove, der für einen Raub dieser Größenordnung nicht in Frage kam. Und Pearson war nur ein Aufschneider, aber kein Mann, der einen solchen Coup planen konnte. Also beschlossen die Ankläger, ihre Aufmerksamkeit auf Miles zu konzentrieren.

Die Zeitung *Sunday Express* hielt nicht viel von dieser Methode. Ein Journalist fühlte sich an das Lied von den zehn kleinen Negerlein erinnert und wandelte es folgendermaßen ab:

> Drei große Europäer,
> die war'n beim Raub dabei;
> doch Radley wurde Kronzeuge,
> da waren's nur noch zwei.

> Zwei große Europäer,
> die wurden erneut befragt,
> doch als man Pearson freiließ,
> wurd' nur noch einer angeklagt.

> Ein großer Europäer ...

»Doch vielleicht wäre es unklug oder indiskret, die dritte Strophe jetzt schon zu Ende schreiben zu wollen. Das werden wir lieber erst tun, wenn uns die Geschichte den wahren Tathergang enthüllt hat.«

*

Die Enthüllung fand Anfang Januar statt. Vor einem Geschworenengericht erzählte Miles seine Version der Geschichte: Er und Radley hatten sich vor einem Jahr zum erstenmal getroffen. Im Verlaufe ihres Gesprächs hatte Radley behauptet, er sei ein Assistent von Sir Percy Sillitoe und arbeite für die Oppenheimer-Gruppe. Bei dem Namen Oppenheimer wurde Miles hellhörig. Er hatte einmal das Dach von Little Brenthurst repariert und dabei festgestellt, daß das Anwesen alles andere als einbruchsicher war. Und da Radley offensichtlich eine so einflußreiche Position hatte, fragte er ihn, ob er ihm denn nicht zu einem Job als Wachmann bei den Oppenheimers verhelfen könne. Radley nahm sein Ansinnen wohlwollend auf und machte ihm Hoffnungen. Er stellte ihm unzählige Fragen über das Domizil von Harry und Bridget und deutete an, daß er möglicherweise etwas für seinen neuen Freund tun könne.

Doch aus der Sache schien nichts zu werden. Nach einigen Monaten rief Miles Radley an, um ihn noch einmal an seine Bitte zu erinnern. Radley war abermals sehr freundlich und versprach, noch am gleichen Abend um sieben Uhr bei ihm vorbeizuschauen. Er kam zur vereinbarten Zeit, unter dem Arm ein in Weihnachtspapier eingewickeltes Paket. Er sagte, es enthalte ungeschliffene Diamanten, die ein australischer Geschäftsmann erworben habe. Er käme aber mit einem anderen Termin in Schwierigkeiten, so daß ein anderer für ihn die Ware bei einem gewissen Mr. Pearson im »Carlton« abliefern müsse. Ob Miles das nicht übernehmen könne? Netter Bursche, dieser Australier. Neun Uhr. Zimmer 641.

Miles und Pearson begegneten einander an diesem Abend zum erstenmal. Pearson untersuchte den Inhalt des Pakets in Miles' Anwesenheit, doch Miles erspähte lediglich ein paar Schals. Was sich unter ihnen verbarg, konnte er nicht erkennen. Ein zweiter Blick war ihm nicht mehr möglich, denn wenige Augenblicke später stürmte die Polizei ins Zimmer. Angeblich hatte Miles die ganze Zeit über nicht gemerkt, daß er als Kurier für die Oppenheimer-Juwelen benutzt wurde. Das, so behauptete er, habe er erst auf der Fahrt zum Polizeirevier von einem Polizisten erfahren.

Soweit also die Zeugenaussage von Donald Ernest Miles. Seine Anwälte stellten entlastende Fragen: Hatte er Radley auch von dem Safe oder dem Schlüssel erzählt? Nein. Hatte er Radley eine Beschreibung von Brenthurst gegeben? Niemals. Er habe sich nur ganz allgemein über das »schöne Haus« der Oppenheimers und das geringe Wachpersonal geäußert. Was wußte er über Diamanten? Nichts, außer daß es Diamantringe für Frauen gebe. Und wer hatte seiner Meinung nach den Diebstahl begangen? Bei dieser Frage krallte der Zeuge die Finger so fest um die Brüstung des Zeugenstandes, daß seine Knöchel weiß anliefen. Es widerstrebte ihm, jemanden zu beschuldigen, doch die beiden anderen waren frei, und ihm drohte eine lange Gefängnisstrafe. »Offensichtlich hat Radley die Juwelen gestohlen«, antwortete er.

Die Verteidigung baute diese Theorie noch weiter aus. War es denn so abwegig, daß Radley den Angeklagten tatsächlich als Handlanger benutzt hatte? Radley hatte ein Motiv und, was noch wichtiger war, er hatte die notwendige Cleverneß, die Miles offensichtlich abging. Die zwölf Geschworenen hörten teilnahmslos zu, und als sie sich zur Beratung zurückzogen, begannen ein paar Inder unter den Zuschauern Wetten abzuschließen. Die Wetten standen fünf zu eins gegen den Zeugen, als die Geschworenen in den Saal zurückkehrten. Ihre Beratung hatte nicht einmal eine Stunde gedauert.

Die Inder, Engländer, Buren und Schwarzen auf den Zuschauerbänken stellten ihre aufgeregten Debatten erst ein, als der Richter um Ruhe bat und sich erwartungsvoll an die Geschworenen wandte. Der Obmann zögerte kurz und verkündete dann: »Nicht schuldig.« Einen Augenblick lang war es ganz still im Saal, dann brachen die Zuschauer in lauten Applaus aus, trampelten und pfiffen. Zum einen freuten sie sich darüber, daß sie nun für jeden gewetteten Rand fünf zurückerhielten, zum anderen waren sie angenehm überrascht, daß der Staat einen sonnenklaren Fall vermasselt hatte.

Für das offizielle Südafrika wurde die Angelegenheit immer peinlicher. Selbst im Parlament wurde über den Prozeß debattiert, und der Justizminister machte das Geschworenensystem für alles verantwortlich. Pearson und Radley, die inzwischen strafrechtliche Immunität genossen, verkauften ihre Memoiren an Zeitungen und Zeitschriften. Und Pearson trieb die Frechheit auf die Spitze, indem er Anspruch auf die von der Versicherung ausgesetzte Belohnung erhob. Schließlich habe er die Juwelen gefunden, die inzwischen wieder im Besitz der Oppenheimers seien. Die Versicherungsbosse versuchten, sich aus der Sache herauszuwinden, doch es half alles nichts. Am Ende mußten sie Pearson einen Scheck über 56 000 Pfund aushändigen. Für Colonel Boberg war dieser Fall sein größter Erfolg und seine bitterste Niederlage zugleich: Er hatte das Diebesgut binnen kürzester Zeit wiederbeschafft und drei Verhaftungen vorgenommen – nur war keiner der Verdächtigen für den Juwelenraub eingesperrt worden. Das Gaunertrio wurde des Landes verwiesen. Alle drei landeten schließlich in England. Pearson und Miles änderten ihre Namen und zogen sich ins Privatleben zurück. Radley lag nichts an einer solchen Anonymität. Eines Tages in Southampton, als er gerade *Athlone Castle* verließ, sah er plötzlich ein bekanntes Gesicht vor sich. Es gehörte Robert Fabian, einem ehemaligen Scotland-Yard-Inspektor. Seit seiner Pensionierung arbeitete Fabian als Journalist; sein Spezialgebiet waren Kriminalfälle. Er bat Radley um ein Interview. Aber Radley hatte eine bessere Idee. Nun, sagte er, da er gesetzlich nicht mehr belangt werden könne, werde er ein Geständnis ablegen.

Er gab an, er sei am Abend des Diebstahls tatsächlich im Kino gewesen, habe es zwischenzeitlich aber unbemerkt verlassen und sei nach Brenthurst gefahren. Nachdem er dort den Safe geöffnet und die Oppenheimer-Diamanten entwendet habe, sei er wieder auf seinen Kinosessel zurückgekehrt. Das Ganze habe nur 45 Minuten gedauert. Radley erinnerte Fabian daran, daß nach der Polizeiaktion ein paar Schmuckstücke gefehlt hätten. Sie seien später in Johannesburger Pfandhäusern aufgetaucht, weil sie dort »für lumpige 2800 Pfund« versetzt habe. Der Inspektor glaubte ihm. Später schrieb er: »Mein Gefühl sagte mir, daß Radley das Ding gedreht hatte.«

Die südafrikanischen Behörden waren sich da nicht so sicher. Radleys Version klang zu glatt, wie aus einem schlechten Krimi. Tatsächlich gab sich Radley alle Mühe, wie ein Leinwandheld aufzutreten. Er trug einen Kamelhaarmantel, schwarz-weiß-karierte Anzüge und blaue Wildlederschuhe, und jedesmal, wenn der Name Pearson fiel, verzog er verächtlich den Mund. In Amerika wüßten die Leute genau, was mit solchen Leuten zu tun sei: »Sie stecken dich in einen Zementsack«, sagte er mit filmreifer Lässigkeit, »schmeißen dich von der Brooklyn Bridge und nennen das Ganze dann einen Unfall. Pearson meint, er sei noch einmal davongekommen, doch wir beobachten jeden seiner Schritte.« (Wen er mit »wir« meinte, ließ er offen.) Die Polizei nahm diese ominösen Andeutungen nicht ernst, sondern hielt sie für reine Angeberei. Sie lehnte es ab, den Fall noch einmal aufzurollen.

Er wurde nie gelöst. Fast fünfzig Jahre später wurde er von der *Sunday Times* noch einmal sehr treffend und sarkastisch kommentiert: »Also hat niemand die Oppenheimer-Diamanten gestohlen. Sie sind von ganz alleine in das Zimmer im »Carlton Hotel« gelangt. Das ist wahrlich die bemerkenswerteste Gespenstergeschichte in der Kriminalgeschichte Südafrikas.«

15

Ein neuer König wird gekrönt

Die Diebe von Brenthurst hatten den Oppenheimers nicht nur ihre Diamanten geraubt, sondern auch ihre private Ungestörtheit. Viele Jahrzehnte lang hatten PR-Leute dafür gesorgt, daß über die Familie nichts an die Öffentlichkeit drang. Nur Meldungen über Spenden oder politische Wohltätigkeiten wurden an die Presse weitergegeben. Bei solchen Gelegenheiten präsentierten Vater und Sohn sich stets als zwei moderne, verständige Wirtschaftsführer, die ihre Unternehmen und ihr Vaterland mit weiser Hand in die zweite Hälfte des 20. Jahrhunderts führten. Ernests Devise *Spero optima,* »Ich erhoffe das Beste«, charakterisierte beider Arbeit. Ihr Konzern strahlte einen Geist der Stabilität und der Philanthropie aus. Zu diesem Bild hatte die Verleihung der Ehrendoktorwürde in Zivilrecht 1952 in Oxford nicht wenig beigetragen. An der Universität war man voll des Lobes für Sir Ernests »hohes Ansehen« und seinen »humanen Geist«. Später folgten für Vater und Sohn Ehrungen in Südafrika, wo sie mit Spenden für medizinische, technische und historische Fakultäten von sich reden gemacht hatten.

Mit dem Raub änderte sich das schlagartig. Ernests und Harrys unerhörter Reichtum sorgte nicht nur daheim für Schlagzeilen, sondern auch in vielen Ländern Europas und Amerikas. Wieder einmal machte der Name Hoggenheimer in Südafrika die Runde, und Vater und Sohn sahen sich Anfeindungen von rechts und links ausgesetzt. Radikale Kritiker beschimpften Ernest und Harry als ausgemachte Heuchler: Hinter der Fassade sozialer Gesinnung versteckten sich zwei rücksichtslose Plutokraten, die vor nichts zurückschreckten, wenn es um die Ausweitung ihres diamantenen Kartells und ihres Goldmachergespürs ging. In einer Freiheitscharta forderten der Afrikanische Nationalkongreß und schwarze Gewerkschaften die »Verstaatlichung der Minen, Banken und Industriemonopole«, die »Kontrolle von Handel und Industrie zum Nutzen des Volkes« sowie gleiche Rechte für alle auf einen Arbeitsplatz und eine Teilhabe am wirtschaftlichen Wohlstand.

Zur gleichen Zeit war die Nationale Partei eifrig damit beschäftigt, ihre Politik der »Großen Apartheid« durchzusetzen. Nach D. F. Malan hatte Johannes Gerhardus Strijdom die Regierung übernommen. Im Jahr 1955 steckte der neue Premierminister den Parteikurs ab: »Ich will so offen wie möglich sprechen. Ich gebe kein Pardon. Entweder herrscht der Weiße, oder der Schwarze verdrängt ihn. Einmal vor die freie Wahl gestellt, würden die Nichteuropäer unsere Führungsrolle nicht akzeptieren. Die Europäer können ihre Führung nur durch Herrschaft aufrechterhalten.« Wie diese Herrschaft anfang der fünfziger Jahre aussah, zeigt ein Blick auf die Apartheidgesetze. Das Gesetz gegen die Unmoral, das sexuelle Beziehungen zwischen Afrikanern und Weißen verbot, wurde strikt angewendet. Verstärkt wurde die Repression durch das Gesetz über die Registrierung der Bevölkerungsgruppen, das die Bevölkerung in mehrere rassische Gruppen unterteilte. Neben physischen Merkmalen wurden auch soziale Kriterien wie z. B. »Leumund« angewandt. War ein Einwohner erst einmal als »Coloured«, »Eingeborener«, »Inder«, »Malaie« usw. klassifiziert, unterlag er im weiteren dem Gesetz über getrennte Wohngebiete *(Group Areas Act)*. Letzteres war der tragende Pfeiler des gesamten Apartheidsystems. Gemischtrassige Gebiete, so hieß es, seien »tödliche Krankheitsherde für die europäische Rasse«, deshalb wurden jeder Bevölkerungsgruppe eigene Wohn- und Gewerbezonen zugewiesen.

Mit weiteren gesetzlichen Regelungen versagte man Schwarzen den Zugang zu den Universitäten. Statt dessen wurde ein »alternatives Bildungswesen« für Eingeborene aufgebaut, in dem sie lernen sollten, wo »ihr Platz in der Gesellschaft« war. Als Ersatz für »Eingeborener« und »Afrikaner« wurde die Bezeichnung »Bantu« für alle schwarzen Südafrikaner verordnet. Die alten Bezeichnungen, so behaupteten die Nationalisten, könnten genausogut auch für Weiße gelten. Der neuernannte Minister für Eingeborenen-Angelegenheiten, ein ehemaliger Psychologieprofessor namens Hendrik Verwoerd, faßte die neue Lage pointiert in der Frage zusammen:»Wozu einem Bantukind Mathematik beibringen, wenn es sein Wissen später gar nicht anwenden kann?«

Die Oppenheimers ließen nichts unversucht, um beide Seiten – die gefährlich aufsässigen schwarzen Militanten und die strammen Verfechter der Apartheid – zu besänftigen. Harry schlug in politischen Reden einen versöhnlichen Ton an. Ernest hielt es für angezeigt, die Personalpolitik von De Beers und Anglo-American zu verdeutlichen: »Zu den sanitären und infrastrukturellen Maßnahmen, von denen nun auch afrikanische Arbeiter profitieren, gehören elektrisches Licht in ihren Häusern und individuelle Toiletten mit Wasserspülung. Darüber verfügt selbst in Europa nur etwa die Hälfte der Bevölkerung. Noch nie in der Weltgeschichte hat ein Bevölkerungsteil eines Landes so rasche Fortschritte gemacht.« Gleich im nächsten Satz machte er eine Verbeugung vor der Regierung: »Nur der europäischen Führung und Kontrolle, ihrer Disziplin und ihrer Kompetenz ist dieser außerordentliche Fortschritt zu verdanken. Soll das Erreichte weiterentwickelt oder auch nur gehalten werden, dann muß diese europäische Führungsrolle bleiben.« Er schloß in gönnerhaft herablassendem Ton: »Die Afrikaner haben in den letzten dreißig Jahren viel gelernt. Das spricht sicherlich für sie, aber immer noch bleibt eine große Kluft zwischen ihren Fähigkeiten und ihren Ansprüchen.«

Wie so oft, wenn ein Redner es beiden Seiten recht machen will, war keine von beiden zufrieden. Auf der Linken wußten der ANC und seine Gefolgschaft, daß die Minen mehr als jeder andere gesellschaftliche Faktor das traditionelle afrikanische Leben zerstört hatten. Gewiß, die Minenarbeiter bekamen eine ausgewogene Kost und wurden medizinisch versorgt, doch eine gute körperliche Verfassung lag eben im Interesse ihres Arbeitgebers. Soziales Wohlergehen war etwas ganz anderes. Zum Zeitpunkt, als Sir Ernest seine Rede hielt, betrug das Monatseinkommen eines schwarzen Arbeiters in den Goldminen etwa fünf Pfund. War er verheiratet, mußte der Verdienst für zwei Haushalte reichen, denn in Südafrika war es Ehefrauen und Kindern nicht erlaubt, mit ihren Ehemännern und Vätern auf dem Grund und Boden des Bergwerkunternehmens zu wohnen. Die weißen Arbeiter verdienten mehr als 15mal soviel, ohne daß sie mit zwei Haushalten belastet waren.

Auf dem rechten Flügel betrachtete die Regierung Harrys Aktivitäten mit wachsendem Argwohn. Er gehörte der oppositionellen Vereinigten Partei an und blieb in seinen politischen Meinungen unberechenbar. Einmal räumte er ein, daß »wir den Lebensstandard der weißen Bevölkerungsschicht halten müssen, denn ein Absinken dieses Standards würde auch den Eingeborenen keinen Vorteil bringen. Außerdem besteht wohl Einigkeit darüber, daß die Trennung der Wohngebiete wünschenswert ist. Alle in diesem Haus sind sicherlich mit mir der Meinung, daß es nicht Ziel unseres Handelns sein kann, politische Macht in die Hände unzivilisierter, ungebildeter Menschen zu legen.« Dann wieder attackierte Harry die Politik der Rassentrennung, die die Regierung Strijdom auf ihr Panier geschrieben hatte: »Ich bin überzeugt, daß aus dem Versuch, die Geschichte unseres Landes in Theorie und Praxis für die nächsten hundert Jahre festzuschreiben, nur Arroganz und Verblendung sprechen.«

Schließlich riß Verwoerd der Geduldsfaden, und er ging zum Gegenangriff auf den Abgeordneten aus Kimberley über. Hoggenheimer-Kapitalisten wie Harry, so ließ er das Parlament wissen, »verfügen über probate Methoden, mit denen sie die Ziele ihrer Unternehmen und die des Kapitalismus verfolgen. Unter anderem behaupten sie gern, im Interesse der Öffentlichkeit und des ganzen Gemeinwesens zu handeln.«

Mitte der fünfziger Jahre boten Ernest und Harry an, für die schwarzen Arbeiter der Anglo-American und ihre Familien neue afrikanische Wohnstädte zu bauen. Sie hatten solche Projekte bereits im Kupferbergbaugebiet von Rhodesien verwirklicht, warum also nicht auch auf den Goldfeldern Südafrikas. Verwoerd war gegen den Plan. »Jede Mine könnte dann ihre Eingeborenenstädte mit Bezirken für verheiratete Arbeiter samt Familie schaffen«, klagte er. »Am Ende hätten wir dann zahlreiche Eingeborenenstädte in der Nachbarschaft der großen Städte.« Und was, wenn die Goldvorkommen eines Tages erschöpft waren? »Viele solcher schwarzen Städte blieben ... In einer Region könnten bis zu dreißig oder vierzig entstehen.« Verwoerd schauderte bei der Vorstellung, daß Schwarze in unmittelbarer Nachbarschaft mit Weißen leben könnten. Der Plan wurde rundweg abgelehnt.

Harry blieb bei seinem Protest, und immer, wenn seine Kritik eine wunde Stelle getroffen hatte, drohte ein Minister der Nationalen Partei: »Vielleicht sollten wir die Besteuerung der Minen anheben. Wie würde Ihnen das gefallen?« Keiner der beiden Oppenheimer ließ sich einschüchtern. Im privaten Kreis spottete Ernest: »Die reden doch nur. Sie reden und machen nicht die Hälfte ihrer Drohungen war.« Beide Seiten beließen es vorerst bei finsteren Blicken und schmiedeten neue Schlachtpläne. Und die Lunte brannte weiter.

*

Nichts hatte die Ruhe – manche sagten auch, die Arroganz – von Sir Ernest Oppenheimer erschüttern können, bis eines Tages ein kleiner, bescheidener anglikanischer Geistlicher namens Trevor Huddleston ein Buch mit dem Titel *Naught for Your Comfort* (deutsch: *Weine, du geliebtes Land*) veröffentlichte. Das Buch, das nach Auskunft des Verfassers auf Tatsachen beruhte, war nicht für die Bühne oder die Leinwand bestimmt und besaß keinen rhetorischen Glanz. Es war weder brillant geschrieben, noch bot es große Charaktere auf. Es war in jeder Hinsicht ein bescheidenes Werk. Nun war Pater Huddleston aber einige Jahre lang der Freund der christlichen Familie Oppenheimer gewesen. Ina hatte ihm sogar mehrmals geholfen, Spenden für wohltätige Zwecke zu sammeln. Als ein Exemplar des Buches nach Brenthurst kam, warf Ernest einen Blick hinein.

Zu Beginn schildert der Verfasser seine Begegnung mit sechs Afrikanern, die Opfer der jüngsten Maßnahme der Regierung geworden waren: Schwarze wurden aus den Städten in abgetrennte Wohngebiete umquartiert. Die Männer hatten auf den Stufen seines Pfarrhauses in einem schwarzen Township außerhalb von Johannesburg auf ihn gewartet. »Am Morgen«, so gab der Geistliche die Erzählung der Männer wieder, »waren sie wie gewohnt zur Arbeit gegangen, während ihre Frauen und Kinder noch fest schliefen. Bei ihrer Heimkehr nach Einbruch der Dunkelheit fanden sie ihre Hütten ohne Dächer vor. Ihre Familien kauerten im Freien um ein Kohlenfeuer. Kinder weinten vor Kälte und Müdigkeit.«

Pater Huddleston begleitete sie, damit er sich selbst ein Bild machen konnte. »Unter den Kauernden sah ich eine Frau in

Wehen; in jener Nacht gebar sie ihr Kind unter dem Winterhimmel.« Die biblische Anspielung war nicht zu überhören:»In dem Häuflein Verstoßener ... kam das, was sich einst in Bethlehem zugetragen hat, wieder lebhaft zu Bewußtsein.«

Nach der Schilderung dieses Vorfalls führt der Verfasser weitere Beispiele für das Elend der Schwarzen überall in Südafrika an. »Vor nicht langer Zeit stand ein Afrikaner an einer Bushaltestelle (zweiter Klasse). Er hatte es gewagt, ein Paar weiße Handschuhe zu tragen. Eine Gruppe junger Weißer fühlte sich dadurch derart provoziert, daß sie sich auf ihn stürzten. Unter ihren Schlägen stürzte er in die Gosse. Dann traten sie so lange auf ihn ein, bis er tot war.«

Pater Huddleston erinnerte auch an den Fall eines Schwarzen, der einen anderen Schwarzen niedergestochen hatte. Wie sich herausstellte, hatte der Täter, obwohl erst 19 Jahre alt, »bereits sechs Vorstrafen, auch wegen schwerer Delikte. Die Anklage wurde jedoch auf vorsätzlichen Totschlag abgeschwächt. Der Schuldige erhielt ein Jahr Gefängnis. Soweit ich weiß, läuft er immer noch in den Straßen von Sophiatown herum. Es war ja schließlich nur wieder eine Messerstecherei in einem Eingeborenengebiet ... Weder der junge Täter noch sein Opfer wurden als Persönlichkeiten gewertet. Beide waren Eingeborene, also Angehörige einer anderen Gattung Mensch, die in einer Welt für sich lebt.«

Die Anklageschrift sorgte im ganzen Land für Aufregung. Mindestens zwei Bücher erschienen als zornige Erwiderung auf diese kränkende Kritik. *You Are Wrong Father Huddleston* wies auf 113 Seiten die Aussage von *Naught for Your Comfort* zurück: »Was für eine traurige Figur, dieser einflußreiche Priester, von Liebe zu einem Slum verblendet und vor den Karren von Agitatoren gespannt.« Später folgte eine ausführliche Entgegnung eines konservativen Politikers unter dem Titel *Without Fear or Favor*. »Es sind Männer wie Huddleston, die Zwietracht und Mißtrauen unter den Ländern säen. Wenn Spannungen entstehen sollten, dann haben sie mit ihrer ungerechten Kritik wesentlich dazu beigetragen.«

Sattsam bekannte Argumente wurden wieder aufgetischt: Die Schwarzen seien kindlich, unreif und schlicht unfähig. »Darf man einem Kind ein Messer in die Hand geben und erwarten, daß es sich nicht schneidet? Viele ›Liberale‹ kennen nur die gebildeten städtischen Afrikaner, doch wie steht es mit der Mehrheit? Der eingeborenen Bevölkerung vom Land? Wenn die Weißen Südafrikas diese Probleme in die politische Arena ziehen, laufen sie Gefahr, aus den eingeborenen Zulu, diesen schönen, hochgewachsenen Menschen, ein Volk von Dieben und Prostituierten zu machen. Zugegeben, das sind harte Worte, aber leider entsprechen sie der Wahrheit … Und schuld daran ist der Weiße mit seinen falschen Vorstellungen von Menschenrechten.«

Ernest und Ina wollten sich vorurteilslos mit dem Buch ihres Freundes auseinandersetzen, aber auch sie hatten Mühe mit seiner Tonart und seinem Anliegen. Pater Huddleston, so sagten sie sich, hatte sicherlich zum Stilmittel der Übertreibung gegriffen, als er die Politik eines Strijdom und Verwoerd mit dem Regime Adolf Hitlers verglich. Afrikaner lebten bestimmt in menschenwürdigen Verhältnissen und nicht, wie das Buch glauben machen wollte, in einer furchterregenden schwarzen Hölle. Ernest hatte sich nie bis nach Shantytown, der Slumsiedlung vor den Toren Johannesburgs, vorgewagt. Ein Weißer, so war er gewarnt worden, vor allem aber ein reicher Weißer, spiele mit seinem Leben, wenn er sich dort allein hinbegebe. Sei's drum, sagte er sich. Bestimmte Dinge mußte man mit eigenen Augen sehen. Also keine Leibwächter, kein Geistlicher, keine Leute von der Firma. Nur von seiner Frau begleitet, wollte er sich ein Bild vom Leben der Bantu verschaffen.

Das Ehepaar Oppenheimer wurde weder angegriffen noch angepöbelt und bekam kaum Bemerkungen zu hören. Sie sahen, wovon sich jeder Besucher überzeugen konnte, wenn er nur die Augen aufmachte: ein Leben ohne Ziel und Hoffnung an einem Ort, an dem nur gelegentlich religiöse Zeremonien und Familienfeiern etwas Abwechslung ins graue Einerlei brachten. Verwoerds Politik der eisernen Hand hatte diese Lage herbeigeführt. Per Gesetz wurden Schwarze aus ihren »illegalen« Wohnquartieren in weißen Gebieten in die »reglementierten« Areale schwarzer Townships umgesiedelt. Diese Areale sollten den Wohngebieten der Weißen gleichwertig sein. In Wirklichkeit handelte es sich um unbebautes Land, ausgestattet nur mit Wasserhähnen. Wer dorthin gebracht wurde, mußte sich selbst eine notdürftige Behausung zurechtzimmern, wollte er nicht auf staatliche Hilfe warten, die eines fernen Tages vielleicht einmal kommen würde.

Ernest kam zu dem Schluß, daß Pater Huddleston nur die Wirklichkeit wiedergegeben hatte und daß sein Zorn daher berechtigt war. In den vergangenen drei Jahren hatte der Stadtrat von Johannesburg alle Wohnungsbauprogramme für Afrikaner wegen der Einwände der Nationalen Partei verworfen. In der Zwischenzeit hatten sich Schwarze auf dem Areal niedergelassen und mit selbstzusammengesuchtem Material eine Barackensiedlung errichtet: aus alten Lattenkisten, Kartons, Plastik und sogar Wellblech, dem Material, das hundert Jahre zuvor schon Rhodes, Barnato und andere Diamantensucher benutzt hatten. Mindestens zehntausend Afrikaner lebten hier in erbärmlichen Verhältnissen, und wegen der Gleichgültigkeit der staatlichen Stellen bestand keine Aussicht auf Hilfe.

Mit 74 Jahren verwandelte sich Ernest, der lange nur wenig Grund zur Sorge gesehen hatte, plötzlich in einen Kämpfer und redete wie ein Sozialarbeiter. »Jeder«, so sagte er vor Journalisten, »der wie ich die Townships der Schwarzen vor den Toren dieser Stadt besucht hat, spürt, wie dringend dort Hilfe gebraucht wird. Die Slums, die ebenso schnell gewachsen sind wie die Wirtschaft Johannesburgs, müssen verschwinden.« Und er nutzte die Gelegenheit, seine weißen Zuhörer daran zu erinnern, daß »die schwarze Bevölkerung zum überwiegenden Teil für weiße Unternehmer arbeitet«.

Um Moral ging es dabei nur am Rande. Rhodes hatte öffentliche Bauarbeiten als »Philanthropie plus fünf Prozent« bezeichnet, und Ernests Ansicht war davon nicht sehr verschieden. Er griff auf den von Imperialisten gern benutzten Ausdruck des »aufgeklärten Eigeninteresses« zurück, um sein Engagement zu rechtfertigen: Die Verbesserung der Wohn- und Lebensverhältnisse der Schwarzen sei »Voraussetzung für eine gesunde, zufriedene, effizient arbeitende und gesetzestreue Arbeiterschaft«. Er setzte seinen Kollegen aus der Bergbauindustrie so lange zu, bis er 3 Millionen Pfund zusammenhatte, und startete damit ein Programm zum Bau von 15 000 Wohnungen innerhalb von drei Jahren.

Der Bau von Shantytown war das letzte große Projekt des Diamantenkönigs. Sein 75. Geburtstag wurde in London gefeiert, wo er neue Konzernbüros ihrer Bestimmung übergab. Vor Mitarbeitern sagte Ernest, er habe »stets davon geträumt, die Londoner

Ernest besuchte mit seiner zweiten Frau Ina die Barackensiedlung Johannesburgs. Schockiert über die dortigen Zustände, stellte er Mittel für den Bau eines neuen Wohnviertels bereit. Es sollte ursprünglich nach ihm benannt werden, erhielt später aber den Namen Soweto.

Dependance der Diamantengruppe und der Anglo-American Corporation unter einem Dach vereint zu sehen«. Diesen Traum hatte er sich nun in High Holborn erfüllt. Allerdings wurde die Feier zu einer Strapaze für den Redner. Ernest fühlte sich bei öffentlichen Auftritten, zumal fern der Heimat, nie sehr wohl. Er mußte seine ganze Kraft zusammennehmen, bevor er aufstand und mit seiner Rede begann. Doch ihm unterlief kein Fehler. Er antwortete entspannt auf Fragen und zitierte souverän aus seinen Statistiken. Doch kaum hatten die Journalisten ihre Stifte weggelegt, erlitt er einen Ohnmachtsanfall.

»Der Rauch war schuld«, sagte später Lady Oppenheimer, als das Ehepaar wieder glücklich in Johannesburg gelandet war. »Nach der Anstrengung war auch gar nichts anderes zu erwarten. Die ganze Aufregung und die schlechte Luft. Er ist die Hektik in London nicht gewöhnt, und da stand er nun in dem überfüllten, stickigen Raum und redete eine halbe Stunde lang ... Schließlich ist er ein betagter Mann, auch wenn er noch sehr viel Energie besitzt.«

Genug Energie jedenfalls, um bald wieder an seinen Schreibtisch zurückzukehren und sein soziales Engagement noch zu verstärken. In den folgenden Monaten stiftete Ernest 100 000 Pfund für die Gründung des Queen Elizabeth House, eines Zentrums für koloniale Studien in Oxford. Weitere Spenden gingen an die Fakultät für Ingenieurwissenschaften an der Universität Stellenbach und ein Institut für medizinische Forschung in Südafrika.

Außerdem fand er noch Zeit, für ein weiteres Porträt Modell zu sitzen, seine ohnehin schon umfangreiche Sammlung von Büchern über Afrika zu erweitern und einige Ölgemälde zu erwerben. Insgesamt aber schlug er eine langsamere Gangart ein. Harry übernahm unauffällig die Pflichten seines Vaters. Oppenheimer senior gab seine Wohnung in London auf. Seine Gemäldesammlung, darunter auch Werke von Renoir und Goya, ließ er nach Brenthurst bringen. Besitz schien seinen Reiz für ihn zu verlieren. Als ein großer Diamant in der Premier-Mine gefunden wurde, hieß es sogleich, Ernest werde ihn für seine Frau kaufen. Kurz zuvor hatte er seine Gefühle für Edelsteine ausgedrückt. »Diamanten«, so hatte er gesagt, »waren meine erste Liebe. Und daran hat sich bis heute nichts geändert. Diamanten sprechen zu mir.«

Und als er nun den Stein in seiner Hand wog, sprach er in zärtlichem Ton über ihn. »Warum kaufen Sie ihn dann nicht?« wurde er gefragt.

Der alte Mann schüttelte den Kopf. »Das würde sehr viel Geld kosten.«

Ernest schränkte seine Präsenz im Büro ein. Gegen Mittag, nach dem üblichen Whisky mit Soda im Kollegenkreis, ging er zum Essen nach Hause und kehrte gewöhnlich nicht mehr zurück. Im Juli 1957 häuften sich die beunruhigenden Anzeichen. Bei der Eröffnung der Goldmine Wes Deep sagte Ernest vor der kleinen Schar von Zuhörern, er hoffe, daß er die ersten Erträge noch sehen werde, bezweifle aber, in fünf Jahren den Betrieb bei voller Förderleistung noch zu erleben. Ein paar Wochen später brach er bei einem Spaziergang auf dem Land zusammen. Nach diesem ersten leichten Herzanfall erlitt er mehrere ernste Rückfälle.

Ernest verstand seine Krankheit als eine persönliche Beleidigung und kämpfte gegen sie an. Nach sechs Wochen schien er zu alter Kraft zurückzufinden. Der Patient machte wieder Scherze und bekundete Interesse für die Geschäfte der Anglo-American und der De Beers. Ina, die bis dahin fast jede Stunde an seinem Krankenbett verbracht hatte, zeigte Spuren von Erschöpfung.

Ernest schlug ihr vor, Ferien in London zu machen und ihre Schwester zu besuchen. Sie habe sich Erholung verdient, nachdem sie einen alten Quälgeist wie ihn so lange gepflegt habe. Ina wollte zuerst nichts davon hören, mußte aber einsehen, daß sie erschöpft war. Schließlich setzte sich Ernest durch.

Ernest war nun für sich, aber deswegen nicht allein. Eine Krankenschwester kümmerte sich um ihn, und sein Leibarzt kam regelmäßig vorbei. Harry und Bridget besuchten ihn fast jeden Tag. An dem Wochenende nach Inas Abreise fühlte sich Ernest kräftig genug, zu einer Dinnerparty zu gehen, und am Montag, dem 27. November 1957, sprachen er und Harry am Morgen Geschäftliches durch. Nach einer Untersuchung befand der Arzt, daß Ernest eine Weile im Büro verbringen könne. Als er wegging, plauderte Ernest mit seiner Pflegerin Schwester Pam Walton. Ein Diener kam und sagte, das Frühstück sei serviert. Der alte Mann ging nach unten und schaute noch einmal nach oben zu Schwester Walton, die ihn vom Treppengeländer aus beobachtete.

»Wir sind wie Romeo und Julia«, rief er ihr zu und setzte sich dann an den Frühstückstisch. Der Anfall kam, noch ehe er die Gabel in sein Spiegelei stechen konnte. Ernest faßte sich an die Brust, schrie vor Schmerz auf und brach, noch bei Bewußtsein, über dem Tisch zusammen. Diener eilten herbei und riefen nach der Krankenschwester. »Was ist los?« fragte Ernest und rang nach Atem. »Es geht Ihnen nicht gut«, antwortete Schwester Walton mit sanfter Stimme. Sie und die Diener trugen ihn ins Wohnzimmer hinüber und legten ihn auf die Couch. »Was ist denn los?« wiederholte er röchelnd und verlor das Bewußtsein. Als Dr. Kaplan kam, war Sir Ernest Oppenheimer bereits tot.

Noch am späten Vormittag gab die Anglo-American in einer offiziellen Erklärung Ernest Oppenheimers Tod bekannt, und ganz Südafrika trauerte um ihn. Pater Huddlestons einfühlsame Worte hätten den Verstorbenen womöglich in Erstaunen versetzt: »Letztlich war es seine Schlichtheit, die ihn so liebenswert machte. Er hatte sich eine Kindlichkeit bewahrt, die man bei einem so rührigen Geschäftsmann wie ihm kaum erwartet hätte.« Andere Nachrufe waren weniger überschwenglich. Wirtschaftsführer aus aller Welt bekundeten ihren Respekt, Königin Elisabeth II. schickte ein Telegramm, und nun, da ein Hoggenheimer tot war und keine Bedrohung mehr darstellte, sprach auch Premierminister Strijdom sein Beileid aus. Eine weitere Ehrenbezeigung kam vom anderen Rand des politischen Spektrums, aus dem schwarzen South West Township, wo neue Wohnhäuser die alten Barackensiedlungen ersetzt hatten. Die Bewohner wollten ihre neue Heimat nach ihrem Wohltäter Sir Ernest Oppenheimer benennen, doch die Johannesburger Stadtväter fürchteten, dies könne die schwelenden Animositäten neu entfachen, und entschieden sich für einen weniger umstrittenen Namen: Soweto, die Abkürzung für South West Township.

Einige Tage nach Ernests Einäscherung wurde sein Testament veröffentlicht. Sein Inhalt war in einem Satz zusammengefaßt: »Ich vermache meinen gesamten Besitz, welcher Art er auch sei und wo er sich auch befinde, ohne Einschränkung meinem Sohn Harry Frederick Oppenheimer.« Die genannte Geldsumme war lächerlich gering: 3 500 000 Pfund. Das Vermögen war in ein weitverzweigtes Netz von Unternehmen und Beteiligungen geflossen, das kein Außenstehender jemals hätte entwirren können. Ernest war der reichste Mann Südafrikas gewesen, und Harry trat nun seine Nachfolge an.

﹡

Der neue König residierte in der Main Street Nr. 44, der Zentrale von Anglo-American und De Beers. Er kontrollierte mindestens vierzig Prozent der südafrikanischen Goldförderung und über achtzig Prozent der weltweiten Diamantenförderung. Ohne Frage hätte es Harry lieber gesehen, wenn sich der Übergang in aller Ruhe vollzogen hätte. Doch mit der Ruhe war es im politischen Leben Südafrikas vorbei.

Der exzentrische Goldsucher John Williamson starb sieben Wochen nach Ernest. Sein Bruder Percy erbte seine Mine und bot sie zum Verkauf an. Er verlangte über 5 Millionen Pfund. Der Preis war völlig überzogen, aber De Beers konnte es sich nicht leisten, daß die Mine an jemanden verkauft wurde, der nicht zum Kartell gehörte. Harry flog ohne Anwälte und Berater nach Tanganjika, um sich ein Bild vor Ort zu machen. Er feilschte mit Percy die ganze Nacht, bis sie sich schließlich einig wurden. Bei seiner Rückkehr zeigte Harry den Vertragstext den Juristen von der Anglo-American. »Etwas eigenwillig«, lautete ihr Urteil. Firmenbosse handelten für gewöhnlich nicht selbst die Verträge mit der Gegenseite aus, das war Aufgabe der Experten. So gesehen erinnerte Harry bei seiner Mission an einen General, den man ohne Gewehr in die Schützengräben geschickt hatte. Gleichwohl mußten seine Juristen zugeben, daß der Vertrag »wasserdicht« schien.

Allerdings blieb da noch ein größeres Problem. Die Williamson-Mine lag in Tanganjika. Das Land war seit dem Ersten Weltkrieg britisches Mandatsgebiet gewesen, doch damit hatte es bald ein Ende. Die Befürworter einer Machtübernahme durch die Schwarzen fanden zunehmend Unterstützung, und Großbritannien, dem die koloniale Altlast ein Klotz am Bein war, schien bereit, das Land in die Unabhängigkeit zu entlassen. Harry reagierte schnell. Es war ratsam, sich mit den schwarzen Führern auf guten Fuß zu stellen, bevor sie die politische Macht übernahmen, sonst drohte die Verstaatlichung der Mine. Er sprach mit den schwarzen Verwaltungsfachleuten aus Tanganjika und bot ihnen eine Beteiligung von fünfzig Prozent an. Außerdem verpflichtete sich De Beer, Kredite für eine eventuelle Vergrößerung der Mine zu beschaffen. Kaum hatte die Gegenseite eingeschlagen, da suchte Harry auch schon nach Investoren. Er fand sie in einem Land, mit dem keiner gerechnet hatte: in Westdeutschland. Seit den Tagen Kaiser Wilhelms II. war keine Deutsche Mark mehr in Afrika investiert worden.

Die Tinte auf dem Vertrag mit Williamson war kaum trocken, da traf schon die nächste bestürzende Nachricht ein. In der sibirischen Tundra waren Diamantfelder entdeckt worden. Schon seit Ende der vierziger Jahre hatten sowjetische Geologen die Ufer des Wiljui erkundet, nachdem ein Wissenschaftler dort einige kleine Diamanten entdeckt hatte. Nun, Anfang 1955 stieß der sowjetische Geologe Jurij Chabarin zufällig auf einen Fuchsbau. Das Tier hatte beim Graben seiner Erdhöhle einigen *blue ground* zutage gefördert. Chabarin grub noch an mehreren anderen Stellen, dann gab er eine verschlüsselte Meldung auf: »Ich rauche die Friedenspfeife.« Drei Jahre später konnten Ingenieure den Nachweis erbringen, daß Chabarin nicht bloß eine Pipe, sondern ein fast sieben Hektar großes, rund achthundert Meter breites Diamantfeld entdeckt hatte.

Wenn in Südafrika Edelsteine gefunden wurden, so verhieß das stets kommenden Reichtum. In der Sowjetunion brachten solche

Funde unendliche Mühen mit sich. Die sibirische Erde ließ sich ihre Schätze nur unter größtem Widerstand entreißen. Im Winter sanken die Temperaturen bis auf minus achtzig Grad. Bei dieser Kälte gefror Öl zu Blöcken, Gummireifen barsten, und selbst Stahlwerkzeuge wurden brüchig. Im Sommer verwandelte sich das gefrorene Erdreich in ein Meer von Schlamm. Für die Ausbeutung der Diamantenvorkommen ließen die zuständigen Stellen der UdSSR eine ganze Stadt auf Pfählen errichten. Aichal, so ihr Name, war in durchsichtiges Plastik gehüllt als Schutz gegen die Unbilden der Witterung, während sie von innen beheizt und belüftet wurde. Die sowjetischen Diamantensucher benutzten Düsentriebwerke und Dynamit, mit dem sie große Löcher in den gefrorenen Boden trieben, um das diamanthaltige Erdreich zu lockern. Die Plattformen, auf denen Aichal errichtet war, wären unter dem Gewicht der zutage geförderten Erde zusammengebrochen, daher wurde sie zu einer über dreißig Kilometer entfernten Aufbereitungsanlage transportiert.

Die Diamantenförderung war ein sehr aufwendiger Prozeß, doch die Sowjetregierung scheute weder Kosten noch Mühen. Als die Welt von der Entdeckung in Sibirien erfuhr, fiel der Kurs der De-Beers-Aktien von 114 Shilling und sechs Pence auf 82 Shilling. Die UdSSR hatte nun die Oberhand. Sie konnte den Markt mit Edelsteinen überschwemmen und die ganze Diamantenindustrie durcheinanderbringen. Hundert Jahre der Blüte könnten binnen einer Woche zu Ende sein. Harry mußte das Ruder herumreißen, entschlossen und schnell. Er schickte seinen Vetter Philip, Otto Oppenheimers Sohn, mit einer Anfrage und einem Angebot nach Moskau. Wozu, so fragte er die Sowjets, die Steine auf eigene Faust verkaufen? Das würde alle Einzel- und Großhändler ärmer machen – die Sowjets nicht ausgenommen. Wenn sich nun De Beers bereit erklärte, die gesamte sowjetische Diamantenproduktion dieses Jahres und aller kommenden Jahre aufzukaufen, und das zu Preisen, die stets über dem Marktpreis lagen? »Ein einziger Vertriebsweg«, betonte Harry unermüdlich, »ist im Interesse aller Diamantenproduzenten, ganz gleich, welchem politischen Lager sie angehören.«

Die Sowjets führten zwar einen permanenten Kreuzzug gegen den Kapitalismus, doch einem so verlockenden Angebot konnten sie nicht widerstehen. Dazu reichten Kohlenstoff und Heuchelei vollkommen aus. So erklärte sich die Sowjetunion einverstanden, ihre gesamte Produktion an Rohdiamanten an das Syndikat zu verkaufen, vorausgesetzt, der Weg von der Mine zum Händler wurde schicklich verhüllt. Also richtete De Beers Handelswege ein, die für Außenstehende undurchschaubar bleiben mußten. Die sibirischen Diamanten wurden an mehrere kleine Gesellschaften geliefert, die unter dem Dach größerer Gesellschaften standen. Diese wiederum gehörten zu großen Holdings, in denen letztlich De Beers das Sagen hatte. Ein solches Arrangement brachte dem sowjetischen Vertreter bei den Vereinten Nationen einen unschätzbaren Vorteil. Er konnte in Gremien auf den Tisch hauen, gegen die Monopole und den Rassismus der südafrikanischen Kapitalisten wettern, zum Boykott der südafrikanischen Ausfuhren aufrufen – und gleichzeitig verkaufte die Sowjetunion ihre gesamte Diamantenproduktion an den Gegner.

Mit aufstrebenden Entwicklungsländern verfuhr De Beers ebenso. Tansania, Ghana und Sierra Leone hätten selbstverständlich nie Geschäfte mit einem Apartheidsstaat gemacht. Doch wer konnte den Verantwortlichen dieser Staaten vorwerfen, daß sie die Rohdiamanten an die Diamond Development Corporation und an die Mining and Technical Services Ltd. verkauften, unabhängige Firmen mit Sitz in Ländern wie England, Luxemburg und der Schweiz? Die afrikanischen Staaten traf keine Schuld, wenn die Diamanten am Ende der Kette an De Beers verkauft wurden. Auf diese Weise verfuhr man seit den fünfziger Jahren bis heute, und wenn auch nicht jedermanns Hände dabei sauber blieben, so wurden sie doch gründlich gewaschen.

Größere Probleme hatte Harry mit den Vereinigten Staaten. Drei Viertel der Diamanten, die sich für die Verarbeitung zu Schmuck eigneten, wurden an Amerikaner verkauft. Dennoch gab es im ganzen Land kein Büro, das sich mit dem Firmenzeichen von De Beers schmücken konnte. Antitrustgesetze verhinderten, daß Kartelle auf dem Gebiet der Vereinigten Staaten Geschäfte machen konnten. So wichtig die Amerikaner als Kunden waren, so viel Sorgen bereiteten sie Harry: Die in Amerika verkauften Steine waren nur klein und verhältnismäßig preiswert. Entsprechend schmal fiel der Gewinn aus, und auch die Zuwachsraten ließen zu wünschen übrig. Ein Mann, der seiner Verlobten einen Diamantring zur Verlobung schenkte, würde sie in aller Regel mit keinem weiteren Diamanten beglücken. Wie aus einer Marktanalyse De Beers hervorging, war dies die Folge »der allgemeinen Wirtschaftslage, veränderter sozialer Einstellungen der Werbung für konkurrierende Luxusartikel«.

An der Wirtschaftslage konnte selbst De Beers nichts ändern, wohl aber an den Haltungen und Absatzstrategien. Harry war zum erstenmal im Herbst 1938 nach New York gekommen, wo er mit Gerald M. Lauck, dem Präsidenten der Werbeagentur N. W. Ayer, zusammentraf. Ayer war ihm von der Morgan Bank, dem befreundeten Partner von Sir Ernest, empfohlen worden. Und wie sich herausstellte, hatte er eine gute Wahl getroffen. Die Agentur wurde zum amerikanischen Arm der Firma und setzte geschickt Harrys Anweisung um, Diamanten im Bewußtsein der Konsumenten als das überragende Symbol für Romantik und Beständigkeit zu verankern. Noch wichtiger war vielleicht, daß sie die Werbung des Unternehmens in den Vereinigten Staaten koordinierte.

Ayer hatte seit den dreißiger Jahren und während des Krieges ein festes Ziel verfolgt. Wie aus einem Papier von De Beers hervorgeht, sollten die Amerikaner davon überzeugt werden, daß »die Diamantenindustrie zwar ein Monopol innehat, aber dennoch ihre Geschäfte fair und in Übereinstimmung mit amerikanischen Interessen abwickelt. Dieses Image muß so aufgebaut werden, daß es selbst Angriffen seitens der Regierung standhält.«

Die Werbefachleute wußten, daß Konsumenten nicht geboren, sondern gemacht werden und daß letztlich das Image alles entscheidet. Aus diesem Grund machten sie sich die amerikanische Traumfabrik zur Verbündeten. Tatsächlich wirkten sie so auf Hollywoodproduzenten ein, daß z. B. der Titel eines Films von *Diamanten sind gefährlich* in *Abenteuer mit Diamanten* geändert wurde. Außerdem brachten sie Stars wie Merle Oberon und Claudette Colbert dazu, ihre Juwelen auf der Leinwand zur Schau zu stellen. In den Kriegsjahren erschienen in den Zeitungen wohldosierte optimistische Reportagen mit Überschriften wie »Krieg gibt Diamantenbranche neue Impulse« und »Wie Diamanten in Krieg und Frieden beflügeln«.

Nach dem amerikanischen Sieg über Japan konnte Ayer, mit einem höheren Werbeetat ausgestattet, ehrgeizigere Ziele anvisieren. Die Agentur nahm sich vor, mit einer neuen Strategie die seit annähernd einem Jahrhundert bestehende Tradition, seiner Verlobten einen Diamantring zu schenken, ins Bewußtsein aller Konsumenten zu heben. Die Kaufentscheidung für einen solchen Ring sollte »eine psychologische Notwendigkeit werden, die sich auf Einzelhandelsebene erfolgreich gegen Gebrauchsgüter und Dienstleistungen behaupten kann«. Zunächst wurden die Rektoren bestimmter weiterführender Schulen dazu überredet, an ihren Anstalten Vorträge von Firmenvertretern zu erlauben. Das Thema der Vorträge lautete: die einzigartige, faszinierende Geschichte der Diamanten. »Alle Vorträge«, so hieß es in einem vertraulichen Bericht an De Beers, »berührten die Tradition des Verlobungsrings. Mit unseren Veranstaltungen vor Schulversammlungen, Klassen und sonstigen Schülergruppen haben wir Tausende von jungen Frauen der führenden Bildungsanstalten des Landes erreicht.«

Die Berieselung mit Werbebotschaften setzte sich auch außerhalb des Klassenzimmers fort. Ein anderes Strategiepapier verkündete: »Wir stellen Frauen heraus, die Diamanten tragen, seien es Stars von Bühne und Leinwand, Ehefrauen und Töchter hochgestellter Politiker oder jede andere Frau, bei deren Anblick die Frau des Krämers oder die Freundin des Automechanikers sagen könnte: ›So etwas wie die hätte ich auch gern.‹« Da die vorwiegend männliche Kundschaft auch größere und teurere Edelsteine kaufen sollte, wurden die Männer ermuntert, »den größten Diamanten zu kaufen, den sie sich leisten können«.

Im Jahr 1948 kreierte einer von Ayers Werbetextern den Slogan *A Diamond is Forever* – »Ein Diamant ist unvergänglich.« Oft parodiert und imitiert, wurde er zu einem Muster der amerikanischen Werbebranche, eine klassische Werbebotschaft, die neben *Pepsi Cola Hits the Spot* und *There's a Ford in Your Future* bestehen konnte. Natürlich ist ein Diamant nicht »unvergänglicher« als ein Amethyst oder ein Granat. Edelsteine sind alle ungefähr gleich alt, und wie jedes andere Juwel kann auch ein Diamant, je nach den Umständen, splittern und Kratzer oder Brandspuren davontragen. Wie auch immer, der Slogan setzte sich in der Vorstellung der Amerikaner fest. Von nun an verkörperten De-Beers-Produkte die Hoffnung auf Eheglück und materiellen Erfolg. Und wer wagte es schon im Rausch der Nachkriegszeit, Hoffnung als reinen Luxus zu bezeichnen?

Anfang der fünfziger Jahre erhielt jede zweite amerikanische Frau einen Diamantring von ihrem Verlobten. Von Harry angespornt, verdoppelte Ayer seine Anstrengungen und erreichte bewundernswerte Erfolge: An der Schwelle zum nächsten Jahrzehnt waren es fast achtzig Prozent aller Frauen. In dem Film *Blondinen bevorzugt* aus dem Jahr 1953 sangen Marilyn Monroe und Jane Russell *Diamonds Are a Girl's Best Friends* und brachten damit eine Werbebotschaft an den Mann, die Harry keinen Pfennig kostete. Der Konzern setzte auf Expansion. Das Volksvermögen in Japan, Deutschland und Brasilien stieg rapide an, und mit ihm das frei verfügbare Einkommen der Bürger. Warum sollte nicht ein Teil dieses Geldes für Diamanten ausgegeben werden? Zwar hatte der Diamantenkauf in diesen Ländern, vor allem in Japan, keine Tradition, aber wozu gab es schließlich Werbeagenturen? Ein führender Manager der Diamantenbranche sagte lapidar: »Mit der richtigen Werbung kann man den Japanern alles verkaufen.«

Unterdessen war für Harry ein neues Problem aufgetaucht, das nichts mit den sibirischen Minen oder mit den Kaufgewohnheiten der Amerikaner und Japaner zu tun hatte. Seit Beginn der fünfziger Jahre arbeiteten Chemiker der schwedischen Firma Almanna Svenska Elektriska Aktiebolaget an der Herstellung synthetischer Diamanten. Schon 1953 erzielte ASEA erste Erfolge mit einem Verfahren, bei dem reiner Kohlenstoff sehr großer Hitze (2760 Grad) und einem Druck ausgesetzt wurde, der 90 000mal höher war als in der Erdatmosphäre. Die dabei entstehenden kleinen Kristalle wiesen alle Merkmale natürlicher Diamanten auf. Auch bei der General Electric Company hatten Wissenschaftler an einem ähnlichen Verfahren gearbeitet. Unter Anwendung eines noch höheren Drucks (bis 100 000mal höher als in der Erdatmosphäre) gelang es dem Unternehmen zwei Jahre später, ebenfalls künstliche Diamanten zu produzieren. Schon bekundeten Ökonomen ernste Zweifel, ob der Diamantenindustrie noch eine Zukunft beschieden sei. De Beers hatte Wirtschaftskrisen, Krankheit und politischen Hader überlebt, und aus jeder Krise war das Unternehmen gestärkt hervorgegangen. Aber noch nie hatte es sich einem Kampf mit der Wissenschaft stellen müssen.

Angesichts der vielen Versuche, Juwelen in betrügerischer Absicht synthetisch herzustellen, hatte Harry an seinem Glauben festgehalten, nur Gott allein könne Diamanten schaffen. Nun sah es allerdings ganz danach aus, als habe er einem falschen Glauben angehangen. Gleichwohl hütete er sich, in Panik auszubrechen. Bisher hatte die Taktik, den Gegner zu umarmen, immer verfangen, warum nicht auch diesmal. De Beers beglückwünschte also General Electric zuerst einmal zu dem interessanten technischen Experiment, freilich nicht ohne die Öffentlichkeit darauf hinzuweisen, daß diese künstlichen Kristalle keine Schmucksteine seien, sondern nur eine Art Grus. Vielleicht könne man sie als Schleifmittel verwenden, wenn es gelinge, sie billig herzustellen. Doch davon war man noch weit entfernt. Einen Fingerhut voll dieser schwedischen Steine zu produzieren hatte mehr als 3 Millionen Dollar verschlungen.

Im vertrauten Kreis gaben die De-Beers-Manager jedoch zu, daß der Diamantenindustrie möglicherweise die schwerste Krise ihrer Geschichte drohte. Daher gingen sie nun zu Phase zwei ihrer Abwehrstrategie über. Es gab nur eine Möglichkeit, die Wissenschaft zu besiegen, nämlich mit ihr zusammenzuarbeiten. In Crown Mines gab es bereits ein Diamanten-Forschungslabor, und Harry gab nun neue Direktiven aus. Eine Abteilung mit dem Namen Adamant – nach dem griechischen Wort für Diamant – sollte ein neues Herstellungsverfahren entwickeln, mit dessen Hilfe De Beers selbst synthetische Diamanten produzieren konnte. Adamant erhielt die besten Experten, die mit Geld angelockt werden konnten, und verfügte praktisch über einen unbegrenzten Etat. Bereits 1958 konnte die neue Abteilung ihre ersten künstlichen Steine präsentieren. Die Kristalle waren sehr klein und zu nichts anderem zu gebrauchen als zum Schleifen. Obendrein waren sie teuer, fast doppelt so teuer wie gewöhnliche, im Bergbau geförderte Industriediamanten. Doch darum ging es nicht. Wichtig war nur, daß De Beers nun mit ASEA und General Electric als ebenbürtiger Partner verhandeln konnte.

Damit begann für das Unternehmen Phase drei der Abwehrstrategie. Nach langwierigen Verhandlungen kam schließlich ein Vertrag zustande. Für 8 Millionen Dollar plus Tantiemen war General Electric bereit, sein patentiertes Verfahren zur Diamantenherstellung an De Beers abzugeben. Daraufhin wandte sich Harry der ASEA zu und kaufte der schwedischen Firma für eine nicht genannte Summe ebenfalls ihre Technologie und Patente ab. Binnen zwei Jahren baute De Beers einen eigenständigen Produktionszweig auf, die Ultra High Pressure Units Inc. Sie verfügte über 75 hydraulische Pressen in Südafrika, entsprechende Anlagen in Schweden und eine weitere Fabrik in Shannon in Irland. »Als Harry den Konzern übernahm«, sagte ein Angehöriger der Nationalen Partei, »hatte ich gemischte Gefühle. Ein verhätschelter Junge aus Oxford, dachte ich. Aber dann erfuhr ich von seinen Geschäften mit den Russen und den Schwarzen. Und ich konnte zusehen, wie er von einer Randfigur zum Hauptakteur auf dem Feld der synthetischen Diamantenherstellung wurde. Er ist ganz der Sohn seines Vaters. Mit ihm könnten wir noch ziemlich viel Scherereien bekommen.«

*

Für viele in der Nationalen Partei war Harry schon als Privatmann ein rotes Tuch. Die Vorstellung, daß ein Wirtschaftsführer und erklärter Gegner der Apartheid auch in der politischen Arena auftrat, war ihnen unerträglich. Führende Parteivertreter erwogen bereits weitere Schritte gegen Oppenheimer, als Harry sie selber ihrer Sorge enthob. Kurz vor den Wahlen des Jahres 1958 verlas Hendrik Verwoerd, der Kandidat der Nationalen Partei für das Amt des Premierministers, eine offizielle Stellungnahme des De-Beers-Chefs:»Nach dem Tod meines Vaters ruhen nun schwere Pflichten auf meinen Schultern, die sich aus der Führung des Konzerns ergeben. Diese neue Aufgabe kann ich nicht gewissenhaft erfüllen, wenn ich weiterhin aktiv an der politischen Auseinandersetzung teilnehme. Ich habe daher dem Vorsitzenden der Vereinigten Partei mitgeteilt, daß ich als Kandidat für die nächste Parlamentswahl nicht mehr zur Verfügung stehe.«
Die Nationalisten konnten sich nun mit neuer Zuversicht in den Wahlkampf stürzen. Sie hatten Hoggenheimer geschlagen, ohne auch nur einen Schuß abzugeben. Mit einem Wahlprogramm, das ganz auf die Vorherrschaft der Weißen abhob, gelang ihnen ein überwältigender Wahlerfolg über den »britisch-jüdischen Liberalismus«. Der frischgebackene Premierminister Hendrik Verwoerd, der bislang nicht durch religiösen Eifer aufgefallen war, gab nun sein Glaubensbekenntnis ab: »Aus dem Wahlergebnis spricht der Wille Gottes.«

Harry machte aus seiner Enttäuschung kein Hehl. Dennoch sah er Südafrikas Zukunft in rosigen Farben. Bei einem Besuch in London sagte er vor Mitgliedern der Royal African Society: »Südafrikaner erkennen oft nicht, daß sie in den Fragen, auf die es wirklich ankommt, weitgehend einer Meinung sind ... Es überrascht doch, wie wenig die wirtschaftliche Entwicklung des Landes von der politischen Auseinandersetzung beeinflußt worden ist.«

Eine Aussage, die er 1959 wohl gern wieder zurückgenommen hätte, als die Vereinigte Partei über der Frage des Wahlrechts für Schwarze zerbrach. Der konservative Flügel vertrat den Standpunkt, daß die Diskussion über eine Ausdehnung des Wahlrechts auf Nichtweiße nicht weitergeführt werden dürfe. Der liberale Flügel, zu dem auch Harry gehörte, wollte auf jeden Fall »die Tür offenlassen«. Die Debatte wurde immer gereizter, und einige Mitglieder, darunter auch eine Liberale aus Johannesburg namens Helen Suzman, plädierten für eine Abspaltung. Harry mischte sich nicht ein, sondern hoffte auf eine Annäherung der verfeindeten Lager. Als diese Annäherung ausblieb, schrieb er einen Brief, der nicht nur seine Partei, sondern ganz Südafrika aufrüttelte: »Wenn ich mich auch ganz aus dem öffentlichen Leben zurückgezogen habe und nicht beabsichtige, dorthin zurückzukehren«, schrieb er den Parteiführern, »so habe ich dennoch die jüngste Entwicklung innerhalb der Partei mit großem Interesse verfolgt ... Unter den gegebenen Verhältnissen scheint es mir nicht geraten, länger Mitglied zu bleiben ... und ich habe daher meinen Rücktritt eingereicht.« Einige Monate später wurde die Fortschrittspartei gegründet. Lange Jahre blieb Harry ihr einziger Geldgeber und Suzman ihre einzige Abgeordnete. Ihre Gegner von der äußersten Rechten, von der gemäßigten Rechten und vom Zentrum konnten sich entspannt zurücklehnen. Harry mochte noch so reich sein, dieses Gespann allein war keine ernstzunehmende Opposition. »Wir müssen noch viel lernen«, mußte Harry bald zugeben. Gleiches galt aber auch für seine Gegner.

Zum Winteranfang 1960 wurde Verwoerd durch eine Rede des britischen Premierministers Harold Macmillan aufgeschreckt. Der Brite hatte die Kühnheit besessen, von einem »Wind der Veränderung« zu sprechen, der im Kongo, in Kenia und im übrigen Afrika wehe. Verwoerd wußte, was gemeint war: die Vermischung von Schwarz und Weiß, Aufhebung der Rassentrennung an den Universitäten, politisches Chaos und das Ende der weißen Ideale. Er forcierte sein Apartheidprogramm, und im Gegenzug riefen die afrikanischen Führer zu zivilem Ungehorsam im ganzen Land auf.

Eine neue militante Bewegung, der Pan African Congress, spaltete sich vom ANC ab und rief den 21. März 1960 zum »Anti-Paß-Tag« aus. Wer sich dem Protest gegen das neue Gesetz anschloß, sollte seinen Paß absichtlich zu Hause lassen. Andere Protestmaßnahmen waren anfangs gut verlaufen, hatten dann aber in Gewalttätigkeiten auf beiden Seiten geendet. Im Jahr zuvor waren bei einem Zwischenfall außerhalb von Durban vier weiße und fünf schwarze Polizisten erschlagen worden. Der PAC wollte auf jeden Fall verhindern, daß sich Gleiches in der schmukken, ordentlichen Stadt Sharpeville, achtzig Kilometer südlich von Johannesburg, wiederholte. Unter Berufung auf den Geist und die Reden Gandhis planten die Verantwortlichen des PAC, den Ordnungskräften keinen Widerstand zu leisten, wenn es zu Festnahmen kam. Sie rechneten darauf, daß die Gefängnisse bald mit Tausenden von PAC-Sympathisanten überfüllt sein würden und den Politikern keine andere Wahl blieb, als das Gesetz zu ändern. Doch ihre Rechnung ging nicht auf. Die Regierung war zu keinerlei Konzessionen bereit, und der PAC mußte seinerseits erkennen, daß die Demonstranten unerfahren und schlecht organisiert waren.

Doch auch die Polizei war überfordert. Um zehn Uhr vormittags hatten sich etwa fünftausend Schwarze vor der Polizeiwache in Sharpeville versammelt. Die Beamten wußten nicht, wie sie sich verhalten sollten. Die Menge verunsicherte sie, außerdem war das Gefängnis viel zu klein, um so viele Menschen aufzunehmen. Die Versammlung zog sich über drei Stunden lang hin. Unterdessen hatte die Regierung Sabre-Düsenjäger geschickt, die im Tiefflug über die Menge heulten und die Demonstranten auseinandertreiben sollten. Die Taktik war bei Unruhen in der Vergangenheit mit Erfolg angewendet worden, diesmal bewirkte sie nur, daß die Menge noch gereizter wurde. Gegen 13.45 Uhr stieß jemand einen Polizisten um, es kam zu einem Handgemenge. Eine Gruppe drängte von hinten nach vorn, um zu sehen, was geschehen war. Später behauptete die Polizei, zu diesem Zeitpunkt seien die ersten Steine geworfen worden. Die Polizisten hatten keinen Schießbefehl, doch einige jüngere Beamte verloren die Nerven. Sie zogen ihre Pistolen und eröffneten das Feuer. Die Demonstranten wichen zurück und flüchteten in Panik. Doch es war schon zu spät. Der Lehrer Michael Zondo hörte ratternde Geräusche und stürzte vom Fahrrad. »Ich sah Gehirn auf der Straße«, berichtete er. »Schädel barsten direkt vor meinen Augen.« Er wollte weglaufen, da erkannte er einige seiner Schüler. »Sie riefen plötzlich *Tichara othunswe! Tichara othunswe!*, was in Sosotho soviel heißt wie ›Unser Lehrer ist erschossen worden!‹ Ich bekam einen Schock und glaubte schon, ich sei tot. Mir fiel eine Geschichte ein, die ich als Kind in einer Zeitschrift gelesen hatte. Sie handelte von König Artus' Rittern, denen man in der Schlacht den Kopf abgeschlagen hatte und die dann ohne Kopf auf den Schultern weitergelaufen waren. Ob mir das gleiche widerfahren war?«

Die Kinder zeigten auf sein Bein. Er schaute an sich hinunter und sah erst jetzt, daß ihm der Wadenmuskel weggeschossen worden war. Darauf brach er ohnmächtig zusammen.

Das Massaker von Sharpeville, wie es die Zeitungen später nannten, markierte einen Wendepunkt in der Geschichte des modernen Südafrika. Die internationale Presse berichtete mit Fotos und Reportagen über die Grausamkeit der Apartheidpolitik. Kein anderes Ereignis, die schlimmsten Exzesse des Burenkrieges eingeschlossen, hatte dem Ruf des Landes mehr geschadet. Die Vereinten Nationen verurteilten die Regierung in Pretoria, aus Europa und Amerika wurde scharfe Kritik laut. Verwoerds Kabinett reagierte zornig. Die Unruhen, so ließ es verlauten, hätten »von einer geplanten Demonstration ihren Ausgang genommen ... Die Demonstranten schossen zuerst, darauf erwiderte die Polizei in Notwehr das Feuer.«

Die offizielle Darstellung der Ereignisse konnte jedoch die Weltöffentlichkeit nicht überzeugen. Der Premierminister bekam einen Wutanfall, der Geschichte machen sollte. Am 8. April erließ sein Kabinett das Gesetz über illegale Organisationen: Der ANC, der PAC und andere Gruppen wurden verboten. Damals erklärte ein junger Schwarzenführer namens Nelson Mandela: »Wir waren stets für eine nichtrassistische Demokratie eingetreten und vermieden eine Politik, die die Rassen noch weiter auseinandergetrieben hätte, als sie es ohnehin schon waren. Aber es ist eine unumstößliche Tatsache, daß fünfzig Jahre Gewaltfreiheit dem afrikanischen Volk nur immer repressivere Gesetze und immer weniger Rechte gebracht haben.«

Südafrika geriet immer mehr an den Rand des sozialen Chaos. Zwei Wochen nach Sharpeville streckte ein geistesgestörter weißer Farmer den Premierminister mit zwei Kugeln nieder. Bei seiner Vernehmung sagte er aus, daß er den »unwiderstehlichen Drang« verspürt habe, »die Apartheid zu erschießen – das furchtbare Ungeheuer der Apartheid, das Südafrika an die Kehle greift und daran hindert, seinen rechtmäßigen Platz unter den Nationen einzunehmen«.

Doch Verwoerd überlebte nicht nur, er behielt auch die Oberhand. Von der Überzeugung durchdrungen, daß er sein Leben dem Eingreifen Gottes verdanke, forderte er noch härtere Apartheidsgesetze. Streiks wurden niedergeschlagen, Tausende wurden verhaftet und ohne Anklage festgehalten. Wegen der anhaltenden Kritik aus England erklärte Verwoerd den Austritt aus dem Commonwealth und kündigte damit eine 150jährige Mitgliedschaft. Außerdem wetterte er weiterhin gegen einen ganz besonderen Staatsfeind: einen Weißen, der nach wie vor behauptete, Apartheid sei nicht nur gefährlich, sondern auch undurchführbar.

»Die Oppenheimer-Gruppe«, so klagte Verwoerd, »ist ein Krake, dessen Arme in alle Bereiche des südafrikanischen Wirtschaftslebens reichen. Sein Haupt, Mr. Harry Oppenheimer, gibt politische Erklärungen ab, mischt sich in die politische Debatte ein und versucht, politischen Einfluß auszuüben ... Er kann insgeheim eine Menge bewirken. Mit anderen Worten, er zieht die Fäden. Da er über finanzielle Macht und einen Apparat verfügt, der über das ganze Land verzweigt ist, kann er, wenn es ihm beliebt, seinen großen Einfluß gegen die Regierung und gegen den Staat richten.«

Ein Abgeordneter pflichtete ihm bei: An den Fingern einer Hand könne er »Südafrikas drängendste Probleme abzählen: die Vereinten Nationen, die englische Presse, die Liberale Partei, die Vereinigte Partei und Harry Oppenheimer.« Doch Harry schwieg zu alldem. Wenn sie unbedingt an Hoggenheimers unbegrenzte Macht glauben wollten, bitte sehr. Vom Aktienmarkt kamen ganz andere Signale. Investoren gerieten in Panik und suchten das Weite. Von Januar 1960 bis Juni 1961 sanken die ausländischen Kapitaleinlagen um fünfzig Prozent. Das Oppenheimer-Imperium mußte große Anleihen bei amerikanischen Banken machen. Soviel zu Hoggenheimers Macht.

Harry hatte immer in der Geschichte Trost und Rat gesucht, doch diesmal fand er keine Hilfe in ihr. Was in den sechziger Jahren geschah, war ohne Beispiel. Die Politik war im Wandel begriffen, und das Land veränderte sich fast bis zur Unkenntlichkeit. Rhodes, Barnato, Beit, Robinson und die anderen Randlords waren nur noch Namen auf Porträtbüsten, ihre Lebensgeschichten so belanglos wie die eines Blackbeard oder Captain Kidd. Selbst Sir Ernest, der noch keine fünf Jahre tot war, schien eher in einen Abenteuerroman aus dem 19. Jahrhundert zu gehören. Rückblickend stellte Harry seinen Vater in einem nüchternen Licht dar. Er erinnerte daran, daß Ernest »oft als ›internationaler Finanzier‹ beschrieben worden ist, doch das war ganz falsch. Seinen Ansichten und seinem Selbstverständnis nach war er keineswegs international. Sein finanzieller Erfolg war für ihn ein Nebenprodukt seines Engagements für den Aufbau Südafrikas. Doch sein Südafrika stand nicht allein da, sondern war Mitglied des Commonwealth, eines Commonwealth, das es in seiner damaligen Form nie wieder geben wird ... Ich habe mich oft gefragt, wie er wohl heute über das Commonwealth und Afrika denken würde. Vermutlich hätte er sich nicht so leicht den Veränderungen angepaßt, die seither eingetreten sind. Vielleicht könnte man sagen, daß ihn das Glück im Tod ebenso begünstigt hat wie im Leben.«

So etwas aus dem Mund eines pietätvollen Sohnes zu hören mußte verwundern. Und manche Manager von De Beers und Anglo-American zeigten sich denn auch über diese Einschätzung schockiert. Aber keiner wußte darauf etwas zu entgegnen. Das Glück hatte Ernest Oppenheimer tatsächlich begünstigt, im Leben wie im Tod. In der heutigen Zeit war es ungleich schwieriger, die Rolle des Diamantenkönigs zu spielen. Vielleicht war es sogar unmöglich.

DRITTER TEIL

KENNER DES CHAOS

A. Eine Ordnung der Gewalt ist Unordnung.
B. Und eine große Unordnung ist eine Ordnung.
Diese beiden Dinge sind eins ...

Wenn alles Grün des Frühlings blau wäre, und das ist es;
wenn alle Blumen Südafrikas leuchteten
auf den Tischen Connecticuts, und das tun sie ...

WALLACE STEVENS, Kenner des Chaos

16
NICHT LEBEN, NUR ÜBERLEBEN

In Südafrika pflegt die Politik immer einen anderen Weg zu gehen als das Leben.« Harry Oppenheimer hatte immer ein Bonmot parat, das er ausländischen Investoren mit auf den Heimweg geben konnte – zumindest bis Anfang der sechziger Jahre. Danach kam es zuweilen vor, daß seine Zuhörer höflich lächelten und sich abwandten. Sie waren nicht mehr bereit, sich mit leeren Worten abspeisen zu lassen.

Seit über zwanzig Jahren regierten die Nationalisten, und die Rassenpolitik der Regierung schien in Stein gemeißelt. Nelson Mandela leitete den ANC von verschiedenen Verstecken aus und gab die Regierung der Lächerlichkeit preis. Die ANC-Anhänger verhöhnten die südafrikanische Polizei, wenn Mandela wieder einmal in England oder in Osteuropa auftauchte, Spendengelder einsammelte und gleich darauf wieder im Untergrund verschwand. Schließlich wurde Mandela übermütig, und mit Hilfe von Spitzeln gelang es der Polizei, ihn in Natal festzunehmen. Er wurde der Sabotage und umstürzlerischer Aktivitäten angeklagt, für schuldig befunden und zu lebenslanger Haft auf Robben Island verurteilt. Diese romantische Insel, auf der sich Harry und Bridget im Krieg kennengelernt hatten, war jetzt das Alcatraz von Südafrika.

Die Vereinten Nationen verurteilten Südafrika bei jeder Abstimmung, und kaum einmal gab es Gegenstimmen. Ausländisches Kapital wanderte ab, und das Wirtschaftswachstum fiel auf Null. Die Regierung sah sich gezwungen, Devisen- und Importkontrollen zu verhängen. Liberale Politiker in Europa und den USA überboten sich gegenseitig in ihrer Empörung. Sie verglichen Verwoerds Land in aller Öffentlichkeit mit Hitlers Drittem

Reich und verlangten neben dem Rückzug des ausländischen Kapitals auch die Verhängung von Wirtschaftssanktionen, die De Beers und der Anglo-American schweren Schaden zugefügt und sie möglicherweise sogar zugrunde gerichtet hätten. In Südafrika selbst halfen auch Harrys berühmte Überredungskünste nicht weiter. Die Rechte, allen voran die Regierung, wärmte die alte Hoggenheimer-Propaganda wieder auf und nannte den Diamantenkönig einen reichen, saturierten Radikalen, der nichts Besseres zu tun habe, als die Eingeborenen aufzuwiegeln. Von links höhnten die Schwarzen, Harry wolle es mit seiner wohlmeinenden Politik beiden Seiten recht machen: den burischen Herren und der schwarzen Mehrheit.

Einige dieser Ansichten bekam Harry auch von Lyndon B. Johnson zu hören, der ihn 1964 im Weißen Haus empfing. Johnson, von seinen Beratern instruiert, empfing Mr. Oppenheimer mit einer Lobeshymne auf seine »menschenwürdige Politik gegenüber den schwarzen Arbeitern« und betonte, daß er jede »Einmischung« der Vereinten Nationen in die inneren Angelegenheiten Südafrikas ablehne. Doch nach dieser höflichen Einleitung erinnerte der amerikanische Präsident Harry nachdrücklich daran, daß ein Scheitern der Reformen die Freunde Südafrikas »in eine immer schwierigere Lage« bringen würde.

Harry war kein Mann, dem man etwas zweimal sagen mußte. Noch im selben Jahr versuchte er in einer Rede an der Universität Kapstadt, beide Lager auf seine Seite zu ziehen. Anlaß der Rede war eine Protestveranstaltung gegen die Einschränkung der akademischen Freiheiten an den südafrikanischen Universitäten, denen es gesetzlich verboten war, nichtweiße Studenten aufzunehmen. Harry begann mit einer Lektion in Geschichte. Sehe man einmal von Ägypten ab, sagte er, habe auf dem afrikanischen Kontinent niemals eine zivilisierte Gesellschaft nach westlichen Vorstellungen existiert. Im vorkolonialen Afrika, und hier zitierte Harry Thomas Hobbes, habe es »keine Künste [gegeben], keine gesellschaftlichen Verbindungen; statt dessen ein tausendfaches Elend; Furcht, gemordet zu werden, stündliche Gefahr, ein einsames, kümmerliches, rohes und kurz dauerndes Leben«.

Die Kolonisten, erinnerte er seine Zuhörer, hätten die Sklaverei nicht erfunden. Schwarzafrikaner hätten mit Menschen gehandelt, lange bevor die ersten Weißen das Land betreten hätten. Und hatten die Europäer nicht Kapital mitgebracht und afrikanischen Rohstoffen neue Märkte erschlossen? Hatten sie nicht maßgeblich am Aufbau der Wirtschaft in verschiedenen, inzwischen unabhängigen afrikanischen Staaten mitgewirkt? Hatten sie nicht einen funktionierenden staatlichen Verwaltungsapparat aufgebaut, Stammesfehden geschlichtet und Rechtsprechung eingeführt?

Dieser Teil der Rede zielte darauf ab, die schwarzen Zuhörer zu verunsichern. Angesichts der Veränderungen zu Beginn der sechziger Jahre blickten sie optimistisch in die Zukunft, und nun stellte sich der liberalste Industrielle des Landes vor sie hin und sprach im selbstgefälligen Tonfall eines Cecil Rhodes. Kein Wunder, daß die burischen Zuhörer Harrys Ausflug in die Geschichte mit beifälligem Nicken verfolgten.

Doch die Freude der Buren währte nicht lange, denn Harrys Argumentation lief auf etwas anderes hinaus. Erstens: Was auch immer die ursprünglichen Absichten der Kolonisten gewesen sein mochten, in Wahrheit hatten sie ansehnlich von der Sklaverei profitiert, bis das politische Klima schließlich umschlug und Sklaverei nicht mehr zeitgemäß erschien. Und zweitens: Der südafrikanische Kapitalismus war auf dem Rücken unterbezahlter schwarzer Arbeiter aufgebaut worden. Wie war das möglich gewesen? Warum hatten sich die Afrikaner von den Europäern ausbeuten lassen? Ohne Zweifel deshalb, so Harry, weil die eingeborenen Stämme von den europäischen Imperialisten aus einer »jahrhundertelangen Stagnation« erweckt worden seien. Dies wiederum habe einige Leute veranlaßt, »von der allgemeinen Rückständigkeit der Afrikaner auf ihre prinzipielle Unterlegenheit zu schließen«. Und zu diesen Leuten gehöre jeder Imperialist, angefangen von Königin Viktorias Abenteurern, die in den Afrikanern nur Kinder gesehen hätten, bis hin zu den Mitgliedern der gegenwärtigen Apartheidsregierung, die die Eingeborenen wie Tiere behandelten.

»Aber die Tatsachen«, fuhr Harry fort, »sprechen natürlich eine ganz andere Sprache ... Das wirklich Erstaunliche an Afrika ist, mit welchem beispiellosen Tempo die Schwarzen Fortschritte machen.« Und diese Fortschritte führten unvermeidlich zum Konflikt zwischen »den aufgeschlossenen Männern auf der einen Seite, die mehr Chancengleichheit fordern und auf Veränderungen drängen [Harry Oppenheimer und seine Anhänger], und den Traditionalisten auf der anderen Seite«, den Hütern einer burischen Lebensweise, die auf der Vorherrschaft der Weißen und der Entrechtung der Schwarzen beruhe. Harry prophezeite, daß »die Traditionalisten in diesem Konflikt untergehen werden, und mit ihnen viel Gutes und Schönes. Das ist der Preis, der bezahlt werden muß, wenn wir den Weg zu mehr Chancengleichheit, neuen Horizonten und höheren Werten beschreiten wollen.«

Nichts hätte in den Ohren der Nationalisten, der Buren, des Broederbondes und jeder anderen Gruppe, die ein politisches Mitspracherecht der Schwarzen ablehnte, bedrohlicher klingen können. Ihrer Ansicht nach machte es sich Harry zu leicht, wenn er vom Verschwinden der Traditionen sprach. Er hatte ja bereits ein Vermögen angehäuft, und zwar ein gewaltiges Vermögen. Sie aber hatten weder Zeit noch Muße für schöne Worte. Sie verdankten ihre wirtschaftliche und soziale Stellung der Rassentrennung und der Apartheid und dachten gar nicht daran, die geltenden Gesetze zu lockern.

Mit seinem nächsten Schritt befremdete Harry nun wiederum die andere Seite. Er saß in einer Kommission der Fortschrittspartei, die sich mit der Frage des Wahlrechts für alle Südafrikaner beschäftigte, und diese Kommission kam zu dem Schluß, daß die Forderung »ein Mann, eine Stimme« unrealistisch sei. »Dahinter«, so hieß es in ihrem Bericht, »verbirgt sich ein nichtweißer Nationalismus, der, wie jeder Nationalismus, in seiner logischen Konsequenz in den Totalitarismus führt.«

Die einzige Antwort auf das Dilemma bot in Harrys Augen die Oppenheimer-These, nach der es, kurz gefaßt, nur einen Ausweg aus der rassistischen Unterdrückung gab: wachsenden Wohlstand. In einer aufstrebenden Wirtschaft, so die These, entstehen neue, gutbezahlte Jobs, zu denen auch Schwarze Zugang haben. Wenn die Schwarzen zu Hunderten und dann zu Tausenden in die Mittelschicht aufsteigen, wird die Apartheid zu einem Hemmschuh für den Aufschwung, und eine einsichtige Regierung wird sie korrigieren und schließlich abschaffen.

Harry verwies auf das Beispiel Englands. England wurde einst von einer kleinen Minderheit reicher Autokraten beherrscht, und viele Angehörige der herrschenden Schichten hielten sich Sklaven. Im Laufe der Zeit jedoch hatte sich zwangsläufig eine gewisse Form von sozialer Gerechtigkeit entwickelt, was mit Altruismus freilich nichts zu tun hatte. In einer Phase der industriellen Expansion, so Harry, in der »das Angebot an ungelernten Arbeitskräften nicht mehr unerschöpflich scheint und die herrschende Schicht plötzlich feststellen muß, daß sie auf den Rest der Bevölkerung angewiesen ist«, sei es schon immer zu einschneidenden Veränderungen der moralischen Werte gekommen, und das werde auch künftig so bleiben. Vertretern der Industrie leuchtete diese Argumentation ein. Was Harry vorschlug, war ein Kapitalismus mit Herz. Damit konnten sie leben. Die Chase Manhattan Bank stellte 10 Millionen Dollar zur Förderung der südafrikanischen Wirtschaft bereit, ein Bankkonsortium unter der Führung von David Rockefeller schob weitere 150 Millionen Dollar nach. Das löste im Lager der Apartheid-Gegner zwar Empörung aus, aber damit hatte man rechnen müssen. »Wir glauben«, hieß es in einer Erklärung der Chase Manhattan, »daß die freie Welt in Gefahr geriete, wenn alle großen amerikanischen Banken den Entwicklungsländern die für ein Wirtschaftswachstum notwendigen finanziellen Mittel vorenthalten würden. Wenn man auf Veränderungen in der Republik Südafrika oder anderswo hofft, wäre es grundverkehrt, Wirtschaftshilfen zu streichen.«

Während die Bankiers auf Kritik kühl und zurückhaltend reagierten, sorgte Charles Engelhard überall, wo er auftauchte, für Aufruhr. Engelhard war der Sohn eines deutschen Amerika-Auswanderers, der es in der Neuen Welt mit seiner Firma, der Engelhard Metals and Minerals Corporation, zu Wohlstand gebracht hatte. Und Charles hatte das ererbte Vermögen nach Kräften vermehrt. Nach Südafrika hatte es ihn erstmals in den vierziger Jahren verschlagen. Er kaufte Gold, um es in Übersee weiterzuverkaufen. Damals war es gesetzlich verboten, Barren außer Landes zu schaffen. Edelmetalle durften nur in Form von Schmuckstücken oder Kunstgegenständen exportiert werden. Wo andere nur das Netz sahen, erkannte Engelhard die Schlupflöcher und beschloß, Schmuckfabrikant zu werden. Seine Precious Metals Development Co. fertigte einfachen Goldschmuck an. Der Schmuck wurde nach Hongkong exportiert, dort eingeschmolzen und in Barrenform weiterverkauft.

Insider erfuhren aus Fachzeitschriften von diesem Geschäft,

Harry und der Edelmetallmagnat Charles Engelhard, der Ian Fleming zu seinem Roman *Goldfinger* inspirierte.

und der Rest der Welt konnte sich Engelhards Tricks in Buchform zu Gemüte führen. Ian Fleming, höchst amüsiert von den Unternehmungen seines Freundes, ließ sich von ihm zu seinem sechsten James-Bond-Roman inspirieren und verwandelte Engelhard in den Bösewicht Goldfinger. »Mr. Bond! Zeit meines Lebens war ich vernarrt in Gold, in seine Farbe, seinen Glanz, seine göttliche Schwere ... Vor allem aber, Mr. Bond, liebe ich die Macht, die allein das Gold seinem Besitzer verleiht. Ja, Mr. Bond, mein Leben lang habe ich für das Gold gearbeitet, und das Gold für mich ... Gibt es auf Erden etwas anderes, das seinen Besitzer so belohnt?«

Jahre später investierten Fleming und Engelhard in ein gemeinsames Unternehmen in Afrika. Sie versuchten sich mit der Gewinnung von Nutzholz am Sambesi. Doch die Sache ging schief. Dann versuchten sie dort Gemüse anzubauen. Aber das wurde von Nilpferden aufgefressen.

Diese Fehlschläge und die Tatsache, daß ihm seine Frau nur Töchter, aber keinen Stammhalter schenkte, blieben die einzigen Makel in Goldfingers Lebensgeschichte. Seine Geschäfte mit einem Edelmetall, das noch wertvoller war als Gold, brachten ihm den Titel Platinkönig ein und füllten seine Kassen mit Millionen von Dollars. Goldfinger war auch politisch aktiv. In den USA unterstützte er zahllose Wahlkampfkampagnen der Demokratischen Partei. Präsidenten und Senatoren suchten seinen Rat und Zuspruch. Engelhards untersetzte Gestalt war bei den Unabhängigkeitsfeierlichkeiten in Algerien, Gabun und Sambia in strammer Haltung zu beobachten, wo er als offizieller Vertreter der Vereinigten Staaten fungierte. Auch der Einsetzung von Papst Johannes XXIII. im Jahre 1958 wohnte er als amerikanischer Repräsentant bei.

Das überschäumende Johannesburg erschien Engelhard wie ein Spiegelbild seines Charakters, und er erwarb ein Anwesen in der Stadt. Innerhalb kurzer Zeit trat er mit der Großspurigkeit eines Randlords auf, verwettete bei Pferderennen riesige Summen und flog in Begleitung zweier Butler in seinem Privatjet *The Platinum Plover* kreuz und quer über den Kontinent. Seine Galadiners waren berühmt für ihre Opulenz und berüchtigt für ihre peinlichen Entgleisungen. Einmal hatte er die schwarze Sängerin Miriam Makeba engagiert, und während nach der Darbietung die weißen Gäste im Speisesaal dinierten, wurde die Sängerin in der Küche bewirtet.

Wer Harry und Engelhard kannte, dem mußte der Lebensstil des Platinkönigs wie das krasse Gegenteil von Harrys schlichtem und zurückhaltendem Auftreten erscheinen. Doch der Einfluß und die Macht des Amerikaners Engelhard waren zu groß, als daß man ihn einfach hätte ignorieren können. Oppenheimers offizieller Biograph war sogar der Ansicht, daß die beiden Männer »vom ersten Augenblick an glänzend miteinander auskamen«. Und vielleicht hatte er gar nicht so unrecht. Harry, inzwischen ein leidenschaftlicher Pferdezüchter, wurde oft bei Pferderennen gesehen, und Engelhard war Besitzer eines erstklassigen Gestüts, in dessen Ställen zeitweise über 250 Pferde standen, unter anderem auch Nijinsky, der Sieger des englischen Triple Crown. Engelhard bot Harry an, ihm einen seiner preisgekrönten Hengste für die Zucht zu überlassen. So überraschte es niemanden, als der Amerikaner in den Verwaltungsrat der Anglo-American berufen wurde.

Es war eine Verbindung, aus der beide ihren Nutzen zogen. Engelhard vermehrte im Handumdrehen seinen Reichtum, und Harry hatte in ihm einen höchst einflußreichen Lobbyisten, einen Industriellen, der amerikanische Unternehmen, den Internationalen Währungsfonds und die Weltbank bedrängte, sich in seiner Wahlheimat zu engagieren. Vermehrter Kapitalzufluß, so Engelhard, würde die sozialen Probleme lösen. »Wenn Sie jemanden finden, der nicht in Südafrika leben will«, erklärte Engelhard, »dann hat man ihm nicht genügend bezahlt.«

Die Botschaft wurde vernommen, und Südafrikas Wirtschaft erholte sich. In den frühen sechziger Jahren lag die jährliche Wachstumsrate Südafrikas durchschnittlich bei sechs Prozent, übertroffen nur von Japan. Die Exporte stiegen um 135 Prozent, auch unter Ausklammerung der Goldausfuhren, und ausländisches Kapital strömte zurück ins Land. Als die britische Labour-Regierung Waffenverkäufe nach Südafrika untersagte, sprang Frankreich in die Bresche und lieferte Waffen und Kampfflugzeuge vom Typ Mirage. Aus Westdeutschland wurden Maschinen und Geräte für die Nuklearforschung importiert. BMW eröffnete seine erste ausländische Fabrik überhaupt auf südafrikanischem Boden und folgte damit dem Beispiel der US-Giganten Ford, Chrysler und General Motors. Kapitalanleger erzielten eine Mindestrendite von 15 Prozent, eine Rendite, der auch viele multinationale Konzerne nicht widerstehen konnten. Südafrika erlebte einen Aufschwung, den Kritiker nicht ganz zu Unrecht als »Apartheidboom« bezeichneten. In den frühen sechziger Jahren übertönte der Tumult an der Börse die Schreie der Schwarzen aus den Townships.

Anfang August 1966 prophezeite eine zuversichtliche südafrikanische Regierung eine langanhaltende Periode der Ruhe. Eine Ruheperiode, die exakt einen Monat später endete. Am 6. September legte Hendrik Verwoerd im südafrikanischen Parlament seine Papiere zurecht, räusperte sich und wollte gerade mit seiner Rede beginnen, als ein Parlamentsbote zu ihm trat, ein Messer zog und ihn viermal in Brust und Hals stach. Mehrere Abgeordnete sprangen auf, eilten an Verwoerds Seite und überwältigten den Attentäter. Noch während sie ihn aus dem Saal zerrten, schrie der Mann, offensichtlich in der Annahme, Verwoerd verfehlt zu haben, in den Saal:»Du Dreckskerl, ich erwische dich schon noch!« Verwoerd, dessen Hemd und Anzug blutdurchtränkt waren, wurde eilends ins nächste Krankenhaus gebracht. Noch bevor der Ambulanzwagen in der Einfahrt des Krankenhauses zum Stehen kam, war der Premierminister tot.

Der Attentäter hieß Dimitri Tsafendas und war vor seiner Tätigkeit als Parlamentsbote bei der Handelsmarine zur See gefahren. Es entbehrte nicht einer gewissen Ironie, daß Tsafendas hellhäutig war und die Polizisten, die nach verdächtigen schwarzen Gesichtern Ausschau hielten, gar nicht auf den Gedanken gekommen waren, einen Weißen zu kontrollieren. Tsafendas, unehelicher Sohn eines Griechen und einer Mosambikanerin, hatte sich nie für Politik interessiert. Seine Aversion gegen Verwoerd hatte sexuelle Gründe. Die Matrosen auf seinem Schiff hatten ständig über die südafrikanischen Sittengesetze geklagt, die ihnen als Weißen den Geschlechtsverkehr mit farbigen Prostituierten verboten. Und wenn sie besonders frustriert waren, murrten sie, daß Verwoerd abserviert werden sollte. Ein paar Monate später wurde der leicht beeinflußbare Tsafendas als Parlamentsbote eingestellt. Und plötzlich war es ein leichtes, seinen alten Kameraden einen Gefallen zu erweisen. Er brauchte dazu nur ein Messer und mußte eine günstige Gelegenheit abwarten.

Nach den öffentlichen Nachrufen, in denen die Hoffnung auf eine zivilisierte Zukunft zum Ausdruck gebracht wurde, kehrte Südafrika unter Verwoerds Nachfolger, dem bisherigen Justizminister Balthazar Johannes Vorster, zu einer harten Linie zurück. Vorster hatte unverrückbare Ansichten in bezug auf die »Kaffern«. 1962 hatte er die Polizei ermächtigt, Verdächtige – und das waren fast immer Schwarze – ohne offizielle Anklage bis zu zwölf Tagen festzuhalten. Ein Jahr später wurde diese Frist auf drei Monate und 1965 auf sechs Monate erhöht. Schließlich verfügte Vorster, daß Verdächtige für unbegrenzte Zeit in Verwahrung genommen werden konnten.

Was Gefängnisse betraf, war der neue Regierungschef nicht ohne Erfahrung. Im Zweiten Weltkrieg hatte er wegen öffentlicher Parteinahme für die Nazis zwanzig Monate hinter Gittern verbracht. Aber Vorster schien ob seiner Haftzeit keine Bitterkeit zu empfinden, im Gegenteil, er sprach gern über diese Erfahrung, wenn er seinen politischen Standpunkt darlegte: »Ich habe mich gegen die damalige Regierung gestellt«, erinnerte er sich, »und diese Regierung hat in mir eine Gefahr für die herrschende Ordnung gesehen und mich deshalb neutralisiert. Sie tat, was sie zu der Zeit für notwendig erachtete. Ich nehme dasselbe für mich in Anspruch.«

Vorsters Politik in den nächsten Jahren sollte den Begriff der Apartheid noch weiter fassen. Den Nationalisten war nicht wohl bei dem Gedanken, daß in den Slumsiedlungen rund um die größeren Städte, auf den Farmen der Weißen und in den bestehenden Townships so viele Schwarze lebten. Aber hatte nicht eine Generation zuvor das Dritte Reich gezeigt, wie man mit einer unerwünschten Bevölkerungsgruppe fertig wurde? Vorster, der ehemalige Bewunderer Nazi-Deutschlands, griff auf Hitlers Methoden zurück. Zuerst wurden die schwarzen Führer eingesperrt oder unter Hausarrest gestellt, dann wurden »überflüssige« Eingeborene auf Lastwagen verladen und zwangsweise in »Bantustans« gekarrt – abgetrennte Landstriche in verschiedenen Teilen Südafrikas. In einem Rundschreiben von 1967 erklärte Vorster: »Kein Stein darf liegenbleiben bei dem Versuch, die unproduktiven Bantu, die gegenwärtig in den weißen Gebieten leben, in die Heimatländer umzusiedeln.« Unproduktiv im Sinne der Nationalen Partei waren:

(1) Alte, Arbeitsunfähige, Witwen, Frauen mit unmündigen Kindern und Familien, die für eine Unterbringung in den weißen Gebieten nicht in Frage kommen.

(2) Bantu auf weißen Farmen, die aus Altersgründen oder aufgrund einer Behinderung überflüssig werden ... oder Bantu in Missionsstationen und *black spots*, die geräumt werden.

(3) Ärzte, Anwälte, Makler, Kaufleute, Gewerbetreibende und dergleichen, die nicht als unersetzlich für den weißen Arbeitsmarkt anzusehen sind.

So wie die Juden im Dritten Reich in versiegelten Waggons aus Deutschland verschleppt wurden, so vermied man es in Südafrika, mit den Lastwagen, die mit Schwarzen vollgepfercht waren, durch weiße Städte zu fahren. Der Minister für Eingeborenenverwaltung startete einen sorgfältig ausgearbeiteten Propagandafeldzug im In- und Ausland. Die Schwarzen, so behauptete er, seien mit ihrer Situation keineswegs unzufrieden. »Die Bantu ziehen gerne um ... Ihnen gefallen die Orte, an denen sie neu angesiedelt werden.« Besucher der Homelands bekamen einen anderen Eindruck. So berichtete ein gewisser Pater Cosmas Desmond: »Wir sahen die ersten Ankömmlinge [aus den Städten] inmitten ihrer Habseligkeiten auf der nackten Erde sitzen. Sie machten einen völlig verstörten und verlorenen Eindruck. Etwas entfernt stand ein Wassertank, und daneben lag ein Haufen zusammengefalteter Zelte, aber die Leute wußten nicht, wie man sie aufstellen mußte. Sonst war da nichts.« Sie blieben nicht lange allein. Immer mehr verstörte Schwarze wurden aus ihren Häusern gezerrt und von ihrem Farmland vertrieben. Nicht selten wurden ihre Häuser einfach mit Bulldozern niedergewalzt. Die Zahl der Vertriebenen wurde niemals genau festgestellt. Im ersten Jahrzehnt nach Erlaß der Umsiedlungsgesetze durch Vorster wurden wenigstens 1 820 000 Schwarze aus ihren Häusern und Siedlungen vertrieben oder »umgesiedelt«, wie der Vorgang in der euphemistischen Sprache der Regierung bezeichnet wurde.

Die Vorstellung, daß die Schwarzen die Weißen in Zukunft zahlenmäßig an den Rand drängen könnten, ließ den Nationalisten keine Ruhe. Sie zitierten aus der Geschichte und erschreckten ihre Zuhörer mit Zahlenspielen. Am Ende der Amtszeit König Eduards VII. war jeder dritte Südafrikaner europäischer Abstammung gewesen, um 1950 nur noch jeder fünfte. Setzte sich dieser Trend fort, so war Ende der sechziger Jahre nur noch jeder sechste Südafrikaner weiß und zu Beginn des nächsten Jahrhunderts gar nur noch jeder zehnte.

Aber dies wurde nicht als einziger Grund zur Sorge vorgebracht. Der internationale Kommunismus hatte in Afrika Fuß gefaßt. Im Jahr 1963 benannte sich der ehemalige französische Kongo in Volksrepublik Kongo um, und niemand wußte, welches Land dem Kommunismus als nächstes zum Opfer fallen würde oder wie stark die subversiven Kräfte – Schwarze und Weiße – waren, die in Südafrika agierten. Ein seit langem geltendes Gesetz zur Unterdrückung des Kommunismus wurde wiederbelebt. Nach dem Wortlaut dieses Gesetzes galt jede Aktivität als marxistisch, die darauf abzielte, »durch die Verbreitung von Unruhe und Ordnungslosigkeit eine politische, industrielle, soziale oder wirtschaftliche Veränderung in der Union zu erreichen«.

Dazu kamen Berichte über die Vorgänge in den neuen afrikanischen Republiken. In Kenia fielen die Mau-Mau über weiße Farmer her, in Malawi ließ sich Staatschef Hastings Banda von Zauberern beim Regieren beraten, und in Burundi wurden zwei Minister von Attentätern ermordet. Gabuns Präsident Omar Bongo verbot das Wort »Pygmäe«, möglicherweise deshalb, weil er selbst nicht einmal einen Meter fünfzig groß war. Dafür umgab er sich mit einer Leibwache hochgewachsener Deutscher, die so aussahen, als wollten sie jeden Moment das *Horst-Wessel-Lied* anstimmen. Der Präsident Benins ermordete seinen Außenminister, weil er ihn mit der First Lady im Bett ertappt hatte, und der Außenminister Äquatorialguineas wurde vom Präsidenten des Landes zu Tode geprügelt. Im kongolesischen Fernsehen wurde zur Hauptsendezeit die Leiche eines Regierungsbeamten gezeigt, den Mund vollgestopft mit Dollarnoten. Die Schreckensmeldungen aus dem Norden schienen nicht abzureißen.

Kommunismus, Überbevölkerung und die Gewalttätigkeit in den neuen schwarzen Republiken waren die Argumente, die von den Nationalisten als Vorwand für die Ausweitung der Apartheid benutzt wurden. Zwar wurde die weltweite Kritik etwas lauter, und die Korridore der Macht in Moskau, London und Washington hallten von entrüsteten Protesten wider. Doch die Sowjetunion verkaufte ihre Diamanten weiterhin über die verschlungenen Wege von De Beers, und die britische Labour-Regierung gab wohl einige Pressekonferenzen, auf denen sie Pretoria verurteilte, riet aber Unternehmern, die nach Südafrika unterwegs waren, kein Aufhebens von den dortigen Vorgängen zu machen. So stand in einer Broschüre mit dem Titel *Hinweise für Geschäftsleute* zu lesen: »Besuchern, die sich aus geschäftlichen Gründen in Südafrika aufhalten, wird dringend geraten, sich in die emotional aufgeladene Diskussion über politische und soziale Fragen des Landes nicht einzumischen.«

Da die südafrikanischen Schwarzenführer wußten, daß sie aus Europa wenig Hilfe zu erwarten hatten, wandten sie sich an die Vereinigten Staaten. Aber auch aus Washington erhielten sie widersprüchliche Signale. Die Präsidenten Kennedy und Johnson hatten zwar öffentlich erklärt, daß sie das Apartheidsystem für moralisch verwerflich hielten, beließen es ansonsten aber bei Ermahnungen der südafrikanischen Regierung. Unter der Regierung Nixon sagte der damalige Nationale Sicherheitsberater Henry Kissinger in einer offiziellen Erklärung zur Lage in Südafrika: »Die Weißen werden im Land bleiben, und der einzige Weg zu einer konstruktiven Lösung besteht in der Zusammenarbeit mit ihnen. Die Hoffnung der schwarzen Bevölkerung, ihre politischen Rechte durch Gewalt erstreiten zu können, ist unrealistisch. Gewalt führt ins Chaos und arbeitet dem Kommunismus in die Hände.«

Seine Botschaft schien den südafrikanischen Wirtschaftsführern neuen Mut zu geben. In einem Presseinterview räumte Harry Oppenheimer, der prominenteste Unternehmer des Landes, zwar ein, er sei »nicht sehr glücklich, wie hier manche Dinge gehandhabt werden«, fügte jedoch hinzu: »Aber wie heißt es doch im Bergbau? Es gehört schon ein unglaublich schlechter Manager dazu, eine gute Mine zu ruinieren.«

Eine gute Mine: eine erleuchtete Metapher. Unter diesem Blickwinkel betrachtet, bekam Südafrika eine ganz andere moralische Bedeutung. Harry sah in ihm weniger ein politisches Gebilde als vielmehr ein Unternehmen, das mit dem Einsatz neuer Maschinen und mit Hilfe eines neuen Managements genügend Diamanten für alle Südafrikaner aus dem Boden holen konnte. Und er unterstrich seine Haltung mit einem Versprechen: Weder er noch irgendein anderes Mitglied seiner Familie werde Südafrika jemals den Rücken kehren, die Freunde im Stich lassen, das Haus verkaufen und nach Europa oder Amerika auswandern. Trotz der feindseligen Regierung, trotz des drohenden sozialen Chaos versicherte er: »Wenn ich nicht verjagt werde, werde ich hierbleiben … Als die Zeiten schlechter waren, haben sich viele Leute davongemacht. Ich halte das für eine Dummheit. Es ist nicht besonders mutig, und es ist auch nicht besonders klug … Es ist schlimmer als ein Verbrechen, es ist ein Fehler.«

Harry selbst hatte in seinem Leben nur sehr wenig Fehler gemacht, und seine Erklärung veranlaßte viele Weiße, ihre Auswanderungspläne aufzugeben. »Der Mann hat einiges mehr zu verlieren als ich«, sagte ein Arzt, der mit dem Gedanken gespielt hatte, seine Praxis zu verkaufen. »Ich könnte in Übersee mehr

Patienten haben. Aber wo will er hier noch mehr Gold und Diamanten finden? Er muß etwas wissen, was wir anderen nicht wissen. So wie immer. Ich glaube, ich bleibe bis zum dritten Akt.«

*

Während ausländische Investoren wieder vorsichtig nach Südafrika zurückkehrten, beschritt Harry den entgegengesetzten Weg. Unter Ernest hatte das Oppenheimer-Imperium an seinem nationalen Charakter und seiner nationalen Ausrichtung festgehalten. Aber jetzt, in den späten sechziger und frühen siebziger Jahren, hatte sich die Situation grundlegend verändert. Wie alle großen Unternehmen sahen sich auch De Beers und die Anglo-American vor die Alternative gestellt: wachsen oder untergehen. Selbst eine gesunde südafrikanische Wirtschaft, aufgepäppelt durch ausländisches Kapital, war zu klein, um das Überleben des Imperiums zu sichern. Und so streckte Harry seine Hände nach dem nordamerikanischen Markt aus.

In Kanada erwarb er einen Anteil von 14,5 Prozent an der Hudson Bay Mining and Smelting Company of Manitoba, einer Bergbaugesellschaft, die sich auf die Förderung von Blei, Zink und Kupfer spezialisiert hatte. Die Kosten beliefen sich auf über 20 Millionen US-Dollar, eine Summe, die wegen der südafrikanischen Kapitalausfuhrbeschränkungen von Goldfinger Charles Engelhard besorgt werden mußte. Harry hatte noch weitere Investitionen im Ausland im Auge, und er wußte, daß er nicht bei allen Gelegenheiten zu Engelhard gehen konnte. Also mußte das Oppenheimer-Imperium außerhalb der Reichweite des südafrikanischen Gesetzgebers eine eigene Finanzierungsgesellschaft gründen.

Charter Consolidated fing bescheiden an. Von außen wirkte das Unternehmen wie ein unabhängiges britisches Finanzinstitut, ohne jede Verbindung zum Apartheid-Staat. Tatsächlich aber vertrat es ausschließlich die Interessen von De Beers und Anglo-American und verdoppelte seine Vermögenswerte innerhalb von drei Jahren auf über 324 Millionen Pfund.

Auch auf Australien hatte Harry mittlerweile ein Auge geworfen. Bei einem Besuch versicherte er den zuständigen Stellen, daß ihr Land »sich erstklassig für die Suche nach Bodenschätzen eignet. Falls wir hier fündig werden, werden wir in großem Umfang investieren.« Diese Überschwenglichkeit diente natürlich der Imagepflege, aber Harry sprach auch mit dem Herzen. Er war von Australien und den Möglichkeiten, die er hier zu sehen glaubte, sehr angetan. Das Problem war nur, daß er diesmal nicht weitsichtig genug war. Anglo-American und Charter Consolidated steckten Geld in Unternehmen, die in Westaustralien nach Zinn und Kupfer und in Victoria nach Gold suchten. Die Diamantensuche hingegen erschien ihm wenig erfolgversprechend, und so wurden auch keine großen Anstrengungen in dieser Richtung unternommen – ein Fehler, der sich zwölf Jahre später als sehr kostspielig erweisen sollte.

In der Zwischenzeit konzentrierte Charter Consolidated seine Aktivitäten auf andere Mineralien. Immer auf der Suche nach Beteiligungen, kaufte sich die Gesellschaft in malaysische und portugiesische Zinnminen ein und suchte in den neuen, unabhängigen Staaten Schwarzafrikas nach Diamanten, Gold und Kupfer. Sambia war anfangs hocherfreut über Oppenheimers Entwicklungshilfe, klagte aber bald schon, daß ein zu großer Teil der Gewinne ins Ausland floß. Der sambische Präsident Kenneth Kaunda forderte – und erhielt – eine 51prozentige Beteiligung an der Zambia Anglo-American (Zamanglo). Kurz darauf verlegte das Unternehmen seinen Sitz ins Steuerparadies Bermuda. Von dort verschaffte es sich Zugang zum US-Markt.

Auch De Beers, die andere Hälfte des Imperiums, operierte weiter im Verborgenen. Die beiden Länder Tanganjika und Sansibar standen kurz davor, sich unter dem Namen Tansania zu vereinen. Auf dem Hoheitsgebiet des künftigen Staates lag die Williamson-Mine, in der erstklassige Steine gefördert wurden. Harry wußte, daß ein junger schwarzafrikanischer Staat es sich nicht leisten konnte, ganz offen mit einem südafrikanischen Unternehmen zusammenzuarbeiten. Andererseits konnte Tansania die Mine auch nicht einfach verstaatlichen, denn ohne die Technologie und das Know-how von De Beers wäre sie so gut wie wertlos. Also bot Harry Tansania die Hälfte der Williamson-Mine zum *Kauf* an. Die Politiker zögerten. Die tansanische Staatskasse erlaubte solche Sprünge nicht. Kein Problem, versicherte Harry, er werde einen Kredit besorgen. *The Nationalist*, Tansanias führende Tageszeitung, übte heftige Kritik an diesem Plan. Wie könne das Land zum Boykott gegen Südafrika aufrufen, »wenn

wir gleichzeitig mit einem südafrikanischen Unternehmen ko-
operieren, das offen die Apartheid unterstützt?«

Harry schwieg dazu und brachte das Geschäft in aller Stille unter Dach und Fach. Der Kredit wurde bewilligt, der fünfzigpro-
zentige De-Beers-Anteil an der Williamson-Mine wurde einer
Firma namens Willcroft Co. mit Sitz auf den Bahamas über-
schrieben, und die in der Mine geförderten Diamanten wurden an
eine karibische Gesellschaft verkauft. Offiziell gab es also keinerlei Berührungspunkte zwischen der Republik Tansania und dem
südafrikanischen Apartheidsregime. Das bedeutete, daß Tansania
dieselben Freiheiten genoß wie die Sowjetunion. Vor der UN-Ge-
neralversammlung wetterte man gegen Südafrika – und hinten-
herum verkaufte man die Edelsteine gewinnbringend an die alte
Adresse.

De Beers hatte eigentlich erwartet, daß die schwarzen Republiken mit Verstaatlichung drohen würden. Um so größer war der
Schock, als solche Drohungen ausgerechnet in Südafrika laut
wurden. Die *Herstige Nasionale Party* – die »Wiedergeborene
Nationale Partei« –, die selbst Vorsters Regierung für gefährlich
liberal hielt, eiferte sich im Wahljahr 1970 über Harrys zwar gemäßigte, aber permanente Kritik an der Apartheid. Sie sah in den
Unternehmen der Oppenheimers »die größte Bedrohung für das
weiße Südafrika«. Ein Abgeordneter der Partei sagte im Parlament: »Ich weiß zwar nicht, wie, aber wir müssen Harry Oppenheimers Macht brechen, wenn wir als weiße Nation überleben
wollen.« Schließlich fiel ihm doch noch eine Lösung ein: die Verstaatlichung der Unternehmen Anglo-American und De Beers.

Harry weilte zu der Zeit gerade in Australien. Einem Journalisten des *Melbourne Herald* gelang es, Harry mit der Nachricht
aus Südafrika zu überrumpeln, und Harry ließ sich zu der bitteren Bemerkung hinreißen: »Ich muß einsehen, daß ich in einem
Land lebe, das politisch gesehen versagt hat. Aber irgendwie gelingt es uns trotzdem zu überleben. Nicht zu leben, zu überleben! Ich frage mich oft, was in zehn Jahren sein wird. Vielleicht
gibt es Südafrika dann nicht mehr. Unsere Politiker sind ver-
dammte Betonköpfe.«

Bei seiner Rückkehr nach Johannesburg mußte Harry feststellen, daß die südafrikanische Regierung eine Art unerklärten
Krieg gegen das Oppenheimer-Imperium führte. Ihr Wortführer

Harry plaudert in einem Club in der sambischen Kupferbergbauregion mit einigen seiner vielen tausend Mitarbeiter.

war der Minister für Bergbau und Planung, Carel de Wet. Harry reagierte gelassen und erinnerte das Kabinett und de Wet daran, daß der einzige Grund für die Erholung der Wirtschaft der Zustrom ausländischen Kapitals sei. Wollte Pretoria die Uhr etwa wieder zurückstellen? »Wenn Geschäftsleute außerhalb Südafrikas zu der Ansicht gelangen, daß man in Südafrika nicht nur das Gesetz und die in unserer Wirtschaft geltenden Regeln zu befolgen hat, sondern darüber hinaus auch noch aktiv die Politik der Regierung unterstützen muß, wenn man anständig behandelt werden will, dann kann das schwerwiegende Konsequenzen für unser Land haben.«

Welche Haltung Vorster auch in der Öffentlichkeit einnehmen mochte, er hatte jedenfalls nicht den Wunsch, dem Mann die Hörner zu zeigen, der rund fünfzig Prozent der Johannesburger Börse kontrollierte. Wer sich mit Harry anlegte, legte sich gewissermaßen mit einem Staatschef an. Wenn Harry eine Erklärung abzugeben beabsichtigte, standen die Journalisten Schlange, und wenn er eine seiner Transaktionen durchführte, ließ das die Aktienmärkte auf vier Kontinenten erbeben. Englische Herzöge arbeiteten für De Beers, und Harry hatte Freunde in Washington, London, Bonn und Tokio.

Das letzte, was Südafrika jetzt im Moment gebrauchen konnte, waren weitere negative Schlagzeilen, zumal sich im Westen ein Stimmungswandel anzubahnen schien. So hatte der alte christliche Bilderstürmer Malcolm Muggeridge in der Zeitschrift *Esquire* einen Artikel veröffentlicht, in dem er zwar nicht gerade der UN-Linie folgte, die südafrikanische Regierung aber auch nicht mit Lob überschüttete. »In einer Welt, in der Gewaltregime und Folter zur Tagesordnung gehören, wundert man sich, warum die aufgebrachten Liberalen ihr Gift mit besonderem Eifer gegen das weiße Südafrika verspritzen, dessen oligarchische Regierungsform sich von einem Dutzend anderer Systeme wie denen von Tito, Franco, Ulbricht, Castro und vielen anderen nur dadurch unterscheidet, daß die Regierung sich bemüht, mit den Engländern auf gutem Fuß zu stehen. Was außer der Todessehnsucht könnte der Grund sein für eine so vollständige Verneinung eines normalen, weltzugewandten und vom gesunden Menschenverstand geleiteten Denkens, Eigennutzes und Überlebenswillens?«

Mit einem Auge auf Harry schielend, entzog Vorster de Wet das Planungsministerium. Kurze Zeit später ging der Premierminister noch weiter. Er baute sein Kabinett um und schickte de Wet als Botschafter nach London. Plötzlich schien Harry auf Sieg abonniert zu sein: bei Pferderennen, gegenüber der Regierung, im Privatleben. Nur ein Südafrikaner war in den sechziger Jahren berühmter als Harry Oppenheimer: Dr. Christiaan Barnard, der 1967 in Kapstadt die erste Herztransplantation der Welt durchführte. Und Harry Oppenheimer, der neue Kanzler der Universität Kapstadt, war es, der Barnard seinen ersten akademischen Ehrentitel verlieh.

Die Oppenheimers pflegten auf Brenthurst einen Lebensstil wie zu König Eduards VII. Zeiten. Selbst wenn Harry und Bridget alleine speisten, kleideten sie sich entsprechend den Vorschriften der Etikette. Mit Bridget den Fünfuhrtee einzunehmen kam einer Zeremonie gleich. Gibson, einer von insgesamt einem Dutzend Dienern – die Zimmermädchen nicht mitgerechnet –, trug eine weiße Uniform mit scharlachroten Epauletten, wenn er das Tafelsilber auflegte. Nach dem Essen räumten zwei andere, in ähnliche Uniformen gekleidete Diener Teller, Tassen und Schüsseln weg.

Diesem kolonialen Lebensstil lagen materielle Erfolge zugrunde. Unter dem Zepter der Oppenheimers stiegen die Gold- und Uranpreise unaufhörlich. Nach bescheidenen Anfängen hatte die Anglo-American in den Sparten Chemie und Explosivstoffe so zugelegt, daß sie zum größten Industrieunternehmen Südafrikas aufgestiegen war. Die Handelsbank der Anglo-American hatte sich zur siebtgrößten Bank Südafrikas gemausert, eine Tochterfirma war inzwischen der größte Hersteller von synthetischen Fasern im Land, eine andere Tochter der viertgrößte Stahlproduzent. Und gewissermaßen als Zubrot übernahm die Argus-Gruppe, die von der Anglo-American bei einer Geschäftsübernahme eher zufällig erworben worden war, nach kurzer Zeit die Kontrolle über 17 der zwanzig englischsprachigen Zeitungen des Landes.

Und was aus Harrys Sicht besonders erfreulich war: De Beers war die größte Nutznießerin dieser Erfolge, denn sie hielt rund 35 Prozent der Anglo-Anteile. Und wer immer noch an der Macht der Diamanten zweifelte, den konnte Harry darauf verweisen, daß der Wert der Edelsteine um rund 25 Prozent pro Jahr anzog. Oder, noch besser, er erinnerte sie an die lehrreiche Geschichte des No-name-Diamanten.

Mitte der sechziger Jahre erwarb Harry Winston, Amerikas führender Diamantenhändler, vom Syndikat einen hundertkarätigen Diamanten. Winston ließ den Stein zu einem wunderschönen pfirsichförmigen Juwel von 69,42 Karat schleifen. Im Jahr 1967 wurde der Edelstein mit seinen 58 Facetten unter dem Blitzlichtgewitter der Pressefotografen für 500 000 US-Dollar an Harriet Annenberg Ames verkauft, die Tochter des Verlagsmagnaten Moses Annenberg. Doch Mrs. Ames wurde mit dem Juwel nicht so recht glücklich – allein die Versicherungsprämien für den Stein verschlangen jährlich 30 000 US-Dollar –, und so bot sie ihn zwei Jahre später Winston zum Rückkauf an.

Er riet ihr, den Stein lieber auf dem freien Markt anzubieten und in der Galerie Parke Bernet versteigern zu lassen. Da die Besitzerin nicht wollte, daß der Name ihrer Familie mit dem Verkauf in Verbindung gebracht wurde, brachte die Galerie den Stein als No-name-Diamanten zur Auktion, womit sie zu verstehen gab, daß jeder, der den Stein ersteigerte, automatisch das Recht erhielt, ihm seinen Namen zu geben. Diese Versuchung erwies sich für Cartier – und zwei Schauspieler – als zu groß. Bei 1 050 000 Dollar erhielt der Juwelenhändler den Zuschlag, und vier Tage lang trug der Edelstein den Namen Cartier-Diamant. Dann legten Elizabeth Taylor und ihr damaliger Ehemann Richard Burton 1 100 000 Dollar auf den Tisch, und der Stein hieß fortan Taylor-Diamant. Der Medienrummel um den Verkauf verhalf Cartier zu neuem Ruhm und dem ewig zwischen Liebe, Trennung und Versöhnung schwankenden Schauspielerpaar zu neuen Schlagzeilen. Innerhalb von 24 Monaten hatte sich der Wert eines Diamanten von De Beers verdoppelt, und alle rieben sich die Hände: Cartier, die Burtons und Harry. Harry ganz besonders. Im Vergleich zu so vergänglichen Institutionen wie New Yorker Juweliergeschäften oder Hollywood-Ehen war sein Glück von dauerhafterer Natur.

17

FUNIGALO UND FLASH FRED

Harry – Mr. Oppenheimer war er für alle Außenstehenden, HFO für seine vielen tausend Angestellten und Mr. Harry für seine Diener – hatte das Familienvermögen zusammengehalten und sich in den sechziger Jahren energisch in den exklusiven Klub der Milliardäre hochgekämpft. Er genoß weltweite Achtung, doch wenn er, was selten genug war, Journalisten in seinem Büro empfing, war der Chefstratege von entwaffnender Freundlichkeit und zeigte keine Spur von Arroganz oder Großspurigkeit. Er wich keiner Frage aus, sprach mit gewohnt ruhiger Stimme und erteilte seine Anweisungen in einem eher fragenden als nachdrücklichen Tonfall: Wäre es nicht ratsam, dem Stahlmonopol der südafrikanischen Regierung den Kampf anzusagen? Sollte man nicht in die Forst- und Holzwirtschaft einsteigen? Und was war mit den Eingeborenen? Mußte man ihnen nicht auch ein Stück vom Kuchen abgeben?

Harry war ein leidenschaftlicher Sammler. In seiner Oxforder Zeit hatte er die Werke und den Witz Lord Byrons schätzengelernt, und seine Kollektion an Erstausgaben und Briefen des Dichters wuchs beständig. An den Wänden in Brenthurst hingen Gemälde von Reynolds, Goya und Romney, die Sir Ernest mit Beharrlichkeit zusammengetragen hatte, eine Sammlung, die Harry mit einigen Bildern der besseren französischen Impressionisten komplettiert hatte. Harry hatte auch ein Faible für seltenes Porzellan und Silberbesteck, eine Neigung, die es seiner Frau leichter machte, eine Antwort auf die Frage zu finden: Was schenkt man einem Mann zum Geburtstag, der schon alles besitzt? Nun, zum Beispiel altes Besteck aus Sterlingsilber. »Ich gehöre nicht zu den Menschen«, sagte der Kunstkenner über seine Sammelleidenschaft, »die jede Spielart eines bestimmten Objektes besitzen müssen. Ich sammle zum Beispiel keine Briefmarken. Tatsächlich finde ich Briefmarkensammeln abscheulich. Briefmarken gehören meiner Ansicht nach auf einen Brief. Ich sammle lieber Dinge, die sich in einem Haus gut machen.«

Zusätzlich zu dekorativen Gegenständen erwarb Harry bei Auktionen seltene Afrikana und vergrößerte so die aus Landkarten, Büchern und Illustrationen bestehende alte Kollektion seines Vaters stetig um neue Stücke. Eine Leidenschaft, die Harry und Bridget teilten, war die Pferdezucht. Auf ihrem Gestüt bei Mauritzfontein hielten sie Dutzende von erstklassigen Pferden. Die ersten Familienalben füllten vor allem Zeitungsausschnitte über geschäftliche, politische oder gesellschaftliche Ereignisse, doch je intensiver sich Harry und Bridget mit Pferdesport und -zucht beschäftigten, um so häufiger tauchten auch Berichte über preisgekrönte Fohlen, Handikaps und Derbys auf. Da Bridget eine Vorliebe für Rosa hatte, wurde die Farm bei Mauritzfontein bis zum letzten Stallpfosten in dieser Farbe gestrichen.

Neben dem Gestüt besaß die Familie eine weiter nördlich gelegene Ranch, ein Apartment in London und ein komplett ausgestattetes Ferienhaus in Durban. Milkwood, so benannt nach einem Hörspiel von Dylan Thomas, war ein elegantes, zweistöckiges Haus mit weißen Fensterläden und seegrünen Dachziegeln. Es verfügte über fünf Suiten, zehn Schlaf- und 15 Badezimmer und bot bis zu dreißig Gästen gleichzeitig Platz. Für Besucher mit Kindern stand ein separater Flügel zur Verfügung.

Kein anderer Manager von Anglo-American oder De Beers, egal, wie hoch sein Rang war – in den Chefetagen saßen keine Frauen und, natürlich, auch keine Schwarzen –, konnte sich einen solch üppigen Luxus leisten. Aber Harry achtete darauf, daß die Männer um ihn herum nicht zu kurz kamen. Der engere Führungszirkel bestand fast ausschließlich aus Oxfordabsolventen. »Wir hatten zwar gelegentlich einen verirrten Cambridgemann«, bemerkte ein Direktor der Anglo-American, »aber keiner blieb sehr lange bei uns.« Harrys Männer trugen konservative Maßanzüge in dunklen Farbtönen und pflegten nach dem Vorbild ihres Chefs mit gedämpfter Stimme zu sprechen. Doch hinter dieser Ruhe spürte der aufmerksame Beobachter eine verborgene, fast an Arroganz grenzende Selbstsicherheit. Wie die Männer, die unter Cecil Rhodes in einer abgeschlossenen Welt innerhalb des Empire groß und mächtig geworden waren, so arbeiteten auch sie für eine unabhängige Macht, die in Südafrika eine Art Staat im Staat bildete. Die Manager von De Beers und die »Anglo-Boys« verfügten über einen eigenen Sicherheitsdienst, eine eigene Flugzeugflotte und ein eigenes diplomatisches Korps, das dafür sorgte, daß die Geschäfte im In- und Ausland reibungslos abliefen.

Lange Arbeitszeiten wurden mit großzügigen Gehältern und Sondervergütungen aufgewogen, firmeneigene Flugzeuge brachten die Direktoren zu ihren Geschäftstreffen, und vor den Häusern der Topmanager warteten Luxuslimousinen mit schwarzen Chauffeuren, die sie überall hinfuhren. Die Frauen der Direktoren schauten zu Bridget auf wie Soldatenfrauen zu der Frau des Generals. Bridget agierte im Hintergrund, setzte sich für Freundschaft zwischen den Rassen ein, sammelte Spendengelder für schwarze Hilfsorganisationen wie das African Children's Feeding Scheme und war allen ein moralisches Vorbild. Die Hütte ihres Chauffeurs wurde in ein Schulzimmer umfunktioniert, in dem schwarze Kinder lesen lernten und in verschiedenen Handwerken unterrichtet wurden. »Wir alle haben viel zu lange in unseren Ghettos gelebt«, sagte sie einem Journalisten. »Ich glaube, die Menschen wollen einander näherkommen.«

Ihr Engagement fand bei einigen Weißen und Schwarzen Anklang. Radikalere Schwarze waren allerdings der Ansicht, daß die reichen Weißen mit ihren guten Taten nur ihr schlechtes Gewissen beruhigen wollten. Die Anglo-Boys, so einer der schwarzen Führer, wußten alles über den Goldbergbau – aber nichts über die Menschen, die das Gold schürften. Noch in den sechziger Jahren wurden Arbeitskräfte aus den unabhängigen, ganz von der Südafrikanischen Republik eingeschlossenen Staaten Lesotho und Botswana (früher Basutoland und Betschuanaland) sowie aus Sambia und Angola angeworben. Auf die Frage, warum die Arbeiter von so weit hergeholt wurden, antwortete ein Minenverwalter mit seltener Offenheit: »Weil wir bei den Löhnen sonst mit der einheimischen Industrie konkurrieren müßten, und die Schwarzen aus den Städten verdienen mehr, als wir zu zahlen bereit sind.« Nicht ganz glücklich über seine Antwort, fügte er eilig hinzu: »Wir erweisen diesen Leuten einen Gefallen, wenn wir sie in unseren Minen arbeiten lassen. So können sie das Einkommen aufbessern, das sie auf den Farmen in ihren Stammesgebieten erwirtschaften.« Der Gefallen bestand in der vertraglichen Verpflichtung, monate- und manchmal sogar jahrelang sechs Tage die Woche unter Tage zu schuften.

Die Szenen, die sich vor dem Johannesburger Einstellungsbüro abspielten, erinnerten an die frühen Tage des Diamantenrauschs in Kimberley. Der Hof war überfüllt mit einheimischen Zulu und Xhosa, dazu kamen Sambier, die mit dem Firmenjet eingeflogen worden waren und sich erst noch von dem Schock ihres ersten Fluges erholen mußten. Dicht an dicht standen sie neben Shangaan aus Mosambik und Kwanyama und Ovambo aus Südwest-Afrika. Unter ihnen fanden sich Christen, Muslime und Anhänger verschiedener Naturreligionen. Sie sprachen die unterschiedlichsten Sprachen und Dialekte. Die wenigsten konnten lesen. In den Verträgen, die man ihnen in die Hand drückte, sahen sie kaum mehr als schmückendes Beiwerk ihrer weißen *baas*. Die Aufseher verständigten sich mit ihren Gruppen in *funigalo*, einem afrikanischen Pidgin-Dialekt.

Hatten die Männer erst einmal ein Kreuz unter ihre Verträge gemacht, mußten sie in einer Reihe Aufstellung nehmen, sich entkleiden und einer medizinischen Untersuchung unterziehen. Anschließend nahm man ihre Fingerabdrücke und händigte ihnen eine Identitätsmarke, eine Jacke und Hosen aus. Die Kosten für die Arbeitskleidung wurden ihnen vom Lohn abgezogen. Nach diesen Formalitäten wurden die verschiedenen Gruppen in Züge verfrachtet und zu den Goldminen im Witwatersrand oder im Oranjefreistaat gebracht.

Ende der sechziger Jahre bat der schwarze Bildjournalist Ernest Cole die Bergbaukammer um Erlaubnis, einen Minenarbeiter zu interviewen, der es zu etwas gebracht hatte. Aus den fast 400 000 »Boys«, wie die Vorarbeiter ihre Untergebenen nannten, wählte die Kammer Joseph Wenene aus, der sich zum »Boss Boy«, zum Aufseher über andere Schwarze, hochgearbeitet hatte. Von seinem Lohn – etwa ein Sechstel dessen, was ein frisch eingestellter weißer Minenarbeiter verdiente – unterhielt er seine Frau und fünf Kinder, die in einem der »Bantustans« lebten, jenen von der Regierung für Schwarze reservierten Gebieten. Die Familie durfte ihn an seinem Arbeitsplatz nicht besuchen, und er selbst hatte noch nicht genügend Geld gespart, um nach Hause fahren zu können. Seit vier Jahren hatte er weder seine Frau noch seine Kinder gesehen. »Mir geht es gut in der Mine«, sagte Wenene ernst, »aber die Sehnsucht nach meiner Familie ist immer da.« Ein weißer Angestellter wandte sich an Cole: »Sehen Sie, er beklagt sich nicht.«

Cole besuchte das Minengelände. »Für die weißen Wachen war ich, ebenso wie für den Angestellten, nur ein Kaffer«, erinnerte sich der Journalist. »In den Schächten beachtete mich niemand. Ich konnte mich also relativ frei bewegen und bekam viel zu sehen.« Und was er zu sehen bekam, war ein verborgenes, durchdringendes Elend, »schlimmer noch als in den verkommensten Slums von Johannesburg«. Unten in den Schächten übten die Weißen nur Aufseherfunktionen aus. Die schweren Grab- und Schaufelarbeiten wurden von den Schwarzen erledigt. Sie bedienten auch die ohrenbetäubend lauten Bohrmaschinen. Außerhalb der Arbeitszeiten wohnten die Minenarbeiter in langen Backsteinhäusern mit Wellblechdächern, zwanzig Mann in einem Raum. Eine Privatsphäre gab es nicht. Die sanitären Einrichtungen waren unzureichend, das Essen ein »Schweinefraß«. Frühstück: Porridge und Kaffee. Mittagessen: *nyula,* ein Eintopf aus Kohl, Karotten und anderen Gemüsesorten, manchmal mit etwas Fleisch versetzt. Abendessen: Maisbrei und Bohnen.

An den Sonntagen, den einzigen Ruhetagen, herrschte im Lager tiefe Niedergeschlagenheit und Langeweile. Getrennt von ihren Frauen und Kindern und ohne Erholungsstätten gingen die Minenarbeiter rastlos auf und ab, schliefen oder schlugen mit ziellosem Gerede die Zeit tot. Es stand ihnen zwar frei, in die Stadt zu gehen, aber kaum einer verließ jemals das Minengelände. Die Warnungen der Minengesellschaft vor Kriminellen und Prostituierten in der lasterhaften Stadt hatten einen tiefen Eindruck hinterlassen.

Das Leben in einer Mine glich in vielerlei Hinsicht dem Leben in einem Gefängnis. Homosexualität, im Minenslang *matamyola* genannt, war verbreitet und Gegenstand zahlreicher Witze. Bergarbeiter mit einigem Talent wirkten bei sogenannten »Minentänzen« mit, mit denen weiße Besucher bei Führungen durch die Goldminen unterhalten wurden. Schilder an den Mauern informierten die Zuschauer, daß die folkloristischen Darbietungen kostenlos waren und daß es untersagt war, den Tänzern auch nur eine Münze zuzuwerfen.

Wer neun Monate in einer Mine gearbeitet hatte, konnte entweder gehen oder sich für weitere sechs Monate verpflichten. Wer gehen wollte, mußte zusehen, wie er zum Bahnhof kam. Wer sich, die Taschen voller Geld vom letzten Zahltag, zur Heimkehr entschloß, hätte ebensogut ein Schild mit der Aufschrift »Opfer« vor sich hertragen können. Straßenhändler hefteten sich an ihre Fersen, riefen »Komm, Bruder! Komm!« und hielten ihnen Souvenirs, Cowboyhüte und bunte Kleidungsstücke vor die Nasen. Das war das erste- und letztemal, daß die gutgläubigen Minenarbeiter von Weißen mit Bruder angesprochen wurden.

Innerhalb von sechs Monaten kehrte die überwiegende Mehrheit dieser Arbeiter wieder in die Minen zurück. Das Land in ihrer Heimat konnte auf Dauer kaum mehr als eine Handvoll Bauern und Jäger ernähren. Die meisten schwarzen Arbeiter, die nie wieder zurückkehrten, verließen die Mine entweder auf einer Krankentrage oder im Sarg. Wer Glück hatte, wurde bei einem der häufigen Einstürze nur schwer verletzt und nicht erschlagen. Wer überlebte, erhielt eine kostenlose Behandlung im Krankenhaus und eine Unfallrente. Auf diese Entschädigung verwiesen die Minenbetreiber immer wieder voller Stolz, doch über die Summen, die zur Auszahlung kamen, ließ man selten etwas verlauten. Der Fall eines Arbeiters, der Mitte der sechziger Jahre verunglückte, mag als Anhaltspunkt dienen: Für den Verlust beider Beine erhielt er 1036 Dollar, auszahlbar in einer monatlichen Rate von 8,40 Dollar bis an sein Lebensende.

Die Öffentlichkeit erfuhr selten von solchen Details, aber die Minenarbeiter wußten um so besser Bescheid. Doch was machte das schon? »Ganz gleich«, schrieb Cole, »in welchem Zustand sie gehen – ob krank, verletzt und ausgelaugt oder gesund, in der Tasche die Ersparnisse aus zwanzig Arbeitsjahren bei einem Monatslohn von 38 Dollar –, vermissen wird sie niemand. Kaum sind sie durch das Tor gegangen, drängen neue Männer herein.«

*

Harry wurden alle nur erdenklichen Ehrungen zuteil: Universitäten verliehen ihm Ehrendoktorwürden, und die Zeitschrift *Fortune* rühmte ihn in einem Artikel als »Finanzas«. Kein Wunder, daß ihn eine Zeitung unter die wenigen »Unsterblichen« von Südafrika einreihte. Aber selbst Unsterbliche werden nicht jünger, und als Harry sechzig wurde, fingen die Leute an, über seinen Nachfolger zu spekulieren.

Mary, die Älteste, studierte an der Sorbonne und sammelte in London erste Berufserfahrung, bevor sie nach Johannesburg zurückkehren und dort ins Familienunternehmen einsteigen sollte. Besorgt wälzte man bei Anglo-American und De Beers die Frage, ob diese unkonventionelle, attraktive junge Frau zur Diamantenprinzessin gekrönt werden sollte. Mary gab in der Buchhaltung ihr Debüt. Doch aus der Galavorstellung wurde nichts. Mit Zahlen und Ziffern schien sie auf Kriegsfuß zu stehen. Aber was außer Spalten, Seiten und Büchern voller Zahlen waren die Unternehmen der Familie? Offensichtlich war die Geschäftswelt doch nicht das richtige für Mary. Was also tun? Harry hatte eine seiner Eingebungen und ernannte Mary zur Vorsitzenden der wichtigsten Stiftungen der Anglo-American, des Ernest Oppenheimer Memorial Trust und des Anglo Chairman's Fund. Ihr Arbeitspensum bewegte sich im Rahmen des Erträglichen, und so konnte man sie an den meisten Nachmittagen bei ihrer Lieblingsbeschäftigung sehen: dem Reiten.

Wie alle unverheirateten Töchter reicher Familien wurde auch Mary ständig von Journalisten verfolgt, die ihr mit Feldstechern nachspionierten, den Familiensitz belagerten und sich an ihre Fersen hefteten, wenn sie in Johannesburg von einer Party zur anderen zog. Jeder Mann, der sie auf die Tanzfläche führte, wurde als potentieller Heiratskandidat gehandelt. Mary reagierte gereizt. »Es ist nicht leicht, eine Oppenheimer zu sein. Die Leute beobachten dich, spionieren dich aus. Immer mußt du darauf achten, daß du nichts Falsches sagst oder tust. Und selbst dann tun sie dir noch weh.«

Der diamantene Käfig wurde ihr bald zu eng. Einem Journalisten, der sie nach ihren Zukunftsplänen fragte, vertraute sie an: »Ich hoffe, daß ich eines Tages einen Südafrikaner heiraten werde, aber ich habe keine festen Vorstellungen, was seine Größe oder seine Figur betrifft. Geld braucht er jedenfalls nicht haben. Wer weiß, vielleicht wird ein Bankangestellter aus guten Verhältnissen der Richtige sein.«

Der erste Richtige war weder ein armer Schlucker noch ein Plutokrat. Gordon Waddell, Sohn eines Börsenmaklers aus Glasgow, tourte als Kapitän eines britischen Rugbyteams durch Südafrika. Mary lernte ihn auf einer Party kennen, und aus der zufälligen Bekanntschaft entwickelte sich eine Romanze. Nach Abschluß seines Studiums in Cambridge flog der kräftige junge Schotte nach Südafrika und überreichte seiner Verlobten einen mit drei Diamanten besetzten Ring. Sie heirateten 1964.

Sah man einmal von der im Fernsehen übertragenen Krönungszeremonie Königin Elisabeths ab, hatte Johannesburg bislang noch nichts gesehen, was den Feierlichkeiten anläßlich der Vermählung Mary Oppenheimers mit Gordon Waddell gleichgekommen wäre. Ein Chor wurde aufgeboten, und der Bischof von Johannesburg schritt, in strahlendes Gold und Rot gewandet, an der Spitze einer Prozession von Kirchendienern und Priestern in Roben. Tausende von Neugierigen säumten die Straßen und reckten ihre Hälse, um einen Blick von Mary zu erhaschen, deren Hochzeitskleid mit einer sechs Meter langen Schleppe versehen war. Einige vorwitzige Frauen versuchten sogar, ihr Hochzeitskleid zu berühren, so wie im England der Tudors Menschen aus dem gemeinen Volk versucht hatten, die königliche Hand zu berühren. Die Polizei bemühte sich, die Ordnung aufrechtzuerhalten, und setzte sogar Hundestaffeln ein. Aber es half alles nichts. Ein Tumult brach aus, und zahlreiche Menschen wurden verletzt, bevor es den Ordnungshütern gelang, die Lage wieder in den Griff zu bekommen. Eine alte Frau brach sich den Arm, und viele Zuschauer humpelten mit blauen Flecken und Abschürfungen nach Hause. Als alles vorüber war, lagen verlorengegangene Hüte, Handtaschen und Schuhe verstreut auf dem Platz vor der Kathedrale.

Nachdem sich das Paar ewige Treue geschworen hatte, strömten tausend geladene Gäste nach Brenthurst. Die Wachleute an den Eingängen hatten alle Hände voll damit zu tun, die zahlreichen ungebetenen Besucher abzuweisen. Es dauerte über einenhalb Stunden, bis alle Persönlichkeiten eingetroffen waren. Freunde und Bekannte der Familie, die keine Einladung erhalten hatten, verreisten übers Wochenende. So konnten sie später ihre Abwesenheit bei der Party erklären: Natürlich hätten sie sich die Jahrhunderthochzeit nicht entgehen lassen, aber leider, leider seien sie am Wochenende nicht in der Stadt gewesen.

Harrys Tochter Mary mit ihrem ersten Ehemann Gordon Waddell, dessen Beziehungen zu De Beers die Ehe um viele Jahre überdauerten.

Bis auf das Dienstpersonal und ein paar Journalisten waren nur Weiße bei der Hochzeit. Mit einer Ausnahme: Marys Freundin Violet Padayachi, eine Sozialarbeiterin indischer Abstammung. Die Braut hatte ursprünglich die Absicht gehabt, auch einige Kollegen vom Committee of Union Artists einzuladen, einer Gruppe, die schwarze Theatertruppen unterstützte, aber ihr Vater hatte sich das energisch verbeten. Nach Ansicht des *Johannesburg Star* wollte Harry an diesem Freudentag keine »Auseinandersetzungen« provozieren. Sonnenschein und eine schöne Feier, das war alles, was er sich wünschte. Das Wetter spielte zwar nicht mit, und es regnete den ganzen Tag, aber die ausgelassene Feststimmung hielt bis tief in die Nacht hinein an und erreichte einen Höhepunkt, als Gordon Waddell sein Hochzeitsgeschenk überreicht bekam: einen Maserati, das erste Automobil dieses Typs auf dem afrikanischen Kontinent.

Das Fest war noch in vollem Gang, als das Paar zum Flughafen aufbrach. Um die Paparazzi zu täuschen, hatte die Familie das Gerücht ausgestreut, das Paar werde seine Flitterwochen in Pretoria verbringen. In Wahrheit bestiegen Mary und Gordon als Mr. und Mrs. Grant ein Flugzeug nach Rom. Von Italien aus reisten sie weiter in den Garten des Nahen Ostens, nach Beirut. Als sie schließlich nach Johannesburg zurückkehrten, hatte Harry seinem Schwiegersohn bereits eine Stelle bei E. Oppenheimer and Son beschafft.

Wer nun erwartet hatte, daß Waddell die Rolle des Prinzgemahls spielen und sich zwischen Golfpartien und Verabredungen zum Essen gelegentlich im Büro blicken lassen würde, wurde herb enttäuscht. Waddells Vorgesetzte gaben ihm zwar wiederholt Gelegenheit, das Schiff in den Sand zu setzen, aber der angehende Manager verbuchte einen Erfolg nach dem anderen. Nicht lange, und man bot ihm einen Posten in der Geschäftsleitung der Anglo-American Prospecting an, einer kleinen, aber wichtigen Tochtergesellschaft. Außerdem erwies sich Waddell als treusorgender Vater; vier Jahre nach der Hochzeit schenkte Mary ihrem Vater Harry das erste Enkelkind, Victoria Jane, zwei Jahre später folgte Rebecca.

Doch als Ehemann versagte Waddell, zumindest nach Marys Auffassung. In ihren Augen war er mehr an Harrys Unternehmen als an Harrys Tochter interessiert. Bald ging das Paar getrennte Wege. Mary verbrachte ihre Tage bei den Ställen, wo sie sich um die Pferde und immer intensiver auch um ihren Reitlehrer Bill Johnson kümmerte. Der sich anbahnende Skandal entging weder den Klatschkolumnisten noch dem Familienoberhaupt. Harry machte kein Hehl daraus, daß er die Affäre mißbilligte. Er forderte die Waddells auf, es noch einmal miteinander zu versuchen. Harry war kein Mann, dem man eine Bitte abschlug, und so flog das Paar noch einmal nach Rom. Der Aussöhnungsversuch scheiterte. Gordon Waddell reichte die Scheidung ein, und nach langwierigen Verhandlungen erhielt er das Sorgerecht für die Kinder zugesprochen.

In den Unternehmen der Oppenheimers wurde allgemein erwartet, daß der Exschwiegersohn nun seinen Hut nehmen und in England noch einmal von vorn anfangen würde. Aber Waddell überraschte alle mit seiner Entscheidung zu bleiben – offensichtlich hatte Mary recht gehabt, als sie sagte, ihr Ehemann habe »viel mehr von einem Oppenheimer, als ich jemals haben werde«. Harry setzte noch eins drauf und ernannte Waddell zum geschäftsführenden Direktor der Anglo-American Prospecting. Mary hingegen erntete mißbilligende Blicke, und zwar nicht nur von ihren Eltern, sondern auch von ihrer Großmutter Ina, Sir Ernests Witwe. Die alte Dame lebte in einer abgeschiedenen Villa nahe Brenthurst, war aber noch im Vollbesitz ihrer Kräfte und hatte einen kritischen Blick für Menschen. Bill Johnson hatte ihr von Anfang an nicht gefallen: Er sei nicht vom Schlag der Oppenheimers.

Man kann nur vermuten, wie sich Inas Einfluß ausgewirkt hätte. Am 25. November 1970, zwölf Jahre nach Ernests letztem Herzinfarkt, unternahm Ina einen verhängnisvollen Ausflug in den Krüger-Nationalpark. Während der Fahrt verlor Inas Chauffeur die Kontrolle über den Geländewagen. Das Fahrzeug kam von der Straße ab, stürzte eine steile Böschung hinab und überschlug sich. Der Fahrer wurde herausgeschleudert, Ina erlitt schwere Kopfverletzungen und fiel in Koma. Zwei Monate später starb sie in einem Johannesburger Krankenhaus.

Die Trauerzeit war kaum vorüber, da meldete sich Bill Johnson zu Wort. Da er inzwischen ebenfalls geschieden war und die nörgelnde Großmutter nicht mehr lebte, war es seiner Ansicht nach an der Zeit, ein paar Dinge zurechtzurücken. »Wir hätten schon längst geheiratet«, stellte er fest. »Nur zwei Dinge haben uns daran gehindert: der Widerstand ihrer Familie und mein Wunsch, daß sie um das Sorgerecht für ihre kleinen Töchter kämpft.« Er räumte zwar ein, daß »Mary niemals sehr an ihren Babys gehangen hat, aber ihre Töchter sind jetzt in einer wichtigen Entwicklungsphase und bedeuten ihr inzwischen sehr viel.«

Marys zweite Heirat fand in aller Stille in Swasiland statt, fernab von allen Journalisten. Kaum aber hatten die Johnsons sich in Johannesburg eingerichtet, da trat der frischgebackene Ehemann vor die Presse. Harry und Bridget, so erklärte er, fänden sich langsam mit Marys neuem Leben ab, auch wenn sie »nicht unbedingt begeistert sind. Die größten Vorbehalte hat, glaube ich, Marys Mutter.« Da Johnsons neue Verwandtschaft mit Komplimenten für ihn eher geizte, versuchte er es mit Eigenlob. »Mary war immer eine pflichtbewußte Tochter und hat die

Wünsche ihrer Eltern stets respektiert. Sie hat sich immer viel zu sehr bemüht, nicht aus der Reihe zu tanzen. Erst ich habe ihr beigebracht, etwas unbekümmerter zu leben und nicht ständig darauf zu achten, was der Rest der Welt davon hält. Ich selbst habe nie einen Deut darauf gegeben, was die anderen dachten, und Mary fängt langsam an, ebenso zu empfinden wie ich.«

Nicholas Oppenheimer war das krasse Gegenteil seiner Schwester und erinnerte viele Leute an den jungen Harry. Nicholas hatte wie sein Vater am Christ Church College in Oxford studiert und dann seinen neunmonatigen Wehrdienst bei der nahe Kimberley stationierten Imperial Light Horse abgeleistet. Er wurde allgemein als umgänglich beschrieben und bestand darauf, »Nicky« genannt zu werden. Seine Pläne waren ebenso aufrichtig wie sein Lachen. »Ich werde ganz unten anfangen. Ich werde in Kimberley Diamanten sortieren und meinen Weg nach oben machen. Irgendwann will ich versuchen, in die Fußstapfen meines Vaters zu treten.«

Nicky war einer der begehrtesten Junggesellen der Welt, aber er wurde, wie es eine enttäuschte junge Frau ausdrückte, »nur eine knappe Stunde auf dem freien Markt« gehandelt. Orcillia »Strilli« Lasch und Nicky sahen sich das erstemal auf dem Golfplatz des Johannesburger Country Club. Orcillia war die Tochter eines forschen Johannesburger Geschäftsmannes und Segelfliegers, Nicky der künftige Erbe des größten Vermögens in Südafrika. Ein ideales Paar – bis auf den Umstand, daß er erst 13, sie aber bereits 17 Jahre alt war. Als Nicky zwanzig wurde, schien der Altersunterschied nicht mehr so ins Gewicht zu fallen, und 1968 heirateten die beiden. Es war eine kleine Hochzeit. Im Beisein der Verwandten und der engsten Freunde gaben sich Nicky und Strilli in einer kleinen anglikanischen Vorstadtkirche das Jawort. Ihre Flitterwochen verbrachten sie, unbehelligt von neugierigen Journalisten, in Australien, und im November des folgenden Jahres wurde Harrys erster Enkelsohn, Jonathan Ernest, geboren. Der Fortbestand der Oppenheimer-Dynastie war gesichert.

*

Das Material, das Ian Fleming bei seinen Recherchen über den illegalen Diamantenhandel zusammengetragen hatte, schlug sich

Harrys Sohn Nicky, der Erbe des Oppenheimer-Imperiums, heiratete 1968 Orcillia »Strilli« Lasch.

in den beiden Büchern *The Diamond Smugglers* und *Diamantenfieber* nieder. »Bond blickte in das Herz des Diamanten ... Jetzt begriff er auf einmal die Leidenschaft, die die Diamanten durch Jahrhunderte hindurch erweckt hatten.« Beide Bücher enthielten so viele Kinoklischees und wirkten so grotesk übertrieben, daß es der Kamil-Affäre bedurfte, um zu zeigen, wie sehr die Realität Flemings Fiktion in den Schatten stellte.

Fred Kamil hatte es als Söldner bei Sir Percy Sillitoes International Diamond Security Organization zu Reichtum gebracht. Zusammen mit seinen Untergebenen hatte der Libanese im westafrikanischen Busch Diamantenschmugglern aufgelauert und von Sillitoe jedesmal ein Drittel des Wertes der abgefangenen Diamanten ausbezahlt bekommen. Als sich Sir Percy Ende der sechziger Jahre zur Ruhe setzte, folgte Kamil seinem Beispiel, klagte aber, daß man ihn nicht vollständig ausbezahlt habe.

Sich zur Ruhe zu setzen und seinen Ärger in sich hineinzufressen war aber ganz und gar nicht Kamils Art. Er war ein Mann der Tat, gesetzestreu oder eben auch nicht. Nach mehreren Jahren des Schweigens tauchte er schließlich in London auf und bot brisante Informationen zum Verkauf an. Er beschuldigte zwei Angestellte von De Beers, Diamanten von Afrika nach Argentinien zu schmuggeln. Kamil konnte jedoch keine Beweise vorlegen, und so ging das Unternehmen nicht weiter auf seine Vorwürfe ein. Ohne sich noch einmal zu melden, verließ Kamil mit seiner südafrikanischen Frau und seinem Kind die britische Insel und ließ sich in Beirut nieder. Von dort schrieb er Harry 1972 einen Brief, in dem er ihn um Geld für weitere Nachforschungen bat. Da der Brief unbeantwortet blieb, schrieb er einen zweiten Brief, und diesmal ließ er seine Maske fallen: Falls man seine Geldforderungen nicht erfülle, werde er den Firmensitz von De Beers in Johannesburg in die Luft sprengen.

Die Sicherheitsleute von De Beers nahmen die Drohung zu diesem Zeitpunkt wohl noch nicht allzu ernst, doch Kamil scherzte nicht. Er wußte ganz genau, daß er an Harry persönlich niemals herankommen würde, und so setzte er sich zum Ziel, ihm das Leben so schwer wie möglich zu machen. Bomben waren eine Methode, um Harrys Aufmerksamkeit zu erregen. Eine andere war, Harrys Exschwiegersohn Gordon Waddell zu kidnappen. Diese Idee gefiel Kamil, und so reiste er als Fotograf verkleidet in Begleitung eines libanesischen Polizisten namens Adschij Jaghi, der für dieses Unternehmen extra Urlaub genommen hatte, nach Südafrika. Unterwegs fanden sie heraus, daß Waddell geschäftlich in London weilte und an einem bestimmten Mittwoch um zehn Uhr über Salisbury (dem heutigen Harare) nach Johannesburg zurückfliegen wollte. Die Entführung sollte in Salisbury passieren. Ihr Plan enthielt alles, was in einem billigen Thriller nicht fehlen durfte: dunkeläugige, arabische Verschwörer, eine attraktive Blondine, die den Sprengstoff besorgte und dann spurlos verschwand, und als Ziel der Entführer Khartum, die Stadt, in der General Gordon durch die Hand des Mahdi gestorben war, die Stadt, in der Kamil Harry in die Knie zwingen wollte.

Alles klappte wie am Schnürchen. Ohne Probleme hatten Kamil und Jaghi den Zoll in Salisbury passiert und machten es sich an Bord der Boeing 727 bequem. Kamil saß am Gang, Jaghi am Fenster. Im geeigneten Moment zeigten sie den mitgebrachten Sprengstoff vor, zuerst einer Stewardeß, dann einem Steward und schließlich dem Piloten. Als Kamil das neue Reiseziel bekanntgab, schüttelte Flugkapitän Blake Flemington nur den Kopf. Der Treibstoff reiche nicht bis Khartum, sie könnten von Glück sagen, wenn sie es zurück nach Salisbury schafften. Kamil kam ins

Grübeln, und während er noch nachdachte, wollte er plötzlich die Pässe aller siebzig Passagiere an Bord sehen. Ein Steward ging durch die Gänge, sammelte die Pässe ein und beruhigte die Passagiere: Die Maschine habe einen kleinen technischen Defekt und werde deshalb nach Rhodesien zurückfliegen, wo man ihn beheben werde. Ob sie sich in der Zwischenzeit nicht in den hinteren Teil des Flugzeugs begeben könnten?

Der Steward schloß die Tür zum Cockpit hinter sich und überreichte Kamil die Pässe. Zuerst sehr entspannt, dann zunehmend nervöser blätterten Kamil und Jaghi die Ausweise durch. Der entscheidende Paß fehlte. Ein Gang durch die Maschine bestätigte ihre schlimmsten Befürchtungen: Waddell war nicht an Bord. (Viel später fanden sie heraus, daß ihr Informant gepatzt hatte. Rein zufällig hatte Waddell einen früheren Flug nach Johannesburg genommen. Als die Operation begann, war er bereits zu Hause.)

Kamil bedachte die Lage. Noch war nicht alles verloren. Er und Jaghi hatten immer noch einen Trumpf in der Hand. Über siebzig Menschen befanden sich an Bord der Boeing 727 und damit in ihrer Gewalt. Mit diesen Geiseln konnten sie in jede beliebige Stadt fliegen, auch nach Khartum. Und von dort aus wollte er Harry seine Forderungen präsentieren, und Harry war gezwungen, sie zu erfüllen. Kamil faßte neuen Mut. Beim Landeanflug auf Salisbury befahl er Flemington, ihn von jetzt an mit Captain Z anzureden und strikt seine Anweisungen zu befolgen. Dann ließ er ihn wissen, daß sie nach dem Auftanken nach Ägypten weiterfliegen würden. In Ordnung, Captain Z, sagte der Pilot, aber wäre es nicht besser, die Maschine leichter zu machen und wenigstens einen Teil der Passagiere und Besatzungsmitglieder aussteigen zu lassen? Geiseln brauchten Wasser und Essen, seien schwer und könnten bei einem langen Flug zu einer Belastung werden. Kamil ging auf Flemingtons Vorschlag ein und sagte zu, in Salisbury alle Geiseln bis auf fünf Passagiere, den Chefsteward und Flemington selbst freizulassen.

Nach der Landung in Salisbury wurden mit Erlaubnis der Entführer die Türen geöffnet. Erleichterte Passagiere und einige aus der Crew verließen das Flugzeug. Kaum hatten sie die Rollbahn betreten, ließ Kamil den Piloten die Türen wieder schließen und ohne Auftanken starten. Im Lichte der untergehenden Sonne gab der Kidnapper eine neue Order aus: Von nun an werde er nur noch mit dem Diamantenkönig persönlich verhandeln. Flemington leitete die Botschaft an den Tower in Salisbury weiter. Wenige Minuten später knackste es in der Bordsprechanlage, und die Antwort wurde durchgegeben: Harry Oppenheimer halte sich auf seiner Farm auf und sei weder telefonisch noch über Funk zu erreichen. Die Entführer steckten die Köpfe zusammen. Sie konnten nicht wissen, ob Oppenheimer bluffte oder nicht. Um so sicherer wußten sie, daß die Tankanzeige gegen Null strebte. Sie mußten irgendwo landen. Auf Mauritius oder Madagaskar? Captain Flemington schlug Malawi vor, das Land, in dem die Williamson-Mine lag. Wenigstens unterhielt Malawi offizielle Beziehungen zu Südafrika. Wenn sie weiter nach Norden flögen, würden sie in den feindlichen Luftraum der schwarzafrikanischen Staaten eindringen, die allen Grund hatten, ein südafrikanisches Flugzeug zu verfolgen und womöglich sogar abzuschießen.

Auch diesmal ging der Libanese auf Flemingtons Vorschlag ein, und das Flugzeug nahm Kurs auf Malawi. Dann ließ er Flemington sein neues Ultimatum an den Tower in Johannesburg funken: Sollte Harry, der persönlich für das Schicksal der Passagiere an Bord verantwortlich sei, sich weigern, direkt mit ihm zu verhandeln, werde er den Firmensitz von De Beers in die Luft sprengen und Mary Oppenheimer entführen lassen. Sofort nach Bekanntwerden des Ultimatums verstärkte die südafrikanische Polizei ihre Schutzmaßnahmen für die Familie Oppenheimer, und bei De Beers wurde höchste Alarmstufe ausgerufen. Das Haus der Johnsons wurde rund um die Uhr überwacht. Ein Leibwächter folgte Mary in einem Strandbuggy auf Schritt und Tritt, und ähnliche Schutzvorkehrungen wurden auch für Waddell und seine Kinder getroffen.

Die malawischen Behörden erteilten Flemington zwar Landeerlaubnis, wiesen der Maschine aber eine Landebahn zu, die weit vom Flughafengebäude entfernt war. Kaum war die Maschine gelandet, wiederholten Kamil und Jaghi ihr Ultimatum. Unterdessen schlichen sich auf Befehl des malawischen Präsidenten Kamuzu Banda Angehörige des Bodenpersonals unter das Flugzeug und ließen die Luft aus den Reifen, damit die Maschine nicht mehr starten konnte. Banda, der gerade eine Urlaubsreise nach London hatte antreten wollen, war ungehalten, daß er von diesen

»Idioten der Lüfte« aufgehalten wurde. Er wollte dem Spuk so schnell wie möglich ein Ende machen. Und das, so fürchtete Flugkapitän Flemington, konnte ihn und die anderen Geiseln das Leben kosten. Jaghi wurde nämlich zunehmend nervöser, brüllte wirres Zeug und machte die Sprengsätze scharf. Selbst Kamil schien seinetwegen beunruhigt. Nach einigem Hin und Her auf dem Flugplatz näherte sich schließlich ein südafrikanischer Sicherheitsbeamter der Maschine, um die Bedingungen der Entführer zu hören. Mißtrauisch gestatteten sie ihm, an Bord zu klettern. Als er nach einer Weile wieder herauskam, hatte er Jaghi eine größere Geldsumme und freies Geleit zugesagt.

Einige Zeit später kehrte der Südafrikaner zurück. Er trug zwei Metallkoffer bei sich, die er kurz öffnete, um zu zeigen, daß sie mit großen Dollarscheinen gefüllt waren. Kamil ließ die hintere Treppe herab und nahm sie entgegen. Unter Triumphgeheul machte er sich mit Jaghi über die Beute her. In diesem Moment gab Flemington den fünf noch an Bord befindlichen Passagieren ein Zeichen. Sie öffneten ein Fenster, ließen ein Seil zu Boden und kletterten mit letzter Kraft aus dem Flugzeug. Als Flemington sich nochmals umwandte, sah er, wie die Entführer, ohne darauf zu achten, was passierte, einander ausgelassen auf die Schultern klopften und lachend Geldscheine in die Luft warfen.

Es folgte eine tödliche Stille. Präsident Banda hatte seinen Stellvertreter in den Kontrollturm bestellt und Scharfschützen in Stellung gehen lassen. Dann unterbreitete er den Entführern ein letztes Angebot: Entweder sie ergaben sich ohne Widerstand, oder sie sollten sich seinetwegen mitsamt dem Flugzeug in die Luft jagen.

Keine Antwort. Techniker der South African Airways schlichen sich unter den Rumpf der Maschine und kappten die Stromversorgung des Flugzeuginnenraums. Die Klimaanlage hörte auf zu arbeiten, und die Temperatur in der Kabine stieg auf über dreißig Grad. Nach nervenaufreibenden Stunden des Wartens meldete sich Kamil wieder und verlangte einen Priester. Offensichtlich hatten er und Jaghi beschlossen, das Flugzeug und sich selbst in die Luft zu sprengen. Ein Priester kam und nahm den Entführern aus sicherer Entfernung die Beichte ab.

Die Nacht brach herein, und noch immer stand das Flugzeug

reglos auf der Rollbahn. Malawische Soldaten hatten sich der Maschine inzwischen bis auf dreißig Meter genähert. Ihr Kommandant forderte die Entführer erneut auf, sich zu ergeben. Als eine Antwort ausblieb, befahl er seinen Männern, das Flugzeug unter Feuer zu nehmen und zu stürmen. Ein Kugelhagel folgte, und Sekunden später erschienen die Entführer mit erhobenen Händen in der Tür. Kamil war unverletzt, aber Jaghi war am Fuß getroffen worden. Wenige Stunden später herrschte auf dem Flughafen wieder Normalbetrieb, und Präsident Banda konnte, hochzufrieden mit der Arbeit seiner Sicherheitskräfte, sein Flugzeug nach London besteigen.

Pretoria beantragte die Auslieferung der Entführer. In den Augen der Nationalisten war das eine reine Formsache. Doch Präsident Banda lehnte alle Gesuche des Apartheidstaates ab, und so kamen die beiden vor ein malawisches Gericht. Jaghi behauptete, er habe den Libanesen an Bord des Flugzeugs zum erstenmal in seinem Leben gesehen. Nichts habe ihm ferner gelegen als eine Flugzeugentführung, er habe sich auf englisch nur nicht richtig verständlich machen können. Kurzum, er sei das Opfer eines tragischen Mißverständnisses. Kamil sagte überhaupt nichts. Ungeduldig verfolgte der Richter die Beweisaufnahme, dann fällte er das Urteil: elf Jahre Arbeitslager für Kamil, elf Jahre Arbeitslager für Jaghi.

Die Verteidiger nannten die Strafe zwar zu hart, aber wer wollte es den beiden Verurteilten verdenken, daß sie insgeheim erleichtert waren? Sie waren noch einmal davongekommen. In Südafrika stand auf Flugzeugentführung die Todesstrafe.

Doch damit war die leidige Geschichte noch nicht vorüber. Nach 21 Monaten in einem malawischen Gefängnis wurden Fred Kamil und Adschij Jaghi in aller Stille entlassen. Während ihrer kurzen Haftzeit hatte die Johannesburger Presse zahlreiche Artikel über Kamil veröffentlicht. Die Journalisten hatten ihn »Flash Fred« getauft und als Dieb, Lügner und Psychopath dargestellt. Ein hoher Angestellter von De Beers wurde mit der Äußerung zitiert, Kamil sei ein Doppelagent, der, ohne mit der Wimper zu zucken, seine engsten Vertrauten verraten würde. Eine andere Zeitung schrieb dem Libanesen einen »obsessiven Hang zu, Mr. Oppenheimer auf irgendeine Weise zu schaden«, und eine dritte vermutete, Flash Fred habe in seiner Zeit bei De Beers »illegale

Diamantengeschäfte getätigt und die Leute erpreßt, mit denen er seine Geschäfte abwickelte«.

Kamil, öffentlich der Lächerlichkeit preisgegeben und fest davon überzeugt, daß Harry Oppenheimer hinter den Zeitungsartikeln steckte, sinnierte über den Großindustriellen nach, den er persönlich niemals getroffen hatte. »Ich stellte mir diesen mächtigen Mann als eine verhüllte, drohende Gestalt vor, und hinter ihm endlose Reihen gesichtsloser Roboter. Sie klicken und knacken, surren hierhin und dorthin und erledigen ihre Aufgaben wie fleißige Ameisen. Der Bau muß um jeden Preis gegen jeden verteidigt werden, der seine Gesetze bricht, Gesetze, die auf Vermehrung, Expansion und immer größeren Machtzuwachs abzielen. Wer gegen sie verstößt, wird aus dem Bau vertrieben.«

Um seinen Rachedurst doch noch zu stillen, verfiel Kamil auf eine neue List. Offensichtlich heuerte er drei englische Unterweltler an und beauftragte sie, mehreren Angehörigen der Familie Oppenheimer Kränze ins Haus zu schicken. Den Kränzen folgten gemietete Leichenwagen, deren Fahrer »die Verstorbenen« abholen wollten. Das Trio ging sehr stümperhaft vor, und die Polizei hatte es innerhalb kürzester Zeit dingfest gemacht. Von seinem sicheren Exil in Spanien aus lehnte Kamil jede Verantwortung ab: »Die drei müssen auf eigene Faust gearbeitet haben. Ich habe nichts mit ihnen zu tun.« Dennoch weigerte er sich, nach London zu kommen und eine Aussage zu machen. Statt dessen setzte er sich an den Schreibtisch und verfaßte eine Autobiographie, mit der er, so seine großspurige Ankündigung, der Firma De Beers die Maske abreißen und die grausame Wahrheit enthüllen werde.

Doch Kamils Buch *The Diamond Underworld* war kaum mehr als ein Versuch der Selbstrechtfertigung. Kamil stellte sich darin als gewissenhaften Mann dar, der im Auftrag seiner Arbeitgeber Diebe gejagt habe und dann von ihnen schmählich verraten worden sei. Zuerst habe De Beers ihn übers Ohr gehauen, dann als Psychopathen verunglimpft und schließlich auch noch Detektive auf ihn angesetzt.

Eine für das Unternehmen wenig schmeichelhafte Tatsache brachte der wirre Bericht Kamils aber doch ans Licht. So hämisch man sich auch über seinen psychischen Zustand ausgelassen hatte, so hatte man ihn doch immer wieder eingesetzt und sogar als »hervorragenden Diamantendetektiv« gelobt, dessen Einsätze »perfekt geplant waren«. Tatsächlich hatte ihm De Beers noch kurz nach seiner Entlassung eine Zahlungsanweisung über 50103 britische Pfund für geleistete Dienste zukommen lassen. Das Buch *The Diamond Underworld* wurde von den Kritikern kaum beachtet, und so zog sich Kamil aufs gutgepolsterte Altenteil zurück.

Die ganze Geschichte war Harry und seiner Führungsmannschaft von Anfang bis Ende äußerst peinlich gewesen. Ein Diamantenhändler brachte es auf den Punkt: »Die mächtige und noble Firma De Beers hatte mit einem gemeinen Dieb und zwielichtigen Subjekt gemeinsame Sache gemacht.« Noch ein Jahrzehnt später schüttelte er den Kopf über die Affäre. Aber andererseits sei Kamil »zu seiner Zeit natürlich auch von Nutzen gewesen. Und schließlich passieren in den besten Familien merkwürdige Dinge. Was zählt, ist doch einzig und allein, daß die Angelegenheit ein gutes Ende genommen hat.« Der Bau war verteidigt, der Gesetzesbrecher ausgestoßen worden.

18

ANGLO NAHM SIE GESCHWIND

Ein Randlord, so sagte man, wußte, daß er es geschafft hatte, wenn die Leute ihn als Puppe symbolisch hängten. Das schien im Südafrika der siebziger Jahre undenkbar. Harry Frederick Oppenheimer wurde von den einen geliebt und respektiert, von den anderen gefürchtet. Aber gehaßt? Um so größer war der Schock, als Harrys Bild im Frühjahr 1973 geschändet wurde, und nicht etwa in den Minen oder in Pretoria, sondern überraschenderweise an der Universität Kapstadt. Die Nationalisten hatten ein paar »revolutionäre Studenten«, die Flugblätter gegen die Apartheid verteilt und demonstriert hatten, von der Universität ausgeschlossen. Harry, der Kanzler der Universität, war darüber so empört, daß er vor einer Studentenversammlung sagte: »Wir haben recht, wenn wir der Meinung sind, daß die Regierung ihre Macht mißbraucht hat. Sie hat unsere bürgerlichen Freiheiten mit Füßen getreten und Südafrika ein Stück näher hin zu einem Polizeistaat gebracht.«

In einer Reaktion auf die Rede verurteilte eine Studentengruppe die Kapstadter Universität als »reaktionären Campus« – und Harrys Liberalismus als puren Mythos. Das Mißverhältnis zwischen Worten und Taten ging ihrer Ansicht nach »von oben« aus. In seiner Eigenschaft als Präsident von De Beers, der Anglo-American und siebzig weiteren Unternehmen zeige sich »der Kanzler von einer weniger progressiven Seite«. Das Oppenheimer-Imperium, »Südafrikas politisch-ökonomische Basis«, beruhe auf der »Ausbeutung der Wanderarbeiter, lagerartigen Barackensiedlungen, auf der strikten Durchsetzung eines überkommenen Tribalismus, der Zerstörung des Familienlebens und Hungerlöhnen«. Die Studenten hielten alle belastenden Beweise

in den Händen, die sie brauchten: Fotos von den Lagern, Lohnta-
bellen, auf denen das Einkommen von Weißen und Schwarzen
einander gegenübergestellt wurde. Die Anglo-American bezahlte den schwarzen Kumpels einen durchschnittlichen Monatslohn von 37,50 Dollar, dazu kamen freie Kost und Logis sowie
weitere Dienstleistungen im Wert von noch einmal 37,50 Dollar.
Harrys Sprecher wies zwar darauf hin, daß sein Unternehmen
nicht der einzige Bergbaukonzern Südafrikas sei und daß die anderen Goldminen ihre Arbeiter erheblich schlechter bezahlten.
Doch das half alles nichts. Die Studenten konterten mit dem
Argument, daß eine sechsköpfige Familie, um gerade über die
Runden zu kommen, monatlich 120 Dollar brauche. Im Gegensatz zu den Schwarzen verdienten weiße Bergarbeiter durchschnittlich sechshundert Dollar im Monat. Im Diamantenberg-
bau herrschten ähnliche Verhältnisse. De Beers zahlte schwarzen
Arbeitern rund 97,50 Dollar an Löhnen und sonstigen Dienstleistungen, Weißen durchschnittlich 480 Dollar.

Die Empörung griff auf die Straßen Kapstadts über. Studenten
trugen eine Harry nachgebildete Puppe durch die Stadt sowie
Transparente, auf denen Parolen standen wie »Hunger schafft
Haß!« oder »Gebt Geld und Gerechtigkeit, keine Almosen – für
einen gerechten Lohn!« Harry bemühte sich, den Konflikt in
einen historischen Kontext zu rücken, und erinnerte die Demonstranten daran, daß »der Bergbau Südafrikas ältester Industriezweig ist und die Vorstellungen, wie der Arbeitsplatz eines Weißen auszusehen hat, in einer Weise überholt sind wie in keinem
modernen Industriezweig«. Dies war als Erklärung, nicht als
Entschuldigung gemeint, und einige Tage nach den Demonstrationen kündigten Anglo-American und De Beers eine Änderung
ihrer Lohnpolitik an. Die Löhne aller Minenarbeiter, ob weiß
oder schwarz, sollten angehoben werden, teilweise um bis zu
sechzig Prozent.

Doch anstatt die Situation zu entspannen, verschärfte diese
Ankündigung den Konflikt nur noch. Harry hatte eine Lawine
losgetreten, die das Oppenheimer-Imperium in seinen Grundfe-
sten erschüttern sollte. Am 4. September 1973 weigerten sich in
der Goldmine West Deep fast dreihundert *drill operators*, Männer, die Löcher für die Sprengsätze bohrten, in den Schacht einzufahren. Die Männer gehörten zu den schwarzen Elitearbeitern

und hatten sich mit einer 46prozentigen Lohnerhöhung begnügen müssen, während andere, weniger gut ausgebildete schwarze Arbeiter wie Lastwagenfahrer in den Genuß der vollen Lohnerhöhung um sechzig Prozent gekommen waren. Sie fühlten sich ungerecht behandelt und verlangten mehr Geld. Die Minenleitung zog sich zur Beratung zurück. Am 12. September ließ sie die Streikenden wissen, daß es keine zusätzlichen Lohnerhöhungen geben werde.

Die Enttäuschung schlug in offene Empörung um. Eine große Gruppe von Streikenden begab sich zum Schacht 2, wo die Nachtschicht gerade einfuhr. Einige der Arbeiter schlossen sich dem Protest an, andere wollten arbeiten. Es kam zu Handgreiflichkeiten, Steine und Ziegel flogen. Die Minenleitung alarmierte die Polizei. Zwölf Beamte eilten herbei und versuchten, die Menge mit Tränengasgranaten auseinanderzutreiben.

Die Maßnahme erzielte nicht den gewünschten Erfolg. Im Schutz der Gasschwaden kam es zu vereinzelten Plünderungen. Bei Einbruch der Dunkelheit trafen frische Polizeikräfte ein. Sie gingen mit Schlagstöcken gegen die Menge vor, die sich in der Zwischenzeit mit Messern, Brecheisen und Ziegelsteinen bewaffnet hatte. Jemand warf einen Ziegelstein und traf einen Polizisten ins Gesicht. Der Mann sank mit gebrochenem Nasenbein und ausgeschlagenen Zähnen zu Boden. Seine Kollegen verloren die Beherrschung und eröffneten das Feuer.

Doch der Aufruhr ging weiter. Zweihundert Streikende stürmten auf die Verwaltungszentrale zu, um sie niederzubrennen. Die Polizisten stellten sich schützend vor das Gebäude und hielten die aufgebrachten Arbeiter in Schach. Erst zwei Stunden später, als weitere Verstärkung eintraf, bekamen sie die Lage in den Griff. Am nächsten Morgen zog die Anglo-American Bilanz: Elf Minenarbeiter waren von der Polizei erschossen worden, einer war von dem aufgebrachten Mob in Stücke gehackt worden. 26 weitere lagen schwerverletzt im Krankenhaus.

Die Zahl der Todesopfer und das Ausmaß der Sachschäden waren zwar geringer als bei dem Massaker von Sharpeville, wo wehrlose Menschen hinterrücks erschossen worden waren, aber die Proteste aus dem Ausland fielen ähnlich scharf aus. In seiner Autobiographie, die etwa um dieselbe Zeit erschien, beschrieb Malcolm Muggeridge Johannesburg als »eine wilde, hektische

Stadt, die in süßem roten Wein und hochprozentigem Brandy ertrank; eine gewalttätige, bedrohliche Stadt, die nach dem Blut roch, das noch fließen mußte. Eine Stadt des Goldes und des Blutes, gelb und rot.« In New York und London fiel der Goldpreis. Über hundert Studenten der Universität Witwatersrand umzingelten das Gebäude der Anglo-American und forderten Oppenheimer auf, die Löhne heraufzusetzen. Eine weit größere Menge demonstrierte vor dem Südafrika-Haus in London. Auf den Streik und die Einkommenskluft zwischen schwarzen und weißen Arbeitern angesprochen, antwortete Harry ohne Stokken, jedoch sichtlich schockiert: »Da ist etwas falsch gelaufen. Wir müssen es korrigieren.« Aber wie, das sagte er nicht.

*

> Sag mir, wo die Firmen sind,
> Wo sind sie geblieben?
> ...
> Anglo nahm sie geschwind

In einer Parodie auf den berühmten Schlager erlaubte sich die *South African Financial Mail* eine respektvolle Kritik auf Kosten Harrys. Tatsächlich wäre es zutreffender gewesen, zu sagen: »Oppenheimer nahm sie geschwind.« Zu Beginn der siebziger Jahre schien nicht einmal mehr das Wort Mischkonzern geeignet, das aus der Anglo-American, der De Beers und ihren jeweiligen Beteiligungen bestehende Wirtschaftsimperium treffend zu beschreiben.

Traditionellerweise weisen große Industrieunternehmen eine aus verschiedenen Ebenen bestehende Hierarchie auf. Die rangniedrigsten Angestellten sind einer über ihnen stehenden, kleineren Gruppe von Managern verantwortlich, die wiederum einer noch kleineren Gruppe unterstellt sind, und so weiter, bis hinauf zum Chef. Unter Harry hatte sich die flächige Geometrie des Dreiecks in die massive Figur einer Pyramide verwandelt, und für einen Außenstehenden war es nahezu unmöglich, den Aufbau der Pyramide nachzuvollziehen. Wäre jemandem Einblick gewährt worden, so hätte er sicherlich nicht nur ein zweites Mal, sondern auch ein drittes und viertes Mal hinsehen müssen. Die Anglo-American war in großem Umfang an vielen Firmen beteiligt, und doch war De Beers, was den Marktwert anging, rund zweiein-halbmal so groß. Die Dritte im Bunde war Harrys Schöpfung, die Charter Consolidated, eine riesige, weltweit tätige Investment-gruppe mit Beteiligungen in den USA, Kanada, Europa, Austra-lien und Malaysia. Jede dieser drei Gesellschaften hatte ihren eigenen Präsidenten, ihren eigenen Verwaltungsrat und gehörte, was am allerwichtigsten war, einer eigenen Gruppe von Aktionä-ren. Damit war das Bild aber immer noch nicht vollständig. Wie jede Pyramide, so hatte auch das Oppenheimer-Imperium eine vierte Seitenfläche, die Rand Selection. Die Hauptaufgabe dieser mit De-Beers-Kapital gegründeten Gesellschaft bestand darin, bestimmte Operationen der Anglo-American im In- und Ausland zu finanzieren. »Rand selbst wird keine neuen Unternehmen ins Leben rufen«, hatte Harry erklärt, »dank ihrer Finanzkraft und ihrer Verbindungen ist die Firma in der hervorragenden Position, sich an Fremdprojekten beteiligen zu können.«

Dank der verschachtelten Struktur des Oppenheimer-Impe-riums konnte Harry praktisch alles behaupten – und auch plausi-bel belegen. So konnte er, nach seiner Meinung zu Firmenüber-nahmen gefragt, die Nase rümpfen und sagen: »Davon halten wir nicht viel. Firmen aufzukaufen bringt nicht viel. Ich sehe mich viel lieber um, wo ich investieren kann. Es ist viel schwieriger, ein gutes Unternehmen zu finden, als Geld aufzutreiben.« Als Harry das sagte, war Charles Engelhard gerade gestorben. Und natür-lich ließ Harry es sich nicht nehmen, Goldfingers Bergbauunter-nehmen durch eine Firma namens HD Development in seinen Besitz zu bringen. Mit Hilfe einer ganzen Serie von Überkreuz-Beteiligungen kaufte das Imperium in aller Stille Unternehmen auf, erwarb Aktienmehrheiten und gründete Tochterfirmen. Bald gehörten zu Harrys Imperium neben Stahl- und Vanadiumhütten und Kohleminen auch Immobilien- und Bauunternehmen, forst- und landwirtschaftliche Betriebe, Autofabriken und Dienstlei-stungsbetriebe im Computerbereich.

Auch der *Johannesburg Star* ließ sich von Harry zu einer Par-odie inspirieren und veränderte die Strophe eines Gedichtes aus *Alice im Wunderland:*

»Die Zeit ist reif«, der Vorstand sprach,
»von mancherlei zu reden:

405

von Cashews, Kohle und von Bier,
von Kolbenringen und Garnelen.«

Im Jahr 1973 erwirtschafteten die Oppenheimerschen Unternehmen zehn Prozent des südafrikanischen Bruttosozialprodukts und bestritten dreißig Prozent des gesamten Exportaufkommens des Landes. Jeder andere Multi wäre damit zufrieden gewesen, nicht so das Oppenheimer-Imperium. Wachstum – zielgerichtetes, schnelles, unbegrenztes Wachstum – lautete die Zauberformel. »Wenn man sehr groß und bekannt ist«, ließ Harry seine Mitarbeiter wissen, »schützt man sich am besten dadurch, daß man noch größer wird. Das gilt vor allem dann, wenn man anderer Meinung ist als die eigene Regierung.« Die Richtigkeit dieser Aussage hing natürlich davon ab, um welche Regierung es sich handelte. Schiere Größe und Gegenschläge mochten im südafrikanischen Boxring Wirkung zeigen. Der amerikanische Gegner war jedoch nicht so leicht einzuschüchtern.

Im Jahr 1973 – Harry richtete sich gerade an der Spitze der Pyramide ein – strengte das US-Justizministerium eine Untersuchung gegen De Beers an. Seit der Verabschiedung des Sherman Act, des Antitrust-Gesetzes von 1890, galten Monopole offiziell als unamerikanisch. Damals hatte Präsident Theodore Roosevelt eine »Trust-Busting«-Kampagne gegen Großunternehmen initiiert, die jede Konkurrenz zu ersticken drohten. Sein Nachfolger William Howard Taft knöpfte sich Standard Oil und die American Tobacco Company vor. Im Laufe der Zeit wurde der Sherman Act durch weitere gesetzliche Maßnahmen ergänzt, und in den Jahren des New Deal stellte sich Franklin Delano Roosevelts Justizministerium schützend vor die kleinen Einzelhändler und zerrte einige große Handelsketten vor die Schranken der Gerichte. Das Unternehmen De Beers, das die Diamantenproduktion und -weiterverarbeitung fest im Griff hatte, schien ein idealer Kandidat für ein Ermittlungsverfahren zu sein. In der Tat hatte die Antitrust-Kommission des amerikanischen Justizministeriums das Unternehmen schon seit Jahren im Visier, hatte wegen fehlender Beweise bislang aber noch nichts unternehmen können. Bis zu diesem Jahr. Nun aber wurde eine Anklagejury einberufen, die viele wichtige Diamantenhändler als Zeugen vorlud. Die Antitrust-Kommission wollte wissen, ob an den Gerüchten, die ihr zu Ohren gekommen waren, etwas dran war: Ging De Beers in den Vereinigten Staaten illegalen Geschäften nach?

Die ersten Gerüchte dieser Art waren bereits 1967 laut geworden. Damals hatten verschiedene Leute behauptet, Harry Oppenheimer habe versucht, die Mehrheit an einer Industriediamantenfirma in Verona, New Jersey, zu erwerben, sei aber allem Anschein nach abgeblitzt. Etwas später sollen mehrere Oppenheimer-Angestellte in den USA aufgetaucht sein und versucht haben, Anstellungen in den wichtigen Diamantenfirmen zu bekommen. Das Ganze gipfelte darin, daß 1970 ein Staatsanwalt der Antitrust-Kommission wie in einem zweitklassigen Krimi einen anonymen Anruf aus einer Telefonzelle erhielt.

Mit verstellter Stimme las der Anrufer eine Reihe von Namen und Kontonummern herunter und beschuldigte am Schluß der Aufzählung die De Beers, sie wolle heimlich die amerikanische Diamantenindustrie unter ihre Kontrolle bringen. Zu weiteren Auskünften war der anonyme Anrufer ebensowenig bereit wie zu einem Treffen mit Beamten des Justizministeriums. Doch aus seinen Informationen ging klar hervor, daß er über intimste Kenntnisse der Diamantenbranche verfügte. Vielleicht war es ein unzufriedener Händler oder ein Geschäftspartner, der einen alten Groll gegen De Beers hegte. Was auch immer sein Motiv gewesen sein mochte, seine Hinweise führten die Justizbeamten zu erdrückendem Material und weiteren Informanten.

Die Ermittlungen gegen De Beers erwiesen sich als äußerst schwierig. Die meisten Abnehmer von Industriediamanten weigerten sich, ihren Zulieferer zu belasten, und die wenigen, die sich gesprächsbereit zeigten, konnten kaum mit Details aufwarten. Harrys Netz war dicht gewoben, und die Wahrheit verbarg sich in den Büchern von rund dreihundert miteinander verknüpften Unternehmen, von denen viele in Luxemburg, Liechtenstein, der Schweiz oder anderen, dem Oppenheimer-Imperium freundlich gesinnten Ländern ihren Sitz hatten.

Nach monatelangen intensiven Nachforschungen stieß das Justizministerium schließlich auf eine Firma namens Christensen Diamond Products. Berge von Unterlagen wurden von unten nach oben gewälzt, und zahllose Zeugen sagten unter Eid vor der Anklagejury aus. Wie sich herausstellte, hatte De Beers bereits

1960 fünfzig Prozent der Geschäftsanteile an der Christensen Diamond Products erworben. Christensen stellte Diamantbohrköpfe her, wie sie auf Ölbohrinseln verwendet werden. Das taten zwar auch einige andere Unternehmen, aber die erhielten von De Beers nur zweitklassiges Material. Anfang der siebziger Jahre kontrollierten Christensen und ihr stiller Teilhaber über fünfzig Prozent des Ölbohrermarktes in den USA. Die Staatsanwälte kamen zu dem Schluß, daß De Beers »eine Verschwörung« angezettelt habe mit dem Ziel, »die Konkurrenz auszuschalten ... und so den Verkauf ihrer Diamantbohrsteine zu erzwingen und zu fördern«. Die Verschwörung sei hinter dem üblichen Dickicht von Firmeneintragungen in Holland und Luxemburg verborgen worden, »um heimlich und unbehelligt handeln zu können, obwohl offenkundig war, daß ein beträchtliches Risiko bestand, gegen die Antitrust-Gesetze der USA zu verstoßen«.

Die Beweisführung der amerikanischen Regierung schien wasserdicht zu sein. De Beers war auf frischer Tat ertappt worden. Doch Harry blieb gelassen. Es gab Zeiten, in denen man hohe Gewinne erzielte, und Zeiten, in denen man die Verluste in Grenzen halten mußte. Die Reaktion aus Johannesburg ließ nicht lange auf sich warten. Zum Verdruß der Staatsanwälte im Justizministerium, die bereits Blut geleckt hatten, verkaufte De Beers auf einen Schlag ihre gesamten Christensen-Aktien an die Firma zurück. Jetzt stand sie in keinerlei Verbindung mehr zu dem amerikanischen Unternehmen und konnte folglich nicht länger des Verstoßes gegen das Antitrust-Gesetz bezichtigt werden. Da das Justizministerium im Grunde nur darauf ausgewesen war, das Unternehmen aus dem amerikanischen Markt zu drängen, wurde die Anklage fallengelassen. Dabei war Insidern der Branche klar, daß De Beers hinter den Kulissen Christensen weiterhin beliefern und kontrollieren würde. Aber mit der (zumindest auf dem Papier erfolgten) Rückgabe der Anteile war auch der Grund für eine Strafverfolgung hinfällig geworden. Die Antitrust-Kommission mußte sich noch eine Weile gedulden. Erst 1975 konnte sie erstmals einen Erfolg gegen die De Beers Company verbuchen. Der Fall war jedoch so unbedeutend, daß er kein großes Aufsehen erregte. Anco und DAC, zwei amerikanische Firmen, die von De Beers eine Zwischenhändler-Lizenz für Industriediamanten erhalten hatten, wurden der Preisabsprache überführt. Am

8. April 1975 wurde ein Vergleich geschlossen: DAC mußte eine Strafe von 30 000 Dollar zahlen, Anco kam mit zehntausend Dollar davon. Der Verkauf eines einzigen, mittelgroßen Steines hätte ausgereicht, um die Strafe zu bezahlen – und selbst dann wäre noch genug für ein Festessen übriggeblieben.

*

Im Frühjahr 1974 wurde Europas letzter Diktator, Marcelo Caetano, in Portugal von seinem Sockel gestoßen. Der Staatsstreich ereignete sich achttausend Kilometer von Brenthurst entfernt, und doch erschütterte er das gesamte südliche Afrika. Über hundert Jahre lang war das weiße Südafrika durch einen Ring aus Pufferstaaten vom schwarzen Norden abgeschirmt gewesen. Zu diesen Staaten gehörten Rhodesien, das seit geraumer Zeit mit schwarzen Aufständischen zu kämpfen hatte, und die beiden portugiesischen Kolonien Angola im Westen und Mosambik im Osten. In Angola wie in Mosambik standen schwarze Befreiungsbewegungen kurz vor der Machtergreifung. Die Portugiesen hatten den Geschmack an ihrem Kolonialreich verloren. Die Wirtschaft des Landes lag danieder, und die Kosten für die Verteidigung der afrikanischen Besitzungen drohten den Staat in den Bankrott zu treiben. Also befahlen die neuen Machthaber in Lissabon ihren Soldaten, zusammenzupacken und nach Hause zu kommen.

Es war ein denkbar ungünstiger Zeitpunkt für Südafrika. Seitdem die Briten ein Waffenembargo über das Land verhängt hatten, fühlte sich die Regierung sehr verwundbar. Hinzu kamen unberechenbare Preiseinbrüche am Goldmarkt, die der Wirtschaft neben den Streiks in den Minen zusätzlich zu schaffen machten. Und zu allem Überfluß hatte die OPEC nochmals die Preisschraube für den Ölimport kräftig angezogen.

Mit Blick auf die reichen Ölfelder in Mosambik schlug der sonst eher rauhbeinige Premierminister Vorster ungewohnte Töne an. Hatte er noch vor wenigen Monaten die schwarzen Führer in Mosambik als »verruchte Marxisten« und »blutrünstige Terroristen« beschimpft, so ließ er seine Landsleute jetzt wissen, daß »die schwarze Regierung in Mosambik keinerlei Bedrohung für uns darstellt ... Ich wünsche ihr alles Gute.« Mosambiks Führer Samora Machel reagierte positiv: Er werde nicht zulassen, daß

sein Land von marxistischen Guerillas als Operationsbasis miß-
braucht werde. In Anbetracht der Millionen, die sein Land am
Handel mit dem Apartheid-Staat verdiente, erklärte er, daß seine
Landsleute »sich nicht anmaßen, sich zu Rettern oder Reformern
Südafrikas aufzuschwingen. Das ist allein Sache des südafrikani-
schen Volkes.« Die Geschäfte florierten, und der Strom der Wan-
derarbeiter floß weiterhin ungehindert in das Land der Gold- und
Diamantminen.

Die Situation in Angola war davon grundverschieden. Als dort
die Marxisten die Macht übernahmen, wurde die südafrikanische
Regierung nervös, und Frankreich, ebenfalls von der OPEC un-
ter Druck gesetzt, versuchte, Südafrika zu einem militärischen
Eingreifen zu überreden. Vorster war davon wenig begeistert.
Auch Mosambik war den Linken in die Hände gefallen, und
trotzdem kam man miteinander aus. Warum sollte man sich auf
Dauer nicht auch mit Angola arrangieren können?

Frankreich erhöhte den Einsatz. Kurz nach Valéry Giscard
d'Estaings Wahl zum Präsidenten im Juni 1974 bot die französische Regierung Südafrika Daphne-Unterseeboote zum Kauf an.
Die Vereinigten Staaten, ängstlich darauf bedacht, ihren Einfluß
in der Region zu bewahren, versprachen die Lieferung von Heli-
koptern und Aufklärungsflugzeugen. Angesichts dieser Entwicklung taten sich einige schwarzafrikanische Länder mit den arabischen Staaten zusammen und protestierten gegen diese, wie sie es
nannten, Wiedergeburt des westlichen Kolonialismus. Doch
bevor sie etwas unternehmen konnten, übertrumpften die Franzosen ihre amerikanischen Konkurrenten mit dem Angebot,
Kampfflugzeuge vom Typ Mirage F1 an Südafrika zu verkaufen.
Die Vereinigten Staaten zogen nach. Nur wenig später kündigte
der amerikanische Präsident Gerald Ford an, sein Land werde
Südafrika mit angereichertem Uran für seine geplanten Kernkraftwerke beliefern. Worauf Paris wiederum erklärte, daß ein
Konsortium französischer Unternehmen sich darum bewerben
werde, ebendiese Kernkraftwerke zu bauen.

Die Regierung in Pretoria, sonst immer nur das Mauerblümchen in der Weltpolitik, ließ sich von so viel Aufmerksamkeit
blenden. Im Herbst 1975 gab sie ihrer Armee den Befehl, in Angola einzumarschieren. Unter dem Decknamen »Zulu« rückten
die südafrikanischen Truppen auf die angolanische Hauptstadt

Luanda vor. Sie errangen eine Reihe leichter Siege. Doch dann erfolgte die Gegenoffensive durch kubanische Truppen, die mit sowjetischer Artillerie, darunter auch die gefürchteten Stalinorgeln, ausgerüstet waren. Die südafrikanischen Kommandeure forderten von Pretoria Verstärkung an, aber die Regierung zögerte. Lohnte sich das Risiko, weitere Truppen gegen einen gutgerüsteten Feind ins Feld zu schicken? Konnte man, wenn es hart auf hart ging, auf seine europäischen Verbündeten zählen? Waren die Vereinigten Staaten verläßlich? Die Antwort fiel negativ aus. Paris, überzeugt, Südafrika an die Amerikaner verloren zu haben, widerrief gereizt die Zusage von Waffenlieferungen. Das Angebot der amerikanischen Regierung hatte sich niemals auf eine sichere Mehrheit im Kongreß gestützt, und als sich im Dezember 1975 das Kriegsglück gegen Südafrika wandte, votierte der Senat dafür, die amerikanischen Hilfeleistungen einzustellen.

Im Januar 1976 rief eine verbitterte Regierung in Pretoria ihre Truppen zurück, und gegen Ende des Frühjahrs waren alle südafrikanischen Soldaten aus Angola abgezogen. Der politische Schaden war enorm. Die empörten Regierungen von Malawi, Botswana und Lesotho unterbanden den Wanderarbeiterstrom in die südafrikanischen Goldminen. Angola suchte Hilfe in Kuba und in der Sowjetunion. Harry plagten düstere Vorahnungen. Nur wenige hundert Kilometer nördlich von Johannesburg begann die sowjetische Einflußsphäre, und die Vorstellung eines von Moskau aus gelenkten Afrikas war plötzlich gar nicht mehr so abwegig. Moskau, das hieß Verstaatlichung der Industrie, Beschlagnahme von Privateigentum, Bruch mit Geschichte und Tradition. »Nach den Ereignissen in Angola«, stellte Harry fest, »ist es nicht mehr wahrscheinlich, daß die Niederlage Südafrikas in einem Krieg der Rassen eine schwarze Bevölkerungsmehrheit an die Macht bringen würde, die ihrerseits in einer freien Gesellschaft lebt.«

Ein Jahr der Minenstreiks, gefolgt von dem mißglückten Abenteuer in Angola, hatte die südafrikanische Gesellschaft demoralisiert und radikalisiert. Stephen Biko, Medizinstudent an der Universität für Nichtweiße von Natal, scharte in der Black-Consciousness-Bewegung Mitstreiter um sich. Ziel der Bewegung war es, »die aufgestauten Energien der aufgebrachten schwarzen Massen in eine sinnvolle und zielgerichtete Opposition zu lenken« – und Opposition hieß, eine schwarze Mehrheitsregierung anzustreben. Je lauter die Forderungen der Schwarzenführer wurden, desto mehr zogen sich die Nationalisten in ihre Wagenburg-Mentalität zurück. Seit den fünfziger Jahren schrieb ein Gesetz vor, daß Schwarze neben Englisch auch Afrikaans zu lernen hatten, doch das Gesetz war wegen des chronischen Mangels an Büchern und zweisprachigen Lehrern nie beachtet worden. Jetzt, zum denkbar ungeeignetsten Zeitpunkt, beschloß die Regierung, die praktische Anwendung des Gesetzes zu erzwingen. Die ersten Proteste fielen noch verhalten aus: Hier quittierte ein Lehrer den Dienst, dort boykottierte eine Klasse den Unterricht. Nichts, worüber man sich Sorgen machen müßte, wie der Erziehungsminister fand: »Ich kann keine ernsthaften Probleme erkennen.« Am 16. Juni 1976 wurde der Schlafwandler aufgeweckt.

Um sechs Uhr morgens versammelte sich in Soweto eine große Menschenmenge zu einem Protestmarsch mit anschließender Kundgebung in einem nahegelegenen Fußballstadion. Ordner verteilten Pappschilder mit Aufschriften wie »Nieder mit Afrikaans!« und »Afrikaans ist eine Stammessprache!« Eine Stunde später brach die Menge in Richtung Stadion auf, stieß aber bald schon auf die ersten Polizeisperren. Das Drama vollzog sich im Zeitlupentempo. Die Demonstranten drängten vorwärts, schwenkten ihre Pappschilder und sangen die Bantuhymne *Morena Boloka Sechaba sa heso (Gott rette unser Land)*. Die Polizei wich langsam zurück, teils aus Furcht, teils in der Hoffnung, daß die Entschlossenheit der Demonstranten bald nachließ.

Wie so viele Straßenkämpfe zuvor begann auch dieser in dem Moment, als die Polizei Tränengasgranaten in die Menge warf. Panik brach aus. Die Demonstranten stürmten nach vorn. Ein Polizist feuerte einen Schuß ab. Ein Steinhagel folgte. Noch mehr Schüsse fielen, noch mehr Steine flogen. Die Nachricht von dem Zusammenstoß verbreitete sich in Windeseile. Überall auf den staubigen Straßen Sowetos wurden Barrikaden errichtet. Öffentliche Gebäude gingen in Flammen auf, und in den Schaufenstern der Läden und Büros spiegelten sich die Bilder von Menschen, die mit tränennassen Gesichtern und geröteten Augen vorüberrannten und hustend vor dem Tränengas flohen. Auf den Straßen lagen Verletzte und Tote, und wer konnte, suchte Deckung – oder griff nach einem Stein. Eine Bierhalle wurde geplündert und Tau-

sende von Flaschen mitgenommen. Doch anstatt sich zu betrin-
ken, gossen die Plünderer das Bier aus und skandierten: »Weniger Alkohol, mehr Bildung!« Auf die Mauer eines Schulgebäudes
wurde ein Spruch gepinselt, der den Inhalt der Bantuerziehung
höhnisch in sechs Worten zusammenfaßte: »Rein zum Lernen,
raus zum Dienen!«

Wie zu erwarten, nahm die Regierung den Kampf an allen
Fronten auf. Sie schloß die Schulen, verstärkte die Polizeikräfte
und versetzte die Armee in Alarmbereitschaft. Doch die Gewalttätigkeiten gingen weiter und schwappten über Soweto hinaus.
Innerhalb von zwei Wochen nach Ausbruch der Unruhen kam es
in mindestens achtzig schwarzen Wohnsiedlungen zu Ausschreitungen. Die Nationalisten weigerten sich, dem Druck der
Schwarzen nachzugeben: »Die Regierung wird sich nicht einschüchtern lassen«, donnerte Vorster im Parlament. »Wir haben
Befehl gegeben, um jeden Preis die Ordnung wiederherzustellen.« Als schließlich wieder Ruhe einkehrte, waren mehrere hundert Schwarze getötet und über 139 Häuser zerstört worden. Der
Justizminister hatte die wahren Schuldigen längst ausgemacht:
»Man muß sich doch fragen, warum die jungen Leute mit erhobenen Fäusten durch die Straßen ziehen. Ist die erhobene Faust
nicht das Symbol der Kommunistischen Partei?«

In früheren Zeiten wäre seine Taktik wohl aufgegangen, nicht
aber im Zeitalter des Fernsehens. Während die Ereignisse von
Sharpeville erst Tage und zum Teil sogar Wochen später bekannt
geworden waren, flimmerte der Aufstand von Soweto, das nur
knapp eine halbe Autostunde von den grünen Rasenflächen und
weißgetünchten Villen Johannesburgs entfernt lag, praktisch live
über die Bildschirme. Die ganze Welt sah zu, wie verängstigte
schwarze Gestalten von uniformierten, schwerbewaffneten Si-
cherheitskräften gejagt wurden. Ausländische Investoren stimmten mit ihren Aktien ab. In aller Welt gaben die Goldpreise nach,
und an den Börsen fiel der Kurs der De-Beers-Aktien. Die Lage
war alarmierend.

Die Bemühungen der Oppositionsparteien und der liberalen
Unternehmer, das Elend der Schwarzen zu lindern, hatten nicht
ausgereicht. Harry wußte das, und er glaubte auch zu wissen, was
dagegen zu tun sei, und wiederholte es immer wieder: Nur eine
schwarze Mittelschicht könne zwischen den weißen Machtha-

bern und der schwarzen Mehrheit vermitteln. Doch es war nicht damit getan, diese Ansicht zu vertreten und durch die Fortschrittspartei zu verbreiten. Es mußten neue Wege gefunden werden, und zwar schnell.

Harry setzte sich mit Anton Rupert, dem Chef des Tabakkonzerns Rembrandt zusammen. Gemeinsam mit einer Gruppe prominenter südafrikanischer Wirtschaftsführer riefen sie im November 1976 im Johannesburger »Carlton Hotel« die Urban Foundation ins Leben. Die Frau eines Anglo-Managers erinnerte sich daran, welche Ziele die Stiftung verfolgte: »Sie sollte eine Art Lobbyorganisation der südafrikanischen Wirtschaft sein, die sich nicht nur auf die Wohnungsfrage beschränkte, sondern in weiteren urbanistischen Dimensionen dachte.« Die Stiftung, so beschloß die Gruppe, sollte kein verlängerter Arm der Anglo-American sein – und wählte Harry zu ihrem ersten Vorsitzenden. Jan Steyn, ehemaliger Richter am Obersten Gerichtshof, wurde geschäftsführender Direktor. Er sah in der neuen Organisation »den Arm und die Stimme der Privatwirtschaft. Mit ihren Mitteln [über 10 Millionen Dollar] will sie dazu beitragen, Wachstum, Wohlstand, Frieden und Stabilität zu sichern. Danach sehnen sich alle Südafrikaner.« Im Klartext: Die schwarze Mehrheit steht vor den Toren, und die weiße Minderheit muß sich umbesinnen. Tut sie das nicht, muß sie das Land verlassen oder untergehen.

Mit Unterstützung der Urban Foundation wurde die Regierung dazu überredet, eine 99jährige Pachtregelung einzuführen, die es Schwarzen erlaubte, in vormals rein weißen Gebieten Wohneigentum zu erwerben. Sie vergab Kredite an schwarze Mittelständler, engagierte sich in der beruflichen Bildung, wirkte an Alphabetisierungskampagnen mit und unterstützte Vorschulen und öffentliche Bildungseinrichtungen. Die Absichten der Stiftung mochten noch so ehrenwert sein, die Zugeständnisse waren kaum mehr als Brotkrumen vom reich gedeckten Tisch der Weißen. Aus diesem Grund befürwortete die Stiftung, ganz gegen jede weiße Tradition, ein begrenztes Mitspracherecht der Schwarzen und die Einrichtung von »Stadträten«, die als politisches Sprachrohr der Townships fungieren sollten.

Die Industriellen lösten mit diesem Vorschlag wenig Begeisterung aus. Eine Township-Zeitung hinterfragte die Motive der Urban Foundation und kam zu dem Schluß, daß die Stiftung ihre

Hand nicht den verarmten Massen entgegenstrecke, sondern nur denen, die den Sprung in die Mittelschicht bereits geschafft hatten. »Sie geben ihnen ein paar Krümel Gleichberechtigung in der Hoffnung, daß sie einen mäßigenden Einfluß auf die Volksmassen ausüben und den Widerstand gegen die Großindustrie schwächen.« Von schwarzer Seite wurde ferner kritisiert, die Stiftung »zementiere die Apartheid«, denn nur wer in den Townships gemeldet sei, könne an den Wahlen zu den Stadträten teilnehmen, während Tausende von Nichtgemeldeten ohne Stimme blieben. Und die weiße Linke warf Harry vor, »offene Türen einzurennen«.

Der Vorwurf war nicht ganz unberechtigt. Im Gefolge der schlimmsten Rezession seit vierzig Jahren war in praktisch allen Teilen der Gesellschaft der Ruf nach einer Erneuerung Südafrikas laut geworden. Selbst eine Gruppe prominenter burischer Unternehmer hatte der Regierung ein Memorandum vorgelegt, in dem auf die Notwendigkeit hingewiesen wurde, eine »stabile und zufriedene städtische schwarze Gemeinschaft in unseren Metropolen und städtischen Gebieten« zu schaffen. Angesichts der Kritik im In- und Ausland führte Vorster eine Reihe von Neuerungen ein und ließ sich bei einem Staatsbankett sogar mit einer malawischen Frau an seiner Seite fotografieren. »Ich habe das im Interesse Südafrikas getan«, erklärte er hinterher. »Und ich würde es wieder tun, wenn es den Interessen des Landes dient.«

Erstmals durften sich bestimmte Hotels und Restaurants »international« nennen und schwarze Gäste bedienen. In den Parks von Johannesburg wurden die Schilder mit der Aufschrift »Nur für Weiße« abmontiert, und in öffentlichen Gebäuden wurde die strikte Rassentrennung etwas aufgeweicht: »Eingeborene« und »Europäer« konnten zu einer geradezu revolutionären Tat schreiten und an ein und demselben Schalter Briefmarken erwerben.

Praktisch alle Neuerungen waren reine Kosmetik. Vorsters liberalere Vorschriften für das Hotelgewerbe etwa entpuppten sich als eine neue Spielart der »kleinen Apartheid«. Nur schwarze Gäste, die einen ausländischen Paß besaßen, durften die Hotelbar aufsuchen, und an Schwarze, die nicht im Hotel wohnten, durfte kein Alkohol ausgeschenkt werden, es sei denn, sie nahmen an einer Konferenz teil oder speisten im Restaurant des Hotels.

Ein südafrikanischer Historiker teilte das weiße Südafrika in zwei Lager auf: in die »Verkrampften« (*verkrampte*) und die »Aufgeklärten« (*verligte*); darüber, wer die Macht im Staate hatte, konnte kein Zweifel bestehen. Zu den »Verkrampften« gehörten nicht nur rechtsgerichtete Politiker und neonazistische Splittergruppen, sondern auch Gewerkschafter. Auf einer Reise nach Übersee beispielsweise äußerte der Generalsekretär der weißen Bergarbeitergewerkschaft gegenüber einem Journalisten der *New York Times*: »Man muß die Schwarzen einfach kennen. Sie wollen einen Boß haben. Sie können einfach nicht so schnell denken. Man kann einem Pavian beibringen, eine Melodie auf dem Klavier zu spielen, aber er wird es nie schaffen, seinen eigenen Kopf zu gebrauchen und den nächsten Schritt zu tun.«

Vorster mochte in der Öffentlichkeit noch soviel Schönfärberei betreiben und gemäßigte Erklärungen abgeben, auch er stand mit beiden Beinen fest im Lager der »Verkrampften«. So weigerte er sich, Harry, dem »Aufgeklärten«, persönlich gegenüberzutreten, und begegnete allen seinen Initiativen im sozialen Bereich mit größter Skepsis. »Die Bemühungen, mit Hilfe von Organisationen der Industrie einen grundlegenden Wandel in der Regierungspolitik herbeizuführen, sind zum Scheitern verurteilt«, warnte er in einer Rede und fügte drohend hinzu, daß liberale Einrichtungen wie die Urban Foundation »unnötige Reibungen zwischen der Regierung und der Privatwirtschaft« provozieren und Anlaß für Gegenmaßnahmen, von Steuererhöhungen bis zu Enteignungen, sein könnten.

Der Machtpoker in Südafrika schien alle zu ermüden, bis auf Harry. Er verfügte offenbar über unerschöpfliche Kraftreserven, und häufig ging ein Lächeln über sein faltiges Gesicht. Er machte Schweigen zu seiner neuen Taktik. Statt nach den ausgelegten Ködern zu schnappen, reagierte er weder auf die burischen Herren noch auf ihre schwarzen Untertanen. Im vertrauten Kollegenkreis ließ er wissen, daß sie von Vorster keine Hilfe und von »schwarzen Politikern oder Arbeitern weder Dankbarkeit noch Lob zu erwarten hatten«. Im Gegenteil: »Jeder Fortschritt wird wahrscheinlich zu neuen Forderungen, neuen Unruhen und schließlich zum offenen Ausbruch von Feindseligkeiten führen.«

Wie immer wußte Harry ganz genau, wie er sich welchem Lager zu präsentieren hatte. Die gesamte Linke mit Ausnahme der Extremisten hielt ihn für liberaler als die Machthaber in Pretoria und mithin für einen Mann, den man sich warmhalten mußte. Und die südafrikanische Rechte konnte, sah man einmal von faschistischen Splittergruppen ab, Trost aus einer soeben erschienenen Biographie mit dem Titel *Oppenheimer and Son* schöpfen. Ihr Autor Anthony Hocking hatte, und zwar offensichtlich mit Harrys Billigung, geschrieben, Harry sei »niemals der Ansicht gewesen, daß die Apartheid moralisch falsch sei. Seiner Ansicht nach wurzelte die Apartheid in dem aufrichtigen Versuch, mit den überwältigenden Rassenproblemen fertig zu werden.«

Auf diese Weise war Harry in der Lage, Verbündete nahezu jeder politischen Richtung und jeder Hautfarbe zu gewinnen. Ein Großteil seiner Widersacher saß in der Regierung: Männer, die jeden seiner Schritte als selbstsüchtig oder radikal interpretierten und entschlossen waren, ihn zu überleben. Wie lange konnte Harry, immerhin ein Mann in den Siebzigern, seinen Platz an der Spitze der Pyramide noch behaupten? Die Zeit, so rechneten sie sich aus, arbeitete für sie.

*

Als südafrikanischer Diplomat hatte Eschel Rhoodie in New York, Den Haag und Sydney miterleben müssen, wie gegen sein Land demonstriert wurde. Das war mehr, als ein loyaler Staatsdiener wie er ertragen konnte, und so war er zu dem Schluß gekommen, daß Südafrika ein »durchgreifendes Programm der psychologischen und propagandistischen Kriegsführung« brauche.

In Vorster fand Rhoodie einen geneigten Zuhörer. Das internationale Ansehen Pretorias war auf einem Tiefpunkt angelangt, und jeder Tag brachte neue Anklagen wegen Rassismus und Brutalität. Fast alle Mitgliedstaaten der Vereinten Nationen hatten dem Land den Rücken gekehrt, und das Internationale Olympische Komitee hatte die südafrikanischen Athleten von seinen Spielen ausgeschlossen. Die Wirtschaft des Landes stagnierte, und ein Nachbarland nach dem anderen wurde aus der Kolonialherrschaft in die Unabhängigkeit entlassen. Die Tage der weißen Herrschaft in Rhodesien, dem letzten Überbleibsel des viktorianischen Imperialismus, waren gezählt. Vorster brauchte ein Wunder, und der 38jährige Rhoodie schien es vollbringen zu können.

Rhoodie wurde formell dem Informationsministerium unterstellt und mit einem Budget von über 25 Millionen US-Dollar ausgestattet. Er bekam absolut freie Hand und machte sich mit großem Eifer und unter noch größerer Geheimhaltung ans Werk. In Südafrika selbst betätigte er sich als Herausgeber der chauvinistischen Zeitschrift *The Citizen*. Die burischen Eigentümer des Blattes fungierten lediglich als Strohmänner. Das eigentliche Betriebskapital stammte aus öffentlichen Mitteln, die auf einem Schweizer Bankkonto gründlich gewaschen worden waren. *The Citizen* machte sich mit seinen unbeholfenen journalistischen Gehversuchen schnell zum Gespött der internationalen Presse. Die Journalisten machten sich nicht die Mühe, Nachrichten und Kommentare voneinander zu trennen. Ungenehme Berichte aus dem eigenen Land wurden auf den hinteren Seiten vergraben, auf die Titelseiten gelangten nur harmlose Themen. Als in Kapstadt wieder einmal neue Unruhen ausbrachen, brachte das Blatt auf der ersten Seite die Schlagzeile »Stoppt das Blutbad!« Sie galt einem Bericht über die Robbenjagd im Atlantik.

Rhoodie wollte 150000 Exemplare unter die Leute bringen, kam aber nie über ein Drittel der angepeilten Auflage hinaus, und so dauerte es nicht lange, bis die ersten Anzeigenkunden absprangen. Und das war nur der erste von zahlreichen Fehlschlägen. In England hatte Rhoodie unter dem Decknamen »Operation Melone« vergeblich versucht, die Tageszeitungen *The Guardian* und *Daily Express* aufzukaufen. Andere Mitarbeiter des südafrikanischen Informationsministeriums riefen ein apartheidfreundliches »Komitee für Fairneß« ins Leben, wobei sich Fairneß in diesem Falle, wie britische Journalisten spöttisch anmerkten, auf die Rückkehr Südafrikas in die internationale Sportszene bezog. In den USA war Rhoodie mehr Erfolg beschieden. Mit Hilfe von südafrikanischem Kapital erwarb er die kalifornische Zeitung *The Sacramento Union;* sein Versuch, auch den *Washington Star* aufzukaufen, scheiterte allerdings. Außerdem erwarb er fünfzig Prozent einer internationalen Fernseh-Nachrichtenagentur, über die südafrikafreundliche Berichte lanciert werden sollten.

Unterdessen ließen es sich die Leute vom südafrikanischen Informationsministerium gutgehen – ein bißchen zu gut. Sie erwarben Immobilien in London, Miami und Cannes, arrangierten für sich und ihre Kunden exklusive Urlaubsreisen und finanzierten zudem einige zwielichtige Unternehmungen, alles auf Kosten der südafrikanischen Steuerzahler. Der Skandal kam im Februar 1978 ans Licht, als der südafrikanische Rechnungshof einen internen Bericht zu unterdrücken versuchte, in dem namentlich nicht genannte Beamte des Informationsministeriums wegen der Vergeudung von Steuermitteln im Ausland kritisiert wurden. Doch die englischsprachige Presse bekam den Bericht in die Hände und druckte ihn ab.

Woche für Woche wurden neue belastende Einzelheiten bekannt, bis Premierminister Vorster schließlich in Bedrängnis kam. Zum Verhängnis wurde ihm allerdings weniger die Tatsache, daß er die Machenschaften geduldet hatte, als vielmehr seine Vertuschungsversuche. Wie Nixon sechs Jahre zuvor suchte er anfangs sein Heil darin, seine Helfershelfer zu entlassen – Rhoodie schaßte er im Juni –, bis er schließlich selbst seinen Hut nehmen mußte.

Zuletzt schien die Regierung den letzten Funken Verstand verloren zu haben. Bei dem Versuch, das Image des Landes aufzupolieren, hatten die heimlichen Propagandisten den Karren noch tiefer in den Dreck gefahren, und ihre Auftraggeber, die »verkrampften« Politiker, die sich bis weit in das nächste Jahrhundert hinein als die Hüter Südafrikas sahen, mußten mit ansehen, wie ihr Traum zerplatzte, noch bevor das Jahrzehnt sich seinem Ende zuneigte.

Vorsters Nachfolger wurde der bisherige Verteidigungsminister P. W. Botha, ein Pragmatiker, der sich eilends von Vorsters Amtsführung distanzierte. Bothas Parole lautete »Anpassen oder sterben!«, und bald darauf schockierte er seine Wählerschaft mit der Botschaft: »Eine weiße Monopolherrschaft im Afrika von heute ist unhaltbar ... Eine sinnvolle Verteilung der Macht zwischen allen Rassen ist unumgänglich ... Die Apartheid führt zwangsläufig zu einem dauerhaften Konflikt.« Die Bewohner von Soweto waren wohl nicht minder überrascht, als er in der Schwarzensiedlung auftauchte und erklärte: »Wir alle sind Südafrikaner.«

Und damit nicht genug. Obendrein stattete er mit seinem gesamten Kabinett auch noch Harry Oppenheimer und den anderen englischsprachigen Industriellen des Landes einen Besuch ab. »Wir haben Differenzen«, gab Botha offen zu, »aber wir sind dabei, wechselseitige Kanäle zu schaffen, damit wir uns auf eine nationale Strategie verständigen können.« Es war das erstemal seit 13 Jahren, daß Harry von einem Premierminister seines Landes aufgesucht worden war. Nach dem Treffen titelte eine Zeitung »Der Burenkrieg ist vorüber!« Damit hatte sie im großen und ganzen recht. Im Krieg Weiß gegen Weiß hatten sich Buren und »Engländer« auf einen Waffenstillstand geeinigt. Der Krieg gegen die Menschen anderer Hautfarbe aber wurde weitergeführt, unter anderem Namen, mit anderen Strategien.

Botha gab es zwar niemals zu, aber er war der heimliche Feldherr in diesem Krieg. Für die Schwarzen hielt er weiterhin versöhnlich stimmende Reden, doch gleichzeitig betrieb seine Regierung eine massive militärische Aufrüstung, die darauf abzielte, die schwarzen Nachbarstaaten und die schwarze Opposition im eigenen Land einzuschüchtern und zu entmutigen. Über zwanzig Prozent des Staatshaushalts flossen ins Militär, und jeder weiße Südafrikaner mußte einen zweijährigen Militärdienst ableisten. Armee, Marine und Luftwaffe wurden durch eine bestens ausgerüstete Polizeitruppe ergänzt. Ein Großteil ihrer Waffen und Ausrüstung stammte aus der staatlichen Waffenschmiede ARMSCOR, die Gewehre, Bomben, Flugzeuge, Raketen und Napalm produzierte.

Dieses Aufgebot an Menschen und Material sorgte zwar für Frieden, aber nicht für Ruhe. Die Polizisten, die in den Schwarzenghettos patrouillierten, schlugen und mißhandelten nach Belieben. Mehr denn je verschanzten sich die Weißen hinter realen und sozialen Barrieren und ignorierten bewußt das Los der schwarzen Mehrheit. Wenn sie einmal etwas über die Townships lasen, dann Berichte über Verbrechen. Man seufzte und schüttelte den Kopf: Eine Schande, aber was konnte man tun? Am besten, man überließ die Angelegenheit privaten Hilfsorganisationen und der Regierung. Die wußten am besten, was zu tun war.

Ein Bericht für das Kinderhilfswerk der Vereinten Nationen machte deutlich, wie wenig sich seit den schlimmen Zeiten unter Verwoerd geändert hatte. »Die Auswirkungen von körperlicher Gewalt auf die geistige und moralische Entwicklung der Kinder, die Zeugen oder sogar Opfer von Gewalttaten werden, die im übrigen oft genug von der Polizei ausgehen, geben Anlaß zu größter Besorgnis«, heißt es in dem Bericht, der nochmals ausdrücklich auf »die weitverbreitete Zerstörung des Familienlebens durch das Wanderarbeitssystem« und das unter den schwarzen Männern in Südafrika vorherrschende Gefühl der Ohnmacht hinweist, ein Gefühl der Sinnlosigkeit, das allzuoft in Gewalttätigkeiten innerhalb der Familie zum Ausdruck kommt. Die daraus resultierenden Vorfälle wurden in schöner Regelmäßigkeit von den Weißen beklagt. Sie schüttelten entsetzt den Kopf und wandten sich wieder ihren eigenen Angelegenheiten zu. Der Teufelskreis konnte so ungestört weitergehen.

Unterdessen wuchs der Appetit der Regierung nach noch moderneren Waffen. Die Sowjets rüsteten die feindlichen Staaten im Norden auf, und im Gegenzug schickte Botha Waffenkäufer in alle Welt aus. Trotz des UN-Waffenembargos fanden sich in den USA und in Taiwan, in Europa und im Nahen Osten genügend willige Lieferanten. Im Zuge dieser Transaktionen fanden sich P. W. Botha und Harry in einer eigenartigen Allianz wieder, wie zwei Männer, die mit derselben Frau eine Beziehung unterhalten. Keiner von beiden wollte etwas mit Israel zu tun haben, und doch konnte keiner auf Israel verzichten.

19
MÊLÉES UND MALAISE

Buren und Juden hatten nie so recht gewußt, was sie voneinander halten sollten. Jedes Burenkind kannte die Geschichte vom Großen Treck und wußte, daß er mit dem Auszug der Juden aus Ägypten verglichen wurde. Doch seit den Tagen Alfred Beits und Barney Barnatos tauchten Juden in burischen Zeitungen nur noch als Hoggenheimers oder als Radikale auf.

Das Auftauchen der Gesäuberten Nationalen Partei fiel mit dem Aufstieg des Dritten Reichs zusammen, und ihre Führer übernahmen das nazistische Vokabular. Für sie entsprach der wohlhabende Hebräer dem Leibhaftigen aus der burischen Dämonologie, dem »englisch-jüdischen Kapitalisten«. Weniger betuchte Juden waren »internationale Kommunisten und weiße Nigger«.

Doch ganz gleich, wer an der Regierung war oder wie gehässig die burischen Parolen klangen, die Juden in Südafrika blieben mehr oder weniger unbehelligt. Die meisten stammten aus europäischen Ländern, in denen Ghettos und Pogrome eine lange Tradition hatten. Sie wußten, was Rassismus und Unterdrückung bedeutete. Und hier waren sie privilegierte Bürger einer wohlhabenden Nation und genossen allein ihrer Hautfarbe wegen alle erdenklichen Freiheiten.

Der Zweite Weltkrieg hatte die Machtverhältnisse verschoben. Der alte zähe Kämpfer Jan Smuts hatte im Krieg auf der richtigen Seite gestanden, und solange er im Amt war, hatte der Antisemitismus keine Chance. Doch als die Nationalisten 1948 an die Macht kamen, wurde Judenhetze wieder salonfähig. Verordnungen zur Förderung des »christlichen Nationalismus« wurden erlassen, in ländlichen Gemeinden war davon die Rede, den Juden das rituelle Schlachtopfer zu verbieten. Wie viele andere Antisemiten, so unterstützten auch die rechtsradikalen Nationalisten den Zionismus. *The Transvaaler,* eine burische Zeitung, schrieb: »Wir lassen den Juden ihre Träume in Palästina, aber gleichzeitig wünschen wir hier einen verstärkten Auszug der Juden und keinesfalls eine Zunahme ihrer Zahl.«

Das mag erklären, warum Südafrika sich 1948 so beeilte, den neuen Judenstaat anzuerkennen. Nicht erklären kann es jedoch den Israelbesuch von Premierminister Daniel Malan im Jahr 1953. Hinter Malans Besuch steckte vielmehr nüchternes politisches Kalkül. Malan, ein Fundamentalist der reinsten Sorte, hatte erkannt, daß Pretoria und Tel Aviv Wunder bewirken konnten, wenn sie nur ihre Gemeinsamkeiten betonten und nicht ihre Differenzen. Beide Staaten, so betonte er, seien im Grunde europäische Nationen und von feindlich gesinnten Eingeborenenvölkern umringt. Und beide verstünden sich als ein neuzeitliches Sparta, das sich auf seinen Lebenswillen und seine militärische Macht stütze.

Die anfängliche »Entente cordiale« zwischen den beiden Nationen zerbrach Anfang der sechziger Jahre, als Israel sich den schwarzafrikanischen Staaten zuwandte, öffentlich die Apartheid kritisierte und in der UNO für die Verhängung von Sanktionen gegen Südafrika eintrat. Die Regierung in Pretoria reagierte mit dem Verbot von Spendenzahlungen südafrikanischer Juden an Israel. Sie entzog den Juden das Privileg, Devisen zu exportieren, weil Israel, wie es der Finanzminister ausdrückte, »Südafrika geohrfeigt und sich seinen Feinden angeschlossen hat«.

Diese Verstimmung dauerte bis zum Sechstagekrieg von 1967 an. Israels erstaunlicher Sieg über seine arabischen Nachbarn war der Auftakt zu einer Neuordnung in Afrika. Diejenigen afrikanischen Staaten, die mit Moskau und dem arabischen Block kooperierten, verteufelten Israel als imperialistischen Aggressor, und je mehr sie sich vom Judenstaat zurückzogen, um so mehr rückte Südafrika wieder ins Blickfeld. Pretoria studierte die israelische Militärstrategie, pflegte die Kontakte zu Jerusalem, erlaubte den südafrikanischen Juden, 20 Millionen Dollar nach Israel zu überweisen, und die South Africa Foundation dachte über Möglichkeiten nach, den Handel mit Israel auszuweiten. Nach dem Jom-Kippur-Krieg von 1973 beließen es 22 afrikanische Staaten nicht mehr nur bei verbalen Protesten, sondern brachen ihre diplomatischen Beziehungen zu Israel ab. Nur Lesotho, Malawi, Mauritius und Swasiland scherten aus der Boykottfront aus, bezeichnenderweise jene vier Staaten, die auch mit Südafrika enge diplomatische und wirtschaftliche Beziehungen unterhielten.

Im Jahr 1975 verabschiedete die UNO die Resolution 3379, in der der Zionismus als eine Form des »Rassismus und rassischer Diskriminierung« gebrandmarkt wurde. In dieser Resolution war auch von einer »unheiligen Allianz des südafrikanischen Rassismus mit dem Zionismus« die Rede. Die Folge dieser öffentlichen Verurteilung war, daß die beiden Länder noch enger zusammenrückten – was weder Israel noch Südafrika unrecht war. Als Premierminister John Vorster, der einst wegen nazifreundlicher Aktivitäten hinter Gittern gesessen hatte, 1976 nach Israel flog, wurde er mit allen Ehren empfangen. Kaum war seine Maschine zum Stehen gekommen, wurde ein roter Teppich vor der Gangway ausgerollt. Bei dem anschließenden Staatsbankett brachte Yitzhak Rabin einen Toast auf seinen Gast aus: »Wir verfolgen hier mit großer Sympathie Ihre Bemühungen um eine Entspannung auf Ihrem Kontinent.« Im Gegenzug tat Vorster Dinge, die für einen ehemaligen Anhänger des Dritten Reiches unglaublich waren. Er legte in der Holocaust-Gedenkstätte Yad Vashem einen Kranz nieder, besuchte verschiedene religiöse Stätten und bestieg die biblische Festung Masada.

Gegen Ende des Besuchs bekundete Vorster vor Journalisten den Willen beider Länder, künftig Informationen auszutauschen, »die Zusammenarbeit auf den Gebieten Handel, Wissenschaft und Industrie« zu fördern und »gemeinsame Projekte unter Verwendung südafrikanischer Rohstoffe und israelischer Arbeitskraft« anzuregen. Noch ging es dabei nicht um die Herstellung und den Verkauf von Waffen, das war noch Zukunftsmusik. Zum Zeitpunkt des Gipfeltreffens besaß vor allem ein Rohstoff wirtschaftliche Bedeutung: Diamanten.

Das jüdische Volk konnte zwar auf eine lange, bis ins Mittelalter zurückreichende Tradition in der Edelsteinverarbeitung zurückblicken, doch der Nahe Osten war erst seit kurzem in der Weltkarte des Oppenheimer-Imperiums verzeichnet. Kurz vor Ausbruch des Zweiten Weltkrieges war ein junger Zionist namens Zvi Rosenberg vor den Nazis nach Palästina geflohen und hatte sich selbständig gemacht. Kollegen aus Antwerpen schickten ihm Edelsteine, die er schliff, polierte und dann zurücksandte.

Rosenstein fand schnell heraus, daß die meisten anderen Immigranten Sozialisten waren, die mit der Luxusware Diamant nichts zu tun haben wollten und einen großen Bogen um ihn und seine Steine machten. Nur Oved Ben Ami, der Bürgermeister von Natanya, zeigte Interesse. Ami, der sich unermüdlich für die Immigranten einsetzte und Mittel beschaffte, hatte das kleine, an der Mittelmeerküste gelegene Dorf Natanya in ein blühendes Städtchen verwandelt. Natanya lag in der Mitte zwischen Haifa und Tel Aviv, war mit viel Sonne und makellosen Stränden gesegnet – und mit einer intelligenten, fleißigen Arbeiterschaft. Was fehlte, war die Industrie. Gab es niemanden, der diesen Menschen Arbeit geben konnte?

Ben Ami überredete Rosenberg, mit seinem Betrieb nach Natanya überzusiedeln. Bald folgten andere Diamantenschleifer, und sie stellten Gehilfen und Lehrlinge ein. Schon begann der Bürgermeister davon zu träumen, Natanya zu einem international angesehenen Diamantenschleifzentrum zu machen. Und je mehr sich die Lage in Europa verschlimmerte, desto besser für seinen Traum. Als deutsche Truppen 1940 die Niederlande überrannten, bestürmte er die Bürgermeister von Antwerpen und Amsterdam, ihren jüdischen Diamantenschleifern die Ausreise nach Palästina zu genehmigen.

Und nicht nur das. Ami wandte sich auch an Otto Oppenheimer, Ernests Bruder in London. Ob Mr. Oppenheimer, der ja auch Jude war, die Firma De Beers nicht dazu bewegen könnte, auch nach Palästina Diamanten zu liefern? »Ich werde Ihr Botschafter sein«, beschied Otto den Bittsteller. Hinter Ottos Großzügigkeit verbarg sich allerdings keine religiöse Solidarität. Ben Ami hatte die wenigen Beziehungen, die er besaß, spielen lassen und sein Anliegen auch dem Kolonialamt vorgetragen. Und so bestand durchaus die Möglichkeit, daß dieser umtriebige kleine Besucher aus Palästina die britischen Behörden auf die Idee brachte, De Beers einmal genauer unter die Lupe zu nehmen. Da die Oppenheimers es nicht gerne sahen, wenn eine Regierung, egal welche, sich in ihre Angelegenheiten mischte, und da Ben Ami mit einer Lieferzusage in der Tasche wieder aus London verschwinden würde, wollte De Beers ihm seinen Wunsch gewähren. Und so floß schon bald ein schmales Bächlein von *mêlées* – Diamanten, die im Rohzustand ein Karat oder weniger wiegen – nach Natanya.

Mit Fortdauer des Krieges schwoll das Bächlein gewaltig an. Antwerpen und Amsterdam waren in den Händen der Deutschen, viele Juden wurden in den Gaskammern ermordet. So wurde Palästina aus Mangel an Alternativen zu einem Diamantenschleifzentrum. Bis zum Tag der deutschen Kapitulation hatte De Beers Diamanten im Wert von über 100 Millionen Dollar nach Palästina geliefert, und über sechstausend Flüchtlinge waren zu Diamantenschleifern ausgebildet worden.

Nach dem Krieg rechneten viele Diamantenhändler damit, daß De Beers den Standort Antwerpen endgültig zugunsten Natanyas aufgeben würde. Doch dazu kam es nicht. Da belgische Gesellschaften noch immer größere Diamantminen im Kongo kontrollierten, konnte man Antwerpen nicht einfach links liegenlassen. 1946 erlebte die Diamantenschleiferei in Antwerpen eine Renaissance. Natanya hingegen mußte Abstriche hinnehmen, und innerhalb von drei Jahren verringerte sich der Diamantenstrom in die damals noch palästinensische Stadt um siebzig Prozent.

Mit der Gründung des Staates Israel wendete sich das Blatt. Neben der Landwirtschaft verfügte das junge Land nur über einen weiteren nennenswerten Wirtschaftszweig: die Verarbeitung von Diamanten. Und Israel tat alles, um ihn am Leben zu erhalten. Von einheimischen Banken mit äußerst günstigen Krediten ausgestattet, tauchten israelische Diamantenhändler mit großen Summen in Belgien auf und kauften von den dortigen Kunden von De Beers ungeschliffene Steine, die sie zur Weiterverarbeitung nach Israel brachten. Von Israel aus gingen die geschliffenen Steine direkt an den Einzelhandel, wobei Israel von dem Nachkriegsboom profitierte, der die Diamantenpreise in die Höhe trieb. Die weitere Entwicklung verdeutlicht ein Blick in israelische Wirtschaftsstatistiken: 1949 produzierten achthundert Beschäftigte in der israelischen Diamantenindustrie 76 000 Karat; 1968 war die Produktion bereits auf 1 472 000 Karat angestiegen, die Zahl der Beschäftigten auf 10 450. Anlaß genug für das Oppenheimer-Imperium, seine Politik zu überdenken. Hatte Israel den Markt für *mêlées* unter seine Kontrolle gebracht? Nun gut, dann würde man seine *mêlées* eben direkt nach Natanya liefern.

Doch je mehr Erfolg die israelischen Händler hatten, desto selbstbewußter – und arroganter – wurden sie. Sie wollten sich nicht länger nur mit *mêlées* abgeben, sondern auch große Steine verarbeiten. Mit der finanziellen Unterstützung ihrer Regierung fiel es der israelischen Diamantenindustrie nicht schwer, ausländische Konkurrenten zu überbieten. Der Aufstieg schien unaufhaltsam. 1975 arbeiteten 20 000 Menschen in Israels Diamantenschleifereien, und Diamanten machten über vierzig Prozent der nichtagrarischen Exporte des Landes aus. Unterdessen litten die Schleifereien in Antwerpen unter einer schweren Krise. Betriebe mußten ihre Tore schließen, und jeder vierte Schleifer verlor seinen Arbeitsplatz. Was Harry Oppenheimer von der Spitze seiner Pyramide aus sah, gefiel ihm nicht.

Unter der Führung von Anthony Oppenheimer, dem Sohn von Ernests Neffen Philip, reiste eine Delegation von De-Beers-Managern nach Tel Aviv. Es fiel kein lautes Wort, schließlich waren die Herren samt und sonders britische Gentlemen. Doch bei aller Zurückhaltung war die Botschaft, die sie überbrachten, unmißverständlich barsch. De Beers wollte einen Waffenstillstand in dem unerklärten Krieg zwischen Israel und Belgien. Ein solcher Konflikt, so ihr Argument, führe nur zu internen Querelen und schade dem öffentlichen Ansehen der Branche. Damit müsse sofort Schluß gemacht werden. Um die Handelsbilanz wieder ins Lot zu bringen, beschloß De Beers eine sofortige Reduzierung der Lieferungen nach Israel um zwanzig Prozent.

Doch der Schuß ging nach hinten los. Kaum hatten die israelischen Verarbeiter und Händler von der beabsichtigten Kürzung erfahren, legten sie sich einen eigenen Vorrat an Diamanten an. Dann schickten sie Agenten auf die Suche nach ungeschliffenen Steinen nach Europa, Amerika und Asien und bezahlten anderen Händlern Aufschläge bis zu hundert Prozent.

Im »Hotel International« in Liberia erlebte der illegale Diamantenhandel eine neue Blüte. Schmuggler verkauften dort ihre Ware an verschwiegene israelische Händler. Diese Transaktionen, legale wie illegale, wurden zu achtzig Prozent von israelischen Banken finanziert. Nach Schätzungen von De Beers war der israelische Diamantenberg 1977 auf 6 Millionen Karat angeschwollen, im darauffolgenden Jahr wuchs er monatlich um eine halbe Million Karat weiter. Wenn diese Entwicklung anhielt, dann hätten die israelischen Diamantenvorräte irgendwann im Laufe des Jahres 1979 die Vorräte von De Beers in London überstiegen – was Israel die Macht verliehen hätte, die Diamantenpreise nach Belieben zu drücken oder anzuheben.

Wenn Harry sich bedroht fühlte, handelte er noch konsequenter als die Rothschilds. Er wußte, daß mehr als die Hälfte der israelischen Diamantenkäufe von der israelischen Barclays Discount Bank und der Union Bank of Israel finanziert wurde. Und so war er in weiser Voraussicht schon einige Zeit zuvor in den Verwaltungsrat der Barclays International Bank eingetreten. Außerdem war E. J. G. Dawes, einer der geschäftsführenden Direktoren von De Beers, in den Verwaltungsrat der Union Bank gewählt worden. Beide hatten sich bisher stets ruhig verhalten und nie Forderungen gestellt oder Druck ausgeübt. Bis jetzt.

Ohne Vorwarnung schwenkte De Beers auf eine Politik ein, die ein Manager der Gesellschaft als »Daumenschraube«, ein anderer als »Milliarden-Dollar-Zitronenpresse« bezeichnete. Alle Diamantenkäufer mußten »vorübergehend« einen Aufschlag von vierzig Prozent entrichten. Was »vorübergehend« bedeutete, lag allein im Ermessen des Kartells. Praktisch über Nacht waren Diamanten zu einem künstlich überteuerten Rohstoff geworden, der kaum zu bezahlen und nur schwer zu verkaufen war. Israelische Banken hatten Kredite in Höhe von über 850 Millionen Dollar – fast ein Drittel der israelischen Devisenreserven – an Diamantenhändler vergeben. Nach Verhängung des Aufschlags verlangten die Banken höhere Zinsen und mehr Sicherheiten. Kaum hatten sie diese Maßnahmen angekündigt, da eröffnete Harry eine zweite Front. Vierzig Händler, die mit den Israelis Geschäfte gemacht hatten, erhielten die »Todesstrafe«. Sie wurden von den *sights* ausgeschlossen, bei denen De Beers die besten Rohdiamanten veräußerte. Die anderen Händler verstanden die Botschaft.

Ohne billige Kredite und ihrer bisherigen Bezugsquellen beraubt gerieten die Israelis in Zugzwang. Um zu überleben, brauchten sie Diamanten, allerdings keine Diamanten, die mit einem vierzigprozentigen Aufschlag belegt waren. Und so blieb den israelischen Diamantenschleifern nichts anderes übrig, als auf ihre Diamantenreserven zurückzugreifen, jene Reserven, die das Monopol von De Beers bedroht hatten. Die größeren israelischen Gesellschaften verfügten über relativ umfangreiche Reserven und kamen mit einem blauen Auge davon, doch 350 kleinere Schleifereien mußten schließen. 1980 war der lautlose Krieg vorüber. Das Imperium hatte gewonnen, und die Israelis würden sich hüten, De Beers noch einmal herauszufordern. Wie sehr die Diamantenhändler in den mageren Jahren von 1978 bis 1980 unter Druck geraten waren, veranschaulicht der Name, den sie dieser Zeit gegeben haben: *bren,* der Brand. Ein in den Bankrott getriebener Händler beschrieb den Krieg aus der Sicht eines einfachen Soldaten: »Die Generäle in Johannesburg und London beschlossen, lieber alles niederzubrennen als aufzubauen. Sie hätten verhandeln oder sogar Forderungen stellen können. Aber nein, sie warfen Brandbomben. De Beers will keine Demokratie, sie will eine Theokratie. Während der Zeit des ›Brandes‹ sagten die Leute: ›Für wen hält sich dieser Oppenheimer eigentlich? Für den lieben Gott?‹ Heute wissen sie es.«

Wer noch daran gezweifelt hatte, wurde von Harry eines Besseren belehrt. Im Wissen, daß ein wenig Prahlerei nicht schaden konnte, gab er zu Bridgets sechzigstem Geburtstag ein prunkvolles Fest. Mehr als 450 Einladungen in Gelb und Schwarz – den Farben ihres Rennstalls – wurden verschickt. Die Gäste überschlugen sich vor Lob für die dargebotene Musik und beteuerten, daß sie so etwas in Südafrika noch nie gehört hätten. Hatten sie auch nicht. Die Kapelle, die Peter Duchins Band, war direkt aus den USA eingeflogen worden.

*

In den späten siebziger Jahren erschien im Stellenmarkt der *New York Times* folgende kleine Anzeige: »Telefonprofis ... mit Erfahrung ... für den Verkauf hochwertiger Diamanten an Anleger gesucht.« Erfolgreiche Bewerber wurden in kleine, spärlich beleuchtete Zellen gesetzt und wählten eine Telefonnummer nach der anderen, bis sie einen potentiellen Kunden an der Strippe hatten. Dann beteten sie einen von vielen Standardtexten herunter, die bis ins kleinste ausgearbeitet waren und den Kunden ködern sollten.

»Schauen wir den Tatsachen doch mal ins Auge! Wie viele Dinge gibt es schon, in die Sie heute investieren können, die Ihnen Nutzen und Freude bereiten – und die Sie in zehn Jahren mit sattem Gewinn weiterverkaufen können? Habe ich nicht recht, Herr –? *(Auf Antwort warten, dann fortfahren.)* Ich schlage vor, daß wir uns das Angebot über 2480 Dollar einmal genauer ansehen. Wenn wir von einer Wertsteigerungsrate von 23 Prozent ausgehen, und das ist eher eine vorsichtige Schätzung, dann werden die Steine in fünf Jahren mindestens das Doppelte wert sein ... Nun, an welche Adresse darf ich die Auftragsbestätigung schicken?«

Diamanten waren der neueste Renner im Telefonmarketing geworden, nach kanadischen Minenaktien, Silbermünzen und Kaufoptionen an der Londoner Rohstoffbörse. Das Handelsblatt *Jeweler's Circular-Keystone* gehörte zu den ersten, die vor den Hochstaplern warnten, die »einfache Leute mit dem Traum vom schnellen Geld über den Tisch ziehen«.

Die Tel-Aviv Diamond Investment Ltd., eine der ersten im Telefonverkauf von Diamanten aktiven Gesellschaften, stand trotz ihres Namens in keinerlei Verbindung zu Israel. Die in Scottsdale, Arizona, ansässige Firma wurde von einem gewissen Rayburne Martin geleitet, bis er wegen einer langen Liste von Vergehen, darunter Unterschlagung und Verstoß gegen das Aktiengesetz, verhaftet wurde. Am 11. August 1978 fand die Polizei von Scottsdale Martin tot in seiner Zelle. Er hatte sich erhängt. Tel-Aviv blieb jedoch im Geschäft, jetzt unter der Leitung von Martins Witwe.

Auch die Telefonmarketing-Firma De Beers Diamond Investment Ltd. hatte nicht das geringste mit *der* De Beers zu tun, eine Tatsache, die sie ihren Kunden gegenüber freilich ebenso verschwieg wie die Tatsache, daß Harold S. McClintock, einer ihrer leitenden Angestellten, von der Börsenaufsichtsbehörde wegen des Verkaufs von nicht registrierten Aktien angeklagt worden war.

Die Liste der zwielichtigen Direktverkäufer könnte man fast beliebig fortsetzen. So bestätigte die Diamond Selection Ltd. zu keinem Zeitpunkt, daß ihr Geschäftsführer Eric Smith in Toronto ein Unternehmen betrieben hatte, bis ihm 1974 vom Börsenaufsichtsamt des kanadischen Bundesstaates Ontario die Lizenz entzogen worden war. Auch die Kunden der International Diamond Co. hatten keine Ahnung, daß der ehemalige Marketingdirektor der Firma, Bernhard Dohrmann, 1976 wegen Aktienbetrugs zu einer Gefängnisstrafe verurteilt worden war. Und Richard Neuberger von der Kimberlite Diamond Resources Co. vergaß seinen Kunden mitzuteilen, daß seine vorherige Firma, Neuberger Securities, auf richterliche Anordnung ihre Geschäfte hatte einstellen müssen.

»Diamanten zu verhökern war das Geschäft«, erinnerte sich ein Mann aus der Branche. »Bei unseren Opfern konnten wir auf zwei Eigenschaften zählen: Habgier und Unkenntnis. Die besten Kunden waren Ärzte, aber sie waren beileibe nicht die einzigen, die schnelles Geld machen wollten, aber keine Zeit hatten, nachzurechnen. Eine Masche zog fast immer. Wir sagten: ›Sehen Sie sich doch einfach mal an, wie die Preise für Diamanten in den letzten Jahren gestiegen sind.‹«

Und das waren sie in der Tat, und wie. Der *Circular-Keystone* berichtete, daß ein Juwelier, der 1972 einem New Yorker Edelsteinhändler 1775 Dollar für einen einkarätigen Diamanten des Reinheitsgrades *vvs* (ein Stein mit »sehr, sehr kleinen Einschlüssen«) bezahlt hatte, 1978 für denselben Stein mindestens 7650 Dollar hätte hinblättern müssen. Dieser Wertzuwachs lag weit über der Inflationsrate und übertraf selbst die Kursgewinne erstklassiger Wertpapiere. Für das ungeübte Auge war es schwer, wertvolle von weniger wertvollen Diamanten zu unterscheiden, und das nutzten die Telefonverkäufer skrupellos aus. Sie verkauften Steine, die zwar erstklassig aussahen, es aber nicht waren.

Seit Anfang der siebziger Jahre hatten sich immer mehr Hobbyspekulanten mit dicken Brieftaschen auf den Diamantenhandel eingelassen. Sie waren als Wölfe gekommen und als schlimm geschorene Schafe wieder abgezogen. Kaum einer von ihnen konnte beurteilen, ob die Steine, die ihm angeboten wurden, die von Juwelieren festgesetzten Qualitätskriterien erfüllten, die sich an Gewicht (Karat), Schliff, Farbe und Klarheit des Steins orientierten. Ein Karat bezeichnet ein Gewicht von zweihundert Milligramm. Der Schliff bezieht sich auf die Proportion und die Facetten des Steines, die sein inneres »Feuer« zum Leuchten bringen; Farbe und Reinheit werden nach einer vom Amerikanischen Gemmologischen Institut aufgestellten Skala beurteilt. Die Farbskala reicht von *D* (hochfeinem Weiß) je nach Gelbtönung bis hinunter zum Ende des Alphabets. Der Buchstabe *H*, mit dem Diamanten bezeichnet werden, die für das bloße Auge farblos erscheinen, nicht aber unter der Lupe und unter der Lampe des Juweliers, markiert für Investoren die kritische Grenze nach unten. Der Reinheitsgrad bezieht sich auf mikroskopisch kleine Einschlüsse und Kratzer auf der Oberfläche oder im Inneren des Diamanten, die Lichtstreuung und Lichtbrechung beeinflussen – und damit die feuersprühende Brillanz, die den Zauber eines Diamanten ausmacht. Den höchsten Reinheitsgrad erreichen *lupenreine* Diamanten (im Englischen mit *f* für »flawless« oder *if* für »internally flawless« bezeichnet), gefolgt von Steinen der Kategorie *vvs* mit Unterteilungen in *vvs 1* und *vvs 2* (Steine mit sehr, sehr kleinen Einschlüssen), während Steine mit sehr kleinen Einschlüssen mit *vs* bezeichnet werden. Die Skala reicht hinunter bis zu Steinen der Kategorie *si* (kleine Einschlüsse) und *i* (mit bloßem Auge erkennbare Einschlüsse), die auch als *Pikee* bezeichnet werden.

Doch selbst wenn man dies alles weiß, hat man noch keine Garantie, daß man sein Geld gut investiert. Nur Experten können hochwertige Diamanten von gewöhnlichen Steinen unterscheiden. Und selbst die Experten machen Fehler, und nicht immer unabsichtlich. Ein typisches Beispiel für überzogene Gewinnerwartungen war Ende der siebziger Jahre zu bestaunen, als Elizabeth Taylor den ehemaligen »No-name-Diamanten« zum Verkauf anbot, jenen 69,42karätigen Stein, den sie und ihr Ehemann Richard Burton 1969 zum Spitzenpreis von 1 100 000 US-Dollar erstanden hatten. (Die Übergabe hatte aus Steuergründen in einem Flugzeug über dem Mittelmeer stattgefunden.)

Jetzt, ein knappes Jahrzehnt später und inzwischen mit Senator John Warner verheiratet, gab sie ihre Absicht bekannt, sich von dem Diamanten zu trennen. Verhandlungsbasis: 4 Millionen Dollar. Nur gegen Entrichtung einer stattlichen Prämie fand sich eine Versicherungsgesellschaft, die den Stein gegen Diebstahl versicherte. Um das Geld für die Prämie aufzubringen, verlangte die Taylor von jedem Kaufinteressenten, der den Stein sehen wollte, zweitausend Dollar.

Da niemand ein Angebot machte, setzte Liz Taylor den Preis herunter, und bald darauf ein zweitesmal. Schließlich, nach langem Zögern, kaufte 1980 ein New Yorker Diamantenhändler den Stein. Der angebliche Preis: 2 Millionen Dollar. Eine ansehnliche Summe – allerdings nur, bis die Buchhalter abgerechnet hatten.

Bezog man die Versicherungssumme für zehn Jahre und die Inflationsrate mit in die Rechnung ein, dann hatte die Schauspielerin unter dem Strich sogar Verlust gemacht.

Auch Oberst Jean-Bedel Bokassa erlag der Versuchung der Diamanten. Kaum hatte er mit einem Handstreich die Macht in der Zentralafrikanischen Republik an sich gerissen, drohte er, die größte Diamantmine des Landes zu verstaatlichen. Um der Enteignung zu entgehen, einigten sich die Eigentümer der Mine mit dem selbsternannten Kaiser von Zentralafrika darauf, den Profit zu teilen. Doch damit nicht genug. Eines Tages überbrachte ein kaiserlicher Bote Albert Jolis, dessen Familie die Mine gehörte, die Botschaft. Darin wurde er aufgefordert, Seiner Kaiserlichen Majestät »freiwillig« einen »sehr großen Diamanten« zum Geschenk zu machen.

Jolis konnte kaum nein sagen. Andererseits fanden sich in den Minen des Landes keine so großen Edelsteine. Eine Möglichkeit war natürlich, im Ausland einen entsprechenden Stein zu kaufen und ihn Bokassa als Eigengewächs zu präsentieren. Glücklicherweise erinnerte sich Jolis daran, daß einer seiner Schürfer vor kurzem einen riesigen Industriediamanten von siebzig Karat ausgebuddelt hatte: einen schwarzen Stein, der unter normalen Umständen als Diamantstaub verwendet worden wäre. Zum damaligen Karatpreis von zwei Dollar für Industriediamanten war der Stein höchstens 140 Dollar wert. Jolis wußte das, seine Assistenten wußten es, und jeder professionelle Diamantenschätzer auf dem afrikanischen Kontinent hätte es gewußt. Aber Bokassa war nun einmal professioneller Kaiser.

Also ließ Jolis den schwarzen Klumpen schleifen und ein Loch in seine Mitte bohren. In das Loch wurde ein viertelkarätiger Edelstein eingesetzt, dann wurde das Ensemble in einen großen Ring eingefügt und dem Kaiser mit großem Trara überreicht. Sehen Sie, wurde ihm gesagt, die Form des »Schwarzen Diamanten« entspricht den Umrissen Afrikas. Und hier, der glitzernde kleine Diamant in der Mitte, symbolisiert die Hauptstadt des Zentralafrikanischen Kaiserreichs.

Hocherfreut nahm Bokassa das Geschenk an, von dem es an seinem Hof hieß, es sei über eine halbe Million Dollar wert. Über zwei Jahre lang protzte er vor ausländischen Besuchern mit dem Stein. Schließlich war es Frankreich leid, den kleinen Diktator zu stützen. Es schickte Fallschirmjäger ins Land und inszenierte einen unblutigen Staatsstreich. Bokassa wurde in den Vorruhestand versetzt und samt Gefolge und Ring unter Bewachung an die Elfenbeinküste ausgeflogen. Dort gefiel er sich weiter darin, mit seinem schwarzen Schatz zu prahlen. Als man Jolis nach dem schwarzen Diamanten fragte, traf er eine Feststellung, die im Prinzip für alle Diamanten galt: »Der neue Ring des Kaisers ist unbezahlbar – solange er nicht versucht, ihn zu verkaufen.«

*

Im Sommer 1981 verzeichnete der südafrikanische Verband der Diamantenschleifer eine Flaute im Diamantenangebot. Manchem mochte das mysteriös erscheinen, nicht aber Eddie Meyers, dem Vorsitzenden der Organisation. »De Beers«, bemerkte er trocken, »hält die besten Steine zurück.« Das Unternehmen ließ verlautbaren, daß es im Begriff sei, »seine Lagerbestände aufzustocken«, was lediglich eine freundliche Umschreibung für »horten« war. Zu diesem Zeitpunkt lagerten Diamanten im Wert von mehr als einer Milliarde Dollar in den Safes des Syndikats, mehr als doppelt soviel wie zwei Jahre zuvor. Tatsächlich hatte De Beers die Produktion seit den dreißiger Jahren nicht mehr so drastisch gedrosselt. Damals hatte Sir Ernest alle Minen geschlossen, Regierung und Arbeiterschaft in die Knie gezwungen und das Kartell, wie er annahm, für alle Zeit gerettet.

Jetzt, rund fünfzig Jahre später, spielte sein Sohn ebenfalls mit dem Gedanken, alle Minen der Gesellschaft zu schließen. »Das ist die schlimmste Krise seit der Weltwirtschaftskrise, an die ich mich erinnern kann«, verkündete Harry, vermied es aber geflissentlich, den Hauptschuldigen an der Krise zu benennen: De Beers selbst. Das Kartell hatte eine Reihe von unglücklichen Entscheidungen gefällt. Nachdem der Konflikt mit Israel beigelegt war, hatte man den vierzigprozentigen Preisaufschlag zwar zurückgenommen, kurze Zeit später aber eine generelle Preiserhöhung um dreißig Prozent durchgesetzt. Obwohl die Händler ihre Mehrkosten an die Konsumenten weitergaben, blieb die Nachfrage nach Diamanten unverändert hoch. De Beers sah sich in seiner Politik bestätigt und kündigte kurz darauf eine weitere Preiserhöhung um zwölf Prozent an.

Die Folge war, daß die Diamantenpreise zwischen 1975 und

1980 um 140 Prozent stiegen, eine Entwicklung, mit der die Nachfrage auf Dauer nicht Schritt halten konnte. Der Wert eines einzelnen Diamanten mag von seiner Reinheit, seiner Farbe, seiner Verarbeitung und seinem Gewicht abhängen, der Wert der Diamanten insgesamt aber hängt nur von einem Faktor ab: von ihrer Knappheit. Um die überzogenen Preise zu stützen, mußte das Kartell das Angebot an wertvollen Steinen knapp halten und zu diesem Zweck eigene Steine von Händlern und Verarbeitern zurückkaufen. In der Folgezeit stiegen die Diamantenreserven von De Beers von rund 500 Millionen Dollar auf etwa 940 Millionen Dollar – Diamanten, für die sich wegen der überhöhten Preise keine Abnehmer fanden.

Da die Nachfrage stark zurückging, wies Harry seine Lieferanten an, die Produktion zu drosseln. Gleichzeitig versuchte er, mit einer Werbeoffensive die Nachfrage anzukurbeln. Das Hauptaugenmerk der Kampagne richtete sich auf die Vereinigten Staaten, wo, wie De-Beers-Manager behaupteten, »Millionen von Frauen vor der Frage stehen, was sie ihrem Mann außer einer Krawatte oder einem Hemd schenken könnten.« In Fernsehwerbespots, die während der direkt übertragenen Hochzeit von Prinz Charles und Lady Diana ausgestrahlt wurden, brachte man den Amerikanern den Slogan »Ein Diamant ist unvergänglich« nahe. Kostenpunkt: 400 000 Dollar. Doch angesichts der zweistelligen Inflationsrate in den USA geriet kaum jemand in Versuchung, nach dem Köder zu schnappen.

»Diamanten gehen schlecht, keine Frage«, beurteilte ein Großhändler die Situation. »Man braucht sich nur das letzte Jahr zu betrachten. Von Afrika über Australien bis nach Amerika, überall geht es bergab.«

Und die Talfahrt hielt an. 1981 wurden nur noch halb so viele Diamanten verkauft wie im vorangegangenen Jahr, in dem De Beers noch einen Gewinn von 1,1 Milliarden Dollar erwirtschaftet hatte. Zudem hatte sich die Nachfrage auf immer kleinere Diamanten verlagert. Hatte den durchschnittlichen Ehering 1976 noch ein Diamant von 0,36 Karat geziert, so wog er 1981 nur noch 0,29 Karat, rund ein Viertel weniger. Rund ein Drittel der in den Vereinigten Staaten verkauften Diamantschmuckstücke kosteten inzwischen unter dreihundert Dollar, der durchschnittliche Ehering siebenhundert Dollar.

In der alljährlich vom Wirtschaftsmagazin *Fortune* publizierten Liste der fünfhundert größten Unternehmen außerhalb der Vereinigten Staaten hieß es 1982: »Das Überraschende an der Firma De Beers ist, wie schnell und wie tief sie gefallen ist.« War sie 1981 noch auf Rang 169 geführt worden, so nahm sie in diesem Jahr gerade noch Platz 399 ein. Kein anderes Unternehmen, das in der Liste aufgeführt wurde, hatte einen ähnlich dramatischen Absturz hinnehmen müssen. »Kein Wunder, daß der Ruf der Diamanten als Luxusgut und als zeitlose Investition zerstört ist und De Beers nach über fünfzig Jahren ihre beherrschende Marktstellung verloren hat.«

Bei Erscheinen dieses Artikels war der Diamanten-Investitionsmarkt bereits zusammengebrochen. Fachleute bemerkten mit Blick auf die Preisentwicklung, daß Investoren, die auf zwei- bis dreihundert Prozent Wertsteigerung gehofft hatten, sich böse verspekuliert hatten. Die Preise für Spitzensteine waren innerhalb der letzten zwei Jahre um über sechzig Prozent gefallen.

Der Journalist Edward Jay Epstein faßte die negative Entwicklung 1982 in dem Buch *The Rise and the Fall of Diamonds* zusammen. Seine sorgfältig recherchierte und über weite Strecken brillante Arbeit schließt mit einer langen Liste von Enthüllungen über die Praktiken in den Labors und Chefetagen von De Beers. Epstein definiert Diamanten als »eine künstlich aufrechterhaltene Illusion, die Gefahr läuft, zerstört zu werden« und prophezeite: »Der Crash kommt 1983.« Amerikanische, japanische und sowjetische Wissenschaftler, so Epstein, jagten dem Traum vom synthetischen Diamanten nach und entwickelten Monat für Monat bessere Herstellungsverfahren. Einige Wissenschaftler könnten sich bereits vorstellen, daß der Trauring für die Braut in nicht allzu ferner Zukunft aus der hydraulischen Presse kommen werde. »Wenn es soweit ist«, orakelte Epstein, »wird der Diamantenwahn des 20. Jahrhunderts, wie das Tulpenfieber im Holland des 18. Jahrhunderts, über Nacht verschwinden.«

Doch bei De Beers hatte man zuviel andere Probleme, um sich um zukünftige Krisen kümmern zu können. Gerade erst hatte die australische Bergbaugesellschaft Northern Mines in Westaustralien ein riesiges Diamantenvorkommen entdeckt, und zwar – die Geschichte entbehrt nicht einer gewissen Ironie – nahe dem Städtchen Kimberley, das man Jahre zuvor zu Ehren der südafrikanischen Diamantenstadt so getauft hatte. Als De Beers versuchte, Northern Mines unter ihre Kontrolle zu bringen, sprach sich die oppositionelle australische Labour Party gegen solche räuberischen Einfälle aus dem Land der Apartheid aus. Und die allgemeine Stimmung im Land war gegen *jede* ausländische Beteiligung an der heimischen Industrie. In dieser Situation blieb dem australischen Premierminister Malcolm Fraser, auch wenn er für Harrys Wünsche ein offenes Ohr gehabt haben mag, keine Wahl. Er informierte das Parlament, daß seine Regierung jeden Versuch von De Beers oder einer ihrer Tochtergesellschaften, in Australien Fuß zu fassen, unterbinden werde. »Vereinbarungen, die nur dazu dienen, das südafrikanische Monopol zu stärken, könnten für uns nicht von Nutzen sein.«

Nach langem Schwanken und zahllosen Drohungen schien nun auch Schwarzafrika bereit, zu den südafrikanischen Unternehmen auf Distanz zu gehen. Zaires Präsident Mobutu, höchst unzufrieden mit dem schleppenden Absatz seiner Diamanten sowie mit der zwanzigprozentigen Verkaufs- und Sortiergebühr von De Beers, weigerte sich, den Kontrakt mit der Gesellschaft zu verlängern. Zaire wollte als selbständiger Anbieter auf dem Weltmarkt auftreten. Auch Namibia und Botswana schienen einen solchen Schritt zu erwägen.

Epstein hatte den Zusammenbruch des Diamantenmarktes für 1983 vorhergesagt, denn er ging davon aus, daß in diesem Jahr die Australier und die abtrünnigen afrikanischen Länder, die sich dem Würgegriff von De Beers entwinden wollten, den Weltmarkt mit Steinen überschwemmen würden. »Unter diesen Umständen«, schrieb er, »wird der Diamantenmythos sterben, und man wird sich seiner nur noch als einer historischen Kuriosität erinnern, auf seine Weise so schillernd wie die glitzernden, kalten Steinchen, die er einst so kostbar werden ließ.«

Harry Oppenheimer wollte von alledem natürlich nichts hören. Die Mine in Australien war schließlich »kaum der Rede wert«, und Zaire würde man schon zur Räson bringen. Und außerdem gab es ja noch Japan. 1967 hatten nur sechs Prozent aller japanischen Bräute einen Diamantring getragen, jetzt waren es schon zwei Drittel. Mit einer gezielten Werbekampagne wollte N. W. Ayer vor allem den Absatz großer Steine ankurbeln. »Ein Diamant von einem Karat oder mehr«, hieß es in einer Anzeige,

»ist einzig unter Millionen.« In einer anderen Anzeige war ein weibliches Model abgelichtet, vorgeblich an einem französischen Nacktbadestrand und nur mit einem Diamantkollier bekleidet. Der Text dazu hieß: »An der Côte d'Azur trägt man keinen Pelz.« Und wenn auch das nicht funktionierte, dann war da immer noch die Kardinaltugend von De Beers: Geduld. Die Gesellschaft besaß über 3 Milliarden Dollar Kapitalvermögen außerhalb der Diamantenindustrie. 38 Prozent davon steckten in der Schwestergesellschaft Anglo-American, die in der Gold-, Stahl-, Immobilien- und Versicherungsbranche tätig war. De Beers als Kartell war zwar der Zutritt zum US-Markt verwehrt, aber die Anglo-American war kein Monopolist und konnte in den Vereinigten Staaten ungehindert operieren. Eine Erwerbung zeigt besonders deutlich, wie stark sich das Imperium diversifiziert hatte. Bis Juli 1981 war Salomon Bros. Amerikas größte private Investitionsbank und das weltweit bedeutendste Brokerhaus gewesen. Im Sommer desselben Jahres kamen die 62 Salomon-Teilhaber nach einer Wochenendklausur überein, mit Philbro, einer Gesellschaft der Anglo-American, zu fusionieren.

Wie war es möglich, daß eine amerikanische Firma sich widerstandslos von einem südafrikanischen Unternehmen aufkaufen ließ? Rhodes hatte den Weg gezeigt: Jeder Mann hat seinen Preis. Und dieser Preis war im Laufe des 20. Jahrhunderts eben gestiegen. Auf dem Papier waren alle Salomon-Teilhaber Millionäre, aber dieses Geld steckte unerreichbar im Grundkapital der Firma. Was, so wurde diesen 62 Männern vorgeschlagen, wenn Philbro die Gesellschaft für 300 Millionen US-Dollar erwarb und dann einen Weg austüftelte, wie sie noch zu Lebzeiten an ihre Millionen herankommen könnten? Philbro garantierte jedem Teilhaber einen durchschnittlichen Erlös von 2,7 Millionen Dollar, steuerfrei, dazu ein Aktienpaket im Wert von durchschnittlich 3,2 Millionen Dollar. Die sieben Herren der Geschäftsleitung sollten je 11 Millionen Dollar erhalten. Die Teilhaber zogen sich an einem Wochenende ins Tarrytown Conference Center zurück, dreißig Meilen von dem Sitz ihrer Firma entfernt, und berieten über das Angebot. Wie ihre Entscheidung ausfallen würde, war von vornherein klar. Als John Gutfreund, der geschäftsführende Gesellschafter, die Entscheidung verkündete, erhielt er lauten, langanhaltenden Applaus. Gutfreund konnte sich beglückwünschen: Sein persönlicher Gewinn aus der Transaktion betrug 32 Millionen Dollar. Sollte einer der Teilhaber Bedenken gegen ausländische Firmenaufkäufe, den Apartheid-Staat oder moralische Einwände anderer Art geäußert haben, so wurden sie jedenfalls nicht ins Sitzungsprotokoll aufgenommen.

Mitte der achtziger Jahre besaßen die Oppenheimers also stattliche Anteile an Philbro-Salomon. Die Zeitschrift *Fortune* und Edward Epstein hatten sich getäuscht. Sie hatten nur die Schwierigkeiten von De Beers gesehen, nicht aber mit der Finanzschlauheit des Imperiums gerechnet. Das Jahr 1983 brachte weder den prophezeiten Crash, noch verlor De Beers die Kontrolle über den Diamantenmarkt. Das Imperium scheffelte weiter Gewinne und schmiedete weitere Expansionspläne.

20

ABER NIEMALS
MARMELADE HEUTE

Kriminalität ist so eine Sache: Kein Sicherheitssystem bietet hundertprozentigen Schutz. Aber zum Teufel noch mal, De Beers hat gelernt, mit einer gewissen Diebstahlsrate zu leben. Diebstähle tragen zum Mythos des Diamanten bei – einem Götzen im Tempel das Auge stehlen und all diese Geschichten. Aber *Revolution*, das ist nun wirklich etwas ganz anderes.«

Die Sorge dieses New Yorker Händlers wurde zu Beginn der achtziger Jahre von vielen seiner Kollegen im Syndikat geteilt. Doch ihre lautstark vorgebrachten Bedenken waren nur ein schwaches Echo des Tumults, der aus den Konferenzräumen der Verwaltungsräte in London und Johannesburg nach draußen gedrungen war. Drei abtrünnige Firmen in London und Antwerpen hatten beschlossen, in den kommenden fünf Jahren dem afrikanischen Staat Zaire die gesamte Diamantenproduktion abzunehmen, und zwar zu einem Preis, der über dem des Kartells lag. Es gehörte zu diesem Geschäft, daß in Zaire eine Schleiferei errichtet werden sollte. Darüber hinaus plante Präsident Mobutu die Modernisierung einer großen, fünfzig Jahre alten Mine bei Miba.

Die Oppenheimers hatten zu viele Jahre und zu viele Millionen in das Kartell investiert, um diese Meuterei tatenlos hinzunehmen. Man beschloß, an Mobutu ein Exempel zu statuieren. Kurze Zeit nach Zaires Abfall bemerkte das Londoner Unternehmen Industrial Diamond, einer der besten Kunden des Landes, daß das Kartell einen neuen Kurs einschlug. Dazu der Gründer der Firma, Pincas Rothem: »An uns trat ein Händler heran, der, wie wir wußten, mit De Beers assoziiert ist. Dieser Händler bot uns eine große Menge von Diamanten an, wie sie auch in Zaire gefunden werden.«

Zunächst überflutete De Beers den Markt mit Diamanten, dann wurde eine zweite Front eröffnet. Zaire hatte schon immer unter illegalem Diamantenhandel zu leiden gehabt, aber bisher war es den Schmugglern unmöglich gewesen, gute Preise für ihre Ware zu erhalten. Nun aber richtete De Beers in der grenznahen kongolesischen Stadt Brazzaville Kaufbüros ein, die für Schmuggelware fünfzig Prozent mehr als üblich bezahlten. Beide Maßnahmen führten dazu, daß die Nachfrage nach legalen Diamanten aus Zaire praktisch auf Null fiel. Nur zwei Jahre nach seinem waghalsigen Vorstoß gab Mobutu auf und erklärte sich bereit, die Diamantenproduktion seines Landes wieder über das Kartell zu vertreiben.

Harry gehörte nicht zu den Menschen, die mit einem Sieg prahlten. So wirkte er denn auch eher besorgt als verärgert, als er sagte: »Ich kann nicht behaupten, daß wir erfreut wären, wenn sich jemand von uns losmacht ... Ich denke, in den vor uns liegenden Jahren wird bei näherer Überlegung jeder zu dem Schluß kommen, daß das Experiment Zaire eher als Warnung denn als Vorbild zu verstehen ist.«

Aber Australien war nicht Afrika. In Australien mußte das Unternehmen eine ganz andere Art von Krieg führen. Und einen wichtigeren obendrein. Harrys Experten schätzten, daß die Mine in Argyle Abermillionen von Karat barg. Möglicherweise war sie sogar das reichste Diamantenlager der Welt. Zwar waren die australischen Steine nicht erstklassig – sechzig Prozent waren nur als Industriediamanten verwendbar. Doch aus finanziellen und prinzipiellen Gründen mußte verhindert werden, daß Argyle außerhalb des Oppenheimerschen Vertriebsnetzes tätig wurde.

Harry, der von Cecil Rhodes viel gelernt hatte, wußte genau, wie er vorzugehen hatte. Argyle wurde von drei Gesellschaften kontrolliert: Aston Mining, 38,2 Prozent; Rio Tinto Zinc, 56,8 Prozent; Northern Mining, fünf Prozent. Schon vor Jahren hatte die Anglo-American eine fünfprozentige Beteiligung an Rio Tinto Zinc erworben, und erst kürzlich war es ihr gelungen, mit Sidney Spiro einen ihrer Direktoren in den RTZ-Verwaltungsrat zu hieven. Da die Anglo-American zudem an der Muttergesellschaft der Aston Mining, der Malaysian Mining, eine Minderheitsbeteiligung hielt, war die florierende Northern Mining die einzige Firma aus dem Trio, auf die das Imperium keinen Einfluß hatte. Sein Anteil an der Mine war so unbedeutend, daß er nicht ins Gewicht fiel.

Durch ihre Verwaltungsratsmitglieder wirkte De Beers auf die australische Regierung und die Presse ein. Einflußreiche Journalisten wurden zu Reisen nach Südafrika eingeladen, auf Firmenkosten versteht sich, und kurze Zeit später beugten sich australische Zeitungsleser über ganzseitige Berichte, die vom Zauber und der Verlockung berühmter Diamanten handelten. Zur selben Zeit gelangte der stellvertretende Premierminister des Landes zu ganz neuen Ansichten über De Beers. Kein anderes Unternehmen, so meinte er plötzlich, sei in der Lage, die Diamanten aus Argyle zu vertreiben. Auch der Schatzmeister der australischen Labour-Partei, der stets vor einem »Raub« der australischen Diamanten durch die Südafrikaner gewarnt hatte, änderte seine Meinung und kam zu dem Schluß, es gebe »keine echte Alternative« zur Central Selling Organization, der zentralen Verkaufsorganisation von De Beers.

Zur gleichen Zeit dachte Harry, inzwischen jenseits der Siebzig, immer lauter über seinen Rücktritt nach. Außenstehende hielten natürlich Nicky Oppenheimer für seinen designierten Nachfolger, doch die Verantwortlichen bei De Beers und Anglo-American wußten es besser. Nicky, Ende Zwanzig, war eine rätselhafte Erscheinung. Er flog einen eigenen Hubschrauber und trug einen Bart (alte Freunde nannten ihn deshalb »den Kubaner«), mit dem er in der Elite der beiden Unternehmen so deplaziert wirkte wie ein Schürfer vom Vaal bei einem Dinner mit Smokingzwang. Zudem scheute Nicky das Rampenlicht, gab nur ungern Interviews, und öffentliche Reden schien er eher als Pflicht denn als Lust zu empfinden. Kurzum, er war nicht aus dem Holz, aus dem Führungskräfte geschnitzt sein sollten. Auf der Suche nach weiteren Kandidaten für Harrys Nachfolge stießen die Wirtschaftszeitungen auf seinen langjährigen Assistenten Julian Ogilvie Thompson. Der 44jährige Thompson, dessen Vater Anfang der siebziger Jahre Vorsitzender des Obersten Gerichtshofes gewesen war, brachte alle notwendigen Voraussetzungen für den Job mit. Er hatte, ausgestattet mit einem Rhodes-Stipendium, in Oxford studiert und nach seinem Abschluß 1956 im Londoner Büro der Anglo-American angefangen. Julian hatte auch den obligatorischen Dienst als Diamantensortierer bei

De Beers abgeleistet, bevor er sich in rasantem Tempo zu Harrys persönlichem Assistenten hocharbeitete und 1961 in die Finanzabteilung wechselte. Und nicht zuletzt war Julians Ehefrau von ebenso tadelloser Herkunft wie er selbst. Viscount Hampden, Julians Schwiegervater, war geschäftsführender Direktor der Handelsbank Lazard Bros., einer verläßlichen Oppenheimer-Alliierten seit den Tagen Sir Ernests.

Auf den ersten Blick hatten Julian Ogilvie Thompson und Harry nichts miteinander gemein. Harry war klein, Julian über einen Meter achtzig groß. Harry sprach flüssig aus dem Stegreif, Julian machte zwischen den Worten häufig Pausen, betonte noch die kleinste Nuance in einem Satz und legte beim Sprechen aus den Gegenständen auf seinem Schreibtisch geometrische Figuren. Harry trug keinerlei Schmuckstücke, von Julian wußte man, daß er eine diamantene Krawattennadel besaß. Harry fand hin und wieder Gefallen an einer gewissen modischen Lässigkeit, Julian war der Schrecken aller Sekretärinnen, die es wagten, in einem Hosenanzug zu erscheinen. Und während Harry stets darauf achtete, daß nichts den Kontakt zu seinem Zuhörer störte, besaß Julian die Angewohnheit, mit einem Zigarrenstummel im rechten Mundwinkel zu reden.

Doch jenseits solcher Attitüden besaßen beide Männer ähnliche Ansichten und Eigenschaften. Julian glaubte wie sein Chef, daß die Schwierigkeiten Südafrikas nur mit wirtschaftlichem Wachstum zu lösen waren, und nicht durch Maßnahmen, die von oben verordnet wurden. Im Geiste von Harry sprach er von »friedlichen, schrittweisen und konstruktiven Veränderungen« und prägte das Motto: »Machtteilung – ja! Ein Mann, eine Stimme – nein!« Zu dieser politischen Grundhaltung kam die feste Überzeugung, daß allein das Kartell in der Lage war, die Diamantenbranche zu führen. Harry konnte sich mit diesem Mann an seiner Seite sicher fühlen – und er war an seiner Seite. Nur selten unternahm Harry einen Schritt ohne Julian, und diese Nähe machte es Julian leicht, Mitkonkurrenten um das Amt des Verwaltungsratsvorsitzenden auszustechen, wenn Harry einmal zurücktrat.

Doch für einen Mann, der zu den reichsten Männern der Welt zählte, war ein Alter ego nicht genug. Wenn Ogilvie Thompson De Beers repräsentierte, so stand Gavin Walter Hamilton Relly für die Anglo-American. Auch Relly war Rhodes-Stipendiat, und nach einem ungeschriebenen Gesetz mußte man das in den siebziger und achtziger Jahren auch sein, wollte man in die Führungsspitze der Anglo-American vorstoßen. Relly hatte nach seinem Studium am Trinity College im Stab des oppositionellen Kabinettsministers Sir de Villiers Graaff gearbeitet. Dabei war er einem anderen Abgeordneten der Opposition aufgefallen – einem gewissen Mr. Harry Oppenheimer aus Kimberley. »Er bat mich, zu ihm zu kommen und als politischer Berater für ihn zu arbeiten«, erinnerte sich Relly. »Aber daraus wurde mit der Zeit eine geschäftliche Beziehung.« Zuerst wurde er Sir Ernests und später Harrys Privatsekretär. 1949 ging Relly zur Anglo-American und machte rasch Karriere. Er erschloß Goldfelder, leitete eine Kohlegrube und half bei der Planung von Projekten der Stahl- und Vanadiumförderung. 1958 rückte er als 32jähriger ins höhere Management auf. Der internationalen Geschäftswelt wurde er bekannt, als er die Leitung der in Toronto ansässigen nordamerikanischen Niederlassung der Anglo-American übernahm.

Relly, der dem Vorbild der Oppenheimers nur teilweise nacheiferte, benahm sich gern widersprüchlich. In einem Atemzug konnte er begeistert vom Lachsfang in Schottland oder Patagonien schwärmen, um schon im nächsten Satz seine Unfähigkeit herauszustreichen, überhaupt etwas zu erjagen. Relly war sich bewußt, daß sein Lächeln spitzbübisch aussah und daß er ungefähr so bedrohlich wirkte wie ein schlafendes Lamm. Doch er war weit davon entfernt, das als einen Makel anzusehen, und seine Antwort auf die Frage, wie der ideale Anglo-Manager sein müsse, kam einer Selbstbeschreibung gleich: »Ich denke, er muß härter sein, als er aussieht.« Und das waren sie alle im Oppenheimer-Imperium.

Mit Ogilvie Thompson an der Spitze von De Beers und Relly an der Spitze der Anglo-American hielt Harry Oppenheimer im Dezember 1982 die Zeit für gekommen, als Präsident und Direktor der Anglo-American zurückzutreten.

Seine Rücktrittsrede hielt er vor der Johannesburger Firmenzentrale in der Main Street Nr. 44. Alle 3300 Mitarbeiter hörten ihm zu, vom Topmanager mit sechsstelligem Salär bis hinunter zum schwarzen Dienstboten. Selbst die Regierung erwies Harry

die Ehre und hob für seinen letzten Auftritt das Gesetz gegen Zu-
sammenrottungen auf.

Der Rücktritt – für Harry »eine Sache, die einen traurig stimmt,
die man aber nicht bereut« – bedeutete, daß er die Leitung der Anglo-American abgab und auch seinen Sitz im Verwaltungsrat, den
er seit 48 Jahren innehatte, räumte. Der Diamantenkönig wollte
sich künftig auf die Pferdezucht und Neuerwerbungen für seine
Bibliothek konzentrieren. »Zweifelsohne«, sagte er mit einem
gequälten Lächeln, »werde ich viel Zeit mit Zeitunglesen verbringen.«

Doch auch mit 74 war Harry noch nicht bereit, sich ganz aufs
Altenteil zurückzuziehen. Das Imperium brauchte eine Vaterfigur. Außerdem hoffte er nach seinem Rücktritt auf eine Entspannung der Beziehungen zwischen dem Imperium und der Regierung. »Schließlich gab es eine Zeit, da dachten sie, ich hätte
Hörner und einen Bocksfuß.« Harry blieb Verwaltungsratsvor-
sitzender der Unternehmen, die die beiden größten Aktienpakete
der Anglo-American hielten: E. Oppenheimer & Son und De
Beers Consolidated Mines. Sein Sohn Nicholas mußte sich vorerst mit der Leitung der Central Selling Organization in London
begnügen, mit einem Geschäftsbereich also, den sein Vater einmal als eine »Mischung aus Bergbau und Kunsthandel« beschrieben hatte. Wollte Harry ihn damit auf ein Abstellgleis schieben
und das Ende der Oppenheimer-Herrschaft einläuten? Oder
wartete er darauf, daß sein schüchterner Sohn endlich einmal
Zähne zeigte?

Noch bevor diese Frage beantwortet werden konnte, festigte
Ogilvie Thompson seine Position bei De Beers. Nach seinen politischen Ansichten gefragt, antwortete er, daß sie sich »nur wenig,
wenn überhaupt, von den Ansichten unterscheiden, die Harry
Oppenheimer so klar und so beredt vertritt«. Von seinem Büro
bei der Anglo-American aus stimmte Relly mit ein und erklärte,
er lehne wie Harry Oppenheimer »das Prinzip ein Mann, eine
Stimme« für Südafrika ab. Die »extrem inhomogene Gesellschaft« des Landes verlange nach einem gewissen verfassungsmäßigen Rahmen und nicht nach einem allgemeinen und gleichen
Wahlrecht. Jeden seinen Stimmzettel in die Urne werfen zu lassen
hieße, »an diesem Punkt der Geschichte Südafrikas ein heilloses
Chaos heraufzubeschwören«.

Hinter solchen Aussagen verbarg sich zum einen die Angst vor den Marxisten in Angola und Äthiopien, vor einem Feind, der in den verschiedensten Gestalten auftreten konnte, der hinter den Grenzen lauerte und in Südafrika selbst als fünfte Kolonne unter den Schwarzen agitierte. »Südafrikanische Sicherheitsorgane«, beobachtete Joseph Lelyveld, Journalist von der *New York Times*, »verbreiten unermüdlich die uralte Behauptung, daß die kleine, verknöcherte Kommunistische Partei, die in Sachen Tschechoslowakei, Polen und Afghanistan brav der Moskauer Linie gefolgt ist, den militärischen Arm im Untergrund, Umkhonto we Sizwe (›Speer der Nation‹), beherrsche.«

Der zweite Grund für die Angst vieler Weißer hatte schon mehr Bezug zur Realität. Nach Meinung der weißen Regierung in Pretoria wurden die unabhängigen afrikanischen Staaten von immensen Schuldenbergen erdrückt und versanken in sozialem Chaos. Nicht anders, davon war sie ebenso überzeugt wie die Pessimisten bei De Beers und Anglo-American, würde die Zukunft eines schwarzen Südafrika aussehen. Das Prinzip ein Mann, eine Stimme könnte, so fürchteten sie, den Niedergang Südafrikas und das Ende des Imperiums zur Folge haben. Und die Entwicklung auf dem afrikanischen Kontinent schien ihre schlimmsten Ängste zu rechtfertigen. Gegen Ende des Jahrzehnts waren in den 51 unabhängigen Staaten 21 Staatschefs ermordet und 72 abgesetzt worden, meist durch einen gewaltsamen Staatsstreich oder Militärputsch. Es gab 16 radikal-sozialistische Staaten, die keinerlei marktwirtschaftliche Tendenzen zeigten. In 41 Staaten lag das Bruttosozialprodukt je Einwohner unter tausend US-Dollar und war damit nicht einmal halb so groß wie in Südafrika.

Zu der Angst vor den Marxisten und dem wirtschaftlichen Niedergang kam die Angst vor einer durch entsprechende Statistiken belegten »demoskopischen Apokalypse«. Anfang der achtziger Jahre waren etwa 26 Prozent der südafrikanischen Bevölkerung Weiße, zwanzig Prozent Asiaten und andere nichtschwarze Farbige und praktisch der gesamte Rest Schwarze. Setzte sich die bisherige Entwicklung unverändert fort, so würden nach Meinung der Demographen im Jahr 2000 auf jeden Nichtschwarzen drei Schwarze kommen. Ein allgemeines Wahlrecht würde also unweigerlich zu einer Herrschaft der Schwarzen führen, mithin zu sozialen Unruhen und zu nicht mehr tilgbaren Schuldenlasten. Südafrika, so die Angst vieler Weißer, würde in die Ära der Stammeskriege und Brandrodungen zurückfallen. Der Status quo mußte also erhalten werden: Apartheid gestern, heute und morgen.

Aber es gab auch Weiße, die sich von dieser rückwärtsgewandten Politik distanzierten. Der größte Teil der europäischen Elite und viele junge Buren waren gegen die Regierung. Der Anblick der dem Hakenkreuz nachempfundenen Flagge der Gesäuberten Nationalen Partei bereitete ihnen Übelkeit, und sie waren es leid, gegen den moralischen Strom zu schwimmen. Selbst Südafrikaner, die Nelson Mandela und dessen Position ablehnten, wußten, daß die alten Zeiten unwiederbringlich dahin waren. Es war eine Sache, den Afrikanischen Nationalkongreß zu verurteilen und über die Organisation der Afrikanischen Staaten zu schimpfen. Aber sich gegen das moralische Empfinden der ganzen Welt auflehnen?

In den USA arbeitete der von den Demokraten beherrschte Kongreß gegen den Widerstand von Präsident Ronald Reagan an einem Anti-Apartheid-Gesetz, das die Verhängung von Sanktionen gegen Südafrika vorsah. Wenn es durchkam, würden die Vereinigten Staaten Kredite kündigen, Investitionen zurückziehen und die Landerechte der South African Airlines widerrufen. Amerikanische Universitäten hielten es für ratsam, ihre Einrichtungen in Südafrika aufzugeben, und auch diverse Großunternehmen wie General Electric, General Motors, IBM, Coca-Cola und Warner Communications traten aus Angst vor negativen Schlagzeilen und Protesten ihrer Aktionäre bereits den Rückzug vom Kap an.

Margaret Thatcher war es, die nach der Niederlage der Regierung Reagan im Kongreß gegen die Sanktionspolitik zu Felde zog. Ihrer Meinung nach schadeten die Sanktionen genau den Menschen, denen zu helfen sie vorgaben. Oliver Tambo, der im Exil lebende Präsident des ANC, war von Mrs. Thatchers plötzlicher Fürsorge für das Wohlergehen der Schwarzen wenig beeindruckt. Vor einer Versammlung von Geschäftsleuten, Diplomaten und Geistlichen aus dem gesamten Commonwealth erklärte er: »Wenn ihr sagt, ihr wollt keine Sanktionen, weil sie uns schaden, dann seid ihr nicht ehrlich. Ihr wollt eurem Handel nicht schaden – und der, so glaubt ihr, ist auf die Apartheid angewiesen.«

Fern von seiner Heimat und ohne festes Büro gewann Oliver Tambo mehr Verbündete als die britische Premierministerin. Die Europäische Gemeinschaft untersagte den Verkauf von Kruger-rand-Goldmünzen und den Import von südafrikanischer Kohle. Einigen europäischen Ländern gingen diese Sanktionen nicht weit genug: Dänemark und Schweden verhängten ein totales Handelsembargo über Südafrika.

HFO, Alan Paton und viele andere südafrikanische Liberale fanden sich zu ihrer Überraschung auf Margaret Thatchers Seite wieder. Wie die Premierministerin waren sie der Ansicht, daß Sanktionen dazu beitrugen, in Pretoria die alte Wagenburg-Mentalität wiederzubeleben, die Apartheid-Politik zu zementieren und die Situation der Schwarzen im Land zu verschlechtern. Bei einer Demonstration in Soweto verwies ein Schwarzer die wohlmeinenden Weißen in ihre Schranken: »Welches Leid wir durch die Sanktionen auch erfahren werden«, rief er aus, »es ist unser Leid, nicht ihres. Es ist unsere Entscheidung, nicht ihre.« Auch Desmond Tutu, der schwarze anglikanische Erzbischof von Kapstadt, äußerte die Ansicht, daß Sanktionen die Regierung in die Knie zwingen könnten. »Wenn die Leiter umkippt, sind es die an der Spitze, denen es am meisten weh tut.«

Ohne Harry, der von der öffentlichen Bühne abgetreten war, und mit einer neuen Führungsspitze, die erst noch Wurzeln schlagen mußte, beging das Imperium einen seiner seltenen Fehler. *The Rand Daily Mail,* Südafrikas liberale englischsprachige Tageszeitung, hatte Harry einst wie eine Art Retter gefeiert. In einem Artikel hatte sie seine »brillanten Fähigkeiten« als Geschäftsmann gelobt und ihn aufgefordert, sich »im allgemeinen Interesse des Landes« wieder ins Parlament wählen zu lassen. Mary Oppenheimer hatte eine Klatschspalte geschrieben. Das Blatt hatte Harrys Partei unterstützt und sich stets gegen die Apartheid ausgesprochen.

Dafür zeigte sich Harry erkenntlich. Als Pretoria drohte, einige der kritischsten Zeitungen zu übernehmen, gründete die Anglo-American einen Trust, unter dessen Schutz die *Mail* unbehelligt von der Regierung weiterarbeiten konnte. Ihre redaktionelle Unabhängigkeit blieb unangetastet und Harrys Image als

Kämpfer für die Freiheit intakt. Gegen Ende der siebziger Jahre verlor die Zeitung jedoch immer mehr Anzeigenkunden an das Fernsehen. Als Reaktion darauf wurden Mitarbeiter entlassen und die Linie des Blattes neu definiert. Das Hauptproblem der Zeitung war nach Ansicht der Verlagsleitung der große Anteil schwarzer Leser. Nach Aussagen eines gefeuerten Redakteurs war die Verlagsleitung der Überzeugung, daß »das Blatt unter einem ›widersprüchlichen Image‹« leide. Die in die Townships ausgelieferte Auflage wurde zurückgefahren, und Redakteure wurden angewiesen, mehr für die Bedürfnisse weißer Leserinnen zu schreiben. Harrys Exschwiegersohn Gordon Waddell, der bei Anglo-American für die *Mail* zuständige Manager, wurde von anderen Journalisten belagert: Waren die Gerüchte wahr? Würde die *Mail* jetzt ihre Unterstützung der von Harry geförderten Fortschrittspartei aufgeben? Waddell versicherte ihnen, daß es dazu nicht kommen werde. Was er hingegen nicht sagte, war, daß die Anglo vorhatte, die *Mail* einzuschläfern.

Am 15. März 1985 rief Rex Gibson, der letzte Chefredakteur der *Mail,* seine Mitarbeiter zusammen. »Wenn man eine schlechte Nachricht loswerden muß, dann tut man das am besten schnell. *The Rand Daily Mail* wird am 30. April ihr Erscheinen einstellen.« Gordon Waddell, von einer Journalistin zur Rede gestellt, führte wirtschaftliche Gründe an. Die Fortschrittspartei, so erklärte er, sei »mehr an Politik interessiert. In diesem Büro aber, Madame, interessieren wir uns vor allem dafür, was unter dem Strich herauskommt.« Wahrscheinlich kam Harry der Wahrheit näher, als er feststellte, daß die *Mail* »für eine allzu ferne Zukunft« geschrieben habe. Einen Tag nach der Auslieferung ihrer letzten Ausgabe wurde sie durch *Business Day,* die »nationale Zeitung für Entscheidungsträger«, ersetzt. Überflüssig zu erwähnen, daß die Entscheidungsträger Weiße waren.

Auf schwarzer Seite, und insbesondere von schwarzen Journalisten, wurde jedoch vermutet, daß hinter dieser Entscheidung andere als wirtschaftliche Gründe steckten. Die Society of Black Journalists hatte keine Zweifel, daß die alte Tradition der *Mail,* unliebsame Themen auf die Titelseiten zu bringen, einigen Leuten sehr peinlich war, zumal in einer Zeit, da der Westen Sanktionen gegen Südafrika in Betracht zog. In einer offiziellen Erklärung der Vereinigung hieß es, sie sei »enttäuscht über die Rolle der Anglo-American bei diesem Vorgang. Die Anglo ist ein Unternehmen, das sich eines sozialen Gewissens rühmt und in seinem Bemühen, den zunehmenden Kapitalabfluß zu stoppen, der Welt vorgaukelt, in der vordersten Front der Reformer zu stehen... Die Anglo-American hat ihre Macht als Monopolist mit vernichtender Gewalt ausgeübt.«

Die Black Media Workers Association sah in der Schließung »einen niederschmetternden Triumph der nationalistischen Regierung, die seit über einem Vierteljahrhundert Intrigen gesponnen und Komplotte angezettelt hat, um die *Mail* zum Schweigen zu bringen oder doch wenigstens zu behindern.«

Welche Motive das Oppenheimer-Imperium auch immer verfolgt haben mochte, die Einstellung der *Mail* erwies sich als riesiger PR-Flop. Die Einsparungen waren kaum der Rede wert, der Imageverlust des Imperiums hingegen enorm. Drei Jahre nach Harrys »Pensionierung« begannen die Leute sich zu fragen, ob er nicht erste Alterserscheinungen zeige. Er hatte sich so viel Mühe gegeben, das Image Südafrikas im Ausland aufzupolieren und zwischen den Hardlinern in Pretoria und den Schwarzenführern Brücken zu bauen. Und dann hatte er, praktisch mit einem Handstreich, eine dieser Brücken zum Einsturz gebracht. Mit der *Mail* war auch ein guter Teil seiner Glaubwürdigkeit verlorengegangen. Noch Jahre später fragte ein schwarzer Führer: »Wenn schon Waddell, einer der liberalsten Männer der Anglo-American, Profite über Ideale stellte, was konnten wir dann vernünftigerweise von HFO erwarten? Gerede. Wohlmeinende Reden. Leere Versprechungen!« Schon der viktorianische Schriftsteller Lewis Carroll hatte solche Zeitgenossen verspottet. Wie hatte er die weiße Königin zu Alice sagen lassen? »Die Regel heißt: gestern Marmelade und morgen Marmelade – aber niemals Marmelade heute.«

*

Das Südafrika der achtziger Jahre war nicht das Land, das Cecil Rhodes sich erträumt hatte – oder Ernest und Harry Oppenheimer. Nichts war mehr wie früher: die Städte, die politische Führung, die Eingeborenen, die gesellschaftliche Elite. Eine neue Generation von Oxfordabsolventen arbeitete sich in der Anglo-American nach oben, und Harry sagte in einem der seltenen

Momente, in denen er zu Scherzen aufgelegt war, über diese aufstrebende Managerriege: »Eine der Hauptaufgaben des Verwaltungsratsvorsitzenden der Anglo-American besteht darin, einen Ausgleich zwischen Buchhaltern und Weltverbesserern zu schaffen. Ohne die Buchhalter müßten die Weltverbesserer wieder einpacken, und ohne die Weltverbesserer hätte jeder Erfolg der Buchhalter einen schalen Beigeschmack. Der perfekte Anglo-Manager ist demnach ein idealistischer Buchhalter.«

Und nun war die Zeit, in der die ersten idealistischen Buchhalter im Oppenheimer-Imperium Fuß faßten. Diese studierten Männer wußten über die elenden Arbeitsbedingungen in den Minen Bescheid, beschäftigten sich mit schwarzer Kultur, lasen kritische Literatur und sahen sich neue Theaterstücke von Athol Fugard an. Noch besaß diese kleine, engagierte Gruppe bei De Beers und Anglo-American keine Hausmacht, und das Imperium hätte sie leicht wieder loswerden können. Doch andererseits waren sie einfach zu gut, zu vielversprechend. So oder so, irgendwie mußten sie eingegliedert werden. Die Frage war nur, wie.

Noch während Relly und Ogilvie Thompson über dieses Problem nachsannen, gab P. W. Botha ihnen – und den idealistischen Buchhaltern – neuen Grund zur Hoffnung. Der Premierminister hatte eine politische Grundsatzerklärung vorbereitet, und Gerüchten zufolge zielte sie darauf ab, Südafrika wieder in die internationale Völkergemeinschaft zurückzuführen. Die südafrikanische Presse sprach gar von Bothas »Rubikon-Rede«, in Erinnerung an den berühmten Fluß, den Julius Cäsar auf seinem Marsch zur Staatsmacht überschritten hatte.

Enttäuschend war noch die wohlwollendste Beschreibung für das, was Botha am 15. August 1985 vor den Fernsehkameras aus 33 Ländern von sich gab. Mit erhobenem Zeigefinger warnte er die Welt, Südafrika »nicht zu weit zu treiben«. Kein Wort über eine etwaige Freilassung Nelson Mandelas, kein Wort über Reformen. Der Präsident erklärte, er sei »nicht willens, das weiße Südafrika und andere Minderheiten in Sklaverei und Selbstmord zu führen«.

Bothas Rede wurde von seinen nationalistischen Parteigenossen bejubelt, stieß aber sonst auf einhellige Ablehnung. Die internationale Finanzwelt geriet in Aufruhr, und innerhalb von zwei Wochen verlor der Rand gegenüber dem Dollar weiter an Boden

451

und fiel von 52 Cent auf unter 33 Cent. Die Presse fast aller Länder übte heftige Kritik an Botha, und die großen Fernsehanstalten strahlten jeden Abend Berichte über die gewaltsame Unterdrückung in den Townships aus. Pretoria reagierte genau so, wie die Liberalen es vorausgesehen hatten: Statt nach Ursachen für Gewalt und Elend zu fragen, attackierte die Regierung die Presse. Als gegen Ende des Jahres ein Kameramann Polizisten filmte, die das Feuer auf jugendliche schwarze Steinewerfer eröffneten und drei von ihnen erschossen, beschuldigte Botha die ausländischen Korrespondenten, »Schwarze mit Geld zu Gewalttaten anzustiften«, und verbannte alle Kamerateams aus »sensiblen« Gebieten.

Harry hatte auf ein geruhsames Leben als Pensionär gehofft, aber jetzt mußte er erkennen, daß Bothas Politik die südafrikanische Wirtschaft in den Ruin trieb. Das Imperium mußte handeln. Harry entsandte Vertreter der Anglo-American zu einem informellen Gespräch mit Führern des ANC. Dann, am 13. September, flog Gavin Relly in Begleitung einer kleinen Gruppe südafrikanischer Geschäftsleute nach Sambia, wo er mit Oliver Tambo, dem Präsidenten des ANC, und dessen Pressesprecher Thabo Mkei zusammentreffen sollte. Mkeis Vater Govan saß zusammen mit Nelson Mandela im Gefängnis. Harry blieb, obwohl er die Angelegenheit für äußerst delikat hielt, in Südafrika. Als Botha im Vorfeld von Rellys Flug erfuhr, geriet er außer sich und beschimpfte Relly und seine Begleiter öffentlich als »Verräter«. Relly zeigte sich unbeeindruckt und reiste wie geplant zu dem Treffen. Dieser Regierung zu gehorchen, so empfanden er und die anderen Delegierten, war verwerflicher, als ihr die Stirn zu bieten.

Das Treffen fand unter der Schirmherrschaft des sambischen Präsidenten Kenneth Kaunda in einem Jagdhaus im sambischen Wildpark Mfuwe statt. Während Elefanten sich im nahen Fluß im Schlamm wälzten, sagte Kaunda in seiner Eröffnungsrede: »Alles, was die Menschen einander näherbringt, kommt von Gott. Was sie entzweit, kommt von den Menschen.« Die Schwarzen trugen Anzug und Krawatte, die Weißen auf der anderen Seite des Tisches hatten ihre Hemdkragen aufgeknöpft und trugen Freizeithosen. »Wenn man gefragt worden wäre«, kommentierte einer der Weißen später die vertauschten Rollen, »wer hier Geschäftsmann und wer Revolutionär war, so hätte man es bestimmt falsch herum gesagt.«

Doch auch die lächelnden Gesichter, das ungezwungene »Nennen Sie mich Oliver« oder »Sie können Gavin zu mir sagen« und die ungewöhnliche Sitzungsdauer von sechs Stunden konnten nicht über die Differenzen hinwegtäuschen. Die Weißen betonten die Notwendigkeit von verfassungsmäßigen Garantien in einer gemischtrassischen Gesellschaft. Der ANC war gegen jede rassische Klassifizierung und verlangte gleiche Rechte für alle, ohne Rücksicht auf die Hautfarbe. Schlimmer noch, die ANC-Satzung aus dem Jahr 1955 verlangte von einer schwarzen Regierung die Verstaatlichung einiger Großunternehmen. »Diese Unternehmen«, erklärte Tambo, »repräsentieren einen unermeßlichen Reichtum inmitten unsäglicher Armut.« Obwohl solche Forderungen für die Anglo-American, für De Beers und die anderen am Tisch vertretenen Unternehmen indiskutabel waren, hörte Relly Tambo geduldig zu und behielt seinen ruhigen, versöhnlichen Ton bei. Es gab sogar Momente, da wirkte der Anglo-Chef fast selbst wie ein Revolutionär, so etwa, als er sich für Mandelas bedingungslose Freilassung, ein einheitliches Bildungswesen oder die sofortige Reform des Apartheidsystems aussprach. Bei der entscheidenden Frage nach allgemeinen und gleichen Wahlen gab jedoch keine Seite nach. Keine Seite verfügte über die Macht, die Gesetze, die zwischen ihnen standen, zu ändern. So war das eigentlich Wichtige an dem Treffen nicht das, was gesagt worden war, sondern die Tatsache, daß es überhaupt stattgefunden hatte.

Wie Relly später erklärte, wollte er sich bei dem Gespräch in erster Linie einen Eindruck verschaffen, »wie ernst es dem ANC mit der von ihm propagierten marxistischen Ökonomie war. Ich sorge mich weniger darum, wer Südafrika regiert, als darum, welches Wirtschaftssystem wir haben werden. Die Führung des ANC«, so bemerkte er abschließend, »zieht nach meinem Eindruck eine lebensfähige und pulsierende Wirtschaft einer marxistischen Wirtschaftsordnung in Südafrika vor ... Mit diesen Leuten konnte man reden, und ich selbst bin nicht so verbohrt in meinen Ansichten, daß ich nicht mit mir reden ließe.«

Die Vorstellung, daß De Beers und Anglo-American Schwarzenführer hofierte, versetzte die burische Rechte in Zorn und die südafrikanische Presse in Erstaunen. Ausgerechnet Relly, den man allgemein für konservativer und zurückhaltender als Harry gehalten hatte, biederte sich beim Afrikanischen Nationalkongreß an. Wollte das Imperium sich für den Fall einer schwarzen Machtübernahme absichern? »Der Kapitalismus«, zog der südafrikanische Journalist Stanley Uys im *Guardian* Bilanz, »hat den Kampf ums Überleben aufgenommen.«

Doch das war nicht der einzige Kampf, der 1985 in Südafrika geführt wurde. In den Townships breitete sich das *necklacing* aus: Schwarzen, die der Kollaboration mit der weißen Regierung verdächtigt wurden, wurden mit Benzin gefüllte Autoreifen um den Hals gehängt und dann angezündet. In der Weihnachtszeit zerfetzte eine Bombe fünf Passanten, und mehrere Autos explodierten, als sie auf Minen fuhren. Der ANC-Führer Tambo verurteilte zwar einige der besonders grausamen Morde, weigerte sich aber, die Anwendung von Gewalt prinzipiell abzulehnen. »Nur *wegen* dieser Gewalt fand sich Relly zu dem Treffen bereit«, erklärte Tambo. Aber Relly, abgestoßen von den Terrorakten und Übergriffen, war nicht länger der freundliche Galvin. Er erklärte, daß er in Sambia von Mr. Tambo getäuscht worden sei.

Die burischen Nationalisten hatten Bemühungen um eine Kooperation mit den Schwarzen seit jeher für Verrat gehalten und sahen ihre Warnungen durch die jüngsten Gewalttaten bestätigt. Einmal mehr karikierten sie die Schwarzen als primitive Wilde in Anzügen, die mordlustig die Ochsenkarren der Weißen umzingelten. Was hätten die Weißen von einer Regierung zu erwarten, die von Medizinmännern und ihren unzivilisierten Abkömmlingen beherrscht wurde? Ein Sprecher der Gesäuberten Nationalen Partei lehnte sogar die kosmetischen Korrekturen ab, die Botha am Apartheidsystem vornehmen wollte. »Wir können unsere Schulden nicht bezahlen«, ermahnte er die Südafrikaner. »Wir haben eine Inflationsrate von 16 Prozent, die Zahl der Konkurse ist so hoch wie nie, die Arbeitslosigkeit steigt. Und der Hauptgrund dafür ist, daß die Regierung die Gleichheit einführen will.« Die schwarze Linke rief: »Wir haben es ja gleich gesagt« und beschimpfte die Weißen als Nazis, die eine Politik des Völkermords betrieben. Welche Zukunftsaussichten hatten die Armen in einem Land von Verbrechern, die sich anmaßten, Staatsmänner zu sein? Immer weniger Weiße – und Schwarze – glaubten noch an die

Zukunft Südafrikas. Als die internationalen Sanktionen zu greifen begannen, versuchte Botha mit einer zweiten Rubikon-Rede den Westen zurückzugewinnen. Er gestand ein, daß die Apartheid »überkommen« sei, kündigte die Aufhebung der Paßgesetze für Schwarze an und erbot sich, Schwarzenführer in einen neuen, unter seinem Vorsitz stehenden »Gesetzesrat« aufzunehmen. Das war schon mehr nach Rellys Geschmack. Bothas Rede, so erklärte er, habe »Südafrika in den Schoß des westlichen Denkens zurückgeführt«. Zumindest schien es so, als der Kurs des Rand wieder auf 45 Cent stieg.

Doch für die Mehrheit der Schwarzen blieben Bothas Versprechungen nur leere Worte. An ihrem armseligen, verzweifelten Leben änderte sich nichts, und in den Townships brodelte es weiter. Das schwarze Südafrika wurde von blutigen Machtkämpfen zerrissen, die von den weißen Behörden insgeheim angeheizt wurden. Die vorwiegend aus Zulu bestehende Inkatha-Bewegung unter ihrem Führer Mangosuthu Buthelezi trat für ein kapitalistisches Wirtschaftssystem ein und sprach sich gegen die über Südafrika verhängten Sanktionen aus. So war es nicht verwunderlich, daß sie von der weißen Regierung toleriert wurde. Dagegen gerieten der ANC, der Buthelezis Politik ablehnte, und Inkatha-Anhänger immer häufiger aneinander. Es kam zu blutigen Zusammenstößen. Während der Unruhen, die fast zu einer Art schwarzem Bürgerkrieg eskalierten, entdeckte die Polizei in einem Schwarzenviertel ein Waffenversteck mit sowjetischen Gewehren vom Typ AK-47 – für Pretoria ein eindeutiger Beweis, daß Moskau hinter den Unruhen steckte. Botha verhängte den Ausnahmezustand und ließ alle bekannten Aktivisten festnehmen.

Einmal mehr füllte Südafrika die Titelseiten der großen Zeitungen in aller Welt. Im Londoner Unterhaus faßte ein zynischer Premierminister Edward Heath die Lage folgendermaßen zusammen: »Die südafrikanische Regierung scheint zu glauben, daß ... sie in ihren Beziehungen zu Whitehall und Washington unentwegt mit der kommunistischen Bedrohung argumentieren kann. Die Ironie der Situation besteht darin, daß die südafrikanische Regierung, wenn sie ihre derzeitige Politik beibehält, immer größere Teile der schwarzen Bevölkerung in die Arme der Kommunisten treibt und die anderen schwarzafrikanischen Staaten ermutigt, sich dem Kommunismus zuzuwenden.«

Die sektiererischen Konflikte und der Kampf der Regierung gegen das Oppenheimer-Imperium zermürbten immer mehr Weiße. Noch redeten die meisten nur von Auswanderung, aber die Zahl derer, die ihre Koffer packten, um im Ausland ein neues Leben zu beginnen, ging schon in die Hunderte. Die Nationalisten beschimpften sie als »Feiglinge« und versuchten ansonsten, den Exodus nicht zur Kenntnis zu nehmen. Doch dann, 1987, ging einer, dessen Fortgang man nicht einfach ignorieren konnte. Im Alter von 49 Jahren warf Gordon Waddell das Handtuch und kehrte nach England zurück. Es mag sein, daß die Kontroverse um das Ende der *Mail* seine Entscheidung mit beeinflußt hat, denn einem Mann mit seinen liberalen Ansichten dürfte es schwergefallen sein, sich mit seiner Rolle als Scharfrichter des Imperiums anzufreunden. Aber der eigentliche Grund war ein anderer: Er war enttäuscht über den schleppenden sozialen Fortschritt und zweifelte am Fortbestand der freien Marktwirtschaft in Südafrika. Noch kurz vor seinem Rücktritt hatte er unter den Anglo-Direktoren für Aufregung gesorgt, als er, in Hemdsärmeln, aufstand, mit der Faust auf den Tisch schlug und fragte: »Nun, meine Herren, ist jemand unter Ihnen, der will, daß dieses Unternehmen als die IG Farben der Apartheid in die Weltgeschichte eingeht?« Einigen Kundigen lief ein kalter Schauer über den Rücken.

Als Einzelheiten dieser Besprechung, vor allem der Vergleich mit der Sklavenhaltung bei den Nazis, an die Öffentlichkeit drangen, zeigten sich die Schwarzen wenig beeindruckt. »Waddell hält vielleicht schöne Reden«, klagte ein Gewerkschafter, »aber er ist um kein Haar besser als die anderen. Wo sind die schwarzen Direktoren der Anglo-American? Wo die schwarzen Manager? Es gibt keine.« Der Gewerkschafter hatte nicht ganz recht. Die sechs Bergbaugesellschaften der Anglo-American beschäftigten insgesamt einhundert Manager. Zwei von ihnen waren schwarz.

21

DAS GEFÄHRLICHSTE ALTER

In seinem Roman *Oliver Twist* führt Charles Dickens seinen jungen Helden in ein Viertel mit dunklen, spärlich von Gaslaternen erleuchteten Gassen. Die Gegend ist eine Brutstätte des Verbrechens: »In ihren schmutzigen Läden werden dicke Bündel von gebrauchten Seidentaschentüchern aller Größen und Muster zum Verkauf angeboten, denn hier wohnen die Händler, die sie von Taschendieben aufkaufen ... Es ist eine Handelsniederlassung für sich, der Marktplatz für die kleinen Diebe, der am frühen Morgen und bei Einbruch der Dämmerung von schweigenden Kaufleuten aufgesucht wird, die in düsteren Hinterstuben ihren Handel treiben und die auf ebenso seltsame Weise wieder verschwinden, wie sie gekommen sind. Hier legen die Kleidertrödler, die Flickschuster und die Lumpenhändler ihre Waren als Aushängeschilder für die kleinen Diebe aus, hier verrotten Berge von Alteisen und Knochen und zu Haufen moderne Reste von Wolle und Leinenzeug in den von Schmutz starrenden Kellern.«

Holborn, dieser einstige Jahrmarkt der Diebe und Hehler, hat heute, rund 150 Jahre später, der Zentrale des Oppenheimer-Imperiums Platz gemacht. Eine Tatsache, die Harrys Gegnern und Konkurrenten viel Anlaß zum Spott gab. Anglo-American und De Beers, so sagten sie, seien in Holborn gut aufgehoben. Nichts habe sich dort seit den Tagen eines Dickens geändert – bis auf die Größenordnung der Diebstähle.

Bis in die späten achtziger Jahre konnten Harrys Verteidiger solche Attacken abwehren, indem sie auf das lautere Geschäftsgebaren und das soziale Engagement der Oppenheimerschen Unternehmen verwiesen. Wenn es stimmt, daß man einen Mann nach der Zahl der gewonnenen Feinde beurteilen kann, dann mußten Oppenheimers Verdienste in der Tat eindrucksvoll sein. Daß er vom militanten Flügel des ANC angefeindet wurde, für den alle Kapitalisten im Bergbaugeschäft ein rotes Tuch waren, überraschte wenig. Aber Harry hatte es auch geschafft, sich die rechtsextremistische *Afrikaaner Weerdstandsbeweging* (Burische Widerstandsbewegung) zum Feind zu machen. Unter der Führung des ehemaligen Polizisten Eugene Terre'Blanche hatte die AWB sich zum Ziel gesetzt, mit der Schwarzenfreundlichkeit und »der geistigen und wirtschaftlichen Versklavung durch das anglo-jüdische Kapital« aufzuräumen.

Harrys Ruf gründete sich jedoch nicht nur auf üble Nachrede. Auf die eine oder andere Art waren seine Unternehmen praktisch in allen Ländern aktiv, und die Politiker taten alles, um sich das Wohlwollen dieses Mannes zu sichern, der ein wandelnder Widerspruch war: ein liberaler südafrikanischer Unternehmer. Seine Mitarbeiter verehrten ihn, seine Aktionäre bewunderten ihn. Wenn, was ab 1980 häufiger vorkam, Harrys Praktiken ins Schußfeld der Kritik gerieten, reagierte er nur selten selbst. Das überließ er seinen Freunden. Ihre Taktik bestand darin, den Kritikern ein wenig entgegenzukommen und einzugestehen, daß die Verflechtungen der Unternehmen untereinander in der Tat schwer zu durchschauen waren. Aber das, so beteuerten sie, diene nur dem Zweck, sich vor ungerechtfertigter Besteuerung zu schützen und Firmenübernahmen durch Konkurrenten zu verhindern. Ja, gaben Harrys Freunde zu, das Syndikat sei praktisch eine geschlossene Gesellschaft, die gegen alle Regeln des freien Wettbewerbs verstoße, und es gebe sogar OPEC-Staaten, die es sich zum Vorbild nähmen. Seltsam sei nur, daß die vermeintlichen Opfer des Syndikats zu seinen eifrigsten Verfechtern gehörten. »Oppenheimer hat ein Kartell aufgebaut«, sagte beispielsweise ein israelischer Diamantenhändler. »Aber nennen Sie mir nur einen Schürfer, Händler oder Schleifer, der nicht davon profitiert. Keine Frage, De Beers kann knallhart sein und war es schon immer. Aber man öffne nur den Markt für Konkurrenten, und mit den Diamanten ist es aus. In einem Jahr würden wir keine Träume mehr verkaufen, sondern stempeln gehen.«

Genau das sollte alle Welt glauben, und in den PR-Abteilungen wurden Überstunden gemacht, um das Image des Imperiums aufzupolieren. »Harrys Boys«, so hieß es, holten sich zwar hin und wieder blutige Nasen. Niemand sei unfehlbar. Doch am Ende, wenn die Buchhalter die Bilanz gezogen hätten, sei das Imperium abermals ein Stück gewachsen, seien die Strategen und Aktionäre noch ein wenig zuversichtlicher.

Dabei steckte das Imperium tief in Schwierigkeiten. Die Krise hatte mit mehreren katastrophalen Fehlschlägen der Charter Consolidated begonnen. Die ursprüngliche Zielsetzung der Firma beschrieb einer von Harrys Assistenten folgendermaßen: Charter sei »eine Gesellschaft, die, unbehelligt von südafrikanischen Devisenbeschränkungen, über den notwendigen finanziellen und technologischen Hintergrund verfügte, um weltweit Bergbauprojekte im großen Maßstab in Angriff nehmen zu können«. Kurz gesagt, mit Hilfe von Charter Consolidated wollte das Oppenheimer-Imperium seinen Einfluß über zwei Weltmeere hinweg ausbauen.

In den siebziger Jahren hatte sich Charter auf drei Projekte konzentriert. Das erste von Charter gegründete Unternehmen, die Cleveland Potash Company, war in North Yorkshire tätig. Daneben investierte Charter mit Genehmigung der mauretanischen Regierung große Summen in eine Kupferbergbaugesellschaft und führte »Torco«, ein von der Anglo-American entwickeltes Schmelzverfahren, ein. Das dritte Projekt war eine Kupfermine im Kongo, die von einem Konsortium unter der Führung von Charter und der kongolesischen Regierung betrieben wurde.

Ein Projekt nach dem anderen scheiterte. Das Torco-Verfahren, das auf dem Papier so vielversprechend ausgesehen hatte, versagte in der staubigen Hitze der mauretanischen Wüste. Der Verlust: über 30 Millionen Dollar. Die Kupfermine im Kongo geriet wegen fallender Kupferpreise bei gleichzeitigem Anstieg der Material- und Lohnkosten in Schwierigkeiten; als Ingenieure die Gesamtkosten des Projekts auf 800 Millionen Dollar veranschlagten, stieg Charter aus. Verlust: 230 Millionen Dollar. Auch die Situation bei Cleveland Potash war alles andere als ermutigend. Die kalihaltigen Schichten ließen sich nur unter großem Aufwand abbauen, gleichzeitig gaben die Preise für Kalisalz auf dem internationalen Markt stark nach. Nach Gesamtinvestitionen von 27 Millionen US-Dollar beschloß Charter, sich auch aus diesem Projekt zurückzuziehen.

Drei Projekte, drei Fehlschläge, sich auftürmende Verluste –

internationale Finanzexperten machten sich Notizen, die für Charter nicht eben schmeichelhaft waren.

Doch damit nicht genug. Im Bemühen, die Verluste wieder wettzumachen, gab Charter die Absicht bekannt, den britischen Bergbaumaschinenhersteller Anderson Strathclyde zu übernehmen. Das britische Kartellamt wurde hellhörig. De Beers und der Anglo-American wurde zwar Arroganz und Rücksichtslosigkeit nachgesagt, doch in der Vergangenheit hatten sie damit leben können. Schließlich hatte jede noch so umstrittene Firmenübernahme das Management gestärkt und den Aktionären höhere Dividenden beschert. Doch bei Charter lag die Sache anders, und dem Kartellamt war das nicht entgangen. »Angesichts der finanziellen Situation der Charter-Töchter im Bergbau- und Industriesektor und einiger befremdlicher Aspekte im Verhalten des Unternehmens gegenüber dem Management der übernommenen Firmen«, hieß es in dem Bericht der Monopolkommission, »erscheint es nicht angebracht, allzu großes Vertrauen in die Fähigkeiten von Charter zu setzen, Anderson Strathclyde zu führen.«

Doch der finanziellen und politischen Macht des Imperiums hatte das Kartellamt wenig entgegenzusetzen. Das Imperium ließ die Muskeln spielen, und für 95 Millionen Pfund bekam Charter das Gewünschte. Doch wieder einmal bewahrheitete sich die alte, in Afrika wie in Europa heimische Volksweisheit, daß man sich nichts zu heftig wünschen soll, denn die Götter könnten es einem ja erfüllen. Bereits Mitte der achtziger Jahre war der Gewinn der Firma Strathclyde um über fünfzig Prozent gefallen, und das Geschäftsjahr 1988/1989 schloß die Gesellschaft sogar mit einem Verlust von über 3 Millionen Pfund ab. Und diesesmal veröffentlichten Marktanalytiker und Anlageberater ihre Befunde. Im August 1989 teilte das Unternehmen Shearson Lehman Hutton seinen Kunden mit: »Charter hat sich als Unternehmen überlebt und noch keine neue Rolle gefunden.« Das war nicht die Art Zeugnis, die Harry ausgestellt zu bekommen pflegte. Anglo-American und De Beers waren in ein gefährliches Alter gekommen.

*

Als Charter stolperte, gerieten etliche Finanziers ins Zittern, das Gold-Fields-Fiasko aber ließ ganze Finanzmärkte erbeben.

Daß die Anglo-American Gold Fields übernehmen würde, überraschte niemanden, und niemand erwartete, daß es dabei zu Schwierigkeiten kommen würde. Immerhin hatten De Beers und Consolidated Gold Fields denselben Vater: Cecil Rhodes. Die Übernahme war also gewissermaßen eine Familienangelegenheit. Im Jahr 1887, als der Koloß versucht hatte, die Diamantminen unter seine Kontrolle zu bringen, hatte er Gold Fields of South Africa, später in Consolidated Gold Fields umbenannt, gegründet. Seitdem war die Gesellschaft durch viele Hände gegangen, und was Harry ein knappes Jahrhundert später störte, war, daß es nicht seine Hände waren.

Als Edelmetallproduzent rangierte Gold Fields hinter der Anglo-American auf dem zweiten Platz, arbeitete aber sehr viel effizienter als der große Konkurrent. Die Betriebskosten der Anglo beliefen sich auf 302 Dollar pro Unze Gold gegenüber 177 Dollar pro Unze bei Gold Fields. Doch es gab mehr und weit verlockendere Gründe, Gold Fields zu übernehmen. Unter der Führung von Lord Erroll hatte Gold Fields in Australien, Neuguinea und, vor allem, in Kalifornien, Nevada und New Mexico Fuß gefaßt. Es war immer Harrys brennendster Wunsch gewesen, sich außerhalb von Südafrika zu engagieren, und Gold Fields bot dafür die besten Voraussetzungen. Die Frage war nur, ob sich der Verwaltungsratsvorsitzende Erroll gegen eine Übernahme zur Wehr setzen würde. Ende 1980 hielten die Anglo-Boys die Zeit reif für einen Vorstoß.

In Großbritannien war es Vorschrift, daß ein Unternehmen offiziell informiert wurde, wenn jemand auf dem freien Markt fünf oder mehr Prozent seiner Aktien erwarb. Was aber, wenn sechs »unabhängige Firmen« jeweils 4,9 Prozent erwarben, wie in diesem Fall? Die erste war De Beers Holdings, eine hundertprozentige Tochter von De Beers; die zweite die Central Selling Organization; die dritte Chajo Properties, eine Tochter der E. Oppenheimer & Son gehörenden Gesellschaft Rosmic; und die anderen waren Welsburg, FEW Properties und Brent Ltd., die alle zum Oppenheimer-Imperium gehörten. Diese sechs Unternehmen erwarben über verschiedene Makler innerhalb weniger Stunden jeweils 4,9 Prozent der Gold-Fields-Aktien.

Zwar überschritten einige der beteiligten Firmen die Fünf-Prozent-Marge, aber als das herauskam, war die Aktion längst abgeschlossen: Hinter dem Rücken von Lord Erroll und der britischen Regierung hatte die Anglo-American mehr als ein Viertel der Gold-Fields-Aktien erworben. Eine sofort eingeleitete Untersuchung des Industrie- und Handelsministeriums ergab, daß alle sechs Unternehmen dem Oppenheimer-Imperium angehörten, und das Ministerium kam zu dem Schluß, daß der Coup »in der bewußten Absicht, die Meldepflicht nach dem Unternehmensgesetz zu umgehen«, inszeniert worden war.

Harry beharrte darauf, daß die Verstöße unabsichtlich erfolgt seien. Er räumte zwar ein, daß die »Nacht- und Nebelaktion«, wie der Vorgang in der Finanzpresse bezeichnet wurde, eine unerfreuliche Sache gewesen sei. Aber wo, bitte schön, hätten De Beers und Anglo-American gegen das Gesetz verstoßen? Sosehr die britische Regierung sich auch bemühte, ein Straftatbestand ließ sich nicht finden. Harry und seine Unternehmen waren aus dem Schneider.

Gestärkt durch diesen neuerlichen Triumph flog Harry nach London – im Gepäck eine Büste von Cecil Rhodes, die er im Geiste der Versöhnung Lord Erroll zum Geschenk machen wollte. Doch Erroll war nicht nach Verbrüderung zumute. Er forderte Harry auf, seinen Vormarsch zu stoppen. Nach langwierigen Verhandlungen in einer von Mißtrauen geprägten Atmosphäre veröffentlichten De Beers und Anglo-American eine frostige Erklärung. Beide Gesellschaften, so hieß es dort, »haben deutlich gemacht, daß sie oder ihnen verbundene Unternehmen im Augenblick nicht die Absicht hegen, ihre Beteiligung [an Gold Fields] aufzustocken. Ebensowenig liegt es in ihrer Absicht, ihren gemeinsamen Anteil über 29,9 Prozent hinaus zu erhöhen.«

Das Schlüsselwort war natürlich »im Augenblick«. Acht Jahre später war die Anglo-American für den nächsten Schritt gewappnet. Bei Gold Fields hatte sich Lord Erroll in der Zwischenzeit Rudolph Agnew als geschäftsführenden Direktor an die Seite geholt. Mit 45 Jahren war der gebürtige Australier zwar relativ jung für diesen Posten, doch er spürte sofort, wenn Gefahr im Verzug war. Agnew war ein Gold-Fields-Mann der zweiten Generation. Sein Vater, ein Bergbauingenieur, hatte in den dreißiger Jahren für Gold Fields gearbeitet, und Rudolph war 1957 in seine Fußstapfen getreten.

Agnew war als Manager bekannt, der auch vor ungewöhnlichen Methoden nicht zurückschreckte. So hatte er schön des öfteren Feuer in seinem Papierkorb gemacht und seinen erstaunten Kollegen erklärt, er wolle nur sehen, wie lange es dauere, bis jemand Alarm schlage. Der Rekord stand bei 18 Minuten. Nicht viel länger brauchten Eingeweihte im Jahr 1988, um zu erkennen, wie schlecht es um Gold Fields stand.

Um wenigstens den Schein gleichberechtigter Partnerschaft zu wahren, hatten sich Gold Fields und Anglo-American auf eine Regelung geeinigt, die Agnew mißmutig als »das unternehmerische Äquivalent eines Gefangenenaustauschs« bezeichnete. Julian Ogilvie Thompson und Neil Clarke, ein weiterer Anglo-Manager, zogen in den Verwaltungsrat von Gold Fields ein, und im Gegenzug erhielt Agnew einen Sitz im Verwaltungsrat der Anglo-American. Dieses Arrangement sollte die wechselseitige Kontrolle ermöglichen: Wenn Vertreter beider Firmen im Verwaltungsrat der anderen saßen, konnte keine unbemerkt von der anderen Pläne schmieden. In Wahrheit liefen die Dinge natürlich anders. Agnew soll später gesagt haben: »Als ich in den Verwaltungsrat eintrat, hatte ich die irrige Vorstellung, daß er etwas zu sagen hätte. Ich mußte bald feststellen, daß es pure Zeitverschwendung war. Die wirklich wichtigen Entscheidungen wurden woanders getroffen.« Woanders, das hieß in diesem Fall zum Beispiel Johannesburg.

Eine Atmosphäre gegenseitigen Mißtrauens verbreitete sich. Anthony Hitchens, der Finanzchef bei Gold Fields, erinnerte sich daran, daß »das Mißtrauen immens war. Wenn die Anglo X sagte, sagten wir Y. Anfangs konnte ich die Haltung meiner Kollegen gegenüber der Anglo-American nicht nachvollziehen. Als ich zu der Firma kam, hatte ich keine Komplexe wegen der Anglo oder weil ein solcher Zauber um das Gold gemacht wurde. Ich wunderte mich, warum die anderen Direktoren ständig vor der Anglo warnten. Es dauerte nicht lange, bis ich sie verstand.«

Doch da war es bereits zu spät. Nach Monaten strengster Geheimhaltung kam die Wahrheit heraus: Oppenheimer versuchte, Beteiligungen von Gold Fields in England und in den USA zu übernehmen, und zwar über Minorco, eine in Luxemburg ansässige Tochterfirma des Imperiums. Minorco hatte Charters Rolle als Hauptinvestor des Imperiums in Übersee übernommen. Und

Minorcos Kassen waren prall gefüllt. Zur Überraschung der internationalen Finanzwelt hatte die Anglo-American nämlich Salomon Bros., New Yorks größte Investmentbank und ein strahlender Juwel in ihrer Schatzkammer, verkauft.

Marktbeobachter hatten die Anglo-American gewarnt: Der Zeitpunkt zum Verkauf sei nicht günstig, die Hausse werde noch anhalten, und das Unternehmen dürfe diesen Brückenkopf in den USA keinesfalls aufgeben. Doch Harrys Männer ließen sich nicht beirren. Der Verkauf erfolgte einen Monat vor dem Börsenkrach, der den Wert von Salomon Bros. ins Bodenlose stürzen ließ. Die Anglo-American gehörte zu den wenigen Gewinnern und hatte durch den rechtzeitigen Verkauf einen Profit von 1,4 Milliarden Dollar erwirtschaftet. Kapital, das Minorco nun für die Übernahme von Gold Fields zur Verfügung stand.

Minorco sah wie der sichere Sieger aus. Zwei Mitglieder des Verwaltungsrats erfreuten sich direkter Beziehungen zu Harry. Der erste, Hank Slack, war Marys dritter und letzter Ehemann, also Harrys Schwiegersohn. Um dem Vorwurf der Vetternwirtschaft zu entgehen, arbeitete Slack wie ein Besessener, pendelte ständig zwischen New York, London und Johannesburg hin und her und überfrachtete seinen Terminkalender hoffnungslos. Slack, so lästerte man bei der Anglo-American, brauche zwei Sekretärinnen: eine, die seinen Terminkalender führte, und eine andere, die ihn ausmistete. Der zweite war Roger Phillimore, Harrys Patensohn. »Das ist überhaupt nichts Besonderes«, sagte Phillimore einmal mit falscher Bescheidenheit. »Ich bin einer von 96.« Aber keines der anderen Patenkinder hatte es so weit gebracht wie er.

Allerdings waren beide Männer mit einem schweren Makel behaftet. Sie waren Südafrikaner, und das zu einer Zeit, als Südafrika mit Sanktionen belegt und bei den Vereinten Nationen geächtet war. Um die Verbindungen von Minorco nach Johannesburg zu verschleiern, mußte das Unternehmen gewissermaßen in einen englischen Tweed-Anzug gesteckt werden. Das war auch der Grund, warum Sir Michael Edwardes als krasser Außenseiter in den Minorco-Verwaltungsrat berufen wurde. Edwardes, ehemals Chef des größten britischen Autoherstellers British Leyland, sollte die Schlacht um Gold Fields schlagen.

Unter seinem Kommando führte Minorcos Bankier Morgan

Grenfell eine Art Pennäler-Code ein: Achilles für Minorco, Hektor für Gold Fields. In der Tat eine seltsame Wahl: Achilles besiegte zwar Hektor. Aber nur um danach selbst zu fallen, getroffen an seiner Ferse, seiner einzig verwundbaren Stelle. Ein Orakel? Nicht für die Götter der Anglo-American. Voller Zuversicht kaufte Hank Slack ein Anwesen in New Jersey. Minorco würde bald einen guten Mann in den Staaten brauchen.

Am Morgen des 21. September 1988 eröffnete Minorco mit dem Angebot, die zu diesem Zeitpunkt für 10,75 Pfund gehandelten Gold-Fields-Aktien für 13,06 Pfund zu erwerben, die Schlacht. Sofort machten an den Börsen Übernahmegerüchte die Runde, und Edwardes versuchte, die Vorwürfe der britischen Finanzpresse zu entkräften, die ihn als Harrys englischen Butler abstempelte. Er habe, so verteidigte er sich vor Journalisten, den Posten bei Minorco im Glauben angenommen, daß die luxemburgische Minorco nichts mit der südafrikanischen Anglo-American zu tun habe. Edwardes führte auch den europäischen Einigungsprozeß, der dem Kontinent eine einheitliche Währung und offene Grenzen bringen sollte, für sich ins Feld. Minorco, so sagte er, sei ein »paneuropäisches« Unternehmen. »Wir leben fast schon im Europa von 1992.«

Auf der anderen Seite holte Rudolph Agnew zum Gegenschlag aus. Zuerst spielte er die Anti-Apartheid-Karte aus. Niemand, so sagte er, dürfe sich »von dem luxemburgischen Schaf, in dessen Fell ein südafrikanischer Wolf« stecke, täuschen lassen. Und dann erinnerte er die Journalisten daran, daß Harry trotz seiner vielgerühmten liberalen Haltung nicht davor zurückgeschreckt sei, 40000 Bergleute zu entlassen, als ein Streik die Goldminen der Anglo-American lahmzulegen drohte.

Harry reagierte hitzig. »Ich finde es unerträglich«, schäumte er, »daß mir meine Verbindungen in Südafrika zum Vorwurf gemacht werden, insbesondere von einer Gruppe, die dort selbst sehr aktiv ist und die ganz bestimmt nicht zu denen gehört, die in vorderster Front gegen die Apartheid kämpfen.«

Das saß. Von allen britischen Unternehmen hatte Gold Fields am meisten Privatkapital in Südafrika investiert. Der Löwenanteil steckte in Minen, in denen die Arbeiter ruchlos ausgebeutet wurden. Gold Fields South Africa unterhielt eine der stärksten Privatarmeen des Landes, ausgerüstet mit Hundestaffeln, gepanzerten Fahrzeugen und eigens patentierten Gummigeschossen. Wie aus einem Dokumentarfilm der britischen Filmgesellschaft Granada TV hervorging, hatte sich die Gesellschaft vehement der Gründung einer Minenarbeiter-Gewerkschaft widersetzt. Mit Propagandafeldzügen und Gewehren hatte sie versucht, ihre Belegschaft einzuschüchtern. Ein Informationsvideo des Unternehmens zeigte etwa einen gutgekleideten Schwarzen hinter einem Schreibtisch, der gute Ratschläge an die schwarzen Arbeiter verteilt. Endlose Schlangen von Arbeitssuchenden und unterernährte Familien erscheinen im Bild, und der Sprecher winkt ermahnend in die Kamera. »Macht ja keinen Blödsinn! Da draußen warten Tausende auf euren Job.«

Harry hatte die Generallinie vorgegeben, und Minorco bemühte sich nach Kräften, das Management des Widersachers bloßzustellen. Gold Fields schoß zurück, und zwar über Minorcos Kopf hinweg direkt gegen Südafrika. Man warnte die Regierung Reagan vor den Machthabern im Apartheidstaat: Mit Hilfe der südafrikanischen Unternehmen sei Pretoria nicht nur hinter Gold her. Pretoria versuche auch, die Gold-Fields-Produktion an Titan und Zirkonium, zwei wichtigen Metallen für Amerikas Rüstungsindustrie, unter seine Kontrolle zu bringen.

Parallel dazu schürte Gold Fields im Privatsektor die Angst vor den Südafrikanern. Vor Verhängung der ersten Sanktionen hätten die Arbeiter der Gold-Fields-Tochter American Aggregates Corporation in Greenville, Ohio, vermutlich Schwierigkeiten gehabt, Johannesburg auf der Landkarte zu finden. Doch 1989 wußten sie alle, wo es lag und was eine Firmenübernahme für ihre Jobs bedeuten konnte. Falls Minorco Gold Fields schlucken sollte, so sagte man ihnen, würden die von den Vereinigten Staaten gegen südafrikanische Unternehmen verhängten Sanktionen sofort Anwendung finden und Hunderte von ihnen arbeitslos werden.

»Wir beginnen zu verstehen, daß der Kampf gegen die Apartheid sich nicht auf Südafrika beschränkt«, erklärte Ohios Staatssekretär für wirtschaftliche Entwicklung. »Geschäfte, die in Johannesburg, Luxemburg oder London abgeschlossen werden, können den Lebensnerv einer kleinen Stadt wie Greenville treffen.«

Empört beklagte sich Julian Ogilvie Thompson bei der Jahreshauptversammlung von Minorco über die »weltweit inszenierte Verteufelungskampagne gegen Minorco, Anglo-American, De Beers und Harry Oppenheimer«. Von allen Anschuldigungen am verletzendsten sei wohl der uralte, nie bewiesene Vorwurf, die De Beers habe das Dritte Reich mit Diamanten beliefert.

In der Hitze des Gefechts leisteten sich die PR-Experten beider Seiten dicke Schnitzer. Minorco, krampfhaft darum bemüht, sich von dem Verdacht reinzuwaschen, im Interesse der südafrikanischen Regierung zu handeln, wollte seine Manager als gestandene Minenarbeiter präsentieren. Eine Anzeige wurde entworfen, die Edwardes (ohne Brille) und Phillimore (ohne Uhr) in voller Montur, Pickel, Helm und Grubenlampe vor einer Schachtöffnung zeigte. Das Problem war nur, daß die »Mine« in einem Fotostudio in London lag, die Pickel aus der Requisitenkammer stammten und der Schmutz auf ihren Gesichtern aus der Schuhcremedose. Nach einem nüchternen Blick auf die Abzüge entschied das Management, die Negative zu zerstören und die Anzeige zurückzuziehen.

Gold Fields präsentierte sich in einem Videofilm als Opfer von südafrikanischen Räubern. Interessierte Zuschauer konnten weitere Informationen erhalten, wenn sie die eingeblendete Telefonnummer wählten. Leider stimmte etwas mit der Verbindung nicht, und wer am ersten Tag anrief, bekam einen Informationsspot über Aids zu hören, in dem davor gewarnt wurde, »reihum durch sämtliche Betten zu wandern«.

Den ganzen Winter hindurch wurde die Schlacht mit allen Mitteln der modernen Kriegsführung fortgeführt: mit Anzeigen, Klagen und Gegenklagen, Drohungen, Rufmordkampagnen. Keine Seite verbuchte einen klaren Sieg, keine Seite zeigte die geringste Neigung zu einem Waffenstillstand. Dann, am 2. Februar 1989, konnte Minorco endlich den langersehnten Durchbruch feiern. An diesem Tag legte nämlich das britische Kartellamt seinen Schlußbericht vor: »Wir teilen die uns vorgetragene Ansicht nicht, daß die angestrebte Übernahme dem öffentlichen Interesse schaden würde, weder im Hinblick auf die Eigentümlichkeiten der Anglo-American-Gruppe noch im Hinblick auf die Verbindungen von Minorco zu Südafrika insgesamt.«

Im Gefühl des sicheren Sieges ließ Roger Phillimore jedem seiner Assistenten eine Kiste Champagner ins Haus liefern. Bei

Gold Fields hingegen herrschte Weltuntergangsstimmung. Vergebens murrte Agnew, daß die eigentliche Botschaft des Kartellamts darin bestehe, »um Gottes willen nicht bei staatlichen Stellen um Schutz nachzufragen«. Die Entscheidung des Kartellamts sei »so absurd wie ein Fünfuhrtee beim Mad Hatter, dem verrückten Hutmacher aus Alice' Abenteuern im Wunderland«.

Zwar mußte sich Minorco noch mit den amerikanischen Behörden verständigen, aber die britischen Wirtschaftsjournalisten, immer die Nase im Wind, prophezeiten dem Unternehmen einen schnellen Sieg. »Nun«, schrieb der *Daily Telegraph*, »da das britische Kartellamt die Übernahme abgesegnet hat, kann man sich nur schwer vorstellen, daß selbst ein durchschnittlich arrogantes amerikanisches Gericht Minorco noch Steine in den Weg legen wird.«

Nun haben aber schon viele ausländische Journalisten erfahren müssen, wie unberechenbar amerikanische Gerichte manchmal sind. Die Protokolle der offiziellen Anhörungen, die unter dem Vorsitz von Richter Michael Mukasey am New Yorker Bezirksgericht stattfanden, belegen, daß die Argumente beider Seiten sorgfältig abgewogen wurden. So zitierte das Gericht die Behauptungen des Klägers, daß bei einer Übernahme von Gold Fields durch Minorco das Oppenheimer-Imperium über zwanzig Prozent des internationalen Goldmarktes kontrollieren würde. Dabei dürfe, hieß es weiter, »nicht übersehen werden, daß das Unternehmen De Beers, einer der Betreiber der Übernahme, allem Anschein nach versucht, die weltweite Diamantenproduktion zu monopolisieren«.

Aber das Gericht nahm fairerweise auch das Gegenargument der anderen Seite zur Kenntnis, daß Minorco, selbst wenn es wollte, den Goldpreis in Südafrika nicht regulieren könnte. Über diese Macht verfüge allein die Regierung.

Das war jedoch nur die halbe Wahrheit. Das Gericht hielt fest, daß die Anglo-American »eine weit größere Kontrolle über Preise und Fördermengen ausübt, als Minorco zugibt... Die [südafrikanische] Regierung fungiert lediglich als ein Zwischenglied, mit dessen Hilfe die beklagte Partei einen bestimmten Goldpreis durchsetzen kann. Selbst wenn man also das Argument der beklagten Partei übernimmt, daß Minengesellschaften keine Kontrolle über Fördermengen ausüben, so können sie doch über eine Verringerung der Fördermenge außerhalb Südafrikas die Weltmarktpreise für Gold in die Höhe treiben und so mit ihren südafrikanischen Minen höhere Profite erzielen.«

Das entscheidende Argument jedoch steht in einem Absatz, in dem die Behauptung von Minorco unter die Lupe genommen wird, das Unternehmen sei »eine Investitions- und keine Bergbaugesellschaft, und daher ist es unzulässig, die Marktanteile von Anglo-American und De Beers mit in die Rechnung einzubeziehen«.

Anglo-American und De Beers, die zusammen sechzig Prozent an Minorco halten, besitzen sämtliche Anteile an den meisten ihrer Minengesellschaften. Darüber hinaus ist die Anglo-American nicht nur mit 39,8 Prozent an JCI, einer weiteren großen südafrikanischen Goldminengesellschaft, beteiligt, sondern kontrolliert auch die Aktivitäten dieser Gesellschaft. Zudem haben die Kläger mehrere eidesstattliche Erklärungen und andere Beweismittel vorgelegt, die zeigen, daß Harry Oppenheimer durch Central Holdings die gesamte Gruppe kontrolliert.

»Dem Einspruch von Minorco kann daher nicht stattgegeben werden.« Die Insider waren weniger überrascht als die Journalisten, als Richter Mukasey am 16. Mai diese Entscheidung öffentlich bekanntgab. Kurz nach Mittag erschien auf allen Bildschirmen in der Wall Street die kurze Meldung: *US-Richter weigert sich, einstweilige Verfügung aufzuheben, die Minorco Übernahme von Gold Fields untersagt.* Erstmals hatte sich das Undenkbare ereignet: Das Imperium hatte eine Niederlage erlitten.

Rudolph Agnew zeigte sich im Triumph wenig großmütig: »Wir haben in New York bewiesen«, verkündete er, »daß weite Teile der Welt es nicht hinnehmen, wenn südafrikanische Unternehmen eine Vormachtstellung anstreben.« Die Niederlage hatte jedoch nicht nur geopolitische Gründe. De Beers und Anglo-American hatten die Situation falsch eingeschätzt, und jetzt wußte die ganze Welt, daß das mächtige, scheinbar so unangreifbare Imperium Harry Oppenheimers doch verwundbar war.

Die Entscheidung des New Yorker Bezirksgerichts bedeutete das Ende der Übernahmepläne von Minorco. Doch damit war dieses Kapitel noch nicht ganz abgeschlossen. Einige Zeit später wurde Gold Fields an Hanson verkauft, und zwar zu einem weit schlechteren Preis als der, den die Südafrikaner geboten hatten.

»Eigentlich hätte Agnew im Londoner Zoo bekanntgeben müssen, daß er Hansons Angebot angenommen hat«, schrieb ein Finanzexperte. »Dafür, daß er ein Angebot angenommen hat, das viel schlechter als das von Minorco war, hätten ihn einige Aktionäre am liebsten in einen Käfig gesperrt.«

Agnew bereute es nicht, daß er die Aktionäre hintergangen hatte – oder daß er 30 Millionen Pfund von ihrem Geld dafür ausgegeben hatte, die Südafrikaner abzuwehren. Für ihn war es dabei ums Prinzip gegangen: »Die Geschichte hat gezeigt, daß Unternehmen, die unter den Einfluß der Anglo-American geraten, entweder kuschen oder ausgenommen und wieder abgestoßen werden.«

Doch wie sich herausstellte, war Hanson ein noch schlechterer Partner. Das neue Management schloß die Gold-Fields-Filiale und entließ alle 85 Angestellten, zusammen mit den meisten Direktoren. Auch Agnew erhielt für seine Bemühungen einen blauen Brief – und eine großzügige Pension. Julian Ogilvie Thompson verglich die Vorgänge mit der durch nichts motivierten Bösartigkeit in der letzten Szene von Shakespeares *Othello*. Selbst seinen bescheidenen Wunsch um Rückgabe der Cecil-Rhodes-Büste schlug Hanson aus. So blieb sie zurück, um das Büro irgendeines Abteilungsleiters mit der Symbolfigur einer Zeit zu schmücken, die er nicht verstehen konnte, einer Symbolfigur, die so bedeutungslos geworden war wie die goldenen Träume der Oppenheimers.

*

Doch selbst in der schlimmsten Krisenzeit schien dem Imperium ein Trost sicher zu sein: De Beers. Wenn Gold für Verrat und Mißerfolg stand, dann standen Diamanten für Sicherheit. Das letzte Jahrzehnt des Jahrhunderts brach an, und De Beers kontrollierte mehr als neunzig Prozent der weltweiten Diamantenproduktion. Jahr für Jahr heirateten Millionen von Frauen, Jahr für Jahr streiften ihnen ihre Männer Diamantringe auf die Finger. Dazu kamen Jubiläumsringe, Diademe, Kolliers, Manschettenknöpfe ... Was sagten Diamantenhändler so gerne über die Steine, mit denen sie handelten? »Niemand braucht sie, aber jeder will sie.« Doch plötzlich, erstmals seit den Tagen Sir Ernests, fragte man sich, *wessen* Diamanten jeder wollte. Der Marktanteil von De Beers sank unaufhaltsam von über neunzig auf 85, dann weiter auf achtzig Prozent. Der eiserne Griff, mit dem das Kartell den Markt beherrschte, lockerte sich.

Die Schwierigkeiten wurzelten im nachrevolutionären Angola. In bestimmten Teilen des Landes mußte jeder zusehen, wie er über die Runden kam. Gesetze und Lizenzen galten nichts mehr. Am schlimmsten war die Lage in den malariaverseuchten Dschungelgebieten an der Grenze zu Zaire. Dort, an den diamanthaltigen Ufern des Kuango, schürften rund 30000 Garimpeiros außerhalb der Reichweite des Kartells. Diese Garimpeiros trugen ihre Diamanten in illegale Kaufbüros in Luanda, der Hauptstadt Angolas, von wo aus die Steine ihren Weg auf den Antwerpener Diamantenmarkt fanden.

Wie im 19. Jahrhundert beim New Rush, so schoß hier eine Stadt namens Canfunfo aus dem Boden. Hier wohnten die Glücksritter. Zwischen 1990 und 1992 stieg die Einwohnerzahl von fünftausend auf 40000. Die einzigen Kriterien, nach denen ein Mann in Canfunfo bewertet wurde, waren Geld und Macht. Und Macht hieß Waffen. Die erfolgreicheren Prospektoren begnügten sich nicht mit Maschinenpistolen, und das war auch der Grund, warum die Flugzeuge der Regierung sich so selten in den Luftraum über dieser Gegend wagten: Sie liefen Gefahr, von Flugabwehrraketen vom Himmel geholt zu werden. Geld wurde hier nicht einfach ausgegeben, es wurde mit vollen Händen verteilt. Polizisten erhielten schon mal zweitausend Dollar dafür, daß sie im richtigen Moment in die falsche Richtung sahen. Die einzigen Fahrzeuge waren luxuriöse Range Rovers mit getönten Scheiben – in einem Land mit ungeteerten Pisten voller Schlaglöcher taugte ein Mercedes oder BMW nicht viel. Kühlschränke, Fernsehapparate, Videorecorder – von allem gab es viel und nur das Neueste. Nur ein Telefonnetz, das gab es nicht, und den Diamantenhändlern war das ganz recht so. Je weniger die Welt von Canfunfo hörte, desto besser.

Doch bei De Beers wußte man alles über Canfunfo. Anfang 1992 war die Unternehmenszentrale in der Charterhouse Street Schauplatz einer interessanten Demonstration gewesen. An einer Wand waren acht Haufen mit Rohdiamanten aufgereiht, an einer anderen Wand vier kleinere Haufen. Die erste Reihe repräsentierte die Menge der innerhalb von vier Monaten aus Angola geschmuggelten Diamanten. Wert: 40 Millionen Dollar. Die zweite Reihe repräsentierte die im selben Zeitraum legal in Angola geförderten Diamanten. Auf einen Blick ließ sich das Dilemma von De Beers begreifen: Das Kartell erhielt weniger als ein Drittel der angolanischen Diamantenproduktion. Und es konnte nichts dagegen unternehmen, solange die politische Lage in Angola noch ungeklärt war.

Canfunfo hätte zu keinem ungünstigeren Zeitpunkt entstehen können: De Beers stand kurz vor der Inbetriebnahme der neuen Venetia-Mine im nördlichen Transvaal, in der jährlich Diamanten im Wert von 400 Millionen Dollar gefördert werden sollten. Die Frage war nun, wohin mit diesen Diamanten? In guten Zeiten waren Nordamerika, Europa und Japan dankbare Abnehmer gewesen, aber momentan litten alle drei Regionen unter einer schweren Rezession.

Doch das Schlimmste sollte noch kommen. Seit den fünfziger Jahren, als in Jakutien, einer entlegenen Sowjetrepublik im Nordosten Sibiriens, Diamanten gefunden worden waren, bestand zwischen De Beers und der Sowjetunion ein Geheimabkommen. Nach jahrzehntelanger Geheimniskrämerei schlossen beide Seiten 1990 schließlich ein offizielles Abkommen: Das Kartell gewährte der Sowjetunion für die kommenden fünf Jahre einen Handelskredit in Milliardenhöhe, zurückzahlbar in Form von Diamanten. Michael Spriggs von Warburgs, der Brokerfirma von De Beers, sprach von einem »glänzenden Geschäft aus der Sicht der Russen«. Aber das Kartell hatte keine andere Wahl gehabt. Wollte es den Mythos, daß Diamanten selten waren, aufrechterhalten, mußte es die jakutische Produktion aufkaufen und einlagern. Der Handel verlangte De Beers ein hohes Maß an Vertrauen ab. Jeden Monat drückten Männer aus Moskau den Vertretern des Kartells einen Karton voller ungeschliffener Diamanten in die Hand. Aber war das wirklich die gesamte Ausbeute? Oder waren es nur neunzig Prozent? Oder achtzig Prozent? Horteten die Russen vielleicht heimlich Steine für schlechtere Zeiten? Das Imperium konnte es nicht wissen.

Der Zerfall der Sowjetunion führte, als wäre das Arrangement nicht schon unangenehm genug gewesen, zu weiteren Komplikationen. Das Kartell mußte jetzt mit zwei neu entstandenen selbständigen Partnerländern verhandeln: mit Rußland, das den Fluß

In der sibirischen Tundra wurden emsig Diamanten gefördert – und heimlich über De Beers verkauft, obwohl die Sowjetunion Südafrika öffentlich an den Pranger stellte.

der Steine kontrollierte, und mit Jakutien, das sie ausgrub. Beide Republiken brauchten Devisen, und so war es kein Wunder, daß Rohdiamanten aus Jakutien auf dem europäischen Markt und geschliffene Steine in Japan auftauchten. Schließlich kamen die beiden Länder überein, ein gemeinsames Unternehmen zu gründen, das die Förderung und das Sortieren der Steine übernehmen sollte – Moskau sollte auch in Zukunft den Weitertransport der Diamanten kontrollieren, aber Jakutien hatte Anspruch auf 25 Prozent des Verkaufserlöses. Das Verhältnis zwischen Rußland und Jakutien blieb angespannt, und im Herbst 1992 war es nach Meinung von Harry und Nicky Oppenheimer an der Zeit, Moskau einen Besuch abzustatten. Offizieller Anlaß ihres Besuches war die Eröffnung eines Büros in Moskau, inoffiziell ging es darum, Moskau davon zu überzeugen, das Syndikat nicht zu verlassen. Vater und Sohn gelang es, die Russen zu überzeugen. Doch wenn sich der Auflösungsprozeß der ehemaligen Sowjetunion fortsetzte und die ethnischen Konflikte die neuen Republiken in einen Krieg stürzten, dann war das neue Abkommen nicht das Papier wert, auf dem es stand. Eine vorläufige Garantie war alles, was man verlangen konnte, selbst wenn man Oppenheimer hieß.

Vor 1992 wäre es undenkbar gewesen, daß De Beers mit dem Hut in der Hand bei einem ihrer Produzenten angeklopft hätte. Fast ebenso undenkbar wie die Vorstellung, daß sie jemals zu den Verlierern gehören könnte. Aber seit Anfang der neunziger Jahre gehört sie zu den Verlierern und ist gezwungen, Diamanten aufzukaufen. Wie viele Diamanten genau, das wissen nur die Topmanager des Imperiums. Insider schätzen, daß De Beers seit 1990 ungeschliffene Steine im Wert von wenigstens 4,8 Milliarden Dollar aufgekauft hat, die angolanischen Steine nicht mitgerechnet. Im selben Zeitraum dürften die Konsumenten Steine im Wert von höchstens 3,5 Milliarden Dollar gekauft haben. Bleibt eine Lücke von 1,3 Milliarden Dollar, eine auf Dauer untragbare Schuldenlast.

Folgerichtig kündigte Ogilvie Thompson im August 1992 an, daß De Beers die Produktion drosseln und die Dividenden kürzen werde. Der Kurs der De-Beers-Aktien fiel von 28 auf 18 Dollar. Die Legende von der Unverwundbarkeit des Oppenheimer-Imperiums war damit endgültig zerstört. Und noch eine Legende löste sich in Rauch auf: die so liebevoll gehegte Illusion, daß, wenn De Beers überhaupt ein Kartell sei, dann jedenfalls ein Kartell, das allen Beteiligten Vorteile bringe, angefangen beim Minenarbeiter, der die Steine aus der Erde holt, bis zur Braut, die sich einen Diamantring über den Finger streift. Tatsache ist, daß viele Minenarbeiter ihren Job verlieren, Großhändler ihre Gewinnerwartungen zurückschrauben und Juweliere ihre Läden schließen müssen und daß die Endverbraucher überhöhte Preise für eine künstlich verknappte Ware bezahlen.

Um die Befürchtungen innerhalb und außerhalb der Branche zu zerstreuen, ließ De Beers von W. J. Lear, dem für Öffentlichkeitsarbeit zuständigen Direktor, eine Botschaft verbreiten. Die Gesellschaft, so Lear, verfüge »über einen gesunden Kassenbestand von 759 Millionen Dollar« und »über Portefeuille-Investitionen außerhalb der Diamantenindustrie im Wert von 5 Milliarden Dollar«.

Der Wert der Diamantenreserven, so Lear weiter, betrug Anfang 1990 »nur knapp über 3 Milliarden Dollar, rund drei Viertel des Absatzes in diesem Jahr. 1982, während der letzten Rezession, lagen die Reserven noch um ein Drittel über dem Absatz.«

Was Lear nicht erwähnte, waren die dramatischen sozialen und

Das Big Hole in Kimberley ist heute eine Touristenattraktion und ein Sammelbecken für Regenwasser.

wirtschaftlichen Veränderungen im vorherigen Jahrzehnt. Die Sowjetunion hatte aufgehört zu existieren, Europa hatte sich gewandelt, die Vereinigten Staaten und, natürlich, auch Südafrika. Genau daran dachte James Picton, ein Johannesburger Wirtschaftswissenschaftler, der sich auf die Diamantenindustrie spezialisiert hat, als er erklärte: »Vor zehn Jahren habe ich gesagt: ›Natürlich kann De Beers das Syndikat zusammenhalten.‹ Heute gibt es keinen Anlaß mehr, das Wort ›natürlich‹ in den Mund zu nehmen. Trotzdem glaube ich, daß sie es schaffen wird. Aber zu welchem Preis?« Niemand weiß es, am allerwenigsten Harry Frederick Oppenheimer.

*

Während Anglo-American sich die Wunden leckt und De Beers sich in einer Welt mit begrenztem Handlungsspielraum einzurichten versucht, sitzt Harry in Johannesburg und harrt der Dinge, die da kommen. Wenn die Spannung unerträglich wird, bietet ihm seine Bibliothek in Brenthurst ein ideales Refugium.

Brenthurst wirkt in der lauten Umgebung der Stadt wie ein mittelalterliches Kloster. Die bewachten Säle und Flure der Bibliothek sind dem Liebhaber und Kenner seltener Afrikana vorbehalten. Nur ein Gemälde stört, wie ein gellender Schrei, die Stille in diesem behüteten Reich.

»Die Brücke«, ein 3,60 auf 1,50 Meter großes Gemälde des australischen Künstlers Leonard French, leuchtet in lebhaften Farben. Sein Gegenstand aber reduziert sich, wie alles in Südafrika, auf den Gegensatz von Schwarz und Weiß. Auf einer brennenden Holzbrücke kämpfen zwei weiße Armeen gegeneinander. Die Lippen der schreienden Soldaten formen sich zu Kanonen. Unter der Brücke kommen Schwarze scheinbar unaufhaltsam auf den Betrachter zu. Ein großer, gemalter Riß in der Leinwand teilt das Bild in zwei Hälften, eine linke und eine rechte.

Im Jahr 1982, zur Eröffnung der Bibliothek, ging der damals achtzigjährige Alan Paton, Autor des Buches *Denn sie sollen getröstet werden,* in seiner Rede auf das Bild ein: »Seine Bedeutung schmerzt mich«, sagte er mit düsterer Stimme. »Mr. Frenchs Bild kündet von einer Umwälzung, und die Ironie des Gemäldes ist, daß es, sollte es recht behalten, keine Bibliotheken mehr geben wird, in denen ein solches Gemälde ausgestellt werden könnte.« Für Harry hat »Die Brücke« eine andere, weniger bedrohliche Bedeutung. Durch den Reichtum in Brenthurst vor Schaden bewahrt, zeigt es, daß das Imperium mächtig genug ist, alles in sich aufzunehmen – selbst die Apokalypse.

Und vielleicht ist es wirklich so. In Anbetracht des Diamantenberges, den De Beers zum Schutz des Kartells aufgekauft hatte, sagte ihr geschäftsführender Direktor Tim Capon: »Wir konnten unsere Hände in die Taschen stecken. Kaum ein anderes Unternehmen wäre in der Lage gewesen, von heute auf morgen solche riesigen Mengen aufzukaufen.« *Kein* anderes Unternehmen wäre der Wahrheit wohl näher gekommen. Auch heute noch übersteigt das Gesamtvermögen des Oppenheimer-Imperiums – über 21 Milliarden Dollar – das Bruttosozialprodukt vieler Länder. Die 1300 Unternehmen, die dem Imperium heute angehören, zeugen von zunehmender Diversifikation, und seit längerem schon werden die Schaltzentralen nach Europa und England ausgelagert, wo Nicholas mehr als die Hälfte seiner Zeit verbringt. Obwohl Nicholas entsprechende Gerüchte immer wieder dementieren läßt, ist er bereit, Krone und Zepter von seinem Vater zu übernehmen. Für De Beers und Anglo-American arbeiten zwar viele hervorragende Männer, aber keiner von ihnen ist königlicher Abstammung. »Mein Sohn«, sagt denn auch Harry, »wird die Tradition der Familie fortsetzen.«

In den offiziellen Annalen der Anglo-American werden drei Oppenheimer-Generationen unterschieden: Ernest, »der große Unternehmer«; Harry, »der Philosoph«; Nicholas (»Ich heiße Nicky«), »der Mann der Tat«. Dem jüngsten der drei Oppenheimers liegt wenig an Erstausgaben von Lord Byron und wissenschaftlichen Meriten. »Ich bin eher ein Philister«, gibt er zu und bekennt sich offen zu seiner Vorliebe für Kricket, Squash und Schießen. Eine Zeitlang fuhr Nicky, der Sohn jüdischer und zum Christentum konvertierter Eltern, einen kleinen Renault mit dem Aufkleber »Jesus rettet dich« am Heck. Heute zieht er es vor, mit dem eigenen Helikopter zu Konferenzen nach Antwerpen zu fliegen oder die Staus auf Englands Straßen unter sich zu lassen.

Politische Ambitionen hat er nicht. Nach eigenem Bekunden gehört es »nicht zu seinen Stärken, Leuten die Hände zu schütteln«. Sein politisches Bewußtsein hat sich nur wenig entwickelt, seit er einmal eingestanden hat, daß er zuwenig Schwarzenführer getroffen habe. »Ich war nie einer von denen, die Schwarze nur deshalb treffen, weil sie schwarz sind.«

Nicky ist nicht so geduldig wie sein Vater, der, wenn sein Gesprächspartner ihn langweilte, zwar seine Blicke umherschweifen ließ, seiner Verärgerung aber niemals Luft gemacht hätte wie Nicholas, der bei Besprechungen anderen öfter ins Wort fällt. Dennoch sucht er, wie schon sein Großvater und sein Vater vor ihm, den Rat seiner Vertrauten. Darin spiegelt sich seiner Ansicht nach ein »gewisses afrikanisches Ethos« wider. So wie Stammesangehörige in einem Kral zusammensitzen und diskutieren, so werden auch bei der Anglo-American Konsensentscheidungen angestrebt. »Das haben wir immer so gehalten«, sagt er mit der Stimme eines Mannes, der die letzten Überreste einer Tradition gegen den drohenden Untergang verteidigt.

Dieser Untergang, wenn er denn kommt, muß eher bildlich als wörtlich verstanden werden. Sollte Südafrika das gleiche Schicksal erleiden wie der Libanon und in Bügerkriegswirren versinken, werden die Oppenheimers auswandern wie die weißrussischen

Direktoren der Anglo-American: rechts außen Nicholas Oppenheimer, neben ihm Julian Ogilvie Thompson; ganz links Gavin Relly.

Exilanten, die der Heimat den Rücken kehrten, bevor die Revolution ihr Vermögen auffressen konnte. Auch ohne ihre Gold- und Diamantminen wären die Oppenheimers noch sagenhaft reiche Herren über ein weitverzweigtes Wirtschaftsimperium.

Die Familie hegt jedoch keine Absicht, den Vorsitz beim Untergang des Imperiums zu übernehmen. Die Oppenheimers haben Morddrohungen erduldet, eine weltweite Depression und zwei Weltkriege überlebt und den burischen Terror ebenso überstanden wie Verurteilungen durch die Vereinten Nationen, Streiks der Minenarbeiter, revolutionäre Umtriebe, Sanktionen, verlorene Prozesse und das Erwachen des schwarzen Selbstbewußtseins. Sie wurden als Sklavenhalter in Nadelstreifen beschimpft, die sich auf Kosten der Schwarzen bereicherten, und sie wurden dafür geehrt, daß sie ihren Reichtum mit den schwarzen Arbeitern geteilt und Schwarze ins Management der Anglo-American geholt haben. Ohne auch nur eine Miene zu verziehen, machten sie Geschäfte mit ihren Feinden, mit kommunistischen Ländern und schwarzafrikanischen Staaten – und vermehrten ihren Reichtum unaufhaltsam. Nach und nach werden die Sanktionen aufgehoben, und die Oppenheimers werden ihre Geschäfte noch weit bis ins 21. Jahrhundert hinein betreiben, und wenn nichts dazwischenkommt, noch sehr viel länger. Nickys 22jähriger Sohn Jonathan folgt dem ausgetretenen Familienpfad von Harrow über Oxford zu De Beers und darüber hinaus.

»Ich bin Südafrikaner«, sagt Nicky ohne Zögern. »Südafrika ist mein Zuhause, und dorthin werde ich zurückkehren.« Vorausgesetzt, daß in Südafrika keine Beiruter Verhältnisse einkehren, wird Nicky bald in dem Haus an der Main Street Nr. 44 in Johannesburg unter den Porträts von Sir Ernest am einen und von Harry am anderen Ende des Raumes Platz nehmen. Vor dem Thronsaal, der auf den Kronprinzen wartet, ziehen Demonstranten durch die Townships und die Straßen der Stadt. Ihre Sache wird von Abgesandten in alle Kontinente dieser Erde getragen, Abgesandte, die bei Demonstrationen Gleichheit und Gerechtigkeit fordern und die Zuhörer durch Eloquenz und Rechtschaffenheit in Bann schlagen. Gold glänzt an ihren Uhren, ihren Armbändern, ihren Ringen, und an ihren Fingern funkeln Diamanten. Die Widersprüche werden nicht weniger, wie immer seit jenem Nachmittag vor über hundert Jahren, als Erasmus Stephanus Jacobs den *mooi klip* aufhob – und voller Unschuld den Grundstein des Imperiums in Händen hielt.

ANHANG

ANMERKUNGEN

EINFÜHRUNG

S. 13 *Ich gehöre zu der Generation von Männern:* David Koskoff, *The Diamond World,* New York 1981, S. 61.

S. 15 *Diamanten kaufen die Leute aus Eitelkeit:* Ken Anderson, *And so They Talk,* Kapstadt 1963; siehe auch Anthony Hocking, *Oppenheimer and Son,* Johannesburg 1973.

S. 15 *Zur Geschichte der Diamanten:* George Frederick Kunz, *The Curious Love of Precious Stones,* New York 1989; siehe auch Max Bauer, *Precious Stones,* London 1904; E. W. Streeter, *The Great Diamonds of the World,* London 1882; J. R. Sutton, *Diamond,* London 1928; Sir Richard Burton, *Explorations of the Mountains of Brazil,* London 1869.

1. BRENNPUNKT MENSCHLICHER LEIDENSCHAFT

S. 24 *Anfall von geistiger Umnachtung:* Brian Gardner, *The African Dream,* New York 1970, S. 57.

S. 24 *Ihre Majestät besitzt:* F. Boyle, *To the Cape for Diamonds,* London 1873.

S. 24 *Ein paar Meter entfernt in der grellen Sonne:* Emily Hahn, *Diamond,* New York 1956, S. 20; siehe auch Marian Robertson, *Diamond Fever,* Kapstadt 1974.

S. 25 *Hateren en tateren:* Charles Berlitz, *Native Tongue,* New York 1982, S. 91.

S. 26 *In blauen Wolljacken:* Henry Gibbs, *Background to Bitterness,* New York 1955, S. 37.

S. 27 *An ein Kreuz gebunden:* ebenda, S. 27 f.

S. 29 *Des Nachbarn Rauch:* Rudyard Kipling, »The Voortrekker«, in: *Rudyard Kipling's Verse,* New York 1939, S. 556.

S. 29 *Weniger die Befreiung unserer Sklaven:* Mark Strage, *Cape to Cairo,* New York 1973, S. 27.

S. 29 *Wir erklären feierlich:* Gardner, S. 20.

S. 31 *Wollen wir den Tag festhalten: Reader's Digest Illustrated History of South Africa,* New York 1988, S. 119.

S. 32 *Bis hinunter zum zehnten Grad:* Geoffrey Wheatcroft, *The Randlords,* New York 1986, S. 21.

S. 32 *Ich wünschte, die Sympathisanten der Schwarzen:* H. A. C. Cairns, *Prelude to Imperialisme,* London 1956, S. 204.

S. 32 *Von einem Ende zum andern:* Olive Schreiner, *Geschichte einer afrikanischen Farm,* München 1967, S. 18.

S. 33 *Dutzend Gläser Bier:* Brian Roberts, *Kimberley, Turbulent City,* Kapstadt 1976, S. 6.

S. 34 *Auf der Welt geschehen Dinge:* M. Robertson, S. 40.

S. 35 *Wäre eine richtige Untersuchung:* ebenda, S. 117.

S. 36 *Ich führte in den Bezirken:* Kontroverse in *Geological Magazine,* London, Januar und Mai 1869.

S. 37 *Ein fauler Kerl:* M. Robertson, S. 175.

S. 37 *Meine Herren, das ist der Stein:* Oswald Doughty, *Early Diamond Days,* London 1963, S. 3.

S. 38 *Zuweilen wurden wir Reisende ... durchgeschüttelt:* George Beet, *Grand Old Days of the Diamond Fields,* Kapstadt 1931, S. 12–14.

S. 40 *Die Juden sind uns mal wieder zuvorgekommen:* M. Robertson, S. 175.

S. 41 *In allen Lagern nahm man aufeinander Rücksicht:* Doughty, S. 6.

S. 42 *Man schlief buchstäblich im Morast: The Friend,* Bloemfontein, August 1870.

S. 44 *Wir waren noch nicht außer Sichtweite:* M. Robertson, S. 43; siehe auch Beet-Manuskripte, Kimberley Library.

S. 44 *Fleet, ich muß Sie sprechen:* Hedley Chilvers, *The Story of De Beers,* London 1940, S. 23 f.; Beet, *Grand Old Days,* S. 75–77.

S. 45 *Bis zu den Knien im Wasser:* Doughty, S. 15.

S. 46 *Rabbiner, Rebellen, Gauner:* Louis Cohen, *Reminiscences of Kimberley,* London 1911, S.74 f.

S. 46 *Wir hätten 6 Millionen ... verlangen sollen:* John Angove, *In the Early Days,* Johannesburg 1910; siehe auch Gardner Williams, *The Diamond Mines of South Africa,* London 1903.

2. TIEFER IN DIE ERDE HINEIN

S. 47 *Marktschreier schwangen ihre Glocken:* Williams, S. 210–217; siehe auch Charles Payton, *The Diamond Diggings of South Africa,* London 1872.

S. 51 *Große Straußenfedern:* Doughty, S. 42.

S. 52 *Nach einer lebhaften ... Versteigerung:* Cohen, S. 41 f.

S. 52 *Spinnenkämpfe:* Angove, S.44 f.; siehe auch *Diamond News,* Kimberley, 1872.

S. 54 *Glücksspiele aller Art:* Angove, S. 44.

S. 54 *Einfach unvorstellbar: The Friend,* Bloemfontein, 21. September 1871.

S. 55 *Von der Leiche ... nur noch der Rumpf übrig:* J. S. Matthews, *Incwadi Yami,* London 1873.

S. 55 *Ein Holländer kauft ein altes Claim:* Doughty, S. 77.

S. 56 *Entdeckte ein Schürfer einen Diamanten: Harper's Magazine,* Februar 1873.

S. 59 *Paßgesetz: William Worger, South Africa's City of Diamonds,* New Haven 1987, S. 114f.

S. 59 *Im großen und ganzen bewiesen die Schwarzen: Harper's,* Februar 1873.

S. 60 *Näher an die Flammen: Diamond News,* Kimberley, 20. Juli 1872.

S. 61 *Letztes Jahr um die gleiche Zeit: Diamond Field Keepsake,* 1873.

S. 63 *Keine Mine bot dem Auge:* Williams, S. 127.

S. 64 *Anständige und verständliche Namen:* J. B. Currey, »Half a Century in South Africa«, Manuskript, South African Library, Kapstadt; Roberts, *Kimberley,* S. 115.

S. 65 *Als kleiner Holzhändler begonnen:* Altheus Williams, *Some Dreams Come True,* Kapstadt 1948; Cohen.

S. 68 *Verstaubt und altbacken: Life, Sport and Drama,* Johannesburg 1921–1922; Roberts, Kimberley, S. 21; siehe auch Stanley Jackson, *The Great Barnato,* London 1970.

S. 69 *Wenn jemand ein Päckchen Diamanten stehlen will: Diamond News,* 26. November 1872.

S. 70 *Sie dauerte fast zwei Monate:* Roberts, *Kimberley,* S. 90f.; siehe auch Harry Raymond, *B. I. Barnato,* London 1897.

S. 70 *Über Barnato als Händler:* Ivor Herbert, *The Diamond Diggers,* London 1971, S. 45f.

3. MÄNNER, DIE NIE ERWACHSEN WERDEN

S. 71 *Es ähnelt mir:* Jackson.

S. 72 *Absolut skrupellos:* Cohen, S. 217 und 225.

S. 74 *Genügend Stoff, um … ins Gespräch zu kommen:* Brian Roberts, *The Diamond Magnates,* New York 1971, S. 61.

S. 75 *Als ich etwas von fünf Pfund murmeln hörte: Winning Post,* 18. Juli 1908.

S. 75 *Sehen Sie im Stiefel des Gentleman … nach:* G. H. Wilson, *Gone Down the Years,* Kapstadt 1947.

S. 76 *Ow the dogs 'owl:* Louis Hermann, *A History of the Jews in South Africa,* Kapstadt 1935, S. 228; Cohen, S. 335.

S. 76 *Vielleicht wohl, weil ich schwarz bin:* Jackson, S. 44.

S. 78 *Äußerlich konnten die beiden jungen Männer:* G. Williams, S. 274f.

S. 79 *Neigung zur Selbstverherrlichung:* Hannah Arendt, *Origins of Totalitarism,* New York 1958, S. 214f.

S. 81 *Ich trage hier jetzt allein die Verantwortung:* Robert I. Rotberg, *The Founder,* New York 1988, S. 48.

S. 81   *Ihr könnt euch nicht vorstellen:* ebenda, S. 52.

S. 82   *Es war niemals leicht:* Guy McDonald, »Rhodes in Natal«, in: *Cape Argus,* 6. Juni 1936.

S. 82   *Ich bin ein kleiner Junge:* Rotberg, S. 64.

S. 83   *Ich versuche verzweifelt:* Tim Jeal, *The Boy-Man,* New York 1990, S. 353.

S. 83   *Bearbeitet sich gerade wie Stilton-Käse:* Strage, S. 34.

S. 84   *Jeder Mann hat seinen Preis:* Brian Roberts, *Cecil Rhodes,* London 1987, S. 36.

S. 85   *Gehst du nach Oxford:* Felix Gross, *Rhodes of Africa,* London 1956, S. 20.

S. 86   *Die Chancen stehen ... fünfzig zu fünfzig:* Sarah Gertrude Millin, *Rhodes,* London 1933, S. 35.

S. 86   *Ich werde durchkommen:* Rotberg, S. 89.

S. 86   *Es gibt noch ein Schicksal für uns:* J. G. Lockard und C. M. Woodhouse, *Cecil Rhodes,* New York 1963, S. 49 f.; John Ruskin, *Lectures in Art,* Oxford 1870.

S. 87   *Vor uns liegt eine Zeit der Seelenqualen:* Winwood Reade, *The Martyrdom of Man,* New York 1874.

S. 87   *Ein packendes Buch:* Gross, S. 25.

S. 88   *Ein Mann stellt sich oft die Frage* und folgende: Wheatcroft, S. 140 f.; John Flint, *Cecil Rhodes,* Boston 1974, S. 248–252; Gross, S. 611.

4. WIR SOLLTEN UNS BESSER ZUSAMMENTUN

S. 89   *Einen kräftigen, gutgebauten, aufgeweckten und kämpferischen Mann:* Leo Weinthal, *Men, Mines and Millions,* London 1929, S. 76.

S. 89   *Sauertopf und Griesgram:* Cohen, S. 92 f.

S. 89   *Unempfänglich für jede großzügige Regung: Cape Times,* 31. Oktober 1929.

S. 90   *Ich nahm alle meine Basuto-Boys mit:* Eric Rosenthal, *Other Men's Millions,* Kapstadt, o. J., S. 191; Roberts, *Magnates,* S. 18.

S. 90   *Diamantenhändler ... der bereit war, Höchstpreise zu zahlen:* Roberts, *Kimberley,* S. 102.

S. 90   *Die ihm von Gott gegebene Lebensaufgabe: Diamond News,* 5. Juni 1872.

S. 91   *Die biegsame Reitgerte: Diamond News,* 3. Oktober 1872.

S. 92   *Alle Claiminhaber:* Roberts, *Magnates,* S. 103 f.

S. 93   *Mr. Whittlestaff:* Anthony Trollope, *An Old Man's Love,* London 1884.

S. 93   *Mir einmal Südafrika vorzunehmen:* Trollope, *South Africa,* New York 1987, Bde. 1 und 2; siehe auch V. L. Allen, *The History of Black Mine-Workers in South Africa,* Bd. 1, Johannesburg 1992.

S. 94   *Den alten Tony Trollope:* W. H. Auden, *Forewords and Afterwords*, New York 1973, S. 159 und 263.

S. 94   *Jeden seiner Boys bei Arbeitsbeginn auspeitschte:* Lionel Phillips, *Some Reminiscences*, London 1924, S. 43.

S. 94   *Mit einem Drahtgitter überzogen:* Doughty, S. 199.

S. 96   *Könnte die Polizei diese Gentlemen:* Worger, S. 100 und 122.

S. 98   *Richtige Wilde:* Phillips, S. 43.

S. 98   *Mit allzu großer Freundlichkeit:* Doughty, S. 201.

S. 103   *Ich war einer von den armen Beits:* Frank Harris, *Mein Leben und Lieben*, Bd. 3, Flensburg 1965.

S. 104   *Für die Taufe der Juden:* Amos Elon, *Morgen in Jerusalem. Theodor Herzl. Sein Leben und Werk*, München 1975, S. 115.

S. 105   *Nur für meine Arbeit interessiert:* Harris, Bd. 3, S. 212.

S. 106   *Ich habe in Kimberley viele Männer kennengelernt:* Phillips, S. 87; siehe auch Thelma Gutsche, *No Ordinary Woman*, Kapstadt 1966.

S. 107   *Das ist wirklich komisch:* Rotberg, S. 113 f.

S. 108   *Wirtschaftswikinger:* William Plomer, *Cecil Rhodes*, London 1933, S. 12.

S. 108   *Vergleich zwischen Beit und Rhodes:* Harris, Bd. 3, S. 211.

5. EIN SPRUNGBRETT ZUR MACHT

S. 110   *Den gesamten Stadtrat der Lächerlichkeit preiszugeben:* Worger, S. 168.

S. 111   *Tauchte dann eine Gruppe von zehn Männern auf:* Diamond News, 12. Dezember 1878.

S. 111   *Die gärenden und Gase freisetzenden Senkgruben:* Worger, S. 152.

S. 111   *Ein waschechter Stadtrat:* Diamond News, 5. April 1878.

S. 112   *Obwohl er so kalt aussah:* Winning Post, 11. April 1908.

S. 113   *Ich bin kein Negerfreund:* Independent, 15. Mai 1881.

S. 114   *Meine Vorfahren haben Kühe gehütet:* Gross, S. 69 f.

S. 114   *Am Tage meiner Ankunft in Kimberley:* Leander Starr, *Personal Reminiscences of Mr. Rhodes*, London 1897, S. 391–413; Rotberg, S. 127.

S. 115   *Ich kannte da mal einen Burschen:* Winning Post, 2. Mai 1908.

S. 116   *Wenn herausgekommen wäre, daß die Pocken … ausgebrochen waren:* Hans Sauer, *Ex Africa*, London 1937, S. 72–92; Matthews, S. 108–111; Rotberg, S. 18.

S. 116   *Die Schwarzen eröffneten das Feuer:* David Harris, *Pioneer, Soldier and Politician*, London 1931, S. 96.

S. 117   *Merkwürdig verändert:* Winning Post, 10. April 1909.

S. 119   *Es war erstaunlich:* Matthews, S. 247 f.

S. 119   *Es bestehen beste Aussichten:* Phyllis Lewsen (Hrsg.), Selec-

tions from the Correspondence of J. X. Merriman, Kapstadt 1960, Brief Rhodes' vom 16. Februar 1880.

S. 120 *Ist es wirklich eine Verleumdung:* J. S. Little, *South Africa: A Sketch Book,* London 1887, S. 43.

S. 121 *Man bestach Kaffern: Winning Post,* 24. März 1906; siehe auch Colin Newbury, *The Diamond Ring,* London 1989.

S. 122 *Die Einquartierung der Eingeborenen in Barackenlager:* Wheatcroft, S. 96; S. Ransome, *The Engineer in South Africa,* London 1903, S. 66.

S. 123 *Stellen Sie sich doch nur die schlimmen Folgen für unsere Kinder vor:* John Smallberger, »IDB and the Mining Compound System in the 1880s«, in: *The South African Journal of Economics,* 1974, S. 398–414; siehe auch Louise Vescelius-Sheldon, *An I. D. B. in South Africa,* New York 1888.

S. 124 *Ich würde auch dann keine Durchsuchung: Dutoitspan Herald,* 5. April 1884.

S. 124 *Schießt nicht auf uns:* Worger, S. 184–187.

S. 125 *Ich bezweifle, daß irgendein junger Bursche: Winning Post,* 3. Oktober 1908.

S. 126 *Wir sind nicht hier, um religiöse Fragen zu erörtern: Diamond Field Advertiser,* 7. November 1882.

S. 126 *Es wäre ein ausgesprochener Segen für die Stadt:* Robert V. Turrell, *Capital and Labor on the Kimberley Diamond Fields 1871–1890,* London 1987, S. 178.

S. 128 *Er erklärte mir die ganze Angelegenheit: Diamond Field Advertiser,* 24. März, 3. April, 21. April, 25. April und 8. Mai 1885.

S. 129 *Ich bin ein guter Freund:* Roberts, *Magnates,* S. 148.

S. 130 *Tatsächlich verdirbt diese Selbstmordwelle:* Lewsen, Bd. 1.

S. 131 *Im Geschäftsleben ebenso durchtrieben:* Roberts, *Magnates,* S. 178.

S. 132 *Die gesamte Kriegsflotte Transvaals: Diamond Field Advertiser,* 8. Juli 1887.

6. EITELKEIT UND VERWORFENHEIT

S. 133 *Er wälzt sich in seinem Sessel:* Lockhart, S. 79.

S. 134 *Was für eine traurige Angelegenheit:* Rotberg, S. 105.

S. 134 Zu Gordon und Rhodes: Lord Elton, *General Gordon,* London 1954, S. 303–309; Rotberg, S. 144; Lockhart, S. 77f.

S. 136 Zu Pickering und Rhodes: Sir Lewis Mitchell, *The Life of the Right Hon. Cecil John Rhodes,* London 1910, Bd. I; Roberts, *Magnates,* S. 129.

S. 137 Zu Pickerings Krankheit und Tod: Ian Colvin, *The Life of Jameson,* London 1922; Roberts, *Magnates,* S. 250–254.

S. 139   *Nun gut, Mr. Rhodes:* Gardner Williams, S. 287.

S. 139   *So frisch wie eh und je:* Turrell, S. 216.

S. 140   *Sie können Ihre Angebote an die Compagnie:* »Vindex« (Rev. John Verschoyle), *Cecil Rhodes, His Political Life and Speeches,* London 1900, S. 750.

S. 141   *Ich kann Ihnen sagen:* ebenda.

S. 142   *Barnatos Experten brauchten sechs Wochen:* Roberts, *Magnates,* S. 198 f.

S. 142   *Rhodes hat mich nur einmal hereingelegt:* Jackson, S. 78.

S. 142   *Sind das denn nicht alles Zukunftsträume:* Lockhart, S. 120.

S. 143   *Sie haben Ihren Willen bekommen:* Basil Williams, *Cecil Rhodes,* London 1921.

S. 143   *Wenn damals jemand auf dem Weg zur Bank:* Turrell, S. 227.

S. 144   *Unter der Führung von Rhodes:* Michel; Raymond, S. 44–48.

S. 146   *Wir übergeben den Flammen: Independent,* 5. Juni 1888.

S. 147   *Nicht einmal zweihundert Mann:* Chilvers, S. 68.

S. 148   *Arbeitskloster:* Wheatcroft, S. 109.

S. 148   *Splitternackt ausziehen:* Matthews, S. 221 f.

S. 149   *Nichts im äußeren Erscheinungsbild des Ortes:* Lord Randolph Churchill, *Men, Mines and Animals in South Africa,* London 1892.

S. 151   *Existenz und Herrschaft eines großen Monopols:* Millin, S. 104.

S. 152   *Die Ereignisse überstürzten sich:* Rotberg, S. 341 f.

S. 152   *Die allgemeine Aufregung: Independent,* 7. Februar 1891.

S. 153   *Einfluß mächtiger Monopolisten: Independent,* 24. Februar 1891.

S. 153   Zu Argus und Americanus: *Independent,* Februar und März 1891.

S. 154   Henry Ward: Chilvers, S. 100 f.

S. 154   *Wie könnte ich ein Geschlecht hassen:* Frederick Ponsonby, *Recollections of Three Reigns,* London 1951, S. 31.

S. 155   *Ein paar einträgliche Goldadern: Reader's Digest History,* S. 218.

S. 155   *Die Eisenbahn ist die große Wegbereiterin der Zivilisation: Fortnightly Review,* 1886; Strage, S. 52.

7. FEIERLICH AUFGEBAHRT

S. 157   Zu Rhodes' Rassenpolitik: Rotberg, Kap. 17; Vindex; C. W. de Kiewiet, *The Imperial Factor in South Africa,* 1937 und *A History of South Africa,* London 1941.

S. 159   *Die Soldaten zählten ungefähr siebentausend Mann:* T. M. Thomas, *Eleven Years in South Africa,* London 1872.

S. 161   *Soweit ich mich erinnern kann: The Memoirs of Paul Kruger,*

London 1902, Bd. I; sowie Howard C. Hillegas, *Oom Paul's People*, New York 1899.

S. 162 *Verschont mich mit eurem Gold:* Weinthal.

S. 163 *Unliebsame Gesandte:* Millin.

S. 165 *Wenn also irgendwo im Land Gold gefunden wird:* Stuart Cloete, *Against These Three*, Cambridge, Mass. 1945, S. 219.

S. 165 Zum Londonbesuch von Umshete und Babjaan: Strage, S. 65 f.; Friederich Posselt, *Lobengula the Scatterer*, Rhodesien 1945; Gustav S. Preller, *Lobengula*, Johannesburg 1963.

S. 167 *Der König lügt nie:* Brief Jamesons an Howard Pim aus dem Jahr 1890, Rhodes Library House in Oxford.

S. 167 *Als ich schließlich erfuhr:* Williams, S. 150.

S. 168 *Wer sonst kann von sich behaupten:* Plomer, S. 64.

S. 168 *Trügerischer Frieden:* Lockhart, Kap. 21; Gross.

S. 169 *Wir blicken allem, was da kommt:* Hilaire Belloc, »The Modern Traveler«, in: *Complete Verse of H. Belloc*, London 1988, S. 165.

S. 170 *Die freibeuterischen, blutigen Expeditionen:* Hesketh Pearson, *Labby*, London 1936.

S. 171 *Was haben Sie seit unserer letzten Begegnung getan:* Lockhart, S. 279. Dieser Dialog wird, teilweise in leicht abgewandelter Form, in fast allen Rhodes-Biographien wiedergegeben, so etwa bei Plomer, Williams und Millin.

S. 171 *Hölle:* Lewsen, Bd. III, S. 42 f.; sowie Charles van Onselen, *New Nineveh, New Tyre*, Johannesburg 1982, Bd. 2.

S. 172 *Diebe und Mörder:* Lockhart, S. 291.

S. 172 *Nehmt zum Beispiel eine Schildkröte: English Historical Review*, 1957, LXXIII, S. 292 f.

S. 173 *In den neunziger Jahren kontrollierten zehn Firmen:* T. V. Bulpin, *Storm Over the Transvaal*, Kapstadt 1955.

S. 173 *Eine Afrikaanerin:* Cohen.

S. 175 *Unser Hauptziel war: The Autobiography of John Hays Hammond*, New York 1935. Über den Jameson-Putsch und sein Nachspiel sind viele Bücher, Abhandlungen und Doktorarbeiten geschrieben worden, und eine lange Liste von Querverweisen wäre möglicherweise eher verwirrend als hilfreich. Die Autoren der frühen Rhodes-Biographien versuchten, den Jameson-Putsch zu beschönigen. So etwa Howard Hensman, *Cecil John Rhodes*, London 1901. Hensman beharrt darauf, daß Rhodes' Gegner nie deutlich gemacht hätten, »daß Rhodes sich von der Revolution in Johannesburg nicht den geringsten persönlichen Nutzen erwartete oder erhoffte«. Die Autoren späterer Biographien kommen der Wahrheit etwas näher. Lockhart, Plomer, Williams und insbesondere Roberts haben überzeugende Fakten zusammengetragen; Rotberg zieht ein schlüssiges Resümee. Die ausführlichste Darstellung geben Jean van der Poel, *The Jameson Raid*, London 1951, und Elizabeth Pakenham, *Jameson's Raid*, Johannesburg 1958. Älteren Datums, aber sehr informativ ist das Werk von Edmund Garret und E. J. Edwards, *The Story of an African Crisis*, New York 1897. Siehe auch Colvin; A. Geoffrey Blainey, »Lost Causes of the Jameson Raid«, in: *Economic History Review*, XLVIII, 1965; sowie John Hays Hammond und Alleyne Ireland, *The Liberal Party and The Truth about the Jameson Raid*, Boston 1918.

S. 179   *Wie hast du bloß:* Cloete.

S. 179   *Sie sind kein Gentleman:* Jackson, S. 120.

S. 180   *Falsch! Ist es falsch?: London Times*, 4. Januar 1897.

S. 181   *In Zeiten politischer Auseinandersetzungen: Eastern Province Herald*, 1. Juni 1896.

S. 182   *Ein als Patriot getarnter, ganz gewöhnlicher Anstifter:* Pearson.

S. 182   *In Westminster feierlich aufgebahrt:* Marquis von Crewe, *Lord Rosebery*, New York 1931, S. 441.

S. 182   *Ich frage mich, was in Südafrika los ist:* Wheatcroft, S. 189.

S. 183   *Zum Gedenken an den Südafrikaausschuß: Westminster Gazette*, Juli 1897.

S. 184   *Zu Barnatos psychischem Verfall:* Jackson, Raymond.

S. 186   *Sie dachten wohl, das würde mich mitnehmen:* Lockhart, S. 382; Gross, S. 362.

8. ABGANG RHODES, AUFTRITT HOGGENHEIMER

S. 187   *Ruin und Schande:* Jackson, S. 236.

S. 188   *Wenn das Ihr letztes Wort ist:* Stanhope Joel, *Ace of Diamonds*, London 1958, S. 76.

S. 191   *Wenn ihr gerufen habt:* Rudyard Kipling, »The Absent-Minded Beggar«, in: *Kipling's Verse*, S. 457.

S. 191   *Zitterte bei dem Gedanken:* David Harris, S. 153.

S. 192   *Ich weiß nicht:* Michel, Bd. 2.

S. 193   *Diesen Mann nun lange genug ertragen:* Altheus Gardner, S. 201.

S. 193   *Seinen überlegenen und berechnenden Intellekt:* C. Holme (Hrsg.), *Immigrants and Minorities in British Society*, »A. Hobson and the Jews«, London 1978; Wheatcroft, S. 205.

S. 194   *Johannesburg ist eine jüdisch geprägte Stadt: Manchester Guardian*, 28. September 1889.

S. 194   *Mr. Rhodes und seine Partner:* S. Koss (Hrsg.), *The Pro Boers*, London 1973, S. 94.

S. 194   *Eine Hölle voller Juden:* ebenda, S. 55–57.

S. 195   *Wir kennen auch:* Hilaire Belloc, »Verses to a Lord«, in: *Complete Verses*, S. 151.

S. 196   *Adlerartigem Raubvogelgesicht:* Plomer, S. 17.

S. 196 *Du scheinst ja überall herumgekommen zu sein:* Olive Schreiner, *Trooper Peter Halket of Mashonaland,* Johannesburg 1897.

S. 198 *Ich sollte bestraft ... werden:* Brian Roberts, *Cecil Rhodes and the Princess,* London 1969, S. 312.

S. 200 *Ohne Religion, ohne Liebe: Natal Witness,* 3. Mai 1902.

S. 200 *Die Welt ist fast verteilt:* Gardner, S. 207.

S. 200 *Aufrechten Träumer:* Rudyard Kipling, »The Burial«, in: *Kipling's Verse,* S. 209.

S. 201 *Welch ein Erbe des Hasses:* Eric Rosenthal, *Gold! Gold! Gold!,* London 1970, S. 331–335.

S. 203 *Ich wurde unter der britischen Flagge geboren:* Wheatcroft, S. 213.

S. 203 *Zwei Rudel von Raubtieren:* Dan H. Laurence (Hrsg.), *The Letters of George Bernard Shaw,* 1985, Bd. 2, S. 122.

S. 203 *Im Park gibt es vielleicht:* Hahn, S. 105 f.; siehe auch Murray und Elzabe Schoonraad, *Companion to South African Cartoonists,* Johannesburg 1989. Daniel C. Boonzaier, der Schöpfer der Hoggenheimer-Karikatur, war ein außergewöhnlich begabter politischer Karikaturist. Er arbeitete für die Zeitung *The South African News,* in der er seine Symbolfigur des raffgierigen Kapitalisten zum erstenmal veröffentlichte. Des Antisemitismus bezichtigt, antwortete er mit der Zeichnung »Die Evolusie van Hoggenheimer« (Die Entwicklung Hoggenheimers), mit der er nachzuweisen versuchte, daß seine Figur auf alten Karikaturen holländischer, französischer, englischer, deutscher und auch jüdischer Plutokraten beruhte. Aber das war unaufrichtig. Als *The Girl from Kay's* in Südafrika gastierte, wußte das Publikum sehr genau, wen Hoggenheimer darstellen sollte. Der *Star* kommentierte: »Nach allem, was man hört, begeistern die englischen Schauspieler das Publikum mit ihrer Darstellung des wohlhabenden jüdischen Finanziers aus der Park Lane.« Hoggenheimer wurde in Südafrika zu einer weithin bekannten Figur. Mindestens sechs weitere Künstler stellten ihn als protzig gekleideten, unersättlichen Kapitalisten mit Hakennase dar.

S. 204 *Für einen jungen deutschen Juden:* Anthony Hocking, *Oppenheimer and Son,* Johannesburg 1973; Edward Jessup, *Ernest Oppenheimer, A Study in Power,* London 1979; siehe auch Sir Theodore Gregory, *Ernest Oppenheimer and the Economic Development of South Africa,* Kapstadt 1962; *South Africa's Hall of Fame,* Johannesburg 1960; »Sir Ernest Oppenheimer, A Portrait by his Son«, in: *Optima,* September 1967.

9. GESPENSTER, GAUNEREIEN UND SATJAGRAHA

S. 211 *Zu Prinsloo und Cullinan:* Herbert, S. 95–97; Jessup, S. 44; siehe auch Eric Rosenthal, *Here Are Diamonds,* Johannesburg 1950.

S. 212 *Falls Sie je von der Entdeckung:* Reden von Rhodes, Chilvers.

S. 212   Zu Oats und der Premier-Mine: Jessup, S. 45.

S. 213   Zu Ernest und May: Hocking, S. 34–39; Jessup, S. 48 f.

S. 214   *Ich dachte nur an das eine:* Seymour Fort, *Alfred Beit,* London 1932.

S. 215   *Dr. Jameson weihte mich zuerst in das Geheimnis ein:* G. A. L. Green, *An Editor Looks Back,* Kapstadt 1947, S. 122; Roberts, *Magnates,* S. 286–289.

S. 217   *Sobald Wernhers Name fällt:* Gutsche, S. 224.

S. 218   *Von Balzac stammen können:* George Painter, *Proust,* Bd. 2, 1965, S. 98–104.

S. 218   *Wir sind gerade beim Dessert:* Green, S. 122.

S. 219   Zum Tod von Alfred Beit: Mitchell; Fort.

S. 220   *Die unglücklichsten Männer der Welt:* P. Tennyson Cole, *Vanity Varnished,* London 1931, S. 175.

S. 221   *Milners Kindergarten:* Lionel Curtis, *With Milner in South Africa,* London 1951; C. W. de Kiewiet, *A History of South Africa,* London 1941; Cecil Headlam (Hrsg.), *The Milner Papers: South Africa,* London 1931.

S. 222   Zu den chinesischen Kulis: Peter Richardson, *Chinese Mine Labor on the Transvaal,* London 1982; Neame, S. 160 f.; A. P. Cartwright, *Gold Paved the Way,* London 1967, S. 106 f.; Phyllis Lewsen, *John X. Merriman,* S. 278; Curtis; Wheatcroft, S. 223–226. Eine Art Rechtfertigung für Milners »Kuli«-Politik findet sich bei Cartwright, *The Corner House,* London 1965, S. 183 f.

S. 225   *Wird das unsere Konkurrenten:* Jessup, S. 55.

S. 226   Über Ernest Oppenheimer als Bürgermeister: Hocking.

S. 228   *Satjagraha:* Erik H. Erikson, *Gandhi's Truth,* New York 1969, S. 204–216 (deutsch: *Gandhis Wahrheit. Über die Ursprünge militanter Gewaltlosigkeit,* Frankfurt am Main 1971).

S. 229   Zu Hicks und Ernest Oppenheimer: *Diamond Field Advertiser,* September, Mai 1914; Hocking, Kap. 3.

10. EIN HASARDSPIEL MIT KAPITAL

S. 232   *Ein Soldat, der den Kampf verabscheut:* Louis Cohen, *Reminiscences;* siehe auch Richard West, *The Diamonds and the Necklace,* London 1989, S. 150–153.

S. 234   *In tückischer Weise dazu verleitet: South Africa,* 28. Februar 1914; Brian Roberts, *Magnates,* New York 1972, S. 297–299.

S. 235   *Wenn wir nur ein halbes Dutzend Männer wie Bernard hätten:* Hocking, S. 69.

S. 236   *Einen Direktorenposten:* Jessup, S. 78.

S. 237   *Lechzte nach Blut und Gold:* Hocking, S. 71.

S. 238   *In Anbetracht der vielfältigen Pläne:* Jessup, S. 93.

492

S. 238 Zu Lionel Phillips: Lionel Phillips, *Some Reminiscences*, Johannesburg 1986, S. 11–28.

S. 241 *Einerseits die Bindung an Amerika:* Sir Theodore Gregory, *Ernest Oppenheimer and the Economic Development of Southern Africa*, Kapstadt 1962, S. 88.

S. 243 *Galway Castle: African World*, London, 23. Januar 1933; Hokking, S. 82–85.

S. 244 *Ich litt natürlich:* W. I. Lenin, *Der Imperialismus als höchstes Stadium des Kapitalismus*, Berlin 1979, S. 7.

S. 245 *In den Zeitungen vom 13. September:* J. S. Hobson, »For Whom Are We Fighting?«, Flugschrift, London 1899.

S. 246 *Manche Leser glauben vielleicht:* Leonard Thompson, *History of South Africa*, New Haven 1989, S. 165; Sol Plaatje, *Native Life in South Africa*, New York 1969, S. 2 f.

S. 247 *Hätte uns jemand zu Anfang gesagt: Reader's Digest History*, S. 292.

S. 250 *Nur auf dem Schlachtfeld:* Anthony Sampson, *Black and Gold*, London 1987, S. 70 f.; Brian Lapping, *Apartheid, a History*, New York 1989, S. 52.

S. 250 *Selbstverständlich reise ich ... erster Klasse: Reader's Digest History*, S. 288 f.

11. DURCH DIE HINTERTÜR ZU DE BEERS

S. 252 *Nach den Gesprächen mit General Botha:* Jessup, S. 112.

S. 253 *Ernennung eines Juden zum Peer:* Frederick Morton, *The Rothschilds*, New York 1983, S. 168.

S. 254 *Aufgrund seiner großen Verdienste: African World*, London, 8. Januar 1921; Hocking, S. 91 f.

S. 254 *Anordnung der Peers:* Winston Churchill an Bonar Law, 2. Januar 1921.

S. 255 *Ein Generalstreik:* Phillips, S. 172–174; *Reader's Digest History* S. 304.

S. 256 *Cohen in Johannesburg:* Louis Cohen, *Memories of Johannesburg*, London 1924.

S. 257 *Zur Bergbaukammer:* F. Addington Symonds, *The Johannesburg Story*, London 1953, S. 189 und 199.

S. 258 *Smuts in Kapstadt:* Symonds, S. 193 f.

S. 258 *Die Revolte ähnelt ... der Französischen Revolution:* L. E. Neame, *City Built on Gold*, London 1960, S. 220 f.

S. 262 *Robinsons Nase für lukrative Geschäfte:* B. Roberts, S. 230 f.; Wheatcroft, S. 300 f.

S. 265 *Ich habe die Ehre:* Jessup, S. 125 f.

S. 266 *Der wichtigste Mann der Diamantenbranche:* Hocking, Kap. 5.

12. ALLE HOFFNUNGEN WERDEN ZU GRABE GETRAGEN

S. 270 *In den Busch:* Hocking, S. 147 f.

S. 271 *Ich werde nicht ... in die Geschichte eingehen:* Rede auf der Diamantenkonferenz am 30. Juni 1930; David Pallister, Sarah Stewart und Ian Lepper, *South Africa Inc.*, New Haven 1988, S. 65.

S. 273 *Wir Südafrikaner sind Zeugen: South Africa Parliamentary Reports 1924–1934;* Hocking, S. 154–159.

S. 278 *Ich fühle mich sehr müde: Cape Argus,* Kapstadt, 6. Februar 1934; Hocking, S. 165.

S. 279 Zum Tod von Frank Oppenheimer: Pallister u. a., S. 64. Über Ernest Oppenheimers Konversion wurden und werden vielerlei Vermutungen angestellt. Sein Enkel Nicky hat im Freundeskreis behauptet, er habe keine jüdischen Verwandten, was darauf hinzudeuten scheint, daß zu unterschiedlichen Zeitpunkten alle fünf Oppenheimer-Brüder und ihre Ehefrauen vom Judentum zum Christentum übertraten, möglicherweise auch ohne vorher eine seelische Krise durchgemacht zu haben wie Sir Ernest Oppenheimer. Obwohl der Diamantenhandel fast ausschließlich in den Händen von Juden liegt, beschäftigt die De Beers kaum leitende Angestellte jüdischen Glaubens. Nach einigen unerfreulichen Begebenheiten unterhält die Familie heute ausgezeichnete Beziehungen zu Israel und zu vielen in der Diamantenbranche tätigen Juden in Amerika und Europa. Vielleicht hat der New Yorker Makler recht, der einmal sagte: »Wir Juden sind die besseren Soldaten, deshalb sind wir lieber an der Front. Die De Beers hat die besseren Generäle. Wir brauchen keine Kampagnen gegen Diskriminierung. Laßt alles, wie es ist.« Siehe auch Murray Schumach, *The Diamond People,* New York 1981, insbesondere Kap. 3, »Warum Diamanten jüdisch sind«.

S. 281 *Getrenntheit: Reader's Digest History,* S. 318.

S. 284 *Wer den Bund verrät:* Ivor Wilkins und Hans Strydom, *The Broederbond,* London 1979, S. 97–107; Allister Sparks, *The Mind of South Africa,* New York 1990, S. 171.

S. 285 *Wie Adolf Hitler auf den Reichsparteitagen: Reader's Digest History,* S. 336–339.

S. 288 Luckoffs Predigt: René Kraus, *Old Master,* London 1944, S. 381.

S. 288 Harry Oppenheimer beim Militär: Hocking, S. 179–182.

13. DIAMANTEN SCHLEIFT MAN NICHT MIT DEM BUTTERMESSER

S. 290   *Damit du verstehst:* Korrespondenz von Oppenheimer, Brenthurst Library, Johannesburg; Hocking, S. 198 f.

S. 292   *Man hätte meinen sollen:* Gregory, S. 473.

S. 294   *Künstlich die Angst ... geschürt:* Jessup, S. 216.

S. 294   *Die Diamantenfraktion in der Regierung:* Edward Jay Epstein, *The Rise and Fall of Diamonds,* New York 1982, S. 90.

S. 295   *Mit würdevollem Schweigen: Time,* 12. Februar 1945.

S. 295   *Rücksichtslos im Keim ersticken:* ebenda, S. 91 f.

S. 298   *Coloureds: Reader's Digest History,* S. 352.

S. 298   *Aladins Wunderlampe:* Jessup, S. 301; Ken Luckhard und Brenda Wall, *Organize or Starve!,* London 1980, S. 69.

S. 299   *Dem Wohlbefinden unserer Mitarbeiter besondere Aufmerksamkeit widmen:* Gregory, S. 573 f.

S. 299   *Das Lagersystem:* Lapping, S. 85.

S. 300   *Alle erforderlichen Maßnahmen:* Jonathan Ball, *Bullion Johannesburg,* Johannesburg 1986, S. 375; Lapping, S. 85.

S. 303   *Dank der technischen Errungenschaften:* Hocking, S. 232.

S. 303   *Äußerst unklug:* Martin Meredith, *In the Name of Apartheid,* London 1988, S. 46 f.

S. 304   *Entweder für die Integration ... oder für die Apartheid:* Lapping, S. 96 f.

S. 304   *Sir Ernest Oppenheimer:* Alan Paton, *Denn sie sollen getröstet werden,* Hamburg 1951, S. 203.

S. 306   *Meine alten Kameraden:* Hocking, S. 240; J. C. Smuts, *Jan Christian Smuts,* London, S. 307–398.

S. 307   *Ein Streit mit dem ehrenwerten Abgeordneten:* Hocking, S. 247 ff.

S. 309   Uranverkauf: John Günter, *Inside Africa,* New York 1955, S. 553.

S. 310   *In der heutigen Lage:* Hocking, S. 254.

14. NOCH EINMAL DAVONGEKOMMEN

S. 311   Zu Williamson: Isabel und Florence McHugh, *The Diamond Seeker,* London 1959.

S. 312   *Sie wollen mich nur:* Hocking, S. 256.

S. 313   *Plötzlich ein Streit ausbrach:* H. F. Burgess, *Diamonds Unlimited,* London 1960.

S. 314   Zu Williamson und Oppenheimer: Koskoff, S. 107 ff.

S. 316   *Sie glauben, es ist Sir Percy:* Ian Fleming, *The Diamond Smugglers,* New York 1957, S. 6.

S. 318 *Unredlichkeit:* ebenda, S. 103.

S. 320 *Nicht selten stellt die Wirklichkeit:* Hocking, S. 288.

S. 320 Zum Juwelenraub von Brenthurst: Dennis Craig und Brian Parkes, *Drama in Diamonds,* Kapstadt 1956; weitere Informationen erhielt der Autor bei Interviews.

15. EIN NEUER KÖNIG WIRD GEKRÖNT

S. 333 *Hohes Ansehen:* Jessup, S. 316f.

S. 334 *Große Apartheid:* Meredith, S. 71; Lapping, *Apartheid. A History,* London 1986 (deutsch: *Apartheid. Südafrika am Scheideweg,* München 1987; *Reader's Digest History,* S. 376.

S. 335 *Disziplin und Kompetenz:* Jessup, S. 264f.

S. 336 *Den Lebensstandard der weißen Bevölkerungsschicht halten:* Hocking, S. 310, 321f.

S. 337 *Am Morgen waren sie ... zur Arbeit gegangen:* Reverend Trevor Huddleston, *Naught for Your Comfort,* London 1956 (deutsch: *Weine, du geliebtes Land,* München 1959).

S. 338 *Was für eine traurige Figur, dieser einflußreiche Priester:* Alexander Steward, *You are Wrong, Father Huddleston,* London 1956.

S. 338 *Darf man einem Kind:* Margaret Friend, *Without Fear or Favor,* Kapstadt 1958, S. 68f.

S. 340 *Die Townships der Schwarzen ... besucht:* Hocking, S. 325–327.

S. 341 *Der Rauch war schuld:* Emily Hahn, *Diamond,* New York 1956 (deutsch: *Diamanten. Ursprung, Macht und Zauber der begehrten Steine,* Düsseldorf 1957).

S. 342 *Diamanten waren meine erste Liebe:* ebenda, S. 172.

S. 343 *Was ist los?:* »Suid-Afrika se Magtigte Sakeman«, in: *Die Burger,* Mai 1957; Hocking, S. 332–337.

S. 345 *Ich rauche die Friedenspfeife:* Epstein, S. 116.

S. 350 *Synthetische Diamanten:* Eric Bruton, *Diamonds,* London 1981, S. 426f.; Epstein, Kap. 17; Hocking, Kap. 10.

S. 352 *Nach dem Tod meines Vaters:* Hocking, S. 343–346.

S. 355 *Ich sah Gehirn auf der Straße:* Sparks, S. 233; siehe auch *Optima,* Johannesburg, Bd. 24, S. 216; Laurie Flynn, *Studded with Diamonds and Gold,* S. 197f.; Gail M. Gerhart, *Black Power in South Africa,* Berkeley 1978, Kap. 7, »Sharpeville and Quiescence«.

S. 355 *Von einer geplanten Demonstration:* Thompson, S. 211.

S. 356 *Die Oppenheimer-Gruppe:* Hocking, S. 370.

16. NICHT LEBEN, NUR ÜBERLEBEN

S. 362   *Menschenwürdige Politik:* William Minter, *King Solomon's Mines Revisited,* London 1986, S. 200.

S. 362   *Keine Künste, keine gesellschaftlichen Verbindungen:* Thomas Hobbes, *Leviathan,* Zürich 1978, S. 115 f.

S. 366   *Mr. Bond!:* Ian Fleming, *Goldfinger,* Köln 1972, S. 129.

S. 368   *Wenn Sie jemanden finden: Forbes,* 15. Juni 1973.

S. 368   Zu dem Attentat auf Verwoerd: Lapping, S. 149 f.

S. 370   *Kein Stein darf liegenbleiben:* ebenda, S. 154 f.; siehe auch Herbert Adam und Hermann Gilomiee, *Ethnic Power Mobilized,* New Haven 1979, S. 201 f.

S. 371   *Unterdrückung des Kommunismus:* Paul Johnson, *Modern Times,* New York 1986, S. 514–517.

S. 373   *Nicht sehr glücklich:* Hocking, S. 386.

S. 376   *Ich muß einsehen: Melbourne Herald,* 23. April 1970.

S. 377   *Wenn Geschäftsleute außerhalb Südafrikas:* Hocking, S. 435; siehe auch: Stephen Gelb (Hrsg.), *South Africa's Economic Crisis,* London 1991, S. 19 f.

17. FUNIGALO UND FLASH FRED

S. 381   *Ich gehöre nicht zu den Menschen:* Hocking, S. 361; siehe auch *Forbes,* Juli 1973; Duncan Innes, *Anglo-American and the Rise of Modern South Africa,* London 1984, S. 188–219.

S. 382   *Wir hatten zwar gelegentlich:* Pallister u. a., S. 47.

S. 385   *Mir geht es gut:* Ernest Cole, *House of Bondage,* New York 1967, S. 22.

S. 386   *Ganz gleich in welchem Zustand sie gehen:* ebenda, S. 24; siehe auch Ann Seidmann, *The Roots of Crisis in South Africa,* Johannesburg 1985.

S. 387   *Es ist nicht leicht:* Hocking, S. 390; siehe auch Peter Randall, *Little England on the Veld,* Johannesburg 1982.

S. 391   *Nicht unbedingt begeistert:* Hocking, S. 443 ff.

S. 393   *Bond blickte in das Herz des Diamanten:* Ian Fleming, *Diamantenfieber,* München 1992, S. 12.

S. 394   Zur mißglückten Entführung Gordon Waddells: Fred Kamil, *The Diamond Underworld,* London 1979; Hocking, S. 446–460; Interviews des Autors.

18. ANGLO NAHM SIE GESCHWIND

S. 401 *Wir haben recht:* Hocking, S. 468–472.

S. 402 *Südafrikas ältester Industriezweig:* Forbes, 15. Juni 1973.

S. 403 *Eine wilde, hektische Stadt:* Malcolm Muggeridge, *The Infernal Grove*, London 1983, S. 160.

S. 404 *Sag mir, wo die Firmen sind:* Hocking, S. 461.

S. 405 *Die Zeit ist reif:* ebenda, S. 464.

S. 406 *Wenn man sehr groß und bekannt ist:* Forbes, 15. Juni 1973.

S. 408 *Eine Verschwörung:* Epstein, S. 209–211.

S. 409 *Verruchte Marxisten:* Reader's Digest History, S. 435–438.

S. 411 *Nach den Ereignissen in Angola:* New York Times, 2. Juni 1976.

S. 412 *Zu den Unruhen in Soweto:* Meredith, S. 143–148; John Kane-Berman, *Soweto: Black Revolt, White Reaction*, London 1978; Jeremy Brickhill, *Whirlwind Before the Storm*, London 1980; *Reader's Digest History*, S. 440–447.

S. 414 *Kein verlängerter Arm der Anglo-American: The Progressive Party of South Africa 1950–1981*, Doktorarbeit, Balliol College, Oxford; Pallister u. a., S. 103.

S. 416 *Verkrampte* und *verligte:* Meredith, S. 167.

S. 416 *Weder Dankbarkeit noch Lob:* Jahresbericht des Vorsitzenden des Verwaltungsrats, 1981.

S. 417 *Niemals der Ansicht gewesen:* Hocking, S. 427.

S. 417 *Programm der psychologischen und propagandistischen Kriegsführung:* Eschel Rhoodie, *The Real Information Scandal*, Johannesburg 1983; *Reader's Digest History*, S. 449.

S. 419 *Anpassen oder sterben:* Meredith, S. 171.

19. MÊLÉES UND MALAISE

S. 423 *Wir lassen den Juden ihre Träume:* Transvaaler, 1. Dezember 1946.

S. 423 *Südafrika geohrfeigt:* Jane Hunger, *Israeli Foreign Policy*, London 1987, S. 25.

S. 424 *Wir verfolgen hier mit großer Sympathie:* Jerusalem Post, 13. April 1976.

S. 425 *Entwicklung des Handels mit Israel:* »Hands Across South Africa«, in: *South African Digest*, 23. April 1976.

S. 425 *Ich werde Ihr Botschafter sein:* Epstein, S. 76.

S. 429 *Die Generäle in Johannesburg:* Interview des Autors, 3. Oktober 1991.

S. 429 *Schauen wir den Tatsachen doch mal ins Auge:* Forbes, 18. September 1978.

20. ABER NIEMALS MARMELADE HEUTE

21. DAS GEFÄHRLICHSTE ALTER

S. 458 *Der geistigen und wirtschaftlichen Versklavung:* Sampson, S. 234; *Weekly Mail,* 2. Mai 1988; siehe auch Sparks, S. 325, 343.

S. 458 *Oppenheimer hat ein Kartell aufgebaut:* Interview des Autors, 9. Februar 1991.

S. 459 *Unbehelligt von südafrikanischen Devisenbeschränkungen:* Bill Jamieson, *Gold Strike!,* London 1990, S. 52; siehe auch *Forbes,* 16. September 1991.

S. 460 *Angesichts der finanziellen Situation:* Bericht des Kartellamts, *Minorco and Consolidated Gold Fields,* Februar 1989.

S. 460 *Charter hat sich als Unternehmen überlebt:* Shearson Lehman Hutton, Marktanalyse, August 1989.

S. 461 *Die Betriebskosten der Anglo: Business Week,* 3. Oktober 1988.

S. 461 Gold-Fields-Debakel: Jamieson, *Gold Strike!* und Interviews des Autors. *Gold Strike!,* die prägnanteste Darstellung des Gold-Fields-Debakels, ist unerläßlich für das Verständnis der jüngsten Geschichte des Oppenheimer-Imperiums. Im Interesse eines ausgewogenen Urteils sollte jedoch auch Clem Sunter, *Die Welt und Südafrika. Neue Wege in die Zukunft,* Herford 1989, zu Rate gezogen werden. Sunter, Direktor bei der Anglo-American, diskutiert vor allem die Risiken, die der Übergang zu einer wirklich repräsentativen Demokratie für Südafrika birgt, ist insgesamt jedoch eher zuversichtlich, was die Zukunft Südafrikas anbelangt. Er schließt mit einer vorsichtig optimistischen Aussage: »Im Sommer 1787 drohte eine Nation auseinanderzufallen. Da versammelten sich 55 Männer und entwarfen ein Dokument, das seitdem Verfassung dieses Landes ist. Der Ort hieß Philadelphia, und die Nation war Amerika. Dieses Ereignis war nicht voraussagbar – es kam zustande, weil große Männer es wollten. Das gleiche kann in Südafrika geschehen.« Eine völlig entgegengesetzte Auffassung vertritt Minter, ein beißender Kritiker der südafrikanischen Kapitalisten und ihres Vermächtnisses.

S. 462 *In der bewußten Absicht:* Jamieson, S. 61–69; Aktenzeichen 88/7932, 88/7934; US-Revisionsgericht, *Consolidated Gold Fields gegen Minorco;* Verhandlung am 20. Dezember 1988, Entscheidung am 22. März 1989.

S. 476 *Seine Bedeutung schmerzt mich:* Jamieson, S. 2.

S. 477 *Ich bin eher ein Philister: Optima,* Bd. 36, Nr. 3; *Business Week,* 2. Mai 1983.

DANK

Der Diamant mag das härteste Mineral der Erde sein, doch auch De Beers ist nur sehr schwer beizukommen. Gewisse Informationen zur jüngeren Firmengeschichte sind jedermann zugänglich, doch vieles steht in sorgsam weggeschlossenen Privatakten, obskuren Protokollen oder Briefen und in weitgehend unzugänglichen Firmenunterlagen; wieder andere sind nur in den Köpfen von Zeitzeugen gespeichert, die, soweit sie überhaupt zu Auskünften bereit sind, auf Vertraulichkeit bestehen. Und Berichte über die Anfänge von De Beers lassen sich nur mit erheblichem Aufwand in vergilbten Tageszeitungen, Zeitschriften, Privatbriefen und Gerichtsakten oder längst vergriffenen Büchern aufstöbern.

Gleichzeitig muß jedoch zugegeben werden, daß die Vertreter von De Beers wirklich überraschend zuvorkommend und hilfsbereit sein können – wohl auch deshalb, weil sie jede Möglichkeit nutzen wollen, ihr jahrelang als »Südafrikakompanie« verunglimpftes Unternehmen in ein besseres Licht zu rücken. W. J. Lear ist als Direktor der Corporate Communications für die Öffentlichkeitsarbeit der Central Selling Organization, der zentralen Verkaufsorganisation von De Beers, zuständig. Er legt großen Wert auf die Feststellung, daß seine Arbeitgeber ihre Mitarbeiter nach einheitlichen Tarifen bezahlen: Die Höhe des jeweiligen Gehalts richte sich nicht nach Geschlecht, Hautfarbe oder Glaubensbekenntnis, sondern einzig und allein nach Leistung. Wie dieses Buch im einzelnen aufzeigt, war das nicht immer so. Immerhin, so der Firmensprecher weiter, »hat die Oppenheimer-Organisation schon seit langem ein umfassendes Sozialprogramm, das darauf abzielt, durch entsprechende Investitionen gewisse soziale Ungerechtigkeiten in Südafrika auszugleichen – insbesondere im Bildungs- und Wohnungsbaubereich. Zusammen mit unserer Schwestergesellschaft Anglo-American geben wir für diese Zwecke ungefähr fünf Prozent der Dividenden aus. Damit stehen wir im internationalen Vergleich wirklich hervorragend da.«

Nach diesen Erklärungen hätten die Manager von De Beers und der Anglo-American den neugierigen Ausländer ohne weiteres hinauskomplimentieren können, doch obwohl sie meine Nachforschungen zweifellos inzwischen leid waren, stellten sie mir – ohne jede Gegenleistung meinerseits – in Kimberley, Johannesburg und London Räumlichkeiten und Zeit zur Verfügung. Besonderen Dank schulde ich Harry Oppenheimer, der mich seine prachtvolle Afrikana-Bibliothek in Brenthurst benutzen ließ, sowie Nicholas Oppenheimer, der sich stets liebenswürdig und gesprächsbereit zeigte. Barbara Kidde führte mich nicht nur an die historischen Schauplätze des Diamantenrauschs in Kimberley, sondern wies mich darüber hinaus auch auf nützliches Informationsmaterial hin. Frau

Muriel Macey, die Bibliothekarin der Stadtbücherei von Kimberley, und Frau H. Norten vom McGregor-Museum in Kimberley versorgten mich mit Kopien von Briefen, Fotos und längst vergessenen Memoiren. Weitere wichtige Erkenntnisse verdanke ich der freundlichen und unermüdlichen Unterstützung von Hillary Bruce von der Johannesburger Bücherei, die Stunden damit zubrachte, relevantes Material für mich herauszusuchen. Dr. Moonyean Buys von der De Beers Consolidated Mines ermöglichte mir den Zugang zu einigen wichtigen Informationen.

Auch außerhalb der Diamantenbranche hatte ich einen interessierten Helfer: Dr. Ruben Scher aus Johannesburg, einen selbstlosen Arzt und Freund, der mit seiner Arbeit dazu beiträgt, das konfliktträchtige Südafrika in ein vielversprechendes Land der Hoffnung zu verwandeln. Er und seine Frau waren mir eine unschätzbare Hilfe.

Sej Motau, inzwischen Leiter der Corporate Communications in Johannesburg, führte mich bei De Beers in London ein, wo Robin Walker mir die Licht- und Schattenseiten des Diamantengeschäfts auseinandersetzte und wo ich zuschauen konnte, wie die funkelnden und teuren Kristalle unter hohem Arbeitsaufwand sortiert werden. In jüngerer Zeit war Andrew Lamont, Pressechef und stellvertretender Direktor der Corporate Communications, so freundlich, mir wichtiges Informationsmaterial zur Verfügung zu stellen.

In New York verschaffte mir Lloyd Jaffe, der Präsident der American Diamond Industry Association, Zutritt zu einer der exotischsten Organisationen der Welt: dem Diamond Club in der 47. Straße. Über die Händler, die im Licht von Monitoren und zwischen heißlaufenden Faxgeräten das Flair eines orientalischen Bazars verbreiten, ließe sich ohne weiteres ein eigenes Buch schreiben.

Über die umfassendste Afrikana-Sammlung außerhalb Johannesburgs verfügt die Sterling-Bibliothek der Yale-Universität in New Haven, Connecticut. J. M. D. Crossey, der Afrikana-Verwalter, war mir dabei behilflich, ganze Stapel von Material zu sichten, und wies mich auf weiterführende Doktorarbeiten sowie auf wichtige Aspekte in den hervorragenden Arbeiten von William Worger, Charles van Onselen, Geoffrey Wheatcroft, Brian Roberts und vielen anderen hin. Von Anfang bis Ende stand er mir mit Rat und Tat zur Seite. Ohne seine Geduld und Unterstützung wäre dieses Buch niemals zustande gekommen. Dank schulde ich auch seinem fachkundigen und unermüdlichen Assistenten John Bennett sowie Nancy Lyon, die in Yale das Archiv für Handschriften und Urkunden verwaltet und mir nützliche Anregungen gab.

Zahlreiche Experten halfen mir bei der Klärung von Fragen zu Südafrika, zur Familie Oppenheimer, zur Geschichte der Gold- und Diamantenförderung und zu komplizierten Finanzangelegenheiten. Mein besonderer Dank gilt Joseph Lelyveld, Professor Frank Roosevelt, Marshall Loeb, Mervyn Susser, Louis Gregg, Nigel Bruce, Scott McGregor sowie all jenen, die lieber anonym bleiben wollen.

Bei meinen Recherchen wurde ich von Anfang an von zwei Wissenschaftlerinnen unterstützt: Violette Harris durchmusterte voller Zuversicht die Büchereien in New York und Yale, ohne jemals ihren Humor zu verlieren, fand wichtige Bücher, Quellen, Bilder und Landkarten und machte mir zahlreiche konstruktive Vorschläge. Jessie Wallen, ein wahres Genie auf dem Gebiet der Informationsbeschaffung, durchstöberte so lange alle möglichen unbekannten Zeitungen aus dem In- und Ausland sowie diverse Geschäftsberichte, bis alle Unklarheiten beseitigt waren. Wenn andere Buchhändler mir versicherten, daß das, was ich haben wollte, nicht zu beschaffen sei, dann wandte ich mich an Frank Scioscia, dessen Antiquariat in Hastings-on-Hudson, New York, wohl das ungewöhnlichste und bestsortierte in ganz Amerika ist. Er beantwortete mir praktisch jede Anfrage innerhalb einer Woche.

Von unschätzbarem Wert waren auch die ermutigenden Worte, die mir bei Beginn meiner Arbeit Elie Wiesel, John Bartholomew Tucker und der inzwischen verstorbene Jose Ferrer zukommen ließen.

Sara Bershtel hat nicht nur das Endlektorat besorgt, sie hat dieses Buch auch mitgestaltet und mir den Glauben an eine oft kritisierte Institution zurückgegeben: die Verlagswelt von New York. Kathy Robbins verdient für ihre wertvollen, freundschaftlichen Ratschläge weit mehr als 15 Prozent meiner Dankbarkeit. Und meine Familie, die auf meiner Dankesliste offenbar immer erst an letzter Stelle erscheint, weiß, daß ihr der erste Platz in meinem Herzen sicher ist. Nochmals tausend Dank an Lili und Andy und die Kleine, der dieses Buch gewidmet ist, an Nate, und, aus weit mehr als 37 Gründen, an May.

BILDNACHWEIS

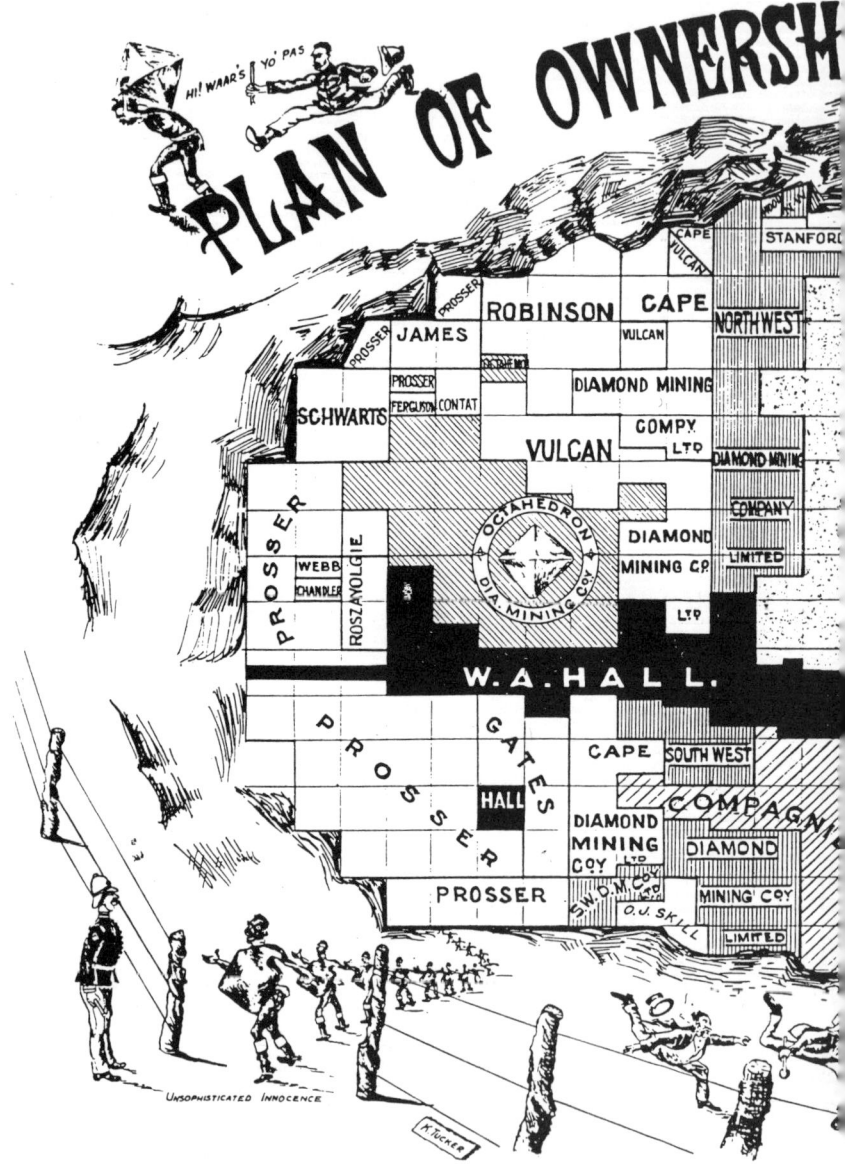

PLAN OF OWNERSH